새로운 도서, 다양한 자료 동양북스 홈페이지에서 만나보세요!

www.dongyangbooks.com
m.dongyangbooks.com

홈페이지 도서 자료실에서 학습자료 및 MP3 무료 다운로드

PC

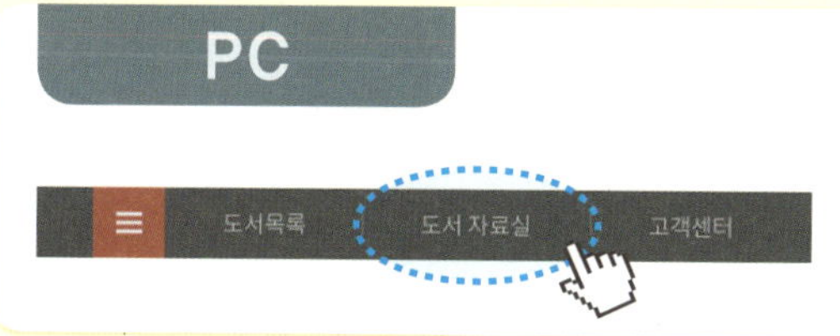

❶ 홈페이지 접속 후 **도서 자료실** 클릭
❷ **하단 검색 창**에 검색어 입력
❸ MP3, 정답과 해설, 부가자료 등 첨부파일 다운로드
* 원하는 자료가 없는 경우 '요청하기' 클릭!

MOBILE

* 반드시 '인터넷, Safari, Chrome' App을 이용하여 홈페이지에 접속해주세요. (네이버, 다음 App 이용 시 첨부파일의 확장자명이 변경되어 저장되는 오류가 발생할 수 있습니다.)

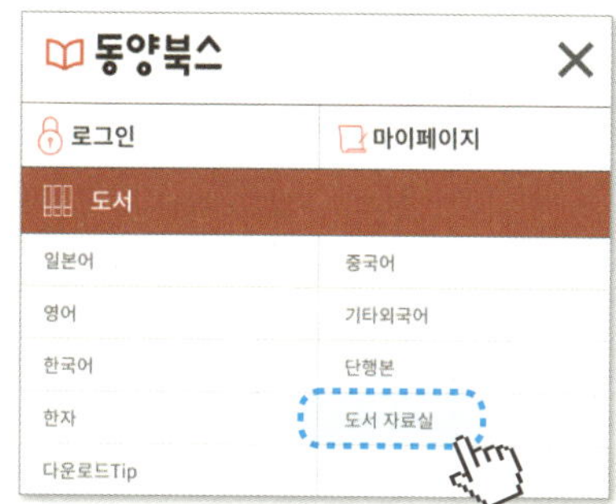

❶ 홈페이지 접속 후 ☰ 터치
❷ **도서 자료실** 터치

❸ **하단 검색창**에 검색어 입력
❹ MP3, 정답과 해설, 부가자료 등 첨부파일 다운로드
* 압축 해제 방법은 '다운로드 Tip' 참고

미래와 통하는 책

가장 쉬운 독학
일본어 첫걸음
14,000원

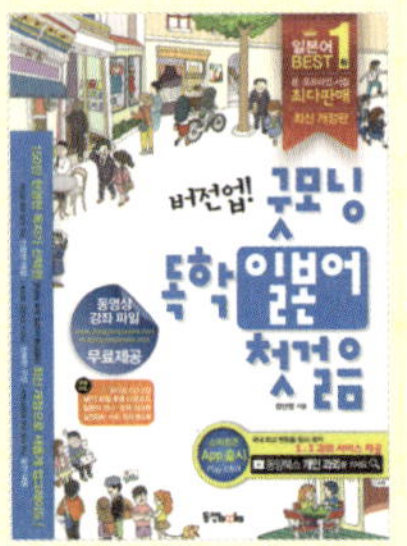

버전업! 굿모닝
독학 일본어 첫걸음
14,500원

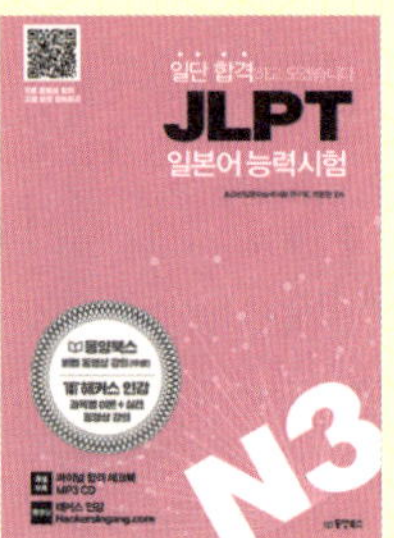

일단 합격하고 오겠습니다
JLPT 일본어능력시험 N3
26,000원

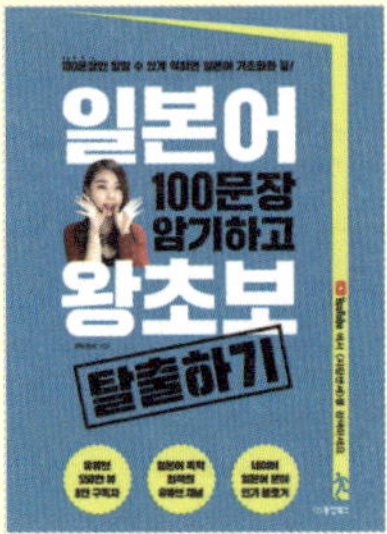

일본어 100문장 암기하고
왕초보 탈출하기
13,500원

가장 쉬운 독학
중국어 첫걸음
14,000원

가장 쉬운 중국어
첫걸음의 모든 것
14,500원

일단 합격 新HSK
한 권이면 끝! 4급
24,000원

중국어
지금 시작해
14,500원

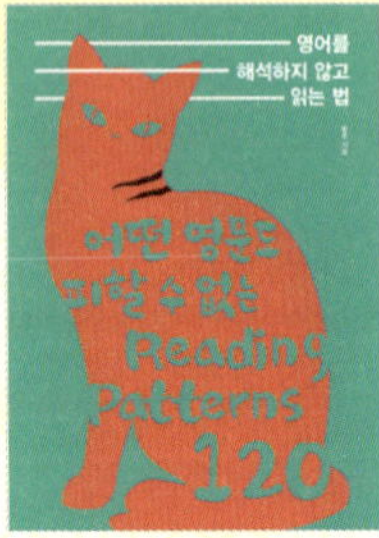

영어를 해석하지 않고
읽는 법
15,500원

미국식
영작문 수업
14,500원

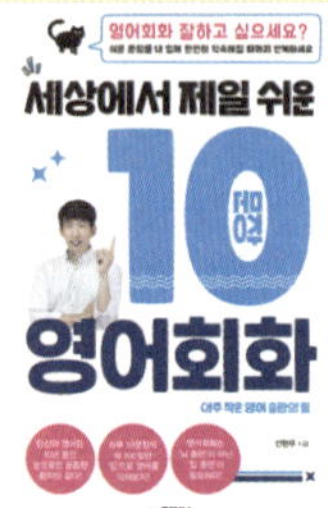

세상에서 제일 쉬운
10문장 영어회화
13,500원

영어회화
순간패턴 200
14,500원

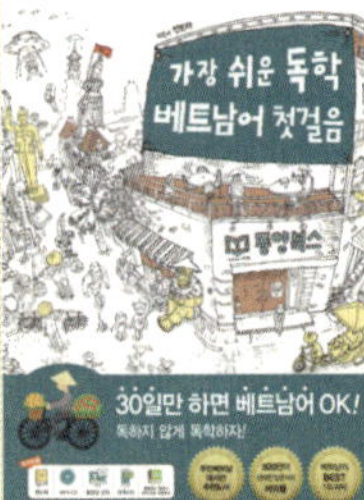

가장 쉬운 독학
베트남어 첫걸음
15,000원

가장 쉬운 독학
프랑스어 첫걸음
16,500원

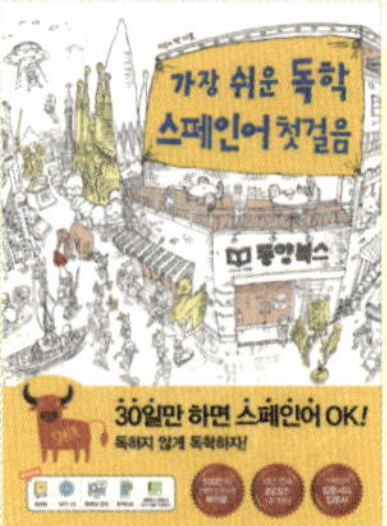

가장 쉬운 독학
스페인어 첫걸음
15,000원

가장 쉬운 독학
독일어 첫걸음
17,000원

동양북스 베스트 도서

THE
GOAL 1
22,000원

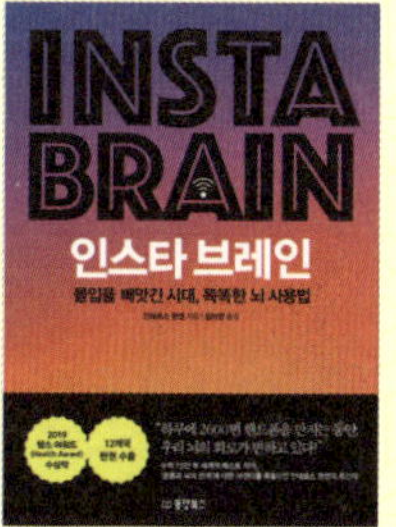

인스타
브레인
15,000원

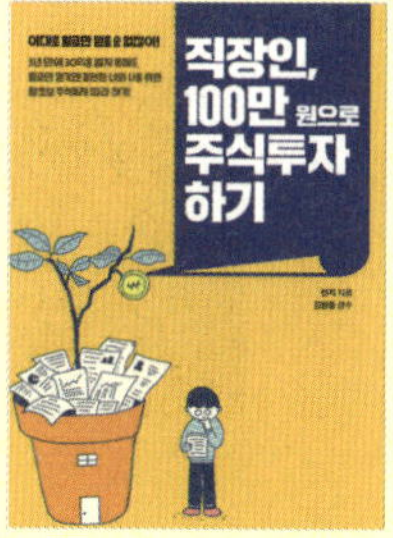

직장인, 100만 원으로
주식투자 하기
17,500원

당신의 어린 시절이
울고 있다
13,800원

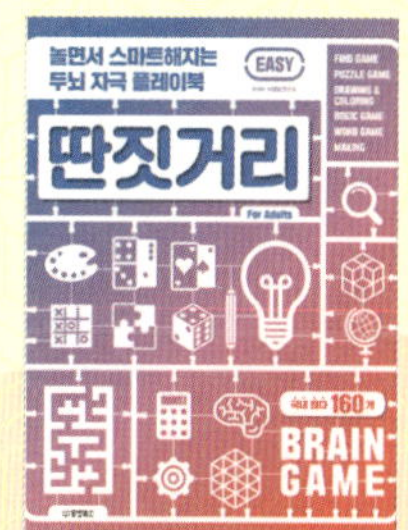

놀면서 스마트해지는 두뇌 자극
플레이북 딴짓거리 EASY
12,500원

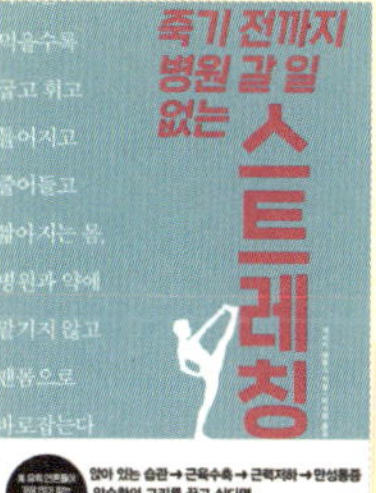

죽기 전까지
병원 갈 일 없는 스트레칭
13,500원

가장 쉬운 독학
이세돌 바둑 첫걸음
16,500원

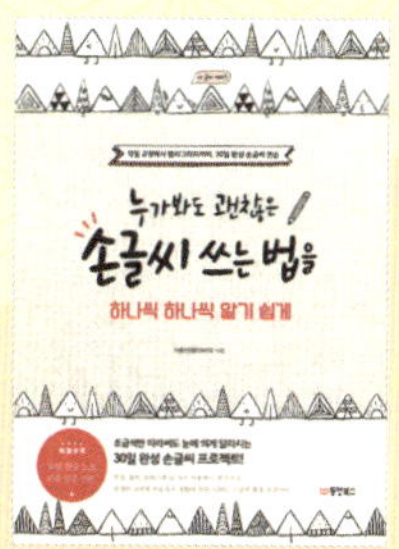

누가 봐도 괜찮은 손글씨 쓰는
법을 하나씩 하나씩 알기 쉽게
13,500원

가장 쉬운 초등 필수 파닉스
하루 한 장의 기적
14,000원

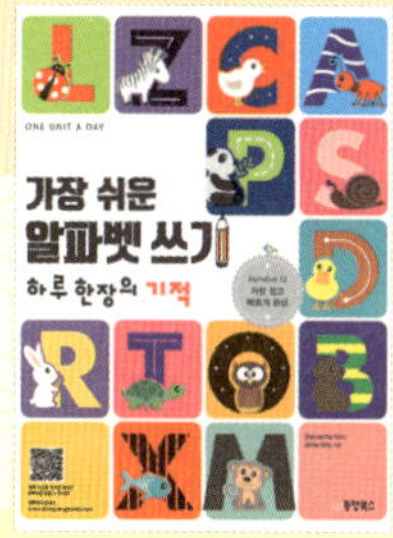

가장 쉬운 알파벳 쓰기
하루 한 장의 기적
12,000원

가장 쉬운 영어 발음기호
하루 한 장의 기적
12,500원

가장 쉬운 초등한자 따라쓰기
하루 한 장의 기적
9,500원

세상에서 제일 쉬운
엄마표 생활영어
12,500원

세상에서 제일 쉬운
엄마표 영어놀이
13,500원

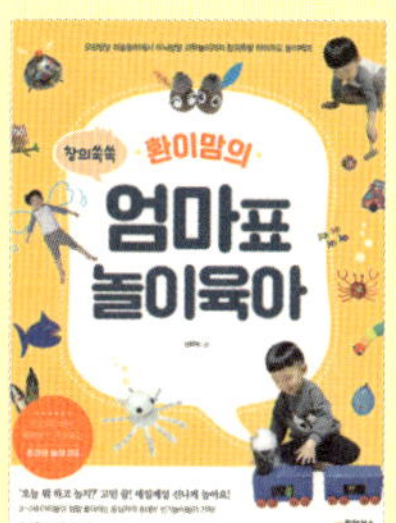

창의쑥쑥 환이맘의
엄마표 놀이육아
14,500원

JLPT

일단 합격하고 오겠습니다

일본어 능력시험

N2

동양북스

일단 **합격**하고 오겠습니다

JLPT N2
일본어 능력시험

초판 8쇄 | 2022년 10월 10일

지은이 | 연종현, 김상효
발행인 | 김태웅
책임 편집 | 길혜진, 이선민
디자인 | 남은혜, 신효선
마케팅 | 나재승
제 작 | 현대순

발행처 | (주)동양북스
등 록 | 제 2014-000055호
주 소 | 서울시 마포구 동교로22길 14 (04030)
구입 문의 | 전화 (02)337-1737 팩스 (02)334-6624
내용 문의 | 전화 (02)337-1762 dybooks2@gmail.com

ISBN 979-11-5768-338-3 18730
ISBN 979-11-5768-336-9 (세트)

이 도서의 국립중앙도서관 출판예정도서목록(CIP)은 서지정보유통지원시스템 홈페이지(http://seoji.nl.go.kr)와
국가자료공동목록시스템(http://www.nl.go.kr/kolisnet)에서 이용하실 수 있습니다.
(CIP제어번호:CIP2018000189)

"시험이 끝났습니다"

홀가분한 표정으로 필기구와 가방을 정리하는 수험생. 약간은 어둡고 복잡한 마음으로 창밖을 바라보는 수험생. 휴대 전화를 켜고 누군가와 시험에 대해서 대화하는 수험생 등, 매년 일본어 능력시험이 종료되면 수많은 수험생들이 우르르 학교를 빠져나가는 모습을 볼 수 있다. 2010년에 개정된 신(新) 일본어 능력시험에 매년 응시하면서, 시험을 보기 전에는 시험의 난이도를 걱정하고, 시험 문제를 풀 때는 수험생들이 함정 문제들을 잘 간파할 수 있기를 바라며, 시험이 끝나면 모든 수험생들이 밝은 얼굴로 귀가할 수 있기를 기원한다.

본서는 이러한 기원을 담아 일본어 능력시험 N2 수험에 필요한 내용을 한 권으로 망라하려는 뜻에서 제작되었다. 따라서 수험의 기본인 핵심 정리와 문제 풀이를 통한 실력 확인에 포인트를 두었으며, 일본어 능력시험의 각 영역마다 학습의 길잡이가 되도록 출제 경향을 분석하고 학습 요령을 제시하여, 객관적인 난이도와 최신 경향을 독자 스스로 분석하고 파악할 수 있도록 하였다.

'문자·어휘'는 기출 한자 및 어휘를 제시하고 앞으로 출제 가능성이 높은 단어를 추가로 제시하였다. '문법'은 어휘와 더불어 어학 학습의 기본이 되므로 문법적 기초가 부족한 수험생도 읽어가는 사이에 자신감이 붙을 수 있도록 분류·구성하였다. 특히, 혼동되기 쉬운 내용들에 대해서는 명쾌한 해설을 붙여, 제시된 예문과 설명만으로 최강의 문법 학습이 가능하도록 집필하였다.

'독해'는 어휘력과 문법에 관한 지식이 있다면 본서에 제시된 문장들을 꾸준하게 학습하는 것만으로도 고득점이 가능하도록 N2 출제 기준에 들어맞는 내용들을 제시하였다. '청해'는 출제 유형이 명확한 형태로서 유형화되어 있으며, 유형별 대비가 가능하도록 응용 가능성이 높은 문제들을 엄선하였다. 또한 청해의 핵심을 놓치지 않고 간파할 수 있도록 핵심 어휘를 제시하였다. 또한 본서의 마지막 부분에는 실제 시험과 같은 난이도로 구성된 모의고사가 있어서 본인의 실력을 점검할 수 있다. 이는 시험 전 최종 실력 확인에 유용하리라 믿는다.

수험생들에게는 결과가 절대적이다. 과정 따위는 결과 앞에서 백지와도 같은 것이다. 하지만 점수를 높이기 위해서는 과정 또한 굉장히 중요하다. 문제에 적응을 하면, 시험에 대한 두려움도 사라질 수 있다. 일본어 능력시험은 수험자의 학습 성취도를 측정하는 시험이다. 매회 출제되는 문제들은 출제 기관이 제시하고 있는 출제 기준에 충실하며, 본서 또한 그러한 경향에 맞추어 구성되어 있으므로 여러분들을 합격으로 이끄는 데 큰 힘이 될 수 있으리라 확신한다.

본서를 충실히 학습한다면, 일본어 능력시험에 대한 철저한 대비는 물론, 여러분들의 일본어 실력 향상에도 도움이 되리라 확신하는 바이다.

저자 일동

이 책은 2010년부터 시행된 JLPT N2에 대비할 수 있도록 구성된 종합 학습서입니다. 각 과목별로 문제 유형과 최신 출제 유형을 분석하였으며, 각각의 유형마다 학습 팁과 실전 팁을 제시하였습니다. 또한 그동안의 기출 어휘·문법 정리와 더불어 충분한 문제 풀이를 통해 실전에 철저히 대비할 수 있도록 구성하였습니다. 이 책은 크게 세 부분으로 이루어집니다. 〈본책〉에서는 시험에 대비해 실력을 쌓고 문제를 풀어 봅니다. 〈별책〉에서는 〈본책〉에 나왔던 각 문제를 상세히 풀이합니다. 또한 〈실전 모의고사〉로 실전에 대비해 실력 점검을 할 수 있습니다.

PART 1 워밍업

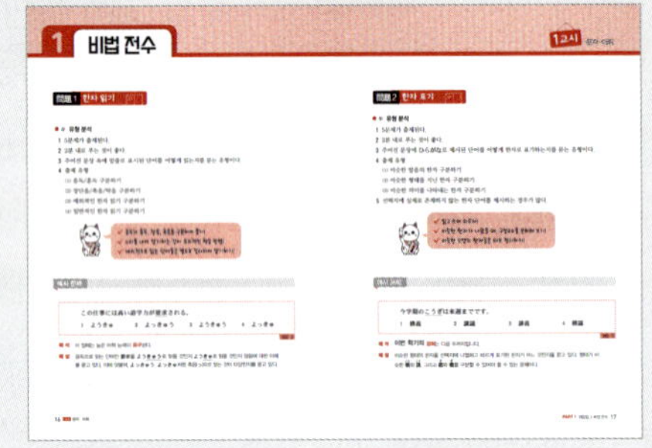

JLPT 각 영역마다 문제별로 유형을 분석하고 신 출제 경향을 정리하였습니다. 또한 예시 문제를 제시하여 처음 JLPT를 접하는 학습자도 시험 유형에 쉽게 적응할 수 있도록 구성하였으며, 평소 학습하는 데 도움이 될 수 있는 팁을 함께 정리하여 취약한 영역을 극복하고, JLPT에 철저히 대비할 수 있도록 하였습니다.

PART 2 유형별 집중 공략

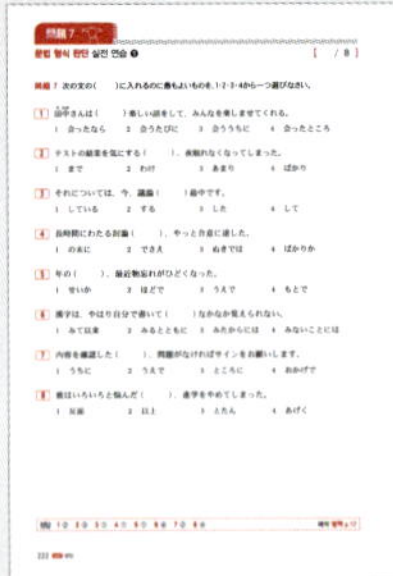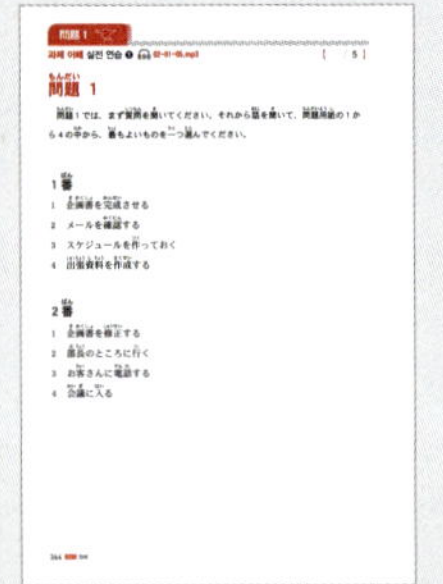

실제 JLPT N2와 동일한 형식의 문제를 풀어보며 실전 감각을 키울 수 있습니다. 앞에서 제시되었던 학습 팁과 문제 풀이 팁을 활용하며 문제를 풀이합니다. 문제 아래에 정답 번호가 제시되어 있어 정답을 확인하는 시간을 절약할 수 있으며, 보다 상세한 해설은 별책 해설서를 통해 확인할 수 있습니다.

문자 · 어휘

기출 한자 및 어휘를 제시하고, 앞으로 출제 가능성이 높은 단어를 추가로 제시하였습니다. 지금까지 출제된 문제의 해답과 보기를 '합격 어휘(2010년~2017년)'와 '고득점 어휘(1991년~2009년)'로 분류하여 효율적으로 학습할 수 있도록 하였습니다. 또한 각 어휘 학습을 마친 후에는 '확인 문제'를 통해 성취도를 확인할 수 있습니다.

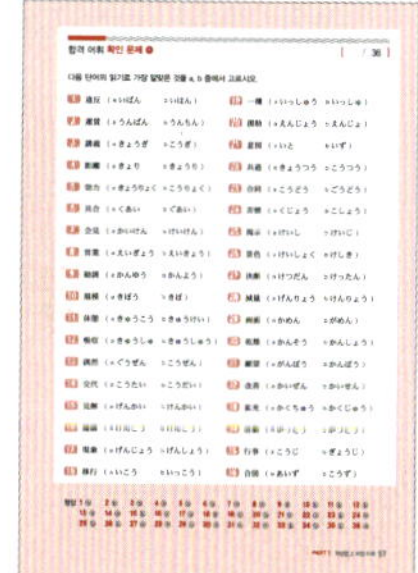

문법

기출 문법을 정리하고 출제 가능성이 높은 문법 항목을 상세히 설명하였습니다. [문자·어휘]와 마찬가지로 연도별로 '합격 문법'과 '고득점 문법'으로 분류하였으며, 오십음도 순서로 정리되어 있어 학습하고자 하는 문법을 쉽게 찾을 수 있고, '확인 문제'를 통해 성취도를 확인할 수 있습니다.

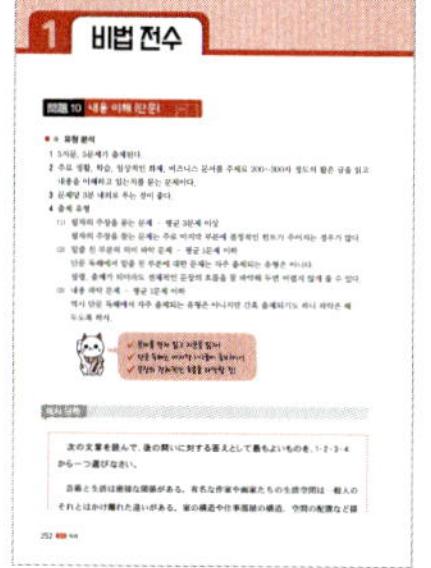

독해

각 문제별로 상세하게 유형을 분석하고 주로 출제되는 지문의 종류도 함께 정리하여 어렵게 느낄 수 있는 [독해]에 쉽게 적응할 수 있도록 하였습니다. 또한 각 유형마다 [독해] 문제 풀이 시간을 단축할 수 있는 팁과 고득점 팁을 제시하였으며 각 주제별로 주로 나오는 어휘들을 별도로 정리하여 문제 풀이에 도움이 될 수 있도록 하였습니다.

청해

각 문제별로 상세하게 유형을 분석하고 주로 출제되는 대화의 유형을 정리하였습니다. 시험에 자주 나오는 어휘와 축약·구어체 표현을 주제별로 정리하여 실전에 대비할 수 있도록 하였으며, 워밍업에서 제시되었던 풀이 요령을 실제 문제 풀이에 적용하면서 자신만의 청해 학습 전략을 세워 볼 수 있습니다.

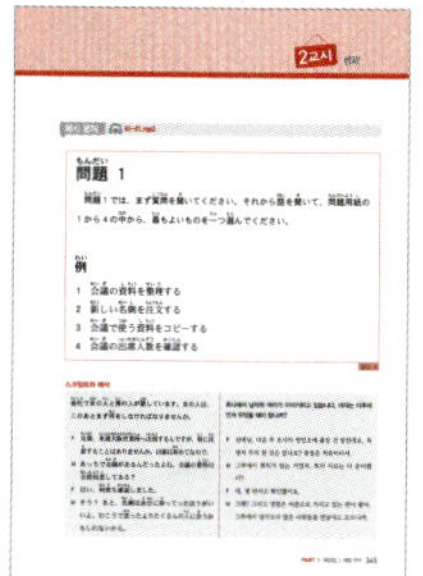

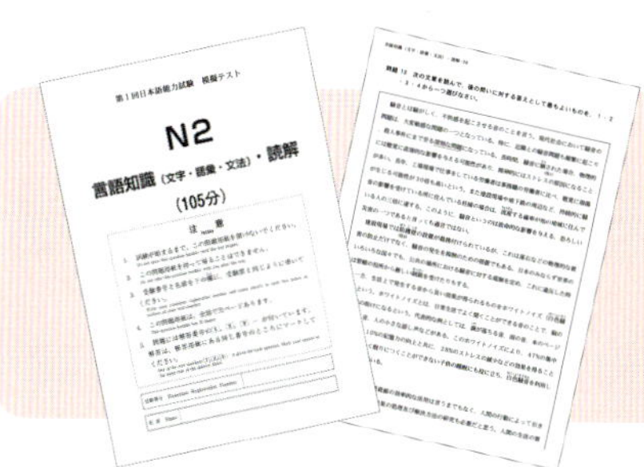

실전 모의고사 (2회분)

실제 시험과 같은 형식의 모의고사를 2회분 수록하였습니다. 시간을 재면서 실제 시험과 같은 환경에서 풀어 봅니다. 본책에서 학습한 내용을 최종 확인하고, 해설서를 참고하여 틀린 문제를 스스로 점검하도록 합니다.

JLPT(일본어 능력시험)란?

❶ JLPT에 대해서

JLPT(Japanese-Language Proficiency Test)는 일본어를 모국어로 하지 않는 사람의 일본어 능력을 측정하고 인정하는 시험으로, 국제교류기금과 재단법인 일본국제교육지원협회가 주최하고 있습니다. 1984년부터 실시되고 있으며 다양화된 수험자와 수험 목적의 변화에 발맞춰 2010년부터 새로워진 일본어 능력시험이 연 2회(7월, 12월) 실시되고 있습니다.

❷ JLPT 레벨과 인정 기준

레벨	과목별 시간		인정 기준
	유형별	시간	
N1	언어지식(문자 · 어휘 · 문법) 독해	110분	**기존시험 1급보다 다소 높은 레벨까지 측정** [읽기] 논리적으로 약간 복잡하고 추상도가 높은 문장 등을 읽고, 문장의 구성과 내용을 이해할 수 있으며 다양한 화제의 글을 읽고, 이야기의 흐름이나 상세한 표현의도를 이해할 수 있다. [듣기] 자연스러운 속도의 체계적 내용의 회화나 뉴스, 강의를 듣고, 내용의 흐름 및 등장인물의 관계나 내용의 논리구성 등을 상세히 이해하거나, 요지를 파악할 수 있다.
	청해	60분	
	계	170분	
N2	언어지식(문자 · 어휘 · 문법) 독해	105분	**기존시험의 2급과 거의 같은 레벨** [읽기] 신문이나 잡지의 기사나 해설, 평이한 평론 등, 논지가 명쾌한 문장을 읽고 문장의 내용을 이해할 수 있으며, 일반적인 화제에 관한 글을 읽고, 이야기의 흐름이나 표현의도를 이해할 수 있다. [듣기] 자연스러운 속도의 체계적 내용의 회화나 뉴스를 듣고, 내용의 흐름 및 등장인물의 관계를 이해하거나, 요지를 파악할 수 있다.
	청해	50분	
	계	155분	
N3	언어지식(문자 · 어휘)	105분	**기존시험의 2급과 3급 사이에 해당하는 레벨(신설)** [읽기] 일상적인 화제에 구체적인 내용을 나타내는 문장을 읽고 이해할 수 있으며, 신문의 기사 제목 등에서 정보의 개요를 파악할 수 있다. 일상적인 장면에서 난이도가 약간 높은 문장을 바꿔 제시하며 요지를 이해할 수 있다. [듣기] 자연스러운 속도의 체계적 내용의 회화를 듣고, 이야기의 구체적인 내용을 등장인물의 관계 등과 함께 거의 이해할 수 있다.
	언어지식(문법) · 독해		
	청해	40분	
	계	145분	
N4	언어지식(문자 · 어휘)	95분	**기존시험 3급과 거의 같은 레벨** [읽기] 기본적인 어휘나 한자로 쓰여진, 일상생활에서 흔하게 일어나는 화제의 문장을 읽고 이해할 수 있다. [듣기] 일상적인 장면에서 다소 느린 속도의 회화라면 거의 내용을 이해할 수 있다.
	언어지식(문법) · 독해		
	청해	35분	
	계	130분	
N5	언어지식(문자 · 어휘)	80분	**기존시험 4급과 거의 같은 레벨** [읽기] 히라가나나 가타카나, 일상생활에서 사용되는 기본적인 한자로 쓰여진 정형화된 어구나 문장을 읽고 이해할 수 있다. [듣기] 일상생활에서 자주 접하는 장면에서 느리고 짧은 회화로부터 필요한 정보를 얻어낼 수 있다.
	언어지식(문법) · 독해		
	청해	30분	
	계	110분	

❸ 시험 결과의 표시

레벨	득점 구분	인정 기준
N1	언어지식(문자 · 어휘 · 문법)	0～60
	독해	0～60
	청해	0～60
	종합득점	0～180
N2	언어지식(문자 · 어휘 · 문법)	0～60
	독해	0～60
	청해	0～60
	종합득점	0～180
N3	언어지식(문자 · 어휘 · 문법)	0～60
	독해	0～60
	청해	0～60
	종합득점	0～180
N4	언어지식(문자 · 어휘 · 문법) · 독해	0～120
	청해	0～60
	종합득점	0～180
N5	언어지식(문자 · 어휘 · 문법) · 독해	0～120
	청해	0～60
	종합득점	0～180

❹ 시험 결과 통지의 예

다음 예와 같이 ① '득점구분별 득점'과 득점구분별 득점을 합계한 ② '종합득점', 앞으로의 일본어 학습을 위한 ③ '참고정보'를 통지합니다. ③ '참고정보'는 합격/불합격 판정 대상이 아닙니다.

*예 N3을 수험한 Y씨의 '합격/불합격 통지서'의 일부 성적 정보(실제 서식은 변경될 수 있습니다.)

① 득점 구분별 득점			② 종합 득점
언어지식 (문자 · 어휘 · 문법)	독해	청해	120/180
50/60	30/60	40/60	

③ 참고 정보	
문자 · 어휘	문법
A	C

A 매우 잘했음 (정답률 67% 이상)

B 잘했음 (정답률 34%이상 67% 미만)

C 그다지 잘하지 못했음 (정답률 34% 미만)

목차

1교시
1교시 시험시간 13:30 ~ 15:15

언어지식(문자·어휘·문법) / 독해

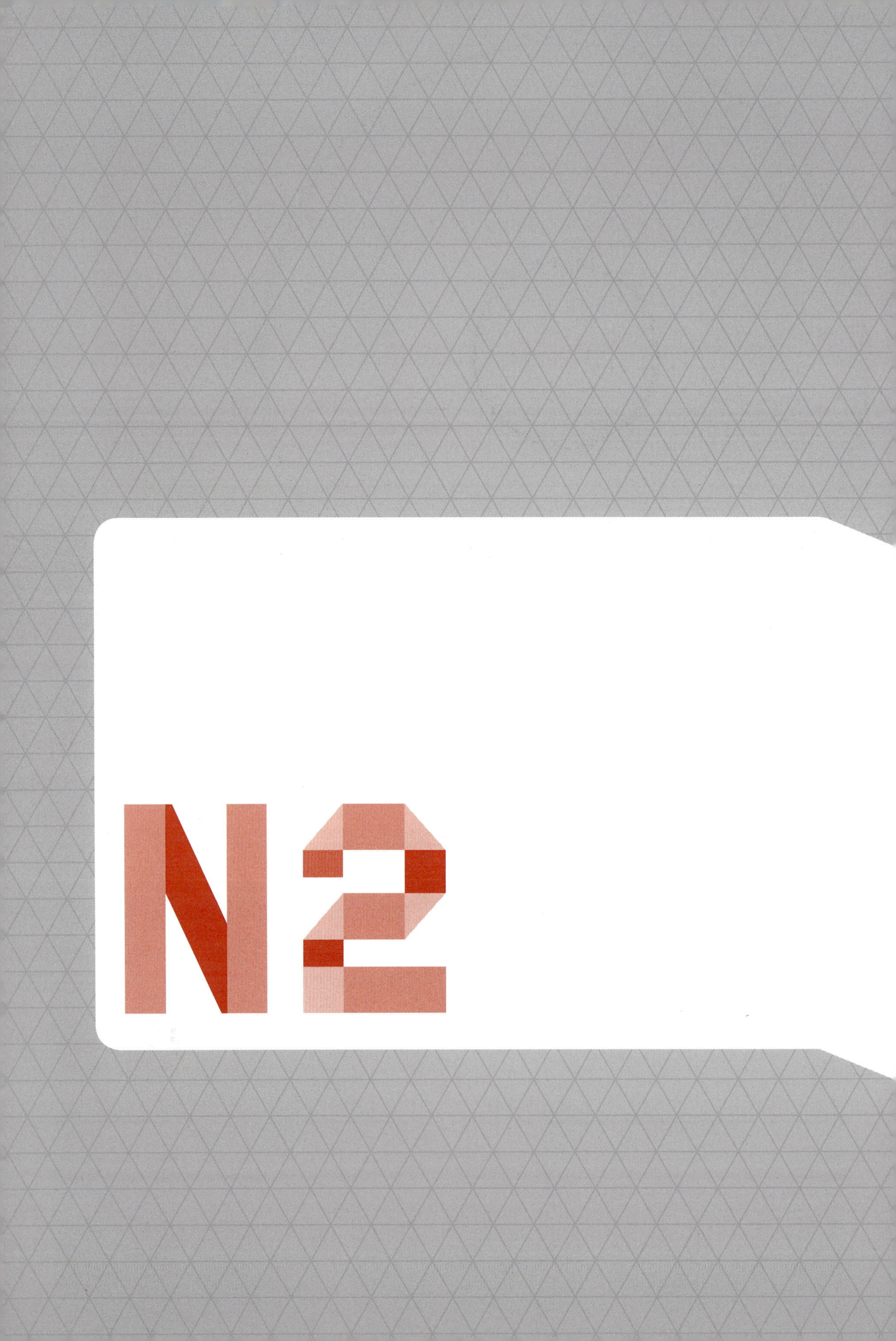
N2

문자·어휘

문자 · 어휘 완전 정복을 위한 꿀팁!

문자 · 어휘 파트는 한 번에 완벽하게 정리하려고 하지 말고 몇 번이고
반복하겠다는 마음가짐으로 편안하게 진행하시기 바랍니다.

● **問題 1 한자 읽기**
훈독과 음독, 장음, 탁음 등에 유의하여 학습합니다.

● **問題 2 한자 표기**
음독의 경우, 한자의 형태를 꼼꼼하게 분석해 가며 단어를 학습하도록
합니다.

● **問題 3 단어 형성**
기존 단어에 결합되는 대표적인 접두어와 접미어를 익혀 두면, 파생어를
분석하는 능력을 기를 수 있습니다.

● **問題 4 문맥 규정**
고득점을 위해서는 동사와 부사 학습이 특히 중요합니다. 또한 문장을
많이 읽어서 사전적 의미 이외의 다양한 뉘앙스를 익히도록 합니다.

● **問題 5 유의어**
문맥 규정을 확장한 응용 유형으로, 기존의 문장을 보다 쉬운 말로 풀어서
표현하는 연습을 해 보면 좋습니다.

● **問題 6 용법**
가능한 한 많은 문장을 읽어서, 문장 속에서 각 단어가 어떻게 쓰이는지
자연스럽게 익히는 것이 중요합니다.

PART 1

워밍업

1. 비법 전수
2. 비법 어휘

問題 1 │ 한자 읽기 

●●● 유형 분석

1 5문제가 출제된다.

2 2분 내로 푸는 것이 좋다.

3 주어진 문장 속에 밑줄로 표시된 단어를 어떻게 읽는지를 묻는 유형이다.

4 출제 유형

　(1) 음독/훈독 구분하기

　(2) 장단음/촉음/탁음 구분하기

　(3) 예외적인 한자 읽기 구분하기

　(4) 일반적인 한자 읽기 구분하기

예시 문제

> この仕事には高い語学力が要求される。
>
> 　1　ようきゅ　　　　2　よっきゅう　　　3　ようきゅう　　　4　よっきゅ

정답 **3**

해 석　이 일에는 높은 어학 능력이 **요구**된다.

해 설　음독으로 읽는 단어인 **要求**를 よう**きゅう**로 읽을 것인지 よう**きゅ**로 읽을 것인지 장음에 대한 이해를 묻고 있다. 이에 덧붙여, よっ**きゅう**, よっ**きゅ**처럼 촉음(っ)으로 읽는 것이 타당한지를 묻고 있다.

問題2 한자 표기

● ● 유형 분석

1 5문제가 출제된다.

2 2분 내로 푸는 것이 좋다.

3 주어진 문장에 **ひらがな**로 제시된 단어를 어떻게 한자로 표기하는지를 묻는 유형이다.

4 출제 유형

   (1) 비슷한 발음의 한자 구분하기

   (2) 비슷한 형태를 지닌 한자 구분하기

   (3) 비슷한 의미를 나타내는 한자 구분하기

5 선택지에 실제로 존재하지 않는 한자 단어를 제시하는 경우가 많다.

예시 문제

今学期のこうぎは来週までです。

  1 構義   2 講議   3 講義   4 構議

정답 3

해 석 이번 학기의 **강의**는 다음 주까지입니다.

해 설 비슷한 형태의 한자를 선택지에 나열하고 바르게 표기된 한자가 어느 것인지를 묻고 있다. 형태가 비슷한 構와 講, 그리고 義와 儀를 구분할 수 있어야 풀 수 있는 문제이다.

●● 유형 분석

1 5문제가 출제된다.

2 2분 내로 푸는 것이 좋다.

3 파생어나 복합어에 대한 지식을 묻는 문제로, 주어진 문장의 괄호 안에 들어갈
접두어나 접미어를 찾는 유형이다.

4 출제 유형

　(1) 적절한 접두어나 접미어 찾기

　(2) 적절한 복합어 찾기

　(3) 비슷한 의미를 나타내는 한자 구분하기

✓ 단어 형성 파트는 비교적 학습 부담이 적은 유형!

✓ 학습을 진행하면서 등장하는 파생어와 복합어를 놓치지 말고 익혀 두자!

예시 문제

食器（　　）は、この箱に詰めてください。

　1　型　　　　　　　2　種　　　　　　　3　属　　　　　　　4　類

정답 **4**

해 석　**식기류**는 이 상자에 담아 주세요.

해 설　적절한 '접미어'가 무엇인지 묻고 있다. 접미어란, 어떤 단어 뒤에 붙어 새로운 단어가 되게 하는 말을
가리킨다. '비슷한 것들의 집합'이라는 의미를 지닌 접미어 **類**가 **食器**의 뒤에 붙어 '식기의 종류'라는
의미의 파생어 **食器類**가 된다.

● ● 유형 분석

1 7문제가 출제된다.

2 4~5분 내로 푸는 것이 좋다.

3 문맥을 파악하여 괄호 안에 들어갈 알맞은 선택지를 고르는 유형이다.

4 출제 유형

　(1) 명사 간의 결합으로 이루어지는 단어 구분하기

　(2) 단어 간의 호응 관계를 묻는 문제

예시 문제

田中さんは長い間（　　）窓の外を見ていた。

1　ぼんやり　　　　2　ふんわり　　　　3　うっすら　　　　4　しっとり

정답　1

해 석　다나카 씨는 오랫동안 **멍하니** 창밖을 보고 있었다.

해 설　見る와 가장 잘 어울리는 단어를 찾는 문제이다. '보다'라는 뜻의 見る를 수식하는 데 가장 적절한 단어는 '멍하니'라는 뜻의 부사 **ぼんやり**이다.

●● 유형 분석

1 5문제가 출제된다.

2 2~3분 내로 푸는 것이 좋다.

3 주어진 문장의 밑줄 친 단어와 의미가 가장 가까운 것을 선택하는 유형이다.

4 출제 유형

　(1) 대체 가능한 단어 고르기

　(2) 제시된 단어와 같은 의미 찾기

5 한자 문제가 아니기 때문에 모든 품사에서 출제된다.

田中さんはいつも<u>ほがらか</u>です。

1　おとなしい　　　2　まじめ　　　　3　りっぱ　　　　4　あかるい

정답 4

해 석　다나카 씨는 언제나 **명랑**합니다.

해 설　朗(ほが)らかだ를 대체할 수 있는 단어를 선택하는 문제이다. 明(あか)るい(밝다)가 '명랑하다'의 의미를 지니므로 4번이 답이 된다.

● ● 유형 분석

1 5문제가 출제된다.

2 4~5분 내로 푸는 것이 좋다.

3 주어진 단어의 올바른 용법을 묻는 문제로, 출제된 단어가 바르게 쓰인 선택지를 고르는 유형이다.

4 출제 유형

　(1) 단어의 의미상 오류 구분하기

　(2) 품사의 적절한 사용 구분하기

5 명사, 부사, 외래어 등 다방면의 단어가 출제된다.

예시 문제

範囲

1　この町は川によって二つの範囲に分かれている。

2　この会社は新しい範囲に進出した。

3　明日は広い範囲で強い雨が降るでしょう。

4　家から駅までの範囲は2キロぐらいだ。

정답 **3**

해석　내일은 넓은 **범위**에서 강한 비가 내리겠지요.

해설　'용법'의 대표적인 유형으로 의미상의 오류가 있는 문장을 제거하면서 풀면 된다. 예제에서는 広い와 範囲가 결합되어야 자연스러운 문장이 된다. 여러 가지 대안이 있을 수 있으나, 선택지 1은, 二つの地域(2개의 지역), 선택지 2는 新しい分野(새로운 분야), 선택지 4는 駅までの距離(역까지의 거리)로 바꾸는 것이 자연스럽다.

1 기출 어휘

● **問題 1 한자 읽기**

2010년

□ 相互 상호, 서로	□ 規模 규모
□ 辛い 맵다	□ 触れる 닿다, 언급하다
□ 景色 경치	□ 尊重する 존중하다
□ 備える 대비하다	□ 治療 치료
□ 防災 방재	□ 隣 옆, 이웃

2011년

□ 敗れる 패배하다	□ 地元 고장, 현지
□ 要求 요구	□ 密接な 밀접한
□ 祝う 축하하다	□ 豊富な 풍부한
□ 調節 조절	□ 補う 보완하다, 보충하다
□ 至急 지급, 매우 급함	□ 率直な 솔직한

2012년

□ 装置 장치	□ 抽象的な 추상적인
□ 占める 차지하다, 점유하다	□ 返却 반납
□ 削除 삭제	□ 針 바늘
□ 焦点 초점	□ 撮影 촬영

☐ 略する 생략하다, 줄이다   ☐ 破片 파편

2013년

☐ 世の中 세상   ☐ 清潔な 청결한

☐ 勧誘 권유   ☐ 隠す 숨기다

☐ 改めて 다시   ☐ 姿勢 자세

☐ 拡充 확충   ☐ 積む 쌓다

☐ 模範 모범   ☐ 逃亡 도망

2014년

☐ 大幅に 대폭적으로   ☐ 極端な 극단적인

☐ 悔しい 억울하다   ☐ 戻す 되돌리다

☐ 幼稚な 유치한   ☐ 継続 계속

☐ 圧勝 압승   ☐ 除く 제외하다, 제거하다

☐ 傷む 상하다, 손상되다   ☐ 貿易 무역

2015년

☐ 省略 생략   ☐ 拒否 거부

☐ 含める 포함시키다   ☐ 囲む 둘러싸다, 에워싸다

☐ 油断 방심   ☐ 損害 손해

☐ 行事 행사   ☐ 現象 현상

☐ 詳しい 자세하다, 상세하다   ☐ 憎い 밉다

2016년

☐ 治療 치료   ☐ 貴重な 귀중한

☐ 競う 겨루다, 경쟁하다   ☐ 怪しい 수상하다

□ 批評 비평	□ 容姿 용모, 외모
□ 納める 납입하다, 납부하다	□ 伴う 따르다, 동반하다
□ 劣る 뒤떨어지다, 열등하다	□ 願望 소망, 바람

□ 幼い 어리다	□ 握る 쥐다
□ 密閉 밀폐	□ 絞る 짜다, 범위를 좁히다
□ 垂直 수직	□ 乱れる 흐트러지다, 어지러워지다
□ 柔軟な 유연한	□ 強火 센 불
□ 抱える 안다, 껴안다	□ 求人 구인

● 問題2 한자 표기

□ 礼儀 예의	□ 開催 개최
□ 出世 출세	□ 頼り 연고, 의지가 되는 것
□ 伝統 전통	□ 乱れる 흐트러지다
□ 焦る 안달하다, 초조해하다	□ 運賃 운임
□ 暮らす 살다	□ 撮影 촬영

□ 象徴 상징	□ 与える 주다
□ 激しい 심하다	□ 管理 관리
□ 登録 등록	□ 福祉 복지
□ 誘う 권유하다, 유도하다	□ 討論 토론
□ 変更 변경	□ 属する 속하다

- ☐ 導^{みちび}く 이끌다, 지도하다
- ☐ 訪^{おとず}れる 방문하다
- ☐ 扱^{あつか}う 다루다, 취급하다
- ☐ 収穫^{しゅうかく} 수확
- ☐ 積極的^{せっきょくてき}な 적극적인
- ☐ 勢^{いきお}い 기세
- ☐ 抵抗^{ていこう} 저항
- ☐ 組織^{そしき} 조직
- ☐ 肩^{かた} 어깨
- ☐ 至^{いた}るところ 도처, 모든 장소

- ☐ 削^{けず}る 깎다, 삭감하다
- ☐ 真剣^{しんけん}な 진지한
- ☐ 講義^{こうぎ} 강의
- ☐ 努^{つと}める 노력하다
- ☐ 傾^{かたむ}く 기울다
- ☐ 寄付^{きふ} 기부
- ☐ 果^はたす 완수하다
- ☐ 即座^{そくざ}に 즉석에서, 그 자리에서
- ☐ 招待^{しょうたい} 초대
- ☐ 責^せめる 책망하다, 나무라다

- ☐ 湿^{しめ}っぽい 눅눅하다, 습기 차다
- ☐ 詳^{くわ}しい 자세하다, 상세하다
- ☐ 接続^{せつぞく} 접속
- ☐ 援助^{えんじょ} 원조
- ☐ 逆^{さか}らう 거스르다, 거역하다
- ☐ 破^{やぶ}れる 찢어지다, 파손되다
- ☐ 批判^{ひはん} 비판
- ☐ 面倒^{めんどう}な 귀찮은, 성가신
- ☐ 劣^{おと}る 열등하다, 뒤떨어지다
- ☐ 拾^{ひろ}う 줍다

- ☐ 距離^{きょり} 거리
- ☐ 混乱^{こんらん} 혼란
- ☐ 驚^{おどろ}く 놀라다
- ☐ 順調^{じゅんちょう}な 순조로운
- ☐ 講師^{こうし} 강사
- ☐ 争^{あらそ}う 다투다
- ☐ 腹^{はら} 배(신체의 일부)
- ☐ 指摘^{してき} 지적
- ☐ 恵^{めぐ}まれる 혜택 받다, 풍부하다
- ☐ 鮮^{あざ}やかな 선명한

□ 簡潔な(かんけつ) 간결한	□ 招く(まね) 부르다, 초대하다
□ 参照(さんしょう) 참조	□ 保証(ほしょう) 보증
□ 焦げる(こ) 눌다, 타다	□ 催し(もよお) 행사, 모임
□ 症状(しょうじょう) 증상	□ 硬貨(こうか) 동전, 주화
□ 快く(こころよ) 흔쾌히	□ 製造(せいぞう) 제조

□ 凍る(こお) 얼다	□ 討論(とうろん) 토론
□ 救う(すく) 구조하다	□ 好調な(こうちょう) 호조인, 순조로운
□ 永久(えいきゅう) 영구(영원)	□ 在籍(ざいせき) 재적
□ 従う(したが) 따르다, 복종하다	□ 福祉(ふくし) 복지
□ 領収書(りょうしゅうしょ) 영수증	□ 荒い(あら) 거칠다

● 問題 3 단어 형성

□ 諸問題(しょもんだい) 여러 문제	□ 2対1(たい) 2 대 1
□ 商店街(しょうてんがい) 상점가, 상가	□ 再放送(さいほうそう) 재방송
□ 高収入(こうしゅうにゅう) 고수입	□ 予約制(よやくせい) 예약제
□ 副社長(ふくしゃちょう) 부사장	□ 就職率(しゅうしょくりつ) 취직률
□ 集中力(しゅうちゅうりょく) 집중력	□ 旧制度(きゅうせいど) 구제도

□ 医学界(いがくかい) 의학계	□ 文学賞(ぶんがくしょう) 문학상
□ 準優勝(じゅんゆうしょう) 준우승	□ 悪条件(あくじょうけん) 악조건

□ 現段階 현 단계　　□ クリーム状 크림 상태

□ 非公式 비공식　　□ 一日おき 하루 걸러

□ 総売上 총매출　　□ 来シーズン 다음 시즌

2012년

□ ビジネスマン風 비즈니스맨풍　　□ 真夜中 한밤중

□ 仮採用 임시 채용　　□ 投票率 투표율

□ 国際色 국제색　　□ アルファベット順 알파벳순

□ 諸外国 제 외국, 외국 여러 나라　　□ 半透明 반투명

□ 低価格 저가격　　□ 日本流 일본류, 일본식

2013년

□ 準決勝 준결승　　□ 再提出 재제출, 다시 제출함

□ 親子連れ 부모 자식 동반, 가족 동반　　□ 東京駅発 도쿄 역 출발

□ 薄暗い 어둑어둑하다, 침침하다　　□ 音楽全般 음악 전반

□ 風邪気味 감기 기운　　□ 最有力 최유력, 가장 유력

□ 食器類 식기류　　□ 夏休み明け 여름 방학 끝 무렵

2014년

□ 作品集 작품집　　□ 危険性 위험성

□ 線路沿い 선로가　　□ 未経験 미경험

□ 諸問題 여러 문제　　□ 期限切れ 기한 종료

□ 電車賃 전철 요금　　□ 高性能 고성능

□ 祭りムード一色 축제 분위기 일색　　□ 一日おき 하루 걸러

□ 副社長 (ふくしゃちょう) 부사장
□ 応援団 (おうえんだん) 응원단
□ 無責任 (むせきにん) 무책임
□ 悪影響 (あくえいきょう) 악영향
□ 子供連れ (こどもづれ) 자녀 동반
□ 成功率 (せいこうりつ) 성공률
□ 招待状 (しょうたいじょう) 초대장
□ 現実離れ (げんじつばなれ) 현실을 벗어남
□ 真新しい (まあたらしい) 완전히 새롭다
□ ヨーロッパ風 (ふう) 유럽풍

□ 異文化 (いぶんか) 이문화
□ 結婚観 (けっこんかん) 결혼관
□ 年代順 (ねんだいじゅん) 연대순
□ 高水準 (こうすいじゅん) 고수준
□ 管理下 (かんりか) 관리하
□ 日本式 (にほんしき) 일본식
□ 再開発 (さいかいはつ) 재개발
□ 未使用 (みしよう) 미사용
□ 主成分 (しゅせいぶん) 주성분
□ 勉強づけ (べんきょうづけ) 공부 몰입

□ 初年度 (しょねんど) 초년도
□ 前社長 (ぜんしゃちょう) 전 사장
□ 会員制 (かいいんせい) 회원제
□ 家族連れ (かぞくづれ) 가족 동반
□ 真後ろ (まうしろ) 바로 뒤
□ 住宅(街) (じゅうたく(がい)) 주택(가)
□ (不)正確 (ふ)(せいかく) (부)정확
□ (低)カロリー (てい)(저)칼로리
□ (諸)外国 (しょ)(がいこく) (제)외국, (여러)외국
□ 会社員(風) (かいしゃいん)(ふう) 회사원(풍)

● 問題 4 문맥 규정

□ のんびり 한가로이
□ 徐々に (じょじょに) 서서히
□ マイペース 마이 페이스
□ 上昇 (じょうしょう) 상승

□ 評判 평판　　　　　　□ シーズン 시즌

□ 尽きる 다하다, 소진되다　　　　□ 温厚な 온후한, 다정다감한

□ 発揮 발휘　　　　　　□ 相次ぐ 잇따르다, 이어지다

□ あいまいな 애매한　　　　□ 通じる 통하다

□ 有効 유효　　　　　　□ 含む 포함하다

2011년

□ 分析 분석　　　　　　□ 解消 해소

□ ぶらぶら 어슬렁어슬렁　　　　□ 改善 개선

□ 活気 활기　　　　　　□ 迫る 다가오다, 임박하다

□ 詰まる 가득 차다, 막히다　　　　□ 割と 비교적

□ 反映 반영　　　　　　□ 視野 시야

□ ぼんやり 희미하게, 멍하게　　　　□ さっぱり 전혀

□ 強み 강점　　　　　　□ 機能 기능

2012년

□ 散らかる 흩어지다, 어질러지다　　　　□ 偏る/片寄る 치우치다, 편중되다

□ 辞退 사퇴　　　　　　□ 着々と 착착, 순조롭게

□ 得る 얻다　　　　　　□ いらいらする 초조해하다

□ 抱える 감싸 쥐다, 안다　　　　□ ぐち 푸념, 넋두리

□ 改正 개정　　　　　　□ 場面 장면

□ 夢中 열중　　　　　　□ 成長 성장

□ ごろごろ 데굴데굴, 뒹굴뒹굴　　　　□ 適度な 적당한, 알맞은

2013년

□ 呼び止める 불러 세우다　　　　□ 中継 중계

□ 解散 해산　　□ ぜいたくな 사치스러운

□ スムーズに 부드럽게　　□ 見当がつく 짐작이 가다

□ つらい 괴롭다, 힘들다　　□ すっきり 산뜻하게, 후련하게

□ 意欲 의욕　　□ 比例 비례

□ 専念 전념　　□ つまずく 걸려 넘어지다, 좌절하다

□ 格好 모습, 모양　　□ あいにく 공교롭게도

2014년

□ 腹を立てる 화를 내다　　□ 思いきって 과감하게

□ 導入 도입　　□ 訂正 정정

□ やかましい 시끄럽다　　□ 目指す 지향하다, 목표로 하다

□ パンク 펑크　　□ 一気に 단숨에, 단번에

□ あらかじめ 미리　　□ 蓄える 저축하다, 비축하다

□ 体格 체격　　□ リラックスする 긴장을 풀다

□ 差し支える 지장이 있다　　□ うとうと 꾸벅꾸벅(조는 모양)

2015년

□ 特色 특색　　□ 予測 예측

□ びっしょり 흠뻑(완전히 젖은 모양)　　□ 濁る 흐려지다, 탁해지다

□ 輝かしい 빛나다, 눈부시다　　□ 完了 완료

□ 面する 면하다, 마주 대하다　　□ バランス 밸런스, 균형

□ 鋭い 날카롭다, 예리하다　　□ たっぷり 듬뿍

□ デザイン 디자인　　□ 相違 다름, 틀림

□ 柔軟な 유연한　　□ 時間を潰す 시간을 때우다, 시간을 보내다

□ 安易（あんい）な 안이한
□ 提供（ていきょう） 제공
□ 収穫（しゅうかく） 수확
□ ぐったり 매우 지친 모습
□ のんびり 한가로이
□ ショック 쇼크, 충격
□ 普及（ふきゅう） 보급
□ じゃま 방해
□ 引（ひ）き止（と）める 만류하다, 제지하다
□ なだらかな 완만한
□ リーダー 리더, 지도자
□ 活発（かっぱつ）な 활발한
□ 頼（たの）もしい 믿음직하다
□ 割（わ）り込（こ）む 끼어들다

□ 豊富（ほうふ）な 풍부한
□ おだやかな 온화한
□ 確保（かくほ） 확보
□ アピール 어필, 호소
□ 悔（く）やむ 분하게 여기다, 후회하다
□ 契機（けいき） 계기
□ ひそひそ 소근소근
□ バランス 밸런스, 균형
□ 苦情（くじょう） 불평, 클레임
□ 名所（めいしょ） 명소
□ ぎりぎり 아슬아슬
□ 有利（ゆうり）な 유리한
□ 打（う）ち消（け）す 부정하다
□ そそっかしい 경솔하다, 조심성이 없다

● 問題5 유의어

□ とりあえず 우선, 일단 ≒ □ 一応（いちおう） 우선, 일단
□ 譲（ゆず）る 양도하다 ≒ □ 売（う）る 팔다
□ 雑談（ざつだん） 잡담 ≒ □ おしゃべり 잡담, 수다
□ 賢（かしこ）い 똑똑하다 ≒ □ 頭（あたま）がいい 머리가 좋다
□ 大（おお）げさ 과장 ≒ □ オーバー 오버

| □ 勝手な 제멋대로인 | ≒ | □ わがままな 제멋대로인 |

| □ たびたび 종종 | ≒ | □ 何度も 몇 번이고 |

| □ ぶかぶかだ 헐렁헐렁하다(옷, 신발이 큰 모양) | ≒ | □ とても大きい 매우 크다 |

| □ 見解 견해 | ≒ | □ 考え方 생각, 사고방식 |

| □ レンタルする 대여하다 | ≒ | □ 借りる 빌리다 |

2011년

| □ ブーム 붐 | ≒ | □ 流行 유행 |

| □ 慎重に 신중하게 | ≒ | □ 注意して 주의하여 |

| □ 縮む 줄어들다, 축소되다 | ≒ | □ 小さくなる 작아지다 |

| □ ほぼ 거의 | ≒ | □ だいたい 대체로 |

| □ 回復する 회복하다 | ≒ | □ よくなる 좋아지다 |

| □ くたくたになる 기진맥진하다, 녹초가 되다 | ≒ | □ 疲れる 지치다, 피곤하다 |

| □ わずかな 얼마 안 되는 | ≒ | □ 少し 조금 |

| □ 優秀な 우수한 | ≒ | □ 頭がいい 머리가 좋다 |

| □ うつむく 고개를 숙이다 | ≒ | □ 下を向く 아래를 보다 |

| □ いきなり 갑자기 | ≒ | □ 突然 갑자기 |

2012년

| □ 直ちに 즉시 | ≒ | □ すぐに 바로 |

| □ 奇妙な 기묘한 | ≒ | □ 変な 이상한 |

| □ 仕上げる 마무리하다, 완성하다 | ≒ | □ 完成させる 완성시키다 |

| □ 日中 대낮, 한낮 | ≒ | □ 昼間 대낮, 한낮 |

| □ 湿る 습기 차다 | ≒ | □ 乾かない 마르지 않다 |

| □ 追加する 추가하다 | ≒ | □ 足す 더하다 |

| □ 相当 상당히 | ≒ | □ かなり 꽤, 상당히 |

□ じっとする 가만히 있다 ≒ □ 動かない 움직이지 않는다

□ 誤る 틀리다, 실수하다 ≒ □ 正しくない 옳지 않다, 맞지 않다

□ かさかさする 거칠거칠하다, 마르다 ≒ □ 乾燥する 건조하다

2013년

□ 済ます 마치다, 끝내다 ≒ □ 終える 마치다, 끝내다

□ あいまいな 애매한 ≒ □ はっきりしない 확실하지 않은

□ 思いがけない 뜻밖이다 ≒ □ 意外だ 의외다

□ 自ら 스스로 ≒ □ 自分で 스스로, 자신이

□ そろう 갖추어지다, 모이다 ≒ □ 集まる 모이다

□ だいたい 대체로 ≒ □ およそ 대략

□ 計画 계획 ≒ □ プラン 플랜

□ 相変わらず 여전히 ≒ □ 依然として 여전히

□ 必死な 필사적인, 열심인 ≒ □ 一生懸命な 열심인

□ 山の麓 산기슭 ≒ □ 山の下のほう 산 아래쪽

2014년

□ サイズをそろえる 사이즈를 같게 하다 ≒ □ サイズを同じにする 사이즈를 똑같게 하다

□ 買い占める 매점하다, 사 모으다 ≒ □ 全部買う 모두 사다

□ 間際 직전 ≒ □ 直前 직전

□ すぐに 바로 ≒ □ たちまち 금세, 순식간에

□ 勘定する 지불하다 ≒ □ お金を払う 돈을 지불하다

□ 異なる 다르다 ≒ □ 違う 다르다

□ たまたま 우연히 ≒ □ 偶然 우연히

□ 明らかな 분명한 ≒ □ はっきりした 분명한, 확실한

□ 用心 조심 ≒ □ 注意 주의

□ 騒々しい 시끄럽다, 소란스럽다 ≒ □ うるさい 시끄럽다

2015년

□ 所有する 소유하다 ≒ □ 持つ 들다, 소유하다

□ おそらく 아마 ≒ □ 多分 아마

□ 収納する 수납하다 ≒ □ しまう 치우다, 간수하다

□ 小柄だ 몸집이 작다 ≒ □ 体が小さい 몸집이 작다

□ 無口だ 과묵하다 ≒ □ あまり話さない 그다지 말하지 않는다

□ やや 다소, 조금 ≒ □ 少し 조금

□ テンポ 템포, 속도 ≒ □ 速さ 속도

□ 妙な 묘한 ≒ □ 変な 이상한

□ ささやく 속삭이다 ≒ □ 小声で話す 작은 목소리로 말하다

□ かつて 일찍이, 예전부터 ≒ □ 以前 이전, 예전

2016년

□ たびたび 자주 ≒ □ 何度も 몇 번이나

□ 注目する 주목하다 ≒ □ 関心を持つ 관심을 갖다

□ じかに 직접 ≒ □ 直接 직접

□ 衝突する 충돌하다 ≒ □ ぶつかる 충돌하다

□ 卑怯な 비겁한 ≒ □ ずるい 교활하다, 약다

□ 愉快だ 유쾌하다 ≒ □ 面白い 재미있다

□ やむをえない 어쩔 수 없다, 부득이하다 ≒ □ しかたない 어쩔 수 없다

□ 息抜きする 한숨 돌리다, 쉬다 ≒ □ 休む 쉬다

□ ついている 운이 좋다 ≒ □ 運がいい 운이 좋다

□ つねに 항상 ≒ □ いつも 항상

□ 過剰(かじょう)だ 과잉이다	≒	□ 多(おお)すぎる 너무 많다
□ あやまり 실수	≒	□ 間違(まちが)っているところ 잘못되어 있는 부분
□ 臆病(おくびょう)だ 겁이 많다	≒	□ なんでも怖(こわ)がる 무엇이든 무서워하다
□ とっくに 진작에	≒	□ ずっと前(まえ)に 훨씬 전에
□ ゆずる 양보하다	≒	□ あげる 주다
□ 記憶(きおく)する 기억하다	≒	□ 覚(おぼ)える 외우다
□ 不平(ふへい) 불평	≒	□ 文句(もんく) 불평, 불만
□ むかつく 화가 나다, 역겹다	≒	□ 怒(おこ)る 화가 나다
□ 勝手(かって)な 제멋대로인	≒	□ わがままな 제멋대로인, 이기적인
□ まれな 드문	≒	□ ほとんどない 거의 없는

● 問題6 용법

□ 取材(しゅざい) 취재	□ 外(はず)す 떼어 내다, 밖으로 빼내다
□ きっかけ 계기	□ 普及(ふきゅう) 보급
□ 深刻(しんこく)な 심각한	□ 注目(ちゅうもく) 주목
□ 続出(ぞくしゅつ) 속출	□ ふさわしい 어울리다
□ 外見(がいけん) 외관, 겉보기	□ 保(たも)つ 유지하다, 보존하다

□ 方針(ほうしん) 방침	□ 世間(せけん) 세간, 세상
□ 範囲(はんい) 범위	□ 違反(いはん) 위반
□ せめて 적어도, 하다못해	□ 質素(しっそ)な 검소한
□ 利益(りえき) 이익	□ とっくに 진작에, 훨씬 전에
□ かなう (꿈, 희망 등이) 이루어지다	□ 受(う)け入(い)れる 받아들이다

- 乏しい 부족하다
- 廃止 폐지
- 矛盾 모순
- 心強い 든든하다
- 問い合わせる 문의하다
- さっさと 빨리, 서둘러서
- 交代 교대, 교체
- 塞ぐ 막다, 차단하다
- 合同 합동
- 冷静な 냉정한

- 掲示 게시
- 補足 보충, 보완
- 快い 기분 좋다, 유쾌하다
- 慌ただしい 분주하다, 어수선하다
- 分野 분야
- かすかな 희미한
- 生き生き 생기가 넘치는 모양
- 催促 재촉
- 隔てる 멀리하다, 사이에 두다
- ものたりない 조금 부족하다, 어딘가 아쉽다

- 頑丈な 튼튼한
- 会見 회견
- 畳む 접다, 개다
- 支持 지지
- 合図 신호
- 妥当な 타당한
- こつこつと 꾸준하게
- 言い訳 변명
- 縮む 줄어들다, 축소되다
- 手軽な 손쉬운, 간편한

- 温暖な 온난한
- 作成 작성
- 振り向く 돌아보다
- いったん 일단
- 用途 용도
- 思いつく 생각이 떠오르다

□ 甘<ruby>あま</ruby>やかす 응석을 받아 주다　　□ 中断<ruby>ちゅうだん</ruby> 중단

□ 行方<ruby>ゆくえ</ruby> 행방　　□ たくましい 씩씩하다, 늠름하다

2016년

□ 発達<ruby>はったつ</ruby> 발달　　□ 延長<ruby>えんちょう</ruby> 연장

□ きっかけ 계기　　□ さびる 녹슬다

□ 引退<ruby>いんたい</ruby> 은퇴　　□ 目上<ruby>めうえ</ruby> 손윗사람, 연장자

□ 順調<ruby>じゅんちょう</ruby> 순조로움　　□ おおげさ 과장

□ 生<ruby>しょう</ruby>じる 생기다　　□ 反省<ruby>はんせい</ruby> 반성

2017년

□ 頂上<ruby>ちょうじょう</ruby> 정상　　□ 節約<ruby>せつやく</ruby> 절약

□ 分解<ruby>ぶんかい</ruby> 분해　　□ 略<ruby>りゃく</ruby>す 줄이다

□ 覆<ruby>おお</ruby>う 덮다　　□ 破<ruby>やぶ</ruby>る 찢다, 파기하다

□ 限定<ruby>げんてい</ruby> 한정　　□ 一斉<ruby>いっせい</ruby>に 일제히

□ 散<ruby>ち</ruby>らかす 어지르다, 흩뜨리다　　□ 論争<ruby>ろんそう</ruby> 논쟁

❶ 명사

合図（あいず）	신호
愛着（あいちゃく）	애착
空き地（あきち）	공터
汗（あせ）	땀
圧勝（あっしょう）	압승
言い訳（いいわけ）	변명
勢い（いきおい）	기세
生き方（いきかた）	삶, 생활 방식
息抜き（いきぬき）	휴식, 숨을 돌림
移行（いこう）	이행, 다른 상태로 옮겨 감
至るところ（いたるところ）	도처, 모든 장소
一面（いちめん）	일면
一例（いちれい）	일례, 하나의 예
一種（いっしゅ）	일종, 한 가지
意図（いと）	의도
違反（いはん）	위반
異文化（いぶんか）	이문화
意欲（いよく）	의욕
引用（いんよう）	인용
腕（うで）	팔
裏（うら）	뒤, 안, 내면
運（うん）	운, 운수
運賃（うんちん）	운임
営業（えいぎょう）	영업
援助（えんじょ）	원조
遠慮（えんりょ）	사양, 조심스러움
応答（おうとう）	응답
教え方（おしえかた）	교수법, 지도 방법
おしゃべり	잡담, 수다
お腹（おなか）	배(신체의 일부)
帯（おび）	띠
重み（おもみ）	무게, 중요성
開演（かいえん）	공연 개시
会見（かいけん）	회견
外見（がいけん）	외관, 겉보기
開講（かいこう）	개강
開催（かいさい）	개최
解散（かいさん）	해산
解消（かいしょう）	해소
改正（かいせい）	개정
快晴（かいせい）	쾌청, 맑은 날씨
改善（かいぜん）	개선
改造（かいぞう）	개조
改訂（かいてい）	개정(서적의 내용을 수정함)
回復（かいふく）	회복
解放（かいほう）	해방
開幕（かいまく）	개막

☐ 概要 (がいよう)	개요		☐ 完了 (かんりょう)	완료
☐ 香り (かお)	향기		☐ 企業 (きぎょう)	기업
☐ 家具 (かぐ)	가구		☐ 器具 (きぐ)	기구
☐ 拡充 (かくじゅう)	확충		☐ 記者 (きしゃ)	기자
☐ 獲得 (かくとく)	획득		☐ 季節 (きせつ)	계절
☐ 学歴 (がくれき)	학력		☐ 北半球 (きたはんきゅう)	북반구
☐ 歌詞 (かし)	가사		☐ きっかけ	계기
☐ 数 (かず)	수, 숫자		☐ 機能 (きのう)	기능
☐ 肩 (かた)	어깨		☐ 寄付 (きふ)	기부
☐ 活気 (かっき)	활기		☐ 規模 (きぼ)	규모
☐ 格好 (かっこう)	모습, 볼품		☐ 休憩 (きゅうけい)	휴식
☐ 活動 (かつどう)	활동		☐ 休日 (きゅうじつ)	휴일
☐ 活躍 (かつやく)	활약		☐ 吸収 (きゅうしゅう)	흡수
☐ 仮定 (かてい)	가정		☐ 行事 (ぎょうじ)	행사
☐ 我慢 (がまん)	참음		☐ 強弱 (きょうじゃく)	강약
☐ 雷 (かみなり)	천둥		☐ 共通 (きょうつう)	공통
☐ 画面 (がめん)	화면		☐ 共同 (きょうどう)	공동
☐ 側 (がわ)	측		☐ 拒否 (きょひ)	거부
☐ 考え方 (かんがかた)	사고방식		☐ 距離 (きょり)	거리
☐ 勘定 (かんじょう)	지불, 계산		☐ 緊張 (きんちょう)	긴장
☐ 完成 (かんせい)	완성		☐ 具合 (ぐあい)	상태
☐ 乾燥 (かんそう)	건조		☐ 偶然 (ぐうぜん)	우연히
☐ 看板 (かんばん)	간판		☐ 苦情 (くじょう)	민원, 고충, 불평
☐ 願望 (がんぼう)	소원, 바람		☐ 苦戦 (くせん)	고전
☐ 勧誘 (かんゆう)	권유		☐ ぐち	푸념, 넋두리
☐ 管理 (かんり)	관리		☐ 位 (くらい)	정도

☐ 訓練 (くんれん)	훈련		☐ 根気 (こんき)	끈기
☐ 計画 (けいかく)	계획		☐ 混乱 (こんらん)	혼란
☐ 掲示 (けいじ)	게시		☐ 差 (さ)	차이
☐ 継続 (けいぞく)	계속		☐ 再開 (さいかい)	재개
☐ 景色 (けしき)	경치		☐ 催促 (さいそく)	재촉
☐ 決断 (けつだん)	결단		☐ 最大 (さいだい)	최대
☐ 見解 (けんかい)	견해		☐ 才能 (さいのう)	재능
☐ 健康 (けんこう)	건강		☐ 採用 (さいよう)	채용
☐ 検査 (けんさ)	검사		☐ 作業 (さぎょう)	작업
☐ 現象 (げんしょう)	현상		☐ 削除 (さくじょ)	삭제
☐ 現状 (げんじょう)	현재 상태		☐ 作成 (さくせい)	작성
☐ 幻想 (げんそう)	환상		☐ 撮影 (さつえい)	촬영
☐ 見当 (けんとう)	짐작		☐ 雑談 (ざつだん)	잡담
☐ 権利 (けんり)	권리		☐ 賛成 (さんせい)	찬성
☐ 減量 (げんりょう)	감량		☐ 山頂 (さんちょう)	산꼭대기
☐ 効果 (こうか)	효과		☐ 視界 (しかい)	시계, 시야
☐ 硬貨 (こうか)	동전, 주화		☐ 資格 (しかく)	자격
☐ 交換 (こうかん)	교환		☐ 至急 (しきゅう)	지급, 매우 급함
☐ 講義 (こうぎ)	강의		☐ 資源 (しげん)	자원
☐ 講師 (こうし)	강사		☐ 視察 (しさつ)	시찰
☐ 交代 (こうたい)	교대, 교체		☐ 支持 (しじ)	지지
☐ 合同 (ごうどう)	합동		☐ 姿勢 (しせい)	자세
☐ 効用 (こうよう)	효용		☐ 視線 (しせん)	시선
☐ 効力 (こうりょく)	효력		☐ 辞退 (じたい)	사퇴
☐ 国際 (こくさい)	국제		☐ 質 (しつ)	질
☐ 腰 (こし)	허리		☐ 実現 (じつげん)	실현

実際 (じっさい)	실제	書類 (しょるい)	서류
実力 (じつりょく)	실력	診察 (しんさつ)	진찰
指摘 (してき)	지적	進出 (しんしゅつ)	진출
地元 (じもと)	고장, 현지	診断 (しんだん)	진단
視野 (しや)	시야	信頼 (しんらい)	신뢰
邪魔 (じゃま)	방해, 장애	心理 (しんり)	심리
収穫 (しゅうかく)	수확	背 (せ)	등, 키
収納 (しゅうのう)	수납	性格 (せいかく)	성격
修理 (しゅうり)	수리	成長 (せいちょう)	성장
取材 (しゅざい)	취재	整備 (せいび)	정비
主張 (しゅちょう)	주장	製品 (せいひん)	제품
出世 (しゅっせ)	출세	政府 (せいふ)	정부
需要 (じゅよう)	수요	世間 (せけん)	세간, 세상
準備 (じゅんび)	준비	接続 (せつぞく)	접속
条件 (じょうけん)	조건	説明 (せつめい)	설명
上昇 (じょうしょう)	상승	選挙 (せんきょ)	선거
招待 (しょうたい)	초대	洗剤 (せんざい)	세제
状態 (じょうたい)	상태	前日 (ぜんじつ)	전날
上達 (じょうたつ)	숙달	専念 (せんねん)	전념
象徴 (しょうちょう)	상징	全般 (ぜんぱん)	전반
焦点 (しょうてん)	초점	全面 (ぜんめん)	전면
情報 (じょうほう)	정보	相違 (そうい)	차이
省略 (しょうりゃく)	생략	増加 (ぞうか)	증가
食費 (しょくひ)	식비	相互 (そうご)	상호, 서로
食欲 (しょくよく)	식욕	増大 (ぞうだい)	증대
所有 (しょゆう)	소유	装置 (そうち)	장치

□ 続出（ぞくしゅつ）	속출		□ 直接（ちょくせつ）	직접
□ 組織（そしき）	조직		□ 直前（ちょくぜん）	직전
□ それぞれ	각각		□ 治療（ちりょう）	치료
□ 損（そん）	손해		□ 追加（ついか）	추가
□ 損害（そんがい）	손해		□ 強み（つよ）	강점
□ 尊重（そんちょう）	존중		□ 鶴（つる）	학, 두루미
□ 〜対〜（たい）	〜대〜		□ 提案（ていあん）	제안
□ 退院（たいいん）	퇴원		□ 提供（ていきょう）	제공
□ 対応（たいおう）	대응		□ 抵抗（ていこう）	저항
□ 大会（たいかい）	대회		□ 停止（ていし）	정지
□ 体格（たいかく）	체격		□ 訂正（ていせい）	정정
□ 退出（たいしゅつ）	퇴출		□ 展開（てんかい）	전개
□ 退場（たいじょう）	퇴장		□ 転換（てんかん）	전환
□ 大別（たいべつ）	대별		□ 点検（てんけん）	점검
□ 多数（たすう）	다수		□ 伝授（でんじゅ）	전수
□ 達成（たっせい）	달성		□ 伝承（でんしょう）	전승
□ 建て替え（たか）	재건축		□ 伝達（でんたつ）	전달
□ 種（たね）	씨앗		□ 電池（でんち）	전지
□ 頼り（たよ）	연고, 의지가 되는 것		□ 伝統（でんとう）	전통
□ 注意（ちゅうい）	주의		□ 天然（てんねん）	천연
□ 中継（ちゅうけい）	중계		□ 統一（とういつ）	통일
□ 中断（ちゅうだん）	중단		□ 当日（とうじつ）	당일
□ 注目（ちゅうもく）	주목		□ 当然（とうぜん）	당연
□ 注文（ちゅうもん）	주문		□ 導入（どうにゅう）	도입
□ 調節（ちょうせつ）	조절		□ 逃避（とうひ）	도피
□ 直後（ちょくご）	직후		□ 逃亡（とうぼう）	도망

☐ 登録 (とうろく)	등록		☐ 腹 (はら)	배(신체의 일부)
☐ 討論 (とうろん)	토론		☐ 針 (はり)	바늘
☐ 特色 (とくしょく)	특색		☐ 範囲 (はんい)	범위
☐ 特徴 (とくちょう)	특징		☐ 反映 (はんえい)	반영
☐ 特定 (とくてい)	특정		☐ 反省 (はんせい)	반성
☐ 得点 (とくてん)	득점		☐ 判断 (はんだん)	판단
☐ 隣 (となり)	옆, 이웃		☐ 被害 (ひがい)	피해
☐ 努力 (どりょく)	노력		☐ 比較 (ひかく)	비교
☐ 仲間 (なかま)	동료		☐ 非難 (ひなん)	비난
☐ 鍋 (なべ)	냄비		☐ 批判 (ひはん)	비판
☐ 波 (なみ)	파도		☐ 秘密 (ひみつ)	비밀
☐ 何度 (なんど)	여러 번		☐ 評価 (ひょうか)	평가
☐ 臭い (におい)	냄새		☐ 評判 (ひょうばん)	평판, 명성
☐ 日中 (にっちゅう)	대낮, 한낮		☐ 昼間 (ひるま)	대낮, 한낮
☐ 寝不足 (ねぶそく)	수면 부족		☐ 比例 (ひれい)	비례
☐ 喉 (のど)	목구멍		☐ 深み (ふかみ)	깊이, 깊은 맛
☐ 廃止 (はいし)	폐지		☐ 普及 (ふきゅう)	보급
☐ 俳優 (はいゆう)	배우		☐ 福祉 (ふくし)	복지
☐ 発揮 (はっき)	발휘		☐ 副詞 (ふくし)	부사
☐ 発行 (はっこう)	발행		☐ 複数 (ふくすう)	복수
☐ 発生 (はっせい)	발생		☐ 服装 (ふくそう)	복장
☐ 発想 (はっそう)	발상		☐ ふた	뚜껑
☐ 発達 (はったつ)	발달		☐ 麓 (ふもと)	산기슭
☐ 発明 (はつめい)	발명		☐ 文章 (ぶんしょう)	문장
☐ 破片 (はへん)	파편		☐ 分析 (ぶんせき)	분석
☐ 場面 (ばめん)	장면		☐ 分配 (ぶんぱい)	분배

□ 分野 (ぶんや)	분야		□ 申し込み (もうしこみ)	신청
□ 平日 (へいじつ)	평일		□ 模範 (もはん)	모범
□ 変換 (へんかん)	변환		□ 夜間 (やかん)	야간
□ 返却 (へんきゃく)	반납, 반환		□ 役割 (やくわり)	역할
□ 変更 (へんこう)	변경		□ 家賃 (やちん)	집세, 방세
□ 放映 (ほうえい)	방영		□ 行方 (ゆくえ)	행방
□ 貿易 (ぼうえき)	무역		□ 油断 (ゆだん)	방심
□ 報告 (ほうこく)	보고		□ 要求 (ようきゅう)	요구
□ 防災 (ぼうさい)	방재		□ 容姿 (ようし)	외모, 용모와 자태
□ 方針 (ほうしん)	방침		□ 用事 (ようじ)	볼일
□ 保証 (ほしょう)	보증		□ 要所 (ようしょ)	요소
□ 補足 (ほそく)	보충		□ 用心 (ようじん)	조심
□ 間際 (まぎわ)	직전		□ 様子 (ようす)	모습
□ 待ち合わせ (まちあわせ)	(만날) 약속		□ 用途 (ようと)	용도
□ 満員 (まんいん)	만원		□ 予感 (よかん)	예감
□ 実 (み)	열매		□ 汚れ (よご)	더러움, 오염, 얼룩
□ 見た目 (みため)	겉보기, 외관		□ 予習 (よしゅう)	예습
□ 南半球 (みなみはんきゅう)	남반구		□ 予想 (よそう)	예상
□ 向き (むき)	방향		□ 予測 (よそく)	예측
□ 虫歯 (むしば)	충치		□ 世の中 (よのなか)	세상, 사회
□ 矛盾 (むじゅん)	모순		□ 予約 (よやく)	예약
□ 夢中 (むちゅう)	열중		□ 利益 (りえき)	이익
□ 無理 (むり)	무리		□ 利点 (りてん)	이점
□ 名所 (めいしょ)	명소		□ 理由 (りゆう)	이유
□ 目上 (めうえ)	손윗사람, 연장자		□ 流行 (りゅうこう)	유행
□ 目印 (めじるし)	표시		□ 履歴書 (りれきしょ)	이력서

□ 礼儀（れいぎ）	예의	□ 動く（うご）	움직이다
□ 録音（ろくおん）	녹음	□ 打ち明ける（うあ）	털어놓다, 고백하다
□ 録画（ろくが）	녹화	□ うつむく	고개를 숙이다
□ 論文（ろんぶん）	논문	□ 埋まる（う）	묻히다
□ 割引（わりびき）	할인	□ 占う（うらな）	점치다
		□ 得る（え）	얻다, 획득하다

❷ 동사

□ 相次ぐ（あいつ）	잇따르다, 이어지다	□ 終える（お）	끝내다
□ 預かる（あず）	맡다	□ 補う（おぎな）	보완하다, 보충하다
□ 預ける（あず）	맡기다	□ 納める（おさ）	납부하다
□ 焦る（あせ）	초조해하다, 안달하다	□ 落ち込む（おこ）	낙담하다, 악화되다
□ 当たる（あ）	맞다, 명중하다, 적중하다, 해당하다	□ 訪れる（おとず）	방문하다
□ 扱う（あつか）	다루다, 취급하다	□ 劣る（おと）	열등하다, 뒤떨어지다
□ 暴れる（あば）	날뛰다	□ 衰える（おとろ）	쇠퇴하다
□ 甘やかす（あま）	응석을 받아 주다	□ 驚く（おどろ）	놀라다
□ 誤る（あやま）	틀리다, 실수하다	□ 覚える（おぼ）	기억하다, 터득하다
□ 争う（あらそ）	다투다, 경쟁하다	□ 思いつく（おも）	생각이 떠오르다
□ 荒れる（あ）	거칠어지다, 황폐해지다	□ 折れる（お）	부러지다, 꺾이다
□ 合わせる（あ）	맞추다, 합치다	□ 買い占める（かし）	매점하다, 사 모으다
□ 慌てる（あわ）	당황해하다, 허둥대다	□ 抱える（かか）	감싸 쥐다, 안다
□ 急ぐ（いそ）	서두르다	□ 関わる（かか）	관련되다
□ 傷む（いた）	상하다, 손상되다	□ 限る（かぎ）	국한되다, 한정되다
□ 至る（いた）	이르다, 도달하다	□ 隠す（かく）	숨기다
□ 祈る（いの）	빌다, 기원하다	□ 隠れる（かく）	숨다
□ 祝う（いわ）	축하하다	□ 囲む（かこ）	둘러싸다
□ 受け入れる（うい）	받아들이다	□ 傾く（かたむ）	기울다
		□ 固める（かた）	굳히다, 단단하게 하다

□ 偏る/片寄る（かたよ/かたよ）	치우치다, 편중되다	□ 湿る（しめ）	습기 차다, 축축하다
□ かなう	(꿈, 희망 등이) 이루어지다	□ 調べる（しら）	조사하다
□ かばう	편들다, 두둔하다	□ 空く（す）	한산하다, 허기지다
□ 借りる（か）	빌리다	□ 救う（すく）	구하다, 돕다
□ 枯れる（か）	(식물이) 시들다, 마르다	□ 捨てる（す）	버리다
□ 乾く（かわ）	마르다, 건조되다	□ 済ます（す）	끝내다, 해결하다
□ 渇く（かわ）	목마르다, 갈증을 느끼다	□ 迫る（せま）	다가오다, 임박하다
□ 聞き取る（きと）	듣다, 듣고 이해하다	□ 責める（せ）	비난하다
□ 競う（きそ）	겨루다, 경쟁하다	□ 添える（そ）	덧붙이다, 첨부하다
□ 崩れる（くず）	무너지다, 붕괴되다	□ 属する（ぞく）	속하다
□ くっつく	달라붙다, 밀착되다	□ 備える（そな）	대비하다, 갖추다
□ 暮らす（く）	살다, 생활하다	□ そろう	갖추어지다, 모두 모이다
□ 削る（けず）	깎다, 삭감하다	□ そろえる	갖추다, 한곳에 모으다
□ 越える（こ）	(주로 시간이나 장소를) 넘다, 지나다	□ 倒れる（たお）	쓰러지다
□ 異なる（こと）	다르다	□ 抱きしめる（だ）	꽉 껴안다
□ 込める（こ）	담다, 넣다	□ 抱く（だ）	포옹하다
□ 壊す（こわ）	부수다, 파괴하다	□ 蓄える（たくわ）	저축하다, 비축하다
□ 探す（さが）	찾다	□ 足す（た）	더하다, 채우다
□ 逆らう（さか）	거스르다, 거역하다	□ 訪ねる（たず）	방문하다
□ ささやく	속삭이다	□ 戦う（たたか）	싸우다
□ 差し支える（さつか）	지장이 있다	□ 畳む（たた）	접다, 포개다
□ 誘う（さそ）	권유하다, 유혹하다	□ 保つ（たも）	유지하다, 보존하다
□ 錆びる（さ）	녹슬다	□ 違う（ちが）	다르다, 틀리다
□ 仕上げる（しあ）	마무리하다	□ 縮む（ちぢ）	줄어들다, 축소되다
□ 沈む（しず）	가라앉다	□ 通じる（つう）	통하다
□ 従う（したが）	따르다, 복종하다	□ つかむ	잡다, 쥐다, 손에 넣다

□ 疲れる(つか)	지치다, 피곤하다	□ 話す(はな)	말하다, 이야기하다
□ 尽きる(つ)	다하다, 소진되다	□ 省く(はぶ)	생략하다
□ つっこむ	돌진하다, 추궁하다	□ 払う(はら)	치르다, 지불하다
□ 努める(つと)	노력하다	□ 冷える(ひ)	식다
□ 潰す(つぶ)	으깨다, 부수다	□ 引っかかる(ひ)	걸리다
□ 潰れる(つぶ)	찌그러지다, 망가지다	□ 拾う(ひろ)	줍다
□ つまずく	걸려 넘어지다, 좌절하다	□ 深める(ふか)	깊게 하다, 심화시키다
□ 詰まる(つ)	가득 차다, 막히다	□ 含む(ふく)	포함하다, 함유하다
□ 積む(つ)	쌓다	□ 含める(ふく)	포함시키다
□ 詰め込む(つ, こ)	가득 채우다, 밀어 넣다	□ 塞ぐ(ふさ)	막다, 차단하다
□ 問い合わせる(と, あ)	문의하다	□ 振り向く(ふ, む)	돌아보다
□ 整える(ととの)	정돈하다	□ 触れる(ふ)	닿다, 언급하다
□ 飛び越える(と, こ)	뛰어넘다	□ 隔てる(へだ)	가로막다, 사이를 두다
□ 伴う(ともな)	동반하다, 함께하다	□ まとめる	정리하다
□ 捉える(とら)	붙잡다, 파악하다	□ 招く(まね)	부르다, 초대하다
□ 眺める(なが)	바라보다, 조망하다	□ 乱れる(みだ)	흐트러지다
□ 握る(にぎ)	쥐다, 잡다	□ 導く(みちび)	이끌다, 지도하다
□ 濁る(にご)	흐려지다, 탁해지다	□ 見張る(み, は)	망보다, 눈을 크게 뜨다
□ 似る(に)	서로 닮다, 비슷하다	□ 見分ける(み, わ)	분별하다, 구분하다
□ 煮る(に)	삶다, 조리다	□ 見わたす(み)	멀리 바라보다, 둘러보다
□ 抜ける(ぬ)	빠지다, 뽑히다	□ 向く(む)	향하다
□ 載せる(の)	싣다, 게재하다	□ 恵まれる(めぐ)	혜택을 받다, 풍부하다
□ 除く(のぞ)	제외하다, 제거하다	□ 恵む(めぐ)	은혜를 베풀다
□ 挟む(はさ)	끼우다, 사이에 두다	□ 目指す(めざ)	지향하다, 목표로 하다
□ 外す(はず)	떼어 내다, 밖으로 빼내다	□ 面する(めん)	면하다, 마주 대하다
□ 果たす(は)	(임무를) 완수하다	□ 潜る(もぐ)	잠수하다, 숨어들다

□ 戻^{もど}す	되돌리다	□ 重苦^{おもくる}しい	답답하다, 숨 막히다

□ 戻す	되돌리다	□ 重苦しい	답답하다, 숨 막히다
□ 催す	개최하다, 열다	□ 輝かしい	빛나다, 눈부시다
□ 養う	기르다, 부양하다	□ 賢い	똑똑하다
□ 破れる	찢어지다, 파손되다	□ 辛い	맵다
□ 敗れる	패배하다	□ 臭い	냄새나다
□ 譲る	양보하다, 물려주다	□ 悔しい	억울하다
□ 汚れる	더러워지다	□ 詳しい	자세하다
□ 呼び止める	불러 세우다	□ 険しい	험하다
□ 寄る	들르다	□ 心強い	마음 든든하다
□ 略する	생략하다, 줄이다	□ 快い	기분 좋다
□ 分ける	나누다	□ 怖い	무섭다
□ 渡す	건네다, 넘겨주다	□ しつこい	집요하다, 끈질기다
□ 渡る	건너다	□ 渋い	떫다
□ 割り込む	끼어들다, 새치기하다	□ 湿っぽい	축축하다, 눅눅하다
		□ ずうずうしい	뻔뻔하다

❸ い형용사

□ 浅い	얕다	□ 鋭い	날카롭다, 뾰족하다
□ 危ない	위험하다	□ 騒々しい	시끄럽다
□ 怪しい	수상하다	□ たくましい	씩씩하다, 늠름하다
□ 荒い	거칠다	□ 正しい	올바르다
□ 慌ただしい	분주하다, 어수선하다	□ 小さい	작다
□ 痛ましい	가슴 아프다, 불쌍하다	□ 力強い	힘차다
□ うるさい	시끄럽다	□ つらい	괴롭다, 힘들다
□ 恐ろしい	무섭다	□ 乏しい	부족하다
□ 大人しい	얌전하다, 온순하다	□ 情けない	한심하다
□ 思いがけない	뜻밖이다, 의외이다	□ 懐かしい	그립다
		□ 憎い	밉다

激しい <ruby>激<rt>はげ</rt></ruby>しい	심하다, 격렬하다	快適な <ruby>快適<rt>かいてき</rt></ruby>な	쾌적한

□ 激しい（はげしい）　심하다, 격렬하다

□ ひどい　심하다

□ 分厚い（ぶあつい）　두껍다, 두툼하다

□ ふさわしい　어울리다

□ 古い（ふるい）　낡다, 오래되다

□ 貧しい（まずしい）　가난하다

□ 珍しい（めずらしい）　드물다, 희귀하다

□ ものたりない　조금 부족하다, 어딘가 아쉽다

□ やかましい　시끄럽다

□ 緩い（ゆるい）　느슨하다, 완만하다

□ 良い（よい）　좋다

❹ な형용사

□ あいまいな　애매한

□ 明らかな（あきらかな）　명백한, 분명한

□ 鮮やかな（あざやかな）　선명한

□ 意外な（いがいな）　의외의

□ 一時的な（いちじてきな）　일시적인

□ 一方的な（いっぽうてきな）　일방적인

□ 嫌な（いやな）　싫은, 원하지 않는

□ 円満な（えんまんな）　원만한

□ 大げさな（おおげさな）　거창한

□ 大幅な（おおはばな）　대폭적인

□ 穏やかな（おだやかな）　온화한, 평온한

□ 温厚な（おんこうな）　온후한, 다정다감한

□ 温暖な（おんだんな）　온난한

□ 快適な（かいてきな）　쾌적한

□ かすかな　희미한

□ 勝手な（かってな）　제멋대로인

□ 活発な（かっぱつな）　활발한

□ がらがらな　텅 빈, 한산한

□ 頑固な（がんこな）　완고한

□ 頑丈な（がんじょうな）　튼튼한

□ 簡単な（かんたんな）　간단한

□ 簡略な（かんりゃくな）　간략한

□ 貴重な（きちょうな）　귀중한

□ 奇妙な（きみょうな）　기묘한

□ 器用な（きような）　재주가 있는, 요령이 좋은

□ 極端な（きょくたんな）　극단적인

□ 具体的な（ぐたいてきな）　구체적인

□ 強引な（ごういんな）　억지스러운, 강제적인

□ 好調な（こうちょうな）　순조로운

□ 小柄な（こがらな）　몸집이 작은

□ ささやかな　사소한, 자그마한

□ 様々な（さまざまな）　다양한

□ 質素な（しっそな）　검소한

□ 充実な（じゅうじつな）　충실한

□ 柔軟な（じゅうなんな）　유연한

□ 順調な（じゅんちょうな）　순조로운

□ 消極的な（しょうきょくてきな）　소극적인

□ 真剣な（しんけんな）　진지한

□ 深刻な（しんこくな）　심각한

□ 慎重な（しんちょう）	신중한	□ 幼稚な（ようち）	유치한, 어린
□ 清潔な（せいけつ）	청결한, 깨끗한	□ 余計な（よけい）	쓸데없는, 불필요한
□ ぜいたくな	사치스러운	□ 乱暴な（らんぼう）	난폭한
□ 積極的な（せっきょくてき）	적극적인	□ 冷静な（れいせい）	냉정한, 침착한
□ 率直な（そっちょく）	솔직한	□ わがままな	제멋대로인
□ 対等な（たいとう）	대등한	□ わずかな	매우 적은
□ 単純な（たんじゅん）	단순한		
□ 抽象的な（ちゅうしょうてき）	추상적인		

❺ 부사/접속사

□ 丁寧な（ていねい）	정중한, 꼼꼼한	□ 相変わらず（あいか）	변함없이
□ 手軽な（てがる）	손쉬운, 간편한	□ あいにく	공교롭게도
□ 適度な（てきど）	적당한, 알맞은	□ あらかじめ	미리
□ 軟弱な（なんじゃく）	연약한	□ 改めて（あらた）	다시
□ 賑やかな（にぎ）	번화한, 떠들썩한	□ いきなり	갑자기
□ 必死な（ひっし）	필사적인, 열심인	□ 依然として（いぜん）	여전히
□ 複雑な（ふくざつ）	복잡한	□ 一応（いちおう）	일단, 우선
□ 不思議な（ふしぎ）	이상한, 신기한	□ 一気に（いっき）	단숨에, 단번에
□ 変な（へん）	이상한	□ 一生懸命（いっしょうけんめい）	열심히
□ 豊富な（ほうふ）	풍부한	□ 一斉に（いっせい）	일제히
□ 本格的な（ほんかくてき）	본격적인	□ いらいら	초조한 모습, 안절부절못하는 모습
□ 密接な（みっせつ）	밀접한	□ うっかり	무심코, 깜빡
□ 妙な（みょう）	묘한, 이상한	□ うっすら	어렴풋이, 희미하게
□ 無口な（むくち）	과묵한, 말수가 적은	□ うとうと	꾸벅꾸벅(조는 모양)
□ 面倒な（めんどう）	귀찮은	□ うろうろ	허둥지둥, 우왕좌왕
□ ゆううつな	우울한	□ 遅くとも（おそ）	늦어도
□ 優秀な（ゆうしゅう）	우수한	□ おそらく	아마
□ 優良な（ゆうりょう）	우량한, 우수한	□ 思いきって（おも）	과감하게

□ およそ	대략	□ じきに	곧
□ かさかさ	바삭바삭, 꺼칠꺼칠	□ じっと	가만히, 잠자코
□ 数々 (かずかず)	수많은, 다양한	□ しっとり	촉촉히, 차분하게
□ かつて	일찍이, 예전부터	□ しばらく	잠시
□ かなり	꽤, 상당히	□ 順々に (じゅんじゅん)	차례차례
□ 軽々と (かるがる)	가볍게, 거뜬히	□ 徐々に (じょじょ)	서서히
□ きちんと	깔끔하게, 정확히	□ 知らず知らず (し・し)	자기도 모르는 사이에
□ ぎっしり	가득	□ すいすい	술술, 거침없이(경쾌한 느낌)
□ きっぱり	단호하게	□ すぐに	바로
□ 急に (きゅう)	갑자기	□ 少し (すこ)	조금
□ きらきら	반짝반짝	□ すっかり	완전히
□ くたくた	기진맥진	□ すっきり	산뜻하게, 후련하게
□ ぐっすり	푹(깊이 잠든 모습)	□ すらすら	술술, 거침없이 (진행이 순조로운 모습)
□ ぐったり	축 늘어진 모습, 매우 지친 모습	□ せっかく	모처럼, 애써, 힘껏
□ ぐらぐら	흔들흔들	□ 絶対 (ぜったい)	절대로
□ ぐるぐる	빙글빙글	□ せめて	적어도, 하다못해
□ ぐんぐん	부쩍부쩍, 무럭무럭	□ 全部 (ぜんぶ)	전부
□ こつこつ	꾸준하게	□ 相当 (そうとう)	상당히
□ 細々と (こまごま)	세세하게, 자상하게	□ 即座に (そくざ)	즉석에서, 당장
□ ごろごろ	데굴데굴	□ 大して (たい)	별로, 그다지
□ さっき	아까, 조금 전	□ だいたい	대체로
□ さっさと	빨리, 서둘러서	□ たいてい	대개
□ さっぱり	청결하게, 산뜻하게, 전혀 〈뒤에 부정 표현 수반〉	□ 確か (たし)	분명히
□ さらさら	졸졸, 술술(막힘 없는 모습), 찰랑찰랑	□ 直ちに (ただ)	즉시
□ 更に (さら)	더욱, 게다가	□ たちまち	금세, 순식간에

□ たっぷり	듬뿍
□ たびたび	종종
□ 多分<ruby>た ぶん</ruby>	아마
□ たまたま	우연히
□ たまに	어쩌다, 이따금
□ 着々と<ruby>ちゃくちゃく</ruby>	착착, 순조롭게
□ 次々と<ruby>つぎつぎ</ruby>	차례차례, 잇따라
□ どうせ	어차피
□ どうりで	어쩐지, 그래서
□ とっくに	진작에, 훨씬 전에
□ 突然<ruby>とつぜん</ruby>	돌연, 갑자기
□ とりあえず	우선, 일단
□ のろのろ	느릿느릿
□ のんびり	한가로이
□ はっきり	분명하게, 명확하게
□ ばらばら	뿔뿔이, 조각조각
□ びっしょり	흠뻑(젖은 모습)
□ ぴったり	딱, 꽉(빈틈없이 밀착한 모습)
□ ぶかぶか	헐렁헐렁(옷, 신발이 큰 모습)
□ ぶらぶら	어슬렁어슬렁
□ ふんわり	사뿐히, 푹신푹신
□ ほぼ	거의
□ ぼんやり	희미하게, 멍하게
□ 自ら<ruby>みずか</ruby>	스스로, 몸소
□ やや	다소, 조금
□ ゆらゆら	흔들흔들

□ わくわく	두근두근
□ わざわざ	일부러
□ 割と<ruby>わり</ruby>	비교적

⑥ 접두어/접미어

悪〜<ruby>あく</ruby> 악(나쁜)

| □ 悪影響<ruby>あくえいきょう</ruby> | 악영향 |
| □ 悪循環<ruby>あくじゅんかん</ruby> | 악순환 |

〜明け<ruby>あ</ruby> 새해, 새달이 시작됨, 어느 기간이 끝남

□ 週明け<ruby>しゅう あ</ruby>	한 주의 시작
□ 年明け<ruby>とし あ</ruby>	새해
□ 梅雨明け<ruby>つ ゆ あ</ruby>	장마가 끝난 시기
□ 連休明け<ruby>れんきゅう あ</ruby>	연휴가 끝난 후

〜一色<ruby>いっしょく</ruby> 일색

| □ 歓迎ムード一色<ruby>かんげい　いっしょく</ruby> | 환영 분위기 일색 |
| □ 祭りムード一色<ruby>まつ　いっしょく</ruby> | 축제 분위기 일색 |

薄〜/〜薄<ruby>うす　うす</ruby> 조금, 약간, 옅은, 부족함, 모자람

□ 薄暗い<ruby>うすぐら</ruby>	조금 어둡다, 어둑어둑하다
□ 薄汚い<ruby>うすぎたな</ruby>	조금 지저분하다
□ 品薄<ruby>しなうす</ruby>	품귀
□ 望み薄<ruby>のぞ　うす</ruby>	희망이 없음

〜おき 간격으로, 걸러서

| □ 2時間おきに<ruby>じ かん</ruby> | 2시간 간격으로 |

□ ３メートルおきに　3미터 간격으로

□ ２日おきに　이틀 걸러
　 ふつ か

□ ３年おきに　3년 걸러
　 ねん

～億 억(수량)
　おく

□ 一億　1억
　いち おく

□ 二億　2억
　に おく

～界 계(분야, 영역)
　かい

□ 医学界　의학계
　い がくかい

□ 芸能界　연예계
　げいのうかい

～街 가(거리)
　がい

□ 住宅街　주택가
　じゅうたくがい

□ 商店街　상점가
　しょうてんがい

～学 학(학문)
　がく

□ 人類学　인류학
　じんるいがく

□ 物理学　물리학
　ぶつ り がく

～型 형(유형)
　がた

□ 血液型　혈액형
　けつえきがた

□ 最新型　최신형
　さいしんがた

仮～ 임시
　かり

□ 仮契約　임시 계약
　かりけいやく

□ 仮免許　임시 면허
　かりめんきょ

～切れ 소진
　ぎ

□ 期限切れ　기한 만료
　き げん ぎ

□ 電池切れ　전지 소진
　でん ち ぎ

近～ 근, 가까운
　きん

□ 近距離　근거리
　きんきょ り

□ 近未来　가까운 미래
　きん み らい

軽～ 경(가벼운, 간단한)
　けい

□ 軽工業　경공업
　けいこうぎょう

□ 軽自動車　경차
　けい じ どうしゃ

現～ 현(현재)
　げん

□ 現時点　현시점
　げん じ てん

□ 現段階　현 단계
　げんだんかい

高～ 고(높은)
　こう

□ 高収入　고수입
　こうしゅうにゅう

□ 高性能　고성능
　こうせいのう

再～ 재(재차, 다시)
　さい

□ 再発行　재발행
　さいはっこう

□ 再放送　재방송
　さいほうそう

最～ 최(가장, 제일)
　さい

□ 最大限　최대한
　さいだいげん

□ 最優先　최우선
　さいゆうせん

〜式 식(행사, 방법, 종류)

□ 結婚式	결혼식
□ 自動式	자동식
□ 卒業式	졸업식
□ 日本式	일본식

〜順 순(순서)

□ 成績順	성적순
□ ひらがな順	히라가나순

準〜 준(비길 만한)

□ 準会員	준회원
□ 準決勝	준결승

諸〜 여러

□ 諸外国	외국 여러 나라
□ 諸問題	여러 가지 문제

〜賞 상

□ ノーベル賞	노벨상
□ 文学賞	문학상

〜状 상태(성질, 형태), 장(문서)

□ クリーム状	크림 상태
□ 招待状	초대장
□ 年賀状	연하장
□ 粉状	분말 상태

〜色 색

□ 国際色	국제색
□ 地方色	지방색

〜性 성(성질)

□ 可能性	가능성
□ 危険性	위험성

〜沿い 〜변, 〜와 나란함

□ 川沿い	강과 나란함
□ 線路沿い	선로와 나란함

総〜 총

□ 総売上	총매출
□ 総人口	총인구

〜だらけ 투성이

□ 泥だらけ	진흙투성이
□ ほこりだらけ	먼지투성이

〜団 단

□ 応援団	응원단
□ 代表団	대표단

〜兆 조(수량)

□ 一兆	1조
□ 二兆	2조

～賃 임(요금, 비용)

- □ 電車賃 (でんしゃちん) — 전철비
- □ 家賃 (やちん) — 방세

～連れ (づ) 동반

- □ 親子連れ (おやこづれ) — 가족 동반
- □ 子供連れ (こどもづれ) — 자녀 동반

当～ (とう) 당

- □ 当案件 (とうあんけん) — 당 안건
- □ 当社 (とうしゃ) — 당사

～発 (はつ) 발(출발)

- □ 9時発 (じはつ) — 9시 출발
- □ 東京駅発 (とうきょうえきはつ) — 도쿄 역발

～離れ (ばな) 멀리함

- □ 現実離れ (げんじつばな) — 현실 도피
- □ 政治離れ (せいじばな) — 정치적 무관심

半～ (はん) 반(절반)

- □ 半製品 (はんせいひん) — 반제품
- □ 半透明 (はんとうめい) — 반투명

反～ (はん) 반(반대)

- □ 反体制 (はんたいせい) — 반체제
- □ 反比例 (はんぴれい) — 반비례

非～ (ひ) 비(부정)

- □ 非公式 (ひこうしき) — 비공식
- □ 非常識 (ひじょうしき) — 몰상식

～比 (ひ) 비(대비)

- □ 構成比 (こうせいひ) — 구성비
- □ 混合比 (こんごうひ) — 혼합비

～匹 (ひき) 마리

- □ 一匹 (いっぴき) — 1마리
- □ 二匹 (にひき) — 2마리

～風 (ふう) 풍, 방식(분위기, 느낌)

- □ 西洋風 (せいようふう) — 서양식
- □ ヨーロッパ風 (ふう) — 유럽풍

副～ (ふく) 부(버금가는, 부차적인)

- □ 副社長 (ふくしゃちょう) — 부사장
- □ 副都心 (ふくとしん) — 부도심

未～ (み) 미(아직 아닌)

- □ 未完成 (みかんせい) — 미완성
- □ 未経験 (みけいけん) — 미경험

来～ (らい) 다음

- □ 来学期 (らいがっき) — 다음 학기
- □ 来シーズン (らい) — 다음 시즌

～**率** 률(비율)

- □ **進学率** 진학률
- □ **成功率** 성공률

～**力** 력(힘, 능력)

- □ **集中力** 집중력
- □ **想像力** 상상력

～**類** 류(종류)

- □ **食器類** 식기류
- □ **ビタミン類** 비타민류

❼ 가타카나

□ アウト	아웃, 바깥
□ アプローチ	접근
□ インテリア	인테리어
□ エネルギー	에너지
□ エラー	에러, 오류
□ オーバー	오버, 초과
□ オープン	오픈
□ キャンセル	캔슬, 취소
□ クリア	클리어
□ グループ	그룹
□ シーズン	시즌
□ ショック	쇼크, 충격
□ シリーズ	시리즈
□ シンプル	심플, 단순함
□ ステップ	스텝
□ ストライキ	파업
□ スムーズ	매끄러움, 원만함
□ ソフト	소프트, 소프트웨어
□ タイム	타임, 시간
□ ダウン	다운
□ チェンジ	체인지, 교체
□ チャンス	찬스, 기회
□ ツアー	투어, 여행
□ テクニック	테크닉, 기술
□ デザイン	디자인
□ テンポ	템포, 속도
□ バランス	밸런스, 균형
□ パンク	펑크
□ ブーム	붐, 유행
□ プラン	플랜, 계획
□ フレッシュ	프레시, 신선함
□ マイペース	마이 페이스, 자신의 형편에 맞추어 일을 진행함
□ ミス	실수
□ ユーモア	유머
□ リーダー	리더, 지도자
□ リビング	거실
□ リラックス	릴랙스, 편안함
□ レンタル	렌털, 대여

다음 단어의 읽기로 가장 알맞은 것을 a, b 중에서 고르시오.

1 違反 （ a いばん　　　 b いはん ）

2 運賃 （ a うんぱん　　 b うんちん ）

3 講義 （ a きょうぎ　　 b こうぎ ）

4 距離 （ a きょり　　　 b きょうり ）

5 効力 （ a きょうりょく　 b こうりょく ）

6 具合 （ a くあい　　　 b ぐあい ）

7 会見 （ a かいけん　　 b けいけん ）

8 営業 （ a えいぎょう　 b えいきょう ）

9 勧誘 （ a かんゆう　　 b かんよう ）

10 規模 （ a きぼう　　　 b きぼ ）

11 休憩 （ a きゅうこう　 b きゅうけい ）

12 吸収 （ a きゅうしゅ　 b きゅうしゅう ）

13 偶然 （ a ぐうぜん　　 b こうぜん ）

14 交代 （ a こうたい　　 b こうだい ）

15 見解 （ a げんかい　　 b けんかい ）

16 健康 （ a けんこう　　 b げんこう ）

17 現象 （ a げんじょう　 b げんしょう ）

18 移行 （ a いこう　　　 b いっこう ）

19 一種 （ a いっしゅう　 b いっしゅ ）

20 援助 （ a えんじょう　 b えんじょ ）

21 意図 （ a いと　　　　 b いず ）

22 共通 （ a きょうつう　 b こうつう ）

23 合同 （ a こうどう　　 b ごうどう ）

24 苦情 （ a くじょう　　 b こしょう ）

25 掲示 （ a けいし　　　 b けいじ ）

26 景色 （ a けいしょく　 b けしき ）

27 決断 （ a けつだん　　 b けったん ）

28 減量 （ a げんりょう　 b けんりょう ）

29 画面 （ a かめん　　　 b がめん ）

30 乾燥 （ a かんそう　　 b かんしょう ）

31 願望 （ a がんぼう　　 b かんぼう ）

32 改善 （ a かいぜん　　 b かいせん ）

33 拡充 （ a かくちゅう　 b かくじゅう ）

34 活動 （ a かっとう　　 b かつどう ）

35 行事 （ a こうじ　　　 b ぎょうじ ）

36 合図 （ a あいず　　　 b こうず ）

정답 **1** ⓑ　**2** ⓑ　**3** ⓑ　**4** ⓐ　**5** ⓑ　**6** ⓑ　**7** ⓐ　**8** ⓐ　**9** ⓐ　**10** ⓑ　**11** ⓑ　**12** ⓑ
13 ⓐ　**14** ⓐ　**15** ⓑ　**16** ⓐ　**17** ⓑ　**18** ⓐ　**19** ⓑ　**20** ⓑ　**21** ⓐ　**22** ⓐ　**23** ⓑ　**24** ⓐ
25 ⓑ　**26** ⓑ　**27** ⓐ　**28** ⓐ　**29** ⓑ　**30** ⓐ　**31** ⓐ　**32** ⓐ　**33** ⓑ　**34** ⓑ　**35** ⓑ　**36** ⓐ

다음 단어의 읽기로 가장 알맞은 것을 a, b 중에서 고르시오.

1 収納 （a しょうのう　 b しゅうのう）
2 製品 （a せいひん　 b しょうひん）
3 所有 （a しょゆう　 b しょうゆう）
4 修理 （a しょり　 b しゅうり）
5 追加 （a つうか　 b ついか）
6 採用 （a さいよう　 b さいよ）
7 努力 （a とりょく　 b どりょく）
8 辞退 （a じたい　 b じだい）
9 整備 （a せいび　 b そうび）
10 作業 （a さぎょう　 b さくぎょう）
11 組織 （a そしき　 b ちしき）
12 地元 （a じもと　 b ちもと）
13 実現 （a じっけん　 b じつげん）
14 専念 （a せんねん　 b ぜんねん）
15 全般 （a ぜんはん　 b ぜんぱん）
16 増大 （a そうだい　 b ぞうだい）
17 上昇 （a じょうしょ　 b じょうしょう）
18 状態 （a しょうたい　 b じょうたい）

19 雑談 （a ざつだん　 b じょうだん）
20 治療 （a ちりょう　 b しりょう）
21 信頼 （a しんるい　 b しんらい）
22 政府 （a せいふ　 b せいぶ）
23 省略 （a せいりゃく　 b しょうりゃく）
24 視界 （a せかい　 b しかい）
25 指摘 （a じてき　 b してき）
26 出世 （a しゅっせ　 b しゅうせい）
27 象徴 （a しょうちょう　 b しゅうちょう）
28 焦点 （a しょうてん　 b しゅうてん）
29 取材 （a しゅさい　 b しゅざい）
30 需要 （a じゅよう　 b しゅよう）
31 世間 （a せけん　 b せかん）
32 洗剤 （a せんざい　 b せざい）
33 接続 （a せつぞく　 b せっそく）
34 選挙 （a せんきょう　 b せんきょ）
35 資源 （a しげん　 b しけん）
36 支持 （a じし　 b しじ）

정답 1 ⓑ　 2 ⓐ　 3 ⓐ　 4 ⓑ　 5 ⓑ　 6 ⓐ　 7 ⓑ　 8 ⓐ　 9 ⓐ　 10 ⓐ　 11 ⓐ　 12 ⓐ
13 ⓑ　 14 ⓐ　 15 ⓑ　 16 ⓑ　 17 ⓑ　 18 ⓑ　 19 ⓐ　 20 ⓐ　 21 ⓑ　 22 ⓐ　 23 ⓑ　 24 ⓑ
25 ⓑ　 26 ⓐ　 27 ⓐ　 28 ⓐ　 29 ⓑ　 30 ⓐ　 31 ⓐ　 32 ⓐ　 33 ⓐ　 34 ⓑ　 35 ⓐ　 36 ⓑ

다음 단어의 읽기로 가장 알맞은 것을 a, b 중에서 고르시오.

1 家賃（ a かちん　b やちん ）		**19** 保証（ a ほしょう　b ほしゅう ）	
2 用途（ a ようとう　b ようと ）		**20** 模範（ a もはん　b ぼはん ）	
3 評判（ a へいはん　b ひょうばん ）		**21** 矛盾（ a もじゅん　b むじゅん ）	
4 返却（ a へんきゃく　b へんかく ）		**22** 容姿（ a ゆうし　b ようし ）	
5 貿易（ a ぼういき　b ぼうえき ）		**23** 油断（ a よだん　b ゆだん ）	
6 用心（ a ようしん　b ようじん ）		**24** 理由（ a りよう　b りゆう ）	
7 満員（ a まんいん　b まんえん ）		**25** 利益（ a りえき　b りよく ）	
8 目印（ a もくいん　b めじるし ）		**26** 録画（ a ろうか　b ろくが ）	
9 発想（ a はっそう　b はっせい ）		**27** 場面（ a ばめん　b じょうめん ）	
10 反省（ a はんしょう　b はんせい ）		**28** 俳優（ a はいゆ　b はいゆう ）	
11 判断（ a はんたん　b はんだん ）		**29** 様子（ a ようす　b ようし ）	
12 比較（ a ひこう　b ひかく ）		**30** 被害（ a はかい　b ひがい ）	
13 比例（ a ひれつ　b ひれい ）		**31** 福祉（ a ふくし　b はくし ）	
14 普及（ a ふきゅう　b ふきょう ）		**32** 評価（ a へいか　b ひょうか ）	
15 服装（ a ふくそう　b ふくせい ）		**33** 廃止（ a はいし　b へいし ）	
16 副詞（ a ふし　b ふくし ）		**34** 間際（ a まぎわ　b かんかく ）	
17 補足（ a ふそく　b ほそく ）		**35** 行方（ a こうほう　b ゆくえ ）	
18 防災（ a ぼうさい　b ほうさい ）		**36** 予想（ a よそう　b ようそう ）	

정답 1 ⓑ　2 ⓑ　3 ⓑ　4 ⓐ　5 ⓑ　6 ⓑ　7 ⓐ　8 ⓑ　9 ⓐ　10 ⓑ　11 ⓑ　12 ⓑ
13 ⓑ　14 ⓐ　15 ⓐ　16 ⓑ　17 ⓑ　18 ⓐ　19 ⓐ　20 ⓐ　21 ⓑ　22 ⓑ　23 ⓑ　24 ⓑ
25 ⓐ　26 ⓑ　27 ⓐ　28 ⓑ　29 ⓐ　30 ⓑ　31 ⓐ　32 ⓑ　33 ⓐ　34 ⓐ　35 ⓑ　36 ⓐ

다음 단어의 읽기로 가장 알맞은 것을 a, b 중에서 고르시오.

1 違う　（a ちがう　　b ちかう）

2 隠す　（a かくす　　b つくす）

3 祈る　（a みのる　　b いのる）

4 扱う　（a むかう　　b あつかう）

5 囲む　（a かこむ　　b へこむ）

6 含む　（a ふくむ　　b へこむ）

7 果たす　（a はたす　　b みたす）

8 分ける　（a わける　　b さける）

9 補う　（a おぎなう　　b うやまう）

10 汚れる　（a よごれる　　b おくれる）

11 誤る　（a あやまる　　b おさまる）

12 傾く　（a おもむく　　b かたむく）

13 眺める　（a かためる　　b ながめる）

14 至る　（a いたる　　b かたる）

15 壊す　（a かわす　　b こわす）

16 折れる　（a おれる　　b きれる）

17 譲る　（a けずる　　b ゆずる）

18 衰える　（a おとろえる　　b さかえる）

19 潜る　（a さぐる　　b もぐる）

20 預ける　（a さずける　　b あずける）

21 劣る　（a さとる　　b おとる）

22 暴れる　（a あばれる　　b あきれる）

23 蓄える　（a たくわえる　　b ととのえる）

24 挟む　（a にくむ　　b はさむ）

25 外す　（a はがす　　b はずす）

26 保つ　（a たもつ　　b はなつ）

27 埋まる　（a はまる　　b うまる）

28 枯れる　（a はれる　　b かれる）

29 競う　（a きそう　　b あらそう）

30 訪れる　（a あらわれる　　b おとずれる）

31 養う　（a うしなう　　b やしなう）

32 詰まる　（a つまる　　b しまる）

33 握る　（a にぎる　　b すぎる）

34 催す　（a もよおす　　b もたらす）

35 従う　（a やしなう　　b したがう）

36 縮む　（a ゆるむ　　b ちぢむ）

정답 1 ⓐ　2 ⓐ　3 ⓑ　4 ⓑ　5 ⓐ　6 ⓐ　7 ⓐ　8 ⓐ　9 ⓐ　10 ⓐ　11 ⓐ　12 ⓑ
13 ⓑ　14 ⓐ　15 ⓑ　16 ⓐ　17 ⓑ　18 ⓐ　19 ⓑ　20 ⓑ　21 ⓑ　22 ⓐ　23 ⓐ　24 ⓑ
25 ⓑ　26 ⓐ　27 ⓑ　28 ⓑ　29 ⓐ　30 ⓑ　31 ⓑ　32 ⓐ　33 ⓐ　34 ⓐ　35 ⓑ　36 ⓑ

다음 단어의 읽기로 가장 알맞은 것을 a, b 중에서 고르시오.

1 浅い （a あさい　　b あわい ）

2 荒い （a あらい　　b えらい ）

3 緩い （a ゆるい　　b ほそい ）

4 憎い （a にくい　　b くさい ）

5 渋い （a つらい　　b しぶい ）

6 快い （a こころよい　b こころづよい）

7 賢い （a かしこい　　b とうとい ）

8 鋭い （a はげしい　　b するどい ）

9 貧しい （a まぶしい　　b まずしい ）

10 珍しい （a むずかしい　b めずらしい ）

11 怪しい （a おかしい　　b あやしい ）

12 正しい （a かなしい　　b ただしい ）

13 激しい （a きびしい　　b はげしい ）

14 悔しい （a くやしい　　b くわしい ）

15 険しい （a くわしい　　b けわしい ）

16 乏しい （a こいしい　　b とぼしい ）

17 痛ましい （a いさましい　b いたましい ）

18 輝かしい （a はずかしい　b かがやかしい）

19 大幅な （a おおはばな　b おおげさな ）

20 奇妙な （a きみょうな　b びみょうな ）

21 豊富な （a ほうふな　　b ほうふうな ）

22 無口な （a むぐちな　　b むくちな ）

23 乱暴な （a らんばくな　b らんぼうな ）

24 温厚な （a おんわな　　b おんこうな ）

25 頑固な （a かんこな　　b がんこな ）

26 手軽な （a てがるな　　b きがるな ）

27 貴重な （a きじゅうな　b きちょうな ）

28 強引な （a きょういんな　b ごういんな ）

29 快適な （a かいてきな　b さいてきな ）

30 単純な （a たんしゅんな　b たんじゅんな ）

31 器用な （a たような　　b きような ）

32 充実な （a じゅうじつな　b ちゅうじつな ）

33 慎重な （a ちんじゅうな　b しんちょうな ）

34 明らかな （a ほがらかな　b あきらかな ）

35 穏やかな （a おだやかな　b ゆるやかな ）

36 鮮やかな （a あざやかな　b さわやかな ）

정답 1 ⓐ　2 ⓐ　3 ⓐ　4 ⓐ　5 ⓑ　6 ⓐ　7 ⓐ　8 ⓑ　9 ⓑ　10 ⓑ　11 ⓑ　12 ⓑ
13 ⓑ　14 ⓐ　15 ⓑ　16 ⓑ　17 ⓑ　18 ⓑ　19 ⓐ　20 ⓐ　21 ⓐ　22 ⓑ　23 ⓑ　24 ⓑ
25 ⓑ　26 ⓐ　27 ⓑ　28 ⓑ　29 ⓐ　30 ⓑ　31 ⓑ　32 ⓐ　33 ⓑ　34 ⓑ　35 ⓐ　36 ⓐ

다음 단어의 일본어 표현으로 가장 알맞은 것을 a, b 중에서 고르시오.

1 대략　　　　　　　　(a およそ　　　　　b かなり)

2 가득　　　　　　　　(a ぐっすり　　　 b ぎっしり)

3 기진맥진　　　　　　(a くたくた　　　 b はきはき)

4 공교롭게도　　　　　(a あいにく　　　 b いきなり)

5 아마　　　　　　　　(a おそらく　　　 b さっそく)

6 꾸벅꾸벅　　　　　　(a うとうと　　　 b うろうろ)

7 분명하게, 명확하게　(a すっきり　　　 b はっきり)

8 서서히　　　　　　　(a 細々と　　　　 b 徐々に)

9 산뜻하게, 후련하게　(a すっきり　　　 b ぼんやり)

10 즉석에서, 당장　　　(a 即座に　　　　 b 着々と)

11 데굴데굴　　　　　　(a いらいら　　　 b ごろごろ)

12 어차피　　　　　　　(a どうせ　　　　 b たまに)

13 흔들흔들　　　　　　(a ばらばら　　　 b ゆらゆら)

14 비교적　　　　　　　(a 割と　　　　　 b やや)

15 더욱, 게다가　　　　(a さらに　　　　 b じきに)

16 대체로　　　　　　　(a だいたい　　　 b たいして)

17 듬뿍　　　　　　　　(a さっぱり　　　 b たっぷり)

18 아마　　　　　　　　(a 相当　　　　　 b 多分)

정답 **1** ⓐ　**2** ⓑ　**3** ⓐ　**4** ⓐ　**5** ⓐ　**6** ⓐ　**7** ⓑ　**8** ⓑ　**9** ⓐ
　　　10 ⓐ　**11** ⓑ　**12** ⓐ　**13** ⓑ　**14** ⓐ　**15** ⓐ　**16** ⓐ　**17** ⓑ　**18** ⓑ

다음 단어의 접두어·접미어로 가장 알맞은 것을 a, b 중에서 고르시오.

1 악영향   (a 悪   b 未 ）影響

2 반투명   (a 伴   b 半 ）透明

3 비공식   (a 非   b 未 ）公式

4 고수입   (a 好   b 高 ）収入

5 미완성   (a 非   b 未 ）完成

6 부사장   (a 次   b 副 ）社長

7 최우선   (a 最   b 至 ）優先

8 현 단계   (a 現   b 実 ）段階

9 구성비   構成(a 例   b 比 ）

10 의학계   医学(a 界   b 流 ）

11 최신형   最新(a 形   b 型 ）

12 졸업식   卒業(a 式   b 識 ）

13 문학상   文学(a 賞   b 章 ）

14 지방색   地方(a 色   b 化 ）

15 응원단   応援(a 単   b 団 ）

16 자녀 동반   子供(a 連れ   b 沿い ）

17 주택가   住宅(a 街   b 町 ）

18 상상력   想像(a 力   b 能 ）

정답 1 ⓐ   2 ⓑ   3 ⓐ   4 ⓑ   5 ⓑ   6 ⓑ   7 ⓐ   8 ⓐ   9 ⓑ
10 ⓐ   11 ⓑ   12 ⓐ   13 ⓐ   14 ⓐ   15 ⓑ   16 ⓐ   17 ⓐ   18 ⓐ

다음 단어의 가타카나 표기로 가장 알맞은 것을 a, b 중에서 고르시오.

1 스텝　　　　　　　（ a ステップ　　　　　b スタッフ ）

2 심플, 단순함　　　　（ a サンプル　　　　　b シンプル ）

3 붐, 유행　　　　　　（ a ボーム　　　　　　b ブーム ）

4 플랜, 계획　　　　　（ a プレン　　　　　　b プラン ）

5 매끄러움, 원만함　　（ a スマート　　　　　b スムーズ ）

6 편안함　　　　　　　（ a リラックス　　　　b デラックス ）

7 렌털, 대여　　　　　（ a デンタル　　　　　b レンタル ）

8 소프트, 소프트웨어　（ a ソフト　　　　　　b リフト ）

9 다운　　　　　　　　（ a タウン　　　　　　b ダウン ）

10 체인지, 교체　　　　（ a チャンス　　　　　b チェンジ ）

11 템포, 속도　　　　　（ a テンポ　　　　　　b トンボ ）

12 균형　　　　　　　　（ a バランス　　　　　b トランス ）

13 오픈　　　　　　　　（ a オープン　　　　　b オーブン ）

14 취소, 캔슬　　　　　（ a カンスル　　　　　b キャンセル ）

15 클리어　　　　　　　（ a クレア　　　　　　b クリア ）

16 충격, 쇼크　　　　　（ a ショック　　　　　b シュック ）

17 에너지　　　　　　　（ a エネルギー　　　　b アレルギー ）

18 에러, 오류　　　　　（ a エラー　　　　　　b イエロー ）

정답 1 ⓐ　2 ⓑ　3 ⓑ　4 ⓑ　5 ⓑ　6 ⓐ　7 ⓑ　8 ⓐ　9 ⓑ
　　　10 ⓑ　11 ⓐ　12 ⓐ　13 ⓐ　14 ⓑ　15 ⓑ　16 ⓐ　17 ⓐ　18 ⓐ

3 고득점 어휘

❶ 명사

□ 相手 (あいて)	상대
□ 明かり (あ)	불빛
□ 悪天候 (あくてんこう)	악천후, 나쁜 날씨
□ あくび	하품
□ 足元 (あしもと)	발밑
□ 汗 (あせ)	땀
□ 辺り (あた)	근처, 주변
□ 当たり前 (あ・まえ)	당연
□ 誤り (あやま)	잘못, 실수
□ 暗記 (あんき)	암기
□ 安定 (あんてい)	안정
□ 胃 (い)	위(신체의 일부)
□ 委員会 (いいんかい)	위원회
□ 育児 (いくじ)	육아
□ 維持 (いじ)	유지
□ 異常 (いじょう)	이상, 비정상
□ 泉 (いずみ)	샘, 샘물
□ 位置 (いち)	위치
□ 一般 (いっぱん)	일반, 보편
□ 一方 (いっぽう)	한편, 일방
□ 移転 (いてん)	이전
□ 緯度 (いど)	위도
□ 移動 (いどう)	이동

□ 居眠り (い・ねむ)	앉아 졺
□ 依頼 (いらい)	의뢰
□ 医療 (いりょう)	의료
□ 岩 (いわ)	바위
□ 祝い (いわ)	축하
□ 印刷 (いんさつ)	인쇄
□ 飲酒 (いんしゅ)	음주
□ 引退 (いんたい)	은퇴
□ 植木 (うえき)	정원수, 분재
□ 疑い (うたが)	혐의, 의심
□ 宇宙 (うちゅう)	우주
□ 雨量 (うりょう)	강우량
□ うわさ	소문
□ 永遠 (えいえん)	영원
□ 永久 (えいきゅう)	영구
□ 影響 (えいきょう)	영향
□ 栄養分 (えいようぶん)	영양분
□ 絵の具 (え・ぐ)	물감
□ 延期 (えんき)	연기(뒤로 미룸)
□ 演説 (えんぜつ)	연설
□ 延長 (えんちょう)	연장
□ 応援 (おうえん)	응원
□ 応対 (おうたい)	응대, 응접
□ 横断 (おうだん)	횡단

□ 欧米（おうべい）	구미(유럽과 미국)		□ 殻（から）	껍질
□ お菓子（かし）	과자		□ 革靴（かわぐつ）	가죽 구두
□ 奥（おく）	안쪽, 깊숙한 곳		□ 感覚（かんかく）	감각
□ 汚染（おせん）	오염		□ 環境（かんきょう）	환경
□ 踊（おど）り	춤		□ 関係（かんけい）	관계
□ おのおの	각각, 각자		□ 観察（かんさつ）	관찰
□ お見合（みあ）い	맞선		□ 感謝（かんしゃ）	감사
□ お湯（ゆ）	뜨거운 물		□ 感情（かんじょう）	감정
□ お礼（れい）	사례, 감사의 인사		□ 感心（かんしん）	감탄
□ 温泉（おんせん）	온천		□ 関心（かんしん）	관심
□ 温暖化（おんだんか）	온난화		□ 感想（かんそう）	감상
□ 解決（かいけつ）	해결		□ 観測（かんそく）	관측
□ 解釈（かいしゃく）	해석		□ 缶詰（かんづめ）	통조림
□ 会談（かいだん）	회담		□ 感動（かんどう）	감동
□ 開封（かいふう）	개봉		□ 記憶（きおく）	기억
□ 係員（かかりいん）	담당자		□ 機械（きかい）	기계
□ 限（かぎ）り	한도, 한계		□ 機会（きかい）	기회
□ 覚悟（かくご）	각오		□ 飢饉（ききん）	기근
□ 拡大（かくだい）	확대		□ 機嫌（きげん）	기분
□ 確認（かくにん）	확인		□ 機構（きこう）	기구(조직체)
□ 過剰（かじょう）	과잉		□ 気候（きこう）	기후
□ 各国（かっこく）	각국		□ 岸（きし）	물가
□ 家庭（かてい）	가정		□ 記事（きじ）	기사(보도 내용)
□ 壁（かべ）	벽		□ 技術（ぎじゅつ）	기술
□ 神（かみ）	신		□ 規制（きせい）	규제
□ 貨物（かもつ）	화물		□ 貴重品（きちょうひん）	귀중품

□	喫茶店 (きっさてん)	찻집		□	くせ	버릇
□	切符 (きっぷ)	표, 티켓		□	管 (くだ)	관, 파이프
□	記入 (きにゅう)	기입		□	靴 (くつ)	구두, 신발
□	希望 (きぼう)	희망		□	工夫 (くふう)	궁리
□	疑問 (ぎもん)	의문		□	暮らし (くらし)	삶, 생활
□	逆 (ぎゃく)	역, 반대		□	苦労 (くろう)	고생
□	休暇 (きゅうか)	휴가		□	経営 (けいえい)	경영
□	救助 (きゅうじょ)	구조		□	景気 (けいき)	경기
□	牛乳 (ぎゅうにゅう)	우유		□	契機 (けいき)	계기
□	教育 (きょういく)	교육		□	警告 (けいこく)	경고
□	共感 (きょうかん)	공감		□	経済 (けいざい)	경제
□	供給 (きょうきゅう)	공급		□	警察 (けいさつ)	경찰
□	教師 (きょうし)	교사		□	計算 (けいさん)	계산
□	競争 (きょうそう)	경쟁		□	形式 (けいしき)	형식
□	恐怖 (きょうふ)	공포		□	芸能 (げいのう)	연예
□	協力 (きょうりょく)	협력		□	警備 (けいび)	경비
□	許可 (きょか)	허가		□	血液 (けつえき)	혈액
□	漁業 (ぎょぎょう)	어업		□	結果 (けっか)	결과
□	曲線 (きょくせん)	곡선		□	結婚 (けっこん)	결혼
□	記録 (きろく)	기록		□	欠点 (けってん)	결점
□	議論 (ぎろん)	논의		□	結論 (けつろん)	결론
□	禁煙 (きんえん)	금연		□	煙 (けむり)	연기
□	金額 (きんがく)	금액		□	原因 (げんいん)	원인
□	禁止 (きんし)	금지		□	限界 (げんかい)	한계
□	区域 (くいき)	구역		□	研修 (けんしゅう)	연수
□	空港 (くうこう)	공항		□	減少 (げんしょう)	감소

□	建設 (けんせつ)	건설	□	小麦 (こむぎ)	밀
□	謙遜 (けんそん)	겸손	□	娯楽 (ごらく)	오락
□	建築家 (けんちくか)	건축가	□	際 (さい)	때, 즈음
□	限定 (げんてい)	한정	□	最高 (さいこう)	최고
□	憲法 (けんぽう)	헌법	□	最低 (さいてい)	최저
□	幸運 (こううん)	행운	□	裁判 (さいばん)	재판
□	講演 (こうえん)	강연	□	財布 (さいふ)	지갑
□	公害 (こうがい)	공해	□	再利用 (さいりよう)	재이용
□	郊外 (こうがい)	교외	□	坂 (さか)	비탈길, 고개
□	航空 (こうくう)	항공	□	作物 (さくもつ)	작물
□	貢献 (こうけん)	공헌	□	雑誌 (ざっし)	잡지
□	交差点 (こうさてん)	교차로	□	差別 (さべつ)	차별
□	鉱山 (こうざん)	광산	□	作法 (さほう)	예의범절, 법도
□	高層 (こうそう)	고층	□	左右 (さゆう)	좌우
□	構造 (こうぞう)	구조	□	参加 (さんか)	참가
□	交通 (こうつう)	교통	□	参考 (さんこう)	참고
□	行動 (こうどう)	행동	□	散歩 (さんぽ)	산책
□	鉱物 (こうぶつ)	광물	□	寺院 (じいん)	사원
□	交流 (こうりゅう)	교류	□	時期 (じき)	시기
□	氷 (こおり)	얼음	□	事件 (じけん)	사건
□	呼吸 (こきゅう)	호흡	□	四捨五入 (ししゃごにゅう)	반올림
□	故郷 (こきょう)	고향	□	自信 (じしん)	자신(자신감)
□	克服 (こくふく)	극복	□	地震 (じしん)	지진
□	骨折 (こっせつ)	골절	□	実験 (じっけん)	실험
□	小包 (こづつみ)	소포	□	実施 (じっし)	실시
□	ごぶさた	무소식	□	湿度 (しつど)	습도

失敗 (しっぱい)	실패	寿命 (じゅみょう)	수명
失望 (しつぼう)	실망	循環 (じゅんかん)	순환
指定 (してい)	지정	順番 (じゅんばん)	순번, 차례
指導 (しどう)	지도	紹介 (しょうかい)	소개
児童 (じどう)	아동	蒸気 (じょうき)	증기
支配 (しはい)	지배	状況 (じょうきょう)	상황
死亡 (しぼう)	사망	常識 (じょうしき)	상식
姉妹 (しまい)	자매	乗車券 (じょうしゃけん)	승차권
締め切り (しめきり)	마감	承認 (しょうにん)	승인
借金 (しゃっきん)	빚, 차입금	蒸発 (じょうはつ)	증발
周囲 (しゅうい)	주위	消費 (しょうひ)	소비
集会 (しゅうかい)	집회	消費者 (しょうひしゃ)	소비자
習慣 (しゅうかん)	습관	商品 (しょうひん)	상품
就職 (しゅうしょく)	취직	消防署 (しょうぼうしょ)	소방서
住宅 (じゅうたく)	주택	正面 (しょうめん)	정면
集中 (しゅうちゅう)	집중	消耗 (しょうもう)	소모
周辺 (しゅうへん)	주변	将来 (しょうらい)	장래
住民 (じゅうみん)	주민	職場 (しょくば)	직장
重量 (じゅうりょう)	중량	植物 (しょくぶつ)	식물
宿泊 (しゅくはく)	숙박	諸国 (しょこく)	여러 나라
手術 (しゅじゅつ)	수술	署名 (しょめい)	서명
首相 (しゅしょう)	수상, 총리	女優 (じょゆう)	여배우
手段 (しゅだん)	수단	処理 (しょり)	처리
出席 (しゅっせき)	출석	資料 (しりょう)	자료
出版 (しゅっぱん)	출판	進学 (しんがく)	진학
首脳 (しゅのう)	수뇌	心臓 (しんぞう)	심장

□ 進歩 (しんぽ)	진보		□ 設備 (せつび)	설비
□ 深夜 (しんや)	심야		□ 節約 (せつやく)	절약
□ 信用 (しんよう)	신용		□ 背中 (せなか)	등, 뒤쪽
□ 森林 (しんりん)	삼림, 숲		□ 全額 (ぜんがく)	전액
□ 人類 (じんるい)	인류		□ 選手 (せんしゅ)	선수
□ 水滴 (すいてき)	물방울		□ 戦争 (せんそう)	전쟁
□ 姿 (すがた)	모습, 자태		□ 全体 (ぜんたい)	전체
□ 隙 (すき)	틈		□ 選択 (せんたく)	선택
□ すき間 (ま)	빈틈, 틈새		□ 洗濯 (せんたく)	세탁
□ 隅 (すみ)	구석		□ 操作 (そうさ)	조작
□ 世紀 (せいき)	세기(100년)		□ 創作 (そうさく)	창작
□ 請求 (せいきゅう)	청구		□ 掃除 (そうじ)	청소
□ 税金 (ぜいきん)	세금		□ 想像 (そうぞう)	상상
□ 成功 (せいこう)	성공		□ 相談 (そうだん)	상담
□ 政治 (せいじ)	정치		□ 装置 (そうち)	장치
□ 成績 (せいせき)	성적		□ 存在 (そんざい)	존재
□ 製造 (せいぞう)	제조		□ 損得 (そんとく)	이해득실
□ 晴天 (せいてん)	맑은 날씨		□ 対策 (たいさく)	대책
□ 生徒 (せいと)	학생		□ 対象 (たいしょう)	대상
□ 政党 (せいとう)	정당		□ 大臣 (だいじん)	장관
□ 性能 (せいのう)	성능		□ 代表 (だいひょう)	대표
□ 成分 (せいぶん)	성분		□ 太陽 (たいよう)	태양
□ 性別 (せいべつ)	성별		□ 大陸 (たいりく)	대륙
□ 責任 (せきにん)	책임		□ 対立 (たいりつ)	대립
□ 設計 (せっけい)	설계		□ 互い (たがい)	서로
□ 接触 (せっしょく)	접촉		□ 畳 (たたみ)	다다미(일본식 돗자리)

□ 谷 (たに)	계곡		□ 停車 (ていしゃ)	정차
□ 他人 (た にん)	타인, 남		□ でこぼこ	울퉁불퉁
□ 束 (たば)	다발, 뭉치		□ 鉄橋 (てっきょう)	철교
□ 卵 (たまご)	알, 계란		□ 徹夜 (てつ や)	철야
□ たんす	옷장		□ 手間 (て ま)	수고
□ 団体 (だんたい)	단체		□ 手前 (て まえ)	바로 앞
□ 担当 (たん とう)	담당		□ 伝記 (でん き)	전기(기록)
□ 地域 (ち いき)	지역		□ 同時 (どう じ)	동시
□ 知恵 (ち え)	지혜		□ 投書 (とうしょ)	투서, 투고
□ 地球 (ち きゅう)	지구		□ 到着 (とうちゃく)	도착
□ 遅刻 (ち こく)	지각		□ 盗難 (とうなん)	도난
□ 知識 (ち しき)	지식		□ 同僚 (どうりょう)	동료
□ 地帯 (ち たい)	지대		□ 道路 (どう ろ)	도로
□ 注意 (ちゅう い)	주의		□ 独創性 (どく そう せい)	독창성
□ 超過 (ちょう か)	초과		□ 独立 (どく りつ)	독립
□ 庁舎 (ちょうしゃ)	청사(관공서 건물)		□ 土地 (と ち)	토지
□ 頂点 (ちょうてん)	정점		□ 途中 (と ちゅう)	도중
□ 貯金 (ちょ きん)	저금		□ 泥 (どろ)	진흙
□ 著者 (ちょしゃ)	저자		□ 納得 (なっ とく)	납득
□ 貯蔵 (ちょ ぞう)	저장		□ 涙 (なみだ)	눈물
□ 通行 (つうこう)	통행		□ 日常 (にちじょう)	일상
□ 通信 (つう しん)	통신		□ 日課 (にっ か)	일과
□ 通用 (つう よう)	통용		□ 荷物 (に もつ)	짐
□ 使い道 (つか みち)	용도		□ 値段 (ね だん)	값, 가격
□ 都合 (つ ごう)	사정, 형편		□ 熱演 (ねつ えん)	열연
□ 粒 (つぶ)	낱알		□ 年中 (ねんじゅう)	연중, 일 년 내내

□ 年齢 (ねんれい)	연령		□ 平等 (びょうどう)	평등
□ 農業 (のうぎょう)	농업		□ 封筒 (ふうとう)	봉투
□ 農産物 (のうさんぶつ)	농산물		□ 夫婦 (ふうふ)	부부
□ 濃度 (のうど)	농도		□ 不況 (ふきょう)	불황
□ 灰色 (はいいろ)	회색		□ 付近 (ふきん)	부근, 근처
□ 配達 (はいたつ)	배달		□ 舞台 (ぶたい)	무대
□ 配布 (はいふ)	배포		□ 物価 (ぶっか)	물가
□ 拍手 (はくしゅ)	박수		□ 物質 (ぶっしつ)	물질
□ 爆発 (ばくはつ)	폭발		□ 部品 (ぶひん)	부품
□ 端 (はし)	끝, 가장자리		□ 部分 (ぶぶん)	부분
□ 発刊 (はっかん)	발간		□ 不満 (ふまん)	불만
□ 発射 (はっしゃ)	발사		□ 分解 (ぶんかい)	분해
□ 発展 (はってん)	발전		□ 平均 (へいきん)	평균
□ 発売 (はつばい)	발매		□ 平和 (へいわ)	평화
□ 犯罪 (はんざい)	범죄		□ 変化 (へんか)	변화
□ 反対 (はんたい)	반대		□ 編集 (へんしゅう)	편집
□ 販売 (はんばい)	판매		□ 報告書 (ほうこくしょ)	보고서
□ 被害 (ひがい)	피해		□ 宝石 (ほうせき)	보석
□ 悲劇 (ひげき)	비극		□ 放送局 (ほうそうきょく)	방송국
□ 額 (ひたい)	이마		□ 防犯 (ぼうはん)	방범
□ 筆跡 (ひっせき)	필적, 서체		□ 方々 (ほうぼう)	여기저기
□ 皮膚 (ひふ)	피부		□ 訪問 (ほうもん)	방문
□ 紐 (ひも)	끈		□ 法律 (ほうりつ)	법률
□ 費用 (ひよう)	비용		□ 募集 (ぼしゅう)	모집
□ 表現 (ひょうげん)	표현		□ 保存 (ほぞん)	보존
□ 標識 (ひょうしき)	표지(안내, 표시)		□ 摩擦 (まさつ)	마찰

真っ先（まっさき）	맨 앞, 제일 먼저
祭り（まつり）	축제
万年筆（まんねんひつ）	만년필
見かけ（みかけ）	겉보기, 외관
味方（みかた）	자기편, 아군
見出し（みだし）	표제어
皆（みな）	모두
実り（みのり）	결실
見本（みほん）	견본
未来（みらい）	미래
向かい（むかい）	건너편, 맞은편
無数（むすう）	무수
無駄（むだ）	헛수고, 낭비
無料（むりょう）	무료
群れ（むれ）	무리, 떼
免許（めんきょ）	면허
面接（めんせつ）	면접
目的（もくてき）	목적
物語（ものがたり）	이야기
問題（もんだい）	문제
約束（やくそく）	약속
役目（やくめ）	역할
火傷（やけど）	화상
優勝（ゆうしょう）	우승
浴衣（ゆかた）	유카타(얇은 무명옷)
輸送（ゆそう）	수송
輸入（ゆにゅう）	수입
溶岩（ようがん）	용암
要旨（ようし）	요지
幼児（ようじ）	유아
容積（ようせき）	용적
予算（よさん）	예산
夜中（よなか）	한밤중
予報（よほう）	예보
理解（りかい）	이해
留学生（りゅうがくせい）	유학생
流行（りゅうこう）	유행
両替（りょうがえ）	환전
両国（りょうこく）	양국
領収書（りょうしゅうしょ）	영수증
例外（れいがい）	예외
零度（れいど）	0도(온도)
冷凍（れいとう）	냉동
歴史（れきし）	역사
列島（れっとう）	열도
恋愛（れんあい）	연애
練習（れんしゅう）	연습
連続（れんぞく）	연속
連絡（れんらく）	연락
老人（ろうじん）	노인
労働（ろうどう）	노동
輪（わ）	고리, 바퀴

| 割合（わりあい） | 비율 |
| 割引（わりびき） | 할인 |

② 동사

飽きる（あ）	싫증 나다
憧れる（あこが）	동경하다
味わう（あじ）	맛보다
与える（あた）	주다, 제공하다
あふれる	넘치다
余る（あま）	남다
謝る（あやま）	사과하다
改める（あらた）	고치다, 개정하다
いじめる	괴롭히다
抱く（いだ）	(의심, 생각 등을) 품다
伺う（うかが）	여쭙다, 찾아뵙다
浮く（う）	뜨다
薄める（うす）	희석하다, 묽게 하다
疑う（うたが）	의심하다
打ち消す（う け）	부정하다
映る（うつ）	비치다, 영상으로 나타나다
裏切る（うら ぎ）	배신하다
追い越す（お こ）	추월하다, 앞지르다
追う（お）	쫓다
贈る（おく）	선물하다, 수여하다
遅れる（おく）	늦다, 지각하다
収める（おさ）	거두다, 수확하다

恐れる（おそ）	두려워하다
落ち着く（お つ）	안정되다, 차분해지다
重ねる（かさ）	거듭하다, 되풀이하다
効く（き）	(약이) 듣다, 효과가 있다
築く（きず）	쌓아 올리다, 구축하다
切れる（き）	끊어지다, 소진되다
砕く（くだ）	부수다
くたびれる	지치다, 녹초가 되다
組み立てる（く た）	조립하다
暮れる（く）	해가 저물다
加える（くわ）	더하다, 추가하다
焦げる（こ）	눌어붙다, 타다
断る（ことわ）	거절하다
さかのぼる	거슬러 올라가다, 소급하다
叫ぶ（さけ）	외치다, 부르짖다
支える（ささ）	지탱하다, 유지하다
刺す（さ）	찌르다
妨げる（さまた）	방해하다
覚める（さ）	제정신이 들다, 깨다
冷める（さ）	식다, 차가워지다
去る（さ）	떠나다
しびれる	저리다, 마비되다
示す（しめ）	나타내다, 제시하다
占める（し）	차지하다, 점유하다
しゃべる	말하다, 수다를 떨다
優れる（すぐ）	우수하다

接する	접하다, 접촉하다
責める	비난하다
沿う	(강, 도로 등과) 나란하다, 따르다
倒す	쓰러뜨리다
耕す	(논밭을) 갈다, 경작하다
炊く	밥을 짓다
確かめる	확인하다
達する	도달하다, 이르다
頼む	부탁하다, 의지하다
黙る	침묵하다
試す	시험하다
近づける	가까이하다, 가까이 다가가다
散らかる	흐트러지다, 어지러지다
突き当たる	부딪치다
続く	이어지다, 지속되다
勤める	근무하다
務める	(임무를) 맡다
照らす	비추다
解く	(문제를) 풀다, (끈을) 풀다
閉じる	닫다
届く	배달되다, 전달되다
整う	갖추어지다, 정돈되다
泊まる	숙박하다
取り上げる	거론하다, 채택하다
流す	흘리다, 흐르게 하다
流れる	흐르다

怠ける	게으름 피우다
悩む	고민하다
倣う	모방하다, 따라 하다
慣れる	익숙해지다
逃げる	도망치다
にらむ	노려보다
抜く	뽑다, 빼내다
盗む	훔치다
塗る	바르다, 칠하다
述べる	말하다, 서술하다
昇る	(해, 연기가) 올라가다, (지위가) 올라가다
乗り越える	극복하다
乗り越す	(목적지를) 지나치다
生える	(풀, 수염 등이) 나다
運ぶ	운반하다
働く	일하다
話しかける	말을 걸다
流行る	유행하다
張り切る	의욕이 넘치다
引き受ける	받아들이다, 인수하다
引き返す	되돌아가다, 되돌리다
引き出す	인출하다, 꺼내다
引き止める	만류하다, 제지하다
広がる	확산되다
増える	증가하다

□ 掘^ほる	(땅을) 파다	

□ 掘る〔ほ〕	(땅을) 파다
□ 任せる〔まか〕	맡기다
□ 巻く〔ま〕	말다, 감다
□ 増す〔ま〕	많아지다, 증가하다 〈자동사〉 늘리다, 증가시키다 〈타동사〉
□ 迷う〔まよ〕	헤매다, 망설이다
□ 磨く〔みが〕	(문질러) 닦다, 연마하다
□ 認める〔みと〕	인정하다
□ 迎える〔むか〕	맞이하다
□ 蒸す〔む〕	찌다
□ 命じる〔めい〕	명하다
□ 召し上がる〔め・あ〕	드시다
□ 燃える〔も〕	불타다
□ 用いる〔もち〕	이용하다
□ 求める〔もと〕	요구하다
□ 燃やす〔も〕	불태우다
□ 役に立つ〔やく・た〕	도움이 되다, 유용하다
□ 焼ける〔や〕	타다, 구워지다
□ 雇う〔やと〕	고용하다
□ 破る〔やぶ〕	찢다, 깨다
□ 辞める〔や〕	(직업을) 그만두다
□ 喜ぶ〔よろこ〕	기뻐하다
□ 沸く〔わ〕	끓다
□ 詫びる〔わ〕	사과하다

❸ い형용사

□ 温かい〔あたた〕	따뜻하다
□ 厚かましい〔あつ〕	뻔뻔하다
□ 危うい〔あや〕	위험하다
□ 言い難い〔い・がた〕	말하기 어렵다
□ 忙しい〔いそが〕	바쁘다
□ 痛い〔いた〕	아프다
□ 薄い〔うす〕	얇다, 적다, 흐리다
□ 美しい〔うつく〕	아름답다
□ うらやましい	부럽다
□ 偉い〔えら〕	훌륭하다
□ 幼い〔おさな〕	어리다
□ きつい	힘들다, 꼭 끼다
□ くどい	장황하다
□ 濃い〔こ〕	짙다, 진하다
□ 細かい〔こま〕	자세하다
□ さしつかえない	상관없다
□ しかたがない	어쩔 수 없다
□ 親しい〔した〕	친하다
□ 涼しい〔すず〕	시원하다
□ すばらしい	멋지다, 훌륭하다
□ 狭い〔せま〕	좁다
□ そそっかしい	경솔하다, 조심성이 없다
□ 頼もしい〔たの〕	믿음직하다
□ だらしない	단정하지 못하다
□ つまらない	시시하다, 하찮다

| □ とんでもない | 터무니없다 | □ 公平な
^{こう へい} | 공평한 |

□ とんでもない	터무니없다
□ のろい	느리다
□ 恥ずかしい	부끄럽다
□ はなはだしい	심하다
□ 眩しい	눈부시다
□ みっともない	꼴사납다
□ 申し訳ない	미안하다, 죄송하다
□ もったいない	아깝다
□ 優しい	상냥하다
□ やむをえない	부득이하다, 어쩔 수 없다
□ 柔らかい	부드럽다

❹ な형용사

□ 安易な	안이한
□ 偉大な	위대한
□ おしゃべりな	수다스러운
□ 主な	주된
□ 格別な	각별한, 매우 특별한
□ 危険な	위험한
□ 気の毒な	딱한, 불쌍한
□ 急速な	급속한
□ 強力な	강력한
□ 巨大な	거대한
□ けちな	인색한
□ 厳重な	엄중한
□ 肯定的な	긍정적인

□ 公平な	공평한
□ 個人的な	개인적인
□ 幸いな	다행스러운
□ 残念な	안타까운
□ 地味な	수수한
□ 主要な	주요한
□ 正直な	정직한
□ 絶対的な	절대적인
□ 全国的な	전국적인
□ そっくりな	꼭 같은
□ 退屈な	지루한
□ 確かな	확실한, 분명한
□ 妥当な	타당한
□ 適切な	적절한
□ 手ごろな	적합한, 적당한
□ 透明な	투명한
□ 特殊な	특수한
□ なだらかな	완만한
□ 苦手な	자신 없는
□ 派手な	화려한
□ 皮肉な	비꼬는, 얄궂은
□ 微妙な	미묘한
□ 不安な	불안한
□ 不規則な	불규칙한
□ 無事な	무사한
□ 平凡な	평범한

☐ 朗（ほが）らかな	명랑한	
☐ 真面目（まじめ）な	성실한	
☐ まれな	드문, 희귀한	
☐ 見事（みごと）な	멋진	
☐ 明確（めいかく）な	명확한	
☐ 有効（ゆうこう）な	유효한	
☐ 愉快（ゆかい）な	유쾌한	
☐ 豊（ゆた）かな	풍부한	
☐ 容易（ようい）な	쉬운, 용이한	
☐ 楽（らく）な	편한	

❺ 부사/접속사

☐ あるいは	혹은, 또는	☐ くれぐれも	아무쪼록
☐ 案外（あんがい）	의외로	☐ こっそり	몰래
☐ 生（い）き生（い）き	생기 있게, 활기차게	☐ 再三（さいさん）	여러 번
☐ いちいち	일일이	☐ さっそく	즉시
☐ いったん	일단	☐ さて	그건 그렇고, 그런데
☐ いつの間（ま）にか	어느새	☐ しいて	굳이, 무리해서
☐ いまに	머지않아, 이제 곧	☐ しかも	게다가
☐ いまにも	금세라도, 당장이라도	☐ 次第（しだい）に	점차, 점점
☐ いよいよ	드디어, 마침내	☐ したがって	따라서
☐ 言（い）わば	(비유해서) 말하자면	☐ 実（じつ）に	실로, 참으로
☐ お互（たが）いに	서로	☐ 実（じつ）は	실은
☐ 主（おも）に	주로	☐ しばしば	자주, 종종
☐ がっかり	실망하거나 낙담하는 모습	☐ しみじみ	절실히, 곰곰이
☐ 逆（ぎゃく）に	거꾸로	☐ すなわち	즉
		☐ せいぜい	겨우, 고작, 힘껏
		☐ そう言（い）えば	그러고 보니
		☐ 続々（ぞくぞく）	속속, 잇따라
		☐ そこで	그래서
		☐ そっと	살짝, 가만히
		☐ その上（うえ）	게다가, 그 위에
		☐ それとも	그렇지 않으면
		☐ それなのに	그런데도, 그럼에도 불구하고
		☐ 絶（た）えず	끊임없이
		☐ だが	그렇지만
		☐ ただ	다만, 그저
		☐ ただし	단, 다만

□ たとえ	비록	□ 万一 (まんいち)	만일
□ 例えば (たと)	예를 들면	□ もうすぐ	곧
□ 多分 (たぶん)	아마	□ もっとも	가장, 제일
□ ちゃんと	정확하게, 제대로	□ 約 (やく)	약, 대략
□ 次々と (つぎつぎ)	차례차례, 잇따라	□ やたらに	함부로, 무턱대고
□ 常に (つね)	항상	□ 要するに (よう)	요컨대
□ つまり	결국, 요컨대	□ 割合に (わりあい)	비교적
□ どうしても	어떻게 해서든, 무슨 일이 있어도		
□ どうせ	어차피		

□ ところが	그렇지만	～案 (あん) 안	
□ ところで	그런데	□ 企画案 (きかくあん)	기획안
□ どっと	우르르, 한꺼번에	□ 予算案 (よさんあん)	예산안
□ なお	더욱		
□ 仲良く (なかよ)	사이좋게	異～ (い) 이(다름)	
□ 何でも (なん)	뭐든지	□ 異教徒 (いきょうと)	이교도
□ なんとなく	왠지, 어쩐지	□ 異文化 (いぶんか)	이문화
□ はきはき	(태도, 말투 등이) 시원시원		
□ ばったり	딱(갑자기 마주치는 모습)	～位 (い) 위(순서)	
□ 比較的 (ひかくてき)	비교적	□ 上位 (じょうい)	상위
□ ぴったり	딱(빈틈없이 들어맞는 모습)	□ 第一位 (だいいちい)	제1위
□ ほとんど	거의, 대부분		
□ まあまあ	그럭저럭	～下 (か) 하(무언가의 아래를 나타내는 상태)	
□ まごまご	우물쭈물, 갈팡질팡	□ 管理下 (かんりか)	관리하
□ まさか	설마	□ 支配下 (しはいか)	지배하
□ ますます	점점, 더욱더		
□ 間もなく (ま)	곧, 머지않아		

~外 외(범위를 벗어남)

- □ 時間外　　　시간외
- □ 予想外　　　예상외

各～ 각(하나하나)

- □ 各家庭　　　각 가정
- □ 各地域　　　각 지역

~観 관(관점)

- □ 結婚観　　　결혼관
- □ 人生観　　　인생관

~気味 기색

- □ 焦り気味　　　초조한 기색
- □ 風邪気味　　　감기 기운

旧～ 구(오래된, 옛)

- □ 旧制度　　　구제도
- □ 旧都心　　　구도심

急～ 급(갑작스러운)

- □ 急傾斜　　　급경사
- □ 急停車　　　급정차

~ごと ～째, ～마다

- □ 皮ごと　　　껍질째
- □ ケースごと　　　상자째

□ 年ごと　　　해마다
□ 日ごと　　　날마다

~込み 포함

- □ 税込み　　　세금 포함
- □ 送料込み　　　송료 포함

~作 작(작품)

- □ 最新作　　　최신작
- □ 代表作　　　대표작

主～ 주(주가 됨)

- □ 主産物　　　주산물
- □ 主成分　　　주성분

~集 집(모음)

- □ 作品集　　　작품집
- □ 写真集　　　사진집

~順 순(순서)

- □ 先着順　　　선착순
- □ 年代順　　　연대순

~済み 완료

- □ 契約済み　　　계약 완료
- □ 使用済み　　　사용 완료

～制 제(규정)

- [ ] 当番制   당번제
- [ ] 予約制   예약제

全～ 전(모든, 최대의)

- [ ] 全世界   전 세계
- [ ] 全速力   전속력

～全般 전반(모든 것)

- [ ] 経済全般   경제 전반
- [ ] 生活全般   생활 전반

短～ 단(짧은)

- [ ] 短期間   단기간
- [ ] 短距離   단거리

～通 통(편지)

- [ ] 一通   한 통
- [ ] 二通   두 통

～付き 달려 있음

- [ ] 条件付き   조건부
- [ ] デザート付き   디저트 포함

～漬け 중독, 푹 빠진 상태, 절임

- [ ] 薬漬け   약 중독
- [ ] たくあん漬け   단무지

～漬け

- [ ] 白菜漬け   배추절임
- [ ] 勉強漬け   공부에 몰입함

低～ 저(낮은)

- [ ] 低価格   저가격
- [ ] 低気圧   저기압

不～ 불

- [ ] 不完全   불완전
- [ ] 不公平   불공평

～部 부(서류의 단위)

- [ ] 一万部   일만 부
- [ ] 三部   세 부

真～ 참, 완전함

- [ ] 真新しい   완전히 새롭다
- [ ] 真心   진심

無～ 무

- [ ] 無関心   무관심
- [ ] 無責任   무책임

～向き 방향

- [ ] 東向き   동향
- [ ] 南向き   남향

～流 류(특유의 방식, 특성)

□ 自己流	자기만의 방식
□ 日本流	일본식

～料 료(요금, 대금)

□ 授業料	수업료
□ 保険料	보험료

❼ 가타카나

□ アイデア	아이디어
□ アクセサリー	액세서리
□ アナウンサー	아나운서
□ インタビュー	인터뷰
□ エンジン	엔진
□ オイル	오일
□ カバー	커버, 씌우개, 보충, 보완
□ カロリー	칼로리
□ キャプテン	캡틴, 주장
□ キャンパス	캠퍼스
□ コピー	복사
□ コミュニケーション	커뮤니케이션, 소통
□ コンクール	콩쿠르, 경연 대회
□ サービス	서비스
□ サイン	사인, 서명
□ サンプル	샘플
□ シャッター	셔터
□ スカーフ	스카프
□ スゲジュール	스케줄, 일정
□ スタート	시작
□ スチュワーデス	스튜어디스
□ スピード	속도
□ チーム	팀
□ トップ	톱
□ ドライブ	드라이브
□ トラック	트럭
□ ドラマ	드라마
□ トレーニング	트레이닝, 훈련
□ ノック	노크
□ バケツ	양동이
□ ハンドル	핸들
□ プログラム	프로그램
□ ベテラン	베테랑, 고수
□ マスター	마스터, 습득
□ メニュー	메뉴
□ ラッシュアワー	러시아워, 출퇴근 시간
□ リズム	리듬
□ レクリエーション	레크리에이션
□ レジャー	레저, 여가 선용
□ レベル	레벨, 수준

❽ 감탄사/인사말

□ おかまいなく	저는 신경 쓰지 마세요

□ お気の毒に　　딱하게도

□ かしこまりました　잘 알겠습니다

□ ご遠慮なく　　사양 마시길

□ ご苦労さま　　수고했어요

□ しめた　　잘됐다 〈감탄사〉

□ すまない　　미안하다

❾ 연체사

あらゆる 모든

□ あらゆる可能性　모든 가능성

□ あらゆる手段　　모든 수단

いわゆる 이른바, 소위

□ いわゆる専門家　소위 전문가

□ いわゆる天才　　이른바 천재

大した 대단한

□ 大した実力　　대단한 실력

□ 大した人物　　대단한 인물

単なる 단순한

□ 単なるうわさ　　단순한 소문

□ 単なる勘違い　　단순한 착각

ほんの 그저, 겨우

□ ほんの一部　　아주 일부

□ ほんの少し　　아주 조금

❿ 관용구

足

□ 足が出る　　적자가 나다

□ 足を洗う　　손을 씻다, 나쁜 일에서 손을 떼다

□ 足を運ぶ　　발길을 옮기다

頭

□ 頭が切れる　　똑똑하다, 명석하다

□ 頭が下がる　　머리가 수그러지다, 존경스럽다

□ 頭が低い　　겸손하다

□ 頭に来る　　화가 나다

顔

□ 顔が売れる　　얼굴이 팔리다, 유명해지다

□ 顔が利く　　(얼굴이) 잘 통하다

□ 顔が広い　　아는 사람이 많다

□ 顔を出す　　참석하다

気

□ 気がある　　생각이 있다, 마음이 있다

□ 気が多い　　변덕스럽다, 주의가 산만하다

□ 気がきく　　재치 있다, 눈치가 빠르다

□ 気がすすむ　　마음이 내키다

□ 気がする　　생각이 들다

□ 気がつく　　생각이 나다

□ 気が長い　　느긋하다

□ 気が早い	성급하다		□ 手を焼く	애먹다

□ 気が早い　　성급하다
□ 気が短い　　성질이 급하다
□ 気に入る　　마음에 들다
□ 気に障る　　비위에 거슬리다
□ 気になる　　걱정되다
□ 気を配る　　배려하다
□ 気を使う　　신경 쓰다, 마음 쓰다
□ 気を付ける　주의하다

口（くち）

□ 口が重い　　과묵하다, 말수가 적다
□ 口が堅い　　비밀을 잘 지키다
□ 口が滑る　　말실수하다
□ 口に合う　　입맛에 맞다
□ 口にする　　언급하다, 입에 대다
□ 口を利く　　말하다

首（くび）

□ 首が回らない　빚에 쪼들리다
□ 首にする　　해고하다
□ 首になる　　해고당하다
□ 首を長くする　애타게 기다리다

手（て）

□ 手が空く　　틈이 나다, 시간이 생기다
□ 手を切る　　관계를 끊다

□ 手を焼く　　애먹다

鼻（はな）

□ 鼻が高い　　콧대가 높다
□ 鼻にかける　　내세우다, 뽐내다
□ 鼻を折る　　콧대를 꺾다

腹（はら）

□ 腹が立つ　　화가 나다

耳（みみ）

□ 耳が痛い　　듣기 거북하다
□ 耳が遠い　　귀가 잘 안 들리다
□ 耳が早い　　소문을 잘 듣다
□ 耳にする　　듣다
□ 耳にたこができる　귀에 못이 박이다. 너무 들어서 지겹다
□ 耳に挟む　　언뜻 듣다
□ 耳を疑う　　귀를 의심하다
□ 耳を傾ける　　귀를 기울이다

目（め）

□ 目がきく　　안목이 있다, 보는 눈이 있다
□ 目が高い　　눈이 높다
□ 目がない　　매우 좋아하다, 사족을 못 쓴다
□ 目と鼻の先　　매우 가까운 곳, 엎어지면 코 닿을 데

□ 目にする　　　　　보다

□ 目をつぶる　　　　못 본 체 눈감아 주다

□ 目を通す　　　　　대략적으로 살펴보다

□ 目を引く　　　　　눈을 끌다, 남의 이목을 끌다

기타

□ あごを出す　　　　몹시 지치다, 기진맥진하다

□ あごが落ちる　　　음식이 몹시 맛있다

□ あごで使かう　　　거만한 태도로 사람을 부리다

□ 歯が立たない　　　자기 힘으로는 감당 못하다

다음 단어의 읽기로 가장 알맞은 것을 a, b 중에서 고르시오.

1 原因 （a けんいん　　b げんいん）	**19** 環境 （a かんきょう　　b かんこう）
2 記事 （a きじ　　b きし）	**20** 感心 （a かんじん　　b かんしん）
3 欧米 （a おうへい　　b おうべい）	**21** 機嫌 （a きけん　　b きげん）
4 汚染 （a おえん　　b おせん）	**22** 禁煙 （a きんえん　　b きつえん）
5 記憶 （a きろく　　b きおく）	**23** 休暇 （a きょうか　　b きゅうか）
6 工夫 （a くふう　　b くうふ）	**24** 許可 （a きょか　　b きょうか）
7 貢献 （a こうけん　　b けいけん）	**25** 小麦 （a こむぎ　　b あずき）
8 競争 （a けいそう　　b きょうそう）	**26** 誤り （a あやつり　　b あやまり）
9 血液 （a けついき　　b けつえき）	**27** 暗記 （a あんぎ　　b あんき）
10 希望 （a しぼう　　b きぼう）	**28** 維持 （a いし　　b いじ）
11 疑問 （a しもん　　b ぎもん）	**29** 異常 （a いじょう　　b いぞう）
12 貨物 （a にもつ　　b かもつ）	**30** 印刷 （a いんさつ　　b いんさい）
13 辺り （a あたり　　b まわり）	**31** 影響 （a えいきょう　　b えいきゅう）
14 雨量 （a うりょう　　b ゆうりょう）	**32** 演説 （a えんせつ　　b えんぜつ）
15 限定 （a けんてい　　b げんてい）	**33** 恐怖 （a きょうふう　　b きょうふ）
16 呼吸 （a こうきゅう　　b こきゅう）	**34** 克服 （a こくふく　　b きょくふく）
17 解釈 （a かいしゃく　　b かいせき）	**35** 供給 （a きょうきゅう　　b こうきょう）
18 開封 （a かいふう　　b かいほう）	**36** 曲線 （a きょくせん　　b こくせん）

정답 1 ⓑ　2 ⓐ　3 ⓑ　4 ⓑ　5 ⓑ　6 ⓐ　7 ⓐ　8 ⓑ　9 ⓑ　10 ⓑ　11 ⓑ　12 ⓑ
13 ⓐ　14 ⓐ　15 ⓑ　16 ⓑ　17 ⓐ　18 ⓐ　19 ⓐ　20 ⓑ　21 ⓑ　22 ⓐ　23 ⓑ　24 ⓐ
25 ⓐ　26 ⓑ　27 ⓑ　28 ⓑ　29 ⓐ　30 ⓐ　31 ⓐ　32 ⓑ　33 ⓑ　34 ⓐ　35 ⓐ　36 ⓐ

다음 단어의 읽기로 가장 알맞은 것을 a, b 중에서 고르시오.

1 手段 （a しゅだん　　b しゅうだん）

2 失望 （a しっぱい　　b しつぼう）

3 児童 （a じどう　　b しどう）

4 署名 （a しょめい　　b しょうめい）

5 首脳 （a しゅうのう　b しゅのう）

6 寿命 （a じゅみょう　b じゅめい）

7 坂 （a さか　　b おか）

8 世紀 （a さいき　　b せいき）

9 循環 （a じゅんかん　b しゅんかん）

10 借金 （a しゃっきん　b しょうきん）

11 就職 （a しゅうしょく　b しょうしょく）

12 消耗 （a しょうぼう　b しょうもう）

13 最高 （a さいこう　　b さいご）

14 処理 （a しょうり　　b しょり）

15 職場 （a しょくじょう　b しょくば）

16 宿泊 （a しゅくはく　b しょくばく）

17 心臓 （a しんぞう　　b しんじょう）

18 税金 （a せいきん　　b ぜいきん）

19 政治 （a せいじ　　b せいち）

20 正面 （a せいめん　　b しょうめん）

21 操作 （a そうさ　　b そうさく）

22 想像 （a そうぞう　　b そうじょう）

23 装置 （a そうち　　b そち）

24 資料 （a ちりょう　　b しりょう）

25 節約 （a せつりゃく　b せつやく）

26 裁判 （a さいはん　　b さいばん）

27 財布 （a ざいふ　　b さいふ）

28 左右 （a さゆう　　b さう）

29 作法 （a さほう　　b さくほう）

30 雑誌 （a さっし　　b ざっし）

31 進歩 （a しんぽ　　b さんぽ）

32 森林 （a さんりん　　b しんりん）

33 実施 （a しっし　　b じっし）

34 寺院 （a しゃいん　　b じいん）

35 首相 （a しゅそう　　b しゅしょう）

36 蒸気 （a じょうき　　b じゅうき）

정답 1 ⓐ　2 ⓑ　3 ⓐ　4 ⓐ　5 ⓑ　6 ⓐ　7 ⓐ　8 ⓑ　9 ⓐ　10 ⓐ　11 ⓐ　12 ⓑ
　　　13 ⓐ　14 ⓑ　15 ⓑ　16 ⓐ　17 ⓐ　18 ⓑ　19 ⓐ　20 ⓑ　21 ⓐ　22 ⓐ　23 ⓐ　24 ⓑ
　　　25 ⓑ　26 ⓑ　27 ⓑ　28 ⓐ　29 ⓐ　30 ⓑ　31 ⓐ　32 ⓑ　33 ⓑ　34 ⓑ　35 ⓑ　36 ⓐ

다음 단어의 읽기로 가장 알맞은 것을 a, b 중에서 고르시오.

1 泥　（a どろ　　　b いわ）

2 練習　（a えんしゅう　　b れんしゅう）

3 粒　（a かぶ　　　b つぶ）

4 悲劇　（a ひげき　　b きげき）

5 浴衣　（a きもの　　b ゆかた）

6 貯蔵　（a ちょぞう　　b しょぞう）

7 対立　（a せいりつ　　b たいりつ）

8 大臣　（a だいじん　　b だいしん）

9 著者　（a ちょうしゃ　　b ちょしゃ）

10 伝記　（a でんき　　b てんき）

11 同僚　（a どうりょう　　b とうりょう）

12 都合　（a とごう　　b つごう）

13 土地　（a とち　　　b どち）

14 納得　（a のうとく　　b なっとく）

15 犯罪　（a はんざい　　b ばんざい）

16 発売　（a はんばい　　b はつばい）

17 筆跡　（a ひっせき　　b ひつせき）

18 手間　（a てま　　　b ひま）

19 不満　（a ふあん　　b ふまん）

20 不況　（a ふきょう　　b ふきゅう）

21 舞台　（a ぶたい　　b ぶだい）

22 平和　（a へいわ　　b へいか）

23 平等　（a へいとう　　b びょうどう）

24 配布　（a へいふ　　b はいふ）

25 宝石　（a ほうせき　　b ほうしき）

26 拍手　（a ほうしゅう　　b はくしゅ）

27 封筒　（a ふうとう　　b ほうとう）

28 爆発　（a ばくはつ　　b ぼうはつ）

29 免許　（a めんきょ　　b めんきょう）

30 募集　（a もしゅう　　b ぼしゅう）

31 溶岩　（a ようかん　　b ようがん）

32 要旨　（a ようじ　　b ようし）

33 貯金　（a ちょきん　　b よきん）

34 両替　（a りょうさい　　b りょうがえ）

35 冷凍　（a れいとう　　b れいと）

36 連続　（a れんそく　　b れんぞく）

정답　1 ⓐ　2 ⓑ　3 ⓑ　4 ⓐ　5 ⓑ　6 ⓐ　7 ⓑ　8 ⓐ　9 ⓑ　10 ⓐ　11 ⓐ　12 ⓑ
13 ⓐ　14 ⓑ　15 ⓐ　16 ⓑ　17 ⓐ　18 ⓐ　19 ⓑ　20 ⓐ　21 ⓐ　22 ⓐ　23 ⓑ　24 ⓑ
25 ⓐ　26 ⓑ　27 ⓐ　28 ⓐ　29 ⓐ　30 ⓑ　31 ⓑ　32 ⓑ　33 ⓐ　34 ⓑ　35 ⓐ　36 ⓑ

다음 단어의 읽기로 가장 알맞은 것을 a, b 중에서 고르시오.

1 悩む	（ a くやむ	b なやむ ）	**19** 焦げる	（ a こげる　b さげる ）
2 辞める	（ a やめる	b とめる ）	**20** 支える	（ a ささえる　b さかえる ）
3 試す	（ a しめす	b ためす ）	**21** 増す	（ a ます　b おす ）
4 掘る	（ a はる	b ほる ）	**22** 遅れる	（ a おくれる　b おそれる ）
5 砕く	（ a くだく	b いだく ）	**23** 覚める	（ a さめる　b さだめる ）
6 泊まる	（ a こまる	b とまる ）	**24** 詫びる	（ a わびる　b さびる ）
7 余る	（ a あまる	b うまる ）	**25** 断る	（ a ことわる　b さわる ）
8 叫ぶ	（ a およぶ	b さけぶ ）	**26** 贈る	（ a めくる　b おくる ）
9 逃げる	（ a にげる	b のげる ）	**27** 疑う	（ a したがう　b うたがう ）
10 優れる	（ a すぐれる	b あきれる ）	**28** 築く	（ a きずく　b のぞく ）
11 怠ける	（ a あずける	b なまける ）	**29** 燃やす	（ a もやす　b はやす ）
12 雇う	（ a やとう	b になう ）	**30** 加える	（ a くわえる　b かかえる ）
13 伺う	（ a うかがう	b ねがう ）	**31** 用いる	（ a ひきいる　b もちいる ）
14 飽きる	（ a あきる	b いきる ）	**32** 効く	（ a ひく　b きく ）
15 占める	（ a せめる	b しめる ）	**33** 務める	（ a ゆるめる　b つとめる ）
16 黙る	（ a だまる	b たまる ）	**34** 沿う	（ a そう　b よう ）
17 与える	（ a そなえる	b あたえる ）	**35** 耕す	（ a ふやす　b たがやす ）
18 重ねる	（ a たばねる	b かさねる ）	**36** 収める	（ a よわめる　b おさめる ）

정답 1 ⓑ　2 ⓐ　3 ⓑ　4 ⓑ　5 ⓐ　6 ⓑ　7 ⓐ　8 ⓑ　9 ⓐ　10 ⓐ　11 ⓑ　12 ⓐ
13 ⓐ　14 ⓐ　15 ⓑ　16 ⓐ　17 ⓑ　18 ⓑ　19 ⓐ　20 ⓐ　21 ⓐ　22 ⓐ　23 ⓐ　24 ⓐ
25 ⓐ　26 ⓑ　27 ⓑ　28 ⓐ　29 ⓐ　30 ⓐ　31 ⓑ　32 ⓑ　33 ⓑ　34 ⓐ　35 ⓑ　36 ⓑ

다음 단어의 읽기로 가장 알맞은 것을 a, b 중에서 고르시오.

1 優しい	（a やさしい　b うれしい）	**19** 朗らかな	（a あきらかな　b ほがらかな）
2 温かい	（a やわらかい　b あたたかい）	**20** 幸いな	（a さいわいな　b さいあいな）
3 薄い	（a うすい　b よわい）	**21** 具体的な	（a くたいてきな　b ぐたいてきな）
4 偉い	（a あらい　b えらい）	**22** 厳重な	（a げんじゅうな　b げんちょうな）
5 親しい	（a したしい　b うれしい）	**23** 愉快な	（a ゆかいな　b ゆうかいな）
6 細かい	（a ほそかい　b こまかい）	**24** 妥当な	（a だとうな　b たとうな）
7 眩しい	（a まずしい　b まぶしい）	**25** 地味な	（a ちみな　b じみな）
8 痛い	（a いたい　b かたい）	**26** 安易な	（a あんかな　b あんいな）
9 美しい	（a うつくしい　b いさましい）	**27** 主要な	（a しゅような　b じゅような）
10 涼しい	（a まぶしい　b すずしい）	**28** 公平な	（a こうへいな　b きょうへいな）
11 危うい	（a あぶうい　b あやうい）	**29** 平凡な	（a へいほんな　b へいぼんな）
12 濃い	（a あさい　b こい）	**30** 確かな	（a ゆるやかな　b たしかな）
13 忙しい	（a いそがしい　b さわがしい）	**31** 巨大な	（a きょだいな　b こうだいな）
14 狭い	（a ほそい　b せまい）	**32** 正直な	（a しょうじきな　b せいじきな）
15 幼い	（a おさない　b きたない）	**33** 微妙な	（a みみょうな　b びみょうな）
16 厚かましい	（a あつかましい　b やかましい）	**34** 無事な	（a むじな　b ぶじな）
17 頼もしい	（a さもしい　b たのもしい）	**35** 格別な	（a とくべつな　b かくべつな）
18 恥ずかしい	（a むずかしい　b はずかしい）	**36** 派手な	（a にがてな　b はでな）

정답 1 ⓐ　2 ⓑ　3 ⓐ　4 ⓑ　5 ⓐ　6 ⓑ　7 ⓑ　8 ⓐ　9 ⓐ　10 ⓑ　11 ⓑ　12 ⓑ
13 ⓐ　14 ⓑ　15 ⓐ　16 ⓐ　17 ⓑ　18 ⓑ　19 ⓑ　20 ⓐ　21 ⓑ　22 ⓐ　23 ⓐ　24 ⓐ
25 ⓑ　26 ⓑ　27 ⓐ　28 ⓐ　29 ⓑ　30 ⓑ　31 ⓐ　32 ⓐ　33 ⓑ　34 ⓑ　35 ⓑ　36 ⓑ

다음 단어의 일본어 표현으로 가장 알맞은 것을 a, b 중에서 고르시오.

1 즉시　　　　　　　　　　　(a さっそく　　　b たっぷり)

2 거꾸로　　　　　　　　　　(a 逆に　　　　　b 次第に)

3 우르르, 한꺼번에　　　　　(a じっと　　　　b どっと)

4 일일이　　　　　　　　　　(a いちいち　　　b いらいら)

5 정확하게, 제대로　　　　　(a ちゃんと　　　b やや)

6 주로　　　　　　　　　　　(a 実に　　　　　b 主に)

7 점차, 점점　　　　　　　　(a 即座に　　　　b 次第に)

8 드디어, 마침내　　　　　　(a いよいよ　　　b たまたま)

9 거의, 대부분　　　　　　　(a おそらく　　　b ほとんど)

10 설마　　　　　　　　　　　(a 実に　　　　　b まさか)

11 함부로, 무턱대고　　　　　(a きちんと　　　b やたらに)

12 의외로　　　　　　　　　　(a 案外　　　　　b 再三)

13 만일　　　　　　　　　　　(a 一応　　　　　b 万一)

14 점점, 더욱더　　　　　　　(a ぶかぶか　　　b ますます)

15 금세라도, 당장이라도　　　(a いまにも　　　b さっき)

16 차례차례, 잇따라　　　　　(a 一斉に　　　　b 次々と)

17 자주, 종종　　　　　　　　(a しばしば　　　b たまたま)

18 어차피　　　　　　　　　　(a どうか　　　　b どうせ)

정답 1 ⓐ　　2 ⓐ　　3 ⓑ　　4 ⓐ　　5 ⓐ　　6 ⓑ　　7 ⓑ　　8 ⓐ　　9 ⓑ
　　　 10 ⓑ　11 ⓑ　12 ⓐ　13 ⓑ　14 ⓑ　15 ⓐ　16 ⓑ　17 ⓐ　18 ⓑ

다음 단어의 접두어·접미어로 가장 알맞은 것을 a, b 중에서 고르시오.

1 이문화 　　　　(a 移 　　　　　b 異) 文化

2 각 가정 　　　　(a 客 　　　　　b 各) 家庭

3 구도심 　　　　(a 旧 　　　　　b 給) 都心

4 급경사 　　　　(a 激 　　　　　b 急) 傾斜

5 전 세계 　　　　(a 全 　　　　　b 善) 世界

6 단기간 　　　　(a 短 　　　　　b 単) 期間

7 주성분 　　　　(a 注 　　　　　b 主) 成分

8 저가격 　　　　(a 抵 　　　　　b 低) 価格

9 무책임 　　　　(a 非 　　　　　b 無) 責任

10 불완전 　　　　(a 無 　　　　　b 不) 完全

11 예산안 　　　　予算 (a 安 　　　　　b 案)

12 주택가 　　　　住宅 (a 街 　　　　　b 回)

13 인생관 　　　　人生 (a 観 　　　　　b 勧)

14 보험료 　　　　保険 (a 料 　　　　　b 材)

15 최신작 　　　　最新 (a 策 　　　　　b 作)

16 예약제 　　　　予約 (a 制 　　　　　b 製)

17 사용 완료 　　　　使用 (a 済み 　　　　　b ぎみ)

18 커피 제공 　　　　コーヒー (a 漬け 　　　　　b 付き)

정답 1 ⓑ　2 ⓑ　3 ⓐ　4 ⓑ　5 ⓐ　6 ⓐ　7 ⓑ　8 ⓑ　9 ⓑ
　　10 ⓑ　11 ⓑ　12 ⓐ　13 ⓐ　14 ⓐ　15 ⓑ　16 ⓐ　17 ⓐ　18 ⓑ

다음 단어의 가타카나 표기로 가장 알맞은 것을 a, b 중에서 고르시오.

1 샘플 (a サンプル   b アンプル)

2 오일 (a オイル   b マイル)

3 칼로리 (a カルリー   b カロリー)

4 핸들 (a バンドル   b ハンドル)

5 시작 (a スカート   b スタート)

6 속도 (a スピード   b ストーブ)

7 팀 (a チーム   b ドーム)

8 아이디어 (a アイデア   b アイドル)

9 복사 (a コピー   b コヒー)

10 사인, 서명 (a サイン   b ライン)

11 노크 (a コック   b ノック)

12 양동이 (a ラケット   b バケツ)

13 캡틴, 주장 (a コットン   b キャプテン)

14 캠퍼스 (a コンパス   b キャンパス)

15 스카프 (a スコープ   b スカーフ)

16 셔터 (a シュート   b シャッター)

17 커버, 보완 (a カバー   b オーバー)

18 트럭 (a トラック   b ツラック)

정답 1 ⓐ   2 ⓐ   3 ⓑ   4 ⓑ   5 ⓑ   6 ⓐ   7 ⓐ   8 ⓐ   9 ⓐ
10 ⓐ   11 ⓑ   12 ⓑ   13 ⓑ   14 ⓑ   15 ⓑ   16 ⓑ   17 ⓐ   18 ⓐ

문자 · 어휘 완전 정복을 위한 꿀팁!

문제를 풀어 본 후에는 반드시 복습을 해야 합니다. 본서에 제시된 예문들을 충실하게 학습해 두면 어떤 문제든 풀 수 있을 겁니다.

● **問題 1 한자 읽기**
음독과 훈독, 장음, 촉음을 구분하여 풉니다. 비슷한 형태의 한자는 같은 발음인 경우가 많습니다.

● **問題 2 한자 표기**
음독인 경우, 비슷한 모양의 한자는 구성 요소를 분석 · 비교하여 함정에 빠지지 않도록 합시다.

● **問題 3 단어 형성**
접두어와 접미어는 음독인 경우가 많으므로, 보기에 있는 한자를 음독으로 읽어서 단어를 구성해 봅니다.

● **問題 4 문맥 규정**
다양한 품사가 출제되는데, 동사나 い형용사는 사전형을 떠올려 보고, 부사는 호응하는 단어를 찾아내면 확실하게 답을 구할 수 있습니다.

● **問題 5 유의어**
사전적인 의미가 완전히 같지 않더라도 문장의 의미가 손상되지 않는 경우에는 답이 될 수 있다는 것을 명심하세요.

● **問題 6 용법**
단어를 원래의 의미대로 사용한 것을 찾는 한편, 해당 단어가 원래의 품사대로 사용되고 있는지도 확인해 봅니다.

PART 2

유형별 집중 공략

한자 읽기 실전 연습 ❶ [　 / 10]

問題 1 ＿＿＿＿＿の言葉の読み方として最もよいものを、1・2・3・4から一つ選びなさい。

1 今日はお忙しそうですので、明日また改めてうかがいます。
　1　しめて　　　　2　あらためて　　　3　まとめて　　　4　たしかめて

2 彼の言ったことは事実だろうと思うが、一応調べてみる必要がある。
　1　いったい　　　2　いったん　　　　3　いちおう　　　4　いちだん

3 今の子供たちは、貧しい生活を全然知りません。
　1　あやしい　　　2　くるしい　　　　3　たのしい　　　4　まずしい

4 私は高いところが怖い。
　1　おそい　　　　2　こわい　　　　　3　つよい　　　　4　よわい

5 両国は経済的に密接な関係にある。
　1　ひっせつ　　　2　みつせつ　　　　3　みっせつ　　　4　ひつせつ

6 極端な貧富の差が、経済の発展を妨げている。
　1　こくたん　　　2　こくてん　　　　3　きょくたん　　4　きょくてん

7 彼の説明は抽象的で分かりにくかった。
　1　ちゅうしょうてき　2　ちゅうぞうてき　3　ゆうしょうてき　4　ゆうぞうてき

8 公害を引き起こした企業は地元の被害者に謝罪すべきだ。
　1　じげん　　　　2　ちげん　　　　　3　じもと　　　　4　ちもと

9 学校側は学生たちの要求を拒否した。
　1　きょうひ　　　2　けいひ　　　　　3　きょひ　　　　4　こうへい

10 山頂からの景色は本当にすばらしかった。
　1　けいしき　　　2　けしき　　　　　3　けいいろ　　　4　けいろ

정답　**1** ②　**2** ③　**3** ④　**4** ②　**5** ③　**6** ③　**7** ①　**8** ③　**9** ③　**10** ②　　　해석 **별책** p.2

問題1 __________の言葉の読み方として最もよいものを、1・2・3・4から一つ選びなさい。

1 親は子供の模範となるような行動をとるべきだ。
1　もうはん　　　2　もはん　　　3　ぼうはん　　　4　ぼはん

2 鈴木さんは去年から貿易会社に勤めている。
（すずき）
1　もうえき　　　2　ぼうえき　　　3　もうい　　　4　ぼうい

3 この辺は木造住宅が密集し、防災上の課題を抱えている。
1　ぼうえん　　　2　ぼうさい　　　3　ほうえん　　　4　ほうさい

4 パソコンの操作を誤って大切なファイルを削除してしまった。
1　しょうじ　　　2　しょうじょ　　　3　さくじ　　　4　さくじょ

5 ちょっとした油断が大きな事故を招く場合がある。
1　ゆだん　　　2　ゆうだん　　　3　よだん　　　4　ようだん

6 この研究室にはいろいろな実験装置がある。
1　しょち　　　2　しょうち　　　3　そち　　　4　そうち

7 歯の治療は早ければ早いほどいい。
1　じりょ　　　2　ちりょ　　　3　じりょう　　　4　ちりょう

8 シャツにボタンをつけていたら、間違って指を針で刺してしまった。
1　ねじ　　　2　はり　　　3　くぎ　　　4　かぎ

9 この町では毎年、多くの行事が行われる。
1　ぎょうし　　　2　ぎょうじ　　　3　こうし　　　4　こうじ

10 流行という社会現象はなぜ起きるのだろう。
1　かんそう　　　2　げんそう　　　3　かんじょう　　　4　げんしょう

정답　**1**②　**2**②　**3**②　**4**④　**5**①　**6**④　**7**④　**8**②　**9**②　**10**④　　　　해석 **별책** p.2

問題1 ＿＿＿＿＿＿の言葉の読み方として最もよいものを、1・2・3・4から一つ選びなさい。

1 実力が足りないところは、努力で補いたいと思う。
　1　おぎないたい　　2　すくいたい　　　3　かばいたい　　4　やしないたい

2 梅雨の時期になると、食べ物が傷みやすい。
　1　おしみやすい　　2　いたみやすい　　3　きずみやすい　　4　きみやすい

3 すべての人に欠点はあるし、それを隠す必要はないですよ。
　1　かくす　　　　　2　もどす　　　　　3　わたす　　　　　4　さがす

4 言葉の勉強を通して、外国の文化に触れる。
　1　ふれる　　　　　2　なれる　　　　　3　めぐまれる　　　4　あこがれる

5 ずっと好調だったのに、最後の試合で敗れてしまった。
　1　たおれて　　　　2　やぶれて　　　　3　みだれて　　　　4　つぶれて

6 健康のため、食生活を改めることにした。
　1　なぐさめる　　　2　たしかめる　　　3　あらためる　　　4　あきらめる

7 商品の価格は需要と供給のバランスによって決まる。
　1　きょうきゅう　　2　きょうきょう　　3　きゅうきゅう　　4　きゅうきょう

8 隣の国との友好関係を築く。
　1　たたく　　　　　2　きずく　　　　　3　えがく　　　　　4　かたむく

9 この病院は設備が整っている。
　1　せつび　　　　　2　せいび　　　　　3　じゅんび　　　　4　よび

10 住民は高層マンションの建設に反対している。
　1　けんとう　　　　2　けんせつ　　　　3　けんちく　　　　4　けんこう

정답　**1**①　**2**②　**3**①　**4**①　**5**②　**6**③　**7**①　**8**②　**9**①　**10**②　　　　해석 **별책** p.2

問題 1 　__________の言葉の読み方として最もよいものを、1・2・3・4から一つ選びなさい。

1　安くチラシを印刷してくれる業者を探している。
　　1　いんしつ　　　2　いんせつ　　　3　いんそつ　　　4　いんさつ

2　幼い娘と一緒に、植木に水をやった。
　　1　おさない　　　2　かわいい　　　3　かしこい　　　4　こまかい

3　この船は、長年貨物の輸送に使われてきた。
　　1　にもつ　　　　2　かもつ　　　　3　こくもつ　　　4　さくもつ

4　彼女ならどんなときでも適切な判断ができる。
　　1　てっきり　　　2　てきせつ　　　3　てききり　　　4　てっせつ

5　将来の自分を想像してみた。
　　1　そうぞう　　　2　しょうじょう　　3　しょうぞう　　4　そうじょう

6　コンビニの店長として雇われることになった。
　　1　ねがわれる　　2　やとわれる　　3　すくわれる　　4　いわわれる

7　地震に備え、食料を確保しておく。
　　1　かくふ　　　　2　かくほ　　　　3　きゃくふ　　　4　きゃくほ

8　試験はもっと難しいと思っていたら、案外やさしかった。
　　1　あんがい　　　2　いかい　　　　3　あんかい　　　4　いがい

9　家計の中で、医療費はかなりの割合を占めている。
　　1　いりゅう　　　2　ちりょう　　　3　いりょう　　　4　ちりゅう

10　仕事の都合で旅行を延期した。
　　1　えいき　　　　2　えんき　　　　3　ていき　　　　4　てんき

정답　**1** ④　**2** ①　**3** ②　**4** ②　**5** ①　**6** ②　**7** ②　**8** ①　**9** ③　**10** ②　　　　　해석 **별책** p.2

問題1 _________の言葉の読み方として最もよいものを、1・2・3・4から一つ選びなさい。

1 環境汚染を恐れた住民は、高速道路の建設に反対している。
　1　あきれた　　　2　よごれた　　　3　おそれた　　　4　こわれた

2 大きい地震の際には、被害に関する確かな情報を得ることが大切だ。
　1　ゆたかな　　　2　たしかな　　　3　おだやかな　　　4　さわやかな

3 この国の主な産業は農業だ。
　1　あらたな　　　2　ゆたかな　　　3　おもな　　　4　まれな

4 部長は、朝から機嫌が悪そうだ。
　1　きけん　　　2　かいげん　　　3　がいげん　　　4　きげん

5 交差点で車の通行を規制している。
　1　きせい　　　2　きっそく　　　3　きそく　　　4　きっせい

6 あの姉妹は姿がとてもよく似ている。
　1　すがた　　　2　しせい　　　3　かたち　　　4　からだ

7 万一の事故に備えて保険に加入しておく。
　1　まいち　　　2　ばんいち　　　3　ばいち　　　4　まんいち

8 強い日差しで皮膚が焼けた。
　1　はだ　　　2　ひふ　　　3　かわ　　　4　ほほ

9 うちは代々漁業をしています。
　1　ぎょうぎょう　　　2　りょぎょう　　　3　ぎょぎょう　　　4　りょうぎょう

10 彼は人気ドラマで刑事役を熱演した。
　1　めいえん　　　2　ねつえん　　　3　きょうえん　　　4　こうえん

정답　**1**③　**2**②　**3**③　**4**④　**5**①　**6**①　**7**④　**8**②　**9**③　**10**②　　　해석 **별책** p.3

한자 표기 실전 연습 ❶ [／ 10]

問題 2 ＿＿＿＿＿の言葉を漢字で書くとき、最もよいものを1・2・3・4から一つ選びなさい。

1 医者にはげしい運動はしないようにと注意された。

1 険しい　　　2 激しい　　　3 暴しい　　　4 極しい

2 くわしいことは、担当の者に聞いてください。

1 許しい　　　2 評しい　　　3 詳しい　　　4 討しい

3 湖にあざやかな紅葉が映る。

1 鮮やかな　　　2 華やかな　　　3 穏やかな　　　4 晴やかな

4 新製品の売り上げはじゅんちょうに伸びている。

1 慎重に　　　2 単調に　　　3 順調に　　　4 緊張に

5 環境問題についてしんけんに議論した。

1 真険　　　2 真剣　　　3 信険　　　4 信剣

6 来週、市民マラソン大会がかいさいされる。

1 開幕　　　2 開演　　　3 開講　　　4 開催

7 製品の品質かんりは厳しくしなければならない。

1 管利　　　2 管理　　　3 官利　　　4 官理

8 チャリティーセールで売り上げの一部をきふした。

1 寄符　　　2 貴付　　　3 寄付　　　4 貴符

9 携帯電話に友だちの電話番号をとうろくした。

1 登録　　　2 登緑　　　3 答録　　　4 答緑

10 彼はとてもれいぎ正しい人です。

1 札義　　　2 札儀　　　3 礼義　　　4 礼儀

정답　**1** ②　**2** ③　**3** ①　**4** ③　**5** ②　**6** ④　**7** ②　**8** ③　**9** ①　**10** ④　　해석 **별책** p.3

問題2 ＿＿＿＿＿＿の言葉を漢字で書くとき、最もよいものを1・2・3・4から一つ選びなさい。

1 この案にはひはんの声が多い。

1　非判　　　　　2　批判　　　　　3　批反　　　　　4　非反

2 名前を呼ばれて「はい！」といきおいよく返事した。

1　乱い　　　　　2　勢い　　　　　3　荒い　　　　　4　暴い

3 東京駅までのうんちんはいくらですか。

1　運貸　　　　　2　運費　　　　　3　運賃　　　　　4　運貨

4 やたらに外来語を使うことにはていこうがある。

1　底抗　　　　　2　抵抗　　　　　3　底坑　　　　　4　抵坑

5 この大学は歴史が長いので、でんとうがある。

1　伝授　　　　　2　伝承　　　　　3　伝統　　　　　4　伝達

6 友達をしょうたいしてパーティーを開いた。

1　招待　　　　　2　招介　　　　　3　紹介　　　　　4　紹待

7 すみませんが、美術館内でのカメラのさつえいはご遠慮ください。

1　録映　　　　　2　撮映　　　　　3　録影　　　　　4　撮影

8 一度にたくさんのことを言われて、頭がこんらんしてしまった。

1　困難　　　　　2　混乱　　　　　3　困乱　　　　　4　混難

9 今回の地震で家がかたむいてしまった。

1　傾いて　　　　2　頃いて　　　　3　倒いて　　　　4　到いて

10 壊れやすいので、丁寧にあつかってください。

1　持って　　　　2　扱って　　　　3　込って　　　　4　処って

정답　**1**②　**2**②　**3**③　**4**②　**5**③　**6**①　**7**④　**8**②　**9**①　**10**②　　　　　해석 **별책** p.3

問題 2　＿＿＿＿＿の言葉を漢字で書くとき、最もよいものを1・2・3・4から一つ選びなさい。

1　勉強したことはできるだけその日のうちに、復習するようにつとめている。
1　志めて　　　　2　勧めて　　　　3　努めて　　　　4　勤めて

2　秋になると、この山には多くの観光客がおとずれる。
1　落れる　　　　2　伺れる　　　　3　往れる　　　　4　訪れる

3　彼は親にさからって大学を辞めてしまった。
1　逆らって　　　2　争って　　　　3　競って　　　　4　嫌って

4　友人をさそって海へ泳ぎに行った。
1　勧って　　　　2　招って　　　　3　請って　　　　4　誘って

5　物を入れすぎて袋がやぶれてしまった。
1　壊れて　　　　2　割れて　　　　3　破れて　　　　4　削れて

6　彼は器用で何でもできるので、たのもしい存在だ。
1　楽もしい　　　2　依もしい　　　3　頼もしい　　　4　勇もしい

7　今日は私が司会をつとめさせていただきます。
1　勤めさせて　　2　勉めさせて　　3　努めさせて　　4　務めさせて

8　ぶっかが上がり、消費に影響が出た。
1　物価　　　　　2　物値　　　　　3　物貨　　　　　4　物科

9　日が暮れて、あたりは真っ暗になった。
1　巡り　　　　　2　囲り　　　　　3　周り　　　　　4　辺り

10　彼は私のあつかましい願いを引き受けてくれた。
1　熱かましい　　2　暖かましい　　3　厚かましい　　4　温かましい

問題 2 ＿＿＿＿＿の言葉を漢字で書くとき、最もよいものを1・2・3・4から一つ選びなさい。

1 妹は部屋のかべに好きな歌手のポスターをはっている。

　　1　底　　　　　　　2　壁　　　　　　　3　床　　　　　　　4　奥

2 この資料にあやまりがないか、もう一度確かめてください。

　　1　限り　　　　　　2　余り　　　　　　3　誤り　　　　　　4　残り

3 写真は雑誌のデザインに大きなえいきょうを与える大切な要素である。

　　1　影響　　　　　　2　関連　　　　　　3　反映　　　　　　4　貢献

4 入場料は、5歳以下の子供にかぎり無料となります。

　　1　区切り　　　　　2　期り　　　　　　3　可切り　　　　　4　限り

5 田中さんは情報を処理する能力にすぐれている。

　　1　憧れて　　　　　2　慣れて　　　　　3　溢れて　　　　　4　優れて

6 市は住民たちときょうりょくして、町の安全を守っている。

　　1　協歴　　　　　　2　協力　　　　　　3　強歴　　　　　　4　強力

7 水や電気は大切な資源です。せつやくして使いましょう。

　　1　倹約　　　　　　2　節略　　　　　　3　倹略　　　　　　4　節約

8 この地方は、雨量が少なくしつどが低い。

　　1　室度　　　　　　2　量度　　　　　　3　質度　　　　　　4　湿度

9 激しいきょうそうに勝つためには価格を下げるしかないだろう。

　　1　境争　　　　　　2　競走　　　　　　3　競争　　　　　　4　境走

10 私はお金のけいさんが苦手です。

　　1　形算　　　　　　2　型算　　　　　　3　計算　　　　　　4　系算

정답　**1**②　**2**③　**3**①　**4**④　**5**④　**6**②　**7**④　**8**④　**9**③　**10**③　　　　해석 **별책** p.4

問題 2 ＿＿＿＿＿の言葉を漢字で書くとき、最もよいものを1・2・3・4から一つ選びなさい。

1 夫婦はおたがいに理解し合うことが必要だ。
　　1　お協いに　　　2　お互いに　　　3　お共いに　　　4　お双いに

2 寒かったので、首にスカーフをまいた。
　　1　回いた　　　　2　曲いた　　　　3　舞いた　　　　4　巻いた

3 彼は何か頼まれたら、ことわれない性格だ。
　　1　断れない　　　2　誤れない　　　3　困れない　　　4　取れない

4 多くの人がけいきの回復に関心を寄せている。
　　1　経気　　　　　2　景機　　　　　3　景気　　　　　4　経機

5 その機械のこうぞうは、意外にも単純だった。
　　1　構成　　　　　2　講造　　　　　3　構造　　　　　4　講成

6 ホテルにとまるときは、フロントに貴重品を預けたほうがいい。
　　1　泊まる　　　　2　止まる　　　　3　停まる　　　　4　定まる

7 結婚のお祝いにきおくに残るようなものをプレゼントしたい。
　　1　記憶　　　　　2　気億　　　　　3　気憶　　　　　4　記億

8 最近はとうなんを防ぐために、防犯カメラをつけているところが多い。
　　1　逃難　　　　　2　盗難　　　　　3　到難　　　　　4　当難

9 当社は、来年４月１日入社の新入社員をぼしゅうしております。
　　1　募収　　　　　2　幕集　　　　　3　幕収　　　　　4　募集

10 自分の考えをめいかくに表現する力を身につける必要がある。
　　1　明確　　　　　2　命雑　　　　　3　命確　　　　　4　明雑

정답　**1**②　**2**④　**3**①　**4**③　**5**③　**6**①　**7**①　**8**②　**9**④　**10**①　　　　해석 **별책** p.4

단어 형성 실전 연습 ❶　　　　　　　　　　　　[　 / 10]

問題 3（　　　　　）に入れるのに最もよいものを、1・2・3・4から一つ選びなさい。

1 駅前の商店（　　　）で、買い物して家に帰った。

　　1 地　　　　　　2 域　　　　　　3 町　　　　　　4 街

2 工事期間中は、停留所が使用できないため、（　　　）停留所を設置いたします。

　　1 副　　　　　　2 短　　　　　　3 仮　　　　　　4 半

3 あのシェフはレストラン業（　　　）ではかなり知られた存在らしい。

　　1 界　　　　　　2 地　　　　　　3 域　　　　　　4 帯

4 （　　　）学歴の人が必ずしも成功するとは限らない。

　　1 上　　　　　　2 特　　　　　　3 高　　　　　　4 優

5 昨日は風邪（　　　）で、一日中寝込んでいた。

　　1 気味　　　　　2 一方　　　　　3 具合　　　　　4 傾向

6 彼の鮮やかなプレーに応援（　　　）は拍手を送った。

　　1 集　　　　　　2 団　　　　　　3 衆　　　　　　4 群

7 寝不足で集中（　　　）が落ちて仕事が進まなかった。

　　1 能　　　　　　2 力　　　　　　3 感　　　　　　4 気

8 休みの日の遊園地は親子（　　　）で込んでいた。

　　1 加え　　　　　2 連れ　　　　　3 添え　　　　　4 付き

9 インターネットの普及により、新聞を読まなくなる新聞（　　　）が進んでいる。

　　1 離れ　　　　　2 連れ　　　　　3 逃げ　　　　　4 向け

10 読書感想文は夏休み（　　　）に提出すること。

　　1 明け　　　　　2 閉め　　　　　3 下げ　　　　　4 分け

正答　1 ④　2 ③　3 ①　4 ③　5 ①　6 ②　7 ②　8 ②　9 ①　10 ①　　　　　　　해석 별책 p.4

問題 3 （　　　　　）に入れるのに最もよいものを、1・2・3・4から一つ選びなさい。

1 この建物は工事が中断し、（　　　　）完成のままだ。
　　1　未　　　　　　2　後　　　　　　3　悪　　　　　　4　不

2 風が通るように玄関のドアを（　　　　）開きにしておいた。
　　1　弱　　　　　　2　中　　　　　　3　低　　　　　　4　半

3 10時東京駅（　　　　）の新幹線に乗る予定です。
　　1　離　　　　　　2　出　　　　　　3　発　　　　　　4　進

4 この風邪薬は、眠くなるという（　　　　）作用がある。
　　1　副　　　　　　2　補　　　　　　3　助　　　　　　4　準

5 与党と野党の協議が（　　　　）公式に行われた。
　　1　不　　　　　　2　未　　　　　　3　無　　　　　　4　非

6 当社の製品は、お客様の安全（　　　　）を第一に考えています。
　　1　状　　　　　　2　態　　　　　　3　性　　　　　　4　力

7 昨年に比べて、大学への進学（　　　　）が高くなっている。
　　1　率　　　　　　2　度　　　　　　3　合　　　　　　4　倍

8 様々な（　　　　）条件を克服し、すぐれた業績をあげる。
　　1　苦　　　　　　2　悪　　　　　　3　損　　　　　　4　劣

9 天気がよかったので川（　　　　）の道をぶらぶら歩いた。
　　1　置き　　　　　2　並び　　　　　3　沿い　　　　　4　付き

10 商品の価格についてもう一度（　　　　）検討を行うことになった。
　　1　改　　　　　　2　再　　　　　　3　更　　　　　　4　復

問題 3　（　　　　　）に入れるのに最もよいものを、1・2・3・4から一つ選びなさい。

1　今日の講演のテーマは、教育の（　　　　）問題についてです。

　　1　複　　　　　　2　雑　　　　　　3　類　　　　　　4　諸

2　兄は大学で物理（　　　　）を専攻している。

　　1　数　　　　　　2　式　　　　　　3　学　　　　　　4　類

3　悔しいことに、決勝戦で負けて（　　　　）優勝に終わってしまった。

　　1　準　　　　　　2　副　　　　　　3　短　　　　　　4　次

4　今年の（　　　　）売上は前年の15億円を上回った。

　　1　総　　　　　　2　集　　　　　　3　真　　　　　　4　合

5　雇用問題は、地域社会の安定的な発展のための（　　　　）重要課題である。

　　1　最　　　　　　2　特　　　　　　3　強　　　　　　4　極

6　パスポートが期限（　　　　）になって、新しく更新した。

　　1　がち　　　　　2　ぶり　　　　　3　ぎれ　　　　　4　ぞい

7　弟は、バイオリンコンクールで三（　　　　）になったことがある。

　　1　回　　　　　　2　部　　　　　　3　目　　　　　　4　位

8　それは、おもしろい企画（　　　　）ですね。

　　1　説　　　　　　2　案　　　　　　3　型　　　　　　4　図

9　短い距離を（　　　　）速力で走ることもいい運動法らしい。

　　1　超　　　　　　2　順　　　　　　3　全　　　　　　4　総

10　この新聞は一（　　　　）150円で売られている。

　　1　通　　　　　　2　巻　　　　　　3　冊　　　　　　4　部

정답　**1** ④　**2** ③　**3** ①　**4** ①　**5** ①　**6** ③　**7** ④　**8** ②　**9** ③　**10** ④　　　　　해석 **별책** p.4

問題 3 （   ）に入れるのに最もよいものを、1・2・3・4から一つ選びなさい。

1 ドリンク（   ）のランチを注文した。
　　1　より　　　　　　2　たし　　　　　　3　つき　　　　　　4　ぎみ

2 今回のレポートは、時間が足りなかったため、（   ）完全なものしか書けなかった。
　　1　無　　　　　　　2　不　　　　　　　3　非　　　　　　　4　未

3 （   ）期間で日本語が上手になる方法はありませんか。
　　1　前　　　　　　　2　半　　　　　　　3　小　　　　　　　4　短

4 この公園は市の管理（   ）にある。
　　1　下　　　　　　　2　元　　　　　　　3　方　　　　　　　4　順

5 この会社は、ここ数年（   ）成長を続けている。
　　1　激　　　　　　　2　速　　　　　　　3　急　　　　　　　4　軽

6 友人から一（   ）の手紙が届いた。
　　1　本　　　　　　　2　冊　　　　　　　3　便　　　　　　　4　通

7 静かな住宅（   ）に落ち着いて暮らしたい。
　　1　街　　　　　　　2　準　　　　　　　3　団　　　　　　　4　次

8 （   ）市街地を整備する計画を立てる。
　　1　先　　　　　　　2　昔　　　　　　　3　旧　　　　　　　4　元

9 この小説家の代表（   ）には何がありますか。
　　1　賞　　　　　　　2　品　　　　　　　3　集　　　　　　　4　作

10 若者の結婚（   ）について調査を行った。
　　1　念　　　　　　　2　観　　　　　　　3　識　　　　　　　4　則

정답　**1** ③　**2** ②　**3** ④　**4** ①　**5** ③　**6** ④　**7** ①　**8** ③　**9** ④　**10** ②　　　　　해석 **별책** p.5

問題 3 （　　　　　）に入れるのに最もよいものを、1・2・3・4から一つ選びなさい。

1　私の考えでは、彼はこの事件とは（　　　　）関係だ。

　　1　未　　　　　　2　不　　　　　　3　低　　　　　　4　無

2　表示価格はすべて税（　　　　）となっております。

　　1　組み　　　　　2　込み　　　　　3　合い　　　　　4　取り

3　（　　　　）価格で性能の良いパソコンを探している。

　　1　少　　　　　　2　優　　　　　　3　低　　　　　　4　安

4　自分（　　　　）の旅行にこだわる人が増えている。

　　1　限　　　　　　2　類　　　　　　3　流　　　　　　4　直

5　この会社では、二交代（　　　　）を導入している。

　　1　制　　　　　　2　流　　　　　　3　式　　　　　　4　型

6　弟は電車に関する写真（　　　　）を集めている。

　　1　族　　　　　　2　集　　　　　　3　団　　　　　　4　法

7　シャンプーを買う前に、（　　　　）成分を確認した。

　　1　用　　　　　　2　本　　　　　　3　主　　　　　　4　実

8　山田さんは、歴史（　　　　）についてよく知っている。

　　1　集合　　　　　2　結論　　　　　3　総合　　　　　4　全般

9　使用（　　　　）の乾電池はこちらの回収ボックスに入れてください。

　　1　切れ　　　　　2　済み　　　　　3　向き　　　　　4　込み

10　駅の改札口を出ると、（　　　　）正面に観光案内所があります。

　　1　直　　　　　　2　近　　　　　　3　真　　　　　　4　本

正답　**1**④　**2**②　**3**③　**4**③　**5**①　**6**②　**7**③　**8**④　**9**②　**10**③　　　　　해석 **별책** p.5

문맥 규정 실전 연습 ❶　　　　　　　　　　　　[　　/ 10]

問題 4　（　　　　　）に入れるのに最もよいものを、1・2・3・4から一つ選びなさい。

1　必要なものを（　　　　）メモして、無駄な買物をしないようにしましょう。
　　1　いきなり　　　　　2　とうとう　　　　　3　あらかじめ　　　4　まさか

2　疲れていたものだから、つい（　　　）眠ってしまいました。
　　1　いきいき　　　　　2　うとうと　　　　　3　きっぱり　　　　4　さっぱり

3　頭がぼんやりしていたが、熱いシャワーを浴びたら（　　　）した。
　　1　ぎっしり　　　　　2　きらきら　　　　　3　すっきり　　　　4　がっかり

4　時間は（　　　）あるので、慌てることはありません。
　　1　すっきり　　　　　2　ぼんやり　　　　　3　たっぷり　　　　4　うっかり

5　散歩している時に（　　　）雨が降り出したので、近くの喫茶店に入った。
　　1　当然　　　　　　　2　大体　　　　　　　3　絶対　　　　　　4　突然

6　最近残業続きだったので、週末は家で好きなテレビでも見ながら（　　　）したい。
　　1　キャンペーン　　　2　キャンセル　　　　3　クリア　　　　　4　リラックス

7　昼寝をしたいのに、道路工事の音が（　　　）、全然眠れない。
　　1　やかましくて　　　2　しつこくて　　　　3　ひとしくて　　　4　けわしくて

8　彼は発表会で（　　　）質問をして、発表者を困らせた。
　　1　ゆるい　　　　　　2　いさましい　　　　3　けわしい　　　　4　するどい

9　練習の成果を（　　　）して、素晴らしい舞台にしてほしい。
　　1　発明　　　　　　　2　発揮　　　　　　　3　発行　　　　　　4　発達

10　肉だけでなく野菜もたくさん食べて、栄養の（　　　）をとりましょう。
　　1　バランス　　　　　2　テンポ　　　　　　3　エチケット　　　4　チェンジ

정답　1 ③　2 ②　3 ③　4 ③　5 ④　6 ④　7 ①　8 ④　9 ②　10 ①　　　　　　　해석 별책 p.5

問題 4 （　　　　　　）に入れるのに最もよいものを、1・2・3・4から一つ選びなさい。

1 体のためには、毎日規則的な睡眠と（　　　　）運動を続けることが大切だ。

  1　適度な　　　　　2　強力な　　　　　3　対等な　　　　　4　好調な

2 台風の進路を正確に（　　　　）するのは難しい。

  1　予習　　　　　　2　予感　　　　　　3　予測　　　　　　4　予約

3 健康のために、食生活を少しずつ（　　　　）していきましょう。

  1　改善　　　　　　2　訂正　　　　　　3　交流　　　　　　4　変換

4 アンケートの結果を（　　　　）して、グラフにして会議で発表した。

  1　発明　　　　　　2　分析　　　　　　3　検査　　　　　　4　探検

5 柔道の上村（うえむら）選手は、けがを理由にオリンピック代表を（　　　　）した。

  1　派遣　　　　　　2　逃避　　　　　　3　退場　　　　　　4　辞退

6 もうそろそろ試験なので、アルバイトはやめて、勉強に（　　　　）することにした。

  1　注目　　　　　　2　単一　　　　　　3　専念　　　　　　4　統合

7 ドラマの悲しい（　　　　）を見ると、すぐに涙が出てしまう。

  1　画像　　　　　　2　場面　　　　　　3　場所　　　　　　4　名所

8 データの入力ミスがあったので、（　　　　）して再提出した。

  1　交換　　　　　　2　訂正　　　　　　3　変換　　　　　　4　改良

9 最近は全世界の映像が、衛星（　　　　）で見られるようになった。

  1　分配　　　　　　2　中継　　　　　　3　普及　　　　　　4　分担

10 子供たちの脱いだ靴が玄関に（　　　　）いる。

  1　目立って　　　　2　散らかって　　　3　見つめて　　　　4　落ち込んで

정답　**1**①　**2**③　**3**①　**4**②　**5**④　**6**③　**7**②　**8**②　**9**②　**10**②　　　해석 **별책** p.5

問題 4 （　　　　　）に入れるのに最もよいものを、1・2・3・4から一つ選びなさい。

1 希望する大学の合格を（　　　　）毎日勉強に励んでいます。
　　1　はずして　　　　2　めざして　　　　3　みつけて　　　　4　あずけて

2 レポート提出期限が（　　　　）いるので、図書館は学生でいっぱいだ。
　　1　頼って　　　　2　至って　　　　3　迫って　　　　4　限って

3 プリンターに用紙が（　　　　）、次の手順で用紙を取り除いてください。
　　1　あまったら　　　2　つまったら　　　3　しずんだら　　　4　うまったら

4 子供の数が減り、小学校の統合が（　　　　）いる。
　　1　縮んで　　　　2　もたらして　　　　3　相次いで　　　　4　続けて

5 旅行のため、アルバイトをしてお金を（　　　　）いる。
　　1　たくわえて　　　2　やとって　　　3　えらんで　　　4　まねいて

6 大学院に進学するか、会社に就職するか、（　　　　）いるんです。
　　1　まよって　　　　2　といて　　　　3　ならべて　　　　4　おとずれて

7 子供が（　　　　）飛び出してきたので、急ブレーキをかけた。
　　1　おそらく　　　2　めっきり　　　3　いきなり　　　4　ぜひとも

8 長い間しゃがんでいたため、足が（　　　　）しまって立ち上がれなかった。
　　1　やぶれて　　　2　くずれて　　　3　しびれて　　　4　つぶれて

9 靴の（　　　　）をしっかり結んでから、ジョギングを始めた。
　　1　つな　　　　2　ひも　　　　3　なわ　　　　4　いと

10 ひさしぶりに（　　　　）がとれたので、一日中何もしないでのんびりした。
　　1　休業　　　　2　休憩　　　　3　休講　　　　4　休暇

정답　**1**②　**2**③　**3**②　**4**③　**5**①　**6**①　**7**③　**8**③　**9**②　**10**④　　　　해석 **별책** p.6

問題 4　(　　　　　)に入れるのに最もよいものを、1・2・3・4から一つ選びなさい。

1　長く(　　　　)してきた両国だが、ようやくトップ会談の日にちが決まった。
　　1　対照　　　　　2　対立　　　　　3　対策　　　　　4　対面

2　この料理を作るには(　　　)も時間もかかる。
　　1　手段　　　　　2　手続き　　　　3　手間　　　　　4　手入れ

3　多くの若者が都会に(　　　)のはなぜでしょうか。
　　1　あらそう　　　2　あわてる　　　3　あこがれる　　4　あまやかす

4　ここは世界的に有名な観光地なので、外国人に(　　　)機会が多い。
　　1　達する　　　　2　関する　　　　3　適する　　　　4　接する

5　朝から話し合いを続けているが、なかなか(　　　)が出ない。
　　1　結局　　　　　2　結論　　　　　3　完成　　　　　4　完了

6　本を読んで自分の(　　　)をレポートにまとめる。
　　1　感覚　　　　　2　感想　　　　　3　感謝　　　　　4　感心

7　(　　　)旅行に出発する時が来た。
　　1　いきいき　　　2　いちいち　　　3　いろいろ　　　4　いよいよ

8　今年の夏の暑さは(　　　)だったので、毎晩クーラーをつけたまま寝ていた。
　　1　強引　　　　　2　過剰　　　　　3　格別　　　　　4　巨大

9　うちの会社は、(　　　)自動車の部品を外国に輸出している。
　　1　おもに　　　　2　たちまち　　　3　いまに　　　　4　ざっと

10　地球温暖化は、私たちにさまざまな影響を(　　　)いる。
　　1　あたえて　　　2　そなえて　　　3　くわえて　　　4　とらえて

정답　**1**②　**2**③　**3**③　**4**④　**5**②　**6**②　**7**④　**8**③　**9**①　**10**①　　　　　해석 **별책** p.6

問題4 (　　　　)に入れるのに最もよいものを、1・2・3・4から一つ選びなさい。

1 税金を(　　　)のは、国民の義務である。
1 おさめる　　　2 すませる　　　3 かぞえる　　　4 あずける

2 夕べ遅くまで起きていたので、授業中に(　　　)をしてしまった。
1 しゃっくり　　2 いねむり　　　3 めまい　　　　4 はきけ

3 このごろ少し太ったせいか、ズボンが(　　　)なった。
1 ずるく　　　　2 きつく　　　　3 ゆるく　　　　4 にぶく

4 外国の大統領が来るので、警備を(　　　)行っている。
1 独特に　　　　2 特定に　　　　3 重大に　　　　4 厳重に

5 今朝は時間がなかったので、新聞の(　　　)だけを読んだ。
1 見出し　　　　2 見方　　　　　3 見かけ　　　　4 見本

6 使いやすくて(　　　)価格のパソコンを教えてください。
1 気楽な　　　　2 手ごろな　　　3 けんきょな　　4 そまつな

7 あまりに寒くて、手足の(　　　)がなくなってきた。
1 感情　　　　　2 感激　　　　　3 感覚　　　　　4 感動

8 このペットボトルの(　　　)は1.5リットルです。
1 濃度　　　　　2 重量　　　　　3 容積　　　　　4 水圧

9 彼は議題と関係のない発言をして、会議の進行を(　　　)。
1 さまたげた　　2 さけた　　　　3 さしつかえた　4 さかのぼった

10 薬が(　　　)、熱が下がった。
1 きいて　　　　2 はなれて　　　3 きれて　　　　4 なおって

유의어 실전 연습 ❶　　　　　　　　　　　　　　　[　 / 10]

해석 별책 p.6

問題 5 ＿＿＿＿＿の言葉に意味が最も近いものを、1·2·3·4から一つ選びなさい。

1 彼は料理に相当自信があるようだ。
　1　たぶん　　　　2　どうせ　　　　3　よけいに　　　　4　かなり

2 自分の意見を主張するだけでなく、自ら実践することが大事だ。
　1　自分で　　　　2　一斉に　　　　3　自然に　　　　4　仲良く

3 ここは、駐車禁止ですから、直ちに車を動かしてください。
　1　とっくに　　　　2　あとで　　　　3　すぐに　　　　4　しばらく

4 今月に入ってからも、小さな地震がたびたび起きている。
　1　たまたま　　　　2　何度も　　　　3　たいてい　　　　4　大体

5 レポートの作成はほぼ完成した。後は表紙をつけるだけだ。
　1　すべて　　　　2　すぐに　　　　3　だいたい　　　　4　やや

6 この子は本当にかしこい子供だ。
　1　明るい　　　　2　静かな　　　　3　頭がいい　　　　4　おとなしい

7 この化粧品は女性の間でブームになっている。
　1　能力　　　　2　緊張　　　　3　流行　　　　4　要求

8 車をレンタルしてドライブに出かけた。
　1　買って　　　　2　借りて　　　　3　操作して　　　　4　修理して

9 なくした指輪が思いがけないところで見つかった。
　1　おもしろい　　　　2　予想どおりの　　　　3　ふしぎな　　　　4　意外な

10 駅前に救急車が何台も止まっていてずいぶん騒々しい。
　1　うるさい　　　　2　めずらしい　　　　3　悔しい　　　　4　薄暗い

정답　**1**④　**2**①　**3**③　**4**②　**5**③　**6**③　**7**③　**8**②　**9**④　**10**①　　　　해석 **별책** p.6

問題 5 ＿＿＿＿＿の言葉に意味が最も近いものを、1・2・3・4から一つ選びなさい。

1 明らかな証拠があるのに、犯人は犯行を認めなかった。

1　別の　　　　　　2　多様な　　　　　　3　新しい　　　　　　4　具体的な

2 普段は無口な人なのに、今日はうれしいことがあったのかよくしゃべる。

1　あまり飲まない　2　あまり話さない　3　あまり食べない　4　あまり笑わない

3 一度交通事故を起こしてから慎重に運転するようになった。

1　慌てて　　　　　2　効果的に　　　　　3　適当に　　　　　　4　十分注意して

4 日本人は、あいまいな返事をすることが多いと言われている。

1　ていねいな　　　2　すなおな　　　　　3　とても遅い　　　　4　はっきりしない

5 がんばって走ったが、新記録にはわずかに届かなかった。

1　少し　　　　　　2　大きく　　　　　　3　ゆっくり　　　　　4　あっという間に

6 子供の飛び出しに用心して運転してください。

1　注意　　　　　　2　遠慮　　　　　　　3　努力　　　　　　　4　警告

7 東京の日中の最高気温は20度の予想となっています。

1　祝日　　　　　　2　平日　　　　　　　3　昼間　　　　　　　4　警告

8 他に追加したい内容があればご連絡ください。

1　たしたい　　　　2　なおしたい　　　　3　けしたい　　　　　4　はぶきたい

9 試合終了間際にゴールを決め、うちのチームが勝った。

1　直前　　　　　　2　直接　　　　　　　3　直角　　　　　　　4　直線

10 現状からいって、直ちにそのプランを実行するのは無理だ。

1　原因　　　　　　2　特徴　　　　　　　3　方法　　　　　　　4　計画

정답　**1** ④　**2** ②　**3** ④　**4** ④　**5** ①　**6** ①　**7** ③　**8** ①　**9** ①　**10** ④　　　　　　　해석 **별책** p.7

問題 5 ___________の言葉に意味が最も近いものを、1・2・3・4から一つ選びなさい。

1 今日中に発表の資料を仕上げて提出しなければならない。
　　1　説明して　　　2　考えて　　　　3　完成させて　　4　知らせて

2 友だちがパソコンを安くゆずってくれた。
　　1　貸して　　　　2　売って　　　　3　受けて　　　　4　直して

3 習慣や考え方は人によって異なるものだ。
　　1　明確な　　　　2　おかしい　　　3　似ている　　　4　違う

4 洗濯をしたらセーターがちぢんでしまった。
　　1　破れて　　　　2　小さくなって　3　伸びで　　　　4　汚れて

5 レポートは文字のサイズを11ポイントにそろえてください。
　　1　小さくして　　2　同じにして　　3　量って　　　　4　比べて

6 期待した結果が得られず、がっかりした。
　　1　満足　　　　　2　安心　　　　　3　心配　　　　　4　失望

7 約束の時刻に遅れたことをお詫びした。
　　1　怒鳴った　　　2　質問した　　　3　謝った　　　　4　感謝した

8 オリンピックが契機となり、経済的に発展していった。
　　1　そなえ　　　　2　きっかけ　　　3　すくい　　　　4　つながり

9 パソコンはいろいろな使い道がある。
　　1　用途　　　　　2　効果　　　　　3　種類　　　　　4　形式

10 この地方に雪が降るのはまれなことです。
　　1　よくある　　　2　全然ない　　　3　ほとんどない　4　時々ある

問題 5 ＿＿＿＿＿の言葉に意味が最も近いものを、1・2・3・4から一つ選びなさい。

1 公演を中止したのはやむをえないことだった。

1 しかたがない　2 とんでもない　3 みっともない　4 もったいない

2 内容をご確認の上、サインをお願いいたします。

1 許可　　　　2 注文　　　　3 署名　　　　4 承認

3 今回参加できなくても、また次回にチャンスがあるだろう。

1 伝言　　　　2 提案　　　　3 物語　　　　4 機会

4 彼女は結婚のうわさを打ち消した。

1 正しくないと言った　　　　2 分からないと言った
3 おかしくないと言った　　　4 聞きたくないと言った

5 まもなくテストが始まる。

1 いつか　　　2 もうすぐ　　3 いま　　　　4 たちまち

6 今回の新製品は、あらゆる面で他社の製品より優れている。

1 大体の　　　2 難しい　　　3 すべての　　4 新しい

7 相手の悪いところを非難する。

1 責める　　　2 逆らう　　　3 尋ねる　　　4 狙う

8 試合を前に、毎日トレーニングを行う。

1 翻訳　　　　2 練習　　　　3 世話　　　　4 生活

9 どんなときもあわてずに、冷静な判断ができるようになりたい。

1 しずかな　　2 うごかない　3 おちついた　4 つめたい

10 田中先生に感謝の手紙を書いた。

1 おれい　　　2 わかれ　　　3 いわい　　　4 あいさつ

問題 5 ＿＿＿＿＿の言葉に意味が最も近いものを、1・2・3・4から一つ選びなさい。

1 今日は歩き続けたので、とても疲れた。
1　くずれた　　　2　しびれた　　　3　くたびれた　　　4　こわれた

2 休暇はせいぜい３日しかとれない。
1　だいたい　　　2　少なくとも　　　3　せめて　　　4　多くても

3 私はたびたび仕事で出張する。
1　しばしば　　　2　つぎつぎ　　　3　そろそろ　　　4　たまたま

4 両チームは見事な試合を見せてくれた。
1　きびしい　　　2　めずらしい　　　3　ただしい　　　4　すばらしい

5 この野菜の栽培は比較的簡単だと言われている。
1　特別に　　　2　意外に　　　3　割合に　　　4　非常に

6 商品のサンプルを見て、買うかどうか決める。
1　価格　　　2　見本　　　3　材料　　　4　資料

7 みんなに心配をかけてしまって、本当にすまないと思っている。
1　くやしい　　　2　もうしわけない　3　はずかしい　　　4　かなしい

8 今日は苦情の電話がたくさんかかってきて大変だった。
1　不満　　　2　不正　　　3　不運　　　4　不便

9 中野さんはおそらく３時過ぎには戻って来ると思いますよ。
1　たしかに　　　2　たぶん　　　3　もちろん　　　4　たとえ

10 雨の日の運転には気をつけて下さい。
1　注意して　　　2　中止して　　　3　変更して　　　4　下車して

정답　1③　2④　3①　4④　5③　6②　7②　8①　9②　10①　　　　　해석 별책 p.7

용법 실전 연습 ❶ [/ 10]

問題 6 次の言葉の使い方として最もよいものを、1・2・3・4から一つ選びなさい。

1 それとも

1 届いた箱の中にはスーツ、それともネクタイが入っていた。
2 彼は大学に進学するか、それとも家の仕事を手伝うべきか迷った。
3 入学式には父親、それとも母親のどちらかが参加したほうがいいでしょう。
4 明朝9時に集まってください。それとも雨の場合は中止になります。

2 正直

1 かくさないで、あなたの正直な気持ちを話してほしい。
2 サイン会で、この本の作者に初めて正直に会うことができた。
3 あの角を右に曲がって、300メートルほど正直に行ってください。
4 スーパーではなく、農家から正直に野菜を買いたい。

3 展開

1 土、日には学校の運動場が市民に展開される。
2 このドラマはストーリーの展開が単純なので面白くない。
3 美術館へ彫刻の展開を見に行った。
4 レストランの向かいに花屋が展開した。

4 作法

1 新しいカメラの作法がわからない。
2 おいしいケーキの作法を習いたい。
3 学生である以上、学校の作法を守るべきだ。
4 祖父は礼儀や作法にきびしい。

5 支配

1 昔から人間は自然を支配しようとしてきた。
2 山田教授は、学生を支配するとともに、研究にも力を入れている。
3 両国の文化支配のため、イベントが開かれている。
4 大きな工事をするときは、周辺住民への支配が大変だ。

6 散らかる

1 留学をきっかけに、家族と散らかって一人暮らしをすることになった。

2 先日の雨と強い風でほとんど桜が散らかってしまいました。

3 今回の授業では３つのグループに散らかって発表が行われた。

4 部屋が散らかっていたので、子供に片付けさせた。

7 あやうい

1 早く手術をしないと命があやうい。

2 試合に出るために、あやういトレーニングを続けている。

3 立派な子供が３人もいて、あやういですね。

4 あやうい雨にもかかわらず、サッカーの試合は続けられた。

8 延期

1 なかなか結論が出ず、会議の時間を３０分延期した。

2 このバスは、路線を延期し、３つのバス停が新設されることになった。

3 夏の花火大会は、雨のため翌日に延期になった。

4 うちの会社はこの１０年で、社員一万人の大企業に延期した。

9 単なる

1 漢字には、単なる漢字もあるし、複雑な漢字もある。

2 それは単なるうわさにすぎないから、気にしないほうがいいよ。

3 こんな単なる問題ができないようでは、志望校には入れないだろう。

4 今日の会議は単なる２０分で終わった。

10 大した

1 昨日ここで大した事故が起きた。

2 後ろから大した声で呼ばれて、びっくりした。

3 大したけがじゃなくてよかったですね。

4 この県の中央には大した湖があります。

問題 6　次の言葉の使い方として最もよいものを、1・2・3・4から一つ選びなさい。

1　質素

　1　無駄な費用を使わないで、質素な生活をするように心がけている。

　2　重要な書類は必ず金庫に入れて、質素に管理してください。

　3　品質に比べて値段が高いと言う人もいるが、私は質素な金額だと思う。

　4　不安定だった国の経済状態が、ようやく質素になってきた。

2　きっかけ

　1　今回の選挙は、多くの人の予想に反するきっかけになった。

　2　季節のきっかけに気温の変化で風邪をひきやすい。

　3　後輩社員の仕事を指導するのが私のきっかけです。

　4　病気で入院したのをきっかけに、酒をやめることにした。

3　続出

　1　この会社は新しい分野に続出した。

　2　反対意見が続出し、結局計画は中止された。

　3　携帯電話は急速に続出してきている。

　4　あの大臣の発言は国際問題にまで続出した。

4　外見

　1　外見で人を判断してはいけないよ。

　2　彼は自分の表情を外見に出さない。

　3　彼は怒っている外見だった。

　4　窓の外見を見たら、怪しい男が、道を行ったり来たりしていた。

5　頑丈

　1　相手は弱いチームなので、頑丈に勝てると思ったのに、意外に苦戦した。

　2　父は自分の主張を絶対に曲げない頑丈な人だ。

　3　彼は頑丈で、どんなにつらいことがあっても涙を見せない。

　4　このビルは頑丈で大きな地震でも全然壊れなかった。

6 分野

1 レポートは大体書いたんですが、まだ足りない分野もあります。

2 先生にうかがったところ、試験の分野は12課までだそうだ。

3 明日は広い分野にわたって強い雨が降るでしょう。

4 この大学は、ハイテクの分野では、世界的にも有名だ。

7 注目

1 政府がこの問題にどう対応するか、注目されている。

2 時計の電池が切れてしまったので、新しいのに注目した。

3 きれいな景色を注目しながら海岸をゆっくりと散策した。

4 この村の祭りは有名で、全国から大勢の人が注目に集まる。

8 支持

1 学校の支持を得てからでなければ、コピー機を使ってはいけない。

2 今回の首相は国民との対話に努めていることから多くの支持を集めている。

3 先生が熱心に支持してくれたおかげで、論文を書き上げることができた。

4 突然訪ねたのに、友達はわたしを支持してくれた。

9 催促

1 デパートに買い物に行く前に、営業時間を催促しておこう。

2 急な用事ができて、待ち合わせの時間を2時から5時に催促してもらった。

3 友達が、貸した本をなかなか返してくれないので、昨日催促の電話をかけた。

4 両国の文化交流を催促するため、さまざまなイベントが開かれている。

10 方針

1 学歴にかかわらず、優秀な人材を採用する方針だ。

2 このお菓子の作る方針を教えてくださいませんか。

3 今年は、大学合格を方針としてがんばるつもりだ。

4 その人は駅の方針を指しながら、駅までの道を教えてくれた。

問題 6　次の言葉の使い方として最もよいものを、1・2・3・4から一つ選びなさい。

1　合図

1　スタートの合図で、マラソン選手たちはいっせいに走り出した。
2　大学時代の親しかった友人から結婚式の合図が届いた。
3　電話番号もメールアドレスも分からないので、合図をとる方法がない。
4　学生が質問すると、山田先生はいつも丁寧に合図をしてくれる。

2　かなう

1　３年間にわたる橋の工事がようやくかなった。
2　願いがかなって、希望の大学に入ることができた。
3　中学生のころは、よく親にかなって怒られた。
4　天気予報がかなって午後から大雪になっている。

3　保つ

1　健康を保つためには、栄養のバランスを考えた食生活が大切だ。
2　嫌いだからといって、野菜を保ってはいけません。
3　田中さんは、いつも約束の時間を保つ人です。
4　布団はきちんと保って押入れの中に入れておきなさい。

4　思いつく

1　一度失敗したからといって、思いつくのはまだ早いよ。
2　この曲を聴くたびに、若かった頃を思いつきます。
3　思いついたアイデアは、忘れないようにすぐメモしておく。
4　いつも自分が正しいと思いつくことは良くない。

5　廃止

1　早朝から、雨が激しく降っていたので、スポーツ大会は廃止になった。
2　健康のために、お酒を廃止するように医者に言われた。
3　その制度は今の状況に合わなくなったので、廃止されることになった。
4　このマンションではペットを飼うことは廃止されている。

6 節約

1 ダイエットをして体重を節約したいのに、すぐ元に戻ってしまった。

2 無駄な買い物しないようにし、金を節約している。

3 長い言葉を節約して使う傾向は、世界中の言語に見られるものだ。

4 旅行に行くために、毎月少しずつ銀行に節約している。

7 感心

1 私はその女優のすばらしい演技に感心した。

2 みんな彼の無責任な態度を感心した。

3 あの人の上手な英語に感心になった。

4 友達が約束を破ったことに私は感心している。

8 妥当

1 ケーキが焼けたから、妥当な大きさに切ってください。

2 妥当な価格であれば物は売れる。

3 健康のため、毎日妥当な運動をしてください。

4 医師の妥当な手当てのおかげで、命が助かった。

9 薄める

1 夏は暑いので、着る物を薄めます。

2 ５万人の観客が会場を薄めた。

3 ウイスキーを水で薄めて飲んだ。

4 お金がないので留学は薄めることにした。

10 たとえ

1 たとえ雨が降ったら、明日の試合は中止になるだろう。

2 たとえ病気がなおったら、旅行に出かけたい。

3 たとえ応えんしてもらったのに、負けてしまった。

4 たとえ失敗しても、私は諦めるつもりはない。

정답 **1** ① **2** ② **3** ① **4** ③ **5** ③ **6** ② **7** ① **8** ② **9** ③ **10** ④　　　해석 **별책** p.8

問題 6 次の言葉の使い方として最もよいものを、1・2・3・4から一つ選びなさい。

1 むかい

1 海のむかいに船が見える。
2 山田さんの家はうちのむかいだ。
3 この部屋は南むかいなので暖かい。
4 国へ帰ったとき、むかいで大山さんに会った。

2 甘やかす

1 コーヒーに砂糖を入れて甘やかします。
2 彼女は小さいころから甘やかされて育ったらしい。
3 子犬が甘やかされた声で母犬をよんでいました。
4 社長は社員たちの努力を大いに甘やかした。

3 ドライブ

1 安全運転のために、ドライブを両手で持ちましょう。
2 父は電車をドライブする仕事をしている。
3 家族と海の近くをドライブするのが、休日の楽しみだ。
4 大型トラックをドライブするには、特別な免許が必要だ。

4 乗り越す

1 居眠りをしていて、降りる駅を乗り越してしまった。
2 駅まで道が込んでいたため、予約の新幹線に乗り越してしまった。
3 急いでいたので、スピードを上げて前の車を乗り越した。
4 次の駅で降りて特急電車に乗り越してください。

5 いまに

1 私はいまに一度も学校を休んだことがない。
2 毎日がんばって練習をしていけば、いまに上手になるよ。
3 いまに後悔しても、やってしまったことは、もとには戻らない。
4 テストが終わったら、いまに覚えていたことを全部忘れた。

6 限定

1 最近残業続きで、もうそろそろ体力の限定だ。

2 石油のような天然資源には限定がある。

3 期間限定のビールが来週発売される。

4 レポートの限定は来週の金曜日です。

7 気候

1 この地方は気候がおだやかで、過ごしやすい。

2 夜になると気候が下がり、寒くなってきた。

3 この国では4月は入学の気候だ。

4 ピクニックに行くかどうかは、明日の気候を見て決めよう。

8 どっと

1 夜11時になっても子供が帰らないので、どっとしてはいられない。

2 ホームについた電車のドアが開くと、乗客がどっと降りてきた。

3 先月の初めに雨が降ってから、どっと晴れの日が続いている。

4 新聞をどっと見て、おもしろそうな記事だけ読みます。

9 いったん

1 いったんいつになったら彼は本気で勉強し始めるのだろうか。

2 いったんうちに帰ってから、また来ます。

3 週にいったんピアノのレッスンに通っている。

4 結婚してからいったんも夫婦で旅行したことがない。

10 引き返す

1 何回も注意したのに、彼はまた同じ失敗を引き返した。

2 10年ぶりに友達と会って、学生時代を引き返した。

3 友人に借りたお金を全部引き返した。

4 この先は行き止まりになっているから引き返すしか方法はない。

問題 6　次の言葉の使い方として最もよいものを、1・2・3・4から一つ選びなさい。

1　さっさと

1　学校が終わったらさっさと家に帰って来なさい。

2　緑豊かな公園でさっさと深呼吸をしながら休むのは最高だ。

3　さっきから電話がさっさと鳴りっぱなしだ。

4　去年からさっさと売り上げが伸びなくて、困っている。

2　せめて

1　その店の帽子はせめて3万円はするだろう。

2　今からタクシーに乗っても、せめて会議の時間には着けない。

3　100点はとれなくても、せめて80点はとりたい。

4　遠慮しないでいつでもせめて遊びに来てください。

3　たちまち

1　テレビばかり見ていないで、たちまち勉強しなさい。

2　よい天気だったので、近くの公園をたちまち歩いた。

3　雷が鳴り出したと思ったら、たちまち雨が降り出した。

4　あの時のことを今ごろ謝ってもたちまち遅いよ。

4　生き生き

1　急な仕事だったが、彼が生き生き引き受けてくれて助かった。

2　体が生き生きしているうちに、あちこち旅行をしたい。

3　彼は、好きなサッカーをしているときが一番生き生きしている。

4　楽しみにしていたパーティーなのに、中止だなんて生き生きしてきた。

5　こつこつ

1　料理が熱くて、舌を火傷しないように、こつこつと食べた。

2　朝は冷えていたが、昼になってこつこつと気温が上がり始めた。

3　試験に受かるために、毎日こつこつと勉強をしている。

4　何度も説明をしたが、彼はこつこつと理解できないようだ。

6 ふさわしい

1 彼は動物に対してふさわしい愛情を持っている。

2 彼は責任感が強いので、リーダーにふさわしい。

3 自分にふさわしいサイズのシャツを買った。

4 この仕事に対しては、初めからふさわしくやろうという気持ちだった。

7 心強い

1 山田さんは心強い人で、よく忘れ物したり、乗る電車を間違えたりする。

2 海外旅行は初めてだが、経験豊富な友人と一緒なので心強い。

3 アメリカに10年も住んでいたので、英語は心強いです。

4 子供が熱を出したが、薬を飲ませたらだんだん心強くなってきた。

8 とぼしい

1 とぼしいパソコンを新しいのに買い替えた。

2 音の大きさがとぼしくてよく聞こえない。

3 彼はどんなにとぼしいことがあっても決して涙を見せない。

4 あの新入社員は、若くて経験にとぼしい。

9 手軽

1 朝は、時間がないので、パンとコーヒーで手軽に食事を済ませる。

2 いつも慎重な彼が、昨日は手軽なミスをした。

3 そんな手軽なこと、説明してもらわなくても分かるよ。

4 ご質問や不明な点があれば、手軽に声をかけて下さい。

10 依然として

1 田中さんなら依然として帰りましたよ。

2 いくら働いても生活は依然として厳しい。

3 日本に来たばかりで、いろいろ大変でしょうが、依然として慣れますよ。

4 この掃除機は、買ってまだ一週間なのに、依然として壊れた。

정답 **1** ① **2** ③ **3** ③ **4** ③ **5** ③ **6** ② **7** ② **8** ④ **9** ① **10** ②　　해석 **별책** p.8

Memo

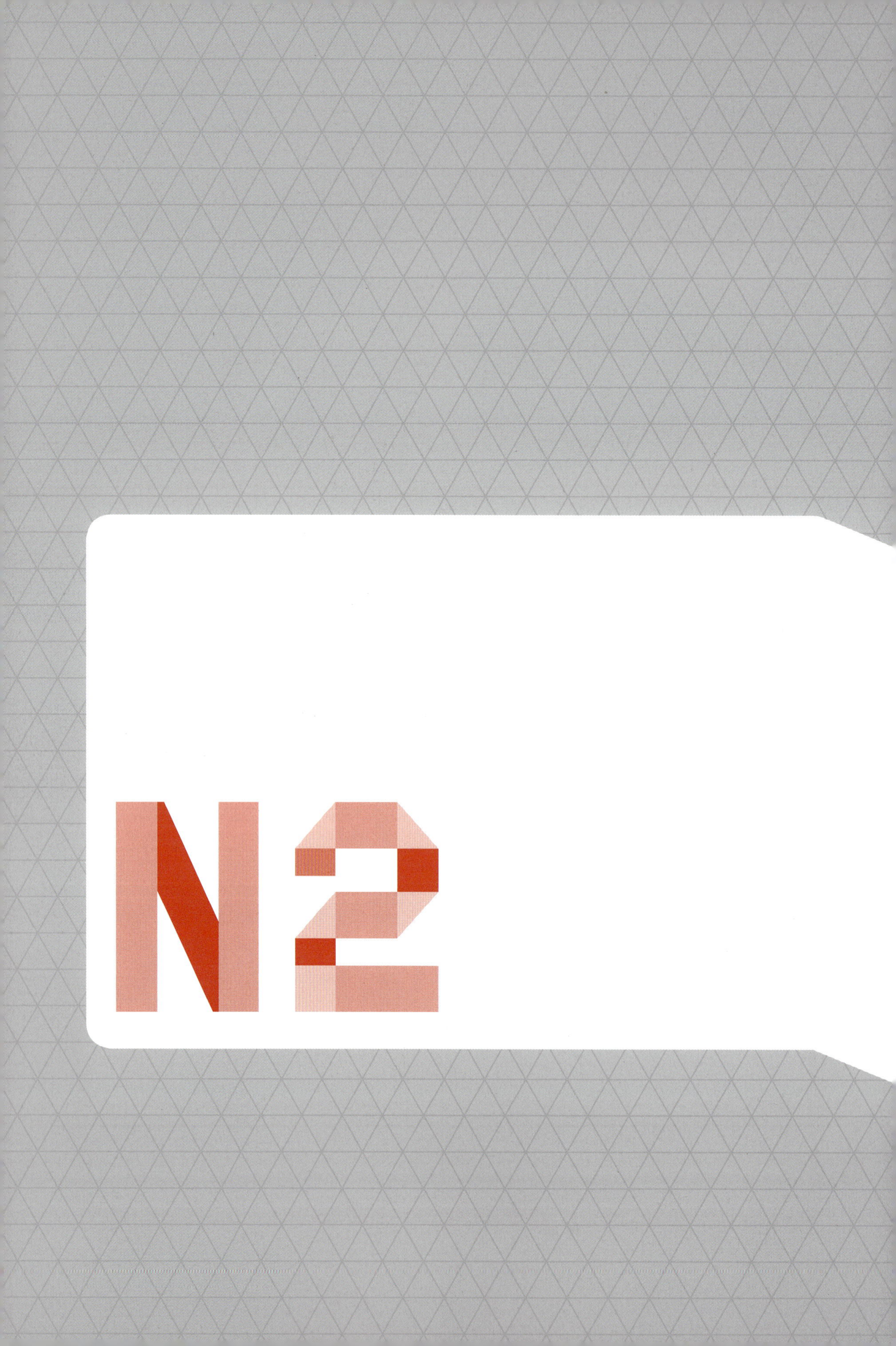

문법 완전 정복을 위한 꿀팁!

N2 레벨뿐 아니라 기초 레벨까지 다양한 수준의 문제를 통해 문법 실력을 확인합니다. 따라서 고난도의 선택지가 문제의 답이라고 단정하는 것은 금물입니다.

●問題7 문법 형식 판단

반드시 문장 전체를 읽어 보고 답을 골라야 합니다. 선택지 앞뒤의 요소만으로 판단하여 답을 고르면 함정에 빠지기 쉽습니다.

●問題8 문장 완성

제일 먼저 문법 포인트(기능어)를 찾아낸 후 앞뒤에 다른 요소를 배치해 나가는 것이 기본입니다.

●問題9 문맥 이해

こ・そ・あ・ど와 같은 지시어가 가리키는 내용에 주목합니다. 또한, 각 문장을 마무리하는 부분의 표현 형식을 주의 깊게 살펴야 합니다.

PART 1

워밍업

1. 비법 전수
2. 비법 문법

1 비법 전수

問題 7 문법 형식 판단

● ● 유형 분석

1 12문제가 출제된다.

2 6분 내로 푸는 것이 좋다.

3 가장 기본적인 출제 유형으로 문법 내용에 맞는 표현 형식을 묻는다.

4 조사 · 명사 · 형식 명사 · 접미어와 관련된 표현들, 그리고 조사와
동사가 결합된 다양한 표현들이 출제된다.

5 전 단계에 속하는 N3 수준의 핵심적인 문법 내용을 포함한다.

6 출제 유형

(1) 문형 접속 이해하기

(2) 문형 의미 이해하기

예시 문제

> これまでの研究に（　　　）レポートをまとめた。
>
> 1　つれて　　　　2　とって　　　　3　ともなって　　　4　もとづいて

정답 4

해 석　지금까지의 연구 결과에 **근거하여** 보고서를 정리했다.

해 설　～にもとづいて는 '～에 근거하여'라는 의미로 어떠한 일의 근거나 토대를 설명할 때 사용한다.

問題 8 문장 완성 

● ● 유형 분석

1 5문제가 출제된다.

2 3분 내로 푸는 것이 좋다.

3 선택지 1, 2, 3, 4의 표현들을 재구성하여 문장을 완성하는 유형이다.

4 문장 완성 후 ★ 부분에 해당되는 순서의 표현을 선택하여 답을 체크한다.

예시 문제

田中選手が今シーズン ＿＿＿ ＿★＿ ＿＿＿ ＿＿＿ のニュースを見て驚いた。

1 彼の怪我	2 活躍するのを
3 楽しみに待っていた	4 だけに

정답 3 (2-3-4-1)

해 석 다나카 선수가 이번 시즌에 활약할 것을 **기대하며 기다려 온 만큼**, 그의 부상 뉴스를 보고 놀랐다.

해 설 ～だけに는 '～하기 때문에 더욱 그러하다'는 정도를 강조하는 표현으로 어떠한 원인의 당연성, 당위성을 나타낸다.

● ● 유형 분석

1 5문제가 출제된다.

2 5분 내로 푸는 것이 좋다.

3 독해의 중문 형식에 해당하는 약 600자 정도의 글을 읽고,
　문맥에 맞는 표현을 선택하여 전체 문장을 완성하는 유형이다.

4 단순한 포인트 암기 위주의 문법이 아니라 문장에 대한 이해도를
　체크하는 측면을 강조한 유형이다.

5 전형적인 N2 수준의 문법 외에도 접속사, 기초 문법의 응용 표현들을
　요구하는 경우도 있다.

6 출제 유형
　(1) 적절한 문말 표현 넣기
　(2) 적절한 접속사 넣기
　(3) 적절한 지시어 넣기

예시 문제

…(前略) 旗はどこにでも簡単に立てられるから、街のあちこちで 50 。
私はこの旗に強い関心を持った。

1　使われている　　2　使っていく　　　3　使おう　　　　4　使わせる

정답 1

해 석　깃발은 어디에든 간단히 세울 수 있기 때문에, 거리의 여기저기에서 **사용되고 있다.** 나는 이 깃발에 큰 관심을 가졌다.

해 설　문장의 흐름상, '깃발이 여기저기서 사용되고 있어서, 깃발에 관심을 지니게 되었다'는 의미로 이해하는 것이 적절하기 때문에 **使われている**(사용되고 있다)를 선택해야 한다.

1 기출 문법

● 問題7 문법 형식 판단

2010년

□ ～におうじて	～에 맞추어, ～에 대응하여	□ ～はずだ	틀림없이 ～일 것이다
□ ～途中で	도중에	□ ～ままで	～대로, ～인 채로
□ ～にわたって	～에 걸쳐서	□ ～上で	～한 후에
□ 何も～	굳이～	□ ～でありながらも	～이면서도
□ ～一方だ	～하기만 하다	□ ～みたいだ	～인 것 같다
□ ～がたい	～하기 어렵다	□ とても～ない	정말이지 ～않다
□ ～(さ)せていただく	～하다 〈겸양〉	□ 必ずしも～ わけではない	반드시 ～한 것은 아니다
□ ～(さ)れる	본의 아니게 ～하게 되다 〈사역 수동〉	□ ～ようがない	～할 방도가 없다
□ ～たところ	～했더니	□ 申し上げる	말씀드리다 〈겸양〉
□ ～にすぎないとはいえ	～에 지나지 않는다고 는 해도	□ ～ないでしょうか	～아닐까요?, ～아닐런지요

□ ～(さ)せてくれる	～하게 해 주다	□ ～たばかりだ	막 ～한 참이다
□ ～てほしい	～해 주었으면 좋겠다	□ ～かどうか	～인지 어떤지

2011년

□ ～とか	～라든가, ～라는 식으로	□ ～もの	～나 되는
□ ～すえに	～한 끝에	□ ～すら	～조차
□ ～(さ)せられる	본의 아니게 ～하게 되다 〈사역 수동〉	□ ～くらい	～정도
□ ～まい	～하지 않겠다, ～하지 않을 것이다	□ どうも	아무래도, 어쩐지
□ まいる	오다, 가다 〈겸양〉	□ ～にこたえて	～에 부응하여
□ むしろ	오히려, 차라리	□ ～うちに	～하는 사이에
□ ～になっているだろう	～이 되어 있을 것이다	□ ～によらず	～에 관계없이
□ ～ても～なくても	～해도 ～하지 않아도	□ ～ないでもない	～않는 것도 아니다
□ ～すぎず	너무 ～하지 말고	□ ～とかなくちゃ	～해 두지 않으면 〈축약〉
□ ～でしかない	～밖에 되지 않다, ～에 불과하다	□ ～たら～たで	～하면 ～하는 대로
□ ～わけがない	～할 리가 없다	□ ～ざるをえない	～하지 않을 수 없다
□ ～くらいだ	～정도다	□ お～ですか	～하십니까? 〈존경〉

□ ～も～ないで	～도 ～하지 않고	□ ～からこそ	～이기에, ～하기에
□ ～をとわず	～을 불문하고	□ ～ばかり	～뿐, ～만
□ もっとも	다만, 단 〈접속사〉	□ かりに	만약
□ わかった	알았다 〈감탄〉	□ ～ないうちに	～하기 전에
□ ～たってかまわない	～해도 상관없다	□ ～ており	～하고 있어서
□ お越しくださる	와 주시다	□ ～にもかかわらず	～(임)에도 불구하고
□ ～ている	～했었다 〈완료〉	□ ～らしい	～답다 〈접미어〉
□ ～へと	～으로	□ ～によっては	～에 따라서는
□ ～おかげで	～덕분에	□ ～(さ)せる/～たがる	～하게 하다 〈사역〉 / ～하고 싶어하다
□ やる	하다 〈속어〉	□ どれだけ～か	얼마나 ～일까?
□ ～としたら	～라고 한다면	□ ご覧	보심 〈존경〉
□ ～(さ)せられる	～하게 되다 〈사역 수동〉	□ ～(ら)れる	～하게 되다
□ ～そうだ	～할 것 같다 〈양태〉	□ ～ようならば	～할 것 같으면

□ ～にのぼる	～에 달하다	□ ～さえ～ば	～만 ～하면
□ ～すえに	～한 끝에	□ ～において	～에 있어서, ～에서

☐ ～にのぼる	～에 달하다	☐ ～さえ～ば	～만 ～하면
☐ ～すえに	～한 끝에	☐ ～において	～에 있어서, ～에서
☐ むしろ	오히려, 차라리	☐ ～ものなら	～할 수만 있다면
☐ ～てからでないと	～한 후가 아니면	☐ ただし	다만, 단
☐ ～次第	～하는 대로	☐ ～勢いだ	～할 기세이다
☐ うけたまわる	받다 〈겸양, 겸손〉	☐ ご覧いただく	보시다 〈겸손〉
☐ ～わけにはいかない	～할 수는 없다	☐ ～にすぎない	～에 지나지 않는다
☐ ～や何かで	～와 같은 것에서 〈예시〉	☐ ～ならともかく	～이라면 몰라도
☐ ～のに	～하는 데에, ～하는 때에	☐ ～てもらう	～해 주다
☐ ～たびに	～할 때마다	☐ ～(さ)せる	～시키다, ～하게 하다 〈사역〉
☐ ～ばかり	～뿐, ～만	☐ いたす	하다 〈겸양, 겸손〉
☐ ～かもしれない	～일지도 모른다	☐ ～がち	자주 ～함, 일쑤임

2014년

☐ ～とおりに	～대로	☐ ～にわたって	～에 걸쳐서
☐ ～にかけては	～에 관한 한	☐ あるいは	혹은, 또는
☐ ～(さ)せていただける	～해 주실 수 있다 〈겸손〉	☐ ～だって	～도, ～라도 〈예시, 강조〉

□ ～なりに	～나름대로	□ ～だけに	～인 만큼
□ ～(よ)うとする	～하려고 하다	□ ～とのことだ	～라는 것이다
□ ～てしょうがない	～해서 어쩔 수가 없다, 매우 ～하다	□ ～しかない	～할 수밖에 없다
□ 見える	오시다 〈존경〉	□ お越しいただく	～와 주시다 〈겸손〉
□ ～ようであれば	～할 것 같으면	□ ～というから	～라고 하니까
□ ～うちに	～하는 사이에	□ ～ように	～하도록
□ ～(よ)うじゃないか	～하지 않겠는가?	□ ～がる	～해하다
□ 伝わる	전달되다	□ ～なきゃいけない	～하지 않으면 안 된다 〈축약〉
□ ～ままに	～한 채로	□ ～つつある	～하는 중이다

□ ～によって	～에 의해서	□ ～おきに	～간격으로, 걸러서
□ とても～ない	정말이지 ～않는다	□ かえって	도리어, 오히려
□ ～あまり	～한 나머지	□ ～にかけては	～에 관한 한
□ ～ほど	～정도, ～만큼	□ ～きる	완전히 ～하다
□ ～次第	～하는 대로	□ ～一方だ	～하기만 하다
□ ～ものの	～이지만	□ ～ほかない	～할 수밖에 없다

☐ 〜ことはない	〜할 필요는 없다	☐ 〜こと	〜할 것 〈명령〉
☐ 〜ないことには	〜하지 않고서는	☐ 〜なきゃって	〜해야 한다고
☐ 〜だけ	〜한 만큼, 〜할 수 있는 한	☐ 〜くらい	〜정도
☐ 〜てくれる	(나에게) 〜해 주다	☐ 〜てくれる	(나에게) 〜해 주다
☐ 〜ずに	〜하지 않고	☐ 〜みたいだ	〜인 것 같다
☐ 〜そうだ	〜할 것 같다	☐ 〜てほしいだろうか	〜해 주기를 바라는 것일까?

2016년

☐ 〜につぐ	〜에 이어지는	☐ お越しになる	오시다, 가시다 〈존경〉
☐ 〜にしては	〜치고는	☐ 〜かけ	〜하던 도중
☐ 〜すえに	〜한 끝에	☐ 〜において	〜에 있어서, 〜에서
☐ おいでになる	오시다, 가시다 〈존경〉	☐ そのうち	머지않아, 가까운 시일 안에
☐ 〜ものだ	〜로구나 〈감동〉	☐ 〜以上	〜한 이상
☐ 〜かねる	〜하기 어렵다	☐ 〜とする	〜라고 하다 〈가정, 판단〉
☐ 〜っこない	〜할 리가 없다	☐ 〜だけなら	〜뿐이라면
☐ 〜に対して	〜에 대해서	☐ 〜てからにする	〜하고 나서 하다
☐ 〜としたら	〜라고 한다면	☐ 〜することになる	〜하게 되다

☐ 〜ように	〜하도록	☐ 〜ないことがある	〜하지 않는 경우가 있다
☐ お〜する	〜하다 〈겸손〉	☐ 〜って	〜라고 해 〈인용〉

2017년

☐ 〜おきに	〜간격으로, 〜걸러서	☐ 〜できるものなら	〜할 수만 있다면
☐ たとえ〜ても	설령 〜할지라도	☐ 〜てならない	너무 〜하다
☐ 〜おそれがある	〜할 우려가 있다	☐ お〜です	〜하시다 〈존경〉
☐ 〜ないかな	〜하지 않으려나, 〜하지 않을까?	☐ 〜にでも	〜에라도
☐ 〜というように	〜라는 식으로, 〜라는 것처럼	☐ 〜うちに	〜하는 사이에
☐ 〜じゃない？	〜아닐까?	☐ 〜はずがない	〜할 리가 없다
☐ 〜を通して	〜을 통해	☐ 〜なら	〜라면(화제 제시)
☐ まさか	설마	☐ 〜うちに	〜하는 사이에
☐ 〜てばかりだ	〜하기만 한다	☐ 〜つつある / 〜ということだ	〜하는 중이다 / 〜라는 것이다 〈전달, 전문〉
☐ ございます	있습니다 〈あります의 정중한 말〉	☐ どうやって〜したか	어떻게 〜한 것인지
☐ 〜(よ)うと＋しないで	〜하려고 하지 말고	☐ もらってくれない	〜받지 않을래? 〈부탁, 의뢰〉
☐ 〜た＋ほうがよかった	〜하는 편이 좋았다 〈아쉬움〉	☐ 〜て＋くださる	〜해 주시다

● 問題 8 문장 완성

□ ～までで	～까지	□ ～じゃないかと思う	～이 아닐까라고 생각한다
□ ～といっても	～라고 해도	□ ～ないうちに	～하기 전에
□ ～によって	～에 따라서	□ ～ものだ	～한 법이다
□ ～ばかり	～뿐, ～만	□ ご存知だ	알고 계시다 〈존경〉
□ ～というような	～하는 것과 같은	□ ～からこそ	～이기에, ～하기에
□ ～からすると	～로 보아		

□ ～にしたら	～로서는, ～입장에서는	□ ～かのようだ	～인 듯하다
□ ～なんていう	～라고 하는	□ ～さえ～ば	～만 ～하면
□ ～てくれる	(나에게) ～해 주다	□ ～としても	～라고 할지라도
□ ～てやる	(남에게) ～해 주다	□ ～だって	～라고 해도
□ ～て初めて	～해서야 비로소	□ ～おかげだ	～덕분이다

□ ～ほど	～정도	□ ～から	～할 테니까
□ ～ことになっている	～하기로 되어 있다	□ いずれにしても	어느 쪽이든
□ ～だけ	～한 만큼, ～할 수 있는 한	□ ～とあるが	～라고 적혀 있는데
□ ～ていただく	(상대에게) ～해 받다 (상대가) ～해 주다	□ ～はずだ	틀림없이 ～일 것이다
□ ～も	～이나 〈수량의 강조〉	□ ～といった	～와 같은 〈예시, 열거〉

□ ～といえば	～로 말하자면	□ ～ぐらい	～정도
□ ～きり	～한 채, ～한 것을 끝으로	□ ～をはじめ	～을 비롯하여
□ ～はもとより	～은 물론	□ ～に限る	～이 최고다
□ ～としても	～라고 할지라도	□ ～すら	～조차
□ ～上で	～하는 측면에서, ～하는 데 있어서	□ ～ほど	～정도

□ ～ばいいのに	～하면 좋을 텐데	□ ～そうだ	～라고 한다
□ ～うえで	～하는 측면에서, ～하는 데 있어서	□ ～なんて	～라니

□ どんなに〜ても	아무리 〜해도	□ 〜につれて	〜함에 따라서
□ 〜きる	완전히 〜하다	□ つい	그만, 무심코
□ 〜とは	〜라니	□ どうしても	무슨 일이 있어도, 꼭
□ 〜ことはない	〜할 필요는 없다		

□ 〜をこめて	〜을 담아	□ 〜ように	〜하도록
□ 〜として	〜로서	□ 〜うえに	〜인 데다가
□ 〜どおりに	〜대로	□ 〜せいか	〜탓인지
□ 〜のと〜ないのでは	〜하는 것과 하지 않는 것과는	□ 〜といった	〜와 같은 〈예시, 열거〉
□ 〜くらい	〜정도	□ 〜と思われる	〜라고 생각되다

□ 〜(さ)せられる	본의 아니게 〜하게 되다 〈사역 수동〉	□ 〜て以来	〜한 이래
□ まず	거의, 대체로 〈부정〉	□ 二度と〜ない	두 번 다시 〜않는다
□ 〜ついでに	〜하는 김에	□ 〜ながら	〜이지만 〈역접〉 〜하면서
□ 〜だけでなく	〜뿐 아니라	□ 今にも〜そうだ	당장에라도 〜할 것 같다

| □ ～ないで済む | ～하지 않아도 된다 | □ ～かどうか | ～인지 어떤지 |
| □ ～上で | ～하는 측면에서,
～하는 데 있어서 | | |

2017년

□ ～であっても	～라도, ～일지라도	□ ～きり	～한 채
□ ～にとって	～에게 있어서	□ なかなか～ない	좀처럼 ～하지 않다
□ ようやく	마침내	□ ～だけの	～뿐인
□ た＋末に	～한 끝에	□ 決して～ない	결코 ～않는다
□ ～をはじめ(とする)	～을 비롯한	□ わけではない	～인 것은 아니다
□ たびに	～할 때마다		

● 問題9 문맥 이해

☐ ～もの	～것	☐ この	이
☐ ～わけだ	～인 것이다	☐ このように	이처럼
☐ ～に関^{かん}して	～에 관해서	☐ ～ましょう	～합시다
☐ ～ならば	～이라면	☐ ～が～だ	～이(가) ～이다
☐ ～ないのではない	～할 수 없는 것은 아니다	☐ ～たらどうですか	～하는 게 어떨까요?

☐ どのように	어떻게, 어떤 식으로	☐ このような	이러한
☐ ほかに	그 밖에	☐ ～(ら)れる	～하게 되다, ～받다 〈수동〉
☐ こう	이렇게	☐ ～(ら)れる	～하게 되다, ～받다 〈수동〉
☐ 彼女^{かのじょ}たち	그녀들	☐ つまり	즉
☐ さまざまだ	다양하다	☐ ～なら	～이라면

□ たとえば	예를 들면	□ ～かもしれない	～일지도 모른다
□ もちろん	물론	□ 実(じっ)は	실은
□ 場合(ば あい)	경우	□ この	이
□ ～というわけだ	～인 것이다	□ ～とされる	～라고 되다, ～라고 여겨지다
□ ～のである	～인 것이다	□ お～いただけますか	～하실 수 있겠습니까? 〈겸손〉

□ そうでもない	그렇지도 않다	□ 出会(で あ)う	만나다
□ ～とは思(おも)えない	～라고는 생각되지 않는다	□ ある	어느
□ 理由(り ゆう)	이유	□ ～と言(い)える	～라고 말할 수 있다
□ だが～	그렇지만～	□ ～とはいえ	～라고는 해도
□ ～(さ)せられる	본의 아니게 ～하게 되다 〈사역 수동〉	□ ～(よ)うと思(おも)う	～하려고 생각하다

□ その	그	□ どのような	어떠한
□ ～とはいえ	～라고는 해도	□ ～もの	～것
□ ～(ら)れる	～하게 되다, ～받다 〈수동〉	□ ～ということだ = ～とのことだ	～라고 한다
□ ～といい	～하면 좋다	□ 要^{よう}するに	요컨대
□ 使用^{しょう}されている	사용되고 있다	□ ～かもしれない	～일지도 모른다
□ ～に違^{ちが}いない	～에 틀림없다		

□ ～だろうか	～일까?	□ ～ではないか	～가 아닐까?
□ どの	어느	□ ～以上^{いじょう}だ	～이상이다
□ ～(ら)れる	～하게 되다, ～받다 〈수동〉	□ こんな	이러한
□ ～たところ	～했더니	□ すると	그랬더니, 그러자 〈접속사〉
□ ～ようだ	～인 것 같다	□ ～だろう	～일 것이다

□ 〜ではないのか	〜가 아닌 것일까?	□ ご存じだろうか	알고 계시는 것일까?〈존경〉
□ こういう	이러한	□ しかし	그러나
□ 〜らしい	〜라는 것 같다	□ こうして	이렇게 해서
□ 確かに	아마, 틀림없이	□ 〜かもしれない	〜일지도 모른다
□ 〜のだろう	〜인 것이겠지		

□ 大会がある	대회가 있다	□ 〜というわけだ	〜인 것이다
□ さらに	게다가, 더욱이	□ それには	그렇게 하기 위해서는
□ 社会	사회	□ 実は	실은
□ どのくらいの長さが要るのでしょう	어느 정도의 길이가 필요한 것일까요?	□ そんな大きな翼	그러한 커다란 날개
□ こうして見てみると	이렇게 보면	□ 難しそうです	어려울 것 같습니다

□ 001 ～あげく ～한 끝에

어떠한 일을 한 결과, 결국에는 바람직하지 않은 결과가 나타났다는 의미를 나타내는 문형이다. 동사의 た형이나 「명사+の」 뒤에 접속한다. 문장은 항상 '～했다'와 같은 완료의 형태로 끝난다.

- さんざん迷ったあげく、今の会社を辞めることにした。
  실컷 **망설인 끝에** 지금 다니는 회사를 그만두기로 했다.

> **～あげく가 들어가는 주요 표현들**
> - 困ったあげく 곤란에 빠진 끝에　　　　悩んだあげく 고민한 끝에
>   苦労したあげく 고생한 끝에

□ 002 ～あまり ～한 나머지

어떠한 것의 상태가 보통 정도를 넘어서 지나치다는 의미를 나타낸다.

- 経済成長を急ぐあまり、環境が年々悪化している。
  경제 성장을 **서두른 나머지** 환경이 해마다 악화되고 있다.

□ 003 ～一方だ ～할 뿐이다, ～하기만 한다

어떠한 상황이 한 방향으로만 자꾸 진행되고 있다는 의미를 나타낸다. 특히 그것이 바람직하지 못하다고 생각하는 방향으로 진행되는 경우에 주로 사용된다.

- ここ数年、この町の人口は減る一方だ。
  최근 수년 동안 이 **마을의 인구는 줄어들기만 한다**.

□ 004 ～上で ～한 후에

동사의 た형이나 「명사+の」 뒤에 붙어서 ～た後で와 같은 의미를 나타낸다. 뒷부분에는 '그렇게 하겠다'는 의지를 나타내는 표현이 오는 경우가 많다.

- 両親との相談の上で、留学することにしました。
  부모님과의 **상담 후에** 유학하기로 했습니다.

☐ 005　**～上に**　~인 데다가

그것뿐 아니라 다른 것도 더 있다는 '추가', '첨가'의 의미를 나타낸다.

● この店の商品は、**値段が安い上に品質**もよい。 이 가게의 상품은 **가격이 싼 데다가** 품질도 좋다.

> ～上には 첨가, 부가의 의미를 나타내는 표현이다. 동일한 문맥의 내용을 추가하는 것이므로, 긍정적인 내용의
> 문장 뒤에 ～上に를 사용하는 경우에는 뒤쪽 문장에 긍정적인 내용이 온다. 반대로 부정적인 내용이 앞에 올
> 때는 뒤쪽 문장도 부정적인 내용이 따른다.
>
> ● この店の野菜は、新鮮な上に安い。(○) 이 가게의 야채는 신선한 데다가 싸다.
> 　 この店の野菜は、新鮮な上に高い。(×) 이 가게의 야채는 신선한 데다가 비싸다.

☐ 006　**～うちに / ～ないうちに**　~하는 사이에 / ~하기 전에

이 문형은 시간적 사이를 나타내는 표현으로, 크게 두 가지 유형으로 나눌 수 있다. (1) 현재 상태가
변하기 전에 뒤 문장의 동작을 해야 한다는 의미를 나타내는 경우와 (2) 그 동작을 하는 사이에 무언
가 변화가 생기는 경우이다. ～うちには ある, いる, わかる와 같은 몇몇 동사를 제외하면 ～てい
る 뒤에 접속하는 것이 자연스럽다. ～ないうちには ～する前に로 바꾸어 쓸 수도 있다.

● 子どもが**寝ているうちに**、家の掃除をしよう。 아이가 **자고 있는 사이에** 집 청소를 하자.

　忘れないうちにメモしておこう。 잊기 전에 메모해 두자.

☐ 007　**～うる / ～えない**　~할 수 있다 / ~할 수 없다

격식을 차린 문장이나 고풍스러운 표현에 주로 쓰인다. うる는 동사의 **ます**형에 붙어서 그것이
가능하다는 의미를 나타낸다. ～えない는 동사 得る의 ない형으로, 불가능의 의미를 나타낸다.

● 論文を書くため、**集めうる資料**は全部集めてみた。
논문을 쓰기 위해 **모을 수 있는 자료**는 전부 모아 보았다.

　勉強もしないで成績が上がるなんて、**ありえない話だ。**
공부도 하지 않고 성적이 오르다니 **있을 수 없는 이야기다**

> 현재 긍정 표현으로 쓰일 때는 ～うる, ～える 모두 사용 가능하지만, 부정 표현으로 쓰일 때는 ～えない
> 가 된다. 아래 예와 같이 현재 긍정일 때만 ～うる를 사용하고 그 밖에는 ～える를 사용한다고 이해하면 된다.

	긍정	부정
현재	あり＋うる (○) (주로 사용) あり＋える (○)	あり＋うらない (×) あり＋えない (○)
과거	あり＋うった (×) あり＋えた (○)	あり＋うらなかった (×) あり＋えなかった (○)

□ 008 **~おかげで** ~덕분에

주로 좋은 결과를 유도한 원인에 대하여 고마워하는 느낌을 나타낼 때 사용한다.

- 彼女が手伝ってくれたおかげで、仕事が早く片づいた。
  그녀가 **도와준 덕분에** 일이 빨리 끝났다.

□ 009 **~がたい** ~하기 어렵다

어떠한 동작을 실현하는 것이 곤란하다는 것을 나타낸다. 주로 심정적인 내용의 표현을 만들며, 문장체에서 사용되는 말이다. 일상 회화에서는 ~にくい(~하기 어렵다)로 대체할 수 있다.

- 信じがたいことだが、すべて事実である。
  믿기 어려운 일이지만 모두 사실이다.

□ 010 **~がち** ~한 경향이 있다, ~하기 일쑤다

'~하는 경향이 있다', '~하는 경우가 많다'처럼 자칫하면 그런 상태로 되어 버린다는 의미로 쓰인다. 주의해야 할 것은, 바람직하지 않은 현상이 나타날 때 사용한다는 점이다. 또한 ~がち는 어떠한 일이 발생하는 '횟수'를 강조한다는 점을 기억해 두자.

- 仕事に慣れてくると、どうしても基本を忘れがちになる。
  일에 익숙해지기 시작하면 아무래도 **기본을 잊어버리는 경향이 있다.**

□ 011 **~かねない** ~할 수도 있다

그렇게 될 가능성이 있다는 불확실한 추측을 나타내는 표현이다. ~かもしれない와 같은 표현이지만, ~かねない는, 좋지 않은 일이 발생할 가능성을 나타낸다. ~かねない를 단순히 かねる의 부정으로 생각하기 쉬우나 의미상 별개의 문법으로 이해하는 것이 좋다.

- そのような言い方は、誤解を招きかねない。
  그러한 말투는 **오해를 초래할 수도 있다.**

□ 012

～かのようだ ～인 듯하다

실제로는 그렇지 않으나 마치 그러한 듯하다는 추측의 의미를 나타낸다. まるで(마치),
あたかも(마치, 흡사) 등의 부사와 짝을 이루어 사용되는 경우도 많다.

- 彼はすべてを知っていたかのような顔をしていた。
  그는 모든 것을 **알고 있던 것 같은 표정**을 하고 있었다.

□ 013

～からこそ ～이기에, ～하기에

～こそ는 '～야말로'라는 뜻으로 앞에 오는 단어를 강조하는 말이다. ～からこそ는 ～こそ의
응용 표현의 하나로, ～から 뒤에 붙어서 원인을 강조하여 나타낸다.

- 努力したからこそ成功したのだ。
  노력했기 때문에 성공한 것이다.

□ 014

～からすると / ～からすれば ～로 보아

～からすると 앞에는 판단의 근거가 되는 내용이 오며, 뒷부분에는 판단의 내용이 온다.
비슷한 표현으로 ～から見ると／～から見れば, ～から言うと／～から言えば가 있다.

- 田中君の成績からすると、合格は間違いない。
  다나카 군의 **성적으로 보아** 합격은 틀림없다.

  我がチームの今の実力からすれば勝利は難しい。
  우리 팀의 **지금 실력으로 보면** 승리는 어렵다.

□ 015

～きり ～채

어떠한 동작을 끝으로 더 이상 동작이 진행되지 않고 있다는 상황을 나타낸다. 주로 부정의
표현과 짝을 이루어 사용한다.

- 彼女はアメリカへ行ったきり何の連絡もない。
  그녀는 **미국에 간 채** 아무 연락도 없다.

☐ 016 **～きる** 완전히 ~하다

동작을 나타내는 동사 **ます**형 뒤에 붙어서 '완전히 ~하다'라는 완료의 의미를 강조하여 나타낸다.
信(しん)じる, 疲(つか)れる와 같은 상태를 나타낼 때는 '너무나도 ~한 상태이다'라는 의미를 나타낸다.

- 徹夜(てつや)で疲(つか)れきってしまった。
  철야로 **완전히 지쳐 버렸다**.

  一本(いっぽん)のビールを飲(の)みきった。
  맥주 한 병을 **다 마셨다**.

☐ 017 **～くらい／～ぐらい** ~정도

대략적인 수량이나 정도를 나타내는 경우가 많지만 예시의 용법 또한 중요하다. 간혹 ～くらい
와 ～ぐらい가 무엇이 다른지 의문을 품는 경우가 있으나, 탁음의 유무에 크게 신경 쓸 필요는
없다.

- 声(こえ)も出(で)ないくらい驚(おどろ)いた。
  목소리도 안 나올 정도로 놀랐다.

  これぐらい面白(おもしろ)い映画(えいが)は見(み)たことがない。
  이 정도로 재미있는 영화는 본 적이 없다.

> 017 **～くらい** VS 075 **～ほど**
>
> 의미는 비슷하지만, ～くらい가 '최소한의 정도'를 나타내는 문장에서는 ～ほど를 사용할 수 없다.
>
> - 외출할 때는 얼굴 정도는 씻으렴.
>   出(で)かけるときは、顔(かお)ぐらい洗(あら)いなさい。（〇）
>   出(で)かけるときは、顔(かお)ほど洗(あら)いなさい。（×）

☐ 018 **～こと** ~할 것 〈명령〉

위엄 있게 명령하거나 강하게 주의를 줄 때 사용한다. 문법상으로는 조사(종조사)로 분류한다.

- 会議(かいぎ)に必要(ひつよう)な書類(しょるい)は明日(あす)までに用意(ようい)すること。
  회의에 필요한 서류는 **내일까지 준비할 것**.

□ 019　**〜ことになっている** 〜하기로 되어 있다

개인 간의 약속이나, 학교나 회사 등에서 결정된 일정이나 규칙, 사회적 관습 등을 나타내는 표현이다. 특히, 허가나 금지의 표현과 자연스럽게 어울린다.

- **新しい制度は、来月からスタートすることになっている。**
  새로운 제도는 다음 달부터 **시작하기로 되어 있다**.

□ 020　**〜ことはない** 〜할 필요는 없다

'그렇게 할 필요가 없다'는 불필요의 뜻을 나타낸다. 〜ことはない의 정중한 표현은 〜ことはありません이다.

- **簡単な手術だから心配することはない。**
  간단한 수술이니까 **걱정할 필요는 없다**.

□ 021　**〜際** 〜할 때

〜際는 時(때), 場合(경우)의 의미로, 그때를 이용하여 무언가를 한다는 적극적인 느낌을 나타낸다. 그러므로 후반에는, 자연 현상이나 우연적인 일이 아니라 적극적인 동작을 나타내는 표현이 오는 경우가 많다.

- **図書館をご利用の際は、利用カードが必要です。**
  도서관을 **이용할 때**는, 이용 카드가 필요합니다.

□ 022　**〜最中** 한창 〜하는 중

〜最中는 어떠한 일이 진행 중에 있다는 것을 나타낸다. 문장 뒷부분에는 진행을 중단하게 만든 일에 대한 서술이 오는 경우가 많다.

- **会議をしている最中に電話がかかってきた。**
  회의가 한창일 때 전화가 걸려 왔다.

  試験の最中に地震があってびっくりした。
  시험이 한창일 때 지진이 있어서 놀랐다.

□ 023 **～さえ～ば** ～만 ~하면

～さえ～ば는 앞의 내용만 갖추어지면 뒤의 상태가 충분히 성립한다는 의미를 나타낸다. 접속이 상당히 복잡하므로 天気さえよければ(날씨만 좋다면), 時間さえあれば(시간만 있다면), 薬を飲みさえすれば(약을 먹기만 하면)와 같은 짧막한 문장으로 익혀 두도록 하자.

- **天気さえよければ、よい旅行になるだろう。**
  날씨만 좋다면 좋은 여행이 될 것이다.

□ 024 **～ざるをえない** ～하지 않을 수 없다

어떠한 사정이 있어서 본인의 의사와는 상관없이 그렇게 할 수밖에 없다는 의미를 나타낸다. 동사의 ない형에 접속한다는 것이 포인트이다. 行く를 예를 들면, '갈 수밖에 없다'는 뜻의 문장은 行かざるをえない 외에 行くしかない, 行くよりほかない 등이 있다는 것도 알아 두도록 하자.

- **みんなで決めた規則だから、守らざるをえない。**
  모두 함께 결정한 규칙이니까 지키지 않을 수 없다.
  この考えには反対せざるをえない。
  이 생각에는 반대하지 않을 수 없다.

□ 025 **～しかない** ～할 수밖에 없다

달리 방법이 없으므로 어쩔 수 없다는 체념의 의미를 나타낸다. 출제 빈도가 매우 높은 문형이다.

- **試験に合格するためには、がんばるしかない。**
  시험에 합격하기 위해서는 노력할 수밖에 없다.

□ 026 **～次第** ～하는 대로, ~하는 즉시

한 동작이 끝난 후에 바로 어떤 일을 하는 경우에 사용한다. 주로 문장체 격식을 차린 회화에서 사용하는 표현이다.

- **予定が決まり次第、お知らせします。**
  일정이 정해지는 대로 알려 드리겠습니다.

□ 027 **～末<ruby>に<rt>すえ</rt></ruby>** ~한 끝에

~末<ruby><rt>すえ</rt></ruby>に는 결과를 강조하는 표현으로, 어떠한 결과에 이르기까지 오랜 시간이 걸렸거나 여러 가지 문제점이나 곤란이 있었다는 의미를 내포하고 있다.

● いろいろ考えた末、実行することに決めた。 **여러 가지로 생각한 끝에** 실행하기로 결정했다.

二人は、2年間の恋愛の末に、結婚した。 두 사람은 **2년간의 연애 끝에** 결혼했다.

> **027 ～末に VS 001 ～あげく**
>
> ~末に는 우여곡절 끝의 결과를 나타내며, 부정적인 내용도 긍정적인 내용도 모두 올 수 있다. 반면, ~あげく는 유감스러운 기분을 표현하기 때문에, 주로 부정적인 내용이 뒤에 온다.
>
> ● 苦労した末に、成功した。(○) 고생한 끝에 성공했다.
> 　苦労したあげく、成功した。(×)
> 　苦労した末に、病気になった。(○) 고생한 끝에 병에 걸렸다.
> 　苦労したあげく、病気になった。(○)

□ 028 **～ずにはいられない / ～ないではいられない**
~하지 않을 수 없다

어떤 상황을 보고서 참지 못하고 자신도 모르게 그렇게 되어 버렸다고 말하고 싶을 때 사용한다. 즉, 자연스러운 상황 전개나 당연한 흐름을 표현한다. **ない형**에 접속한다는 것을 기억하자. 또한 **する**의 경우에는 しずにはいられない가 아니라 **せずにはいられない**가 된다는 것에 주의한다.

● 甘い物が好きでケーキを見ると食べずにはいられない。
단것을 좋아해서 케이크를 보면 **먹지 않을 수 없다**.

彼の冗談を聞いて、笑わないではいられなかった。 그의 농담을 듣고 **웃지 않을 수 없었다**.

□ 029 **～すら** ~조차

일종의 예시 표현으로 극단적인 사항을 예로 제시하여, '다른 것은 당연히 말할 필요도 없다'는 어감을 나타낸다. 뒤에는 ~ない와 같은 부정 표현을 동반하는 경우가 많다.

● 私が会社を辞めたことは、親にすら話していない。
내가 회사를 그만둔 것은 **부모님에게조차** 말하지 않았다.

疲れていて、立っていることすらできない。 피곤해서 **서 있는 것조차** 불가능하다.

□ 030　**～せいで** ～탓에

어떠한 일이 원인이 되어 좋지 않은 결과가 생겼다는 의미를 나타낸다. 이러한 ～せいで와는 정반대로, 뒷부분에 좋은 결과가 생겼다고 할 때는 ～おかげで가 사용된다.

- 風邪薬を飲んだせいで眠くてしかたがない。 감기약을 먹은 탓에 졸려서 견딜 수가 없다.

  彼はその失敗を私のせいにした。 그는 그 실패를 내 탓으로 돌렸다.

□ 031　**～だけに / ～だけあって** ～인 만큼

～だけに, ～だけあって는 흔히 '당연히 ～할 만한 가치가 있어서'라는 감탄이나 칭찬의 의미를 나타낸다. 이것이 문장 후반부에 쓰여서 '당연히 ～할 가치가 있다', '과연 ～할 만하다'는 의미를 나타낼 때는 ～だけのことはある를 사용한다.

- さすが評判のレストランだけに料理もサービスもすばらしかった。
  과연 평판 있는 레스토랑인 만큼 요리도 서비스도 훌륭했다.

  この店の品物は高いだけあって、質がいい。 이 가게의 물건은 비싼 만큼 질이 좋다.

□ 032　**～たところ** ～했더니

어떤 동작을 한 결과 무언가 새로운 것을 알게 되었다는 느낌을 나타낸다. ～たら의 용법 중 발견의 의미를 나타내는 '～했더니'와 같은 표현이다.

- 友だちの家へ遊びに行ったところ、留守でした。
  친구의 집에 놀러 갔더니 부재중이었습니다.

> 032　**～たところ** VS **～たら**
> - ドアを開けたところ＝ドアを開けたら 문을 열었더니
>   うちに帰ったところ＝うちに帰ったら 집에 돌아갔더니

□ 033　**～たびに** ～할 때마다

동작의 반복을 강조하는 표현으로 '어떤 일을 할 때는 항상 그렇게 한다', '매번 그렇게 한다'는 의미를 나타낸다.

- 古いアルバムを見るたびに子どものころを思い出す。
  옛 앨범을 볼 때마다 어린 시절을 떠올린다.

□ 034 **〜つつある** ～하고 있다

〜ている(~하고 있다)처럼 동작이나 작용이 지금도 계속 진행되고 있는 것을 나타내는 문형이다.

● 学校教育は時代の流れによって変化しつつある。
学校 교육은 시대의 흐름에 의해서 **변화하고 있다**.

□ 035 **〜てからでないと** ～한 후가 아니면, ~하지 않고서는

앞에서 언급한 것이 실현된 후가 아니면 뒤의 내용이 실현될 수 없다는 의미를 나타낸다. 뒤에는 불가능 또는 부정적인 의미를 나타내는 표현이 온다. 〜てからでなければ로도 사용한다.

● 製品は、入金を確認してからでないと発送しない。
제품은 입금을 **확인한 후가 아니면** 발송하지 않는다.

免許を取ってからでなければ、車の運転はできない。
면허를 취득하지 않고서는 자동차 운전은 할 수 없다.

□ 036 **〜てしょうがない** ～해서 어쩔 수가 없다, ~해서 견딜 수가 없다

주로 감정 상태를 나타내는 단어 뒤에 붙어서, 정도가 너무 심하다는 것을 강조해서 나타낸다. 〜しょうがない는 〜しようがない의 회화체 표현이다. 비슷한 표현으로 〜てしかたがない, 〜てたまらない가 있다.

● 3日も徹夜なので、眠くてしょうがない。
3일이나 철야를 했더니 **졸려서 견딜 수가 없다**.

□ 037 **〜て初めて** ～해서야 비로소

어떤 일을 겪기 전에는 그렇지 않았지만, 그 일이 계기가 되어 마침내 어떠한 사실을 이해하게 되었다는 의미를 나타낸다. 어떤 일의 극적인 계기나 전제 조건을 나타낸다.

● 病気になって初めて、健康のありがたさを知る。
병에 걸리고 나서야 비로소 건강의 고마움을 알다.

□ 038 **〜ということだ/〜とのことだ** 〜라고 한다

들은 내용을 전달하는 전문(전달)의 표현으로, 방송이나 신문 등에서도 널리 사용된다. 기본적으로는 전문의 〜そうだ와 같은 의미를 나타낸다.

● 社長は今日は出勤しないということだ。
사장님은 오늘은 출근하지 않는다고 한다.

調査によると、一人暮らしのお年寄りが増えているとのことだ。
조사에 의하면, 독거노인이 늘고 있다고 한다.

038 〜ということだ **VS** 〜そうだ

두 문형은 들은 내용을 전달한다는 의미에서는 같다. 다만, 의지나 추측 등의 표현에는 〜ということだ만 사용할 수 있다.

	〜ということだ	〜そうだ
의지/추측 표현	寒くなるだろうということだ。(○) 추워질 것이라고 한다.	寒くなるだろうそうだ。(×)
과거형	また電話するということだった。(○) 또 전화한다고 했다.	また電話するそうだった。(×)

□ 039 **〜というと/〜といえば** 〜라고 하면, 〜로 말하자면

화제가 되는 대상을 제시하여 그것과 관련된 내용에 대하여 이야기를 전개할 때 사용한다.
두 번째 예문에서 보는 것처럼 새로운 화제를 떠올려 다른 이야기를 전개할 때도 사용한다.

● パソコンというと山田君に聞けばよい。
컴퓨터라면 야마다 군에게 물어보면 된다.

そうそう、サッカーといえば、昨日の試合はどうだった？
그래 그래, 축구로 말하자면 어제 시합은 어땠어?

039 〜というと **VS** 039 〜といえば **VS** 〜といったら

〜というと, 〜といえば, 〜といったら 모두 화제 제시로 볼 수 있다. 다만 〜といったら는 화제 제시 중에서도 말하는 사람의 감정이 강하게 들어가 있다고 할 수 있다.

● 彼がその知らせを受け取ったときの顔といったら、たとえようがないものだった。
그가 그 연락을 받았을 때의 얼굴로 말하자면 무엇이라고 예를 들 수 없는 것이었다.
(그런 모습은 처음 보았다는 뉘앙스)

□ 040 **～といっても** ～라고 해도

앞에서 화제로 나온 말과 다소 모순되거나 대립되는 내용을 설명할 때 사용한다. 상대방이 인식하고 있는 내용이 실제와는 어느 정도 거리가 있다는 것을 나타내는 표현이다.

- **残業**といっても**何時間**もするわけではない。
  잔업이라고 해도 몇 시간씩이나 하는 것은 아니다.

□ 041 **～と思うと / ～と思ったら** ～라고 생각했더니

어떤 일이 발생한 후에 바로 다른 일이 발생하는 경우를 나타낸다. 이때 뒤 문장에는 앞 문장과는 다른 의외의 내용이 따르는 경우가 많다. **～かと思うと，～かと思ったら**와 같은 응용 형태로 사용되기도 한다.

- **子**どもは**今泣**いた**かと思**うと、もう**笑**っている。
  아이는 막 **우는가 싶었더니** 벌써 웃고 있다.

  まじめに**勉強**していると**思**ったら、パソコンでゲームをしている。
  열심히 **공부하고 있다고 생각했더니**, 컴퓨터로 게임을 하고 있다.

□ 042 **～とおり / ～どおり** ～대로

앞에 제시된 단어와 같은 상태나 같은 방법으로 무언가를 행한다는 의미를 나타낸다. 동사 뒤에 붙을 때는 **～とおり**로 탁음이 붙지 않으나, 명사 뒤에 붙을 때는 **～どおり**와 같이 탁음이 붙는다. 선택지 중에 **～とおり**와 **～どおり**가 동시에 나올 수 있으므로, 명확하게 구별할 수 있어야 한다.

- **結果**は**予想**した**とおり**であった。 결과는 **예상했던 대로**였다.
  電車は**時刻どおり**に**駅**を**出**た。 전철은 **시각대로** 역을 출발했다.

□ 043 **～とか** ～라던데, ～라던가

～とか는 들어서 알고 있는 내용을 조심스럽게 확인하거나 전달하는 느낌을 나타낸다. 어떠한 내용을 전달한다는 점에서 보면 **～そうだ**(～라고 한다), **～ということだ**(～라고 한다)와 같은 의미를 나타내지만, 불확실한 내용을 전달한다는 점에서 조금 다르다.

- **今日**は**暖**かいね。しかし**明日**からは**寒**さが**戻**ってくるとか。
  오늘은 따뜻하군. 그러나 내일부터는 **추위가 다시 찾아온다고 하던데**.

□ 044 **〜として** 〜로서

〜として는 어떠한 동작의 의미나 조건을 강조하기 위해 사용하는 표현이다. 〜として 앞에는
자격이나 입장을 명확하게 나타내는 표현이 온다.

- 代表として会議に出席する。
  대표로 회의에 출석한다.

□ 045 **〜としても** 〜라고 할지라도

'〜라고 가정할지라도'의 의미를 나타내는 역접 문형이다. 〜としたら/〜とすれば의 반대 표
현이라고 할 수 있다.

- 短い休みなので、旅行に行くとしても、近いところになるだろう。
  짧은 휴가라서 **여행을 간다고 해도** 가까운 곳이 될 것이다.

□ 046 **〜とする** 〜라고 하다 〈① 가정 ② 판단〉

〜とする는 가정(假定)의 의미를 나타내는 경우와, 판단의 의미를 나타내는 경우로 크게 나눌
수 있다. 판단을 나타내는 〜とする는 앞에 오는 내용의 객관성을 강조하기 위하여 〜とされ
る의 형태로 사용되는 경우도 있다.

① 〜라고 하다 〈가정〉

- あなたがある店のオーナーだとする。
  당신이 **어느 가게의 경영자라고 하자.** 〈가정〉

  家の近くに川があるとする。
  집 근처에 **강이 있다고 하자.** 〈가정〉

② 〜라고 하다 〈판단〉

- 当局ではただちに計画を実行するのは難しいとしている。
  당국에서는 즉시 계획을 실행하는 것은 **어렵다고 한다.** 〈판단〉

  この寺は500年前に建てられたとされている。
  이 절은 500년 전에 **지어졌다고 한다.** 〈판단, 객관성 강조〉

□ 047 **～としたら / ～とすれば** ～라고 한다면(~라고 가정하면)

'~라고 가정한다면'의 의미로서 ～としたら 앞의 내용을 그렇다고 가정하는 경우를 나타낸다.
회화에서는 ～としたら를 폭넓게 사용하며, 시험에서도 ～としたら의 형태로 자주 출제된다.

- 海外旅行に行くとしたら、どこに行きたいですか。
  해외여행을 간다고 한다면 어디로 가고 싶습니까?
  この話が本当だとすれば大変なことになる。
  이 이야기가 사실이라고 하면 큰일 난다.

□ 048 **～とはいえ** ～라고는 해도

앞서 이야깃거리가 된 말에서 연상되는 것과는 다르게, 다소 모순되거나 대립적인 내용을 제시
하여 설명할 때 사용한다. ～といっても와 거의 같은 의미이지만, ～とはいえ가 좀 더 딱딱
한 느낌을 준다.

- 春とはいえ、まだまだ寒い日が続いている。
  봄이라고는 해도 아직 추운 날이 계속되고 있다.

□ 049 **～とばかり思っていた** ～라고만 생각하고 있었다

앞에 오는 단어나 문장을 강조하는 표현의 하나로, 사실은 그렇지 않은데 그렇게 생각하고 있었
다는 의미를 나타낸다.

- あの店、高いとばかり思っていたけど、意外と安くておいしかった。
  저 가게, **비싸다고만 생각하고 있었지만** 의외로 싸고 맛있었다.

□ 050 **～ないことには** ～하지 않고서는

～なければ에 해당하는 표현으로, '꼭 그렇게 해야 한다'는 점을 강조하려는 표현 의도를 갖는
다. 문법적으로 ～ないことには 뒤에는 부정의 문장이 따른다는 점이 중요하다.

- 実際に読んでみないことには、この本のおもしろさは分からない。
  실제로 **읽어 보지 않고서는** 이 책의 재미는 알 수 없다.

□ 051 **～ながら** ～하면서

서로 모순되는 두 개의 사항을 연결하는 역접 표현으로, **～けれども**(～하지만), **～にもかかわ**
らず(～임에도 불구하고)의 의미를 나타낸다. 동작의 동시성을 나타내는 표현의 예 **電話をし**
ながら、テレビを見る(전화를 하면서 텔레비전을 본다)도 같이 정리해 두자.

- **彼女はすべてを知っていながら、教えてくれない。**
  그녀는 모든 것을 **알고 있으면서** 가르쳐 주지 않는다.

□ 052 **～なんて / ～なんか / ～など** ～같은 것 〈① 예시 ② 경멸이나 겸손〉

앞의 단어를 가벼운 느낌이 들도록 나타내는 표현으로, 크게 예시와 경멸의 뜻으로 사용되는 경
우가 많다. 예시의 용법인 경우에는 어떠한 화제를 가볍게 제시할 때 쓴다. 경멸이나 겸손의 용
법으로 쓰일 때는 자신에게 사용하는 경우에는 겸손으로, 남에게 사용하는 경우에는 경멸의 느
낌으로 이해하면 된다.

① ～같은 것 〈예시〉

- **ビールなんかないの？** 맥주 **같은 거** 없어? 〈예시〉

② ～같은 것 〈경멸이나 겸손〉

- **彼になんて相談する必要もない。** 그 **같은 사람에게는** 상담할 필요도 없다. 〈경멸〉

  この仕事が私などにできるでしょうか。 이 일을 저 **같은 사람이** 할 수 있을까요? 〈겸손〉

  > ～なんて는 종조사처럼 감정을 나타낼 때 쓰이기도 한다. 어떤 일을 예시하여 그것에 대해 뜻밖이거나 믿어지
  > 지 않는다는 분위기를 담아 표현한다.
  >
  > - **あの人が先生だなんて。** 저 사람이 선생님이라니!
  >   **この学校に入学できるなんて本当にうれしい。**
  >   이 학교에 입학할 수 있게 되다니 정말로 기쁘다.

□ 053 **～において** ～에 있어서, ～에서

어떤 일이 이루어지는 장소나 시간을 나타낸다. 문장체에서 주로 쓰이는 표현으로, **～において**
를 조사 **で**로 바꾸어 쓸 수 있는 경우가 많다. 보통은 '～에서'로 해석하는 것이 자연스럽다. 명
사를 수식하는 경우에는 「**～における**＋명사」의 형태로 사용한다.

- **私たちの生活においてパソコンは不可欠なものとなっている。**
  우리들의 **생활에 있어서** 컴퓨터는 불가결한 것이 되고 있다.

□ 054 **～に応じて** ～에 상응하여, ~에 적합하게

동사 応じる는 '응하다(상응하다, 대응하다, 호응하다, 반응하다)'라는 의미이며, **～に応じて**
는 주로 '~에 상응하여', '~에 적합하게'라는 의미로 쓰인다.

- お客様のご予算に応じて、料理をご用意いたします。
  손님의 **예산에 맞춰** 요리를 준비하겠습니다.

□ 055 **～にかかわらず** ～에 관계없이

～にかかわらず는 앞부분에서 제시하는 내용과 '아무런 관계가 없다', '영향을 받지 않는다'는
의미로 사용한다. 관용적으로 앞부분에는 '정도를 나타내는 표현'이나 '대립적인 표현'이 온다.

- 参加するしないにかかわらず、必ず返事をください。
  참가 여부에 관계없이 꼭 답장을 주세요.

□ 056 **～に限らず** ～뿐 아니라

그것뿐 아니라 다른 것도 있다는 열거, 나열의 의미를 나타낸다. 문장체에서 주로 사용하는 강
조 표현이므로, 회화체에서는 같은 의미인 **～だけではなく**를 사용하면 된다. 또한 **～に限ら**
ず는 명사에만 붙지만 **～だけではなく**는 동사, い형용사, な형용사, 명사에 모두 사용할 수
있다.

- 運転しているときに限らず、常に注意が必要だ。
  운전하고 있을 때뿐 아니라 항상 주의가 필요하다.

□ 057 **～に限る** ～이 최고다

앞부분에서 말한 것이 가장 좋다는 의미를 나타낸다. 어느 상황에서 최선이나 최고라고 생각하
는 것을 자신의 경험이나 생각에 근거하여 주관적으로 나타낸다.

- 疲れたときは、寝るに限ります。
  피곤할 때는 **자는 것이 가장 좋습니다.**

□ 058　**～にかけては** ~에 관한 한

～にかけては 앞에는 강조하고자 하는 대상이 온다. 그리고 뒷부분에는 반드시 '최고다', '자신 있다', '뛰어나다' 등 우수성을 강조하는 내용이 따른다. 주로 어떤 사람의 능력을 자랑하거나 칭찬할 의도로 사용되는 문형이다.

● この会社はエンジン技術にかけては世界トップクラスだ。
이 회사는 **엔진 기술에 관한 한** 세계 최고 수준이다.

□ 059　**～に関して** ~에 관해서

주제로 제시하고자 하는 내용을 거론하는 표현이다. ～について와 거의 같은 의미로 쓰이는데, 일상적으로는 ～について를 주로 사용하며 학술보고서나 강연 등에서 격식을 차려 표현할 때는 ～に関して를 많이 사용한다.

● 留学に関して、先生に聞いてみた。
유학에 관해서 선생님에게 물어보았다.

□ 060　**～にこたえて** ~에 부응하여

상대의 기대나 희망을 실현하기 위해 무언가를 한다는 의미로 사용된다. ～にこたえて 뒤에는 희망적인 결과가 온다. ～に応じて로 바꿔 쓸 수 있는 경우가 많다.

● お客様の声にこたえて、新製品が発売されました。
고객의 목소리에 부응하여 신제품이 발매되었습니다.

□ 061　**～にしたがって** ~에 따라

한쪽이 변화함에 따라 다른 쪽도 함께 변화한다는 의미로 사용된다.

● 人は年をとるにしたがって、体力がだんだんと衰えてくる。
사람은 **나이를 먹음에 따라** 체력이 점점 쇠약해지기 시작한다.

□ 062 **〜にしたら/〜にすれば** ~로서는, ~입장에서는

주로 사람을 나타내는 명사 뒤에 접속하여, 그 사람의 입장이나 관점을 나타낼 때 사용한다.

● 自分の子を外国へ留学させるのは、親にしたら心配なことだろう。
자신의 아이를 외국에 유학시키는 것은, **부모 입장에서는** 걱정스러운 일일 것이다.

学生にすれば、休みは長ければ長いほどいいだろう。
학생 입장에서는, 방학은 길면 길수록 좋을 것이다.

□ 063 **〜にすぎない** ~에 지나지 않는다, ~에 불과하다

단지 그것뿐이며, 그 이상의 특별한 의미나 가치가 없다는 뜻을 나타낸다. 표현 대상이 별것이 아니라는 비하의 느낌을 준다.

● ただの風邪に過ぎないので、心配しないでください。
단순한 감기에 지나지 않으니 걱정하지 마세요.

□ 064 **〜に相違ない** ~임에 틀림없다

'틀림없이 그럴 것'이라는 확신을 나타내는 표현으로, 〜に違いない와 같다. 다만, 〜に相違ない는 문장체에서 사용하는 딱딱한 표현이므로 회화에서 사용하는 것은 부적절하다.

● やはりあの人が犯人に相違ない。
역시 그 사람이 **범인임에 틀림없다**.

□ 065 **〜に違いない** ~임에 틀림없다

'틀림없이 그렇다, 틀림없이 그렇게 될 것이다'와 같은 의미를 나타낸다. 확신을 강조하여 나타내는 표현이다.

● 予算がないので、この計画の実行は困難に違いない。
예산이 없기 때문에 이 계획의 실행은 **곤란할 것임에 틀림없다**.

□ 066 **〜につれて** ~함에 따라서

한쪽이 변화함에 따라 다른 쪽도 함께 변화한다는 의미로 사용된다. 비슷한 표현으로 〜にした
がって, 〜にともなって가 있다.

- 試合が近づくにつれて、選手たちの緊張が高まった。
  시합이 가까워짐에 따라 선수들의 긴장이 높아졌다.

□ 067 **〜にともなって** ~에 따라서

한쪽의 변화와 동시에 다른 쪽도 변화한다는 의미로 〜にしたがって, 〜につれて와 유사한
표현이다.

- 医学の進歩にともなって、平均寿命が延びている。
  의학의 진보에 따라서 평균 수명이 늘고 있다.

---

067 **〜にともなって** VS 061 **〜にしたがって** VS 066 **〜につれて**

앞 내용의 변화에 의해 뒤의 내용도 변화한다는 의미로 쓰일 때는 큰 차이가 없다. 〜にともなって가 조금
더 문장체적인 느낌을 준다. 다만, 〜にともなって가 '〜와 동시에'의 의미로 쓰이는 경우는 〜にしたがっ
て나 〜につれて로 바꿀 수 없다.

- 경제가 발전함에 따라서 생활이 풍요로워졌다.
  経済が発展するにともなって、生活が豊かになってきた。(○)
  経済が発展するにしたがって、生活が豊かになってきた。(○)
  経済が発展するにつれて、生活が豊かになってきた。(○)

- 지진과 동시에 화재가 발생하는 경우가 있다.
  地震にともなって、火災が発生することがある。(○)
  地震にしたがって、火災が発生することがある。(×)
  地震につれて、火災が発生することがある。(×)

□ 068 **〜にもかかわらず** ~(임)에도 불구하고

〜にもかかわらず는 매우 많이 사용하는 문형 중의 하나이다. 문장 뒷부분에는 앞부분의 상황
과는 반대되는 행위가 오는 것이 보통인데, '그렇지 않아서 뜻밖'이라는 느낌을 나타낸다. 조사
〜のに와 같은 의미로 생각할 수 있다. 〜にかかわらず와 〜にもかかわらず는 형태가 매우
비슷하므로 주의하도록 한다.

- 雨が降っているにもかかわらず、大勢の人が集まった。
  비가 내리는데도 불구하고 많은 사람들이 모였다.

□ 069 **〜によって** ① ~에 의해서 〈수단, 근거, 원인〉 ② ~에 따라서 〈차이〉

① ~에 의해서 〈수단, 근거, 원인〉

원인/이유, 수단/방법, 근거 등을 나타낸다. 또한 수동문에서의 행위자(동작의 주체)를 나타낼 때도 사용한다. '~에 의해서'로 해석하면 무리 없이 의미가 통하므로 직감적으로 이해할 수 있다.

- 何回も繰り返すことによって上達するものだ。
  몇 번이나 반복하는 것에 의해서 능숙해지는 것이다. 〈수단/방법〉

  未成年者の飲酒は法律によって禁止されている。
  미성년자의 음주는 법률에 의해서 금지되어 있다. 〈근거〉

  各地で大雨による被害が発生している。
  각지에서 폭우에 의한 피해가 발생하고 있다. 〈원인〉

  条約は国会によって承認された。
  조약은 국회에 의해서 승인되었다. 〈동작의 주체-수동문〉

② ~에 따라서 〈차이〉

각각의 경우에 따라서 다르며 차이가 있다는 의미를 나타낸다. 해석이 비슷한 〜にしたがって나 〜にともなって와는 의미상 아무런 관련이 없다.

- この店のサービスメニューは日によって変わる。
  이 가게의 서비스 메뉴는 날에 따라 바뀐다. 〈차이〉

□ 070 **〜にわたって** ~에 걸쳐서

시간, 분야, 장소 등의 전체적인 범위를 나타낸다. 흔히 시간 표현 뒤에 등장한다. 〜にわたって는 기점을 제시하여 〜から〜にわたって로 쓰이는 경우도 있다.

- 会議は6時間にわたって行われた。 회의는 6시간에 걸쳐서 진행되었다.

□ 071 **〜はもちろん / 〜はもとより** ~은 물론

「AはもちろんB」는 'A는 말할 필요도 없이 당연하며 B도 역시 그러하다'는 추가, 첨가의 의미를 나타낸다. 〜はもとより는 〜はもちろん보다 문장체적인 느낌을 준다.

- 彼女は英語はもちろんフランス語も話す。
  그녀는 영어는 물론 프랑스어도 말한다.

  ここは休みの日はもとより、平日も観光客でいっぱいだ。
  여기는 휴일은 물론 평일도 관광객들로 가득하다.

□ 072 **～べきだ / ～べきではない** ～해야 한다 / ～해서는 안 된다

당연히 그렇게 해야 한다는 당연성이나 의무를 나타내는 표현이다. 문장체에서 매우 많이 사용된다. 접속에서 주의할 것은 する는 원래 **するべきだ**가 되지만, **すべきだ**라는 형태도 예외적으로 사용된다는 점이다.

● みんなで決めたことは守るべきだ。 모두 함께 결정한 것은 **지켜야만 한다**.

無責任な批判はす(る)べきではない。 무책임한 비판은 **해서는 안 된다**.

---

072 ～べきだ vs ～なければならない

'～해야 한다'라는 당연성을 나타낸다는 점에서는 비슷하다고 할 수 있다. 다만, ～べきだ 쪽이 말하는 사람의 주관적 의지보다는 사회 통념상 그렇게 하는 것이 당연하다는 느낌을 준다. 그러므로 자신이 해야 할 당연한 의무에는 ～べきだ를 사용하지 않는다.

● 약속이 있기 때문에, 나는 빨리 돌아가지 않으면 안 된다.

約束があるので、私は早く帰らなければならない。(〇)

約束があるので、私は早く帰るべきだ。(×)

□ 073 **～へと** ～으로

～へと는 움직이는 방향을 나타낸다. ～に나 ～へ보다도 이동 경로를 강조하여 나타낸다.

● 彼は音楽活動の場を世界へと広げている。 그는 음악 활동의 장을 **세계로 넓히고 있다**.

□ 074 **～ほかない / ～ほかはない / ～よりほかはない**

～할 수밖에 없다

그렇게 하는 것 외에는 다른 방법이 없다는 의미로서, 체념이나 단념의 감정을 나타낸다.
～しかない와 같은 표현이다.

● これでは計画全体を諦めるほかないだろう。
이래서는 계획 전체를 **단념할 수밖에 없을 것이다**.

彼が手伝ってくれないなら、私一人でやるほかはない。
그가 도와주지 않는다면 **나 혼자서 할 수밖에 없다**.

まったく資料がないので、自分で調べるよりほかはない。
전혀 자료가 없기 때문에 **스스로 조사하는 것 외에 방법은 없다**.

□ 075　**～ほど** ～정도, ～만큼

어떠한 특징적인 것을 거론하여 그러한 상태에 가깝다는 느낌을 표현한다. 원래 대략적인 수량을 나타내는 의미가 확장된 것으로, ～くらい와 비슷한 의미를 지닌다.

● 彼女の声は聞こえないほど小さかった。
　그녀의 목소리는 **들리지 않을 정도로** 작았다.

□ 076　**～まい** ① ～하지 않겠다　② ～하지 않을 것이다

'절대로 그렇게 하지 않겠다'는 강한 부정의 의지를 나타내는 경우와, '그렇지 않을 것'이라는 부정의 추측의 두 가지 의미가 있다. 주로, 주어가 자신인 경우에는 부정의 의지, 주어가 제3자이거나 물건일 때는 부정의 추측의 의미를 갖는다. 또한, 상태나 가능을 나타내는 동사일 때에도 부정의 추측이 된다. そんなことはあるまい(그런 일은 없을 것이다), あなたには分かるまい(당신은 이해할 수 없을 것이다)와 같은 예를 들 수 있다.

① ～하지 않겠다 〈부정의 의지〉

● 何があっても泣くまいと決心した。
　무슨 일이 있어도 **울지 않기로 결심했다**.

② ～하지 않을 것이다 〈부정의 추측〉

● これ以上事態が悪化することはあるまい。
　더 이상 **사태가 악화되는 일은 없을 것이다**.

> ～まい는 동사 기본형과 ない형 모두에 접속한다. 두 형태 모두 맞지만 헷갈릴 경우에는 우선 동사의 기본형에 붙는다고 기억한다.

	기본형 접속	ない형 접속 : 2그룹 동사, 3그룹 동사
1그룹 동사(行く)	行くまい	
2그룹 동사(食べる)	食べるまい	食べまい
3그룹 동사(来る, する)	来るまい, するまい	来まい, しまい

☐ 077 **〜ものだ** ① 〜하는 법이다 ② 〜해 보고 싶다 ③ 〜하곤 했다

① 〜하는 법이다

당연함, 상식으로 생각되는 것을 나타내는 표현이다. 〜ものだ의 여러 용법 중에서 가장 중요하고 기본적인 용법이다. '그것이 당연하지 않다', '상식에 어긋난다'고 할 때는 제시된 예문처럼 〜ものではない를 사용한다.

● 事故のときは、だれでも慌てるものだ。
사고 때는 **누구라도 당황하는 법이다.**

小さい子を一人で遊びに行かせるものではない。
어린아이를 혼자서 **놀러 가게 하는 것이 아니다.**

② 〜해 보고 싶다

희망의 조동사 〜たい(〜하고 싶다) 뒤에 붙어서 그것의 실현을 강하게 희망하는 경우에 사용한다. 지금의 순간적인 희망이 아니라, 오랫동안 지속적으로 희망하고 있을 때 주로 사용한다.

● いつかヨーロッパに行ってみたいものだ。
언젠가 유럽에 **가 보고 싶다.**

③ 〜하곤 했다

동사의 た형 뒤에 붙어 과거를 회상할 때 사용한다. 〜たものだ는 단순한 과거의 일회적인 경험이 아니라, 습관적이고 반복적인 동작을 떠올릴 때 사용한다.

● 若い時、一晩中試験勉強をしたものだ。
젊었을 때는 밤새도록 **시험공부를 하곤 했었다.**

> ⁰⁷⁷ **〜ものだ** VS ¹¹¹ **〜ことだ**
>
> 〜ものだ는 상식이나 당연함을 나타내며, 〜ことだ는 충고나 조언을 나타낸다. 혼란을 조금이나마 줄이려면, 〜ことだ가 '충고'의 의미라는 점을 확실히 기억해 두도록 하자.
>
> ● 人は外見だけでは分からないものだ。 사람은 외견만으로는 알 수 없는 법이다. 〈당연〉
> 風邪の時はゆっくり休むことだ。 감기에 걸렸을 때는 푹 쉬어야 한다. 〈조언, 충고〉

☐ 078 **〜ものなら** 〜한다면

실현이 곤란한 일을 강하게 희망할 때 사용하는 표현이다. 어감상 희망하고 있는 내용이 실현 가능성이 없다는 것을 나타낸다. 주로, 가능을 나타내는 동사와 함께 사용되며 뒤에는 〜たい와 같은 희망의 표현이 오는 경우가 많다.

● 子どものころに戻れるものなら戻りたい。 어린 시절로 **돌아갈 수만 있다면** 돌아가고 싶다.

☐ 079　**〜ものの**　〜하기는 했지만

앞의 내용을 인정하면서도, 반드시 그렇지 않을 수도 있다는 여운을 남기는 역접 표현이다. 일상 회화 속에서는 〜けれどもや 〜が에 해당하는 표현이다. 다만, 〜けれどもや 〜が가 직설적인 느낌을 주는 데 비해, 〜ものの는 보다 부드러운 느낌을 준다고 할 수 있다.

● あの映画は一度見たものの、話の筋がまったくわからなかった。
　그 영화는 한번 보기는 했지만, 이야기의 줄거리를 전혀 이해할 수 없었다.

☐ 080　**〜ようがない**　〜할 수가 없다, 〜할 방도가 없다

する, 言う, 行く, 答える 등과 같이 동작을 나타내는 타동사의 ます형에 〜よう가 붙으면 '〜하는 방법'이라는 의미를 갖는다. 동사의 ます형에 〜ようがない가 붙으면 '〜할 방법이 없다'는 의미를 나타내며, 이를 자연스럽게 의역하면 '〜할 수가 없다'가 된다.

● 質問の意味が分からなくて、答えようがなかった。　질문의 의미를 몰라서 대답할 수가 없었다.

☐ 081　**〜わけがない**　〜할 리가 없다, 〜할 리는 없다

わけ의 원래의 의미가 '이유, 이치'이므로, 〜わけがない는 이치상 그렇게 될 가능성은 전혀 없다는 의미가 된다. 매우 강하게 단정하는 표현이다. 비슷한 표현으로 〜はずがない가 있다.

● 単語を知らなければ、文章など作れるわけがない。
　단어를 모르면 문장 같은 것을 만들 수 있을 리가 없다.

☐ 082　**〜わけだ**　〜할 만도 하다, 〜하는 것은 당연하다

어떠한 이유가 있어서 그렇게 되는 것이 당연하다고 말하고 싶을 때 사용한다.

● 部屋の窓が開いているから、寒いわけだ。　방의 창문이 열려 있으니 당연히 추운 것이다.

☐ 083　**〜わけではない**　반드시 〜한 것은 아니다

'당연히 그렇다'라는 뜻을 가지는 〜わけだ의 부정에 해당한다. '반드시 그런 것은 아니다'와 같은 의미를 나타내며, 어떠한 내용을 직설적으로 표현하지 않고 조심스럽게 우회적으로 부정하는 경우에 사용한다.

● 酒が飲めないといってもぜんぜん飲めないわけではない。
　술을 마실 수 없다고 해도 전혀 마실 수 없는 것은 아니다.

□ 084 **～わけにはいかない** ~할 수는 없다, ~할 수도 없다

불가능하다는 의미를 나타낸다. できない로도 쓸 수 있으나, ～わけにはいかない는 말하는 사람의 입장이나 도의적인 이유 때문에 그렇게 할 수 없다는 느낌을 나타내는 표현이다. 문장의 후반부에 쓰여 의무나 필연성을 나타낸다.

● <ruby>上司<rt>じょうし</rt></ruby>に<ruby>頼<rt>たの</rt></ruby>まれたからには、**<ruby>断<rt>ことわ</rt></ruby>るわけにはいかない**。
상사에게 부탁받은 이상, **거절할 수는 없다**.

□ 085 **～をこめて** ~을 담아

こめる에는 무엇을 포함하거나 물건을 담는다는 뜻도 있으나 ～をこめて는 감정을 나타내는 추상적인 명사 뒤에 붙어서 쓰인다. 주로 감정을 담아서 어떠한 동작을 할 때에 사용한다.

● **<ruby>感謝<rt>かんしゃ</rt></ruby>の<ruby>気持<rt>きも</rt></ruby>ちを<ruby>込<rt>こ</rt></ruby>めて**、<ruby>花束<rt>はなたば</rt></ruby>を<ruby>贈<rt>おく</rt></ruby>った。 **감사의 마음을 담아서** 꽃다발을 선물했다.

> **～をこめて가 들어가는 주요 표현들**
>
> ● <ruby>愛情<rt>あいじょう</rt></ruby>をこめて 애정을 담아　　　　<ruby>感謝<rt>かんしゃ</rt></ruby>をこめて 감사하는 마음을 담아
> <ruby>心<rt>こころ</rt></ruby>をこめて 마음을 담아　　　　<ruby>願<rt>ねが</rt></ruby>いをこめて 소원을 담아
> <ruby>怒<rt>いか</rt></ruby>りをこめて 분노를 담아　　　　<ruby>祈<rt>いの</rt></ruby>りをこめて 기원을 담아

□ 086 **～を<ruby>通<rt>とお</rt></ruby>して/～を<ruby>通<rt>つう</rt></ruby>じて** ~을 통해

～を<ruby>通<rt>とお</rt></ruby>して와 ～を<ruby>通<rt>つう</rt></ruby>じて는 어떤 일이 성립할 때의 매개체나 수단을 나타내는 표현으로, 서로 바꾸어 쓸 수 있는 경우가 대부분이다. 다만, ～を<ruby>通<rt>つう</rt></ruby>じて 쪽이 문장체적인 느낌이 강해서 신문이나 뉴스 등에서 자주 쓰인다.

● <ruby>社長<rt>しゃちょう</rt></ruby>と<ruby>面会<rt>めんかい</rt></ruby>するには、**<ruby>受付<rt>うけつけ</rt></ruby>を<ruby>通<rt>とお</rt></ruby>して**<ruby>連絡<rt>れんらく</rt></ruby>をとってください。
사장님과 면회하려면 **접수처를 통해** 연락을 취해 주세요.

<ruby>現地<rt>げんち</rt></ruby>の<ruby>大使館<rt>たいしかん</rt></ruby>を<ruby>通<rt>つう</rt></ruby>じて、<ruby>事実関係<rt>じじつかんけい</rt></ruby>を<ruby>調査<rt>ちょうさ</rt></ruby>する。
현지 대사관을 통해서 사실 관계를 조사하다.

> ～を<ruby>通<rt>とお</rt></ruby>して와 ～を<ruby>通<rt>つう</rt></ruby>じて에는 '어느 기간 전체에 걸쳐서'라는 의미도 있다.
>
> ● この<ruby>国<rt>くに</rt></ruby>は１<ruby>年<rt>ねん</rt></ruby>を<ruby>通<rt>つう</rt></ruby>じて<ruby>暖<rt>あたた</rt></ruby>かい。 이 나라는 1년 내내 따뜻하다.

□ 087 ## ～を問^とわず _{～을 불문하고}

어떤 대상에 대하여 그것을 특별히 문제 삼거나 구별하지 않는다는 의미로 사용된다. ～에 かか
わらず와 거의 비슷하지만 짝을 이룬 단어들(有無, 男女, 昼夜, 大小, 内外 등) 뒤에서는 보
통 ～を問わず를 사용한다.

- この奨学金は**国籍を問わず**応募できる。 이 장학금은 **국적을 불문하고** 응모할 수 있다.

> **～を問わず가 들어가는 주요 표현들**
>
> - 年齢を問わず 연령을 불문하고 　　　　　性別を問わず 성별을 불문하고
>   経験を問わず 경험을 불문하고 　　　　　有無を問わず 유무를 불문하고
>   男女を問わず 남녀를 불문하고 　　　　　昼夜を問わず 주야를 불문하고
>   大小を問わず 대소를 불문하고 　　　　　内外を問わず 내외를 불문하고
>   四季を問わず 사계절을 불문하고

□ 088 ## ～をはじめ _{～을 비롯하여}

비슷한 것 중에서 대표적인 것을 거론하여, '모두 그러하다'는 의미를 나타내는 예시 표현이다.
「～をはじめとする＋명사」의 형태로 쓰이기도 한다.

- 春になると**桜をはじめ**、さまざまな花が咲き始める。
  봄이 되면 **벚꽃을 비롯하여** 다양한 꽃이 피기 시작한다.

> ～をはじめ는 비슷한 예를 들어 설명하는 예시 표현이다. 따라서 같은 종류가 아닌 것을 ～をはじめ 앞에
> 가져와서 예로 들어서는 안 된다.
>
> - デパートをはじめたくさんの商店が並んでいる。(○)
>   백화점을 비롯하여 많은 상점이 늘어서 있다. (백화점은 상점 중의 하나이다)
>   市役所をはじめたくさんの商店が並んでいる。(×)
>   시청을 비롯하여 많은 상점이 늘어서 있다. (시청은 상점 중의 하나가 아니다)

□ 089 ## ～をめぐって _{～을 둘러싸고}

쟁점이나 논쟁의 대상과 같은 복잡한 문제를 제시할 때 사용한다. ～をめぐって 뒤에는 대립,
논쟁 등의 내용이 와야 자연스럽다.

- **市役所の移転計画をめぐって**、様々な意見が出ている。
  시청 이전 계획을 둘러싸고 다양한 의견이 나오고 있다.

다음 문장의 괄호 안에 들어갈 가장 알맞은 말을 a, b 중에서 고르시오.

1 経済成長を急ぐ（ a あげく　b あまり ）、環境が年々悪化している。

2 車のない暮らしは（ a 想像しがたい　b 想像しがちだ ）。

3 彼は、勉強ができる（ a 上は　b 上に ）、運動も得意だ。

4 予算不足のため、この計画は（ a 実行しうる　b 実行しえない ）。

5 彼は私の本を持っていった（ a きり　b さえ ）返さない。

6 あなたのことを心配しているから（ a こそ　b きり ）、注意するのです。

7 このデータから（ a すると　b なると ）成功は間違いない。

8 まだ4月なのに、今日は夏になった（ a からこそ　b かのように ）暑い。

9 そんなにたくさんの料理、一人で（ a 食べきれますか　b 食べる一方ですか ）。

10 高齢になると、病気に（ a なりがちだ　b なりがたい ）。

11 水不足で、野菜の値段はあがる（ a 一方だ　b おかげだ ）。

12 雨が降らない（ a うえに　b うちに ）、家に帰った方がいい。

13 スピードを出しすぎると、事故を（ a 起こしかねない　b 起こしえない ）。

14 女の子は泣き続けた（ a うちに　b あげく ）疲れて寝てしまった。

15 技術が発達した（ a おかげで　b うちに ）、私たちの生活も便利になった。

16 よく考えた（ a 上で　b あまり ）ご返事いたします。

정답　1 ⓑ　2 ⓐ　3 ⓑ　4 ⓑ　5 ⓐ　6 ⓐ　7 ⓐ　8 ⓑ
　　　9 ⓐ　10 ⓐ　11 ⓐ　12 ⓑ　13 ⓐ　14 ⓑ　15 ⓐ　16 ⓐ

해석 **별책** p.9

다음 문장의 괄호 안에 들어갈 가장 알맞은 말을 a, b 중에서 고르시오.

1 10年もアメリカにいた（a あまり　b だけあって）彼は英語がうまい。

2 長時間、討論した（a きり　b 末に）、やっと合意に達した。

3 その映画を見ると誰でも（a 泣くことになっている　b 泣かずにはいられない）。

4 こんな簡単な漢字（a すら　b しだい）読めないようでは本当に困ります。

5 景気は回復に向かい（a つつある　b 一方だ）。

6 君がしないなら、僕が（a やるかのようだ　b やらざるをえない）。

7 だれも手伝ってくれないなら一人で（a やる　b やり）しかない。

8 ここは、雨が降る（a すえに　b たびに）、道が込んでしまう。

9 それについては、今、議論している（a 末　b 最中）です。

10 緊急の（a 際　b 上）は、このボタンを押してください。

11 ろうかでは、タバコを吸わない（a こと　b すえ）。

12 社長が着き（a 最中　b 次第）、会議を始めます。

13 時間はまだ十分あるから急ぐ（a ことは　b ものは）ありません。

14 この薬を飲み（a さえ　b くらい）すれば、すぐに治りますよ。

15 彼女は会う（a 末に　b たびに）髪型が違う。

16 箱を開けて（a みた　b みる）ところ、人形が入っていた。

정답 1 ⓑ　2 ⓑ　3 ⓑ　4 ⓐ　5 ⓐ　6 ⓑ　7 ⓐ　8 ⓑ
　　　9 ⓑ　10 ⓐ　11 ⓐ　12 ⓑ　13 ⓐ　14 ⓐ　15 ⓑ　16 ⓐ

해석 **별책** p.9

다음 문장의 괄호 안에 들어갈 가장 알맞은 말을 a, b 중에서 고르시오.

1 彼女は来年留学する（ a にすぎない　 b ということだ ）。

2 海外旅行に行く（ a としたら　 b とはいえ ）、どこに行きたいですか。

3 努力（ a する　 b しない ）ことには、成功するはずがない。

4 空が暗くなった（ a か　 b と ）思ったら、突然雨が降り出した。

5 彼は若い（ a あまり　 b ながらも ）明確な経営哲学を持っている。

6 先生の言う（ a とおりに　 b といっても ）書いて下さい。

7 昔に比べて体力が衰えた（ a としたら　 b とはいえ ）、まだまだ若い者には負けない。

8 今の仕事が（ a いやで　 b いやな ）しょうがない。

9 家を（ a 買ったといっても　 b 買ってはじめて ）小さなマンションです。

10 ニュースによると、バス代があがる（ a とも　 b とか ）。

11 実物を（ a 見て　 b 見る ）からでなければ、買えません。

12 ストレスは悪い（ a としたら　 b とばかり ）思っていたので、
良いストレスもあると知って驚いた。

13 スポーツは自分でやって（ a みて初めて　 b みてからでないと ）、そのおもしろさが分かる。

14 夏（ a といっても　 b といえば ）やっぱり花火大会ですね。

15 お金がないので、（ a 買うとしても　 b 買うせいで ）、一番安いのしか買えない。

16 環境問題を自分の問題（ a によって　 b として ）考える必要がある。

정답　**1** ⓑ　**2** ⓐ　**3** ⓑ　**4** ⓑ　**5** ⓑ　**6** ⓐ　**7** ⓑ　**8** ⓐ
　　　9 ⓐ　**10** ⓑ　**11** ⓐ　**12** ⓑ　**13** ⓐ　**14** ⓑ　**15** ⓐ　**16** ⓑ

해석 **별책** p.9

다음 문장의 괄호 안에 들어갈 가장 알맞은 말을 a, b 중에서 고르시오.

1 講堂（ a において　b におうじて ）、今年の入学式が行われた。

2 今の品質と性能なら、きっと海外でも成功する（ a にすぎない　b に相違ない ）。

3 工業化に（ a ともなって　b かかわらず ）環境破壊が問題になっている。

4 コンピューターは仕事（ a にかぎらず　b にといっても ）広く利用されている。

5 計算の速さ（ a にかぎらず　b にかけては ）、だれにも負けない。

6 送料は注文の多少に（ a かけては　b かかわらず ）、300円です。

7 この着物（ a なんか　b ほど ）よく似合いますよ。

8 この会社の給料は経験と能力（ a に応じて　b とはいえ ）決められる。

9 国民の反対（ a にもかかわらず　b にかぎって ）、その法案は国会で可決された。

10 暑くなる（ a につれて　b といっても ）、電力使用量も増えている。

11 父は、仕事以外の話題に（ a ともなって　b 関して ）話をすることが苦手だ。

12 夏は冷たいビールに（ a すぎない　b かぎる ）。

13 技術が進歩する（ a にしたがって　b といっても ）生活が便利になった。

14 今回もあのチームが優勝するに（ a 違いない　b すぎない ）。

15 彼女は、観客の拍手（ a にかかわらず　b にこたえて ）アンコール曲を歌った。

16 会社移転の話はうわさに（ a すぎない　b しかない ）。

정답 **1** ⓐ　　**2** ⓑ　　**3** ⓐ　　**4** ⓐ　　**5** ⓑ　　**6** ⓑ　　**7** ⓐ　　**8** ⓐ
　　　9 ⓐ　　**10** ⓐ　　**11** ⓑ　　**12** ⓑ　　**13** ⓐ　　**14** ⓐ　　**15** ⓑ　　**16** ⓐ

해석 **별책** p.10

다음 문장의 괄호 안에 들어갈 가장 알맞은 말을 a, b 중에서 고르시오.

1　3時間しか寝ていないから眠い（ a わけですよ　 b わけがないですよ ）。

2　住所も電話番号も分からないので、彼に連絡の（ a 最中だ　 b しようがない ）。

3　京都はお寺（ a といっても　 b をはじめ ）、歴史のある建物が多い。

4　こんなにいい天気なのだから、午後も雨は降る（ a まい　 b べきだ ）。

5　数学の問題集を買った（ a あまり　 b ものの ）、難しくて全然できなかった。

6　人は外見だけでは分からない（ a ものだ　 b がちだ ）。

7　顔がまっ赤になる（ a ほど　 b あまり ）お酒を飲んではいけない。

8　ここは四季（ a において　 b を問わず ）観光客が多い。

9　広い範囲（ a におうじて　 b にわたって ）大雨が降り続いた。

10　飛行機に乗るために空港（ a へと　 b にも ）向かった。

11　休める（ a だけあって　 b ものなら ）休みたいが、仕事がたくさんあって休めない。

12　愛情を（ a こめて　 b めぐって ）育てた農産物を消費者に届ける。

13　昨日退院したばかりだから、旅行に行ける（ a わけがない　 b ようがない ）。

14　これは借りたものだから、あなたにあげるわけには（ a いかない　 b しない ）。

15　不注意（ a をはじめ　 b によって ）、大事故が起こることもある。

16　学費値上げ（ a をめぐって　 b をとわず ）反対運動が起こった。

정답　1 ⓐ　　2 ⓑ　　3 ⓑ　　4 ⓐ　　5 ⓑ　　6 ⓐ　　7 ⓐ　　8 ⓑ
　　　9 ⓑ　　10 ⓐ　　11 ⓑ　　12 ⓐ　　13 ⓐ　　14 ⓐ　　15 ⓑ　　16 ⓐ

해석 **별책** p.10

□ 090

～以上／～以上は ～한 이상／～한 이상에는

당연한 이유를 들어, 말하는 사람의 판단이나 결심을 나타낸다. 문장 뒤에는 ～なければならない(～해야 한다), ～たい(～하고 싶다)와 같은 의무나 희망 등의 표현이 온다.

- **約束した以上**守らなければならない。 **약속한 이상** 지켜야 한다.

この会社の**社員である以上は**、会社の方針に従わなければならない。
이 회사의 **사원인 이상에는** 회사의 방침에 따라야 한다.

□ 091

～一方／～一方で ～하는 한편／～하는 한편으로

어떤 일과 병행하여 다른 일이 별도로 이루어진다는 의미를 나타내는데, 주로 ～一方 앞의 내용과 뒤의 내용이 서로 대조적인 경우가 많다.

- **車は便利である一方**、環境汚染の原因にもなっている。
차는 편리한 한편 환경 오염의 원인도 되고 있다.

一人暮らしは自由でいい。**その一方で**不便なこともある。
독신 생활은 자유로워서 좋다. **다른 한편으로** 불편한 것도 있다.

□ 092

～上は ～한 이상에는

원인/이유를 나타내는 표현으로, 앞에 제시한 원인으로 인하여 ～上は 뒤에 이어지는 내용이 당연하다는 것을 강조한다. 주로 문장체에서 사용하며 딱딱한 느낌을 준다. 회화체에서는 같은 의미인 ～以上は, ～からには를 주로 사용한다.

- **大学を受験すると決めた上は**、苦しくてもがんばらなければならない。
대학을 수험하기로 결정한 이상에는 괴로워도 노력해야 한다.

□ 093

～(う/よう)ではないか ～하자, ～하지 않겠는가?

상대에게 어떠한 제안을 하거나 호소할 때 사용한다. 특히, 여러 사람에게 말하는 경우에는 함께 행동할 것을 강하게 호소하는 느낌을 준다. 회화체에서는 ～ではないか 대신에 ～じゃないか의 형태로 사용한다.

- **みんな目標に向かって進んでいこうではないか**。 모두 목표를 향해 **나아가야 하지 않겠는가?**

□ 094　**〜おそれがある** 〜할 우려가 있다

おそれ는 동사 문장이나 명사 뒤에 붙어서 '위험성', '염려'의 의미를 나타낸다. 이 문형은 나쁜 일이 발생할 가능성을 강조하는 표현으로, 「동사의 **ます**형＋**かねない**」에 가까운 표현이다.

- 台風が日本に上陸するおそれがある。 태풍이 일본에 **상륙할 우려가 있다.**

□ 095　**〜かぎり / 〜ないかぎり** 〜하는 한 / 〜하지 않는 한

강한 어조로, '그렇게 하면 반드시 〜하겠다'는 조건을 강조하여 나타낸다. 〜するかぎり(〜하는 한), 〜しないかぎり(〜하지 않는 한)의 두 가지 형태로 기억해 두도록 한다.

- 時間の許すかぎり、話し合いを続きましょう。 **시간이 허락하는 한,** 대화를 계속합시다.

  あの人が謝らないかぎり、絶対に許すつもりはない。
  그 사람이 **사과하지 않는 한,** 절대로 용서할 생각은 없다.

□ 096　**〜かけ** 〜하던 도중

동사의 **ます**형에 붙어서 어떤 동작을 시작하여 아직 그것이 종료되지 않은 '도중'의 상태임을 나타낸다.

- 風邪は治りかけが大事だから無理しないでください。
  감기는 **낫기 시작할 때**가 중요하니까 무리하지 마세요. (아직 낫지 않은 상태)

  > **〜かけ가 들어가는 주요 표현들**
  >
  > - 書きかけの手紙 쓰다 만 편지　　　　読みかけの新聞 읽다 만 신문
  >   食べかけのご飯 먹다 만 밥　　　　　吸いかけのたばこ 피우다 만 담배

□ 097　**〜か〜ないかのうちに** 〜하자마자, 〜함과 거의 동시에

하나의 일이 끝났는지 어떤지 확실하지 않은 상태에서 다른 일이 바로 뒤이어 발생할 때 사용한다. 〜たとたん이 순차적으로 동작이 이루어지는 경우를 나타내는 것과는 달리, 동작의 동시 발생을 나타내는 표현이다. 우리말의 '〜하기가 무섭게'라는 뉘앙스를 가진다.

- 子どもたちは、「いただきます」を言うか言わないかのうちに食べ始めた。
  아이들은 '잘 먹겠습니다'라고 **말하자마자** 먹기 시작했다.

□ 098　**〜かねる** 〜하기 곤란하다

심정적인 이유로 '그렇게 하기 곤란하다', '그렇게 할 수 없다'는 의미를 나타낸다. できない와 같은 단정적이고 직접적인 표현을 피해 정중하고 우회적으로 거절하거나, 불가능함을 나타낼 때 사용하는 표현이다. なんとも言いかねます(뭐라고 말할 수 없습니다)의 경우, 단순히 '말할 수 없다'는 의미보다는 주변 상황에 의해 '말하기 곤란하다'는 느낌을 주게 된다.

- 残念ながら、あなたの意見には**賛成しかねます**。
  유감스럽지만, 당신의 의견에는 **찬성하기 곤란합니다.**

□ 099　**〜からいうと / 〜からいえば / 〜からいって** 〜으로 보아

〜からいうと 앞에는 판단의 근거가 되는 내용이 오며 뒷부분에는 판단의 내용이 오게 된다. 판단의 기준이나 관점을 나타내는 비슷한 표현으로, 〜から見ると / 〜から見れば / 〜から見て, 〜からすると / 〜からすれば / 〜からして가 있다.

- **実力からいうと**、あのチームが優勝することは間違いない。
  실력으로 보아, 저 팀이 우승할 것임에 틀림없다.
  能力からいえば、彼がこの仕事に一番適切だ。
  능력으로 보아, 그가 이 일에 가장 적절하다.
  彼の性格からいって、決して諦めることはないだろう。
  그의 성격으로 보아, 결코 단념하는 일은 없을 것이다.

□ 100　**〜からして** 〜부터가

「A＋からして」는 A를 비롯하여 다른 것도 당연히 그러하다는 의미를 나타낸다. 여기서 중요한 것은 모두가 똑같이 중요한 것이 아니라 A를 가장 대표적인 것으로 예를 들어 강조한다는 점이다. 또 하나 주의할 것은, 판단의 근거를 나타내는 〜からすると / 〜からすれば / 〜からして의 〜からして와 혼동하지 않도록 문장의 흐름을 살펴야 한다는 점이다.

- この本は、**名前からして**おもしろい。
  이 책은 **이름부터가** 재미있다.

□ 101　**〜からといって** 〜라고 해서

〜ても(〜라고 할지라도)라는 의미를 나타내며, 문장 끝에는 부정의 표현이 오는 것이 특징이다. 〜からといって〜ない가 전형적인 형태이다. 회화체에서는 〜からって의 형태로 축약해서 쓰기도 한다.

● **安いからといって**質が悪いわけではない。
　　싸다고 해서 질이 나쁜 것은 아니다.

□ 102　**〜から〜にかけて** 〜부터 〜에 걸쳐서

어떤 동작이 이루어지는 대략적인 시간이나 장소를 나타낸다. 이때 시간적·공간적 범위의 시작 부분은 〜から로, 끝나는 부분은 〜にかけて로 나타낸다.

● この鳥は**秋から冬にかけて**日本にやって来る。
　　이 새는 **가을부터 겨울에 걸쳐서** 일본에 찾아온다.

> 102 **〜から〜にかけて** VS 070 **〜にわたって**
>
> 〜から〜にかけて는 시간이나 장소의 시작과 끝을 제시하여, 그 계속성을 강조하는 표현인 데 반해,
> 〜にわたって는 며칠, 몇 달, 몇 년과 같이 전체적인 기간을 강조하는 표현이다. 즉, 〜から〜にかけて는
> 선(線)적인 느낌, 〜にわたって는 면(面)적인 느낌을 준다.
>
> ● 월요일부터 수요일에 걸쳐서 회의가 진행된다.
> 　月曜日から水曜日にかけて、会議が行われる。(○)
> 　月曜日から水曜日にわたって、会議が行われる。(×)
>
> ● 사흘간에 걸쳐서 회의가 진행된다.
> 　三日間にわたって、会議が行われる。(○)
> 　三日間にかけて、会議が行われる。(×)

□ 103　**〜からには** 〜하는 이상에는

이유, 원인을 나타내는 조사 〜から에 〜には가 붙은 형태로, 그렇게 행동하거나 판단하는 것이 당연하다는 것을 강조한다. 〜からには 뒤에는 의무, 결심, 명령, 권유와 같은 의지를 나타내는 내용이 온다. 〜以上は나 〜上は와 같은 의미를 나타낸다.

● 試合に出るからには、勝ちたい。
　　시합에 출전하는 이상 이기고 싶다.

□ 104　**〜から見ると/〜から見れば/〜から見て** 〜으로 보아

판단의 근거를 나타내는 〜からいうと, 〜からすると와 같은 용법이다. 다만, '보다'라는
의미를 지닌 見る의 특성상, 시각적인 판단이 강조되는 경향이 있다.

- **彼の表情から見ると、話し合いはうまくいったようだ。**
  그의 표정으로 보아 대화는 잘된 것 같다.

  現場の状況から見れば、犯人は窓から入ってきたようだ。
  현장의 상황으로 보아 범인은 창문으로 들어온 것 같다.

□ 105　**〜かわりに** 〜대신에 (① 〜을 대가로 ② 〜을 대체하여 ③ 〜을 대리하여 ④ 〜하지만)

우리말로 모두 자연스럽게 '〜대신에'로 해석되지만 실제 의미는 다양하다. 그다지 어렵게 느껴
지지 않는 문법이지만, 한 번쯤 의미 차이를 확인해 두도록 한다.

① 〜대신에(〜을 대가로)

- **仕事を手伝う代わりに食事をおごってもらった。**
  일을 도와주는 대신에 식사를 대접받았다.

② 〜대신에(〜을 대체하여)

- **現金で支払うかわりにカードを使う。**
  현금으로 지불하는 대신에 카드를 사용한다.

③ 〜대신에(〜을 대리하여)

- **部長のかわりに課長が会議に出席した。** (명사+にかわって로 바꾸어 쓸 수 있다)
  부장님 대신에 과장님이 회의에 출석했다.

④ 〜대신에(〜하지만)

- **このアパートは駅に近くて便利なかわりに、家賃が高い。**
  이 아파트는 역에 가깝고 **편리한 대신에** 집세가 비싸다.

□ 106　**〜気味** 〜기분, 기색, 경향

〜気味는 동사의 **ます**형이나 명사에 붙어서 '감각이나 감정을 통해 그렇게 느낀다'는 의미를
나타낸다. **風邪気味**(감기 기운, 몸살), **遅れ気味**(늦어지는 듯한 느낌), **疲れ気味**(피곤한 느낌)
등과 같이 부정적인 평가를 나타내는 경우가 많다. '싫은 느낌'이라는 키워드로 기억해 두자.

- **深夜までの勤務が多くて、ちょっと疲れ気味だ。**
  심야까지 하는 근무가 많아서 **조금 피곤한 것 같다.**

□ 107　〜くせに / 〜くせして　〜주제에, 〜인데도

상대방과 편안하게 대화를 주고 받을 때 사용하는 표현으로, 비난이나 불만의 느낌을 나타낸다.
〜のに(〜인데도)에 비해서 비난의 느낌이 강하다.

- 何も知らないくせに他人に偉そうに言わないでほしい。
  아무것도 모르는 주제에 남에게 잘난 듯이 말하지 않았으면 좋겠다.

  金持ちのくせしてけちだ。 부자인데도 인색하다.

□ 108　〜げ　〜한 듯함

주로 감정을 나타내는 い형용사, な형용사의 어간에 붙여서 사용한다. 추량(추측)의 〜そうだ와
비슷한 표현이지만 한자로 気라고 쓰며, 느낌이나 감정의 의미를 나타낼 때 사용한다.

- 子どもたちは庭で楽しげに遊んでいる。 아이들은 뜰에서 즐거운 듯이 놀고 있다.

> **〜げ가 들어가는 주요 표현들**
>
> - 寂しげな 쓸쓸한 듯한　　　悲しげな 슬픈 듯한　　　うれしげな 기쁜 듯한
>   怪しげな 수상해 보이는　　不安げな 불안한 듯한　　心配げな 걱정스러운 듯한

□ 109　〜ことか　〜던가, 〜란 말인가

감탄이나 탄식과 같은 말하는 사람의 감정을 나타낸다. どんなに, どれほど, なんと, 何度 등
의 부사와 함께 쓰이는 경우가 많다. 문장체적인 느낌이 강한 표현이다. '〜하지 않겠다, 〜하지
않을 것이다'와 같은 강한 부정의 의미를 나타내는 〜ものか와 혼동하지 않도록 한다.

- 今まで何度この仕事をやめようと思ったことか。
  지금까지 몇 번 이 일을 그만두려고 했던가!

□ 110　〜ことから　〜로 인해, 〜때문에

객관적인 원인이나 근거를 설명할 때 사용한다.

- ここは、お寺がたくさんあることから、「寺町」と呼ばれている。
  여기는 절이 많이 있어서 '데라마치'라고 불리고 있다. 〈유래〉

  店内に買い物客が多いことから、値段も質もいい店だと思った。
  점내에 쇼핑객이 많은 것으로 보아, 가격도 질도 좋은 가게라고 생각했다. 〈판단의 근거〉

□ 111 ～ことだ ~해야 한다, ~하는 편이 좋다

'그렇게 할 필요가 있다', '그렇게 하는 것이 중요하다'는 의미로서, 말하는 사람 자신의 판단에 근거한 충고나 조언을 나타낸다.

- 成功したいなら、失敗を恐れず挑戦することだ。
  성공하고 싶으면 실패를 두려워하지 말고 **도전해야 한다**.

□ 112 ～ことだから ~이니까

원인이나 이유를 나타내는 표현의 하나로, 어떠한 사람이나 일이 지닌 특징을 강조하기 위해 많이 사용한다. 예를 들어 **まじめな彼のことだから**는 그가 성실하다는 것을 강조하며, 듣는 사람과 말하는 사람이 모두 그것에 대하여 알고 있는 경우에 사용한다.

- 実力のある彼のことだから、きっと合格するだろう。
  실력이 있는 그 사람이니까, 반드시 합격할 것이다.

> **～ことだから 기출 예시 표현들**
> - 時間に正確な彼女のことだから。 시간에 정확한 그녀이니까.
>   有能なA君のことだから。 유능한 A군이니까.
>   まじめなあの人のことだから。 성실한 그 사람이니까.
>   親切な彼女のことだから。 친절한 그녀이니까.

□ 113 ～ことなく ~하지 않고, ~하지 말고

앞 문장에 나온 동작을 하지 않고, 뒤 문장의 동작을 할 때 사용한다. ～しないで(~하지 않고)의 문장체 표현으로 이해하면 된다. 즉, 休まないで(쉬지 않고)는 休むことなく(쉬는 일 없이)로 바꿀 수 있다.

- 人に頼ることなく、自分の思いどおりの道を進む。
  다른 사람에게 의지하지 않고 자신이 생각한 대로의 길로 나아간다.

□ 114　**〜ことに** ~하게도

놀람, 기쁨, 슬픔을 나타내는 단어 뒤에 붙어서 말하는 사람의 감정을 강조하는 표현이다. 동사의 경우에는 た형에 붙는다는 것에 주의하도록 한다.

- **残念なことに、雨で遠足は中止になった。** 유감스럽게도 비 때문에 소풍은 중지되었다.

> **〜ことに가 들어가는 주요 표현들**
>
> - 困ったことに 곤란하게도　　　　驚いたことに 놀랍게도
>   あきれたことに 어처구니없게도
> - 悲しいことに 슬프게도　　　　悔しいことに 분하게도
>   うれしいことに 기쁘게도
> - 残念なことに 유감스럽게도　　　　不思議なことに 신기하게도
>   幸いなことに 다행스럽게도

□ 115　**〜さえ** ~조차, ~마저

일종의 예시 표현으로, 극단적인 예를 들어 '다른 것은 당연히 말할 필요도 없다'는 뉘앙스를 나타낸다. 조사 も를 강조한 표현으로 주로 명사에 접속한다. 비슷한 표현으로 **〜すら**(~조차)가 있다.

- **疲れてしまって立っていることさえつらかった。** 지쳐 버려서 **서 있는 것조차 힘들었다.**

□ 116　**〜次第だ** ~에 달렸다

의향이나 정황에 의해 모든 것이 결정된다는 느낌으로 사용되는 강조 표현이다. '~에 따르다'라는 해석으로는 다른 문형과 혼동하기 쉬우므로, '중대한 조건'이 제시된다는 점을 꼭 기억해 두자.

- **合格するかしないかは本人の努力次第だ。** 합격할지 못할지는 **본인의 노력에 달려 있다.**

会議の結果次第では、計画の中止もありうる。
회의 결과에 따라서는 계획이 중지되는 경우도 있을 수 있다.

> **〜次第だ의 용법 구별하기**
> 결정에 영향을 미치는 중요한 요인을 강조할 때는 「명사+次第」의 형태로 쓰이며, '어떠한 동작이 끝나고 바로'라는 순서를 나타낼 때에는 「동사의 ます형+次第」가 된다.
>
> - **ホームページの人気は内容次第だ。** 홈페이지의 인기는 내용에 달렸다.
> - **予定が決まり次第、お知らせします。** 일정이 정해지는 대로 알려 드리겠습니다.

□ 117 **〜上** ~상

'~라는 관점에서 보아', '~라는 점에서'라는 의미를 나타낸다. 즉, 뒤에 오는 내용이 어떠한 측면에서 묘사되고 있는지 배경을 나타내는 표현이다. 추상적인 내용을 나타내는 명사에 접속한다. 歴史上, 教育上 등에서 쓰이는 上를 うえ로 읽지 않도록 주의하여야 한다.

● この映画は子どもの教育上もよくない。
  이 영화는 **아이 교육상**으로도 좋지 않다.

□ 118 **たとえ〜ても** 설령 ~하더라도

아직 발생하지 않은 일을 전제로 가정하여, 만약 그러한 일이 실제로 일어나더라도 본래의 생각을 굽히지 않겠다는 강한 의지를 나타낸다.

● たとえ失敗しても後悔はしない。
  설령 실패하더라도 후회는 하지 않겠다.

□ 119 **〜たところで** ~한들, ~해 보았자

아무리 그렇게 할지라도 좋은 결과를 기대할 수는 없다는 의미를 나타내는 문형이다. 문장 후반에는 항상 **できない**(할 수 없다), **むだだ**(쓸모없다), **無意味だ**(무의미하다)와 같은 부정의 표현이 온다.

● もともと勉強する気がないのなら大学を受けてみたところで何の意味があるのか。
  원래부터 공부할 마음이 없는 것이라면, **대학 시험을 치른들** 무슨 의미가 있는 걸까?

□ 120 **〜たとたん / 〜たとたんに** ~하자마자

이전의 상태와는 달리 갑작스럽게 어떤 일이 생겼을 때 사용한다. 갑작스러운 변화에 대한 놀라움을 표현하고자 하는 의도로 사용되는 경우가 많기 때문에, 처음부터 예측하고 있었던 일에는 사용하지 않는다. 접속 형태를 묻는 경우가 많으므로 **〜とたん**은 동사의 **た**형 뒤에 붙는다는 것을 기억해 두자.

● 怪しい男は警官の姿を見たとたん、逃げ出した。
  수상한 남자는 **경관의 모습을 보자마자** 도망쳤다.

  車を降りたとたんに転んだ。
  차에서 내리자마자 넘어졌다.

□ 121 **〜だらけ** ~투성이

〜だらけ는 명사에 붙어서 그것이 많이 있다는 것을 강조하여 나타낸다. 전반적으로 더러운 것이나 바람직하지 못한 내용과 주로 어울린다.

● この文章は間違いだらけで、読みにくい。
이 문장은 **실수투성이라서** 읽기 힘들다.

□ 122 **〜ついでに** ~하는 김에

「AついでにB」문형은, 주된 행위인 A를 하는 기회를 이용하여 부수적 행위인 B도 한다는 추가의 의미를 나타낸다.

● 銀行へ行ったついでに、デパートで買い物をした。
은행에 간 김에 백화점에서 쇼핑을 했다.

□ 123 **〜っけ** ~였지, ~던가

종조사의 일종으로, 어떤 일을 생각해 내려고 하거나 생각한 것을 확인할 때 사용하는 표현이다. 주로 회화에서 사용한다.

● A: 明日の発表会、何時からだっけ。
　 B: 9時からだよ。遅れないでね。
A: 내일 발표회, **몇 시부터였지**?
B: 9시부터야. 늦으면 안 돼.

□ 124 **〜っこない** ~할 리가 없다

절대로 그럴 리가 없다고 어떠한 가능성을 강하게 부정할 때 사용하는 표현이다. 〜っこない는 일상 회화에서 널리 사용되며, 〜はずがない, 〜わけがない와 같은 의미를 나타낸다.

● こんな難しい問題、自分には出来っこない。
이런 어려운 문제, **내가 풀 수 있을 리 없다**.

□ **125** **〜つつ/つつも** 〜하면서 / 〜하면서도 ⟨① 동작의 동시 진행 ② 상반되는 동작⟩

〜つつ는 〜ながら의 옛말 표현으로, 두 가지 동작이나 작용이 동시에 병행하여 이루어지는 것을 나타내는 용법과, 두 가지 동작이나 작용이 모순되게 이루어지는 것을 나타내는 용법이 있다. 〜にもかかわらず(〜임에도 불구하고)의 의미를 나타낸다.

① 동작의 동시 진행

- 働きつつ子育てができる社会をつくるべきだ。
  일하면서 육아할 수 있는 사회를 만들어야 한다.

② 상반되는 동작

- 早起きが健康にいいと知りつつも、つい寝坊してしまう。
  일찍 일어나는 것이 **건강에 좋다는 걸 알면서도** 그만 늦잠을 자 버린다.

□ **126** **〜っぽい** ① 〜하는 경향이 강하다 ② 〜처럼 보이다

'그러한 경향이 강하다', '그러한 느낌이 강하게 든다'는 의미를 나타내며, 〜ぽい라는 접미어에 촉음을 넣어 사용하는 것이 보통이다. 또한 〜っぽい가 붙으면 い형용사가 되기 때문에 い형용사처럼 활용한다.

① 〜하기 쉽다, 〜하는 경향이 강하다

- 私は忘れっぽい方なので、なんでもメモしておく。(동사의 ます형+っぽい)
  나는 **건망증이 심한 편이어서** 무엇이든 메모해 둔다.

> **〜っぽい가 들어가는 주요 표현들 ①**
>
> - 飽きっぽい 싫증을 잘 내다　　　　理屈っぽい 따지기를 좋아하다
>   忘れっぽい 잊기 쉽다　　　　　　怒りっぽい 화를 잘 내다

② 〜처럼 느껴지다, 〜처럼 보이다

- 先生は、いつも黒っぽい服を着ている。(い형용사의 어간+っぽい. 명사+っぽい)
  선생님은 언제나 **거무스름한 옷을** 입고 있다.

> **〜っぽい가 들어가는 주요 표현들 ②**
>
> - 黒っぽい 거무스름하다　　　　安っぽい 싸구려 같다, 싸구려처럼 보이다
>   うそっぽい 거짓말 같다　　　　子どもっぽい 아이 같다

□ 127　**〜て以来** 〜한 이래

과거의 어느 시점부터 지금까지 계속 같은 상태가 유지되고 있다는 것을 나타낸다. 이 문형의 포인트는 동사의 て형에 접속한다는 점이다.

- 先月の初めに雨が降って以来、ぜんぜん降っていない。
  지난달 초에 **비가 내린 이래로** 전혀 내리지 않고 있다.

□ 128　**〜てたまらない** 〜해서 견딜 수 없다(너무 〜하다)

'참다, 견디다'라는 의미를 지닌 동사 **たまる**가 변형된 문형이다. 신체 감각이나 감정 상태를 나타내는 말 뒤에 붙어서 상태가 심하다는 의미를 강조하여 나타낸다.

- 久しぶりにジョギングをしたら、足が痛くてたまらなかった。
  오랜만에 조깅을 했더니 다리가 **아파서 견딜 수 없었다**.

□ 129　**〜てならない** 〜해서 견딜 수 없다(너무 〜하다)

어떠한 정도가 매우 심하다는 것을 강조하여 나타낸다. 〜てしょうがない, 〜てたまらない와 바꿔 쓸 수 있는 경우가 많지만, 자발적인 감정을 나타내는 경우에는 반드시 〜てならない를 사용해야 한다.

- 日本に来たばかりのころは、寂しくてならなかった。
  일본에 막 왔을 때는 **외로워서 견딜 수 없었다**.

□ 130　**〜というものだ** 〜인 것이다

말하는 사람이 당연하다고 생각하는 내용을 강조하여 나타내는 표현이다. 일반적으로 널리 받아들여질 수 있는 상식적인 일을 나타내는 경우가 많다.

- 困った人を見たら、助けてあげる。それが思いやりのある人というものだ。
  곤란한 사람을 보면 도와준다. 그것이 **배려 있는 사람이라는 것이다**.

> **130 〜というものだ** **VS** **038 〜ということだ**
> - この仕事を途中でやめるのは、無責任というものだ。
>   이 일을 도중에 그만두는 것은 무책임한 일이다. 〈주장, 단정〉
>   来月から水道料金が上がるということだ。
>   다음 달부터 수도 요금이 오른다고 한다. 〈전문, 전달〉

□ 131 ～というものではない / ～というものでもない

~인 것은 아니다~ / ~인 것도 아니다

'꼭 그렇다고 단정할 수는 없다'는 부분 부정의 의미를 나타내며, ～というものだ의 부정에 해당한다. ～というものだ는 긍정적인 자기주장, ～というものではない는 부정적인 자기주장으로 기억한다.

- 価格が高ければ質がいいというものではない。
  가격이 비싸면 질이 좋은 것은 아니다.

  成績は大切だが、勉強だけできればいいというものでもない。
  성적은 중요하지만 공부만 잘하면 되는 것도 아니다.

□ 132 ～というより ～라기보다

「AというよりB」의 형식으로, A와 B를 비교하자면 B로 표현하는 것이 더 적당하다는 의미를 나타낸다.

- 彼は、怒っているというより、悲しんでいるようだった。
  그는 화를 내고 있다기보다 슬퍼하고 있는 것 같았다.

□ 133 ～どころか ～는커녕

뒤 문장의 상황을 강조하는 역접 표현의 일종으로, 앞 문장의 내용과는 전혀 다른 내용이 뒤따를 때 사용하는 표현이다.

- いそがしくて、休みをとるどころか食事をする時間もない。
  바빠서 휴가를 내기는커녕 식사를 할 시간도 없다.

□ 134 ～どころではない ～할 수 있는 상황이 아니다

극단적인 예를 들어서 어떠한 일을 강하게 부정하는 경우에 사용한다. 보통 그 일을 할 수 없는 이유를 문장 앞쪽에 제시해 준다.

- 周りがうるさくて、勉強どころではなかった。
  주위가 시끄러워서 공부할 수 있는 상황이 아니었다.

☐ **135** ## ～ところに / ～ところへ / ～ところを

～하는 때에 / ～하는 때에 / ～하는 것을

시간, 장소, 상황의 의미를 나타내는 ところ가 に, へ, を와 같은 조사와 함께 사용된 문형이
다. ～ところに/～ところへ는 '마침 그때에'라는 의미이고, ～ところを는 '～하는 상황을'이
라고 직역하면 보통은 의미가 통한다.

● 鈴木さんの話をしているところに、本人がやって来た。
스즈키 씨의 **이야기를 하고 있을 때에** 본인이 왔다.

パーティーが始まったところへ彼が入ってきた。
파티가 막 **시작되었을 때에** 그가 들어왔다.

恋人とデートしているところを友達に見られてしまった。
애인과 **데이트하고 있는 것을** 친구에게 들켜 버렸다.

☐ **136** ## ～とともに ～와 더불어 / ～와 함께

어느 한 가지의 변화와 더불어 다른 변화가 발생한다는 의미를 나타낸다. 변화를 나타내는 ～にし
たがって, ～につれて, ～に伴って와 비슷한 표현이다. 다만, ～とともに는 어감상 두 가지
가 동시에 진행된다는 느낌을 나타낸다는 점이 특징이라고 할 수 있다. 母とともに家を出た
(어머니와 함께 집을 나섰다)처럼 '～와 함께'라는 뜻으로 쓰이기도 한다.

● 子どもが成長するとともに、欲しがるプレゼントが変わってくる。
아이가 성장함에 따라 갖고 싶어 하는 선물이 바뀐다.

☐ **137** ## ～とは限らない ～라고는 할 수 없다

일반적인 내용으로서 받아들이면서도 예외가 있을 수도 있다는 느낌을 나타낸다. '꼭 그렇다고 단
정할 수 없다', '모두가 그렇지는 않다'와 같이 예외를 나타내는 표현이므로 必ずしも, いつも, 何
でも 등의 부분 부정과 호응할 수 있는 부사와 같이 사용되는 경우가 많다.

● 親が頭がいいからといって、子どもも必ず頭がいいとは限らない。
부모가 머리가 좋다고 해서 아이도 **반드시 머리가 좋다고는 할 수 없다**.

☐ **138** ## ～ないことはない / ～ないこともない
～하지 않는 것은 아니다 / ～하지 않는 것도 아니다

'반드시 그런 것은 아니다'라는 의미로, 단정을 피하고 우회적으로 표현하려는 의도로 사용된다. **ない**가 반복되어 사용되는 이중 부정의 형태로 혼란스러워하기 쉬운 문법 중의 하나이다.

● 彼の意見も理解できないことはない。
그의 의견도 **이해할 수 없는 것은 아니다**.

☐ **139** ## ～にあたって / ～にあたり ～에 즈음하여

무언가를 해야 할 특별한 시간이나 상황을 나타내는 표현으로, 어떤 일을 하기 전에 뒤 문장의 동작을 시작한다는 의미로 사용된다. ～に際して와 유사한 표현이다.

● 出発にあたって、スケジュールを確認します。
출발에 즈음하여 스케줄을 확인하겠습니다.

製品を開発するにあたり、市場調査が行われた。
제품 개발에 즈음하여 시장 조사가 실시되었다.

☐ **140** ## ～に限って / ～に限り ～에 한해서(～할 때만)

～限って/～限り는 '한정하다'라는 뜻의 동사 限る에서 파생된 문형으로, 보통 '～에 한하여'라는 의미로 쓰인다. 주의할 것은 뒤에 부정의 의미가 오는 경우이다. 예를 들어 うちの子に限ってそんなことをするはずがない(우리 아이만은 결코 그런 일을 할 리가 없다)라는 문장의 경우, 한정의 의미를 나타내는 ～だけは(～만은)로도 바꿀 수 있으나 ～に限って보다 다소 약한 느낌을 준다.

● 田中さんに限ってそんなひどいことはしないよ。
다나카 씨만은 그런 심한 일은 하지 않아.

傘を持っていない日に限り、雨が降る。
우산을 가지고 있지 않은 날에만 비가 내린다.

□ 141 ## 〜にかわって / 〜にかわり _{〜대신에}

주로 사람을 나타내는 명사 뒤에 붙어서 다른 사람을 대신하여 어떠한 일을 한다는 의미를 나타낸다.

- **お母_{かあ}さんにかわって**、姉_{あね}が料理_{りょうり}をした。
  어머니 대신에 언니가 요리를 했다.

  社長_{しゃちょう}にかわり、部長_{ぶちょう}が報告_{ほうこく}することになった。
  사장님을 대신하여 부장님이 보고하기로 되었다.

□ 142 ## 〜にきまっている _{반드시 〜하게 되어 있다, 틀림없이 〜하다}

어떠한 일이 그렇게 될 것이라고 확신하거나 필연적으로 그러하다고 단정하는 표현이다.

- 去年優勝_{きょねんゆうしょう}したあのチームが勝_かつにきまっている。
  작년에 우승한 저 팀이 **반드시 이기게 되어 있다**.

□ 143 ## 〜に比_{くら}べて / 〜に比_{くら}べ _{〜에 비해}

'비교하다'라는 뜻의 동사 比_{くら}べる가 변형된 문형으로 어떠한 것을 비교하여 정도의 차이가 있다는 것을 나타낸다.

- 今年_{ことし}は去年_{きょねん}に比_{くら}べて売_うり上_あげが減少_{げんしょう}している。
  금년은 **작년에 비해** 매상이 감소하고 있다.

  この新_{あたら}しいパソコンは、前_{まえ}のに比_{くら}べ非常_{ひじょう}に速_{はや}くて使_{つか}いやすい。
  이 새로운 컴퓨터는 **이전 것에 비해** 매우 빠르고 사용하기 편리하다.

□ 144 ## 〜に加_{くわ}えて / 〜に加_{くわ}え _{〜에 더하여}

기존의 것에 새로운 것이 추가되는 경우에 사용한다. 〜上_{うえ}に、〜ばかりでなく와 같은 의미로 쓰인다.

- 雨_{あめ}に加_{くわ}えて風_{かぜ}も強_{つよ}くなってきた。
  비에 더하여 바람도 거세졌다.

  この仕事_{しごと}は専門知識_{せんもんちしき}に加_{くわ}え、やる気_きも必要_{ひつよう}だ。
  이 일은 **전문 지식에 더하여** 의욕도 필요하다.

□ 145 **〜に際して / 〜に際し** _{〜에 즈음하여}

시간과 관련된 표현으로 어떤 일이 이루어지는 시점을 강조한다.

- **引っ越しに際して、古い本を処分した。** 이사에 즈음하여 오래된 책을 처분했다.
  新製品の発売に際し、イベントを行った。 신제품 발매에 즈음하여 이벤트를 실시했다.

□ 146 **〜に先立って / 〜に先立ち** _{〜에 앞서}

어떠한 일의 전후 관계를 나타내는 표현으로 앞 문장의 내용보다 뒤 문장의 내용이 먼저 발생하는 경우에 사용한다. 〜にあたって, 〜に際して, 〜に先立って는 유사한 표현이지만, 〜に先立って가 전후 관계를 가장 명확하게 나타내는 표현이라 할 수 있다.

- **面接に先立って書類選考を行う。**
  면접에 앞서 서류 전형을 실시한다.

  道路工事に先立ち、住民たちと話し合いを重ねた。
  도로 공사에 앞서 주민들과 대화를 거듭했다.

□ 147 **〜にしては** _{〜치고는}

의외라는 의미를 강조하는 역접 표현으로 앞에 제시된 내용으로 보아 당연히 그럴 것이라고 예상한 결과가 실제와 다를 경우에 사용한다.

- **彼女は50歳にしては若く見える。**
  그녀는 50세치고는 젊어 보인다.

□ 148 **〜にしろ / 〜にせよ** _{〜라고는 해도}

먼저 가정이나 확정된 사실을 제시한 뒤 후반부에 앞 내용과 상반되는 내용을 서술하는 역접 표현의 하나이다. しろ와 せよ는 동사 する의 명령형으로, 〜にしろ보다 〜にせよ가 딱딱한 느낌을 준다.

- **失敗するにしろやるだけのことはやる。**
  실패하더라도 할 수 있는 만큼은 하겠다.

  たった二日の短い旅行にせよ、準備は必要だ。
  고작 이틀간의 짧은 여행이라고는 해도 준비는 필요하다.

□ 149 **〜に沿って／〜に沿い** ① 〜을 따라서(평행해서) ② 〜을 따라서(적합하게)

크게 '평행해서, 나란히'라는 의미와 '〜에 적합하도록'이라는 두 가지 의미가 있다. 조심해야 할
것은 조사 に를 사용한다는 점이다. '〜을 따라서'로 해석한다고 해서 **〜を沿って**라고 해서는
안 된다.

① 〜을 따라서(평행해서)

● 川に沿って、新しい道路ができた。
  강을 따라서 새로운 도로가 생겼다.

② 〜을 따라서(적합하게)

● 政府の方針に沿い、税率を引き下げる。
  정부의 방침에 따라서 세율을 인하한다.

□ 150 **〜に対して／〜に対し／〜に対する**
~에 대해서 / ~에 대해 / ~에 대한

동작의 대상을 나타낸다. 마주하거나 대립하는 대상이라는 느낌이 강하다. 目上の人に対し(손윗
사람에 대해)의 경우, 손아랫사람이 손윗사람을 상대로 어떠한 행동을 한다는 의미를 나타낸다.

● 目上の人に対して敬語を使わない若者が増えている。
  손윗사람에 대해서 경어를 사용하지 않는 젊은이가 증가하고 있다.

  初めて店に来たお客に対し感謝のメールを送る。
  처음으로 가게에 온 손님에 대해 감사의 메일을 보낸다.

□ 151 **〜について／〜についての** ~에 대하여 / ~에 대한

'〜에 대하여'라는 의미로 문장의 주제를 나타낼 때 사용한다. 명사를 수식하는 경우에는 「〜에
대해서의＋명사」의 형태로 쓰인다는 점에 주의하도록 한다.

● 日本の国際的役割について講演する。
  일본의 국제적 역할에 대하여 강연한다.

  学校生活についての説明をうけた。
  학교 생활에 대한 설명을 들었다.

☐ 152 〜につけ ~할 때마다

〜につけ 뒤에는 어떤 일을 할 때마다 자연스럽게 그러한 마음이 든다는 심리적인 느낌을 나타내는 표현이 뒤따른다.

● 写真を見るにつけ、母のことを思い出す。
사진을 볼 때마다 어머니가 생각난다. (사진을 보는 것과 관련하여 어머니를 떠올린다)

> 何かにつけては 중요한 관용 표현의 하나로, '무언가를 할 때마다'라는 뜻을 의역하여 '걸핏하면'이라고 해석한다.
>
> ● 彼女は何かにつけて子どもの自慢をする。 그녀는 걸핏하면 아이 자랑을 한다.

☐ 153 〜にとって ~에게 있어서

〜にとっては '~입장에서'라는 의미를 나타내므로 〜にとって 앞에는 사람이나 조직을 나타내는 말이 오는 경우가 많다. 뒤에는 앞에 제시된 사람이나 조직에 의한 판단, 평가 등을 나타내는 내용이 온다. 명사를 수식하는 경우에는 〜にとっての를 사용한다.

● 日本語を勉強する人にとって、やはり漢字は大変だ。
일본어를 공부하는 사람에게 있어서 역시 한자는 어렵다.

☐ 154 〜に反して / 〜に反する ~에 반해(~와는 달리) / ~에 반하는(~와는 다른)

'기대, 예상, 희망' 등의 표현 뒤에 붙어서, 반대의 결과가 되는 경우에 쓰인다.

● みんなの予想に反して彼は無名の新人に負けてしまった。
모두의 예상에 반하여 그는 무명의 신인에게 패하고 말았다.

消費者の期待に反する行動をとって、あの会社は信頼を失った。
소비자의 기대에 반하는 행동을 취하여 그 회사는 신뢰를 잃었다.

☐ 155 〜にほかならない 바로 ~이다, 다름 아닌 ~이다

〜にほかならないと 앞에 오는 내용을 단정적으로 강조하는 표현이다. '바로 그것이다', '그 이외의 그 무엇도 아니다'라는 의미를 나타낸다.

● 彼の成功は努力の結果にほかならない。 그의 성공은 다름 아닌 노력의 결과이다.

□ 156 **〜に基づいて / 〜に基づき** 〜에 근거해서(기초해서)

조사 に에 '바탕을 두다'라는 뜻의 동사 基づく가 결합된 표현으로, 무언가에 근거를 두고 있다는 의미를 나타낸다. 〜にそって(〜을 따라서)와 비슷한 의미를 지니지만 〜に基づいて 쪽이 확실한 토대와 근거가 있다는 의미를 나타낸다는 점에서 미묘한 어감 차이가 있다.

- この小説は実際にあった事件に基づいて書かれた。 이 소설은 **실제로 있던 사건에 근거해** 쓰였다.

  すべての行政活動は、法律に基づき行われている。 모든 행정 활동은 **법률에 근거해** 행해지고 있다.

□ 157 **〜ぬきで / 〜ぬきにして** 〜빼고, 〜빼기로 하고

어떠한 내용을 제외하거나, 어떠한 동작을 하지 않고 무언가를 진행할 때에 사용하는 표현이다. 동사 抜く가 '빼다, 뽑다, 제거하다'라는 의미를 지니므로 그 변형으로 이해하면 의미를 쉽게 기억할 수 있다.

- 朝食ぬきで登校する生徒が増えている。 **아침 식사를 거르고** 등교하는 학생이 증가하고 있다.

  冗談はぬきにして、真剣に議論しましょう。 **농담은 빼기로 하고** 진지하게 논의합시다.

□ 158 **〜ぬく** 끝까지 〜하다

동사의 ます형에 붙어 '끝까지 노력해서 어떤 일을 완수하다'라는 의미를 나타낸다. 동사의 「ます형＋きる(전부 〜하다)」와의 혼란을 피하기 위해 〜きる(전부), 〜ぬく(완수)의 키워드로 기억해 두도록 한다.

- やると決めたからには、最後までやりぬくつもりだ。 하기로 결정한 이상 **끝까지 할 작정이다**

  > **〜ぬく의 또 다른 용법**
  > - いい考えが浮かばなくて困りぬいている。 좋은 생각이 떠오르지 않아 너무 곤란하다.

□ 159 **〜のみならず** 〜뿐만 아니라

일종의 첨가 표현으로, 주로 문장체에서 쓰인다. 〜ばかりでなく, 〜だけでなく로 바꾸어 쓸 수 있다.

- 彼のマンガは、日本のみならず海外でも大人気である。
  그의 만화는 **일본뿐 아니라** 해외에서도 매우 인기가 있다.

□ 160

〜のもとで / 〜のもとに 〜하에서, 〜아래에서

여기에서의 もと란, 어떠한 물건이나 사람의 영향이 미치는 범위를 의미한다. もと의 한자를
元로 오해하기 쉬우나 下를 사용한다는 것을 기억해 둔다.

● 彼女は、愛情豊かな両親のもとで育った。
그녀는 정이 많은 **부모 슬하에서** 자랐다.

山田教授のご指導のもとに、修士論文を作成した。
야마다 교수의 지도하에 석사 논문을 작성했다.

□ 161

〜ばかりか / 〜ばかりでなく 〜뿐만 아니라

어떤 사항이 한 가지에 국한되지 않고 다른 데까지 미치고 있다는 것을 나타낸다. '〜뿐 아니라',
'게다가'와 같은 첨가의 의미를 갖는다.

● このアニメは子どもばかりか大人にも人気がある。
이 애니메이션은 **아이뿐만 아니라** 어른에게도 인기가 있다.

この果物は色がいいばかりでなく香りもいい。
이 과일은 **색이 좋을 뿐만 아니라** 향기도 좋다.

□ 162

〜ばかりに 〜한 탓에

후회나 유감을 강하게 나타내는 표현으로, 어떤 이유로 인해 나쁜 결과가 초래되었다는 것을 강
조하는 문형이다.

● ちょっと無理をしたばかりに、入院することになった。
조금 **무리를 한 탓에** 입원하게 되었다.

> ### ¹⁶² 〜ばかりに **VS** 〜ばかりだ
>
> 〜ばかりに는 원인을 강조하는 표현으로 '그것만이 원인이 되었다'는 의미를 나타낸다. 〜ために로 바꾸어
> 쓸 수 있다. 다만, 〜ばかりに의 경우, 뒤에 반드시 나쁜 결과를 나타내는 문장이 와야 자연스러운 문장이 된
> 다. 반면 〜ばかりだ는 동작이 지금 막 완료된 상태에 있다는 것을 나타낸다.
>
> ● その問題ができなかったばかりに落第した。 그 문제를 못 푼 탓에 낙제했다.
> ● 今来たばかりだ。 지금 막 온 참이다.

□ 163 ## 〜はともかく/〜はともかくとして 〜은 어쨌든, 〜은 별문제로 하고

〜はともかく는 앞의 화제를 일단 보류하거나 생각하지 않기로 하고, 뒤에 오는 내용에 중점을 두려는 표현 의도를 갖는다.

● この店の料理は、味はともかく量は多い。
이 가게의 요리는 **맛은 어쨌든** 양은 많다.

賛成するかどうかはともかくとして、話を聞いてみよう。
찬성할지 어떨지는 어찌 되었든 간에 이야기를 들어 보자.

□ 164 ## 〜ば〜ほど 〜하면 〜할수록

어떤 상태가 정도를 더하여 변화하면 다른 쪽도 비례적으로 높아져 가는 느낌을 강조하는 표현이다. 앞에 오는 〜ば를 생략하고 〜ほど만 써서 '〜할수록'의 의미를 나타내기도 한다. 収入が多いほど税率も高くなる(수입이 많을수록 세율도 높아진다)와 같은 예문을 들 수 있다.

● この映画は見れば見るほど感動的だ。
이 영화는 **보면 볼수록** 감동적이다.

□ 165 ## 〜反面 〜반면

어떤 측면에서는 그러하지만 다른 측면에서는 그렇지 않다는 의미를 나타내는 표현이다. 하나의 대상에 존재하는 대립적인 측면을 나타내므로 앞뒤 문장의 주어는 항상 같다.

● この花は寒さに強い反面、暑さに弱い。
이 꽃은 추위에 **강한 반면** 더위에 약하다.

□ 166 ## 〜向け 〜대상, 〜용

명사 뒤에 붙어서 어떠한 대상이나 행선지를 나타낸다. 문장에서는 주로 판매 대상이나 수요층을 나타낼 때 사용한다.

● 企業向けだけでなく個人向けにも製品を販売している。
기업용뿐만 아니라 **개인용**으로도 제품을 판매하고 있다.

この工場で生産された製品のほとんどはアメリカ向けに輸出されている。
이 공장에서 생산된 제품의 대부분은 **미국을 대상으로** 수출되고 있다.

☐ 167 **〜もかまわず** 〜도 개의치 않고

어떤 것을 신경 쓰지 않고 태연하게 무언가를 할 때 사용한다. 이 문형은 '상관하다, 신경 쓰다'라는 뜻의 동사 **かまう**에 부정을 나타내는 **〜ず**가 붙어서 파생된 표현이다.

- 彼女は人目もかまわず大声で泣き続けた。
  그녀는 **남의 눈도 상관하지 않고** 큰 소리로 계속 울었다.

☐ 168 **〜ものか** 〜하나 봐라, 〜할까 보냐

어떠한 사실을 강하게 부정할 때 사용한다. 자신의 행동에 대하여 사용할 때는 '절대로 그렇게 하지 않겠다'는 강한 결심이나 단정을 나타낸다. 회화체에서는 **〜もんか**의 형태로 쓰인다.

- あんなサービスの悪い店、二度と行くものか。
  저런 서비스가 나쁜 가게, **두 번 다시 가나 봐라!**

> 168 **〜ものか** vs 109 **〜ことか**
> - あんな失礼な人と、二度と話すものか。
>   저런 무례한 사람과 두 번 다시 이야기하나 봐라! 〈강한 부정〉
>   今まで何度お酒をやめようと思ったことか。
>   지금까지 몇 번이나 술을 끊으려 했던가! 〈감탄, 탄식〉

☐ 169 **〜ものがある** 〜한 데가 있다

'그러한 느낌이 든다', '그렇게 느껴진다'는 의미로서, 자신으로 하여금 그렇게 느끼게 하는 어떠한 요소나 속성을 감탄의 느낌을 담아 표현한다.

- あのチームの強さには驚くべきものがある。
  저 팀이 강한 것에는 **놀랄 만한 데가 있다.**

□ 170 **〜ものだから** 〜하기 때문에, 〜이라서

원인이나 이유를 설명할 때 사용한다. '원래 의도한 바는 아니지만'이라는 느낌을 담아 사용하므로 핑계의 뉘앙스를 주는 경우가 많다.

- 事情をよく知らないものですから、これ以上のことは言えません。
  사정을 잘 모르기 때문에 더 이상은 말할 수 없습니다.

> **170 〜ものだから vs 112 〜ことだから**
>
> 〜ものだから는 어떤 일의 자초지종을 설명하는 경우에 사용하고, 〜ことだから는 사람의 속성을 강조하는 용법으로 주로 사용된다.
>
> - 体の調子が悪かったものだから、会議に出席できなかった。
>   컨디션이 나빴기 때문에 회의에 출석할 수 없었다. (회의에 출석 못한 이유를 설명)
>   時間に正確な彼女のことだから、もうすぐ来ますよ。
>   시간에 정확한 그녀이니까 곧 올 거예요. (시간을 잘 지킨다는 그녀의 속성이나 특징을 강조)

□ 171 **〜も〜ば〜も** 〜도 〜하거니와 〜도

주로 회화체에서 사용하는 표현으로, 이때 가정형 〜ば는 '가정'의 의미가 아니라 '나열, 열거'의 뜻을 나타낸다. 긍정적인 내용은 긍정적인 내용끼리, 부정적인 내용은 부정적인 내용끼리 쌍을 이루어 사용된다.

- この喫茶店は雰囲気もよければ、料理もうまい。
  이 찻집은 분위기도 좋거니와 요리도 맛있다.
  彼女は英語も上手なら、フランス語も上手だ。(上手なら는 上手ならば의 생략형)
  그녀는 영어도 능숙하거니와 프랑스어도 능숙하다.

□ 172 **〜やら〜やら** 〜며 〜며, 〜랑 〜랑

사물을 나열하거나 열거할 때에 사용하는 표현이다. 명사의 경우에는 「AやBなど(〜랑 〜등)」로, 동사에 붙는 경우에는 「AたりBたり(〜하기도 하고, 〜하기도 하고)」로 이해하면 된다.

- 先週はレポートやら試験やらでひどく忙しかった。
  지난주는 리포트랑 시험 등으로 매우 바빴다.

□ 173 **～ように** ～하도록

어떤 동작의 목적이나 의도를 나타내는 표현이다. ～よう의 형태로 쓰이는 경우도 있다. 気を
つけるようにします(주의하도록 하겠습니다)나 遅れないようにします(늦지 않도록 하겠습
니다)처럼 ～ようにする의 형태로 쓰이면, 그렇게 하도록 노력하겠다는 의미를 나타낸다.

- **合格できるように、いっしょうけんめい勉強しています。**
  합격할 수 있도록 열심히 공부하고 있습니다.

□ 174 **～わりに / ～わりには** ～비해서, ～비해서는

어떠한 대상을 보았을 때 흔히 예상할 수 있는 내용이나 정도와는 다른, 의외의 내용이 왔을 때
쓰이는 역접 문형이다.

- **値段が安いわりに品物がよい。** **가격이 싼 것에 비해서** 물건이 좋다.
  祖父は年をとっているわりには元気です。 할아버지는 **연세를 드신 것에 비해서는** 건강합니다.

□ 175 **～をきっかけに / ～をきっかけにして**

～을 계기로 / ～을 계기로 하여

어떠한 일이 동기가 되어 새로운 사건이나 행위가 발생한다는 의미를 나타낸다. 개인적인 일이
동기가 되는 경우가 많다.

- **病気になったのをきっかけにお酒をやめた。** **병에 걸린 것을 계기로** 술을 끊었다.
  彼は、就職をきっかけにして、生活習慣を変えた。 그는 **취직을 계기로 하여** 생활 습관을 바꿨다.

□ 176 **～を契機に** ～을 계기로

어떠한 일이 동기나 기회가 된다는 의미를 나타낸다. 의미상으로는 ～をきっかけに와 같지만
신문과 같은 보고 형식의 문장에서 자주 쓰이며, 비교적 중대한 사안을 다루는 느낌을 준다.

- **大地震を契機に、建物の安全に関する関心が高まった。**
  대지진을 계기로 해서 건물 안전에 관한 관심이 높아졌다.

□ 177 **～を中心に / ～を中心として** ～을 중심으로 / ～을 중심으로 하여

가장 중요한 내용을 강조하여 나타내는 표현이다.

- **首都圏を中心に**マンション事業を展開する。
  수도권을 중심으로 맨션 사업을 전개한다. (어느 한 지역을 중심으로)

  ボランティア活動の参加者は、**学生を中心として**約50名であった。
  자원봉사 활동의 참가자는 **학생을 중심으로** 약 50명이었다. (어느 한 계층을 중심으로)

□ 178 **～を～として / ～を～とする** ～을 ～로서 / ～을 ～로 하는

「AをBとして」의 형태로 쓰이며 A를 B에 대한 '위치, 입장, 자격, 용도, 목적' 등으로 생각한다는 의미를 나타낸다.

- **環境をテーマとして**国際シンポジウムを開催した。 **환경을 테마로** 국제 심포지엄을 개최했다.

  営利活動を行うことを目的とする団体はこの施設を利用できない。
  영리 활동을 실시하는 것을 목적으로 하는 단체는 이 시설을 이용할 수 없다.

> **～とする가 들어가는 주요 표현들**
> - 自由を理想とする社会 자유를 이상으로 하는 사회
>   社会奉仕を目的とする団体 사회봉사를 목적으로 하는 단체

□ 179 **～をもとに / ～をもとにして** ～을 토대로 / ～을 토대로 하여

基는 '토대, 소재' 등의 의미를 나타내며, 무언가를 토대로 하여 새로운 것이 발생하거나 만들어졌을 때 사용한다. 그러므로 뒤에는 作る, 書く, 製作する, 創作する 등의 표현이 오는 경우가 많다.

- **マーケット調査をもとに**販売計画を立てる。
  시장 조사를 토대로 판매 계획을 세운다.

  奨学金は**前学期の成績をもとにして**対象者を決定します。
  장학금은 **이전 학기 성적을 토대로 하여** 대상자를 결정합니다.

> **179 ～を基に** VS **156 ～に基づいて**
>
> ～を基に가 주로 소재를 나타내는 것에 비해 ～に基づいて는 주로 판단의 근거를 나타내는 데 쓰인다.
>
> - 失恋した経験を基にして小説を書く。 실연한 경험을 토대로 하여 소설을 쓴다. (소설의 소재)
>   失恋した経験に基づいて小説を書く。 실연한 경험에 근거하여 소설을 쓴다. (소설의 근거)

4 경어

경어란, 상대방에 대해 경의를 나타내는 표현을 가리킨다. 경어는 크게 존경어, 겸양어, 그리고 정중어 세 가지로 나눈다. 존경어는 상대방에 대한 존경을 나타내는 표현이며, 겸양어는 자신을 낮추어 상대방에게 경의를 나타내는 표현이다. 정중어는 일상적으로 자주 사용하는 표현이기 때문에 학습에서 신경 써서 학습할 것은 '존경어'와 '겸양어'이다.

1. 정중어: 정중하고 조심스럽게 말함으로써 상대방에 대한 경의를 나타내는 말
2. 존경어: 듣는 사람이나 대화 속에 등장하는 사람을 높이는 말
3. 겸양어: 말하는 사람 자신의 동작이나 상태를 낮추는 말

---

1. 정중어

정중어는 상대방에게 경의를 나타내는 말로서, 일상 회화에서 자주 사용한다. です나 ます를 사용하거나 「お＋명사」,「ご＋한자어」의 형태로 명사에 お나 ご를 붙여 사용하는 경우를 말한다. 그리고 ござる는 ある를 정중하게 나타낸 말이다.

- お酒 술, お名前 이름, ご家族 가족, ご紹介 소개

  これは私の本です。 이것은 저의 책입니다.

  毎朝 7 時に起きます。 매일 아침 7시에 일어납니다.

  郵便局は駅の前にございます。 우체국은 역 앞에 있습니다.

  ※ 순수한 일본어 고유 단어에는 お, 한자 단어에는 ご를 붙인다. 단, お電話, お料理, お食事, お会計, お勉強 등은 한자어 명사이지만 예외적으로 ご가 아닌 お를 붙인다.

---

2. 존경어

상대방의 행동이나 상태, 소유물 등을 높여 표현함으로써 상대방에 대한 경의를 나타낸다.
「お＋동사의 ます형＋になる」, 〜れる, 〜られる가 일반적인 활용 형태이다.

- この本は山田先生がお書きになりました。 이 책은 야마다 선생님께서 쓰셨습니다.

  先生は帰られました。 선생님은 귀가하셨습니다.

2-1. 일반적 존경어

(1) お＋동사의 ます형＋になる: ～하시다
(2) ご＋한자어＋になる: ～하시다

- この小説をお読みになりましたか。 이 소설을 읽으셨습니까?

  いつご出発になりますか。 언제 출발하십니까?

⑶ 〜れる/〜られる : ~하시다

〜れる/〜られる 하면 먼저 수동형을 떠올리는 경우가 많지만 존경을 나타내는 용법도 있다는 것을 알아 두자.

● どちらへ行かれますか。
어디에 **가십니까**?

お客さまはどこに座られますか。
손님은 어디에 **앉으시겠습니까**?

⑷ お＋동사의 ます형＋ください : ~해 주십시오 〈정중한 부탁〉

● この辞書をお使いください。
이 사전을 **사용하십시오**.

2-2. 특수한 존경어

일부 동사의 경우 「お＋동사의 ます형＋になる〈존경〉」, 「お＋동사의 ます형＋する〈겸손〉」와 같이 형태가 변화되지 않고, 동사 자체가 완전히 다른 말로 바뀐다. 우리말로 '먹다'를 '먹으시다'라고 하지 않고 '드시다'라고 말하는 것처럼 일본어에도 일부 특수한 존경어 표현이 존재한다. 이러한 특수한 경어들은 일상적으로 많이 사용되는 단어들이므로 외워 두도록 한다. (자세한 것은 p.214 참고)

● 先生、コーヒーを召し上がりますか。
선생님, 커피를 **드시겠습니까**?

先生は来週海外へいらっしゃいます。
선생님은 다음 주에 해외에 **가십니다**.

どうぞ、何でもおっしゃってください。
자, 무엇이든 **말씀하세요**.

あの映画をもうご覧になりましたか。
그 영화를 벌써 **보셨습니까**?

木村さんは何かスポーツをなさいますか。
기무라 씨는 무언가 스포츠를 **하십니까**?

先生の奥様はどの方かご存じですか。
선생님의 부인은 어느 분이신지 **알고 계십니까**?

先生は今新聞を読んでいらっしゃいます。
선생님은 지금 신문을 **읽고 계십니다**.

3. 겸양어

겸양어란, 자신이나 자기 쪽(가족, 회사, 소속된 그룹 등)을 낮추어 겸손의 의미를 나타내는 말이다. 「お＋동사의 ます형＋する」가 가장 기본적인 활용 형태이다. 시험에서 중요한 것은 존경어와 겸양어의 구분이

다. '상대에게는 존경어를 사용하고 나에게는 겸양어를 사용한다'는 점을 기억해 둔다. 실제 시험에서는 상대에게 겸양어를 사용하거나, 자신에게 존경어를 사용하는 문제로 수험자의 혼란을 유도하는 경우가 많다. 존경어가 필요한 상황인지를 파악한 후에 존경이나 겸손의 패턴을 대입하여 답을 찾아야 한다.

• これは鈴木先生にお借りした本です。 이것은 스즈키 선생님께 **빌린** 책입니다.

3-1. 일반적 겸양어

겸양어란, 겸손하게 자신을 낮추어 상대방에 대한 경의를 나타내는 표현이다.

⑴ お+동사의 ます형+する: ~하다
⑵ ご+한자어+する: ~하다

• ご返事をお待ちしております。
답변을 **기다리고 있겠습니다.**

後で電話でご連絡します。
나중에 전화로 **연락드리겠습니다.**

⑶ ~(さ)せて+いただきます: ~하겠습니다('그렇게 하겠다'라는 화자의 의지를 겸손하게 나타냄)

• 今日は、先に帰らせていただきます。
오늘은 먼저 **돌아가겠습니다.**

これから会議を始めさせていただきます。
지금부터 회의를 **시작하겠습니다.**

では、参加者の確認をさせていただきます。
그러면 참가자를 **확인하겠습니다.**

3-2. 특수한 겸양어

• 先日のパーティーで先生の奥様にお目にかかりました。
지난번 파티에서 선생님의 부인을 **만나뵈었습니다.**

ちょっとうかがいたいことがあります。
좀 **여쭙고 싶은 것**이 있습니다.

明日何時ごろお宅にうかがいましょうか。
내일 몇 시경 댁으로 **찾아뵐까요?**

田中先生の絵を拝見しました。
다나카 선생님의 그림을 **보았습니다.**

先生におもしろい本をいただきました。
선생님께 재미있는 책을 **받았습니다.**

中村と**申します**。よろしくお願いします。

나카무라라고 **합니다**. 잘 부탁드리겠습니다.

それでは、皆様に山田先生を**ご紹介いたします**。

그러면, 여러분께 야마다 선생님을 **소개하겠습니다**.

私は明日一日中家に**おります**。

저는 내일 하루 종일 집에 **있습니다**.

4. 특수한 경어 동사 정리

기본형	존경어	겸양어
いる 있다	いらっしゃる おいでになる 계시다	おる 있다
行く 가다	いらっしゃる おいでになる お越しになる 가시다	伺う 参る 가다
来る 오다	いらっしゃる おいでになる お越しになる お見えになる 오시다	伺う 参る 오다
言う 말하다	おっしゃる 말씀하시다	申す, 申し上げる 말씀드리다
する 하다	なさる 하시다	いたす 하다
食べる/飲む 먹다/마시다	召し上がる 드시다	いただく 먹다/마시다
見る 보다	ご覧になる 보시다	拝見する 보다
知る 알다	ご存じだ 아시다	存じる 알다
聞く 듣다, 묻다		伺う 듣다, 여쭈다
会う 만나다		お目にかかる 뵙다
思う 생각하다		存じる 생각하다
あげる (남에게) 주다		差し上げる 드리다
くれる (나에게) 주다	くださる 주시다	
もらう 받다		いただく 받다
寝る 자다	お休みになる 주무시다	
受ける 받다, 수용하다		承る 받다

다음 문장의 괄호 안에 들어갈 가장 알맞은 말을 a, b 중에서 고르시오.

1 この地方では3月末から4月初め（ a にかけて　 b にしたがって ）、桜の花が咲く。

2 ちょっと風邪（ a ぎみ　 b げ ）で体がだるい。

3 はっきり言わないと誤解される（ a せい　 b おそれ ）がある。

4 もう遅いから、（ a 帰る　 b 帰ろう ）じゃないか。

5 （ a やり　 b やる ）かけの仕事を続ける。

6 学生である（ a からして　 b 以上は ）、成績で評価されるのは、仕方ないことだ。

7 この部屋は駅に近い（ a ものの　 b かわりに ）、家賃が高い。

8 計画を立てた（ a くせに　 b 上は ）、実行に移すべきだ。

9 講義が終わるか（ a 終わらない　 b 終わろう ）かのうちに、教科書を閉じて

かたづけはじめる学生もいる。

10 仕事が嫌だ（ a からには　 b からといって ）、簡単にやめられるわけではない。

11 試験を受ける（ a からには　 b からすると ）、もちろん合格する気で頑張ります。

12 収入が減る（ a 末に　 b 一方で ）、教育費などの支出は増えていく。

13 新刊が出てたので金がない（ a くせに　 b あまり ）3冊も買ってしまった。

14 定年後も体力の続く（ a かぎり　 b ものの ）働きたい。

15 このレストランの料理はおいしい。材料（ a からには　 b からして ）違うのだろう。

16 返品は、商品（ a によっては　 b に反しては ）、引き受けかねる場合があります。

정답 1 ⓐ　　2 ⓐ　　3 ⓑ　　4 ⓑ　　5 ⓐ　　6 ⓑ　　7 ⓐ　　8 ⓑ
　　　9 ⓐ　　10 ⓑ　　11 ⓐ　　12 ⓑ　　13 ⓐ　　14 ⓐ　　15 ⓑ　　16 ⓐ

해석 **별책** p.10

다음 문장의 괄호 안에 들어갈 가장 알맞은 말을 a, b 중에서 고르시오.

1 このかばんは、どこで買った（ a っけ　 b ことか ）。

2 この町には歴史（ a 際　 b 上 ）有名な建物が数多くある。

3 たばこは体に悪いと（ a 知るついでに　 b 知りつつも ）、つい吸ってしまう。

4 たとえみんなに（ a 反対を通して　 b 反対されても ）、私は絶対にこの計画を実行したい。

5 どんなに話し合った（ a ところで　 b うえで ）、彼は意見を変えないだろう。

6 悔しい（ a ことに　 b ことか ）、1点差で試合に負けてしまった。

7 経験豊富な彼の（ a ことだから　 b わけだから ）、この問題もうまく
解決できるでしょう。

8 健康でいられることはなんとすばらしい（ a ものか　 b ことか ）。

9 最後まであきらめる（ a ことなく　 b ものなら ）頑張ってください。

10 実家に帰った（ a とたん　 b ついでに ）昔の学校に行ってみた。

11 将来何が起こるか、誰にも（ a 分かるはずだ　 b 分かりっこない ）。

12 天気（ a ついでに　 b 次第で ）行くかどうか決めます。

13 部屋の中はほこり（ a だらけ　 b がち ）だった。

14 風邪の時はゆっくり休む（ a ことだ　 b はずだ ）。

15 忙しくて食事をする時間（ a さえ　 b だらけ ）ない。

16 旅行の前の日、母は心配（ a ことに　 b げに ）天気予報を見ていた。

정답　1 ⓐ　 2 ⓑ　 3 ⓑ　 4 ⓑ　 5 ⓐ　 6 ⓐ　 7 ⓐ　 8 ⓑ
　　　9 ⓐ　 10 ⓑ　 11 ⓑ　 12 ⓑ　 13 ⓐ　 14 ⓐ　 15 ⓐ　 16 ⓑ

해석　별책 p.11

다음 문장의 괄호 안에 들어갈 가장 알맞은 말을 a, b 중에서 고르시오.

1 このサービスは男性（ a というと　b に比べて ）女性の利用が多い。

2 海外旅行（ a どころか　b ことか ）京都にも行ったことがない。

3 急いでいる時に（ a わたって　b かぎって ）電車が遅れる。

4 契約（ a にあたっては　b を通して ）、内容を十分確認してください。

5 言語というのは、外国に行けば自然に話せるようになるという

（ a どころではない　b ものではない ）。

6 最初の試合で負けてしまい、ざんねんで（ a ならない　b できない ）。

7 出かけようとしている（ a ところに　b かわりに ）、電話のベルが鳴った。

8 食事は大勢で食べる方がおいしいに（ a 決まっている　b 決められている ）。

9 人口の増加（ a にかぎって　b とともに ）、ゴミ問題が深刻になってきた。

10 選手として優秀な人が監督として優秀である（ a とか　b とは ）かぎらない。

11 知らない人に大量に広告メールを送るのは、非常識という（ a ことだ　b ものだ ）。

12 朝からひどい雨で、ピクニック（ a どころではない　b にほかならない ）。

13 難しいが、方法によっては（ a できる　b できない ）こともない。

14 彼とは（ a 卒業した　b 卒業して ）以来、会っていない。

15 彼は学者（ a というより　b もかまわず ）政治家に近い。

16 母の病気のことが心配で（ a ほかない　b たまらない ）。

정답　**1** ⓑ　**2** ⓐ　**3** ⓑ　**4** ⓐ　**5** ⓑ　**6** ⓐ　**7** ⓐ　**8** ⓐ
　　　9 ⓑ　**10** ⓑ　**11** ⓑ　**12** ⓐ　**13** ⓑ　**14** ⓑ　**15** ⓐ　**16** ⓑ

해석 **별책** p.11

다음 문장의 괄호 안에 들어갈 가장 알맞은 말을 a, b 중에서 고르시오.

1 あの人は、大学を出た（ a にしては　 b にくらべて ）教養がなさすぎる。

2 戦争のニュースを見る（ a につけ　 b にそって ）平和のありがたさを感じる。

3 公共の利益（ a に反する　 b に応じる ）行動はしてはならない。

4 今日の会は仕事の話は（ a ぬきにして　 b 中心にして ）楽しく飲もう。

5 最新の情報に（ a かわって　 b 基づいて ）記事を書く。

6 あのレストランは、味がいい（ a ばかりでなく　 b からこそ ）サービスもいい。

7 試合に（ a 先立って　 b 加えて ）両国の国歌が流された。

8 上司からの命令（ a にとって　 b にしろ ）、簡単には引き受けられない。

9 親が子どもに厳しいのは、子どもを愛しているからに（ a しか　 b ほか ）ならない。

10 人類（ a にともなって　 b にとって ）石油は大切なエネルギー資源だ。

11 生徒たちは、自分で考え（ a すぎる　 b ぬく ）力を身につけるべきだ。

12 卒業（ a にしては　 b に際しては ）、卒業論文を提出することになっている。

13 大気汚染（ a に加え　 b に反し ）、交通騒音も大きな問題となっている。

14 大通り（ a にそって　 b につれて ）高層ビルが並んでいる。

15 彼は勉強（ a ばかりで　 b ばかりか ）スポーツの面でも優れている。

16 農薬を使わないのは、環境を守る（ a だけで　 b のみならず ）、
農民の健康を守ることにもなる。

정답 **1** ⓐ　　**2** ⓐ　　**3** ⓐ　　**4** ⓐ　　**5** ⓑ　　**6** ⓐ　　**7** ⓐ　　**8** ⓑ
　　　9 ⓑ　　**10** ⓑ　　**11** ⓑ　　**12** ⓑ　　**13** ⓐ　　**14** ⓐ　　**15** ⓑ　　**16** ⓑ

해석 **별책** p.11

다음 문장의 괄호 안에 들어갈 가장 알맞은 말을 a, b 중에서 고르시오.

1 お金がない (a おかげで　b ばかりに)、進学をあきらめた。

2 ここで (a お待ちになって　b お待ちして) ください。

3 このカメラ雑誌は、初心者 (a 末に　b 向けに) 作られたものです。

4 このチケットは安い (a 最中　b 反面)、予約の変更ができません。

5 この病気は、発見が早ければ早い (a ほど　b ほか)、治る確率が高いそうだ。

6 こんなに難しい問題が分かる (a ものか　b えない)。

7 では、お先に (a 失礼させて　b 失礼されて) いただきます。

8 この仕事は、忙しくて大変な (a せいで　b わりに)、給料がよくない。

9 今朝の新聞、(a 拝見しましたか　b ご覧になりましたか)。

10 賛成するかどうか (a をきっかけに　b はともかく)、話を聞いてみよう。

11 時間におくれない (a ことに　b ように) 駅から走った。

12 申し訳ありません、山田はただいま会議で席を外して (a おります　b いらっしゃいます)。

13 他人の迷惑 (a をもとに　b もかまわず) 授業中におしゃべりする生徒がいる。

14 彼の話には人を納得させる (a ものがある　b つつある)。

15 疲れていた (a ものだから　b にもかかわらず)、ついうとうと眠ってしまった。

16 本社移転 (a を中心に　b を契機に)、よりよい商品開発に力を入れていく。

정답　**1** ⓑ　**2** ⓐ　**3** ⓑ　**4** ⓑ　**5** ⓐ　**6** ⓐ　**7** ⓐ　**8** ⓑ
　　　9 ⓑ　**10** ⓑ　**11** ⓑ　**12** ⓐ　**13** ⓑ　**14** ⓐ　**15** ⓐ　**16** ⓑ

해석 **별책** p.11

문법 완전 정복을 위한 꿀팁!

N2 문법에서는 다양한 수준의 문법 실력을 테스트합니다. PART 2의 실전 연습
에 나오는 표현들을 내 것으로 만든다면 시험에서 좋은 결과를 얻을 수 있을 것
입니다.

●問題7 문법 형식 판단

단순 문법이 아닌 다양한 변형 문제가 출제됩니다. 선택지 하나하나의 뜻을
살펴본 뒤 답을 고르도록 합니다.

●問題8 문장 완성

문법을 아는 것뿐 아니라 문장을 제대로 구성하는 것이 중요합니다. 자칫 순
서를 착각해서 답을 놓칠 수 있으므로 반드시 공란에 번호를 적어 가면서 풀
도록 합니다.

●問題9 문맥 이해

전체 내용 이해가 중요합니다. 독해 파트를 풀 때처럼 단락을 나누면서 공란
에 내용을 요약하면 지문을 읽는 시간을 절약할 수 있습니다.

PART 2

유형별 집중 공략

문법 형식 판단 실전 연습 ❶　　　　　　　　　　　　　　[　/ 8]

問題 7　次の文の（　　　）に入れるのに最もよいものを、1・2・3・4から一つ選びなさい。

1　田中さんは（　　　　）楽しい話をして、みんなを楽しませてくれる。
　　1　会ったなら　　　　2　会うたびに　　　3　会ううちに　　　4　会ったところ

2　テストの結果を気にする（　　　　）、夜眠れなくなってしまった。
　　1　まで　　　　　　　2　わけ　　　　　　3　あまり　　　　　4　ばかり

3　それについては、今、議論（　　　　）最中です。
　　1　している　　　　　2　する　　　　　　3　した　　　　　　4　して

4　長時間にわたる討論（　　　　）、やっと合意に達した。
　　1　の末に　　　　　　2　でさえ　　　　　3　ぬきでは　　　　4　ばかりか

5　年の（　　　　）、最近物忘れがひどくなった。
　　1　せいか　　　　　　2　ほどで　　　　　3　うえで　　　　　4　もとで

6　漢字は、やはり自分で書いて（　　　　）なかなか覚えられない。
　　1　みて以来　　　　2　みるとともに　　3　みたからには　　4　みないことには

7　内容を確認した（　　　　）、問題がなければサインをお願いします。
　　1　うちに　　　　　　2　うえで　　　　　3　ところに　　　　4　おかげで

8　彼はいろいろと悩んだ（　　　　）、進学をやめてしまった。
　　1　反面　　　　　　　2　以上　　　　　　3　とたん　　　　　4　あげく

問題 7 次の文の（　　　）に入れるのに最もよいものを、1・2・3・4から一つ選びなさい。

1 桜の花が（　　　）花見に行こう。
1　散らずに　　　　2　散らなくて　　　3　散らない先に　　4　散らないうちに

2 投資に失敗し、退職金を失った（　　　）借金まで残ってしまった。
1　ものの　　　　2　うえに　　　　3　うちに　　　　4　ほどの

3 家の近くに新しい駅ができた（　　　）通勤が便利になった。
1　ためには　　　2　おかげで　　　3　せいで　　　　4　ためで

4 マニュアルの説明通りにやってみた（　　　）、うまくいった。
1　ところ　　　　2　だけに　　　　3　からに　　　　4　ばかりでは

5 会員の皆様のご協力に（　　　）、無事今年の総会を終了することができました。
1　かかわらず　　2　おうじて　　　3　とって　　　　4　よって

6 ＡＢＣ大学で田中次郎教授による「人類の未来」という夏季集中講義が４日間に（　　　）行われた。
1　とって　　　　2　わたって　　　3　かんして　　　4　したがって

7 消費者の皆さんのご希望に（　　　）商品を生産していきたいと思います。
1　おうじて　　　2　つけて　　　　3　じつげんして　　4　ひかくして

8 小さい子どものいる家庭は楽しそうだ。でも親（　　　）大変だろうな。
1　にしたら　　　2　によっては　　3　にかかわらず　　4　にかけては

問題 7　次の文の（　　　）に入れるのに最もよいものを、1・2・3・4から一つ選びなさい。

1　少子高齢化問題は日本に（　　　）、中国においても問題になりつつある。

　　1　基づき　　　　　2　限らず　　　　　3　わたって　　　　4　すぎず

2　この会社の製品はあまり知られていないが、性能の良さ（　　　）世界の
　　トップクラスだ。

　　1　にわたって　　　2　にかけては　　　3　にしたら　　　　4　にかかわらず

3　携帯電話の普及に（　　　）、公衆電話の数が減少している。

　　1　とって　　　　　2　たいして　　　　3　かんして　　　　4　したがって

4　このタイプの車は販売が好調と言われているが，市場シェアはまだ低く、
　　全体の５％（　　　）。

　　1　によらない　　　2　にのぼる　　　　3　にかぎる　　　　4　にすぎない

5　今日は村山選手の調子が悪い。どこかけがをしているに（　　　）。

　　1　ちがいない　　　2　わけがない　　　3　とは思えない　　4　ほかない

6　社会が変化するに（　　　）、教育の方法も変化していかなければならない。

　　1　いたって　　　　2　つれて　　　　　3　さいして　　　　4　よって

7　出生率の低下に（　　　）、近い将来に労働力不足が心配されている。

　　1　ともなって　　　2　反して　　　　　3　わたって　　　　4　比べて

8　夜も寝ずに一生懸命勉強した（　　　）、彼はその試験に受からなかった。

　　1　にそって　　　　2　とすれば　　　　3　をもとにして　　4　にもかかわらず

問題 7　次の文の（　　　）に入れるのに最もよいものを、1・2・3・4から一つ選びなさい。

1　ごみ処理場建設の問題を（　　　）参加者から多くの意見が出された。
　1　かぎって　　　　2　まわって　　　　3　みなして　　　4　めぐって

2　彼の小説は、年齢や性別を（　　　）、多くの人々に読まれている。
　1　知らず　　　　2　語らず　　　　3　問わず　　　4　言わず

3　やるべき仕事が山ほどあって、日曜日（　　　）、出社しなければならない。
　1　にそって　　　　2　ともなく　　　　3　にそくして　　　4　とはいえ

4　コンビニ（　　　）ファミリーレストランさえ終日営業している店が増えてきている。
　1　としたら　　　　2　のすえに　　　　3　にしては　　　4　はもとより

5　今あなたに１００万円がある（　　　）どのように使いますか。
　1　としても　　　　2　としたら　　　　3　といっても　　　4　というより

6　子どもたちは仲よく遊んでいるかと（　　　）、いつの間にかけんかしていた。
　1　思って　　　　2　思ったら　　　　3　思い　　　4　思ったなら

7　A「先月から外国語の学校に通っているよ」
　B「へえ、がんばってるね」
　A「（　　　）週に一回だけだけど」
　1　といっても　　　2　というより　　　3　といったら　　　4　といえば

8　先輩（　　　）、K大学の入学試験の書類をもらった。
　1　でもって　　　　2　にそって　　　　3　にとって　　　4　をとおして

問題 7　次の文の（　　　）に入れるのに最もよいものを、1・2・3・4から一つ選びなさい。

1　車の運転中、眠くて（　　　）ときは、いつも大声で歌を歌っている。

　1　なんでもない　　2　ちがいない　　　3　ほかならない　　4　しょうがない

2　この薬は副作用の危険性があり、薬剤師の説明を聞いてからでないと（　　　）。

　1　わかるはずだ　　　　　　　　　　2　売ることができる
　3　売ってもらえない　　　　　　　　4　買える

3　日本でも携帯電話が普及し、いまや携帯電話は日常生活に欠かせない
　道具（　　　）定着したといえるだろう。

　1　からいって　　　2　をのぞいて　　　3　に限って　　　　4　として

4　Y市では人口が減りつづけ、今のままでは人口の維持というのは難しい
　（　　　）いる。何か根本的な対策が必要だろう。

　1　とさせて　　　　2　とされて　　　　3　とできて　　　　4　にしてみて

5　今週は朝から仕事が忙しくて、食事をする時間もない（　　　）。

　1　はずはない　　　2　ことはない　　　3　おかげだ　　　　4　くらいだ

6　電話番号（　　　）わかればいいので、住所は書かなくてもいいですよ。

　1　すら　　　　　　2　ばかり　　　　　3　かぎり　　　　　4　さえ

7　まじめな田中さんが、ギャンブル（　　　）するはずがない。

　1　なんか　　　　　2　なんと　　　　　3　なんで　　　　　4　なんに

8　困っているときあの人に助けてもらって、涙が出る（　　　）ありがたかった。

　1　あまり　　　　　2　ため　　　　　　3　ほど　　　　　　4　とき

問題 7　次の文の（　　　）に入れるのに最もよいものを、1・2・3・4から一つ選びなさい。

1　あの患者は重い病気のため、一人では食事（　　　）。

　1　するしかない　　　　　　　　　　　2　せずにはいられない
　3　すらできない　　　　　　　　　　　4　しかできない。

2　少年時代に戻れる（　　　）戻ってみたい。

　1　ものなら　　　　2　わりには　　　　3　ことには　　　　4　わけなら

3　さっきの態度から（　　　）、あの人はあやまる気は全然なさそうだ。

　1　すると　　　　2　いると　　　　3　あると　　　　4　くると

4　信頼できる同僚がいる（　　　）、楽しく仕事ができるのだ。

　1　からこそ　　　　2　からさえ　　　　3　に応じて　　　　4　に加えて

5　二十歳までアメリカにいた（　　　）、彼はほとんど完璧な英語を話す。

　1　のみで　　　　2　にとって　　　　3　だけあって　　　　4　かというと

6　大学の入学書類に「書類は必ず鉛筆で記入する（　　　）。」と書いてあるのに、
　　ボールペンで記入してしまった。

　1　はず　　　　2　のみ　　　　3　こと　　　　4　など

7　A　「鈴木さん。この曲、ピアノで弾けますか」
　　B　「こんな難しい曲は弾けませんよ。ピアノは20年前に習った
　　　　（　　　）ですから」

　1　まで　　　　2　きり　　　　3　ほど　　　　4　ばかり

8　マスコミでは景気がよくなったとは言う（　　　）、失業率はまだ高く、
　　景気回復を実感できない。

　1　ものなので　　　　2　ものの　　　　3　ものなら　　　　4　ものか

정답　**1**③　**2**①　**3**①　**4**①　**5**③　**6**③　**7**②　**8**②　　　　　　　　　해석 별책 p.13

問題 7　次の文の（　　　）に入れるのに最もよいものを、1・2・3・4から一つ選びなさい。

1　人口が増えるとともに、このあたりの住宅事情は悪く（　　　）。

　　1　なるべきだ　　　2　なりぬいた　　　3　なりつつある　　4　なる次第だ

2　桜が散り始め、まるで雪が（　　　）光景だった。

　　1　降ったかのような　　　　　　　　2　降っていそうもない
　　3　降らざるをえない　　　　　　　　4　降りかねない

3　物価や税金も上がり、生活は苦しくなる（　　　）。

　　1　上だ　　　　　2　一方だ　　　　　3　通りだ　　　　4　代わりだ

4　10月の京都は観光シーズンなので、早めの予約が望ましいと（　　　）。

　　1　いうことだ　　　2　いうものだ　　　3　いったことだ　　4　いったものだ

5　彼女は10年もアメリカに住んでいたので、英語が（　　　）。

　　1　うまいわけだ　　　　　　　　　　2　うまくないせいだ
　　3　うまいおかげだ　　　　　　　　　4　うまくないわけだ

6　お母さんの病気はすぐによくなるから、君は何も心配する（　　　）。

　　1　ことはある　　　2　ことはない　　　3　ことである　　4　ことでない

7　車の多い道路で遊んでいる子どもを見て、注意（　　　）いられない。

　　1　しないでは　　　　　　　　　　　2　しなくても
　　3　するわけには　　　　　　　　　　4　するしか

8　10時発の電車に乗り遅れた。次の電車を待つ（　　　）ないだろう。

　　1　ばかり　　　　　2　だけに　　　　　3　しか　　　　　4　から

정답　**1** ③　**2** ①　**3** ②　**4** ①　**5** ①　**6** ②　**7** ①　**8** ③　　　　　해석 **별책** p.13

問題 7 次の文の（　　　）に入れるのに最もよいものを、1・2・3・4から一つ選びなさい。

1 現在警察で事故の原因（　　　）調べを進めている。

  1　にとって　　　　2　によって　　　　3　について　　　　4　にしたがって

2 新薬の輸入（　　　）慎重な調査が行われている。

  1　にかけて　　　　2　につけて　　　　3　にさきだち　　　　4　にこたえて

3 勉強しなかったのだから試験に落ちる（　　　）。

  1　まいか　　　　2　ものによる　　　　3　にすぎない　　　　4　にきまっている

4 国際交流センターでは、留学生との交流（　　　）さまざまな活動を行っている。

  1　の目的として　　　　　　　　　　2　を目的として

  3　の目的からして　　　　　　　　　4　を目的からして

5 この仕事は新入社員（　　　）決して簡単なものではない。

  1　について　　　　2　にとって　　　　3　によって　　　　4　になって

6 閉会（　　　）あたり、社長からお言葉をいただきたいと思います。

  1　を　　　　　　2　で　　　　　　3　と　　　　　　4　に

7 この製品は前のモデルに（　　　）デザインがすっきりしている。

  1　よって　　　　2　くらべて　　　　3　しらべて　　　　4　とって

8 この会社は、健康食品（　　　）、さまざまな生活用品を販売している。

  1　を中心に　　　　2　をめぐって　　　　3　と思えば　　　　4　を問わず

問題 7　次の文の（　　　）に入れるのに最もよいものを、1・2・3・4から一つ選びなさい。

1　上級クラスは、テストの点数と今までの学習期間を（　　　）決定される。
　　1　かねて　　　　　2　もとに　　　　　3　こめて　　　　　4　めぐって

2　通り（　　　）記念品を売る店が並んでいる。
　　1　にわたって　　　2　について　　　　3　によって　　　　4　にそって

3　けさの天気予報では午後から晴れると言っていた。ところが、
　　予報に（　　　）雨が降り続いている。
　　1　反して　　　　　2　限って　　　　　3　際して　　　　　4　対して

4　駅前に大手スーパーが開店したこと（　　　）、地元の商店街は売り上げが
　　急激に落ち込んでしまった。
　　1　をめぐって　　　2　をはじめ　　　　3　を契機に　　　　4　を問わず

5　困難にぶつかった時、友だちの協力はなんとすばらしい（　　　）。
　　1　ことだ　　　　　2　ことか　　　　　3　ものだ　　　　　4　ものか

6　みんなの協力が得られない（　　　）は、この計画はあきらめるしかない。
　　1　まで　　　　　　2　わけ　　　　　　3　うえ　　　　　　4　ほど

7　あんな高いレストランには二度と行く（　　　）。
　　1　ものか　　　　　2　ことか　　　　　3　ようだ　　　　　4　ばかりか

8　頭のいい彼の（　　　）、当然気づいているはずだ。
　　1　ことだから　　　2　だとしても　　　3　だったり　　　　4　なのに

問題 7 次の文の（　　　）に入れるのに最もよいものを、1・2・3・4から一つ選びなさい。

1 この辞書をちょっとお借り（　　　）よろしいでしょうか。

1　されても　　　　2　しても　　　　3　なさっても　　　4　くださっても

2 おうちに帰られたら、お父様（とうさま）によろしく（　　　）ください。

1　もうして　　　　2　おたずね　　　　3　おつたえ　　　　4　いわれて

3 私は村山（むらやま）先生の奥様に、パーティーで一度（　　　）ことがあります。

1　お目にかかった　　　　　　　　2　目にされた
3　ご覧になった　　　　　　　　　4　ご覧くださった

4 田中（たなか）は今電話に出て（　　　）ので、しばらくお待ちください。

1　おります　　　2　いたします　　　3　します　　　　4　なさいます

5 鈴木（すずき）先生、ご相談したいことがあるんですが、先生の研究室に
（　　　）よろしいでしょうか。

1　いらっしゃっても　　　　　　　2　お行きしても
3　うかがっても　　　　　　　　　4　おいでになっても

6 先月引っ越しましたので、近くに（　　　）ときは、ぜひお立ち寄りください。

1　行った　　　　　　　　　　　　2　伺った
3　お越しになった　　　　　　　　4　お邪魔した

7 お借りした本を楽しく（　　　）いただきました。

1　読まれて　　　2　お読みに　　　3　読ませて　　　4　読まされて

8 この間、山田（やまだ）先生がお書きになった論文を、雑誌で（　　　）。

1　拝見いたしました　　　　　　　2　お読みになりました
3　お目にかかりました　　　　　　4　うけたまわりました

문장 완성 실전 연습 ❶　　　　　　　　　　　　　　　　　　　　[　 / 8]

問題 8　次の文の　★　に入る最もよいものを、1・2・3・4から一つ選びなさい。

1　A「契約の件で伝言がありまして」
　　B「そうですか。では、山田が ＿＿＿ ＿＿＿ ★ ＿＿＿ 伝えましょうか」

　　1　よう　　　　　　2　する　　　　　　3　お電話　　　　4　戻り次第

2　結婚して何十年も経つと、＿＿＿ ＿＿＿ ★ ＿＿＿ になる。

　　1　さえ　　　　　　2　がち　　　　　　3　忘れ　　　　　4　結婚記念日

3　下記の住所に引っ越しました。＿＿＿ ＿＿＿ ★ ＿＿＿ お気軽に
　　お立ち寄りください。

　　1　お越し　　　　　2　お近く　　　　　3　に　　　　　　4　の際は

4　注文した家具が届いたので早速 ＿＿＿ ＿＿＿ ★ ＿＿＿ みた。

　　1　とおりに　　　　2　組み立てて　　　3　書いてある　　4　説明書に

5　激しい雨の中を傘を差さずに ＿＿＿ ＿＿＿ ★ ＿＿＿ 高熱で
　　寝込んでしまった。

　　1　治りかけていた　　　　　　　　　2　またひどくなって
　　3　風邪が　　　　　　　　　　　　　4　歩いたせいか

6　今では当たり前のような ＿＿＿ ＿＿＿ ★ ＿＿＿ ことだった。

　　1　時代においては　　　　　　　　　2　海外旅行だが
　　3　夢のような　　　　　　　　　　　4　戦後の貧しかった

7　旅行中、知らない街で ＿＿＿ ＿＿＿ ★ ＿＿＿ 限る。

　　1　おいしい店を　　2　地元の人に　　3　聞くに　　　　4　探すなら

8　株式投資に ＿＿＿ ＿＿＿ ★ ＿＿＿ いきたい。

　　1　知識が　　　　　　　　　　　　　2　ないので
　　3　ちゃんと勉強して　　　　　　　　4　関して

정답　**1**②　**2**③　**3**①　**4**①　**5**③　**6**①　**7**②　**8**②　　　　　해석 **별책** p.14

問題 8 次の文の ＿＿★＿＿ に入る最もよいものを、1・2・3・4から一つ選びなさい。

1 東京で行われる国際会議に、＿＿＿＿ ＿＿＿＿ ＿★＿ ＿＿＿＿ 代表が参加した。

1 主要先進国の　2 アメリカ　　3 とする　　4 をはじめ

2 日ごろお世話になっている ＿＿＿＿ ＿＿＿＿ ＿★＿ ＿＿＿ ギフト券を
プレゼントした。

1 感謝の　　　　　　　　　　2 となりの山田さんに
3 込めて　　　　　　　　　　4 気持ちを

3 研究というのは結果がすぐに出るわけではなく、
＿＿＿＿ ＿＿＿＿ ＿★＿ ＿＿＿ のだ。

1 努力があって　　2 日々の地道な　3 結果に結びつく　4 初めて

4 この国で野球 ＿＿＿＿＿ ＿＿＿＿ ＿★＿ ＿＿＿＿ バスケットボールである。

1 スポーツ　　　　2 に次いで　　　3 人気のある　　4 といえば

5 東京で普通のサラリーマンが家を買うことはかなりむずかしい。
＿＿＿＿ ＿＿＿＿ ＿★＿ ＿＿＿ だろう。

1 場所になる　　　2 通勤に不便な　3 家を買える　　4 としても

6 あなた ＿＿＿＿ ＿＿＿＿ ＿★＿ ＿＿＿ 、ほかには何もいらない。

1 いて　　　　　2 さえ　　　　　3 くれれば　　　4 そばに

7 体に悪い ＿＿＿＿ ＿＿＿＿ ＿★＿ ＿＿＿ 人はたくさんいる。

1 やめられない　　2 と　　　　　3 タバコが　　　4 知りながら

8 好きなことを職業にする人が多いが、私は ＿＿＿＿ ＿＿＿＿ ＿★＿ ＿＿＿＿ した。

1 ことに　　　　　2 音楽が好きだ　3 からこそ　　　4 職業にはしない

정답　**1** ③　**2** ④　**3** ④　**4** ①　**5** ②　**6** ①　**7** ③　**8** ④　　　해석 **별책** p.14

問題 8 次の文の＿＿★＿＿に入る最もよいものを、1・2・3・4から一つ選びなさい。

1 まだ結婚 ＿＿＿＿ ＿＿＿＿ ＿★＿ ＿＿＿＿ わけではありません。

　　1　したくない　　　2　して　　　　　3　結婚　　　　　4　いませんが

2 明日はほかの仕事をしなければならないのだから、この仕事を
＿＿＿＿ ＿＿＿＿ ＿★＿ ＿＿＿＿ いかない。

　　1　帰る　　　　　　2　のまま　　　　3　やりかけ　　　4　わけには

3 絶対に ＿＿＿＿ ＿＿＿＿ ＿★＿ ＿＿＿＿ しないのだから、いつも安全に
気をつけなければならない。

　　1　事故　　　　　　2　存在　　　　　3　起こりえない　4　というものは

4 この車は近ごろ故障ばかりしている。でも、今はお金がない
＿＿＿＿ ＿＿＿＿ ＿★＿ ＿＿＿＿ しかない。

　　1　のは　　　　　　2　ので　　　　　3　我慢する　　　4　新しい車を買う

5 なぜ彼を好きになってしまったのか、急に ＿＿＿＿ ＿＿＿＿ ＿★＿ ＿＿＿＿ ない。

　　1　返事の　　　　　2　聞かれても　　3　しようが　　　4　そんなことを

6 この店では、特に ＿＿＿＿ ＿＿＿＿ ＿★＿ ＿＿＿＿ 注意をはらっている。

　　1　言葉づかいや　2　対する　　　　3　態度に　　　　4　お客に

7 子どもの教育費は ＿＿＿＿ ＿＿＿＿ ＿★＿ ＿＿＿＿ 場合が多い。

　　1　加えて　　　　　2　塾の学費も　　3　学校の学費に　4　かかる

8 当社は、＿＿＿＿ ＿＿＿＿ ＿★＿ ＿＿＿＿、海外製品の輸入を代行しています。

　　1　お客様に　　　　2　国内に　　　　3　かわり　　　　4　お住いの

問題 8　次の文の＿★＿に入る最もよいものを、1・2・3・4から一つ選びなさい。

1　試験を ＿＿＿ ＿＿＿ ＿★＿ ＿＿＿ と決めてがんばることだ。

1　絶対　　　　　　　2　受かってやる　　3　以上は　　　　　4　受ける

2　山本さんは誰に対しても親切だ。＿＿＿ ＿＿＿ ＿★＿ ＿＿＿ のだろう。

1　そんな彼女の　　　　　　　　　2　困っている友達を
3　ほうっておけなかった　　　　　4　ことだから

3　大切な用事があって ＿＿＿ ＿＿＿ ＿★＿ ＿＿＿ しまう。

1　いけないときに　2　遅刻しては　　3　かぎって　　　　4　寝坊して

4　学生である ＿＿＿ ＿＿＿ ＿★＿ ＿＿＿ 仕方ないことだ。

1　のは　　　　　　　2　以上は　　　　3　評価される　　4　成績で

5　この地方は急速に人口が ＿＿＿ ＿＿＿ ＿★＿ ＿＿＿ 、今後も増える
ことはないだろう。

1　何か　　　　　　　2　減っていて　　3　限り　　　　　4　対策を立てない

6　田中さんは書物が大好きで、＿＿＿ ＿＿＿ ＿★＿ ＿＿＿ いい。

1　より　　　　　　　2　ほうが　　　　3　学者といった　4　技術者という

7　彼は進んで ＿＿＿ ＿＿＿ ＿★＿ ＿＿＿ している。

1　手伝いを　　　　　2　ばかりでなく　3　反発ばかり　　4　しない

8　私が ＿＿＿ ＿＿＿ ＿★＿ ＿＿＿ 出発できなかった。

1　みんなも　　　　　2　遅れた　　　　3　予定どおり　　4　ばかりに

정답　**1** ①　**2** ②　**3** ③　**4** ③　**5** ④　**6** ③　**7** ②　**8** ①　　　　　　　　　해석 **별책** p.15

問題 8　次の文の　_★_　に入る最もよいものを、1・2・3・4から一つ選びなさい。

1　今回新しく発売された製品は、＿＿＿＿ ＿＿＿＿ _★_ ＿＿＿＿ 消費電力を半分に減らした。

1　今までの　　　　2　要求にこたえて　3　省エネの　　　　4　製品より

2　今回の事件で明らかになったことは、実際に ＿＿＿＿ ＿＿＿＿ _★_ ＿＿＿＿ 。

1　一部に　　　　2　起こった　　　3　すぎない　　　4　ことの

3　毎日の交通費 ＿＿＿＿ ＿＿＿＿ _★_ ＿＿＿＿ 旅行なんてとても無理です。

1　から　　　　　2　すら　　　　　3　困っているんだ　4　足りなくて

4　中山（なかやま）「今度の休みに竹内（たけうち）さんはどこか行かないの？」
　　　竹内（たけうち）「＿＿＿＿ ＿＿＿＿ _★_ ＿＿＿＿ けど、仕事が入っちゃってるから
　　　　　ちょっと無理そうだなあ」

1　ものなら　　　2　旅行に　　　　3　行きたい　　　4　行ける

5　卒業に ＿＿＿＿ ＿＿＿＿ _★_ ＿＿＿＿ なっている。

1　卒業論文を　　2　際しては　　　3　ことに　　　　4　提出する

6　この作品は、実際に ＿＿＿＿ ＿＿＿＿ _★_ ＿＿＿＿ おり、
　　　その内容が非常に感動的だったので、多くの人たちに強い印象を与えた。

1　基づいて　　　2　描かれて　　　3　起こった　　　4　事件の記録に

7　話し方 ＿＿＿＿ ＿＿＿＿ _★_ ＿＿＿＿ 出身ではないようだ。

1　彼は　　　　　2　から　　　　　3　この地方の　　　4　すると

8　この機械の操作は、＿＿＿＿ ＿＿＿＿ _★_ ＿＿＿＿ 簡単なものではない。

1　すぐに使える　2　といって　　　3　ほど　　　　　4　説明を聞いたから

정답　1①　2①　3③　4①　5④　6①　7①　8①　　　　　　　　해석 **별책** p.15

問題 8　次の文の ___★___ に入る最もよいものを、1・2・3・4から一つ選びなさい。

1　これからも ______ ______ ___★___ ______ 開発を進めていきます。
1　ご指導の　　　　2　もとで　　　　3　新製品の　　　　4　お客様の

2　彼とは ______ ______ ___★___ ______ 連絡を取っていない。
1　一度も　　　　　　　　　　2　会って
3　10年前のクラス会で　　　　4　以来

3　仕事で ______ ______ ___★___ ______ 会ってきた。
1　行った　　　　　　　　　　2　ついでに
3　高校時代の友人に　　　　　4　大阪に

4　ぜんぜん自信がなかった ______ ______ ___★___ ______ たまらない。
1　うれしくて　　　2　ので　　　　3　のに　　　　4　優勝できた

5　前田先生、最近 ______ ______ ___★___ ______ ことで、おうかがいしたい
ことがあるんですが。
1　お書き　　　　2　ご本の　　　　3　先生が　　　　4　になった

6　先日の勉強会には、国際経済を ______ ______ ___★___ ______ いただきました。
1　高木一郎先生に　2　研究されている　3　専門に　　　4　お越し

7　彼が今回の事件に関係がないということは、
あなたが ______ ______ ___★___ ______ です。
1　はず　　　　2　の　　　　3　一番　　　　4　ご存じ

8　お客様のご予算に合わせて、ギフトセットをお作りします。
送料無料で ______ ______ ___★___ ______ おります。お気軽にご相談ください。
1　全国発送も　　　2　指定の　　　3　うけたまわって　4　日にち

問題9 次の文章を読んで、文章全体の内容を考えて、[1]から[5]の中に入る最もよいものを
　　　 1・2・3・4から一つ選びなさい。

　カラオケと聞いて普通イメージするのは、「大人数で楽しく盛り上がるもの」だ
が、どうも最近は [1] 。若い世代では、一人でカラオケに行って楽しむ一人カラ
オケが普通のことになってきているようだ。[2] 一人カラオケを略して、「ヒトカ
ラ」という言葉が登場した。利用者の声を聞くと、「自分の好きな曲を好きなように
歌える」「誰にも気を使わなくて済む」等の声が聞こえた。

　もちろん昔から新曲の練習やストレスを発散するために一人でカラオケ店を訪れ
る客はいた。ただここ数年のカラオケの市場規模が成長しない中で、カラオケ利用
者に占める一人カラオケの利用者の割合は着実に伸びつつある。[3] 「ヒトカラ」
需要の増加を見込んで一人カラオケの専門店の開店も増加している。

　「ヒトカラ」流行の背景として、ある研究者は、「実際に顔を合わせる人間関係を
苦手とする若者が増えている。つまり、他人と常につながっている状態に疲れ、
[4] が増えているからだ」との指摘をしている。他人とのコミュニケーションを
断って一人で楽しむ「ヒトカラ」であるが、今となっては自身の歌う映像をインター
ネットにアップロードし、お互いにコメントするなど、新しいコミュニケーション
の形も生まれている。利用者の中には歌うだけではなく、読書をしたり睡眠をとる
者、部屋に設置されたインターネットを利用して仕事をする者もいるらしい。カラ
オケルームを歌うだけではない「[5]」として使う傾向もある。

1

1　そうなってしまったのだ

2　このような傾向があるらしい

3　そうとしか言いようがない

4　そうではないらしい

2

1　ある　　　　　2　だが　　　　3　この　　　　4　どう

3

1　ところが　　　　　2　そこで　　　　3　たとえ　　　　4　ただし

4

1　一人になりたい人

2　人間関係を深めたい人

3　大人数で楽しみたい人

4　歌のうまい人

5

1　仕事をする空間

2　会話の空間

3　万能的な空間

4　本を読む空間

問題 9　次の文章を読んで、文章全体の内容を考えて、1から5の中に入る最もよいものを
1・2・3・4から一つ選びなさい。

　飛行機が大きな音を立てながら、滑走路を飛び立っていく。ぼくは、その姿を見
るたびに将来、パイロットになりたいと思うのだ。なぜなら、世界中を飛び回る勇
ましい姿のパイロットをテレビで 1 。その人は、こう言った。「好きな事を仕事
にするという事は、とてもすばらしい事です」と。

　しかし、そう簡単には好きな仕事には就けないはずだ。そう感じたのは、ぼくの
お父さんの今までの苦労を聞いたからだ。父は、小さいころから車が好きで、将来
車の仕事に就く夢を持っていたと言った。車は、 2 部品からできている複雑なも
のであり、人の命を乗せて走るものなので、一つでも整備を怠ることはできない。
3 、車の知識をすべて知っておかなければいけなかった。

　当時、父は寮で暮らしていたが、寮の部屋の電気は10時になると切られてしまう
ため、ろうかのあかりで夜遅くまで、勉強していたそうだ。また、様々な資格を取
らなければならず、中には、非常に難しい試験なども含まれており、 4 、何度も
あきらめそうになったことがあったと言う。

　 5 を聞いた時、ぼくは「好き」と「仕事」をいっしょにするのは難しいことだ
と思った。きっとテレビに出ていたあのパイロットも好きな事を仕事にするため、
努力したのだと思う。だからぼくも、社会に貢献できる人間を目指し、何事にも一
生懸命に取り組み、夢に向かって走り続けたい。

（注）飛行機の離陸や着陸のため、地上を走るのに用いる通路

1

1　見るつもりだ	2　見たはずだ
3　見たからだ	4　見るわけにはいかない

2

1　何万点もの	2　いくつかの
3　値段の高い	4　決して多くない

3

1　だから	2　それでも
3　どうして	4　なぜなら

4

1　がんばるしかなく	2　迷うことなく
3　苦しい反面	4　つらさのあまり

5

1　ある話	2　その話
3　パイロットの話	4　将来の話

정답　**1** ③　**2** ①　**3** ①　**4** ④　**5** ②　　　　　해석 **별책** p.16

問題 9 次の文章を読んで、文章全体の内容を考えて、[1]から[5]の中に入る最もよいものを 1・2・3・4から一つ選びなさい。

近年、日本はグローバル化が進んでおり、日常生活で外国人を見ることは決して珍しいことではありません。また、日本の学校に入学する外国人留学生も多いです。

その際に、必要になるのが日本での住居です。外国人が日本で部屋を探すときにはいくつかの注意することがあります。

まず費用のことです。お部屋探しをしている人にとって、契約をする時にどれくらいの費用がかかるかは気になるところです。[1] どれくらいの費用を準備したらいいのかよく分からない人が多いはずです。部屋を借りるときに必要な費用は[2]少しずつ異なります。全国どこでも同じというものではありません。[3]、東京の場合、部屋を借りるときには、敷金、礼金、仲介手数料、家賃の先払い分、となります。ただし、物件によっては、敷金や礼金がいらない場合もあります。

次は、外国人に部屋を貸してくれるかどうかです。部屋を探しに不動産屋に行っても、[4]場合があります。理由としては、不動産業者が語学対応ができないケースや外国人をお断りしていることがあるからです。日本はグローバル化が進んできており、外国人に対してのサービスも向上をしてきています。[5]、不動産業界はまだまだ閉鎖的な部分があることも事実です。そのため、外国人留学生が部屋を探すときは、語学対応をしてもらえる業者に行くか、外国人が入居できる物件を管理している業者に行くことが肝心です。

해석 별책 p.16

1

1 たとえ

2 いったい

3 もしかして

4 いつの間にか

2

1 地域によって

2 地域にくわえて

3 地域にともなって

4 地域にかかわらず

3

1 たとえば

2 かなり

3 だいぶ

4 案外

4

1 やさしく案内してくれる

2 思ったより簡単に紹介してもらう

3 なかなか紹介してもらえない

4 日本人の業者がいない

5

1 その上に

2 しかしながら

3 もしかしたら

4 したがって

정답 **1** ② **2** ① **3** ① **4** ③ **5** ②

問題 9 次の文章を読んで、文章全体の内容を考えて、☐1から☐5の中に入る最もよいものを
1・2・3・4から一つ選びなさい。

　この間、僕の友達が道にゴミを平気で捨てているのを見た。コンビニに行って、
お菓子やパンなどを買い、食べ歩きながら、食べ終わった袋とかをポイと捨ててし
まう。きっと、その時は何も考えずに、ゴミを持っていることがいやで、ゴミ箱も
なかったから、ポイ捨てして行ったのだろう。つまり、ポイ捨ては何かに夢中になっ
ていて、自分のことしか考えていないときに起こると考えてもよいのではないだろ
うか。

　このとき、もしも他人のことを考えていたら、☐1 のかもしれない。もし、自分
のことしか考えていない人が自分の家の前で、ゴミを捨てて行ったら、☐2 は迷惑
だと思うだろう。つまり、ポイ捨ては人を☐3 のだ。

　ポイ捨てがよくないと思う一番の理由は、ポイ捨ては街中を不衛生にするから
だ。道端のゴミ捨て場で、ネットを破ったカラスがゴミを散らかしているのを見
て、きれいだと感じる人は、一人もいないだろう。☐4 、すべての人が汚いと感じ
るだろう。もしもポイ捨てされたゴミをカラスがつついたら、ものすごく散らかさ
れてしまうはずだ。町を通るすべての人がポイ捨てをしたら、ゴミの街になってし
まう。

　確かに、☐5 もゴミを持ち歩くことはいやだとは思う。だが、ポイ捨てをするこ
とは良くない。ポイ捨てをするときはすっきりするが、ポイ捨てされたほうの人の
気持ちを考えてみなければならない。

1

1 コンビニへ行かなかった

2 ゴミを道に捨てた

3 食べながら歩かなかった

4 ゴミをゴミ箱に捨てていた

2

1 そこに住んでいる人

2 家の前を通る人

3 ゴミを捨てる人

4 自分のことしか考えていない人

3

1 夢中にさせる

2 考えさせる

3 不愉快にさせる

4 感心させる

4

1 かえって

2 大して

3 おそらく

4 意外に

5

1 この人

2 どんな人

3 ある人

4 そこの人

정답 **1** ④ **2** ① **3** ③ **4** ③ **5** ②

問題 9 次の文章を読んで、文章全体の内容を考えて、□1□から□5□の中に入る最もよいものを
1・2・3・4から一つ選びなさい。

　日本人はマナーにうるさい人種ですが、日本でのマナーや常識が世界で通用する
とは限りません。例えば公共交通機関で通話禁止というルールは日本だけといって
いいくらいです。イタリアでは、移動中の空き時間こそ電話タイムであるかのよう
に、多くの人が家族や恋人に電話するだけでなく、仕事の電話まで済ませてしまう
人もいます。□1□に限らず、日本のこのルールについては疑問に感じる外国人が多
いです。

　□2□、日本では当たり前だけどイタリアではあまり見られない光景は、車内での
居眠りです。睡眠は、□3□、公共の場で寝顔を見られることに日本人以上に抵抗を
感じる人が多いようです。

　ルールには厳しい日本人ですが、座席の譲り合い□4□自己中心的な人が多く見ら
れるという非難の声も聞かれました。イタリアでは、優先席でなくてもお年寄りや
妊婦の方に座席を譲ってあげます。妊婦さんには、スーパーのレジでさえも一番前
に優先したり、街でお年寄りの荷物を持ってあげることもありますが、日本は普段
からそのような他人同士の触れ合いが少ないので、席の譲り合いでも声をかけるの
に勇気がいるのかもしれませんね。

　日本の□5-a□が世界の□5-b□になる場合もあることを覚えてください。私たち日
本人が外国に行って冷たい視線で見られることもあるかもしれないので、日本の電
車内でマナーを破っている外国人がいても、大目に見てあげてくださいね。

해석 **별책** p.17 (top-right reference)

1

1　日本人

3　電車内の人

2　イタリア人

4　家族や恋人

2

1　同様に

3　逆に

2　実は

4　単純に

3

1　たくさんとるべきものなので

3　いつでもいいはずなので

2　車内でとってもいいもので

4　家でとるものなので

4

1　に関しては

3　はともかく

2　にくわえて

4　をもとにして

5

1　a ルール / b 常識

3　a 疑問 / b 非常識

2　a 疑問 / b ルール

4　a 常識 / b 非常識

정답　**1** ②　**2** ③　**3** ④　**4** ①　**5** ④

N2

1교시

독해

독해 완전 정복을 위한 꿀팁!

독해는 번역과는 다릅니다. 보물찾기처럼 힌트를 찾아서 정답과 관련된
문장만 해석하여 푸는 것이 효율적인 독해 접근 방법입니다. 정답을 고를
때에는 오답을 하나씩 지워 나가는 연습을 하는 것이 좋습니다.

●問題10 내용 이해(단문)
단문 독해는 마지막 1~2줄에 필자의 주장이 있으니 그 부분에 주의하여
읽는 연습을 합니다.

●問題11 내용 이해(중문)
중문 독해는 단문이 2개라는 생각으로 접근합니다. 밑줄 문제는 90%
이상 앞뒤 문장에 힌트가 있다고 보면 됩니다.

●問題12 종합 이해
지문 A, B의 공통점과 차이점을 찾는 연습을 합니다. 2문제 중 1문제는
무조건 맞힐 수 있을 것입니다.

●問題13 주장 이해(장문)
장문 독해는 단문이 3개라는 생각으로 접근합니다. 지문을 3단락으로
나눈다고 할 때, 단락별로 1문제씩 출제됩니다. 시간 배분을 위해 어려운
문제의 단락은 과감하게 패스하고 푸는 연습도 필요합니다.

●問題14 정보 검색
정보 검색에서는 문제에 나오는 조건을 지문에 표시하며 풉니다. 그리고
예외적 사항과 관련된 부분에는 항상 조심해야 합니다.

PART 1

워밍업

1. 비법 전수
2. 비법 어휘

問題 10 내용 이해 (단문) 

● ● 유형 분석

1 5지문, 5문제가 출제된다.

2 주로 생활, 학습, 일상적인 화제, 비즈니스 문서를 주제로 200~300자 정도의 짧은 글을 읽고 내용을 이해하고 있는지를 묻는 문제이다.

3 문제당 3분 내외로 푸는 것이 좋다.

4 출제 유형

(1) 필자의 주장을 묻는 문제 - 평균 3문제 이상

  필자의 주장을 찾는 문제는 주로 마지막 부분에 결정적인 힌트가 주어지는 경우가 많다.

(2) 밑줄 친 부분의 의미 파악 문제 - 평균 1문제 이하

  단문 독해에서 밑줄 친 부분에 대한 문제는 자주 출제되는 유형은 아니다.

  설령, 출제가 되더라도 전체적인 문장의 흐름을 잘 파악해 두면 어렵지 않게 풀 수 있다.

(3) 내용 파악 문제 - 평균 1문제 이하

  역시 단문 독해에서 자주 출제되는 유형은 아니지만 간혹 출제되기도 하니 파악은 해 두도록 하자.

예시 문제

次の文章を読んで、後の問いに対する答えとして最もよいものを、1・2・3・4から一つ選びなさい。

芸術と生活は密接な関係がある。有名な作家や画家たちの生活空間は一般人のそれとはかけ離れた違いがある。家の構造や仕事部屋の構造、空間の配置など様々な面において芸術とかけ離れた人のそれとは違う。現実世界である生活の空間から芸術が生まれていることは否定できない事実と言えるが、生活の空間をどのように変えていくかにより、多様な芸術作品が誕生することになるわけである。生活の空間が与える力は無視できないのである。

1 この文章で筆者が一番言いたいことは何か。

1 日常生活の中で作られる芸術作品は驚くべきものだ。

2 現実空間で芸術が占める影響力は大きい。

3 生活の空間が芸術に及ぼす影響力は大きい。

4 家のあちこちを芸術作品で装飾しなければならない。

정답 3

해 석 다음 문장을 읽고 다음 질문에 대한 답으로서 가장 적당한 것을 1·2·3·4에서 하나 고르시오.

예술과 생활은 밀접한 관계가 있다. 유명한 작가나 화가들의 생활 공간은 일반인의 그것과는 현격한 차이가 있다. 집의 구조나 작업실의 구조, 공간의 배치 등 다양한 면에서 예술과 동떨어진 사람의 그것과는 다르다. 현실 세계인 생활 공간으로부터 예술이 탄생하고 있는 것은 부정할 수 없는 사실이라고 말할 수 있지만, 생활의 공간을 어떻게 바꾸어 가는가에 의해, 다양한 예술 작품이 탄생하게 되는 것이다. 생활 공간이 주는 힘은 무시할 수 없는 것이다.

이 문장에서 필자가 가장 말하고 싶은 것은 무엇인가?

1 일상 생활 속에서 만들어지는 예술 작품은 놀랄 만한 것이다.
2 현실 공간에서 예술이 차지하는 영향력은 크다.
3 생활 공간이 예술에 미치는 영향력은 크다.
4 집의 여기저기를 예술 작품으로 장식해야 한다.

해 설 생활 공간이 예술에 미치는 힘이 크다는 선택지 3번이 정답이다. 선택지 1,2,4번에 대한 언급은 없기 때문에 정답이 될 수 없다.

Tip 시험에 나오는 지문에서 필자의 의견에 관한 내용은 마지막에 나오는 경향이 있다.

●● 유형 분석

1 3지문, 9문제가 출제된다.

2 주로 500~700자 정도의 비교적 쉬운 신문이나 잡지의 기사나 평론, 일상적인 화제에 관한 글을 읽고 내용을 이해했는지를 묻는 문제이다.

3 지문당 7분 내외로 푸는 것이 좋다.

4 출제 유형

(1) 밑줄 친 부분의 의미 파악 문제 – 평균 5문제 이상

중문 독해에서 가장 자주 출제되는 유형이 바로 밑줄 친 부분에 대해 묻는 것이다. 많이 출제될 때는 한 지문에서 2문제 이상이 출제되기도 한다.

(2) 필자의 주장을 묻는 문제 – 평균 2문제 이상

필자의 주장이나 문장의 결론을 찾는 문제는 주로 마지막 부분에 결정적인 힌트가 주어지는 경우가 많다.

(3) 내용 파악 문제 – 평균 2문제 이상

✔ 마지막 1~2줄에 결정적 힌트가 나오는 경우가 많다!

✔ 문제를 먼저 읽고, 본문을 2~3개의 단락으로 나누는 연습을 하자!

예시 문제

次の文章を読んで、後の問いに対する答えとして最もよいものを、1・2・3・4から一つ選びなさい。

①ある調査機関の発表によると会社生活の中、最も大変なことは、与えられた業務ではなく人との関係であるという。取引先の人または職場の上司との対立によって会社をやめる場合が珍しくない。同様に家庭生活においても、大変なのは収入のことではなく、家族との対話であるという。人との関係を正しく維持するのが一番大変な時代になったと言えるだろう。

最近、よく言われる言葉の中で②「意思疎通」というものがある。「疎通」とはふさがっていない、よく通じることを意味する。意思疎通がうま

くいかなくて生じる問題は様々である。単純な誤解から喧嘩、殺人、放火
などの数多くの問題が発生している。近所との意思疎通、職場内での意思
疎通、家族間での意思疎通など、悩みのない生活のためにはよく通じなけ
ればならないところが非常に多いということである。

　意思疎通は、もう他人との関係において、なくてはならないものになっ
てしまった。正しい意思疎通のための前提条件は相手の話をよく聞くこと
である。聞いていないと相手とは話にならず、結局は不通につながり、孤
立した社会生活と人間関係になるに違いない。相手の話に関心を持ちなが
ら、自分の利益のための関係ではなく、楽しい関係を作っていこう。

1　①ある調査機関の発表から分かることは何か。

　　1　会社生活が辛い理由

　　2　家庭において正しい関係を維持する方法

　　3　正しい対人関係を保つことができる方法

　　4　対人関係が持つ重要性

2　筆者は、②「意思疎通」についてどう考えているか。

　　1　簡単な方法でよい効果を得ることができる。

　　2　しっかりと行われていないと多くの問題が生じてしまう。

　　3　近所同士の意思疎通は何より重要である。

　　4　社会問題の解決のために意思疎通の技を学ぶべきである。

3　筆者は正しい意思疎通についてどう述べているか。

　　1　相手の話に関心を持つことが重要である。

　　2　意思疎通ができなかった理由を見つけなければならない。

　　3　個人の意思疎通が社会のそれにつながる。

　　4　他人との正しい意思疎通を通じて自分の価値も高まる。

①어느 조사기관의 발표에 의하면, 회사 생활 중에, 가장 힘든 것은, 주어진 업무가 아니라, 사람과의 관계라고 한다. 거래처 사람 또는 직장 상사와의 대립으로 인해서 회사를 그만두는 경우가 드물지 않다. 마찬가지로 가정 생활에서도, 힘든 것은 수입이 아니라, 가족과의 대화라고 한다. 사람과의 관계를 올바르게 유지하는 것이 가장 힘든 시대가 된 것이라고 말 할 수 있는 것이다.

요즘 자주 듣는 말 중에서 ② '의사소통'이라고 하는 것이 있다. 소통이라는 것은 막히지 않고 잘 통하는 것을 의미한다. 의사소통이 잘 되지 않아서 발생하는 문제들은 다양하다. 단순한 오해로부터 싸움, 살인, 방화 등 수 많은 문제가 발생하고 있다. 이웃과의 의사소통, 직장 내에서의 의사소통, 가족 간의 의사소통 등, 고민 없는 삶을 위해서는 잘 통해야 할 부분이 매우 많다는 것이다.

의사소통은 이제 다른 사람과의 관계에서, 없어서는 안 되는 것이 되어 버렸다. 올바른 의사소통을 위한 전제 조건은 상대방의 이야기를 잘 듣는 것이다. 듣지 않으면 상대방과는 이야기가 되지 않고, 결국은 불통으로 이어져서 고립된 사회 생활과 인간관계가 될 것임에 틀림없다. 상대방의 이야기에 관심을 가지면서 자신의 이익을 위한 관계가 아닌 즐거운 관계를 만들어 가자.

1　① 어느 조사기관의 발표에서 알 수 있는 것은 무엇인가?

　1　회사 생활이 힘든 이유

　2　가정에서 올바른 관계를 유지하는 방법

　3　올바른 대인 관계를 유지할 수 있는 방법

　4　대인 관계가 가지고 있는 중요성

2　필자는 ②의사소통에 대해서 어떻게 생각하고 있는가?

　1　간단한 방법으로 좋은 효과를 얻을 수 있다.

　2　제대로 이루어지고 있지 않으면, 많은 문제가 발생된다.

　3　이웃 간의 소통은 무엇보다 중요하다.

　4　사회 문제의 해결을 위해서 의사소통의 기술을 배워야 한다.

3　필자는 올바른 소통에 대해서 어떻게 말하고 있는가?

　1　상대방의 이야기에 관심을 가지는 것이 중요하다.

　2　의사소통이 되지 않은 이유를 찾아야 한다.

　3　개인의 의사소통이 사회의 그것으로 이어진다.

　4　다른 사람과의 올바른 의사소통을 통해서 자신의 가치도 높아진다.

해 설　**1**　대인 관계의 중요성에 대해서 언급하고 있는 선택지 4번이 정답이라는 것을 알 수 있다. 회사와 가정을 각각 따로 언급하고 있는 것이 아니기 때문에 선택지 1번, 2번은 정답이 될 수 없고, 선택지 3번에 대한 언급은 없었다.

　　2　소통이 잘 되지 않으면 여러 가지 문제가 발생하게 된다는 내용으로, 선택지 2번이 정답이다. 이웃과의 의사소통만의 문제가 아니기 때문에 선택지 3번은 정답이 될 수 없고, 선택지 1, 4번에 대한 언급은 없었다.

　　3　상대방의 이야기에 관심을 가지고 자신의 이익을 추구하지 않는 것이 바람직하다고 필자는 주장하고 있다. 따라서 정답은 선택지 1번이다.

● ● 유형 분석

1 2문제가 출제된다.

2 한 가지 주제에 대한 두 지문을 읽고 그 내용을 이해했는지 묻는다.
보통 신문 사설이나 잡지, 비평 형태의 지문이며 600자 정도로 구성된다.

3 총 7분 내외로 푸는 것이 좋다.

4 출제 유형
   (1) 필자의 입장을 묻는 문제 – 평균 1문제
   (2) 공통된 의견 찾는 문제 – 평균 1문제

✓ 내용이 어려울 때는 찬성 VS 반대 또는
긍정 VS 부정의 관계로 정리해 보자!

예시 문제

　次のAとBはそれぞれ、朝ごはんを食べることについて書かれた文章である。二つの文章を読んで、後の問いに対する答えとして最もよいものを、1・2・3・4から一つ選びなさい。

A

　朝ご飯を食べるのが健康に良いという研究結果からも分かるように、なるべく欠かさない方が良い。朝ご飯は脳活動に必要な栄養を提供して、夜の間に空腹になっている状態を解消させることができる良い活動である。空腹の時間が長くなると、暴食につながる確率も高くなり、健康を害する恐れがある。また、朝食を準備する行動により、余裕をもって一日を始められることになり、精神的にも良い効果があるという。ダイエットのために朝食を食べない人が多いが、これは間違ったことである。ある研究機関が発表した内容によると、朝食を摂取する人が、そうでない人より30%以上のダイエットの効果を得ることができるという。

B

　朝食を欠かさないことが健康に良いと言われているが、すべての場合において必ずしもそうではない。眠りから覚めてすぐに食事をすることは、消化器官の障害とストレスや高血圧につながる可能性もあるという。体が十分に活動をしていない状態の食事は、むしろ健康を損なう可能性があるということである。

　さて、病気ではない人が、慌ただしい朝の時間にまともな食事ができない場合は、果物やサラダなどといった軽い食事でもした方が良い。長い時間、栄養を吸収しないでいると、いろんな病気の原因になりやすいからである。朝余裕のある食事の時間がとれないのであれば、自分の生活環境に合う食習慣の改善が必要である。何も食べないのが、もっとも良くないことである。

1　AとBの両方の文章にも触れられている内容は何か。

　　1　朝食が人体に及ぼす影響

　　2　朝食が与える副作用

　　3　朝食がダイエットに及ぼす効果

　　4　朝の食事と生活環境の関連性

2　AとBは朝食について、何が大切だと述べているか。

　　1　AもBも、朝は軽い食事にすることが重要だと述べている。

　　2　AもBも、自分の状況に合った食事をすることが重要だと述べている。

　　3　Aは朝余裕のある食事が重要だと述べ、Bは簡単な食事でもとったほうがよいと述べている。

　　4　Aはダイエットのために朝ご飯を食べるべきだと述べ、Bは食事とダイエットは関係がないと述べている。

 다음 A와 B는 각각 아침밥을 먹는 것에 대해 쓰인 글이다. 두 글을 읽고 다음의 물음에 대한 답으로 가장 알맞은 것을 1·2·3·4에서 하나 고르시오.

A

아침밥을 먹는 것이 건강에 좋다는 연구 결과에서도 알 수 있듯이, 가능한 거르지 않는 것이 좋다. 아침밥은 뇌 활동에 필요한 영양분을 제공하고, 밤 사이에 공복이 되어 있는 상태를 해소 시킬 수 있는 좋은 활동이다. 공복 시간이 길어지면 폭식으로 이어질 확률도 높아져서, 건강을 해칠 우려가 있다. 또한, 아침 식사를 준비하는 행동으로 인해, 여유를 가지고 하루를 시작할 수 있게 되어, 정신적으로도 좋은 효과가 있다고 한다. 다이어트를 위해서 아침을 먹지 않는 사람이 많지만, 이것은 잘못된 일이다. 어느 연구기관에서 발표한 내용에 의하면, 아침식사를 섭취하는 사람이, 그렇지 않은 사람보다 30% 이상, 다이어트 효과를 얻을 수 있다고 한다.

B

아침식사를 거르지 않는 것이 건강에 좋다고 말해지고 있지만, 모든 경우에 있어서 반드시 그렇지는 않다. 잠에서 깨어 바로 식사를 하는 것은, 소화기관의 장애와 스트레스나 고혈압으로 이어질 가능성도 있다고 한다. 몸이 제대로 활동을 하지 않는 상태의 식사는 오히려 건강을 해칠 가능성이 있다는 것이다.
그런데, 병에 걸리지 않은 사람이, 분주한 아침 시간에 제대로 된 식사를 하지 못할 경우에는, 과일이나 샐러드 등의 가벼운 식사라도 하는 것이 좋다. 오랜 시간 동안, 영양분을 흡수하지 않고 있으면, 여러 질병의 원인이 되기 쉽기 때문이다. 아침에 여유 있는 식사 시간을 취할 시간이 없다면, 자신의 생활 환경에 맞는 식습관의 개선이 필요하다. 아무것도 먹지 않는 것이, 가장 좋지 않은 것이다.

1 A와 B의 양쪽 문장에서 언급하고 있는 내용은 무엇인가?

  1 아침식사가 인체에 미치는 영향

  2 아침식사가 주는 부작용

  3 아침식사가 다이어트에 미치는 효과

  4 아침식사와 생활 환경의 연관성

2 A와 B는 아침식사에 대해서, 무엇이 중요하다고 말하고 있는가?

  1 A도 B도 아침은 가벼운 식사로 하는 것이 중요하다고 말하고 있다.

  2 A도 B도 자신의 상황에 맞는 식사를 하는 것이 중요하다고 말하고 있다.

  3 A는 아침에 여유로운 식사가 중요하다고 말하고, B는 간단한 식사라도 하는 편이 좋다고 말하고 있다.

  4 A는 다이어트를 위해서 아침밥을 먹어야 한다고 말하고, B는 식사와 다이어트는 관계가 없다고 말하고 있다.

해 설 **1** 아침식사가 인체에 미치는 영향에 대해서 알 수 있다. 따라서 정답은 선택지 1번이다. 선택지 2번과 4번은 B만, 선택지 3번은 A만 언급을 하고 있기 때문에 정답이 될 수 없다.

    2 A는 여유로운 아침식사를 권하고 있고 B는 반드시 밥을 먹지 않아도 좋다고 말하고 있기 때문에, 정답은 선택지 3번이다.

●● 유형 분석

1 1지문, 3문제가 출제된다.

2 900자 정도의 논리적인 이해 전개가 비교적 명쾌한 지문이 제시된다. 주로, 신문이나 잡지의 기사나 평론 또는 일상적인 화제에 관한 글로, 필자의 주장이나 의견을 파악했는지를 묻는다.

3 3문제에 10분 내외로 푸는 것이 좋다.

4 출제 유형 : 기본적으로 내용 이해(중문) 독해와 유사하다.

  (1)　밑줄 친 부분의 의미 파악 문제

  (2)　필자의 주장을 묻는 문제

  (3)　내용 파악 문제

예시 문제

次の文章を読んで、後の問いに対する答えとして最もよいものを、1・2・3・4から一つ選びなさい。

社会人にとって退社時間というのはどんな意味を持っているか。出勤時間に対する考えは大体似ているようである。ほとんどの人は、いつもばたばた出勤の準備をする時間という考えを持っている。それなら、退社時間に対する社会人の考えはどうだろうか。ある調査機関の①退社時間に関する認識調査の発表によると、退社時間を一日の終わりと考えている人もいれば、また別の業務時間として考える人も、幸せを感じる時間と考える人もいるという。すなわち、ある程度例外なく、決まった意見が出ている出勤時間とは異なり、退社時間に関する社会人たちの考えは様々だということである。

（中略）

　個人的な私の意見は、退社時間に会社の仕事をするのはよくないと思う。退社時間は業務時間ではない。出勤時間、業務時間、退社時間という用語が厳然（げんぜん）として存在しているにもかかわらず、退社時間が業務時間になることは間違っていると思うからである。退社時間の後は、家族との時間、自分のための時間など、仕事ではなく他の何かをするための時間なのである。週末に会社の仕事をするのも同様である。週末には週末のための時間が存在する。業務時間以外の時間に仕事をすること、それ自体がおかしいことであるといくら強調しても言い過ぎではないと思う。業務時間に与えられたことが処理し切れなかったから残業をする、退社後も家にまで持ってきて仕事をする、週末までも続ける。業務時間に与えられた仕事ができないというのは、会社の方が過度（かど）な業務をさせたということ、あるいは本人の力不足ということになるのではないだろうか。いずれにしろ、良い現象ではなく、必ず解決されるべき課題として扱うべきである。

　今我々が生きている時代では②退社後の時間が重視されている。幸せを感じる時間はほとんど仕事をしていない時間であるから。家族との時間、友達との時間、恋人との時間など、我々は、その時間にやるべきことがいくらでもあるのである。自分に幸福を与える時間を諦める人生ほど悲惨なものはない。退社時間を退社時間と言えない条件のもとで仕事をしているのであれば、幸せの時間のために会社を辞めるべきだと言ってあげたい。

1　①退社時間に関する認識調査の発表からわかることは何か。

1　退社時間に対する人の考えは否定的だということ

2　普遍的な定義を下すのは難しいこと

3　幸せを与える時間として考える人が多いこと

4　出勤時間の反対概念として考えていること

2 筆者は、退社後の時間についてどう考えているか。

  1 退社時間後は家族との時間として過ごさなければならない。

  2 個人的な時間で、他の影響を受けてはならない。

  3 退社後の時間は業務時間とは違う時間であるべきだ。

  4 やむを得ない事情がない限り、自分のための時間として使うべきである。

3 筆者は、なぜ②退社後の時間が重視されていると述べているか。

  1 自分に幸せを与えることができる時間だから

  2 幸福のために他の人と交流する唯一の時間だから

  3 個人的な時間を無視する行為は望ましくないから

  4 退社後の時間に仕事をするのは悲惨な人生だから

정답 2/3/1

해 석　다음 문장을 읽고 다음 질문에 대한 답으로서 가장 적당한 것을 1·2·3·4에서 하나 고르시오.

회사원에게 있어서 퇴근 시간이라는 것은 어떤 의미를 가지고 있을까? 출근 시간에 대한 생각은 대체로 비슷한 것 같다. 대부분의 사람은 항상 분주하게 출근 준비를 하는 시간이라는 생각을 가지고 있다. 그렇다면 퇴근 시간에 대한 직장인의 생각은 어떨까? 어떤 조사 기관의 ①퇴근 시간에 관한 인식 조사의 발표에 의하면, 퇴근 시간을 하루의 끝이라고 생각하는 사람도 있고, 또 다른 업무 시간으로 생각하는 사람도, 행복을 느끼는 시간으로 생각하는 사람도 있다고 한다. 즉, 어느 정도 예외 없이 일정한 의견이 나오는 출근 시간과는 달리, 퇴근 시간에 대한 직장인들의 생각은 다양하다는 것이다.

(중략)

개인적인 나의 의견은 퇴근 시간에 회사 일을 하는 것은 좋지 않다고 생각한다. 퇴근 시간은 업무 시간이 아니다. 출근 시간, 업무 시간, 퇴근 시간이라는 용어가 엄연하게 존재하고 있는 데도 불구하고, 퇴근 시간이 업무 시간이 되는 것은 잘못 되었다고 생각하기 때문이다. 퇴근 시간 이후에는 가족과의 시간, 자신을 위한 시간 등 일이 아니라 다른 무언가를 하기 위한 시간인 것이다. 주말에 회사 일을 하는 것도 마찬가지다. 주말에는 주말을 위한 시간이 존재한다. 업무 시간 이외의 시간에 일을 하는 것, 그 자체가 이상한 것이라고 아무리 강조해도 지나치지 않다고 생각한다. 업무 시간에 주어진 일을 다 처리할 수 없었기 때문에 야근을 하고, 퇴근 후에도 집까지 가지고 와서 일을 하고, 주말까지도 계속한다. 업무 시간에 주어진 일을 할 수 없다는 것은, 회사가 과도한 업무를 시키는 것, 그렇지 않으면 본인의 능력 부족이라는 것이 되는 것이 아닐까? 어느 쪽이라 할지라도, 좋은 현상은 아닌, 반드시 해결되어야 할 과제로 다루어야 한다.
지금 우리가 살고 있는 시대에서는 ②퇴근 이후의 시간이 중요시되고 있다. 행복을 느끼는 시간은 대부분 일을 하고 있지 않는 시간이기 때문이다. 가족과의 시간, 친구와의 시간, 연인과의 시간 등, 우리는 그 시간에 해야 할 일이 얼마든지 있다는 것이다. 자신에게 행복을 주는 시간을 포기하는 인생만큼 비참한 것은 없다. 퇴근 시간을 퇴근 시간이라고 말할 수 없는 조건에서 일을 하고 있는 것이라면, 행복한 시간을 위해서 회사를 그만두어야 한다고 말해 주고 싶다.

1　①<u>퇴근 시간에 관한 인식 조사 발표</u>에서 알 수 있는 것은 무엇인가?

1　퇴근 시간에 대한 사람들의 생각은 부정적이라는 것

2　보편적인 정의를 내리는 것은 어렵다는 것

3　행복을 주는 시간으로 생각하는 사람이 많다는 것

4　출근 시간의 반대 개념으로서 생각하고 있는 것

2　필자는 퇴근 후의 시간에 대해서 어떻게 생각하고 있는가?

1　퇴근 시간 이후는 가족과의 시간으로 보내야만 한다.

2　개인적인 시간이고, 다른 것의 영향을 받아서는 안 된다.

3　퇴근 후의 시간은 업무 시간과는 다른 시간이 되어야 한다.

4　어쩔 수 없는 사정이 없는 한, 자신을 위한 시간으로 사용해야 한다.

3　필자는 왜 ②<u>퇴근 이후의 시간이 중요시되고 있다</u>고 말하고 있는가?

1　자신에게 행복을 줄 수 있는 시간이기 때문에

2　행복을 위해서 다른 사람과 교류하는 유일한 시간이기 때문에

3　개인적인 시간을 무시하는 행위는 바람직하지 않기 때문에

4　퇴근 후의 시간에 일을 하는 것은 비참한 인생이기 때문에

해 설　**1**　퇴근 시간에 대해서 직장인들의 생각은 다양하다는 내용은 보편적인 정의를 내리기 어렵다는 것과 같은 맥락이다. 따라서 정답은 선택지 2번이다.

2　필자는 퇴근 후의 시간이 업무 시간이 되는 것은 잘못 된 것이라는 주장을 하고 있다. 따라서 정답은 선택지 3번이다. 가족과의 시간만이 중요한 것은 아니기 때문에 선택지 1번은 정답이 될 수 없다. 또한, 반드시 자신만의 개인적인 시간을 가져야 하는 것은 아니기 때문에 선택지 2번, 4번은 정답이 될 수 없다.

3　필자는 주로 업무 시간 외에 행복을 느낀다고 말하고 있기 때문에 정답은 선택지 1번이다. 다른 사람과의 교류를 통해서만 행복을 느끼는 것은 아니기 때문에 선택지 2번은 정답이 될 수 없다. 개인적인 시간만이 행복을 주는 것은 아니므로, 선택지 3번도 정답이 될 수 없다. 선택지 4번의 경우, 필자의 주장이라고 해석하기에는 무리가 있다.

● ● 유형 분석

1 1지문, 2문제가 출제된다.

2 600~700자 정도로 구성된다. 주로 일상 생활과 관련된 정보성 글(전단지, 홍보지, 팸플릿)이나 신청 안내에 관한 글에서 필요한 정보를 찾을 수 있는지를 묻는다.

3 2문제에 7분 내외로 푸는 것이 좋다.

4 출제 유형

　(1) 내용 파악 문제

　(2) 정보 검색 문제

예시 문제

　　　右のページは、桜原区の人材育成事業の受講生募集の案内である。下の問いに対する答えとして、最もよいものを、1・2・3・4から一つ選びなさい。

1　桜原区在住で、２０歳の山田さんは、平日の午前中は大学に行き、週末はアルバイトをしている。山田さんが応募可能な講座はいくつか。

　　1　1つ

　　2　2つ

　　3　3つ

　　4　4つ

2　募集の内容に合っているものはどれか。

　　1　桜原区に住んでいる人なら、誰でも応募できる。

　　2　講座を受講すれば、修了証書がもらえる。

　　3　講座の受講ができる人は限られている。

　　4　応募は、区役所のホームページを利用する。

桜原区　人材育成事業　受講生募集

　桜原区では、町内会の地域コミュニティの活性化を図るため、そのメンバーとなって活動できる人材を育成することを目的に、「桜原区の人材育成事業」を開催いたします。

- ◉ 対象者　　　　　桜原区の町内会に加入している人及び、桜原区に住んでいる人（18歳以上から60歳まで）
- ◉ 申し込み
  - ・申し込み方法　　申込書に必要事項を記入し、FAXまたは郵便で桜原区役所地域総務課へ送ってください。
  - ・申し込み期限　　２月26日（金）午後５時00分まで
- ◉ 定員　　　　　　50名
- ◉ 料金　　　　　　無料（各講座テキスト代500円別途）
- ◉ 場所　　　　　　桜原区役所５階大会議室
- ◉ 講座案内

コース	講座内容	日時
第1回	安全な町づくり　セミナー	４月６日（水） 10:00〜13:00
第2回	住民協力　セミナー	４月10日（日） 10:00〜13:00
第3回	町内会運営紹介（会計実務の習得）	４月18日（月） 13:00〜16:00
第4回	町内会の会員の活動紹介、保育園の支援業務 町内会の来年の活動計画	４月23日（土） 13:00〜16:00

※ 講座の日時・内容等は、変更になる場合があります。

- ◆　４回すべて受講された方には、桜原区長から修了証書を差し上げます。
- ◆　問い合せは桜原区役所のホームページをご利用ください。

정답 1/3

해 석　오른쪽 페이지는 사쿠라바라 구의 인재육성사업 수강생 모집 안내이다. 아래 질문에 대한 대답으로서 가장 적당한 것을 1·2·3·4에서 하나 고르시오.

1　사쿠라바라 구에 거주하는 20세의 야마다 씨는 평일 오전 중에는 대학에 가고 주말에는 아르바이트를 하고 있다. 야마다 씨가 응모 가능한 강좌는 몇 개인가?

1　1개　　　　　　　　　　　　2　2개

3　3개　　　　　　　　　　　　4　4개

2　모집 내용과 맞는 것은 어느 것인가?

　　1　사쿠라바라 구에 살고 있는 사람이라면 누구라도 응모할 수 있다.

　　2　강좌를 수강하면 수료증서를 받을 수 있다.

　　3　강좌 수강을 할 수 있는 사람은 한정되어 있다.

　　4　응모는 구청 홈페이지를 이용한다.

사쿠라바라 구 인재육성사업 수강생 모집

사쿠라바라 구에서는, 주민 자치 모임의 지역 커뮤니티의 활성화를 도모하기 위해서, 그 멤버가 되어 활동할 수 있는 인재를 육성하는 것을 목적으로, '사쿠라바라 구 인재육성사업'을 개최합니다.

◉ 대상자　　　　　사쿠라바라 구 주민 자치모임에 가입한 사람 또는, 사쿠라바라 구에 살고 있는 사람
　　　　　　　　　　(18세 이상에서 60세까지)

◉ 신청
　　• 신청 방법　　신청서에 필요 사항을 기입하고 FAX또는 우편으로 사쿠라바라 구청 지역총무과로 보내
　　　　　　　　　주세요.
　　• 신청 기한　　2월 26일(금) 오후 5시 00분까지

◉ 정원　　　　　　50명

◉ 요금　　　　　　무료(각 강좌 교재비 500엔 별도)

◉ 장소　　　　　　사쿠라바라 구청 5층 대 회의실

◉ 강좌 안내

코스	강좌 내용	일 시
제 1회	안전한 마을 만들기 세미나	4월 6일(수) 10:00∼13:00
제 2회	주민 협력 세미나	4월 10일(일) 10:00∼13:00
제 3회	주민 자치 모임 운영 소개(회계 실무 습득)	4월 18일(월) 13:00∼16:00
제 4회	주민 자치 모임 회원의 활동 소개, 보육원 지원 업무 주민 자치 모임의 내년 활동 계획	4월 23일(토) 13:00∼16:00

※ 강좌의 일시·내용 등은, 변경이 되는 경우가 있습니다.

◆ 4회 모두 수강 하신 분에게는 사쿠라바라 구청장이 수료 증서를 드립니다.

◆ 문의는 사쿠라바라 구청 홈페이지를 이용해 주세요.

해 설　**1**　제2회, 제4회 코스는 주말 아르바이트로 인해 수강이 불가능하고, 제1회 코스는 학교에 가기 때문에 수강이 불가능하다. 수강 가능한 강좌는 제3회 코스 1개뿐이다. 따라서 정답은 선택지 1번이다.

　　　　2　나이 제한이 있기 때문에 구내에 살고 있는 누구나 응모 가능한 것은 아니다. 따라서 선택지 1번은 정답이 될 수 없다. 4회 모두 수강한 사람에게만 수료증을 주기 때문에 선택지 2번도 정답이 아니다. 정원은 50명으로 제한되어 있다. 따라서 정답은 선택지 3번이다. 신청은 Fax 또는 우편으로 해야 하기 때문에 선택지 4번은 정답이 될 수 없다.

Tip　정보 검색 문제를 풀 때 해당 조건에 표시를 해 두면 정답을 찾는 데 도움이 된다.

2 비법 어휘

1 주제별 독해 필수 어휘 

❶ 정치

□ ～あげく	～한 끝에	□ 区役所	구청
□ 与える	주다	□ 原因	원인
□ 改めて	새삼스럽게, 다시	□ 現実	현실
□ あらゆる	모든	□ 肯定的	긍정적
□ あるいは	또는, 혹은	□ 交流	교류
□ 一切	일절, 일체	□ 定める	정하다
□ 奪う	빼앗다	□ ～次第で	～에 따라서
□ 確認	확인	□ 実施	실시
□ 賢い	현명하다	□ 実践	실천
□ 完璧	완벽	□ 条件	조건
□ 機関	기관	□ 承認	승인
□ 危険	위험	□ 処理	처리
□ 規則	규칙	□ 深刻	심각
□ 記入	기입	□ 申請	신청
□ 機能	기능	□ すでに	이미, 벌써
□ 基盤	기반	□ すなわち	즉
□ 教育	교육	□ 責任	책임
□ 協力	협력	□ 専門家	전문가
□ 禁止	금지	□ 対応	대응
		□ 対処	대처

□ ～だけに	～인 만큼
□ 団体	단체
□ ～である	～이다
□ 提示	제시
□ 提出	제출
□ 導入	도입
□ ～通り	～대로
□ 特定	특정
□ ～として	～로서
□ 整える	정돈하다, 조정하다
□ ～とともに	～와 함께
□ ～ない限り	～하지 않는 한
□ なお	더군다나, 또한
□ ～ならではの	～만의, ～가 아니고는 안 되는
□ ～において	～에 있어서, ～에서
□ ～にかかわらず	～에 관계없이, ～에 상관없이
□ ～による	～에 의한, ～에 따른
□ 望ましい	바람직하다
□ 望む	바라다
□ 述べる	기술하다, 말하다
□ 把握	파악
□ 莫大	막대
□ 犯罪	범죄
□ 判断	판단
□ ひいては	더 나아가서는
□ 否定	부정

□ 評価	평가
□ 再び	다시, 재차
□ 防止	방지
□ 法律	법률
□ 迎える	맞이하다, 마중하다
□ 目指す	목표로 하다, 노리다
□ 目立つ	눈에 띄다
□ 求める	요구하다, 바라다
□ 要求	요구
□ 詫びる	사죄하다, 사과하다
□ ～をもとに	～를 토대로

❷ 경제

□ 維持	유지
□ 打ち切る	중지하다, 중단하다
□ 補う	채우다, 보충하다
□ ～恐れがある	～할 우려가 있다
□ 劣る	뒤떨어지다
□ 活性化	활성화
□ 活発	활발
□ 仮に	가령, 설령
□ 肝心な	중요한, 요긴한
□ 気軽な	소탈한, 부담 없는
□ 気楽な	마음 편한
□ 崩れる	무너지다
□ 警戒	경계

□ 喧嘩 (けんか)	싸움, 다툼		□ 対象 (たいしょう)	대상
□ 口座 (こうざ)	계좌		□ ただし	단, 다만
□ 購入 (こうにゅう)	구입		□ 達成 (たっせい)	달성
□ 効率 (こうりつ)	효율		□ ～度に (たびに)	～할 때마다
□ 細かい (こま)	자세하다		□ 蓄積 (ちくせき)	축적
□ 頃 (ころ)	무렵, 쯤		□ 努める (つと)	노력하다
□ 幸いな (さいわ)	다행인		□ つまり	즉
□ 避ける (さ)	피하다		□ 手ごろな (て)	적당한
□ 参加 (さんか)	참가		□ 手数料 (てすうりょう)	수수료
□ 支援 (しえん)	지원		□ 問い合わせ (と あ)	문의, 조회
□ 持参 (じさん)	지참		□ ところが	그러나, 그런데
□ したがって	따라서		□ ところで	그러나, 그런데
□ 支払う (しはら)	지불하다		□ 取り消す (と け)	취소하다
□ 占める (し)	차지하다, 점하다		□ 取引先 (とりひきさき)	거래처
□ 若干 (じゃっかん)	약간		□ 悩む (なや)	괴로워하다, 고민하다
□ 状況 (じょうきょう)	상황		□ ～に関して (かん)	～에 관해서
□ 詳細 (しょうさい)	상세		□ ～に関する (かん)	～에 관한
□ 消費 (しょうひ)	소비		□ ～に比べて (くら)	～에 비해서
□ 職業 (しょくぎょう)	직업		□ ～に先立って (さきだ)	～에 앞서서
□ 職種 (しょくしゅ)	직종		□ ～に対して (たい)	～에 대해서
□ 所有 (しょゆう)	소유		□ ～に対する (たい)	～에 대한
□ ～ずに	～하지 않고(=～ないで)		□ ～に基づいて (もと)	～에 기초해서
□ ～すら	～조차		□ 図る (はか)	도모하다
□ 生産 (せいさん)	생산		□ 激しい (はげ)	심하다, 격렬하다
□ ～せいで	～때문에, ～탓으로		□ 福祉 (ふくし)	복지
□ 備える (そな)	준비하다, 갖추다		□ 振込 (ふりこみ)	납입

□ 変化（へんか）	변화	□ 辛うじて（かろうじて）	겨우, 간신히
□ 変更（へんこう）	변경	□ 貴社（きしゃ）	귀사(상대방의 회사를 높여 부르는 말)
□ 報告（ほうこく）	보고	□ 喫煙（きつえん）	흡연
□ 貧しい（まずしい）	가난하다	□ 希望（きぼう）	희망
□ むしろ	오히려	□ ～決まっている（きまっている）	～임에 틀림없다, 반드시 ～이다
□ 持ち込み（もちこみ）	가지고 들어옴, 지참	□ 客観的（きゃっかんてき）	객관적
□ 煩わしい（わずらわしい）	번거롭다, 성가시다	□ 業務（ぎょうむ）	업무
□ 我々（われわれ）	우리들	□ 経験（けいけん）	경험
□ ～を通じて（つうじて）	～를 통해	□ 傾向（けいこう）	경향
□ ～を通して（とおして）	～를 통해	□ 現象（げんしょう）	현상

❸ 사회

□ 育児（いくじ）	육아	□ 効果（こうか）	효과
□ 受付（うけつけ）	접수(처)	□ 構造（こうぞう）	구조
□ 訴える（うったえる）	호소하다, 소송하다	□ 考慮（こうりょ）	고려
□ 運営（うんえい）	운영	□ 高齢化（こうれいか）	고령화
□ 応じる（おうじる）	응하다	□ 顧客（こきゃく）	고객
□ 大げさな（おおげさな）	과장된, 야단스러운	□ 心強い（こころづよい）	든든하다
□ 行う（おこなう）	행하다, 실시하다	□ 心細い（こころぼそい）	불안하다
□ 押し付ける（おしつける）	강요하다	□ 個人（こじん）	개인
□ 及び（および）	및	□ 断る（ことわる）	거절하다
□ 開催（かいさい）	개최	□ 残業（ざんぎょう）	잔업
□ 解消（かいしょう）	해소	□ 指示（しじ）	지시
□ 改善（かいぜん）	개선	□ 施設（しせつ）	시설
□ 学歴（がくれき）	학력	□ 習慣（しゅうかん）	습관
□ 株式会社（かぶしきがいしゃ）	주식회사	□ 集中（しゅうちゅう）	집중
		□ 奨学金（しょうがくきん）	장학금

□ 信^{しん}じる	믿다	□ 間違^{まちが}う	잘못되다, 틀리다

□ 信<ruby>信<rt>しん</rt></ruby>じる	믿다	□ 間違<ruby><rt>まちが</rt></ruby>う	잘못되다, 틀리다

信じる (しん)	믿다	間違う (まちが)	잘못되다, 틀리다
迅速 (じんそく)	신속	満たす (み)	채우다
態度 (たいど)	태도	空しい (むな)	허무하다
代表 (だいひょう)	대표	面接 (めんせつ)	면접
互いに (たが)	서로	申し訳ない (もう・わけ)	미안하다, 죄송하다
担当者 (たんとうしゃ)	담당자	もしくは	혹은, 또는
長所 (ちょうしょ)	장점	最も (もっと)	가장
治療 (ちりょう)	치료	辞める (や)	그만두다
就く (つ)	종사하다	郵送 (ゆうそう)	우송(우편 발송)
勤める (つと)	근무하다, 종사하다	予防 (よぼう)	예방
〜てほしい	〜해 주길 바라다	履歴書 (りれきしょ)	이력서
特別 (とくべつ)	특별		
納得 (なっとく)	납득		

❹ 문화

〜に違いない (ちが)	〜임에 틀림없다	扱う (あつか)	다루다, 취급하다
担う (にな)	담당하다	意識 (いしき)	의식
年末年始 (ねんまつねんし)	연말연시	印象 (いんしょう)	인상
〜のみならず	〜뿐만 아니라	応募 (おうぼ)	응모
〜はずがない	〜일 리가 없다	幼い (おさな)	어리다
必着 (ひっちゃく)	필착, 꼭 도착해야 함	惜しい (お)	아깝다
敏感 (びんかん)	민감	概念 (がいねん)	개념
含める (ふく)	포함시키다	返す (かえ)	돌려주다
弊社 (へいしゃ)	폐사(자신이 속한 회사를 낮추어서 부르는 말)	確率 (かくりつ)	확률
〜べきだ	〜해야 한다	過言 (かごん)	과언
経る (へ)	지나다, 거치다	勝手な (かって)	제멋대로인
保険 (ほけん)	보험	勘違い (かんちが)	착각
		観覧 (かんらん)	관람

□ 企画(きかく)	기획	□ そそっかしい	경솔하다
□ 気(き)づく	깨닫다, 알아차리다	□ 退屈(たいくつ)な	지루한
□ きっぱり	단호하게, 딱 잘라	□ 立入禁止(たちいりきんし)	출입금지
□ 恐怖(きょうふ)	공포	□ 例(たと)えば	예를 들면
□ 悔(くや)しい	분하다	□ 頼(たよ)る	기대다, 의지하다
□ 繰(く)り返(かえ)す	반복하다, 되풀이하다	□ 挑戦(ちょうせん)	도전
□ 行為(こうい)	행위	□ 伝達(でんたつ)	전달
□ 混合(こんごう)	혼합	□ 伴(ともな)う	동반하다, 수반하다
□ 困難(こんなん)	곤란	□ 鈍感(どんかん)	둔감
□ 際(さい)	때, 즈음	□ 眺(なが)める	바라보다
□ 才能(さいのう)	재능	□ 慰(なぐさ)める	위로하다
□ 幸(しあわ)せ	행복	□ 情(なさ)けない	한심하다
□ 従(したが)う	따르다	□ 懐(なつ)かしい	그립다
□ じっくり	곰곰이, 차분히	□ 鈍(にぶ)い	둔하다
□ 地味(じみ)な	수수한	□ 〜によると	〜에 의하면, 〜에 따르면
□ 祝日(しゅくじつ)	국경일	□ 能力(のうりょく)	능력
□ 生(しょう)じる	발생하다, 생기다	□ 配慮(はいりょ)	배려
□ 情報(じょうほう)	정보	□ 比較(ひかく)	비교
□ 勧(すす)める	권하다	□ 筆者(ひっしゃ)	필자
□ すると	그러자, 그러면	□ 批判(ひはん)	비판
□ 精神(せいしん)	정신	□ 表現(ひょうげん)	표현
□ 設置(せっち)	설치	□ 普段(ふだん)	평소
□ 切(せつ)ない	애절하다, 절실하다	□ 紛失(ふんしつ)	분실
□ 選択(せんたく)	선택	□ 返事(へんじ)	대답, 답장
□ 想像(そうぞう)	상상	□ 募集(ぼしゅう)	모집
□ そこで	그래서, 그런데	□ 魅力(みりょく)	매력

申し込む	신청하다	かえって	오히려, 도리어
最も	가장	学習	학습
翌日	다음 날	かつて	일찍이, 이전에
欲望	욕망	環境	환경
了承	양해	傷つける	상처를 입히다
歴史	역사	拒否感	거부감
〜わけがない	〜할 리가 없다	距離	거리
〜わけではない	〜한 것은 아니다	〜きらいがある	〜하는 경향이 있다
話題	화제	〜切れない	다 〜할 수가 없다
〜を問わず	〜를 불문하고	研究	연구
		検査	검사
		濃い	진하다

❺ 환경

厚かましい	뻔뻔하다	異なる	다르다
怪しい	수상하다	災害	재해
現れる	나타나다	細菌	세균
いきなり	갑자기	爽やかな	상쾌한
著しい	두드러지다, 현저하다	しかも	게다가, 더욱더
命	목숨, 생명	刺激	자극
いわゆる	소위, 이른바	資源	자원
影響	영향	姿勢	자세
汚染	오염	執着	집착
恐ろしい	두렵다, 무섭다	障害	장해
訪れる	방문하다, 찾아오다	症状	증상
及ぼす	미치게 하다	ずうずうしい	뻔뻔하다
温暖化	온난화	優れる	뛰어나다, 우수하다
回復	회복	鋭い	예리하다, 날카롭다

□ 性質（せいしつ）	성질	□ 守る（まも）	지키다
□ 成長（せいちょう）	성장	□ 目覚しい（めざま）	눈부시다
□ 性別（せいべつ）	성별	□ 豊かな（ゆた）	풍부한, 풍족한
□ そして	그리고	□ わざと	고의로
□ 措置（そち）	조치	□ 災い（わざわ）	재앙, 재난
□ そのうえ	게다가, 더구나	□ わざわざ	일부러
□ それとも	그렇지 않으면, 혹은	□ 〜をはじめ	〜를 비롯해
□ 存在（そんざい）	존재		
□ 損傷（そんしょう）	손상		
□ 〜ために	〜를 위해서, 〜때문에		
□ 調節（ちょうせつ）	조절		
□ 繋がる（つな）	이어지다, 연결되다		
□ とりわけ	특히		
□ 〜直す（なお）	다시 〜하다		
□ 〜に過ぎない（す）	〜에 지나지 않는다		
□ 〜にわたる	〜에 걸친		
□ 認識（にんしき）	인식		
□ 脳（のう）	뇌		
□ 果たして（は）	과연		
□ 華やかな（はな）	화려한		
□ 離れる（はな）	떨어지다, 멀어지다		
□ 被害（ひがい）	피해		
□ ふさわしい	어울리다		
□ ふと	문득		
□ 保護（ほご）	보호		
□ 招く（まね）	초래하다		

다음 단어의 일본어 표현으로 가장 알맞은 것을 a, b 중에서 고르시오.

1 협력　　　　(a 協力<ruby>きょうりょく</ruby>　　　b 吸収<ruby>きゅうしゅう</ruby>)

2 평가　　　　(a 評価<ruby>ひょうか</ruby>　　　b 平等<ruby>びょうどう</ruby>)

3 처리　　　　(a 処理<ruby>しょり</ruby>　　　b 勝利<ruby>しょうり</ruby>)

4 책임　　　　(a 索引<ruby>さくいん</ruby>　　　b 責任<ruby>せきにん</ruby>)

5 제출　　　　(a 出張<ruby>しゅっちょう</ruby>　　　b 提出<ruby>ていしゅつ</ruby>)

6 신청　　　　(a 心理<ruby>しんり</ruby>　　　b 申請<ruby>しんせい</ruby>)

7 법률　　　　(a 法律<ruby>ほうりつ</ruby>　　　b 方法<ruby>ほうほう</ruby>)

8 범죄　　　　(a 犯罪<ruby>はんざい</ruby>　　　b 最悪<ruby>さいあく</ruby>)

9 금지　　　　(a 禁止<ruby>きんし</ruby>　　　b 緊張<ruby>きんちょう</ruby>)

10 교육　　　　(a 教育<ruby>きょういく</ruby>　　　b 育成<ruby>いくせい</ruby>)

11 빼앗다　　　(a 働く<ruby>はたら</ruby>　　　b 奪う<ruby>うば</ruby>)

12 주다　　　　(a もらう　　　b 与える<ruby>あた</ruby>)

13 눈에 띄다　　(a 目立つ<ruby>めだ</ruby>　　　b 望む<ruby>のぞ</ruby>)

14 현명하다　　(a 貧乏だ<ruby>びんぼう</ruby>　　　b 賢い<ruby>かしこ</ruby>)

15 바람직하다　(a のんきだ　　　b のぞましい)

16 즉　　　　　(a すなわち　　　b しかし)

17 ~와 함께　　(a ~とおり　　　b ~とともに)

18 ~에 따라서　(a ~しだいで　　　b ~にかかわらず)

정답　1 ⓐ　2 ⓐ　3 ⓐ　4 ⓑ　5 ⓑ　6 ⓑ　7 ⓐ　8 ⓐ　9 ⓐ
　　　10 ⓐ　11 ⓑ　12 ⓑ　13 ⓐ　14 ⓑ　15 ⓑ　16 ⓐ　17 ⓑ　18 ⓐ

다음 단어의 일본어 표현으로 가장 알맞은 것을 a, b 중에서 고르시오.

1 효율　　　(a 効率（こうりつ）　　　b 効果（こうか）)

2 거래처　　(a 取引先（とりひきさき）　　　b 連絡先（れんらくさき）)

3 직업　　　(a 就職（しゅうしょく）　　　b 職業（しょくぎょう）)

4 지원　　　(a 支援（しえん）　　　b 知恵（ちえ）)

5 수수료　　(a 手数料（てすうりょう）　　　b 領収書（りょうしゅうしょ）)

6 소비　　　(a 組織（そしき）　　　b 消費（しょうひ）)

7 상황　　　(a 増加（ぞうか）　　　b 状況（じょうきょう）)

8 복지　　　(a 福祉（ふくし）　　　b 服装（ふくそう）)

9 계좌　　　(a 口座（こうざ）　　　b 通帳（つうちょう）)

10 갖추다　(a 崩れる（くず）　　　b 備える（そな）)

11 지불하다　(a 支払う（しはら）　　　b 補う（おぎな）)

12 노력하다　(a 図る（はか）　　　b 努める（つと）)

13 자세하다　(a 肝心だ（かんじん）　　　b 細かい（こま）)

14 가난하다　(a 貧しい（まず）　　　b 親しい（した）)

15 그러나, 그런데　(a ところが　　　b つまり)

16 오히려　(a ただし　　　b むしろ)

17 ～에 비해서　(a ～に比べて（くら）　　　b ～に対して（たい）)

18 ～할 때마다　(a ～たびに　　　b ～ついでに)

정답　1 ⓐ　　2 ⓐ　　3 ⓑ　　4 ⓐ　　5 ⓐ　　6 ⓑ　　7 ⓑ　　8 ⓐ　　9 ⓐ
　　　10 ⓑ　　11 ⓐ　　12 ⓑ　　13 ⓑ　　14 ⓐ　　15 ⓐ　　16 ⓑ　　17 ⓐ　　18 ⓐ

다음 단어의 일본어 표현으로 가장 알맞은 것을 a, b 중에서 고르시오.

1 희망 (a 希望（きぼう） b 希薄（きはく）)

2 현상 (a 現在（げんざい） b 現象（げんしょう）)

3 학력 (a 学校（がっこう） b 学歴（がくれき）)

4 잔업 (a 解消（かいしょう） b 残業（ざんぎょう）)

5 육아 (a 育成（いくせい） b 育児（いくじ）)

6 접수(처) (a 施設（しせつ） b 受付（うけつけ）)

7 면접 (a 保険（ほけん） b 面接（めんせつ）)

8 담당자 (a 担当者（たんとうしゃ） b 販売者（はんばいしゃ）)

9 개인 (a 個性（こせい） b 個人（こじん）)

10 실시하다 (a 含（ふく）める b 行（おこな）う)

11 믿다 (a 訴（うった）える b 信（しん）じる)

12 그만두다 (a 断（ことわ）る b 辞（や）める)

13 잘못되다 (a 間違（まちが）う b 担（にな）う)

14 불안하다 (a 心細（こころぼそ）い b おおげさだ)

15 죄송하다 (a 空（むな）しい b 申（もう）し訳（わけ）ない)

16 혹은 (a および b もしくは)

17 ~해 주길 바라다 (a ～てほしい b ～に違（ちが）いない)

18 ~할 리가 없다 (a ～べきだ b ～はずがない)

정답 1 ⓐ 2 ⓑ 3 ⓑ 4 ⓑ 5 ⓑ 6 ⓑ 7 ⓑ 8 ⓐ 9 ⓑ
10 ⓑ 11 ⓑ 12 ⓑ 13 ⓐ 14 ⓐ 15 ⓑ 16 ⓑ 17 ⓐ 18 ⓑ

다음 단어의 일본어 표현으로 가장 알맞은 것을 a, b 중에서 고르시오.

1 행위　　　　　(a 行為_{こうい}　　　b 行動_{こうどう})

2 표현　　　　　(a 価値_{かち}　　　b 表現_{ひょうげん})

3 정보　　　　　(a 精神_{せいしん}　　　b 情報_{じょうほう})

4 의식　　　　　(a 意識_{いしき}　　　b 医者_{いしゃ})

5 욕망　　　　　(a 応募_{おうぼ}　　　b 欲望_{よくぼう})

6 상상　　　　　(a 選択_{せんたく}　　　b 想像_{そうぞう})

7 매력　　　　　(a 魅力_{みりょく}　　　b 努力_{どりょく})

8 역사　　　　　(a 未来_{みらい}　　　b 歴史_{れきし})

9 따르다　　　　(a 眺める_{なが}　　　b 従う_{したが})

10 반복하다　　　(a 繰り返す_{くかえ}　　　b 生じる_{しょう})

11 신청하다　　　(a 申し込む_{もうこ}　　　b 返す_{かえ})

12 취급하다　　　(a 扱う_{あつか}　　　b 伴う_{ともな})

13 어리다　　　　(a 少さい_{すく}　　　b 幼い_{おさな})

14 분하다　　　　(a 悔しい_{くや}　　　b 惜しい_お)

15 지루한　　　　(a 退屈な_{たいくつ}　　　b 親切な_{しんせつ})

16 그러자　　　　(a すると　　　b たとえば)

17 ～를 불문하고　(a ～をもとに　　　b ～を問わず_と)

18 ～를 통해서　　(a ～をとおして　　b ～をきっかけに)

정답　1 ⓐ　　2 ⓑ　　3 ⓑ　　4 ⓐ　　5 ⓑ　　6 ⓑ　　7 ⓐ　　8 ⓑ　　9 ⓑ
　　　　10 ⓐ　　11 ⓐ　　12 ⓐ　　13 ⓑ　　14 ⓐ　　15 ⓐ　　16 ⓐ　　17 ⓑ　　18 ⓐ

다음 단어의 일본어 표현으로 가장 알맞은 것을 a, b 중에서 고르시오.

1 환경　　　　　(a 環境　　　　　b 感情)

2 증상　　　　　(a 症状　　　　　b 調節)

3 재해　　　　　(a 被害　　　　　b 災害)

4 자원　　　　　(a 資源　　　　　b 認識)

5 온난화　　　　(a 自動化　　　　b 温暖化)

6 오염　　　　　(a 影響　　　　　b 汚染)

7 연구　　　　　(a 研究　　　　　b 研修)

8 보호　　　　　(a 保母　　　　　b 保護)

9 다르다　　　　(a 優れる　　　　b 異なる)

10 지키다　　　　(a 守る　　　　　b 参る)

11 방문하다　　　(a 訪れる　　　　b 離れる)

12 두렵다　　　　(a 濃い　　　　　b 恐ろしい)

13 날카롭다　　　(a 鋭い　　　　　b 鈍い)

14 풍부한　　　　(a 貧乏な　　　　b 豊かな)

15 게다가　　　　(a いきなり　　　b しかも)

16 일부러　　　　(a わざわざ　　　b ふと)

17 ~에 지나지 않는다　(a ~にわたる　　b ~に過ぎない)

18 다시 ~하다　　(a ~直す　　　　b ~切る)

정답 **1** ⓐ　**2** ⓐ　**3** ⓑ　**4** ⓐ　**5** ⓑ　**6** ⓑ　**7** ⓐ　**8** ⓑ　**9** ⓑ
　　　10 ⓐ　**11** ⓐ　**12** ⓑ　**13** ⓐ　**14** ⓑ　**15** ⓑ　**16** ⓐ　**17** ⓑ　**18** ⓐ

독해 완전 정복을 위한 꿀팁!

문단을 잘 요약하는 것이 점수를 높이는 비결입니다. 내용 이해(단문)는 1문단, 내용 이해(중문)는 2문단, 종합 이해는 2문단, 주장 이해(장문)는 3문단으로 나누어 문제를 풀어 보세요.

● 問題10 내용 이해(단문)
주제를 찾는 것이 가장 중요합니다. 대부분 필자의 주장 문제이기 때문에 마지막 1~2줄을 완벽하게 해석하며 풀도록 합니다.

● 問題11 내용 이해(중문)
문제를 먼저 본 후에 본문을 2~3단락으로 나누어 풉니다. 밑줄 친 문제는 앞뒤 문장을, 필자의 주장 문제는 마지막 1~2줄을 파악하는 것이 중요합니다.

● 問題12 종합 이해
가장 중요한 것은 A와 B의 공통점과 차이점을 찾는 것입니다. (ex. 찬성 VS 반대 or 긍정 VS 부정) 선택지를 보면서 A와 B, 누구의 의견인지 파악하는 것이 중요합니다.

● 問題13 주장 이해(장문)
문제를 먼저 보고 본문을 3단락 정도로 나누어 봅니다. 장문 독해는 난이도 높은 문제도 출제됩니다. 시간 배분을 위해 한 번에 풀지 못한 문제는 거기에 해당하는 단락과 함께 체크해 두었다가 나중에 푸는 것도 요령입니다.

● 問題14 정보 검색
문제의 조건부터 눈에 잘 띄게 표시를 해 둡시다. 주로 앞부분에서 1문제, 뒷부분에서 1문제가 출제됩니다. 문제와 본문을 왔다 갔다 하면서 문제를 푼다고 생각해도 좋습니다.

PART 2

유형별 집중 공략

問題 10　次の(1)から(5)の文章を読んで、後の問いに対する答えとして最もよいものを、1・2・3・4から一つ選びなさい。

(1)

　転勤は仕事で昇進するためには必要なことであろう。経営上の危機に直面している他の支店に移ることもあるが、会社から左遷されて移動する場合も少なくない。慣れていた場所から離れることは、特に既婚者なら家族との意見調節も伴う。子どもの転校のこと、妻の職場のこと、新しい住居などの問題もある。長い間生活していた場所から離れ、新しい環境に適応していくのは、大人や子どもを問わず深刻なストレスになることであろう。

(注) 左遷：低い地位などに落とすこと

1　筆者が考える転勤とはどのようなものか。

　　1　経営危機を救うための行為

　　2　会社から見放される不快な措置

　　3　家族のいない環境に行く寂しい行為

　　4　違った環境に適応せざるをえない行為

(2)

> 　人の内面にある可能性、それを我々は潜在能力と呼ぶ。多くの人々が、これを開発させるために努力を惜しまない。失敗を恐れずに成功に向かって進むべきだと言われているが、はたしてそうだろうか。努力に努力を重ねても成功できないなら、あきらめたほうがよいのではないだろうか。きっと、違う潜在能力があるはずだから、本人がやりたいものを探すのではなく、少しでも上手なことについて考え、探してみるのはどうだろう。

2 この文章で筆者が一番言いたいことは何か。

1　潜在的な可能性のために常に努力するべきだ。

2　うまくできることに対して自分との会話をするべきだ。

3　失敗を恐れず、前向きに考えながら進むべきだ。

4　自分が本当に好きなことについて考えるべきだ。

(3)

　先日、突然本が読みたくなって本屋に行った。1年に1冊の本も読んでいなかったのが何年も続いたので、本屋は完全に異なる空間になってしまったような気がした。読みたい本は特になかったが、いろいろな本をめくりながら買う本を決めようと思っていた。本の推薦コーナーをぼんやり眺めていると、大学生のカップルが1位に輝いている本を取り上げた。今は、たくさん売れる本がいい本になってしまったのか…。久しぶりに本屋に来たのに、思わず<u>本屋を出てしまった</u>。

3 筆者は、なぜ<u>本屋を出てしまった</u>と言っているか。

1　希望していた本を見つけることができなかったため

2　人気コーナーの本が全部売切れになってしまったため

3　久しぶりに行った本屋が昔のイメージと違っていたため

4　どの本を選べばいいかわからなかったため

(4)

> 　私は日の入りの時間が好きだ。日が暮れる瞬間に見える日常生活の風景は普段のそれとは何か違う。魔法のように輝く黄金の夕焼けに染まって、病院は病院ではなくなり、パン屋はパン屋ではなくなる気がする。昼が伝えてくれる事実性と精巧な世界、夜が伝えてくれる感受性と朦朧とした世界。昼と夜の世界が入れ替わっていくこの時間は、何事もできそうな魔法の時間、また、寂しさや悲しみを感じる思索の時間でもある。
>
> （注１）朦朧とする：意識が確かでないさま。
> （注２）思索：論理的に筋道を立てて考えること。

4　筆者は日の入りの時間をどう考えているか。

1　事実を明確に把握できる時間

2　悲しみだけが感じられる寂しい時間

3　現実が現実ではないような不思議な時間

4　現実と区分しがたい混乱の時間

(5)

以下は、ある会社が出したメールの内容である。

お客様へ

いつも弊社の製品をご愛用いただき、誠にありがとうございます。

　先日、ご案内いたしました商品の件でございますが、　諸事情により発売日を1週間ほど延期させていただくこととなりました。先週の土曜日までに新型MP3の「マイ3」をご注文されたお客様には当社の割引カードを郵送でお送りいたします。詳細につきましてはホームページの顧客さまセンターのページをご覧ください。この度は、大変申し訳ございませんでした。

http://www.maisquare.com

5 このメールの内容について正しいものはどれか。

1　新型MP3の「マイ3」の割引カードの申込書を郵送しなければならない。

2　先週の土曜日までに割引カードを申請した人はホームページからカードがもらえる。

3　新商品の発売日が延びたおわびに、注文済みの人は割引カードがもらえる。

4　この会社のホームページから新型MP3の機能について調べることができる。

問題 10　次の(1)から(5)の文章を読んで、後の問いに対する答えとして最もよいものを、1・2・3・4から一つ選びなさい。

(1)

　　人間の心理には固定観念というものがある。固定観念は、生まれつき持っているものではなく、学習による結果であると言えるだろう。この学習は、人が他人と異なる振る舞いをすることに対する罪悪感を作り上げている。この罪悪感は犯罪を防ぐことにもなっているが、人間が発達していく上での拘束にもつながってしまった。一方、固定観念を振り払い、他の人とは違う考え方をすることで、新しい発明と発見がなされ、より便利で進化された世界と社会を作り上げたことも事実である。

1　筆者は固定観念についてどのように述べているか。

　　1　固定観念は悪い結果をもたらす。

　　2　固定観念は、犯罪を増やす結果につながる。

　　3　固定観念への反発から社会と文明が進歩する。

　　4　固定観念は他人と自分を区別する考えである。

(2)

　核家族化の進行により家族の概念が変わっている。何世代もが同じ空間で生活していた昔は、家族の一員の具合が悪くなったり、悩みを持っていたりした場合、その問題に対して共に対処していくことができていた。今は遠く離れて生活をしているせいで、親の病気や心労にたいして即時の対応が困難になってしまった。家族は互いの力になれず、信頼関係も薄れていく。仕方がないと思うのではなく、家族の関係性の回復に関する深い考察が必要な時が来たのである。

2 筆者が家族について一番言いたいことは何か。

1　家族が離れて暮らしているのはやむを得ないことである。

2　現在の状況から相互のために努力するのが必要である。

3　家族は近くで暮らしながら、互いの力になるべきである。

4　現代社会の家族について理解をするべきである。

　今週は３回も昼食にラーメンを食べたら、社内食堂で会った仲間から、「栄養のバランスを考えた方がいい」と言われてしまった。人によって顔や性格や、手足の大きさも違うのだから、一日に必要な栄養も個人によって違うのではないだろうか。一種類のメニューを食べ続けるのはよくないと思うが、それでもラーメンが食べたくなるのは、私の体がラーメンに入っている栄養成分を望んでいるからなのだと思う。

3 この文章で筆者が一番言いたいことは何か。

1　一日に必要な栄養を正確に調査するのは不可能だ。

2　人間が必要とする栄養は一般的に決められている。

3　体の大きさや性格によって必要な栄養は異なる。

4　体の合図によって必要な栄養が分かる。

(4)

幼い頃住んでいた田舎の近くに出張することになった。20年の間にどう変わっているのかわくわくして、小さな駅を降りたら、今まで忘れていた風景が目の前に広がった。懐かしい気持ちがわいてきた。しかし町のほとんどが以前と少しも変わっていなかったのだ。コンビニができ、道も舗装されていたが、幼い頃の私の記憶と変わらない風景だった。私の心のどこかで、変化を望んでいたのだろうか。懐かしさはいつの間にか寂しさに変わっていた。

4 懐かしさはいつの間にか寂しさに変わっていたとあるが、なぜか。

1 あまりにも変わってしまった場所にがっかりしたから

2 そのまま残っている町が不思議に思われたから

3 変化のないことが当然だったから

4 覚えていた思い出の場所がなくなっていたから

(5)

以下は、ある会社が出したメールの内容である。

お客様各位

七村株式会社

技術部長　小田南

メールサービス障害のお知らせ

　平素より弊社のメールサービスをご利用頂きましてありがとうございます。

　現在一部のメールサービスにおきまして、本日の午後３時から障害が発生しております。弊社の顧客センターへのお問い合わせのページをご利用の際、確認のボタンが見えなくなることが確認されました。お客様には、大変ご迷惑お掛けしておりますことお詫び申し上げます。尚、本障害に関する原因の詳細については弊社のホームページからご確認できます。

http://www.nanamurajp.com

　ページの復旧完了までしばらくお待ちくださいますようお願いいたします。

5 ご確認とあるが、何についての確認なのか。

1　ホームページの問い合わせのページに対する案内の確認

2　ホームページの異常に対する顧客の問い合わせの確認

3　顧客センターのページの利用障害についての原因の確認

4　顧客センターのページにアクセスする方法の確認

問題 10　次の(1)から(5)の文章を読んで、後の問いに対する答えとして最もよいものを、1・2・3・4から一つ選びなさい。

(1)

　誰もが失敗を恐れている。失敗した人を教訓にして、自分はそのようなミスをしないように念を押す。一方、エジソンのように数々の失敗をもとにして、驚くべき成功をした人々のエピソードを誰もが知っている。誰もが成功するわけではないから、失敗は必ず経験するべきだとは言いたくない。ただし、あることにもしも失敗したならば、挫折ばかりせずに、その失敗から得られることについて考えてみる必要があるだろう。

(注) 念を押す：重ねて注意する

1　筆者は失敗をどうとらえているか。

1　失敗しないためには成功を学ばなければならない。

2　失敗に対する恐怖よりも成功に向けての確信を持つべきだ。

3　少しも失敗のことを考えてはいけない。

4　失敗から発見できる成功の要素を逃してはならない。

(2)

　ストレスはすべての病気の原因にもなってしまうし、必ず解決しなければならない重要な問題だと思う。私の場合、ストレスをたくさん受けてしまったら、当分は何もせずにストレスを解消することを最優先する。私のストレス解消方法は泣くことと怒ることだ。ストレスを与えた対象に怒ったり泣いたりもしていたが、去年からその対象を人形にすることにした。私のストレス解消が他の人のストレスになってしまうのはいけないことだと思ったからだ。

2 この文章で筆者が一番言いたいことは何か。

1 ストレスはなるべく早く解決しなければならない。

2 ストレス発散のための方法を探すべきだ。

3 他の人に頼んで、ストレスを解消してはならない。

4 ストレス解消が他の問題を招いてはならない。

(3)

　私は文章を書くのを職業としている。文章を書いている際には、私の思い通りに表現できることに自由を感じながら、常に締め切りという拘束の枠に閉じ込められている。共存できないこの二つが相互に入れ替わって現れる場合もある。締切の日が終わると自由が訪れ、再び文章を書く行為を始めると拘束も始まるわけである。ある程度の時間が過ぎた後この相反する二つが、本という形で現れる。本は全く違う概念の対照の結果とも言うことができるのである。

3 全く違う概念の対照とはどのようなものか。

1 文章と生活が全く異なっていること

2 拘束に縛られながら自由に書けないこと

3 自由と拘束は同時に存在できないこと

4 本というのは、現実とは反した内容のものであること

(4)

以下は、ある会社が出したお礼の文書である。

件名：打ち合わせの日時変更の件

名古屋商事株式会社　営業部
伊藤健太郎様

　株式会社中井商事の営業部の山田洋介でございます。いつもお世話になっております。この度はご迷惑をおかけし、大変申し訳ありませんでした。再来週の打ち合わせの日時変更の件、ご了承いただきましたこと、心よりお礼申し上げます。快くご予定を変更してくださいましたことに、社長の中山からも、くれぐれも感謝を申し上げるようにとのことでございます。

　遠いところまでご足労をおかけいたしますが、何卒よろしくお願いいたします。

株式会社　中井商事　営業部
山田　洋介（ヤマダ　ヨウスケ）
〒467-0000
名古屋市瑞穂区岳見町15-3　4F
TEL：052-1111-2222
FAX：052-3333-5555

4 この文章を作成した理由は何か。

　　1　日程変更を承諾してもらった感謝を表すため

　　2　日程が変わることに対する謝罪をするため

　　3　日程変更したミーティングの出席を頼むため

　　4　日程が変更になったミーティングの出席を断るため

以下は、ある会社の社内メールの内容である。

担当者各位

納品前の点検方法について

お疲れ様です。品質管理部、担当の木村です。

　先日、品川営業所において商品番号の取り違えによる納品ミスが発生いたしました。原因は単純な数字の読み違いですが、このミスによる損害は決して小さくありません。また取引先にもご迷惑をおかけしてしまいました。

　今後は以下の通り、手順を守っていただくことをお願い致します。

　※納品の二日前には、検査を行った者とは別の者が、必ず改めて注文書と商品の内容、個数の確認を行うこと。

　以上よろしくお願いします。

品質管理部　木村　七背
内線　　　　124

---

5 この文章が最も伝えたいことは何か。

　1　納品ミスにより、会社が損失を受けたこと

　2　製品番号を誤らないように、十分注意すること

　3　納品ミスを防ぐため、新しい業務ルールを守ること

　4　取引先の担当者のミスにより、被害を受けたこと

問題 11　次の(1)から(3)の文章を読んで、後の問いに対する答えとして最もよいものを、1・2・3・4から一つ選びなさい。

(1)

　噂とは事実の如何を問わず、言葉が交されることをいう。真実に関連した噂もあれば、うそに関する噂もある。人々は興味深い噂に対しては関心を持ち、そうではないことには特に反応を見せない。噂は事実とは関係ないということがポイントである。噂が真実、あるいは虚偽と判断されてしまうと、もうそれは噂ではなく事実になってしまうのである。

　噂についての研究結果によると、噂はささいな出来事から作られると言われている。つまり、我々の生活に身近なことほど、噂になりやすいということである。例えば、「OO店で虫が出た」、「OO部長が浮気した」など、本人も知っている対象に関するはっきりしない話が、噂に繋がる可能性が高い。そして刺激的な話であるほど、噂はさらに速く広がってしまう。

　噂を立てる人々の特徴を分析した結果、対人関係の優位性を獲得するための事例が、最も多かったという。人より何かを知っていることが、一時的に対人関係で優越な位置を占めると考えているのである。

　　（中略）

　噂の対象になる人は不快を感じてしまう場合が多い。話題の大半は、一般的に、特定の対象のよくない話が多いからである。これが、自分のことでなく、他人のことを話す際には、慎重に発言すべき理由である。

1 この文章で述べている<u>事実</u>とはどのようなものか。

　1　噂（うわさ）が事実と証明されたこと

　2　真実か嘘か判断できていないこと

　3　曖昧な噂が明確な内容になること

　4　事実とは関係ない嘘のこと

2 筆者は、噂（うわさ）はどのように作られていると述べているか。

　1　自分が見たことがない内容が噂（うわさ）になりやすい。

　2　自分が経験したことほど、噂になりやすい。

　3　知らない人の刺激的な行動が噂（うわさ）になりやすい。

　4　よく接する対象の不確かな情報が噂（うわさ）になりやすい。

3 この文章で筆者が一番言いたいことは何か。

　1　不愉快な噂（うわさ）のことは信じない方がいい。

　2　噂（うわさ）の対象には、真実について問わない方がいい。

　3　はっきりしないことを話す時は慎重であるべきだ。

　4　自分のことについて大げさに話してはいけない。

(2)

　月の引力によって海水の潮(しお)の差が生じることは誰でも知っていることだが、月が人体に及ぼす影響について知っている人は多くはない。我々の体は70%以上、水で構成されている。従って、人体もまた、月の影響を受けているというわけである。①ある調査によると、満月の日、眠りにつきにくい人が多いという。これは人の睡眠に影響を与えるメラトニンというホルモンの分泌が、月に影響されるからである。

　月の引力は人体の血液にも影響を及ぼす。外国のある国で、三日月の日に手術した患者と満月の日に手術した患者との生存率の差についての研究が行われた。その結果、生存率の差は実に79%に達したという報告もある。科学的に証明されていないものの、満月と発作との相互関係に関する様々な例も提示されている。このように、②月が人体に与える影響を完全に無視することはできないのである。

　月がなくなったらどうなるのだろうか。地球が太陽を回る軌道(きどう)が少し変わり、太陽系の構成も少し変わるだろうと専門家たちは言っている。この少しの差が数十万年を経て、今とは全く異なる太陽系を構成することになり、その影響を受ける地球も、今からは想像できないほど、全く異なる姿を見せるのであろう。

4 ①<u>ある調査</u>というのは何に関する調査なのか。

1　満月が出る時期の自然の変化に関する調査

2　月が海に及ぼす影響に関する調査

3　月が人体のホルモンに与える影響に関する調査

4　月と人格との相関関係に関する調査

5　筆者は、なぜ②<u>月が人体に与える影響を完全に無視することはできない</u>と言っているのか。

1　月が地球に与える影響は甚大であるため

2　月が医師の精神に及ぼす影響が大きいため

3　科学的に証明された様々な事例が示されているため

4　人体の血液が月の引力と関連があるため

6　筆者は、将来月がなくなったらどのようなことになると言っているか。

1　多少の影響があるかもしれないが、大きな変化はない。

2　太陽系の構成が多少変化して、宇宙に対する認識が変わるかもしれない。

3　今の生活環境とは著しい変化を見せているに違いない。

4　地球が太陽を回る軌道が変わることによって地球の温度が上がる。

(3)

　朝から頭がずきずきして、めまいがしたので病院に行った。病院には様々な人が存在する。患者、病人の世話をする人、病人を治療する人。それら人達を服装からだけでなく、その行動と表情からも見分けることができる。

　その中でも①私は、努めて明るい顔をしようとしている人に違和感を感じる。このように感じるのが嫌で、病院に行きたくないこともある。軽い症状の患者には、穏やかな顔で接し、重い症状の患者には、慰めるために表情を変える。これが私を不機嫌にしてしまうのだ。偽善というのは、このようなことだろうか。職業による仕方のない行動の結果でもあるだろう。

　しかし、その②職業的な偽善が、ある人にとっては力になるのも否定できない。絶望が続くだけの状況で、きわめて小さな希望や癒しを得たい人々の顔を見ると、残酷な事実を素直に言うのも大変なことだろう。病気と向き合うことも大変だが、人と向き合うことはもっと大変なことなのだ。

　病院の匂いを嫌がる人も多いようだが、私はその消毒薬の匂いが好きだ。その匂いが治療の匂いとして感じられるから。心理的な治療より客観的な治療を好む私の考え方の影響かもしれない。

7 筆者は、なぜ①私は、努めて明るい顔をしようとしている人に違和感を感じると考えているか。

1　病院に来ることを喜ぶはずがないと思うから

2　大変な仕事にもかかわらず、表情に出せないから

3　患者の症状によって、接し方や態度を変えるのが嫌だから

4　患者たちが痛みを我慢している姿に腹が立つから

8 この文章では②職業的な偽善（ぎぜん）をどのようにとらえているか。

1　患者を治療することに対する職業意識がないこと

2　嫌なのに明るい顔を見せなければならないこと

3　自分の痛みを外に出さないこと

4　良くない結果を予想しながらも希望を抱かせること

9 筆者は病院の匂いについて、どう考えているのか。

1　病院で匂いがするのは仕方のないことだ。

2　現実的な治療方法として感じている。

3　患者と病院の間の客観的な信頼関係になる。

4　心理的な治療において役立つかもしれない。

問題 11　次の(1)から(3)の文章を読んで、後の問いに対する答えとして最もよいものを、1・2・3・4から一つ選びなさい。

(1)

　野菜中心の食事をしている人を菜食主義者（さいしょく）という。菜食は肥満を予防し、繊維質を豊富に摂取することにより、血をきれいにすることにも非常に役立っている。また、少ない量でも満腹感を感じやすくなるため、暴食（ぼうしょく）や食べ過ぎを予防する効果もあり、低カロリーの食べ物であるだけにダイエットにも効果的である。さらに、心理的な安静にも助けになると知られている。

　実は、菜食主義者といっても①段階や種類がある。野菜を中心とした食事をするが、たまには肉類を摂取する菜食主義者もいれば、肉は食べないが、魚や卵、乳製品は食べる菜食主義者もいる。また、肉や魚は食べないが、牛乳や乳製品は食べる人もいれば、肉と魚はもちろん、卵やすべての乳製品を食べない人もいる。

　菜食主義者は健康であると思われがちだが、生存に必要な根や茎を一切食べず、実だけを食べるような②完璧な菜食主義者たちの栄養不足は深刻である。バランスの悪い食生活がもたらした結果として腹痛と下痢（げり）が頻繁に起き、カルシウムとたんぱく質、脂肪の摂取不足によって消化不良も生じる。しかも、骨の栄養も足りないため、ちょっとした衝撃で骨が折れる経験をする人が少なくないという。

1 野菜中心の食事の長所ではないことは何か。

1 太りすぎが予防できること

2 多く食べても満腹感を感じないこと

3 低カロリーの食べ物を摂取するため、ダイエットに役立つこと

4 心の余裕を持つことに役に立つこと

2 菜食主義者の①段階や種類についての説明で、合っているのはどれか。

1 菜食主義者の肉の摂取は厳しく禁止されている。

2 乳製品はすべての菜食主義者に食べられている。

3 病気になった時は、治療のための肉や魚の摂取は許される。

4 たまには肉も食べたり、乳製品は全く食べなかったり、いろいろである。

3 ②完璧な菜食主義者たちの栄養不足は深刻であるとあるが、それはなぜか。

1 食べ物を摂取する量が少ないことにより、体の栄養が不足しているため

2 牛乳や乳製品は消化器官に良くないため

3 必要な栄養の不足により、体内の様々な器官に異常が生じるため

4 魚や卵などから得られる栄養では十分ではないため

(2)

　我々は幸せに生きていくことを望んでいる。幸せを感じるところは目や手、足などの感覚器官ではなく、脳から送られるシグナルを感じて心の感情として現われる。幸せに生きるのは簡単なことではないが、①苦労することなく幸せに暮らせる条件を満たせる方法がある。幸せホルモンと呼ばれるセロトニンという物質の分泌を促進させることで幸せだという満足感を得ることができる。

　②セロトニンというのはアドレナリン、ドーパミンとともに３代神経伝達物質の一つとして、特に精神的な安定に役に立つと知られている。セロトニンの分泌による精神的な安定が、生活の満足感という形へとつながるわけである。このホルモンを増加させる食べ物は牛乳、豆腐、豆であり、適当な量の日光を浴びるだけでも人体がセロトニンを形成することに役立つ。また、深呼吸をしたり首の周りを軽く動かすストレッチをすることでも、この物質の分泌を促進させることができる。

　精神的な安定と楽しい気分は幸福につながるものである。つまり、ちょっとした行動で我々の暮らしをより幸せにすることができるのである。幸せを求める日常の行動を通じて、心も体も健康に過ごすことができるということを忘れないでほしい。

4 筆者は、①苦労することなく幸せに暮らせる条件をどのようにとらえているか。

1　幸福に対する心の姿勢を変えれば幸せになれる。

2　感情を調節する方法を学べば幸せを感じやすくなる。

3　体内の特定物質の分泌を促進させること

4　人の感覚器官を効果的に使用すること

5 次のうち、②セロトニンに対する説明で適切ではないのはどれか。

1　精神的な安定に役立つと知られている。

2　特定の食べ物だけでは、ホルモンの促進が難しいこともある。

3　軽く体を動かすこともホルモンの促進に影響を与えることができる。

4　幸福ホルモンと呼ばれて、3代ホルモンの中の一つである。

6 この文章で筆者が一番言いたいことは何か。

1　ちょっとした行動が人の感情の多くの部分を左右する。

2　幸福は精神的な安定と特定のホルモンの分泌によって得られる。

3　身の周りから幸せを見つけることができるように努力するべきである。

4　簡単な行動を維持することも幸せに影響を与えることができる。

(3)

　私はあまり風邪を引かない。風邪を引いたのがいつなのか思い出せないほどだ。よく運動するほうでもなく、体に良い物を食べるほうでもない。風邪を引く原因は寒さではない。人々は気温が低い冬に、よく風邪を引くと勘違いをしているようだが、気温の差が激しい春や秋のほうがもっと風邪を引きやすい。つまり、温度の差が激しい状況により生じる体の免疫力の低下によって風邪を引いてしまうわけだ。

　風邪を予防する最も簡単な方法は、手をよく洗うことだ。主に手を通じてウイルスが浸透するから、手を清潔に維持することこそ、最も簡単な風邪の予防方法だといえる。私は①手をよく洗っている。決してきれい好きだからというわけではない。おそらく、ある一つの行動をしてから手を洗う行為で、次の行動に対する準備をしているのかもしれない。

　（中略）

　私たちは温度の変化に対する忍耐力が不足しているのかもしれない。暑くなるとすぐエアコンを付け、寒くなるとすぐヒーターを付ける。もともと人の体は温度の変化に適応できるようになっているのに、その能力はだんだん弱まる一方だ。内的な能力による適応ではなく、外的な要因による強制的な適応は②良くないと思う。

7 筆者は、風邪を引く理由は何だと述べているか。

1 体の免疫が弱まっているから

2 風邪予防のための物を食べていないから

3 気温が低くなることによって体温が上がってしまうから

4 気温の変化によりウイルス活動が活発になるから

8 ①手をよく洗っているとあるが、その理由は何か。

1 普段から風邪を予防しようと思っているから

2 清潔を維持するために注意を払っているから

3 一つの行動を終わらせる習慣だから

4 体を清潔にする必要がある仕事をしているから

9 筆者は、何に対して②良くないと考えているか。

1 忍耐の不足によって変化に対処できていないこと

2 冷房や暖房施設に頼りすぎていること

3 風邪を引かないように体を強制的にきたえること

4 体の変化に気づくのが遅すぎること

問題 11 次の(1)から(3)の文章を読んで、後の問いに対する答えとして最もよいものを、1・2・3・4から一つ選びなさい。

(1)

　集中というのは放棄することである。何か一つのことにはまってそれ以外のものは全くできなくなるからである。我々はすべてのことを完璧にやりこなそうとしている。ある程度の水準にまで上がって行くことは出来るとしても、<u>最高になることはできない</u>。

　現代社会は選択と集中の時代である。多くの会社もこのような選択と集中を行っている。社会的に知名度が低い中小企業は、ひとつの製品にすべてを賭けるしかないが、その製品の成功を収めてこそ、ようやく会社の運営が可能になる。大手企業も勿論、この方法をベースに会社の成長を図っている。その製品の成功のために、残りの全ての製品は徹底的に放棄されている。

　ある講演会でのことだが、眼鏡を外したら新聞の記事が全く読めない男性に、穴が空いた小さなカードを与えた。すると、その男性は穴を通して新聞のすべての文字を読みきることができた。これが集中というものである。穴を通して全力を尽くしながら字を読もうと努力し、結局すべての字を読み終えることができたのである。余計なことにはまって自分の力を無駄に消費していないか。成功したいなら、価値のあることに集中するべきである。勿論それ以前に正しい選択が先に行われるべきである。

1 筆者は、なぜ<u>最高になることはできない</u>と述べているか。

1 集中の対象を間違って選択したから

2 一つのことに集中しなかったから

3 同時にいろいろなことがよくできないから

4 一つのことにはまってしまったから

2 筆者が現代社会は選択と集中の時代だと述べている理由は何か。

1 良い会社を選択しなければならないから

2 マーケティングが重要であるから

3 成功のために他のことを放棄しなければならないから

4 大手企業の方法に従わなければならないから

3 筆者が一番言いたいことは何か。

1 新聞の内容を集中して読まなければならない。

2 もっと集中をするために努力しなければならない。

3 集中をするための正しい選択が必要である。

4 良い選択をするために集中が必要である。

(2)

　私は旅行好きで、特に海外旅行という言葉を聞くだけでもわくわくしてしまう。それはおそらく、私だけが感じていることではないと思う。私たちはなぜ海外旅行に行くのか。毎日何の変化もない日常生活に疲れているから、自分が知らない新しい世界に対する憧れがあるからなど、人によって①<u>様々な理由</u>がある。

　②<u>旅行の魅力</u>に関する、ある旅行会社のアンケート結果を見ると、一番多かった答えは旅行を通して心が癒されるためだった。人は旅行の計画を立てている時に活力が出てきて、疲れた日常も楽しく感じるようになる。また旅行している時も、今まで知らなかったその国を知りながら、美しい風景やおいしい料理を食べることで人は幸せを感じる。旅行の後もいい思い出のおかげで仕事や勉強などのストレスから自分を守ることができる。旅行のすべての過程が人の精神と心にいい影響を与えていると言っても過言ではない。

　旅行とは、普段とは違う自分と出会えるいい機会になると思う。場所はどこでもいいから、とにかく旅行の計画を立ててみよう。もし、今悩みや問題を抱えているのなら、ぜひ、旅をするべきだと思う。それらの答えを旅をしているうちに探すことができるかもしれないから。

（注）癒す：苦しみや悲しみなどを和らげること。

4 ①<u>様々な理由</u>とは何を指しているか。

1 筆者が旅行する前にわくわくする理由

2 行ったことがない所が好きな理由

3 海外旅行をしたい人達のそれぞれの理由

4 旅行が人にいい影響を与えている理由

5 ②<u>旅行の魅力</u>についての説明で、正しくないのはどれか。

1 旅行に行く前に計画を立てるのは楽しい。

2 旅行の時のいろいろな経験によって幸せを感じる。

3 いい思い出を作ることはストレスを減らすことができる。

4 友達と一緒に行く旅行は同じ経験が共感できてもっと楽しい。

6 筆者は旅行についてどう思っているか。

1 旅行先を決める前に、その場所についていろいろ調べた方がいい。

2 旅行を通して自分の問題点を発見することもできる。

3 旅行とは、現在の問題を忘れるために必要なことだ。

4 場所のことは気にしなくてもいいが、準備はしっかりしなければならない。

(3)

17歳になった僕の息子は特別だ。実はまれにみる特別な能力を持っているのだ。サヴァン症候群[しょうこうぐん]の息子は、一度聞いた歌を全部覚え、一日の間に見た自動車200台のナンバープレートを覚えることができてしまう。努力の結果ではなく、生まれながら持っている①能力だ。

結婚してから10年ぶりに生まれた子に問題があるという医師の言葉に、僕は空が崩れるような気持ちだった。子供の左側の脳の一部が損傷していたからだった。僕に笑いかけてくれた子に②罪の意識にとらわれて耐えられない日々を送っていた。中学生になっても、一人でシャツのボタンをとめることもできなくて、卒業をするまで友達も一人もいなかった。

（中略）

しかし、私たち夫婦は③息子についてもう心配しなくなった。たくさんの話が出来なくても、息子が持っている温かい心を感じることができ、多くの行動を見せなくても他人を配慮する気持ちを持っていることが分かったからだ。僕の息子は、人より劣っている障害者ではなく、人と少し違っているだけだ。

（注）サヴァン症候群[しょうこうぐん]：知的障害や自閉性障害のある者のうち、ごく特定の分野に限って、常人には及びもつかない能力を発揮する者の症状を指す。

7 この文章で①能力は何を指しているか。

1　努力によって作られた特別な才能のこと

2　両親が自分の子供のために努力すること

3　障害があっても普通に生活ができること

4　他の子供とは違う暗記力を持っていること

8 ②罪の意識にとらわれて耐えられない日々を送っていたとあるが、その理由は何か。

1　子が笑ってくれても感謝の気持ちを表せなかったから

2　子の障害について恥ずかしく思っていたから

3　障害を持って生まれてしまった子供に申し訳ない気持ちになったから

4　子供が普通の生活を送れないので、妻に申し訳ない気持ちになったから

9 ③息子についてもう心配しなくなったとあるが、その理由は何か。

1　他の子供に比べて優れた知識を持っているから

2　少しずつ普通の生活が可能になっているから

3　子供が他人を配慮する温かい心を持っているから

4　子供の才能が生かせる方法を見つけたから

問題 12　次のAとBはそれぞれ、大学の進学について書かれた文章である。二つの文章を読んで、
　　　　　後の問いに対する答えとして最もよいものを、1・2・3・4から一つ選びなさい。

(1)

A

　大学に進学することについて、否定的な世論の声が高まっている。しかし、いまだに多くの会社が社員を採用する際、出身大学に関する内容を見ているというのが現実である。学歴によって面接を受けることさえ出来ない場合が存在している現在の状況を考えると、確実な理由と進路の対策も立てずに大学に行かないということは望ましくない。就職のための目的以外にも、大学の生活を一度経験してみた方がいい。中等教育までのプロセスとは異なり、大学での教育はもっと専門的な要素を備えている。自分が希望する学問と分野のみを深く学ぶことができる機会にもなりうるので、特別な理由がない限り、大学に進学するのが当然なことである。

B

　何かを専門的に学ぶことができるところは大学以外にもいくらでもある。とんでもない高い授業料を払って、一学期に３カ月余りしか学ぶことができないというのは、効率的な学習の場と言えない。特に、技術的な分野では、大学で専攻として勉強するより、専門学校に進学して学ぶほうがはるかに効果的である。費用と学習時間、専門的な指導など、すべての面において大学で学ぶより勝る。学歴が全てのことを証明するわけではないし、社会を動かすのは結局人である。生産や機械管理の職種に就くことを望んでいる人なら、大学に進学するよりは専門学校や技術学校を選択した方が良い。

1 AとBの両方の文章にも触れられている点は何か。

1 学歴が就職に及ぼす影響は無視できない。

2 大学に進学するためにはいろいろな条件を考慮すべきだ。

3 大学進学に先立って将来に対する計画や判断が必要だ。

4 教育が行われる場所に対する費用と効果を考えるべきだ。

2 AとBの筆者は、大学進学についてどのように考えているか。

1 AもBも必ずしも大学に進学する必要はないと考えている。

2 AもBも、大学を選ぶことより、専攻について熟慮するべきだと考えている。

3 Aは現実的な問題解決について考え、Bは大学教育について否定的に考えている。

4 Aは大学進学について否定的に考え、Bは専門学校について肯定的に考えている。

 次のAとBはそれぞれ、コロンブスについて書かれた文章である。二つの文章を読んで、後の問いに対する答えとして最もよいものを、1・2・3・4から一つ選びなさい。

(2)

A

　コロンブスは最初にアメリカ大陸を発見した人として知られている。彼は人々の非難にもかかわらず、不可能に近いことを見事に成功した挑戦の象徴であり、過去の未練を捨て、人類の進歩のために励んだ英雄である。コロンブスの物語を通じて夢と希望に挑戦するよう生徒たちに教える国も多い。しかし、彼はアメリカ大陸をインドと勘違いして足を踏み入れただけである。そこで、原住民たちに神として君臨された自分に、黄金を出してくれないという理由で彼らを大量虐殺してしまったり、資源採取の建設現場の労働力としてアフリカの黒人を連れてきたりした。そして、これが人類史上最大の汚点の一つである黒人奴隷制度につながってしまったのだ。

(注1) 虐殺：むごたらしい方法で殺すこと。

B

　自分に対する確信と信頼、そしてそれを実現させるための徹底した準備と努力をした人。これが19世紀の偉大な探検家のコロンブスに対する評価である。しかしその当時、コロンブスは非常識な人間として、精神病扱いされていたという。彼は人々の冷たい視線を浴びながらも、自分の信念を曲げない強い心を持っていた。この強い信念によりスペイン女王の最高の支援を受けることになったのである。コロンブスの最も偉大な業績はウソが横行した世界観を変えたことである。もちろん、彼の原住民大量虐殺や富の蓄積に対する執着などは、見過ごしてはならないことである。自分の力と能力のみに依存するのではなく、エゴイスティックな欲を捨てることこそ、偉大な人生を生きていくための基本になるのである。^(注2)

（注2）エゴイスティック：利己的であるさま。自分勝手。

---

3 AとBが共通して述べている意見は何か。

1　コロンブスの挑戦に対する評価は間違っている。

2　コロンブスの影響で世界観に大きな変化が起こった。

3　その当時の人たちにコロンブスは歓迎されていなかった。

4　ある目的を持って挑戦することには道徳性がなくてはならない。

4 AとBはコロンブスについてどう述べているか。

1　AもBもコロンブスの挑戦が、良いことばかり残したわけではないと述べている。

2　AもBもコロンブスの努力と信念について批判的に述べている。

3　Aはコロンブスの業績について批判的に述べ、Bはコロンブスの業績については述べていない。

4　Aは主にコロンブスの業績について述べ、Bは主にコロンブスの人格について述べている。

問題 12　　次のAとBはそれぞれ、自然災害について書かれた文章である。二つの文章を読んで、後の問いに対する答えとして最もよいものを、1・2・3・4から一つ選びなさい。

(1)

A

　　現在、人類が持っている技術というのは、発生した災害に対する情報を人々に早く伝えることのみにとどまっている。このような点からすると、自然災害を防ぐのは不可能に近いことだと言える。したがって、自然災害による被害から発生する火災などの２次災害を防止するために、迅速（じんそく）な伝達網を構築することが非常に重要になるのだと思う。予測できない自然災害を過度に心配しながら暮らすのは精神的に良くないが、安全に対して鈍感なことも良いとは言えない。一番安全な場所は家だと思っている人が増えているようだが、自然災害からまぬがれる安全な場所などは地球上に存在していないということである。自然災害の発生を心配することより、被害を最小化するための体系的な対策がもっと重要である。

B

　　自然災害に対する備えは徹底的に行われるべきである。自然災害による被害は莫大な金銭的損失ばかりでなく、数多くのかけがえのない命をも奪ってしまう。どんなことにも代えられない人々の命はどうしても救われなければならない。人の命を救う技術は最も価値があるものだと思う。安全に対して敏感に反応しすぎるのは精神的には良くないかもしれないが、その心配に度が過ぎることはないのではないだろうか。ただ災害を恐れてばかりいて、仕方なく考える時代はとっくに過ぎているのである。普段から災害に対する予測をもとにした備えが重要である。完璧に自然を予測することは不可能であると思いながらも、準備することなく迎える災害ほど恐ろしいものはないからである。

1 AとBの意見が一致しているのはどれか。

1　自然災害に対する完璧な予測は不可能なことだ。

2　災害を防ぐことよりは二次被害を最小化しなければならない。

3　人間は自然を予測し、対応できる技術力を有している。

4　安全について心配しすぎるのはよくない。

2 AとBは自然災害について、どのように述べているか。

1　AもBも自然災害の予測とともに被害を最小化することが重要だと述べている。

2　AもBも自然災害の被害を減らすための技術や方法が重要だと述べている。

3　Aは自然災害を防ぐことが重要だと述べ、Bは自然災害の予測技術が重要だと述べている。

4　Aは安全についてあまり心配する必要はないと述べ、Bは災害の予測よりは災害後の体系的な対策が重要だと述べている。

(2)

A

　欲望とは、不足を感じてそれを満たそうと強く望むことである。人間の進歩を邪魔するのは満足というもので、満足を感じてしまうと、人間はそれ以上の行動をしなくなる。今の状況に満足を感じているのに、それ以上のことを願うこと自体が不可能なことであるから。100年前、いや50年前、いや30年前とは比較することもできないほど、我々の暮らしは豊かになった。欲望という単語が与える拒否感により、我々はそれを否定している。欲望の別の名は目標である。一日の目標をはじめ、1年の目標、ひいては人生の目標を立て、それを実現するために努力しない人生は空しさだけをもたらすだろう。我々は欲望ということに関してきちんと考える必要がある。

B

　人は絶えず、欲求を満たすために努力してきた。より楽になるため、より多くの富を積むため、より幸せに暮らすための欲求のことを欲望と表現する。確かに、我々は過去より便利な世界で暮らしている。自動車を作り、電気を発明するなど、数多くの物によって我々は以前に比べ、肉体的には楽に暮らすことができるようになった。しかし、今我々の生活空間のあちこちから、しきりに聞こえてくる恐ろしいニュースについて考えてみよう。欲望の節制が不足したせいで起こっている凶悪事件はいつの間にか我々の命まで脅かす時代になってしまった。欲望は調節されるべき問題である。

（注）節制：度を越さないよう控えめにすること。ほどよくすること。

3 AとBの意見の共通点は何か。

1　人間の欲望によって以前より便利な生活になった。

2　欲望というのは目標から始まるものである。

3　人間の欲によって良くない事が起こっている。

4　欲望は適切な調節が行われなければ、良い方向に進むことができない。

4 AとBは欲望についてどう述べているか。

1　AもBも、今後欲望の調節が行われなければならないと述べている。

2　AもBも、欲望の調節によって豊かな社会になりうると述べている。

3　Aは欲望に対する客観的な意見を述べ、Bは欲望に対する主観的な意見を
　　述べている。

4　Aは欲望が社会の発展に貢献したことについて述べ、Bは欲望の調節について
　　述べている。

問題 12　次のAとBはそれぞれ、漫画について書かれた文章である。二つの文章を読んで、後の問いに対する答えとして最もよいものを、1・2・3・4から一つ選びなさい。

(1)

A

　漫画は中高生や大人たちの趣味としてよく読まれている。しかし問題になるのは、人気を得ている漫画のほとんどが暴力的で刺激的だということである。ますます高くなっている未成年者の犯罪率に、質の悪い漫画が影響しているといえないだろうか。あるアンケート調査では、実在していない漫画の世界を現実のようにとらえてしまう子供も少なくないという。ある４歳の子供が、漫画を読んだ後、空を飛ぼうとして屋上から飛び降りて大怪我をしたというニュースもあった。また、ほとんどの人が横になって漫画を読んでいるので、目が悪くなったり肩が痛くなったりして、健康によくない影響が出ている。すべての漫画が悪いというわけではないが、それよりは普通の本を読んだ方がいいと思う。

B

　幼稚園で読まれている子供の絵本を読んでみると、大人の私が読んでもおもしろく感じることがよくある。字だけでなく、絵も描かれていて分かりやすい。最近はエッセイや小説の本にも途中で絵のページが登場している。私は、このような現象も漫画に影響されたことだと思っている。子供が読んでいる童話の本も、絵が描かれた小説やエッセイの本も、漫画を応用した形式をもとに作られている。

　また、漫画は情報を伝えることにかけては、他の本に比べて優れていると思う。ある情報を一番早く受け入れる感覚器官は目で、人は何事も自分の目で見てから判断する傾向がある。だからと言って、漫画の読みすぎは視力低下の原因にもなるので注意しなければならない。

1 AとBのどちらの文章にも触れられている点は何か。

1 多くの分野で使われている漫画の手法

2 人の体に良くない影響を与えている漫画の短所

3 人の生活に役に立っている漫画の長所

4 漫画が人の精神に与える影響

2 AとBの筆者は漫画についてどのように考えているか。

1 AもBも、これから人の生活に役に立つ漫画の活躍を期待している。

2 AもBも、漫画が未成年者に与えている問題点を心配している。

3 Aは暴力的で刺激的な漫画に関する問題点を心配し、Bは漫画が与える視力低下を心配している。

4 Aは漫画が人に与える問題点を批判し、Bは漫画の情報伝達力を評価している。

問題 12　次のAとBはそれぞれ、ミニマルライフについて書かれた文章である。二つの文章を読ん
で、後の問いに対する答えとして最もよいものを、1・2・3・4から一つ選びなさい。

(2)

A

　ミニマルライフというのは、簡単に言えば、自分の生活に必要な品物を最小限に
することを言う。ミニマルライフを行っている人々は、生活している家に余裕のあ
る空間をつくることによって、心の安定を得ている。もっと進んだミニマルライフ
は、食生活の簡素化や、シンプルな衣食住を実践することである。また、高いブラ
ンドよりは性能を重視する効率的な消費パターンもミニマルライフの長所だと言う
ことができる。芸術の分野においてもミニマリズムが目立っている。本人が表現し
たいことだけに対して、集中的に簡潔に描写をすることである。人間の欲求は決し
て物の所有で満たすことができない。大切なものを得るためには捨てることも重要
である。

B

　人は、他人が所有している物を持っていない時にストレスを感じる。それから
抜け出すために、またたくさんの物が所有できない状況を合理化させるため、現
れる現象の一つがミニマルライフだと思う。これは激しい競争社会から生じる一
時的な現象であり、劣等感の結果でもある。この現象が人間関係の簡素化にまで
至っている。自分に少しでも得になる人との関係だけを望み、役に立たないと思
うと交流を絶ってしまうのである。人間は社会的な動物であり、人との関係から
離れ、一人で生きていくことは不可能である。また、幸福というのは、物質の所
有に限ったことではない。豊かな人間関係を通じても幸せな人生を享受できるこ
とを分かってほしい。

3 AとB二つの文章から共通して述べていることは何か。

1　物を多く所有することが、必ずしも幸せにつながるわけではない。

2　単純な生活パターンであるほど、病気の予防ができる。

3　人との交流が多すぎることも問題になりかねない。

4　ミニマルライフは、所有に対する反発による一時的な現象に過ぎない。

4 AとBはミニマルライフについて、どう考えているか。

1　AもBも所有に対する執着（しゅうちゃく）が悪いことばかりではないと考えている。

2　AもBも賢明な生活パターンが重要だと考えている。

3　Aは物の所有の抑制による人生の豊かさが重要だと考え、Bは人間関係の抑制による人生の幸せが大切だと考えている。

4　Aは生活の簡素化が重要だと考え、Bは物質的な豊かさには限界があると考えている。

問題 13　次の文章を読んで、後の問いに対する答えとして最もよいものを、1・2・3・4から一つ選び
なさい。

　ある程度世の中のことがわかる年頃になると、誰もが感じることがある。それ
は、この世は不公平だということである。5歳未満の子供は世の中に対する不満より
は現実の楽しさを追求することに没頭しているが、幼稚園に入る年頃になると自分
のことばかりではなく、周りのことも見えてくる。自分より素敵なおもちゃを持っ
た友達を羨んだり、嫉妬をしてけんかをしたりすることもある。小学校を卒業して
中学生になると、もう世の中は公平であると感じる人はほとんどいなくなる。それ
は決して間違った考えではない。世の中は不公平の基盤で作られたものであるから。

　今は地球上のほとんどの国が資本主義の国である。資本主義自体が、限りのない競
争を通じて利益を多く得る人と得られない人に分けるシステムである。多くの人が、
資本主義の最も大きな問題点として貧富の差が激しいということを挙げている。しか
し、資本主義がもたらした莫大な便宜と富を放棄できないため、公平な分配を掲げて
いる社会主義の道を選択しないだけである。そして努力すればあなたも富裕の方に入
れると人々に訴えている。残念ながら、親の能力が子供の学歴とも密接な関連性を持
っている現状では、努力によって富の陣営に入ることは非常に難しい。

　（中略）

　時間は公平だと考える人が多いが、実は公平ではない。我々が生きているこの世の
中に公平なものは一つもないと言っても過言ではない。しかも、生まれた時から、
ある程度自分の位置が決定されることも否定できない。裕福な家で生まれた人はも
っとお金持ちになりやすく、貧しい家で生まれた人は金持ちになるまで多くの困
難を抱えることになる。しかし、富の追求を人生の目的から放棄することができれ
ば、あなたはきっと幸せを得ることができると思う。あなたの両親や兄弟が金持ち
ではないが、暖かくて良い人で、あなたの友達があなたのことをいつも信じてい

て、あなたが愛する人が何事にも動揺することなく、あなたを見ているとしたら、あなたは幸せなはずであるから。たとえ金持ちではなくても、不公平な世の中を生きていくには十分ではないだろうか。

(注) 嫉妬：自分よりすぐれている人をうらやみねたむこと。

1 この文章で、誰もが感じることはどのようなことか。

1　幼い頃に面白いことにはまっていたこと

2　自分にないものに関してやきもちを焼いていること

3　自分と他人が持っている条件が同等ではないこと

4　不公平について悩んで比較すること

2 筆者は、資本主義のシステムが持っている問題点は何だと述べているか。

1　公平な分配が行われていないこと

2　限りのない競争のために、絶えず努力しなければならないこと

3　持っている者と持っていない者の差が大きいこと

4　両親の能力なしには競争に遅れを取りかねないこと

3 この文章で、筆者が一番言いたいことは何か。

1　金持ちではなくても幸せになることができる。

2　生まれた環境に合う富の蓄積について考えるべきだ。

3　誰にでも公平な時間を効率的に活用すべきだ。

4　豊富な対人関係を持つことが富の蓄積につながる。

問題 13　次の文章を読んで、後の問いに対する答えとして最もよいものを、1・2・3・4から一つ選び
　　　　　なさい。

　昨年、アメリカで一年間留学している間に、今までアメリカという国に対して多
くのことを誤解していたことが分かった。アメリカといえば、自由と開放の国だと
考えがちだが、多くの場面で必ずしもそうではないと感じるようになった。人によ
って違いもあるが、一般的なアメリカの人たちは、会話をする時、あまりにも近い
距離から行われることに①負担を感じるようだ。映画やドラマで見ていた米国とは
だいぶ違っていた。彼らは対話をする時、個人空間を作る。そのように、よく知ら
ない人とその空間で話すことになると、一歩後ろに下がりながら話を続けるのをた
くさん見てきた。もちろん、親しい人としゃべっている時は、その空間がとても狭
くなる。

　　（中略）

　アメリカの人々は思ったより②開放的ではない。生活空間で行われるスキンシッ
プについてもけっして寛大であるとはいえない。例えば、カフェや飲食店、図書
館、学校、会社などで、アメリカの映画でよくあるような果敢な愛情行動にはなか
なか遭遇しないということだ。もちろん、美しい観光地やロマンチックな場所では
他人の視線を気にせず、彼らだけの愛を楽しむ姿はよく見かける。米国は、10代
の妊娠や中絶が社会問題にもなっていて、青少年に純潔誓約をさせる国でもある。
同性愛を合法化させる地域もある反面、純潔を誓わせる地域もある国だ。

　アメリカ人はよく旅行をしていると思われがちだが、実はそうではない。さら
に、一生、自分が生まれた所から離れたことがない人も少なくないという。日本で
は、週末を利用して、生活しているところではなく、他の地域に旅行に出かける場
合もしばしばある。しかし、米国は国の面積が広すぎるため、週末を利用して旅に
出られるほどの余裕を持っている人はあまりいない。車に乗って、有名な観光地へ

移動するだけでも7、8時間もかかるのだから。また、オープンカーに乗って、アメリカの南西部にある砂漠の高速道路を走るのが、男の一生のロマンだという人もいる。これだけを見ても、アメリカの人々が自由に旅行できる環境で暮らしていると言うには無理がある。アメリカの平凡な会社員が、ゆったりとした旅行を楽しむためには、職場を辞めたり、辞めるつもりで長い休暇を取ったりする方法しかない。

1 ①負担を感じるとあるが、何に対して負担を感じると述べているか。

1　他の国の人から、アメリカ人は開放的だと思われること

2　映画から見られるアメリカの華やかな町とは違う面があること

3　よく知らない人とも近い距離から楽に会話をしていると思われること

4　相手がある程度の距離を置いて会話をしようとすること

2 筆者は②開放についてどのように考えているか。

1　他国の人々が考えているほど、開放的ではない。

2　愛情行為においては人目を気にしない。

3　大半の地域で青少年たちの行動を規制している。

4　多くのところで愛情行為が禁止されている。

3 筆者は、アメリカ人の旅行についてどう述べているか。

1　他の地域に行くことについて拒否感を持っている。

2　自分が住んでいる地域に満足して旅行に対する情熱がない。

3　有名な観光地へ行く道は渋滞がひどいため、避けている。

4　地域と地域への移動時間が長いため、旅行をしない人が多い。

問題 13　次の文章を読んで、後の問いに対する答えとして最もよいものを、1・2・3・4から一つ選び
なさい。

今日は寝坊をしてしまったので、急いで地下鉄に乗るために駆け足で階段を降り
た。その時、反対側から一人のおじいさんがゆっくりと杖をつきながら階段を上が
ってきた。しかし、よりによって、下る方向から上がってきていたのだ。素早く
身を躱しておじいさんとぶつかることなく、無事に地下鉄に乗ることができた。安堵
(注1)　　　(注2)
の胸をなでおろしたが、そのおじいさんのことを思い出したら①腹が立った。混雑
時に階段を利用する場合、下る方向と上る方向を間違えると、事故になりかねない
のだ。

まもなく席に座ることができ、気分も落ち着いてきたら、周囲の人々が目に入り
始めた。会社とメールを交わしている人、報告書のような書類を見ている人、資格
試験のための本を見ている人など、私も彼らとあまり変わりはない。

その時、一人のおばあさんが地下鉄に乗ってきた。ゆっくりと乗るその姿は、出
勤時間の忙しさとは全く違う感じがした。②おばあさんの前に座っている大学生と
みられる人が、すぐ頭を下げて何かに没頭するふりをした。よく見られる光景だ
が、あまりいい光景ではない。もちろん、老弱の人だけが座れる場所ではないか
ら、当然なこととして譲る義務はないが、譲ってあげてほしいという気持ちになる
のは私だけではないと思う。そのとき、地下鉄に乗った時の私の姿が浮かび上がっ
てきた。

国は全ての人の安全のために規則を定め、国民はそれに従わなければならない。
場合によっては、守らなくても処罰されない場合があるとしても。階段を駆け足
で降りながら規則を守らなかった私と、進行方向を守らなかったおじいさん。両方
とも誤りはあるが、何かもっと他のところに、過失の原因があるのではないだろう
か。一日中、これが気にかかったが、明快な答えが得られなかった。家に帰ってじ

っくり考えてみたら、人の行動を、規則ですべて決めることはできないのではない

かという気がした。被害を最小化するために規則が存在する。私の行動はそのおじ

いさんに大きな被害を与えたかもしれなかったが、おじいさんの行動は私に大きな

被害を与えたわけではなかった。そして、自分の姿を反省する時間になった。

（注1）身を躱す：ぶつからないように身を翻して避ける。
（注2）安堵：気がかりなことが除かれ、安心すること

1 筆者は、なぜ①腹が立ったと述べているか。

　　1　忙しい時間にゆっくり行動したため

　　2　おじいさんを避けるために怪我をしたため

　　3　おじいさんが秩序を守らなかったため

　　4　自分が危険な行動をしたため

2 筆者は、②おばあさんの前に座っている大学生をどう思っていたか。

　　1　自分の行動を振り返る時間になったと思っていた。

　　2　自分も同じ行動をしたことについて申し訳ないと思っていた。

　　3　よく見かける光景なので仕方ないことだと思っていた。

　　4　できれば、譲歩してほしいと思っていた。

3 規則について筆者が一番言いたいことは何か。

　　1　仕方なく守ることができない場合もある。

　　2　規則を守らないと、必ず処罰を受けなければいけない。

　　3　規則を守らないとしても他人に怒ることはない。

　　4　規則を守る場合も状況による配慮が必要である。

問題 14 　次のページは、新潟県自転車ロードレース大会の案内である。下の問いに対する答えとして、最もよいものを、1・2・3・4から一つ選びなさい。

1 　この自転車ロードレース大会に参加することができるのは、次のうちだれか。

　1 　250キロのコースに参加を希望している18歳の女子高校生

　2 　60キロのコースに参加を希望している自転車経歴１年の男性会社員

　3 　シニアコースに参加したい25歳の中学校の先生

　4 　10キロのコースに参加したい、自転車の経歴がない小学校４年生の女の子

2 　この自転車大会の説明として正しいものはどれか。

　1 　開会式が開かれる前までに受付をしないと大会に参加できない。

　2 　参加を希望する高校生は責任者の承認が必要である。

　3 　保険に加入していない人は、大会に参加できない。

　4 　参加費用の返還は受付後、10日以内に申請しなければならない。

新潟県　自転車ロードレース大会　実施要項

【日時】　　　　８月28日（日）

【受付】　　　　午前８：００ ～ ８：30(※受付時間に遅れた者は参加できません)

【開会式】　　　午前９：００

【競技開始】　　午前９：30

【実施種目】

種目	距離	参加対象
チャンピオン コース	250km	高校生以上の男子
シニア コース	180km	40歳以上の男女
ビギナー コース	60km	中学生以上の男女(※競技歴２年未満の者)
ジュニア コース	80km	中学生の男女
小学生高学年 コース	20km	小学４年生～６年生の男女
小学生低学年 コース	10km	小学１年生～３年生の男女

【参加資格】　　各種目に該当する健康な男女（※未成年者は保護者の承認印が必要）
　　　　　　　　※中学生以下の参加者は保護者、高校生は責任者の同伴をお願いします。

【表彰】　　　　各種目１位～３位に賞状と賞金を授与します。

【参加申込】

・申込期限　　20XX年８月５日（金）午後５時必着

・申込方法　　所定の参加申込書に必要事項を記入、参加料を添えて期限内に
　　　　　　　お申し込み下さい。（持参及び郵送して下さい）

【注意事項】

・万一の事故のため、保険に加入している人のみ参加することができます。

・全ての参加者は自転車用のヘルメットとユニホームを着用して下さい。

・大会の参加前に必ず自転車の安全検査を受けて下さい。

・参加料の返金は大会当日の十日前までです。その後の返金は、いかなる場合も致しません。

・観覧する人は、競技中のコース横断は絶対しないようにお願いします。

問題 14　次のページは、桜大学の留学生奨学金に関する案内である。下の問いに対する答えとして、最もよいものを、1・2・3・4から一つ選びなさい。

1 この大学の奨学金に応募できるのは、次のうちだれか。

1　タイから来たクーンさんは桜大学院2年生。体の具合が悪くなり、学費が払えなくなったため、生活補助金の奨学金を申請予定。

2　田中さんは、母国語の日本語を専攻中の学部4年生。月5万円の奨学金を申請予定。

3　フランスから来たレオさんは、経済学を専攻している大学院生。外国人留学生奨学金を申請予定。

4　中国から来た王さんは、日本語教育を専攻中の学部3年生。4月に外国人留学生奨学金を申請予定。

2 この奨学金に関する説明として正しいものはどれか。

1　提出期間内に留学生支援センターのホームページから申し込みをしなければならない。

2　奨学金申込書と成績証明書だけを留学生支援センターに提出すればいい。

3　奨学金申し込みのためには、成績証明書が必ず必要である。

4　受給期間中に病気などの理由で学業成績が悪くなった場合でも奨学金は支給される。

桜大学　留学生奨学金　ご案内

　本学では、留学生支援制度を設置し、留学生の生活支援・学習支援を行っています。また、経済的に困難な外国人留学生の経済的負担を軽減する為、奨学金制度を整えております。奨学金の詳細は以下の通りです。

桜大学　グローバル人材　奨学金	
申請条件	本学に在籍している外国人留学生(大学院生)で他の奨学金を受けていない人
奨学金	75,000円（月額）
支給期間	1年間
募集期間	4月中旬〜5月下旬

桜大学　外国人留学生　奨学金	
申請条件	本学に在籍している外国人留学生(学部生)
奨学金	50,000円（月額）
支給期間	9ヶ月間
募集期間	10月中旬〜10月下旬

桜大学　外国人留学生　生活補助金	
申請条件	本学に在籍している外国人留学生(大学院生、学部生)のうち、経済上の理由により学費の負担が困難と認められる者
奨学金	30万円（一括）
支給期間	1回
募集期間	3月中旬〜3月下旬

▶ **応募方法**

　次の書類を学生課留学生支援センター（S棟3階①番窓口）へ提出し、受付名簿に必要事項を記入してください。 ※提出期限厳守

▶ **提出書類**

　（1）各奨学金申込書（学生課留学生センター窓口で配布しています）
　（2）在留カードの両面のコピー（「留学」の在留資格及び期間が確認できるもの）
　（3）最近1年間の成績証明書
　（4）本学が定めている預金口座振込依頼書（通帳のコピーを含む）

※ 注意事項

　1) 受給者の提出書類の記載事項に虚偽が発見された場合は、受給決定が取り消される。
　2) 受給期間中に、受給決定の際に通知した事項を遵守しなかったり、学業成績が不良であったりする場合は、途中で奨学金の支給を打ち切ることがある。

問題 14　次のページは、子供の安全フェスタの参加者募集の案内である。下の問いに対する答え
　　　　として、最もよいものを、1・2・3・4から一つ選びなさい。

1　このフェスタの説明として正しくないものは、次のうちどれか。

　　1　クイズ大会に参加した全ての参加者は、プレゼントがもらえる。

　　2　クイズ大会は主に男子の犯罪を防ぐ目的で開催される。

　　3　犯罪予防の人形劇は女子の児童を対象にしている。

　　4　犯罪予防の人形劇の内容は性犯罪に関するものだ。

2　この募集の申し込み方法について、正しいものはどれか。

　　1　参加申請が可能な者は府内に居住または通園、通学している子どものみだ。

　　2　参加人員は両親２人と子供２人の４人までだ。

　　3　はがきによる申し込みは代表者名だけでなく、全員の名前を記入すること。

　　4　募集人員が定員より多くなった時には、先着順によって参加者が選ばれる。

冬休み子供安全フェスタの参加者募集

　子供の犯罪予防に対する知識を、子供と保護者が一緒に楽しく学べる冬休み子供安全フェスタを開催します。より安全に新学期を迎えるために開催される今回の行事に、たくさんのご応募をお待ちしております。

【日時】　　　　２月11日(土曜日)午後２時から午後３時30分まで
【対象】　　　　小学生以下(※必ず親のどちらかが同伴すること)
【場所】　　　　大阪府庁の別館３階会場
【内容】
■クイズ大会:　幼い子供たちの交通事故予防行動に関するクイズ大会を開催いたします。最優秀賞、優秀賞、参加賞などのプレゼントも準備されております。
■犯罪予防人形劇:　幼い女子の性犯罪予防に関する知識を、人形劇を通して分かりやすく学ぶことができます。

【申し込み方法】
■参加資格
　府内に居住または通園、通学する子供とその保護者。最大4人。
■申し込み方法
　(1) はがきによる申し込み:　代表者の名前、人員(４人まで)、代表者の住所と郵便番号、電話番号、全員の名前(ふりがな)・年齢・性別を記入して大阪府庁の治安対策本部までお送りください。
　(2) ホームページによる申し込み:　大阪府庁犯罪予防プロジェクトに加入後、必要項目を作成した上、お申し込み下さい。
■申し込み受付期間
　１月９日(月曜日)午前10時00分から１月30日(月曜日)午後５時00分まで
■定員:　120人(※応募者多数の場合は、抽選となります。)
■募集の結果の通知:　２月３日(金曜日)午後５時まで

※ はがきによる申し込みの結果は郵送にてご連絡し、ホームページによる申し込みの結果は当選者に限り、メールにてご連絡いたします。

2교시

2교시 시험시간 15：35 ～ 16：30

청해

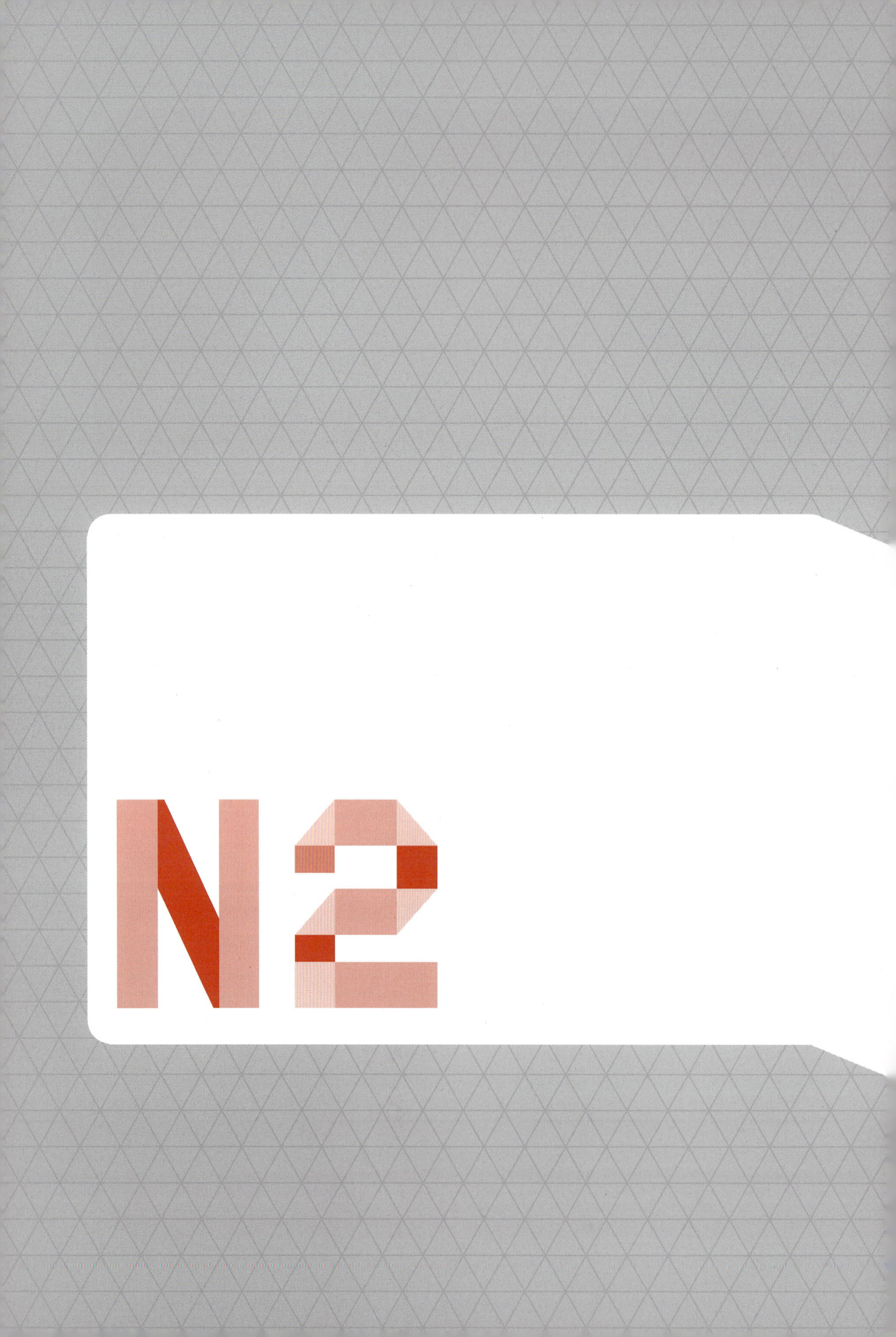

N2

2교시

청해

청해 완전 정복을 위한 꿀팁!

선택지 1번부터 순차적으로 힌트가 언급되므로, 청해 점수를 높이기 위해서
는 조건에 맞지 않는 선택지를 하나씩 제거해 나가는 방식인 소거법으로 문
제를 푸는 것이 가장 좋습니다.

● **問題 1 과제 이해**
남자 또는 여자가, 이후에 가장 먼저 해야 할 과제를 찾는 문제 형식이 많
습니다. 순서를 조합하는 것이 중요하므로, **まず**(우선), **とりあえず**(우선)
一応(일단), **最初に**(가장 먼저), **先に**(먼저), **それから**(그리고 나서), **最後に**
(마지막으로) 등의 부사를 정리해 두는 것이 좋습니다.

● **問題 2 포인트 이해**
행동의 이유를 묻는 문제가 많이 나옵니다. 선택지가 비교적 길기 때문에
실제 시험에서는 선택지를 읽을 시간이 주어집니다. 따라서 제시된 선택
지를 재빨리 읽는 연습을 해 두는 것이 중요합니다.

● **問題 3 개요 이해**
문제 형식이 대부분 독백이기 때문에 두 사람 이상이 등장하는 대화문보
다 전개 속도가 빠릅니다. 대부분 전체적인 개요에 대해 묻습니다. 따라서
세세하게 내용을 따지기보다 전체적으로 무엇에 관한 내용이었는지를 빠
르게 정리하는 연습을 해야 합니다.

● **問題 4 즉시 응답**
짧은 문장을 듣고 그에 대해 적절하게 응답한 선택지를 고르는 유형입니
다. 동사의 수동형, 사역형, 사역수동형과 존경어, 겸양어에 대한 정확한
이해가 필수입니다.

● **問題 5 종합 이해**
긴 내용을 듣고 문제를 풀어야 하기 때문에 메모하며 듣는 연습을 반드시
해야 합니다. 처음에는 어렵겠지만 연습한 만큼 좋아지니 꼭 자신만의 메
모법을 만들어 봅시다.

PART 1

워밍업

1. 비법 전수
2. 비법 어휘

비법 전수

問題 1　과제 이해 

● ● 유형 분석

1 5문항이 출제된다.

2 다음에 어떤 행동을 할 것인지에 대해 묻는 문제. 어떤 일에 대해 수정을 요구하거나 부탁을 하는 내용이 자주 출제되고 있다.

3 출제 유형

  (1) 가장 먼저 해야 할 일 고르기

  (2) 앞으로 할 행동 고르기

4 대화 장소별 출제 유형

  (1) 회사에서 이루어지는 대화

    이미 실시한 업무를 수정하는 문제 또는 업무에 관련된 사항을 부탁하는 내용의 문제가 다수 출제된다.

  (2) 학교에서 이루어지는 대화

    선생님과 학생의 대화에서는 제출한 과제를 수정하는 문제가, 친구 사이의 대화에서는 이후 가장 먼저 해야 할 행동에 대한 문제가 자주 출제된다.

  (3) 기타 장소에서 이루어지는 대화

    회사와 학교 이외의 생활 장소에서 이루어지는 남녀의 대화로, 앞으로 어떤 행동을 할 것인지를 묻는 문제가 자주 출제되고 있다.

問題 1

問題1では、まず質問を聞いてください。それから話を聞いて、問題用紙の1から4の中から、最もよいものを一つ選んでください。

例

1 会議の資料を整理する
2 新しい名刺を注文する
3 会議で使う資料をコピーする
4 会議の出席人数を確認する

정답 4

스크립트와 해석

会社で女の人と男の人が話しています。女の人は、このあとまず何をしなければなりませんか。

F 先輩、来週大阪営業所へ出張するんですが、特に注意することはありませんか。出張は初めてなので。
M あっちで会議があるんだったよね。会議の資料は全部用意してある？
F はい、何度も確認しました。
M そう？ あと、名刺は余分に持ってったほうがいいよ。むこうで思ったよりたくさんの人に会うかもしれないから。

회사에서 남자와 여자가 이야기하고 있습니다. 여자는 이후에 먼저 무엇을 해야 합니까?

F 선배님, 다음 주 오사카 영업소에 출장 건 말인데요, 특별히 주의 할 것은 없나요? 출장은 처음이라서.
M 그쪽에서 회의가 있는 거였지. 회의 자료는 다 준비했어?
F 네, 몇 번이고 확인했어요.
M 그래? 그리고 명함은 여분으로 가지고 있는 편이 좋아. 그쪽에서 생각보다 많은 사람들을 만날지도 모르니까.

F はい。名刺は追加で注文しておいたので、問題ないと思います。	F 네. 명함은 추가로 주문해 두어서 문제없을 것 같아요.
M 初めてのところだから緊張するかもしれないけど、いつもよくやっているから大丈夫だよ。そうそう、会議に何人出席するか把握してある？	M 처음이라서 긴장할 수도 있지만 항상 잘하고 있으니까 괜찮을 거야. 맞다, 회의에 몇 명 출석하는지 파악했어?
F まだです。早速部長に確認します。	F 아직 안 했어요. 당장 부장님께 확인할게요.
M 資料は２部ほど余分にコピーしておいたほうがいいよ。何が起こるかわからないから。	M 자료는 나중에 2부 정도 여유 있게 복사해 두는 게 좋아. 뭐가 일어날지 모르니까.
F そうですね。いろいろありがとうございました。	F 그렇군요. 여러 가지로 감사합니다.
M 頑張ってね。	M 힘내.

女の人は、このあとまず何をしなければなりませんか。	여자는 이후에 먼저 무엇을 해야 합니까?
1 会議の資料を整理する	1 회의 자료를 정리한다
2 新しい名刺を注文する	2 새로운 명함을 주문한다
3 会議で使う資料をコピーする	3 회의에서 사용할 자료를 복사한다
4 会議の出席人数を確認する	**4 회의 출석자 수를 확인한다**

해 설 명함은 추가로 주문을 했기 때문에 선택지 2번은 정답이 아니다. 회의에 출석하는 인원수를 바로 확인한다고 했기 때문에 여자가 가장 먼저 해야 할 일은 선택지 4번이 된다. 회의 자료 복사는 나중에 해도 되기 때문에 선택지 3번은 정답이 될 수 없다. 선택지 1번에 대한 언급은 없었다.

● ● 유형 분석

1 6문항이 출제된다.

2 남녀의 대화 또는 혼자서 말하는 내용을 들려 주고, 어떤 행동을 한 이유나
원인에 대해서 묻는 문제가 많다.

3 대화에서 강조하는 포인트를 잘 캐치하는 것이 관건이다.

4 출제 유형

(1) 가장 적절한 이유 찾기

4개의 선택지 중에서 질문의 내용에 맞는 가장 적절한 이유를 찾는 문제이다.
행동의 주체가 남자인지 여자인지 잘 들어 두어야 한다.

(2) 가장 큰 이유 찾기

대화에서 언급되는 이유 중에서 가장 큰 이유를 찾는 문제이다.
4개의 선택지 내용이 모두 대화에서 언급되므로, 얼핏 까다롭게 느껴질 수 있다.
제시되는 이유 중 강조를 하고 있는 선택지를 찾는 것이 포인트이다.

(3) 이유 찾기 이외의 문제

이유를 묻는 문제가 아닌 다른 형태의 문제이다. '~라고 생각합니까?',
'~라고 말하고 있습니까?', '~ 합니까?' 등 일반적인 내용의 문제가 출제된다.

(4) 일방적 주장을 듣고 답하는 문제

한 사람의 일방적인 주장 또는 설명을 듣고 질문에 답하는 문제이다.
대화문에 비해 말하는 속도가 빠르게 느껴지겠지만 그다지 긴 내용이 아니기 때문에
연습을 통해 속도에 적응을 하면 충분히 맞힐 수 있는 유형이다.

もんだい
問題 2

問題2では、まず質問を聞いてください。そのあと、問題用紙のせんたくしを読んでください。読む時間があります。それから話を聞いて、問題用紙の1から4の中から、最もよいものを一つ選んでください。

れい
例

1 最近仕事が多くて疲れているから
2 夫がお酒を飲むのを反対するから
3 妊娠中だから
4 妊娠する準備をしているから

정답 4

스크립트와 해석

会社の飲み会で、男の人と女の人が話しています。女の人は、どうしてお酒を飲まないのですか。

M 裕子さん、今日は全然お酒飲まないね。

F うん、お酒飲まないことにしたの。

M え？ お酒好きの裕子さんが一滴も飲まないなんて、変だよ。最近、仕事で疲れてるのは分かるけど、こんなときこそ飲んだ方がいいんじゃない？

F それはそうなんだけど。結婚したし、ちょっと控えようかなって思って。

M そうか。旦那さんがお酒飲むのを嫌がってるんだ。

F ううん。結婚してからも、家で時々一緒にビール飲んでたよ。実は、子どものためにって思って。

회사 회식에서 남자와 여자가 이야기하고 있습니다. 여자는 왜 술을 마시지 않습니까?

M 유코 씨, 오늘은 전혀 술 안 마시네.

F 응, 술 안 마시기로 했어.

M 뭐? 술을 좋아하는 유코 씨가 한 방울도 안 마시다니, 이상하네. 요새 일 때문에 피곤하다는 것은 알지만, 이럴 때일수록 마시는 편이 좋지 않을까?

F 그건 그렇지만. 결혼했고, 좀 삼가려고 해서.

M 그래? 남편이 술 마시는 걸 싫어하는구나.

F 아니. 결혼하고 나서도 집에서 가끔 함께 맥주 마시고 있어. 사실은 아이를 위해서라는 생각에.

M じゃあ、おめでたなんだ。よかったね！

F いや、そうじゃなくて、妊娠する前からお酒を飲まない方が、子どものためにいいかなって思って。

M 그럼 축하할 일이네. 잘됐다!

F 아니 그게 아니고, 임신하기 전부터 술을 마시지 않는 편이 아이를 위해서 좋을 것 같다는 생각에.

女の人は、どうしてお酒を飲まないのですか。

여자는 왜 술을 마시지 않습니까?

1　最近仕事が多くて疲れているから

2　夫がお酒を飲むのを反対するから

3　妊娠中だから

4　妊娠する準備をしているから

1　요즘 일이 많아서 피곤하기 때문에

2　남편이 술을 마시는 것을 반대하기 때문에

3　임신 중이기 때문에

4　임신할 준비를 하고 있기 때문에

해 설　여자가 술을 피하는 이유는 결혼을 해서라고 언급하고 있다. 남편과 맥주를 마시고 있다고 말하고 있기 때문에 선택지 2번은 정답이 아니다. 아직 임신을 한 것은 아니라는 것에서 선택지 3번도 정답이 아니라는 것을 알 수 있다. 임신을 준비하기 위해 술을 자제하는 것이므로 선택지 4번이 정답이 된다.

● ● 유형 분석

1 5문항이 출제된다.

2 선택지가 문제지에 인쇄되어 있지 않다.

3 질문이 미리 나오지 않기 때문에 내용 파악에 초점을 맞춰야 한다.

4 독백(4문항 이상)과 남녀의 대화문(2문항 이하)이 출제된다.

5 출제 유형

  (1) 이야기의 주제 찾기

　　주로 회사, 여행사, 도서관과 관련된 상황에서의 일정 변경이나 부탁,
　　또는 안내와 관련된 내용이 나온다.

  (2) 화자의 주장이나 생각 찾기

　　전체적인 이야기의 주제나 화자의 주장을 묻는 문제로, 일상생활에서
　　일어나는 주제에 관한 내용을 다루기 때문에 비교적 쉽게 맞힐 수 있다.

問題 3
<ruby>問題<rt>もんだい</rt></ruby>

　<ruby>問題<rt>もんだい</rt></ruby>3では、<ruby>問題用紙<rt>もんだいようし</rt></ruby>に<ruby>何<rt>なに</rt></ruby>もいんさつされていません。この<ruby>問題<rt>もんだい</rt></ruby>は、<ruby>全体<rt>ぜんたい</rt></ruby>としてどんな<ruby>内容<rt>ないよう</rt></ruby>かを<ruby>聞<rt>き</rt></ruby>く<ruby>問題<rt>もんだい</rt></ruby>です。<ruby>話<rt>はなし</rt></ruby>の<ruby>前<rt>まえ</rt></ruby>に<ruby>質問<rt>しつもん</rt></ruby>はありません。まず<ruby>話<rt>はなし</rt></ruby>を<ruby>聞<rt>き</rt></ruby>いてください。それから、<ruby>質問<rt>しつもん</rt></ruby>とせんたくしを<ruby>聞<rt>き</rt></ruby>いて、1から4の<ruby>中<rt>なか</rt></ruby>から、<ruby>最<rt>もっと</rt></ruby>もよいものを<ruby>一<rt>ひと</rt></ruby>つ<ruby>選<rt>えら</rt></ruby>んでください。

－ メモ －

정답 3

스크립트와 해석

テレビでアナウンサーが<ruby>話<rt>はな</rt></ruby>しています。

F　<ruby>今日<rt>きょう</rt></ruby>は、<ruby>映画俳優<rt>えいがはいゆう</rt></ruby>の<ruby>児玉泰道<rt>こだまやすみち</rt></ruby>さんがおいで<ruby>下<rt>くだ</rt></ruby>さいました。児玉さんは、<ruby>演技派俳優<rt>えんぎははいゆう</rt></ruby>として<ruby>有名<rt>ゆうめい</rt></ruby>ですが、<ruby>実<rt>じつ</rt></ruby>はシンプルライフの<ruby>実践家<rt>じっせんか</rt></ruby>でもあります。<ruby>今日<rt>きょう</rt></ruby>は、<ruby>家<rt>いえ</rt></ruby>の<ruby>中<rt>なか</rt></ruby>を<ruby>整理<rt>せいり</rt></ruby>する<ruby>方法<rt>ほうほう</rt></ruby>について、<ruby>伺<rt>うかが</rt></ruby>いたいと<ruby>思<rt>おも</rt></ruby>います。いくら<ruby>片付<rt>かたづ</rt></ruby>けても、<ruby>少<rt>すこ</rt></ruby>し<ruby>時間<rt>じかん</rt></ruby>が<ruby>経<rt>た</rt></ruby>つと<ruby>家<rt>いえ</rt></ruby>の<ruby>中<rt>なか</rt></ruby>が<ruby>散<rt>ち</rt></ruby>らかってしまったり、ベランダががらくたで<ruby>山積<rt>やまづ</rt></ruby>みになってしまったりするような<ruby>方<rt>かた</rt></ruby>にとっては、<ruby>有益<rt>ゆうえき</rt></ruby>なお<ruby>話<rt>はなし</rt></ruby>が伺えると思います。

この<ruby>番組<rt>ばんぐみ</rt></ruby>のテーマは<ruby>何<rt>なん</rt></ruby>ですか。

1　<ruby>映画<rt>えいが</rt></ruby>を<ruby>作<rt>つく</rt></ruby>る方法
2　<ruby>撮影<rt>さつえい</rt></ruby>をする方法
3　<ruby>家<rt>いえ</rt></ruby>を整理する方法
4　ベランダを整理する方法

텔레비전에서 아나운서가 이야기하고 있습니다.

F　오늘은 영화배우 고다마 야스미치 씨가 나와 주셨습니다. 고다마 씨는 연기파 배우로서 유명하지만, 사실은 심플 라이프의 실천가이기도 합니다. 오늘은 집 안을 정리하는 방법에 대해서 여쭈어 보려고 합니다. 아무리 정리를 해도 잠시 시간이 지나면 집 안이 어질러져 있거나 베란다가 잡동사니로 산더미처럼 쌓여 버리는 분들에게 있어서는 유익한 이야기를 들을 수 있을 것 같습니다.

이 방송의 테마는 무엇입니까?

1　영화를 만드는 방법
2　촬영을 하는 방법
3　집을 정리하는 방법
4　베란다를 정리하는 방법

해 설　집을 정리하는 방법에 대한 소개가 테마라고 말하고 있기 때문에 선택지 3번이 정답이다. 베란다의 정리 방법만 언급한 것이 아니므로 정답이라고 볼 수 없다. 선택지 1번과 2번에 대한 언급은 없다.

● ● **유형 분석**

1　12문항이 출제된다.

2　선택지가 문제지에 인쇄되어 있지 않다.

3　상대방의 짧은 질문이나 말에 대해서 가장 적절한 응답을 찾는 문제이다.

4　선택지는 3개이며, 정답을 고르는 데 시간적인 여유가 충분하지는 않으니
　정답을 고를 때 너무 고민하지 않도록 한다.

예시 문제  01-04.mp3

もんだい
問題 4

　問題4では、問題用紙に何もいんさつされていません。この問題は、まず文を聞いてください。それから、それに対する返事を聞いて、1から3の中から、最もよいものを一つ選んでください。

－ メモ －

정답 1

스크립트와 해석

M　山根さん、何か探してるの？	M　야마네 씨, 뭔가 찾고 있어?
F　1　うん、ここに置いたはずなんだけど。	F　1　응, 이 근처에 놔 두었을 텐데.
2　うん、今探しているんだけど。	2　응, 지금 찾고 있는데.
3　うん、何かさがしているんだけど。	3　응, 뭔가 찾고 있는데.

해 설　무언가를 찾고 있느냐는 남자의 질문에 대해서 가장 올바른 대답은 선택지 1번이다.

●● 유형 분석

1 4문항이 출제된다.

2 다소 긴 대화를 듣고 여러 가지 정보를 비교하면서 풀어 나가는 유형이다.

3 긴 내용으로 인해 실제 시험에서는 유일하게 연습 문제가 없다.

4 출제 유형

(1) 두 사람의 긴 대화 문제

점원과 손님의 대화가 주로 출제된다. 점원이 권하는 제품 중에서
마음에 드는 한 가지를 고르는 문제가 자주 나온다.

(2) 세 사람의 대화 문제

청해 시험 중 유일한 세 사람의 대화문이다. 가족이 대화하는 내용이
자주 출제되는 편이다.

(3) 설명문과 대화문이 함께 나오는 문제

선택지를 문제 시작 전에 미리 읽어 둔다. 책, 영화, 여행지, 선거의
후보자 등 다양한 주제가 나온다. 대화에서 선택지의 내용을 직접적으로
언급하지 않으므로 메모해 둔 특징이나 성질을 통해 정답을 유추해야 한다.

問題 5

問題5では、長めの話を聞きます。この問題には練習はありません。

メモをとってもかまいません。

1番

問題用紙に何もいんさつされていません。まず話を聞いてください。それから、質問とせんたくしを聞いて、1から4の中から、最もよいものを一つ選んでください。

－ メモ －

정답 4

스크립트와 해석

洗濯機の売り場で男の人が店員と話しています。

M あのう、洗濯機を買いに来たんですけど。なるべく大きくて、安いものを。

F それでしたら、いくつかございますが、まず、こちらの洗濯機をご覧ください。一番大きい商品で、値段もわりと安い方です。ただ、少し音が大きいです。それから、こちらの洗濯機ですが、こちらはほとんど音がしないので、夜間も問題なくお使いになれます。性能がいい分、お値段は少し高くなりますが。

M 両方とも大きさは十分ですね。

F はい。4人家族でしたら、一度で洗濯できます。あと、こちらですが、今ご覧になったものよりは小型ですが、2人分でも十分だと思います。値段は安いですが、静かなほうではありません。最後に、この洗濯機は、ほとんど音のしない製品で、一人暮らしの方に人気です。お値段も安いですし、今なら、洗剤もついています。

세탁기 매장에서 남자가 점원과 이야기하고 있습니다.

M 저기, 세탁기를 사러 왔는데요. 가능한 한 크고 싼 걸로.

F 그러시다면 몇 개인가 있는데요, 우선, 이쪽 세탁기를 봐 주세요. 가장 큰 상품으로, 가격도 비교적 저렴한 편입니다. 다만 조금 소리가 큽니다. 그리고 이쪽의 세탁기인데요, 이쪽은 거의 소리가 나지 않기 때문에 밤에도 문제없이 사용하실 수 있습니다. 성능이 좋은 만큼 가격은 조금 비싸지지만.

M 둘 다 크기는 충분하네요.

F 네. 4인 가족이시라면 한 번에 빨래를 할 수 있습니다. 그리고 이쪽 세탁기인데요, 지금 보신 것보다는 소형이지만 2인분이라도 충분하다고 생각합니다. 가격은 싼 편이지만 조용한 편은 아닙니다. 마지막으로 이 세탁기는 거의 소리가 나지 않는 제품이고, 혼자 사시는 분에게 인기입니다. 가격도 싸고 지금이라면 세제도 드리고 있습니다.

M　僕は洗濯するのがほとんど夜になっちゃうんですよ。だからうるさいのはちょっと。一人暮らしにしては洗濯物が多い方なんですけど、それでも4人分ってほどでもないし。まあ、これにしとこうかな。	M　저는 빨래를 하는 시간이 대부분 밤이 되어 버리거든요. 그래서 시끄러운 것은 좀. 혼자 사는 것치고는 세탁물이 많은 편이지만 그래도 4인분 정도는 아니고. 뭐, 이걸로 할까?
男の人は、どの洗濯機を買うことにしましたか。	남자는 어느 세탁기를 사기로 했습니까?

1　一番目の洗濯機	1　첫 번째 세탁기
2　二番目の洗濯機	2　두 번째 세탁기
3　三番目の洗濯機	3　세 번째 세탁기
4　**四番目の洗濯機**	4　**네 번째 세탁기**

해 설　시끄러운 제품은 별로라고 하고 있기 때문에 선택지 1, 3번은 정답이 될 수 없다. 4인분 제품까지는 필요없기 때문에 선택지 2번도 정답이 될 수는 없다. 따라서 정답은 선택지 4번이다.

1 주제별 청해 필수 어휘

❶ 회사

□ 挨拶(あいさつ)	인사	□ 採用(さいよう)	채용
□ 諦める(あきらめる)	포기하다	□ 差し上げる(さしあげる)	드리다
□ 打ち合わせ(うちあわせ)	협의, 미팅	□ 支店(してん)	지점
□ お世話になる(おせわになる)	신세를 지다	□ 締め切り(しめきり)	마감
□ お互いに(おたがいに)	서로	□ 修正(しゅうせい)	수정
□ 会場(かいじょう)	회장, 모임의 장소	□ 条件(じょうけん)	조건
□ 片付ける(かたづける)	정리하다	□ 資料(しりょう)	자료
□ 合併(がっぺい)	합병	□ 人事異動(じんじいどう)	인사이동
□ 企画書(きかくしょ)	기획서	□ 慎重(しんちょう)	신중
□ 給料(きゅうりょう)	급료, 월급	□ すでに	이미, 벌써
□ 恐縮ですが(きょうしゅくですが)	송구스럽지만(대단히 죄송하지만)	□ 席を外す(せきをはずす)	자리를 비우다
□ 業務(ぎょうむ)	업무	□ 先日(せんじつ)	일전, 요전
□ 苦労(くろう)	수고, 고생	□ 先方(せんぽう)	상대방
□ 計画(けいかく)	계획	□ 創立(そうりつ)	창립
□ 契約書(けいやくしょ)	계약서	□ 只今(ただいま)	지금, 현재
□ 件(けん)	건	□ 担当者(たんとうしゃ)	담당자
□ 検討(けんとう)	검토	□ 調整(ちょうせい)	조정
□ 顧客(こきゃく)	고객	□ 提案(ていあん)	제안
□ ご無沙汰(ごぶさた)	오랫동안 격조함(만나지 못함)	□ 定期的(ていきてき)	정기적
		□ 手伝う(てつだう)	돕다

□ 転勤（てんきん）	전근	□ 掲示板（けいじばん）	게시판
□ 特別（とくべつ）	특별	□ 研究室（けんきゅうしつ）	연구실
□ 取引先（とりひきさき）	거래처	□ 謙譲語（けんじょうご）	겸양어
□ ～直（なお）す	다시 ～하다	□ 現場（げんば）	현장
□ 長引（ながび）く	오래 끌다, 지연되다	□ 構成（こうせい）	구성
□ 日程（にってい）	일정	□ 語学（ごがく）	어학
□ 変更（へんこう）	변경	□ 参考文献（さんこうぶんけん）	참고 문헌
□ 報告書（ほうこくしょ）	보고서	□ 資格（しかく）	자격
□ 参（まい）る	가다 〈겸양〉	□ 事情（じじょう）	사정
□ 前（まえ）もって	미리	□ 就活（しゅうかつ）	취활(취직 활동의 준말)
□ 間違（まちが）う	틀리다, 잘못되다	□ 就職（しゅうしょく）	취직
□ 申（もう）し上（あ）げる	말씀드리다	□ 就職説明会（しゅうしょくせつめいかい）	취직 설명회
□ 譲（ゆず）る	양보하다	□ 主張（しゅちょう）	주장
□ 用件（ようけん）	용건	□ 状況（じょうきょう）	상황
□ 要約（ようやく）	요약	□ 初日（しょにち）	첫날
		□ 事例（じれい）	사례
		□ 申請（しんせい）	신청

② 학교

□ 行（おこな）う	행하다, 실시하다	□ 精一杯（せいいっぱい）	최대한
□ 甲斐（かい）	보람	□ 卒業論文（そつぎょうろんぶん）	졸업 논문
□ 課題（かだい）	과제	□ 尊敬語（そんけいご）	존경어
□ 企業（きぎょう）	기업	□ 対象（たいしょう）	대상
□ 競争率（きょうそうりつ）	경쟁률	□ 注意事項（ちゅういじこう）	주의 사항
□ 距離（きょり）	거리	□ 調節（ちょうせつ）	조절
□ 気（き）を使（つか）う	신경을 쓰다	□ 通知（つうち）	통지, 알림
□ 気（き）を付（つ）ける	조심하다	□ 提出（ていしゅつ）	제출
□ 具体的（ぐたいてき）	구체적	□ ～にもかかわらず	～(임)에도 불구하고

□ ～にわたって	～에 걸쳐서	□ 服装（ふくそう）	복장
□ 反省（はんせい）	반성	□ 普段（ふだん）	보통, 평소
□ 評判（ひょうばん）	평판	□ ～べき	～해야 할
□ 開く（ひら）	열리다	□ 申し込み（もうしこ）	신청
□ フォーラム	포럼	□ 例（れい）	예

❸ 축약 표현

원형	축약형	뜻	예문
□ ～ていない	～てない	～하고 있지 않다	まだ食（た）べてない　아직 먹고 있지 않다
□ ～でいない	～でない	～하고 있지 않다	まだ飲（の）んでない　아직 마시고 있지 않다
□ ～ている	～てる	～하고 있다	ご飯（はん）を食（た）べてる　밥을 먹고 있다
□ ～でいる	～でる	～하고 있다	お酒（さけ）を飲（の）んでる　술을 마시고 있다
□ ～ておく	～とく	～해 두다, ～해 놓다	準備（じゅんび）しとく　준비해 두다
□ ～でおく	～どく	～해 두다, ～해 놓다	読（よ）んどく　읽어 두다
□ ～てしまう	～ちゃう	～해 버리다	全部（ぜんぶ）食（た）べちゃう　전부 먹어 버리다
□ ～でしまう	～じゃう	～해 버리다	全部（ぜんぶ）飲（の）んじゃう　전부 마셔 버리다
□ ～ては	～ちゃ	～해서는	食（た）べちゃいけない　먹어서는 안 된다
□ ～では	～じゃ	～해서는	飲（の）んじゃいけない　마셔서는 안 된다
□ ～なくては	～なくちゃ	～하지 않으면	準備（じゅんび）しなくちゃいけない 준비해 두지 않으면 안 된다
□ ～なければ	～なきゃ	～하지 않으면	準備（じゅんび）しなきゃならない 준비해 두지 않으면 안 된다

❹ 구어체 표현

원형	축약형	뜻	예문
☐ ~という	~って	~라고 한다	帰^{かえ}ったって 돌아갔대
☐ ~だそうだ	~だって	~라고 한다	静^{しず}かだって 조용하대
☐ ~ても	~たって	~해도, ~라도	勉強^{べんきょう}したって 공부해도
☐ ~でも	~だって	~해도, ~라도	いくら読^よんだって 아무리 읽어도
☐ ~ない	~ん	~하지 않는다	絶対^{ぜったい}行^いかん 절대 안 간다
☐ ~のだ	~んだ	~인 것이다	行くんだ 가는 것이다 〈강한 단정〉
☐ ~らない	~んない	~하지 않는다	分^わかんない 몰라
☐ ~れない	~んない	~할 수 없다	信^{しん}じらんない 믿을 수 없어

다음 문제를 듣고 알맞은 답을 고르시오.

1 まず質問を聞いてください。それから話を聞いて、問題用紙の１から４の中から、最もよいものを一つ選んでください。

1 みんなに連絡する

2 先生のところに行く

3 図書館で資料を探す

4 日程を決定する

2 まず質問を聞いてください。そのあと、問題用紙のせんたくしを読んでください。読む時間があります。それから話を聞いて、問題用紙の１から４の中から、最もよいものを一つ選んでください。

1 ダイエットができること

2 自分の身をまもれること

3 よく眠れて疲れないこと

4 汗がでて気持ちいいこと

3 問題用紙に何もいんさつされていません。この問題は全体としてどんな内容かを聞く問題です。話の前に質問はありません。まず話を聞いてください。それから質問とせんたくしを聞いて、１から４の中から、最もよいものを一つ選んでください。

4 問題用紙に何もいんさつされていません。この問題は、まず文を聞いてくださ
い。それから、それに対する返事を聞いて、1から3の中から、最もよいものを
一つ選んでください。

5 まず話を聞いてください。それから、二つの質問を聞いて、それぞれ問題用紙
の1から4の中から、最もよいものを一つ選んでください。

質問1

1 木で作ったブロック
2 合体ロボット
3 童謡集のCD
4 キャラクター文房具

質問2

1 木で作ったブロック
2 合体ロボット
3 童謡集のCD
4 キャラクター文房具

정답 **1**② **2**④ **3**④ **4**① **5**④ / ①

해석 및 해설 **별책** p.80

청해 완전 정복을 위한 꿀팁!

일본어 능력시험의 청해 실력을 올리기 위해서는 다음 2가지 방법으로도 충분하다.
– 선택지가 인쇄되어 있는 문제는 선택지를 미리 보고 압축하기
– 선택지가 인쇄되어 있지 않은 문제는 최대한 내용을 메모하기

● **問題 1 과제 이해**
반드시 선택지를 미리 읽고 문제를 풀어야 한다. 내용을 다 듣고 나서 선택지를 읽기 시작하면, 시간에 쫓겨 문제를 제대로 풀지 못하는 경우가 많다.

● **問題 2 포인트 이해**
실제 시험에서 약 20초간 선택지를 읽을 시간이 주어지지만 **問題 1** 과제 이해보다 선택지가 길기 때문에 시간상 여유가 있다고 하기는 어렵다. 선택지를 빠르게 읽어 내는 것은 물론이고, 긴 선택지를 요약하는 연습도 필요하다.

● **問題 3 개요 이해**
내용과 문제를 들은 후 선택지를 들을 때, 정답 여부를 바로 표시해 두자. ○, ×, △ 정도로 표시 해 두는 것만으로도 실수를 막을 수 있다.

● **問題 4 즉시 응답**
어쩔 수 없이 정답을 찍어야 할 경우, 이왕이면 잘 들리는 단어가 나오지 않은 선택지로 골라 보자. 비교적 학습자들에게 익숙한 단어를 문제 내용과 상관없는 상황으로 연결시키면서 함정을 파는 경우가 많기 때문이다.

● **問題 5 종합 이해**
긴 대화문이 나오지만, 소거법과 메모를 이용하면 충분히 대처할 수 있다. 메모는 간략하고 빠르게 하는 것을 목표로 꾸준히 훈련하면 반드시 좋아진다. 대화가 길더라도 선택지 1번에 관한 내용부터 순서대로 설명하는 방식이라는 것을 명심하자.

PART 2

유형별 집중 공략

問題 1

　問題1では、まず質問を聞いてください。それから話を聞いて、問題用紙の1から4の中から、最もよいものを一つ選んでください。

1番

1　企画書を完成させる

2　メールを確認する

3　スケジュールを作っておく

4　出張資料を作成する

2番

1　企画書を修正する

2　部長のところに行く

3　お客さんに電話する

4　会議に入る

3番

1 言いたい内容を再び作成する

2 参考文献以外のものを活用する

3 図書館に行って本を探す

4 論文の枚数を調節する

4番

1 事前に学生課に知らせる

2 掲示板の知らせに書き込む

3 課題を提出してから休む

4 事前に先生に通知する

5番

1 最初の窓口で案内を待つ

2 新しく番号札を取って待つ

3 住所と電話番号を訂正する

4 別の申し込み用紙に書き直す

問題 1

　問題 1 では、まず質問を聞いてください。それから話を聞いて、問題用紙の 1 から 4 の中から、最もよいものを一つ選んでください。

1番

1　お客と打ち合わせする

2　部長に伝言を伝える

3　大阪出張に行く

4　部長と打ち合わせする

2番

1　飲み会する店を予約する

2　同僚たちに挨拶に行く

3　作成中の書類を仕上げる

4　転勤に必要な書類を作成する

3番

1　他の学校へ行く

2　資料をコピーする

3　メールを確認する

4　お見舞いに行く

4番

1　楽な服と履きやすい靴

2　楽な服と革靴

3　スーツと楽な靴

4　スーツと革靴

5番

1　スーパーに行く

2　家事を手伝う

3　ゴミを捨てに行く

4　食事の準備をする

問題 2

　問題2では、まず質問を聞いてください。そのあと、問題用紙のせんたくしを読んでください。読む時間があります。それから話を聞いて、問題用紙の1から4の中から、最もよいものを一つ選んでください。

1番

1　給料の条件が良くて、近いから

2　競争率が高くなかったから

3　自分の能力が活かせそうだから

4　残業はあるが、雰囲気が良さそうだから

2番

1　生まれた国へ行きたいから

2　英語力を落としたくないから

3　カナダのビザをとったから

4　就職に英語が必要だから

3番

1 カフェの雰囲気と音楽

2 カフェの座席の配置

3 客が少なく店員が親切なこと

4 ケーキの無料サービス

4番

1 学校

2 居酒屋

3 カラオケ

4 バー

5番

1 学校で試験を受けるから

2 風邪で入院したから

3 弟と妹の世話をするから

4 弟とカラオケに行くから

もんだい
問題 2

　問題2では、まず質問を聞いてください。そのあと、問題用紙のせんたくしを読んでください。読む時間があります。それから話を聞いて、問題用紙の1から4の中から、最もよいものを一つ選んでください。

1番

1　大雨で電車が遅れたから

2　マナーの悪い人が多いから

3　学校の授業に遅刻したから

4　朝から悪いことが続いたから

2番

1　企画書の修正をするため

2　取引先の会議で使う資料を作るため

3　取引先の担当者の連絡を待つため

4　メールで資料を受け取るため

3番

1　静かできれいなこと

2　人通りが多くて安全なこと

3　交通が便利なこと

4　生活用品や食べ物が安いこと

4番

1　伝統茶ではなく、漢方茶だけ出すこと

2　客に合わせてお茶を選ぶこと

3　マスターと店員が医者であること

4　飲み物が全部同じ値段であること

5番

1　期末試験の結果

2　レポートの提出

3　授業の参加態度

4　授業の出席日数

개요 이해 실전 연습 ❶ 🎧 02-21~25.mp3　　　　　　　　　　[　／ 5]

もんだい
問題 3

　問題 3 では、問題用紙に何もいんさつされていません。この問題は、全体としてどんな内容かを聞く問題です。話の前に質問はありません。まず話を聞いてください。それから、質問とせんたくしを聞いて、 1 から 4 の中から、最もよいものを一つ選んでください。

– メモ –

정답　**1**②　**2**②　**3**①　**4**③　**5**①　　　　　　　스크립트 및 해설 **별책** p.105

もんだい
問題 3

　問題3では、問題用紙に何もいんさつされていません。この問題は、全体としてどんな内容かを聞く問題です。話の前に質問はありません。まず話を聞いてください。それから、質問とせんたくしを聞いて、1から4の中から、最もよいものを一つ選んでください。

– メモ –

즉시 응답 실전 연습 ❶ 🎧 02-31~36.mp3　　　　　　　　　　　　　　[　 / 6]

もんだい
問題 4

　問題4では、問題用紙に何もいんさつされていません。この問題は、まず文を聞いてください。それから、それに対する返事を聞いて、1から3の中から、最もよいものを一つ選んでください。

– メモ –

<ruby>もんだい</ruby>
問題 4

　<ruby>もんだい</ruby>問題４では、<ruby>もんだいようし</ruby>問題用紙に<ruby>なに</ruby>何もいんさつされていません。この<ruby>もんだい</ruby>問題は、まず<ruby>ぶん</ruby>文を<ruby>き</ruby>聞いてください。それから、それに<ruby>たい</ruby>対する<ruby>へんじ</ruby>返事を<ruby>き</ruby>聞いて、１から３の<ruby>なか</ruby>中から、<ruby>もっと</ruby>最もよいものを<ruby>ひと</ruby>一つ<ruby>えら</ruby>選んでください。

– メモ –

問題 5

問題 5 では、長めの話を聞きます。この問題には練習はありません。

メモをとってもかまいません。

1番、2番

問題用紙に何もいんさつされていません。まず話を聞いてください。それから、質問とせんたくしを聞いて、1 から 4 の中から、最もよいものを一つ選んでください。

– メモ –

3番

まず話を聞いてください。それから、二つの質問を聞いて、それぞれ問題用紙の
1から4の中から、最もよいものを一つ選んでください。

質問1

1 「紅葉コース」
2 「海コース」
3 「伝統コース」
4 「文化コース」

質問2

1 「紅葉コース」
2 「海コース」
3 「伝統コース」
4 「文化コース」

問題 5

問題 5 では、長めの話を聞きます。この問題には練習はありません。

メモをとってもかまいません。

1番、2番

問題用紙に何もいんさつされていません。まず話を聞いてください。それから、

質問とせんたくしを聞いて、1 から 4 の中から、最もよいものを一つ選んでください。

− メモ −

3番

まず話を聞いてください。それから、二つの質問を聞いて、それぞれ問題用紙の
1 から 4 の中から、最もよいものを一つ選んでください。

質問1

1　「私の家族」
2　「幸せな一日」
3　「時間の流れ」
4　「ギョーちゃん」

質問2

1　「私の家族」
2　「幸せな一日」
3　「時間の流れ」
4　「ギョーちゃん」

새로운 일본어능력시험은 종합득점과 각 과목별 득점의 두 가지 기준에 따라 합격 여부를 판정합니다. 즉, 종합득점이 합격에 필요한 점수(합격점) 이상이며, 각 과목별 득점이 과목별로 부여된 합격에 필요한 최저점(기준점) 이상일 경우 합격입니다.

❶ N1~N3의 경우

구분	합격점	기준점		
		언어지식	독해	청해
N1	100	19	19	19
N2	90	19	19	19
N3	95	19	19	19

❷ N4~N5의 경우

구분	합격점	기준점		
		언어지식	독해	청해
N4	90	38		19
N5	80	38		19

❶ N1~N3의 경우

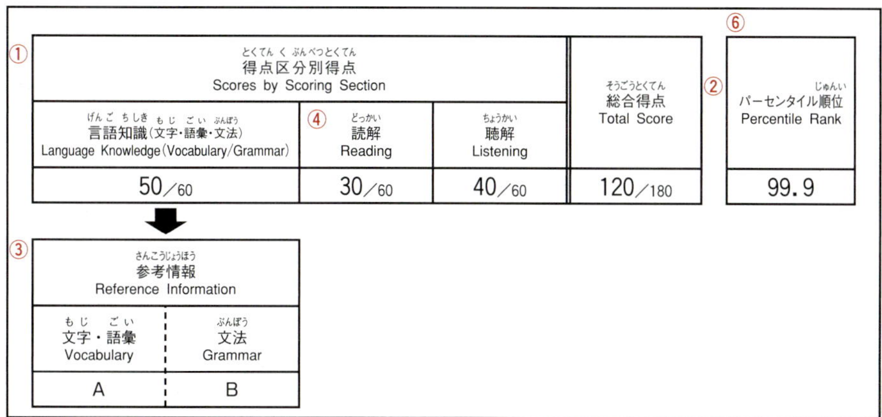

❷ N4~N5의 경우

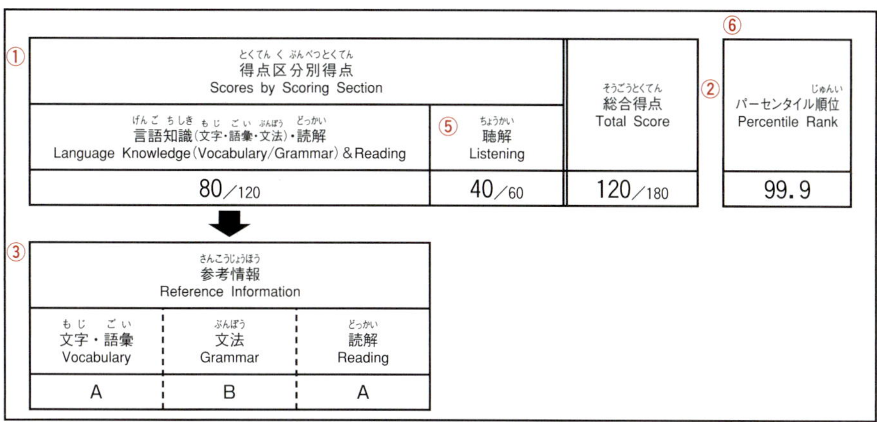

① 척도득점입니다. 합격판정의 대상이 됩니다.

② 득점구분별득점의 합계점수입니다. 합격판정의 대상이 됩니다.

③ 각 분야별로 각각 몇 문제를 맞혔는지 나타내는 정보입니다. 척도점수와는 다르며, 합격판정의 대상이 되지 않습니다. 이것에 따라 어느 분야에서 어느 정도 풀어냈는지를 알 수 있고 앞으로의 일본어 학습에 참고할 수 있습니다.

    A 매우 잘했음(정답률 67% 이상)

    B 잘했음(정답률 34%이상 67% 미만)

    C 그다지 잘하지 못했음(정답률 34% 미만)

④ [독해]와 [청해]에서는 단독으로 척도점수가 표시되기 때문에 참고 정보는 없습니다.

⑤ [청해]에서는 단독으로 척도점수가 표시되기 때문에 참고 정보는 없습니다.

⑥ 백분위 순위는 해외에서 수험한 합격자에게만 표시됩니다.

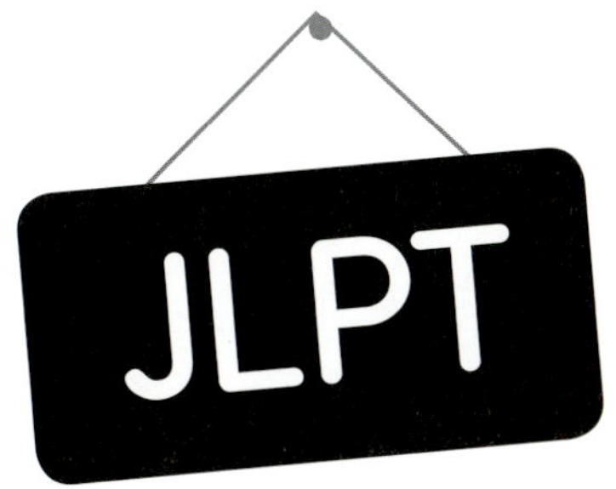

실전 모의고사

N2

言語知識（文字・語彙・文法）・読解

（105分）

注　意
Notes

1. 試験が始まるまで、この問題用紙を開けないでください。
   Do not open this question booklet until the test begins.

2. この問題用紙を持って帰ることはできません。
   Do not take this question booklet with you after the test.

3. 受験番号と名前を下の欄に、受験票と同じように書いてください。
   Write your examinee registration number and name clearly in each box below as written on your test voucher.

4. この問題用紙は、全部で31ページあります。
   This question booklet has 31 pages.

5. 問題には解答番号の 1 、 2 、 3 、… が付いています。解答は、解答用紙にある同じ番号のところにマークしてください。
   One of the row numbers 1 , 2 , 3 … is given for each question. Mark your answer in the same row of the answer sheet.

受験番号　Examinee Registration Number	
名前　Name	

問題1 ＿＿＿＿＿の言葉の読み方として最もよいものを、1・2・3・4から一つ選びな
さい。

1 あの記者は大臣に鋭い質問をした。

1　かたい　　　　2　するどい　　　　3　ほそい　　　　4　こまかい

2 会議で決まったことを記録する。

1　きえん　　　　2　きろく　　　　3　きりょく　　　　4　きれき

3 自分の欠点は、自分で気づくのが難しい。

1　けてん　　　　2　かってん　　　　3　けってん　　　　4　かくてん

4 歯の治療は早ければ早いほどいい。

1　しりょ　　　　2　ちりょ　　　　3　しりょう　　　　4　ちりょう

5 この製品は、二つの会社がトップを競っている。

1　あらそって　　　2　うばって　　　3　きそって　　　4　はらって

問題2 ＿＿＿＿の言葉を漢字で書くとき、最もよいものを1・2・3・4から一つ選びなさい。

6 <u>つねに</u>火事や事故に備える必要がある。

1　等に　　　　　2　毎に　　　　　3　常に　　　　　4　主に

7 森田さんは私のお願いを<u>こころよく</u>引き受けてくれた。

1　愉く　　　　　2　快く　　　　　3　喜く　　　　　4　嬉く

8 スマートフォンの<u>ふきゅう</u>で、コミュニケーションが便利になった。

1　普給　　　　　2　布及　　　　　3　布給　　　　　4　普及

9 <u>しんりん</u>が消えて地球の温暖化が進んでいる。

1　森林　　　　　2　深輪　　　　　3　森輪　　　　　4　深林

10 私は東京に<u>とまる</u>ときは、いつもこのホテルを利用している。

1　停まる　　　　2　留まる　　　　3　泊まる　　　　4　駐まる

問題3 （　　　）に入れるのに最もよいものを、1・2・3・4から一つ選びなさい。

11 本テキストは、小学校の（　　　）学年のための算数の本です。

   1　下　　　　　　　2　少　　　　　　　3　安　　　　　　　4　低

12 文具（　　　）は一箇所にまとめておきましょう。

   1　類　　　　　　　2　属　　　　　　　3　種　　　　　　　4　型

13 決勝戦で負けて、（　　　）優勝に終わった。

   1　準　　　　　　　2　次　　　　　　　3　副　　　　　　　4　前

14 新しいゲーム機は大変人気があり、品（　　　）の状態が続いている。

   1　弱　　　　　　　2　薄　　　　　　　3　軽　　　　　　　4　浅

15 （　　　）学期は一生懸命勉強して、いい成績をとりたい。

   1　越　　　　　　　2　迎　　　　　　　3　来　　　　　　　4　明

問題４　（　　　　）に入れるのに最もよいものを、１・２・３・４から一つ選びなさい。

16 台風の接近にともない、夜になって雨と風が（　　　　　）強くなってきました。

1　しだいに　　　　2　ちかちか　　　　3　せっせと　　　　4　ばったり

17 予算が（　　　　　）ため、計画は中止になった。

1　とじられた　　　2　けずられた　　　3　にげられた　　　4　かぞえられた

18 久しぶりに外食に出かけたが、店は休みで（　　　　　）が閉まっていた。

1　メニュー　　　　2　シャッター　　　3　ロッカー　　　　4　ランプ

19 思いっきり体を動かす事もストレス（　　　　　）には効果的です。

1　縮小　　　　　　2　削除　　　　　　3　停止　　　　　　4　解消

20 うちの畑でできるトマトは、（　　　　　）はよくないけれど、味がいい。

1　見方　　　　　　2　見出し　　　　　3　見直し　　　　　4　見かけ

21 彼は（　　　　　）人だから、おもしろいことを言ってよくみんなを笑わせる。

1　あいまいな　　　2　ゆかいな　　　　3　いだいな　　　　4　みごとな

22 お昼の時間だから込んでいるかと思ったが、（　　　　　）すいていた。

1　ただちに　　　　2　わりと　　　　　3　けっして　　　　4　どうりで

問題5 ________の言葉に意味が最も近いものを、1・2・3・4から一つ選びなさい。

23 これは鈴木部長からじかに聞いた話です。

1　直接　　　　　2　確実に　　　　　3　全部　　　　　4　相当

24 経済政策に関する首相の発言に注目している。

1　関心を持って　2　感動して　　　　3　疑って　　　　4　びっくりして

25 まもなく2番線に電車がまいります。

1　いつか　　　　2　いちおう　　　　3　もうすぐ　　　　4　やっと

26 森さんはかなり怒っているようだ。

1　耳を傾けている　　　　　　　　　　2　口に合わない

3　足が出ている　　　　　　　　　　　4　頭にきている

27 自分の欠点を努力でカバーする。

1　さまたげる　　　2　おぎなう　　　　3　さからう　　　　4　たしかめる

問題6　次の言葉の使い方として最もよいものを、1・2・3・4から一つ選びなさい。

28　差別

1　職業で人を<u>差別</u>してはいけない。

2　私は特に「か」と「が」の<u>差別</u>が苦手だ。

3　ゴミは、ちゃんと<u>差別</u>して出しましょう。

4　日本は、春、夏、秋、冬の<u>差別</u>がはっきりしている。

29　うたがう

1　中川（なかがわ）君は、クラスのみんなが<u>うたがって</u>いる人気者である。

2　私はときどき自然に<u>うたがって</u>山登りに行く。

3　あの人は、私がうそを言っているのではないかと<u>うたがって</u>いる。

4　今度の試合で山田（やまだ）選手が優勝するだろうと<u>うたがって</u>いた。

30　実に

1　「<u>実に</u>お願いがあるんですが」と、彼は言いにくそうに話し始めた。

2　この海岸から見る景色は、<u>実に</u>美しい。

3　いくら言葉で説明を聞いても、<u>実に</u>やってみないとわからない。

4　<u>実に</u>言いますと、このような仕事は初めてでして…。

31　やや

1　また、<u>やや</u>遊びに来てください。待っています。

2　失敗したことが<u>やや</u>いい勉強になった。

3　今年の夏は去年より<u>やや</u>暑い。

4　彼の部屋のあかりが消えている。<u>やや</u>留守だろう。

32　夢中

1　先生の話をもっと<u>夢中</u>に聞きなさい。

2　母の病気が心配で、勉強に<u>夢中</u>できない。

3　息子はゲームに<u>夢中</u>で、勉強しようとしない。

4　私はそのとき、進学のことを<u>夢中</u>に悩んでいた。

問題7　次の文の(　　　　)に入れるのに最もよいものを、1・2・3・4から一つ選びなさい。

33　彼の態度から（　　　　）、反省しているとは思えない。

1　あると　　　　2　すると　　　　3　いると　　　　4　くると

34　雨が降り、子どもは泥（　　　　）になって帰って来た。

1　だけ　　　　2　だらけ　　　　3　のみ　　　　4　いっぱい

35　部屋の電気がまだついている。彼は起きているに（　　　　）。

1　からだ　　　　2　そうだ　　　　3　すぎない　　　　4　ちがいない

36　上司が嫌いだからといって、会社をやめる（　　　　）。

1　わけだ　　　　　　　　　　2　わけにはいかない

3　ことがある　　　　　　　　4　というものだ

37　ソファーで本を読んでいる（　　　　）、寝てしまった。

1　あとに　　　　2　うえに　　　　3　うちに　　　　4　ところに

38　お金で若さが（　　　　）、人生をもう一度やり直してみたいものだ。

1　買うものと　　　　　　　　2　買えようものでも

3　買えるものなら　　　　　　4　買ったもので

39 約束をやぶったことを（　　　　）、許すつもりはありません。

1　謝らないばかり　　　　　　　　　2　謝らないかぎり

3　謝らないまで　　　　　　　　　　4　謝らないほか

40 ドアを（　　　　）とたんに、猫が家に飛び込んできた。

1　開ける　　　　2　開け　　　　3　開けて　　　　4　開けた

41 長引く不況で、給料は上がらず、国民の暮らしは悪くなる（　　　　）。

1　次第だ　　　　2　代わりだ　　　　3　一方だ　　　　4　通りだ

42 先ほど関東地域を中心に震度4の地震がありました。詳しい情報が（　　　　）お知らせいたします。

1　入るしだい　　　　2　入りしだい　　　　3　入ってしだい　　　　4　入ったしだい

43 （家電製品売り場で）
客「すみません。この掃除機、返品したいのですが。これがレシートです」
店員「かしこまりました。差し支えなければ、返品の理由を（　　　　）？」

1　お聞きになりますか　　　　　　　　2　お聞きしませんか

3　お聞きしてもよろしいでしょうか　　4　聞かれてもいいでしょうか

44 陸上大会の開幕を知らせる聖火の最後のランナーは山田選手。聖火台（　　　　）続く階段を駆け上がる山田選手に日本中の視線が集まった。

1　でも　　　　2　とか　　　　3　へと　　　　4　からと

問題8　次の文の＿＿★＿＿に入る最もよいものを、1・2・3・4から一つ選びなさい。

（問題例）

あそこで ＿＿＿＿ ＿＿＿＿ ＿★＿ ＿＿＿＿ は山田さんです。

1　テレビ　　　　2　見ている　　　3　を　　　　　4　人

（解答のしかた）

1．正しい文はこうです。

あそこで ＿＿＿＿ ＿＿＿＿ ＿★＿ ＿＿＿＿ は山田さんです。

1　テレビ　　3　を　　2　見ている　　4　人

2．＿★＿に入る番号を解答用紙にマークします。

（解答用紙）　（例）　①　●　③　④

45　今後、通勤客が ＿＿＿＿ ＿＿＿＿ ＿★＿ ＿＿＿＿ 方針である。

1　バスの本数を　　　　　　　　　2　したがって

3　増えるに　　　　　　　　　　　4　増やしていく

46　新しい機械の ＿＿＿＿ ＿＿＿＿ ＿★＿ ＿＿＿＿ なかなか
理解できなかった。

1　説明書を　　　　　　　　　　　2　難しい言葉だらけで

3　使い方の　　　　　　　　　　　4　読んでみたものの

47　海洋汚染問題が ＿＿＿＿＿　＿＿＿★＿＿　＿＿＿＿＿　＿＿＿＿＿ ただちに対策を立てるべきだ。

1　これほど　　　　　　　　　　2　以上

3　深刻になった　　　　　　　　4　世界各国が協力して

48　お手紙うれしく拝見いたしました。一ヶ月以上も ＿＿＿＿＿　＿＿＿＿＿　＿＿★＿＿　＿＿＿＿＿ お詫び申し上げます。

1　心から　　　　　　　　　　　2　お手紙をいただいて

3　いながら　　　　　　　　　　4　お返事もぜず

49　マンション生活における騒音問題は、解決が ＿＿＿＿＿　＿＿＿＿＿　＿＿★＿＿　＿＿＿＿＿ おそれがある。

1　大きな問題に　　　　　　　　2　なかなか難しく

3　発展する　　　　　　　　　　4　場合によっては

問題9　次の文章を読んで、文章全体の内容を考えて、 50 からの 54 の中に入る
　　　　最もよいものを１・２・３・４から一つ選びなさい。

　街中でよく目にする信号機の信号は、赤色、青色、黄色があります。赤や黄色は
目で見たそのままの色ですが、青信号だけはどう見ても緑色なのです。緑色なのに
なぜ「青信号」と呼ぶのでしょうか。皆さんも不思議に思ったことがあるかと思い
ます。もし、子供に聞かれたら、どう答えればいいか一瞬 50 。ちなみに英語で
は、信号の緑をきっちり「グリーン・ライト」と呼びます。

　では、なぜ日本語では緑なのに青信号と呼ぶのでしょうか。古代の日本において、
色の言葉は「赤」「青」「白」「黒」の４つだけでした。だから、緑色のものを「青い」
と呼ぶ習慣があり、緑色の野菜を「青菜_{あおな}」と呼んだり、新緑の葉を「青葉_{あおば}」と呼ん
だりしました。このため世間ではいつしか「 51-a 」を「 51-b 」と呼ぶようになっ
たのでしょう。

　信号というのは車や自転車などの動きをコントロールするのが第一の目的ですか
ら、もっとも基本となるのはもちろん「止まれ」を表す「赤」なのです。では反対に
「進め」を表す色は何がいいのか？　となった時に、赤の対比で使われていた色が青な
のです。色相の面から見ても赤と青は補色関係_{ほしょくかんけい}にあり、 52 として見なされています。
ここから赤信号の反対を「青信号」と呼ぶに至ったのではないでしょうか。

　全国的にはまだまだ青信号の色は緑のままですが、青色LEDの発明やその実用
化が進み、東京都内の信号の多くで青色LEDが使われています。 53 、どう見て
も青にしか見えない青信号が増えました。いずれ本当の青信号が一般的になり、「ど
うして緑色なのに青信号と呼ぶのか？」という疑問が出てくることがなくなる日が
54 。

（注）青色LED：電気を流すと青い光を発する半導体_{はんどうたい}

50

  1　迷うべきです　　　　　　　　2　迷ってしまいそうです

  3　迷うことはありません　　　　4　迷い続けるでしょう

51

  1　a 青信号 ／ b 赤信号　　　　2　a 黄信号 ／ b 青信号

  3　a 青信号 ／ b 緑色信号　　　4　a 緑色信号 ／ b 青信号

52

  1　同一の色　　　　　　　　　　2　信号の色

  3　正反対の色　　　　　　　　　4　使われない色

53

  1　とはいえ　　　　　　　　　　2　その結果

  3　それにもかかわらず　　　　　4　その反面

54

  1　来るかもしれません　　　　　2　来たことがあります

  3　来るとは言えないでしょう　　4　来るわけではありません

問題 10 次の(1)から(5)の文章を読んで、後の問いに対する答えとして最もよいものを、1・2・3・4から一つ選びなさい。

(1)

人付き合いには多くの人々が悩み、努力している。なぜなら、自分に役立ち、利益がある人々と付き合いたがるからである。人を自分の出世の道具、または成長の足場にするのは決して良いことではない。人と付き合う時、どのような利害関係も望まない方が良い。さらに、自分を理解してほしいという思いさえも持つべきではない。損得などない純粋な気持ちでの出会い、それこそが正しい人との付き合いと言えるのではないだろうか。

55 筆者は、人付き合いに関してどのようにとらえているか。

1 効果的に人と付き合うには、他人を理解しなければならない。

2 自分の身分にふさわしい人付き合いをするべきだ。

3 お互いに利害関係のないことが正しい人付き合いである。

4 正しい人付き合いをするためには出世しなければならない。

(2)

> 　リサイクルとは、一度使用した資源をあるプロセスを経て再利用することをいい、限られた資源を効率的に利用することである。今や天然資源の枯渇に対して代替エネルギーの開発が急がれているが、リサイクルのことも疎かにしてはいけない。しかし、リサイクルは長所だけではないのである。リサイクルの処理費用やその工程中に発生するエネルギーと資源の消耗などの短所もある。リサイクルのことだけではなく、我々は必要な分だけ使う、資源の「小利用」についても考えるべきである。

56 筆者は、なぜ資源の「小利用」を考えるべきだと言っているか。

1　リサイクルをすることより費用がかからないから

2　リサイクルすることは資源枯渇につながるから

3　リサイクルは長所より短所が多いから

4　天然資源とリサイクルには限界があるから

(3)

> 　ストレス解消のために大学時代の集まりに参加することにした。集まりのための服をさがしたり、いつもより濃い化粧をしたりで、かなりの時間がかかって約束の時間にも遅刻してしまった。集まりの前から疲れていたせいか、集まりは退屈で友達の話もつまらなかった。結局、かえって疲れてストレスがたまってしまったようだった。その翌日の日曜日、思い存分寝てごろごろしながら時間を過ごしたら、昨日とはまったく違うさわやかな気分になった。ストレスを解消するためのストレスはよくないということを再認識した一日だった。

57 筆者は、ストレスをどのように考えているか。

1　他人と一緒にいる席ではストレスを受けることが多い。

2　ストレスを解消するためには準備が必要である。

3　ストレスを避けるには一人だけの時間が重要である。

4　ストレスを解消するために苦労するのは望ましくない。

（4）

> 　取引先の人に会うために事前に約束したり重要な日程のために事前に自分の時間を効率的に配分したりすることは、仕事では当然なことである。しかし友達に会うのにそこまでする必要があるのだろうか。気楽に会うことができることこそ、友達との集まりの長所ではないだろうか。もしその友人が他の用事で忙しくて会うことができないなら、次の暇な時に会うまでのことだ。約束せずに会える友達関係が望ましいことではないかと思う。

58 この文章で筆者が一番言いたいことは何か。

1　友達との約束を変更するのは良くない。

2　何も決めずに会えるのが友人関係である。

3　友達の忙しい日程を配慮するべきである。

4　約束をしないで会うことに慣れるべきである。

（5）

以下は、ある店が出した文書である。

〇〇様

いつも当店をご利用いただきましてありがとうございます。

　このたびは「夏休みプレゼントキャンペーン」にご応募くださいまして誠にありがとうございます。お客様が当籤されましたのでお知らせいたします。

　お手数ですが、発送の間違いがないよう、ホームページの顧客情報の住所確認ボタンより住所の再確認をお願いいたします。顧客情報の確認が終わり次第、発送いたします。

　引き続き当店をご愛顧いただきますよう、よろしくお願いいたします。

西村ヘアーショップ
URL：http://www.nishimurahair.co.jp

営業日：月〜日曜日　9:30〜11:30
定休日：第3週の月曜日

59　この文書を作成した理由は何か。

1　顧客情報の住所確認がしたいから

2　キャンペーンの応募方法を再確認したいから

3　送ったプレゼントが会社に返送されたから

4　間違った顧客情報を訂正してほしいから

問題 11 次の(1)から(3)の文章を読んで、後の問いに対する答えとして最もよいものを、1・2・3・4から一つ選びなさい。

(1)

他人に何かを頼む時、なるべく丁寧な姿勢を取った方が良い。特に、関係が薄い間柄であったり身分的、地位的に上位の人に頼む場合はさらに慎重にしなければならない。その結果、会社の取引先に難しい頼みをしなければならなかったり、年上の人に頼んだりする場合、緊張で体が固くなってしまうことがよくある。また、たとえ親しい友人同士であっても、丁寧に頼むことが礼儀である。腰高な姿勢で頼み事をするのは望ましくない。

頼みをする時の行動の仕方は頭の中から簡単に浮かぶことができるのだが、頼まれる時の行動については深く考えたことがないのではないか。例えば、ほとんどの会社員は、会社の取引先の担当者に無理な依頼をされた経験があるだろう。頼みを断ることは頼むことより難しいことかもしれない。

（中略）

ところで、友人や知人同士のお願いと断りは、時にはさらに敏感に感じられることもある。この程度のお願いは聞き入れてくれるだろうという想いから出た頼みは危険であるし、拒絶されたことが原因で友人関係が壊れることも多いのである。頼みは必ずしも聞き入れてもらえるわけではないという考えを持つべきである。そして断られる場合もあるという考えもしておいた方が良い。

60 他人にお願いをする時に注意しなくてもよいことは何か。

1 親しい人にお願いをする時も丁重にしなければならないこと

2 お願いをする際に必要以上に緊張すること

3 腰高（こしだか）な姿勢（しせい）でお願いをしないように注意すること

4 上司に頼む時はもっと慎重にすること

61 友人や知人同士のお願いと断りは、時にはさらに敏感に感じられることもあると
あるが、その理由は何か。

1 当然聞き入れてくれると思っているから

2 友達の性格が自分と違うと思っているから

3 友達の家族に迷惑がかかるかもしれないから

4 友達がどのような状況か分かりにくいから

62 この文章で筆者が一番言いたいことは何か。

1 丁寧にお願いする方法を学ばなければならない。

2 お願いする方法によっては断られることもある。

3 何かを頼む時は何かを失う覚悟もしなければならない。

4 お願いを聞き入れてくれることを当たり前と考えてはならない。

(2)

　我々は慣れという行為を上手に利用しなければならない。慣れるということは、我々に大変大きな力になることもあれば、どうしようもない災いになることもある。人は変化に対して優れた対応力があり、その変化に慣れていく過程で①成長する。しかし、場合によってはその成長が、良くない影響を与えかねないという点に注意を払わなければならない。

　習慣とは自分でも気づかないうちに出てくるものである。良い習慣と悪い習慣は何かに対する感情や行動が結論に繋がる時に固着される。つまり、②ある対象や行動を受け入れる瞬間が非常に大事である。慣れは、すぐ安心に変わることになり、その安心が習慣として定着してしまえば、その時からは莫大な時間と努力をしなければ変えられないからである。良い慣れが良い習慣になると、生活の質が変わり、ひいては人生を変えることができる力になるものである。

　慣れないことに直面したり慣れない行動をさせられたりする際、誰でも不安になってしまうが、心配することはない。もしも、今このような経験をしているなら、それは人生を変えることができる機会が訪れてきたのかもしれない。

（注）固着：同じ所にとどまって、そのままの状態で定着すること。

63 筆者は①成長をどのようにとらえているか。

1　生活の質を高められる良い変化が起こること

2　悪い習慣になって誤った方向に変化すること

3　良い変化が習慣に変わること

4　どんな影響を及ぼすかまだはっきりしないこと

64 ②ある対象や行動を受け入れる瞬間が非常に大事であるとあるが、その理由は何か。

1　あまりにも時間が過ぎてしまうと変えにくいから

2　良いこととして受け入れない限り、役に立たないから

3　善し悪しに関する判断は時には難しいから

4　多大な努力と時間を消費したら変わることもあるから

65 この文章で筆者が一番言いたいことは何か。

1　慣れていないことに不安を感じてもしかたがない。

2　行動と習慣を変えることは容易なことではない。

3　大変な状況が、かえって良いことになりうる。

4　生活の質を変えるためには不安が必要だ。

(3)

　　9歳になった娘と公園へ散歩に行った。ちょっと電話に出ている間に、娘が地べた
に腰を下ろして何かを見ていた。クモが作り出した巣を不思議そうに眺めていたのだ。
娘を見ていたら、自分の子供のころが浮かんできた。昔は家でもクモの巣（注1）をよく見か
けたもので、吹いても壊れたり切れたりしないクモの巣を①不思議に思ったものだ。

　　クモの巣の強度（きょうど）は鋼鉄の20倍、弾力性はナイロンの２倍にもなるそうだ。さらに、
防水の機能も有している。以前から、このようなクモの巣の性質を利用するための研
究が続けられたが、服や他の用途での使用は実用化されなかったようだ。一方で、ク
モの巣の成分を利用した合成繊維を開発してパラシュートや防弾（ぼうだん）チョッキの素材など、
軍事的な目的としては使用されている（注2）。しかも、人工のクモの巣、いわゆる「クモシ
ルク」と名付けられたものを利用して医療分野では人工の筋や角膜（かくまく）などに活用される
可能性もあるそうである。

　　クモについてあれこれ調べながら、自然の知恵はすごいものだと考えさせられた。
子供たちの子供たちにまで豊かな自然を残してあげることこそ、私たちの親世代にで
きる②最も大きなプレゼントではないか。

(注1) クモの巣（す）：クモのかけた網。くものあみ。
(注2) パラシュート：落下傘。大気中を降下する物体の速度を落すために使われる布製の傘の
　　　　　　　　　ような道具。

410

66 筆者は、なぜ①不思議に思ったものだと述べているか。

1 クモの巣が作られる過程が不思議だから

2 クモの巣に対する自分と娘の共通点を発見したから

3 思ったよりしっかりと作られているから

4 今はたくさん見られないモノを発見したから

67 クモの巣に対する説明の中で、本文の内容と合っていないのはどれか。

1 強度と弾力が優れ、防水機能も備えている。

2 天然の巣をもって服を製作する方法を発見した。

3 軍事的な目的で巣を利用した繊維が使用されている。

4 クモシルクは、まだ医療分野では使用されていない。

68 筆者は、②最も大きなプレゼントをどのようなものだと考えているか。

1 クモの力を利用して生活を便利にすること

2 自然からの知恵を子供たちに教えていくこと

3 人間が作った不自然なものを直していくこと

4 自然と触れあえるように自然を残していくこと

問題 12　次のAとBはそれぞれ、早期教育について書かれた文章である。二つの文章を読んで、後の問いに対する答えとして最もよいものを、１・２・３・４から一つ選びなさい。

A

早期教育の最適な場所は家である。普段生活している空間で教育が行われる時に、子供は最高の学習効果を得ることができるものである。音楽や美術など、専門的な分野においては先生を通して教育を受けたりもするが、それ以外の勉強は親が直接教えるのが良い。５歳以下の子供は親との勉強を通じて家族との繋がりをさらに深めることができる。これは成人になってからも親と子の良い関係を築くことになる。幼い頃から始まった教育によって優れた学習能力や正しい勉強の習慣が身に付き、学校の勉強においても良い学習の習慣を維持できるようになるのである。つまり、幼い頃から形成された正しい学習態度は学校の成績にも大いに役立つというものである。

B

幼いころから勉強を強いられてきた子どもは、周辺の批判に敏感な性格になりやすい。勉強ができるので周りからほめられることに慣れて成長してきたため、批判に対しては敏感に反応してしまうのである。また、学校などの団体生活にもうまく適応できないきらいがある。これは社会性の欠如やうつ病の発生にもつながる恐れがある。子供の才能と適性（てきせい）を早く発見して、子どもが様々な問題から正しい選択ができるようにするための早期教育の本来の目的とはかけ離れてしまい、今は親の自己満足の手段として利用されているという批判もある。あえて幼い子供に教育をさせたいなら、人格教育をさせることについて考えてみるのはどうだろう。

69 AとBで共通して述べていることは何か。

1 　早期教育を受けた子はそうでない子より成績が優秀である。

2 　早期教育は家で行われることが望ましい。

3 　早期教育を受けてきた子どもたちのうつ病症状は深刻である。

4 　早期教育は学校の勉強ではなく、人格の教育が重要である。

70 AとBは早期教育についてどう述べているか。

1 　AもBも早期教育が子どもに役立つと述べている。

2 　AもBも早期教育に対して批判的に述べている。

3 　Aは早期教育の学習態度の重要性について述べ、Bは早期教育による問題点について述べている。

4 　Aは早期教育の必要性について述べ、Bは人生教育の重要性について述べている。

問題 13 次の文章を読んで、後の問いに対する答えとして最もよいものを、１・２・３・４から一つ選びなさい。

　騒音とは騒がしく、不快感を感じさせる音のことを言う。現代社会において騒音の問題は、大変敏感な問題の一つとなっている。特に、近隣との騒音問題も頻繁に起こり、殺人事件にまで至る<u>深刻な問題</u>になっている。長時間、騒音に晒（さら）された場合、物理的には聴覚に直接的な影響を与える可能性があり、精神的にはストレスの原因になることが多い。長年、工場現場で仕事をしている労働者は事務職の労働者に比べ、聴覚に損傷が生じる可能性が３０倍も高いという。また建設現場や地下鉄の周辺など、持続的に騒音の影響を受けている所に住んでいる妊婦の場合は、流産（りゅうざん）する確率が他の地域に住んでいる人の三倍に達する。このように、騒音というのは致命的な影響を与える、恐ろしい災害の一つであると言っても過言ではない。

　建設現場では防護壁（ぼうごへき）の設置が義務付けられているが、これは落石などの物理的な被害の防止だけでなく、騒音の発生を抑制のための措置でもある。日本のみならず世界のいろいろな国々でも、公共の場所における騒音に対する規制を定め、これに違反した時は管轄の役所から厳しい制裁（せいさい）を受けたりもする。

　一方、生活上で発生する音から良い効果が得られるものを、ホワイトノイズ（白色（はくしょく）騒音（そうおん））という。ホワイトノイズとは、日常生活でよく聞くことができる音のことで、脳の活性化の助けになるという。代表的な例としては、滴（しずく）が落ちる音、雨の音、本のページをめくる音、人の小さな話し声などがある。このホワイトノイズにより、４７％の集中力の向上、１０％の記憶力の向上と共に、２８％のストレスの減少などの効果を得ることができる。良く眠りにつくことができない子供の睡眠にも役に立ち、白色騒音（はくしょくそうおん）を利用した治療も進んでいる。

　（中略）

　これからは、自然資源の効率的な活用は言うまでもなく、人間の行動によって引き起こされた付随的（ふずいてき）な結果の処理及び解決方法の研究も必要だと思う。人間の生活の質を向上させるためには、仕方なく発生してしまう、良くない現象とその悪影響までも変えていかなければならない。

（注1）晒す：避けることができないむずかしい事態に身を置く

（注2）防護壁：危害の及ぶのを防ぎ守る壁

71 この文章で、深刻な問題が指しているのはどれか。

1　近所の人とのトラブルに直接的な影響を与えないこと

2　重犯罪につながる事件が頻繁に発生する可能性があること

3　現代社会では騒音の被害を制限する方法がないこと

4　ストレスの原因として考えるのは無理があるということ

72 白色騒音に対する説明の中、正しくないものはどれか。

1　水に関係のある音で、人に良い影響を与える。

2　人体の機能に良い影響を与える音である。

3　治療のための目的以外にも使われている。

4　ストレス解消と不眠症にも役立つ。

73 筆者が一番言いたいことは何か。

1　自然資源の効率的な使用も重要な問題である。

2　人の行動による自然資源の使用について考えなければならない。

3　生活の一部分から生じる問題の解決にも注意を払うべきである。

4　社会の発展のためには資源の分配を考慮しなければならない。

問題 14　右のページは、青海市が主催する花火大会の案内である。下の問いに対する答えとして最もよいものを、１・２・３・４から一つ選びなさい。

74　この花火大会の概要について合っていないものはどれか。

1　雨の場合にも大会は中止されない。

2　花火大会参加料金は無料である。

3　会場の駐車場を利用する場合には、駐車料金を払わなければならない。

4　駐車場を利用する場合、会場まで歩いて移動しなければならない。

75　この大会の観覧時のおねがいについて合っているものはどれか。

1　ゴミ箱は設置されていなく、花火大会終了後に掃除をして帰る。

2　会場の中ではいかなる場合にも喫煙できない。

3　大会の担当者はドローンを使って撮影することができる。

4　観覧客の安全確保のために担当者は傘を使うことができない。

第3回青海市花火大会のご案内

　長い歴史を持つ青海市花火大会が今年も盛大に開催されます。会場周辺には露店がたくさん並んで賑わいをみせます。迫力のある花火を近距離で眺められるのも、大きな魅力のひとつです！水面を美しく彩る花火をゆったりとお楽しみ下さい。

◉ 大会概要

開催日時	8月22日（月）午後7:00〜（雨天決行）
開催場所	青海市湖公園
打ち上げ予定数	約12,000発
料金	無料
駐車場	会場は駐車場がありませんので、電車やバスをご利用ください。 青海ショッピングセンターの駐車場（会場まで徒歩15分） （有料、１台1,000円）
問い合わせ先	青海市役所　花火大会実行委員会　電話　084-390-2987

◉ 花火大会観覧時のおねがい

- 観覧客の安全確保のため、会場の入場規制が行われる場合がございますので、担当者や警備員の指示に従っていただきますようお願いいたします。

- 会場にゴミ箱は設置されておりません。きれいな公園を維持するため、ゴミは持ち帰りをお願いいたします。

- 会場での喫煙は禁止となっております。会場の外に設けられている喫煙コーナーをご利用ください。歩きタバコは絶対行わないでください。場内に火気の持ち込みは禁止です。

- お子様と一緒にいらっしゃった方は子供の手をしっかりとつないで、迷子防止に努めてください。迷子になった場合は会場内の迷子センターにお知らせください。

- 安全のため、打ち上げ場所の上空でのドローンの使用を一切禁止いたします。

- 指定場所で観覧して立入禁止の区域には絶対入らないでください。

- 混雑のため、傘の使用はご遠慮ください。（雨の場合、雨具をご用意ください。）

- 「歩きスマホ」はご遠慮ください。会場の混雑により、事故につながる可能性がございます。

　皆さんが楽しい花火の思い出を持って帰れるように、ご協力をお願いします。

第1回日本語能力試験　模擬テスト

N2

聴解

（50分）

注　意
Notes

1. 試験が始まるまで、この問題用紙を開けないでください。
   Do not open this question booklet until the test begins.

2. この問題用紙を持って帰ることはできません。
   Do not take this question booklet with you after the test.

3. 受験番号と名前を下の欄に、受験票と同じように書いてください。
   Write your examinee registration number and name clearly in each box below as written on your test voucher.

4. この問題用紙は、全部で13ページあります。
   This question booklet has 13 pages.

5. この問題用紙にメモをとってもかまいません。
   You may make notes in this question booklet.

受験番号　Examinee Registration Number	

名前　Name	

もんだい
問題 1

問題 1 では、まず質問を聞いてください。それから話を聞いて、問題用紙の 1 から 4 の中から、最もよいものを一つ選んでください。

れい
例

1　飲み物を買いに行く
2　椅子のチェックをする
3　参加者にメールを送る
4　田中君に連絡する

1 番

1　プロジェクトのメンバーを集める

2　リサーチの対象者を変更する

3　取引先との会議に出席する

4　リサーチ結果修正のメールを見る

2 番

1　病院に行く

2　企画書を作成する

3　部長と会議に行く

4　早退届けを書く

3番

1 図書館に行く

2 売店に行く

3 コピーしに行く

4 家へ帰る

4番

1 試験範囲を確認する

2 発表の課題を準備する

3 中間試験の準備をする

4 男の人のノートを借りる

5番

1 飲み会の店に行く

2 工場の人と打ち合わせする

3 書類を確認して修正する

4 同僚に電話する

もんだい
問題 2

　問題2では、まず質問を聞いてください。そのあと、問題用紙のせんたくしを読んでください。読む時間があります。それから話を聞いて、問題用紙の1から4の中から、最もよいものを一つ選んでください。

れい
例

1　コーヒーがおいしいから

2　食べ物がおいしいから

3　静かな店だから

4　雰囲気がいいから

1番

1 隣の人が注意してもうるさいから

2 もっと広い家でパーティーしたいから

3 就職した会社から近い家がいいから

4 家賃は安いけど、日当たりが悪いから

2番

1 野球が好きだったから

2 先輩たちが格好よかったから

3 体を丈夫にしたかったから

4 性格を変えたかったから

3番

1　就職活動に必要な言葉だから

2　ヨーロッパで家族と暮らしたいから

3　外国生活が自分の成長になるから

4　ヨーロッパの会社生活に役立つから

4番

1　3時

2　6時

3　9時

4　10時

5番

1　子供の頃が思い出されて悲しい

2　プレゼントより美味しい料理がいい

3　カップルたちの姿が気になる

4　家で家族と一緒に過ごす方が楽しい

6番

1　弟がケガをしたから

2　家族と旅行に行くから

3　母がケガをしたから

4　試験を受けるから

もんだい
問題3

　問題3では、問題用紙に何もいんさつされていません。この問題は、全体としてどんな内容かを聞く問題です。話の前に質問はありません。まず話を聞いてください。それから、質問とせんたくしを聞いて、1から4の中から、最もよいものを一つ選んでください。

― メモ ―

もんだい
問題 4

問題 4 では、問題用紙に何もいんさつされていません。この問題は、まず文を聞いてください。それから、それに対する返事を聞いて、1から3の中から、最もよいものを一つ選んでください。

— メモ —

<ruby>問題<rt>もんだい</rt></ruby> 5

問題5では、長めの話を聞きます。この問題には練習はありません。

メモをとってもかまいません。

1番、2番

問題用紙に何もいんさつされていません。まず話を聞いてください。それから、質問とせんたくしを聞いて、1から4の中から、最もよいものを一つ選んでください。

― メモ ―

3番

　まず話を聞いてください。それから、二つの質問を聞いて、それぞれ問題用紙の1
から4の中から、最もよいものを一つ選んでください。

質問1

1　「基礎英会話」

2　「上級英会話」

3　「バドミントン講座」

4　「職業体験講座」

質問2

1　「基礎英会話」

2　「上級英会話」

3　「バドミントン講座」

4　「職業体験講座」

N2

言語知識（文字・語彙・文法）・読解

（105分）

注　意
Notes

1. 試験が始まるまで、この問題用紙を開けないでください。
   Do not open this question booklet until the test begins.

2. この問題用紙を持って帰ることはできません。
   Do not take this question booklet with you after the test.

3. 受験番号と名前を下の欄に、受験票と同じように書いて
   ください。
   Write your examinee registration number and name clearly in each box below as
   written on your test voucher.

4. この問題用紙は、全部で31ページあります。
   This question booklet has 31 pages.

5. 問題には解答番号の 1 、 2 、 3 、… が付いています。
   解答は、解答用紙にある同じ番号のところにマークして
   ください。
   One of the row numbers 1 , 2 , 3 … is given for each question. Mark your answer in
   the same row of the answer sheet.

受験番号 Examinee Registration Number	

名前 Name	

問題1 ________の言葉の読み方として最もよいものを、1・2・3・4から一つ選びなさい。

1 全人口の中で、60歳以上の人口が<u>占める</u>割合は伸びる一方だ。

1　うめる　　　　　2　はめる　　　　　3　しめる　　　　　4　つめる

2 レポートを書くために図書館で<u>資料</u>を調べる。

1　げんりよう　　　2　ひりょう　　　　3　ざいりょう　　　4　しりょう

3 これ以上雨が降らなければ、<u>作物</u>は枯れてしまうでしょう。

1　さくもつ　　　　2　さいもつ　　　　3　さもつ　　　　　4　さんもつ

4 最近、空港の警備が<u>厳重</u>になった。

1　げんじゅう　　　2　げんじょう　　　3　げんちゅう　　　4　げんちょう

5 もしものときに<u>備えて</u>非常用の食べ物や水を用意する。

1　かかえて　　　　2　そなえて　　　　3　ととのえて　　　4　たくわえて

問題2 ＿＿＿＿＿の言葉を漢字で書くとき、最もよいものを1・2・3・4から一つ選びなさい。

6 卒業する皆さんの今後の活躍と<u>こううん</u>を祈ります。

1　高運　　　　　2　功運　　　　　3　幸運　　　　　4　向運

7 近くの川の<u>きし</u>にたくさんの花が咲いている。

1　辺　　　　　　2　崖　　　　　　3　底　　　　　　4　岸

8 不況で事業の<u>きぼ</u>を縮小することになった。

1　規模　　　　　2　期模　　　　　3　規漠　　　　　4　期漠

9 この時計は、とても<u>ふくざつな</u>構造をしている。

1　副雑な　　　　2　複雑な　　　　3　福雑な　　　　4　復雑な

10 問題を解く時間が足りなくて<u>あせって</u>しまった。

1　暴って　　　　2　焦って　　　　3　競って　　　　4　急って

問題3（　　　）に入れるのに最もよいものを、1・2・3・4から一つ選びなさい。

11 来年の世界経済の成長（　　　　）、今年を下回ると予想されている。

   1　比　　　　　　　2　値　　　　　　　3　率　　　　　　　4　割

12 留学を通して、（　　　　）文化を体験し、世界への視野が広がった。

   1　異　　　　　　　2　裏　　　　　　　3　違　　　　　　　4　離

13 町の（　　　　）市街地には、観光名所がたくさんある。

   1　元　　　　　　　2　昔　　　　　　　3　旧　　　　　　　4　先

14 この本は家庭料理（　　　　）について紹介している。

   1　全般　　　　　　2　共通　　　　　　3　全面　　　　　　4　共同

15 高齢化をめぐる（　　　　）問題について、シンポジウムが開かれた。

   1　数　　　　　　　2　複　　　　　　　3　総　　　　　　　4　諸

問題 4 （　　　）に入れるのに最もよいものを、1・2・3・4から一つ選びなさい。

16 大体の意見の（　　　）は議論で解決することがベストだと思う。

  1　感覚　　　　　　2　区別　　　　　　3　相違　　　　　　4　一致

17 有名な観光地なので楽しみにしていたが、実際に行ってみたら（　　　）つまらなかった。

  1　案外　　　　　　2　当然　　　　　　3　事実　　　　　　4　一層

18 朝まで寝ないで勉強していたので、授業中に眠くて何度も（　　　）が出た。

  1　あくび　　　　　2　くしゃみ　　　　3　せき　　　　　　4　しゃっくり

19 むかし読書を通して（　　　）知識が、今役に立っている。

  1　包んだ　　　　　2　招いた　　　　　3　込めた　　　　　4　得た

20 この病気については、有効な治療法はまだ（　　　）されていない。

  1　発言　　　　　　2　発想　　　　　　3　発見　　　　　　4　発行

21 ずっと忙しかったので、週末は家でテレビでも見ながら（　　　）過ごしたい。

  1　ばったり　　　　2　ぴったり　　　　3　ぐっすり　　　　4　のんびり

22 本田さんは周りの人から信頼されているので、チームの（　　　）に選ばれた。

  1　ファン　　　　　2　ゲスト　　　　　3　リーダー　　　　4　ライバル

問題 5 ＿＿＿＿の言葉に意味が最も近いものを、1・2・3・4から一つ選びなさい。

23 岡田（おかだ）さんは長年会社に貢献してきた。

1　認められて　　　　　　　　　2　受け入れられて

3　勤めて　　　　　　　　　　　4　役立って

24 家から会社まで約一時間かかる。

1　あと　　　　2　およそ　　　　3　わずか　　　　4　ほんの

25 判子がなければサインでも差し支えありません。

1　仕方　　　　2　問題　　　　3　満足　　　　4　不平

26 彼は旅行が好きで、世界中ほうぼう歩いている。

1　あちこち　　　　2　いらいら　　　　3　うろうろ　　　　4　まごまご

27 彼女のわがままな態度には、みんなあきれている。

1　勝手な　　　　2　愉快な　　　　3　粗末な　　　　4　余計な

問題6　次の言葉の使い方として最もよいものを、1・2・3・4から一つ選びなさい。

28　分解

1　図書館の本は分野別に<u>分解</u>して並べてある。

2　この植物は日本の南の方にたくさん<u>分解</u>している。

3　電話機を<u>分解</u>して、受話器の音が出なくなった原因を調べた。

4　集めたデータを<u>分解</u>して、論文を書いた。

29　あるいは

1　この書類をコピー、<u>あるいは</u>、どうしましょうか。

2　今日中にファックス、<u>あるいは</u>、メールで送ってください。

3　冬休みに温泉、<u>あるいは</u>、スキーに行きました。

4　この古い建築物は大きい、<u>あるいは</u>、有名な寺です。

30　ふりむく

1　優勝を<u>ふりむいて</u>、きびしい訓練をする。

2　丘の上から<u>ふりむいた</u>景色はまるで映画の一場面のようだった。

3　後ろを<u>ふりむいたら</u>、そこに友だちが立っていた。

4　田中さんは営業の仕事に<u>ふりむいて</u>いると思う。

31　スピード

1　名前を呼ばれて、<u>スピード</u>よく返事する。

2　トラックは徐々に<u>スピード</u>を落として停車した。

3　お昼に近づくにつれ、気温は<u>スピード</u>を増してきた。

4　彼は、かなり<u>スピード</u>にものを言う性格で、感情がすぐ顔に出る。

32　矛盾

1　工場建設をめぐって、住民が賛成と反対に分かれて<u>矛盾</u>続けている。

2　彼はみんなで決めたことに<u>矛盾</u>している。

3　彼は言うことと行動が<u>矛盾</u>していて、信用できない。

4　いつもはおとなしい小林さんがそんなことまで言うとは<u>矛盾</u>している。

問題7　次の文の（　　　）に入れるのに最もよいものを、1・2・3・4から一つ選びなさい。

33　努力家の彼（　　　　）、何回失敗してもあきらめずに挑戦するだろう。

1　のことには　　　　2　のことだから　　　3　ことには　　　　4　ことだから

34　あの人は、お酒さえ（　　　　）いい人なんですが。

1　飲んだら　　　　2　飲まないで　　　3　飲まなくても　　4　飲まなければ

35　この辺は、交通が（　　　　）せいか、家賃が安い。

1　便利　　　　　2　不便　　　　　3　便利な　　　　4　不便な

36　ここ数日は、昼も夜も暑くて（　　　　）。

1　かねない　　　2　ほかならない　　3　かまわない　　4　たまらない

37　この件に関しては、上司と相談してから（　　　　）、お返事できません。

1　であって　　　2　であれば　　　3　でなくて　　　4　でないと

38　本製品のご利用（　　　　）、注意事項をよくお読みください。

1　に際して　　　2　に対して　　　3　に加えて　　　4　によって

39　（　　　　）失敗しても、最後までやりぬこうという気持ちが大切である。

1　たとえば　　　2　たとえても　　　3　たとえ　　　　4　たとえでも

40 式の（　　　　　）先立って、中山<ruby>中山<rt>なかやま</rt></ruby>先生より一言ごあいさつをいただきます。

1　開始が　　　　　2　開始で　　　　　3　開始も　　　　　4　開始に

41 台風が接近しているため、激しい雨が降る（　　　　　）があります。

1　ほど　　　　　2　気味　　　　　3　おそれ　　　　　4　限り

42 朝ごはんを食べないのは体に悪いと知っていながら、今朝も時間がなくて

（　　　　　）。

1　食べられた　　　　　　　　　　2　食べずにはいられなかった

3　食べられなかった　　　　　　　4　食べるしかなかった

43 A「この仕事、木村<ruby>木村<rt>きむら</rt></ruby>さんに頼めばやってくれるかな」
　　B「木村<ruby>木村<rt>きむら</rt></ruby>さんなら、頼まれれば（　　　　　）」

1　引き受けないものじゃない　　　　2　引き受けるわけがないんじゃない

3　引き受けてくれるんじゃない　　　4　引き受けそうもないんじゃない

44　（会社で）
　　秘書「社長、日本商事の木村<ruby>木村<rt>きむら</rt></ruby>部長が（　　　　　）」
　　社長「じゃ、会議室にご案内してください」

1　参りました　　　　　　　　　　2　お見えになりました

3　お伺いしました　　　　　　　　4　拝見しました

問題8　次の文の＿＿★＿＿に入る最もよいものを、1・2・3・4から一つ選びなさい。

（問題例）

あそこで ＿＿＿ ＿＿＿ ＿★＿ ＿＿＿ は山田さんです。

1　テレビ　　　　2　見ている　　　3　を　　　　　　4　人

（解答のしかた）

1．正しい文はこうです。

> あそこで ＿＿＿＿ ＿＿＿＿ ＿★＿＿ ＿＿＿＿ は山田さんです。
>
> 　　　　1　テレビ　　3　を　　2　見ている　　4　人

2．＿★＿に入る番号を解答用紙にマークします。

（解答用紙）　（例）　① ● ③ ④

45　彼は ＿＿＿＿ ＿＿＿＿ ＿★＿＿ ＿＿＿＿、歴史に残る偉大な発明を残した。

1　重ねた　　　　2　末に　　　　　3　苦労を　　　　4　苦労に

46　この店は駅から ＿＿＿＿ ＿＿＿＿ ＿★＿＿ ＿＿＿＿ 間で人気がある。

1　サラリーマンの　　　　　　　　2　料理もおいしいので

3　値段が安く　　　　　　　　　　4　近いうえに

47 このパソコンの解説書は、＿＿＿＿＿　＿＿＿＿＿　＿★＿＿＿　＿＿＿＿＿　お勧めです。

1　初心者や高齢者に　　　　　　2　カラフルな画面サンプルで

3　構成されており　　　　　　　4　大きな文字と

48 どんなに　＿＿＿＿＿　＿＿＿＿＿　＿★＿＿＿　＿＿＿＿＿　ほかはないだろう。

1　上達しない　　　　　　　　　2　ようなら

3　努力しても　　　　　　　　　4　あきらめるより

49 彼は、＿＿＿＿＿　＿＿＿＿＿　＿★＿＿＿　＿＿＿＿＿　ことを決意した。

1　都会を離れて故郷に戻って　　2　契機に

3　農業を始める　　　　　　　　4　定年退職を

問題9　次の文章を読んで、文章全体の内容を考えて、50から54の中に入る最もよいものを１・２・３・４から一つ選びなさい。

僕がお米を残すと「農民が一生懸命作っているのだから一粒も残さず食べなさい」と言われることが多いが、ラーメンの麺を残すと「一本も残さずに食べなさい」とは言われない。お米は皆さんご存じのとおり特別な存在である。ずいぶん前のことだが、欧米ではケーキミックスが爆発的な人気を誇っていた。アメリカ 50 、ヨーロッパ、オーストラリアでも大人気だった。次に有望な市場として日本に目が向けられた。もちろん日本でも 51 と考えていただろう。だが日本には問題点があった。日本人はオーブンを持っていなかったのだ。

そこで、家庭用の炊飯器に注目し、日本でも発売を開始した。 52 にもひとつは炊飯器があるはずだから。だが、アメリカなどの売上の勢いとは違い、完全な失敗だった。さっぱり売れなかったのだ。なぜなのか。せっかく炊飯器で炊くおいしいお米がチョコレートやバニラの味に汚染されるかもしれないと、 53 は考えたのだ。日本の主婦がひっかかっているのはそこだった。電気釜をしっかり洗えばいいという考えもあるが、人間の心理は 54 。

日本の食生活におけるお米の重要さは言うまでもなかった。それほど日本人は米に愛情があり、ものすごく特別な存在なのだ。フランス料理などでお米を頼むとお皿で出てくる。日本人はいつもお茶碗でお米を食べているため、そこで違和感を覚えるだろう。外国や日本ではご飯を食べる色々な習慣の違いもあることも当然知っておくべきだ。

50

1　にかぎって　　　　　　　2　を問わず

3　はもちろん　　　　　　　4　のもとで

51

1　失敗する　　　　　　　　2　ヒットする

3　売れないかもしれない　　4　無理だろう

52

1　どの家庭　　　　　　　　2　こういう家庭

3　外国の家庭　　　　　　　4　以上のような家庭

53

1　炊飯器を作る会社　　　　2　ケーキミックスを作る会社

3　アメリカの主婦　　　　　4　日本の主婦

54

1　意外と簡単だ　　　　　　2　そんなに簡単なものではない

3　複雑とは限らない　　　　4　思ったよりも単純なものだ

問題 10 次の(1)から(5)の文章を読んで、後の問いに対する答えとして最もよいものを、1・2・3・4から一つ選びなさい。

(1)

　人間と最も近い動物として知られている<u>チンパンジー</u>に言葉を教える実験を試みた。1930年代にアメリカのある家庭でチンパンジーに100個の単語を理解させることに成功し、その10年後に、ママ、パパという言葉を発音させることができた。しかし、チンパンジーはそれ以上の単語は発音できなかったが、道具が使え、さらにそれらを作ることができた。チンパンジー同士で取り交わされる声については、それを言語として見るには難しいというのが専門家たちの研究結果であった。

55 筆者は、<u>チンパンジー</u>についてどう説明しているか。

1　人間の言語と同じような言語を操っている。

2　数多くの実験を通して人間の言語の学習に成功した。

3　人間の単語を理解し、いくつかの単語を発音することができた。

4　様々な道具が使用でき、遠からず製作もできるようになる。

(2)

　環境問題の原因としては、人口の増加や集中、経済成長と技術開発の反動といった社会学的なものと、火山爆発、地震、台風や津波などの自然的なものがある。しかし自然的な要因は、地球温暖化による影響を受けており、自然災害による直接的な環境汚染は皆無であると言える。それゆえに、「環境問題」としてその原因と解決を考えるのはおかしい。それよりは「経済成長問題」または「社会問題」として解決のための原因や方法を探してみるべきではないか。

56 筆者は、なぜ「環境問題」としてその原因と解決を考えるのはおかしいと考えているか。

1　自然的な現象は環境問題の原因ではないから

2　環境問題は人間の力では解決できないことだから

3　経済的に取り上げなければならない問題だから

4　人間と社会に大きな影響を及ぼしているから

（3）

　最近の若い人たちは何を考えながら生きているのかよく分からない、根性がない、礼儀がないなどと言う老人も多い。私ももう60歳を超え、若い人々の行動を不愉快に思う時がある。そのまま我慢して見過ごすことが多いのだが、ある日、じっくり考えてみたら、彼らを理解できずにいるのは私の方なのだと悟（さと）った。そう感じるようになったら、いらいらした心が穏やかになり、温かい目で彼らを眺められるようになった。そして、心のこもった心配ができるようになった。

57 筆者が考えている心のこもった心配とは、どのようなものか。

1　高齢者の立場を理解し、配慮すること
2　若い人たちの行動に対して我慢すること
3　心配しながら小言を言わないこと
4　若い人たちの行動や立場を理解すること

（4）

以下は、ある会社が出した文書の内容である。

水森商事株式会社

代表取締役　西田　夏雄様

株式会社　夢尾商事

営業部長　佐々木　剛

貴社ますますご盛栄のこととお喜び申し上げます。

　この度は弊社との新規取り引きのお申し出をいただき、誠にありがとうございます。貴社よりご提示いただいたお取引条件につきましては、弊社として特別な要望はございません。ただし、お支払い時期に関する内容につきましては、近いうちに部内で検討する予定です。尚、その詳細な内容につきましては、後日担当者を伺わせますので、その折にご相談したくお願いいたします。

58　この文書から分かることは何か。

1　相手会社の取り引きの申し出を断っている。

2　担当者と直接会ってから、取り引きの返事をしてほしい。

3　メールで行われる取引の提案には、返事しかねると述べている。

4　相手の会社からの取り引き条件には、ほぼ満足している。

（5）

私には小学校に入学したばかりの２人の息子がいる。特に活発な双子で、彼らのいたずらがあまりにも過激だったり危険すぎたりして、子供たちを叱ることの繰り返しである。育児専門家は、子供の間違った行動を正（ただ）すためには、ある行動や過ちによってどのような結果が生じるのかについて教えることが子供の成長に重要なことだという。上手にほめることより上手に叱ることは思った以上に難しいことだが、子供たちのために、これから上手に叱るように努力していきたい。

59 筆者は、なぜ上手に叱るように努力すると言っているのか。

1　子供たちのいたずらは危険な場合が多いから

2　ほめてばかりいると、子どもの人格形成に良くないから

3　子供の間違った行動を直すため

4　双子の状況を考える必要があるから

問題 11　次の(1)から(3)の文章を読んで、後の問いに対する答えとして最もよいものを、1・2・3・4から一つ選びなさい。

(1)

　個人の身体的な特徴から、それ以外の要素に肯定的な判断を引き出すことを後光効果(ハロー効果)といい、その反対の場合を①悪魔効果(デビル効果)という。例えば、背が高くてハンサムな人を見ると、仕事もできそうで、家も裕福そうで、性格までよさそうと思われることを後光効果という。これにひきかえ、太っていて不細工な人を見ると、怠け者で、部屋も汚く、仕事までできなさそうと思われたり職業さえなさそうに思われたりすることを悪魔効果という。

　後光効果と悪魔効果はすべて②第一印象によって決められる。他の人といい縁を結ぶために最も重要なのは第一印象である。一度決定された第一印象を変えるには、たくさんの時間が必要とされるからである。大体の場合、第一印象によって後光効果または悪魔効果を得てしまうが、大切な縁を取り結びたいなら、後光効果を得ておいた方が良い。しかし、ちょっとしたミスのせいで悪魔効果を得てしまった人もまだ心配することはない。悪魔効果から後光効果に変わる瞬間こそ、人間が表すことができる最も魅力的な瞬間だという研究結果もあるから。最悪の失敗がかえって最高の武器になることもありうるという話である。

(注) 不細工：容姿や見た目が醜い様子を指す。

60 筆者が述べる①<u>悪魔効果</u>に当てはまるのはどれか。

1 人は誰でも残忍なところを持っている。

2 背が高くてハンサムな人でも足りないところはある。

3 不細工な人は性格もよくないと思われる。

4 怠け者の中でもハンサムな人がいる。

61 筆者は、なぜ②<u>第一印象</u>が重要だと述べているか。

1 第一印象から後光効果を得るためには、たくさんの時間がかかるから

2 良くない第一印象を変えるためには相当な努力が必要だから

3 他の人に、第一印象を通じて信頼を得ることができるから

4 第一印象により、後光効果や悪魔効果が決まってしまうから

62 後光効果と悪魔効果について、筆者が一番言いたいことは何か。

1 本人の努力により、失敗が良いことに変わる可能性もある。

2 後光効果により、もっと魅力的に見せることができる。

3 ちょっとしたミスで悪魔効果を得ないように、警戒すべきである。

4 時間が経つにつれて、悪魔効果が後光効果に変わることもありうる。

（2）

　　学歴で人を評価するのはよくない。学歴は人を評価することにおいて単なる<u>一つの</u>
<u>条件</u>に過ぎないということは誰もがわかっていると思う。それよりは人間性や才能や
能力が重要であると。私ももちろん、そう考えている。

　　しかし最近になって、学歴が人間性に及ぼす影響が全くないという考えが覆された
ことがあった。一流大学に入るためには熱心に勉強をし、友達と遊ぶことも諦め、自
分が好きなことも後回しにするなどの努力が必要である。それらは忍耐力につながる
と言えるだろう。そして長い間そのような努力と忍耐を重ねた人だけが一流大学に入
ることができる。つまり、一流大学に入った学生と入ることができなかった学生との
違いは厳然と存在するのである。もちろん、自分の将来のために専門大学や地方の大
学を選択した場合は別問題である。

　　忍耐と努力を重ねた人とそのような努力を放棄した人が持っている考え方の違い。
これらは明らかに人格に影響を及ぼすことになる。勿論、今でも学歴が人を判断する
絶対的な要素であると思ってはいない。学歴によって判断されることを変えたいと思
うなら、自分が放棄した努力と忍耐の代わりになる何かを作っていくべきである。

63 ここでいう、一つの条件とは何を指しているか。

1　人を評価する条件

2　学歴を評価する条件

3　大学を評価する条件

4　人間性を判断する条件

64 筆者が、学歴が人間性に及ぼす影響についての考えが変わった理由は何か。

1　一流大学に入った人は頭が良い人だから

2　自分の希望を遂げるための忍耐力を持っているから

3　学歴は才能へつながることだから

4　希望する学校に進学することは人間性とは別の話であるから

65 筆者が一番言いたいことは何か。

1　学歴で人を判断するのは間違ったことではない。

2　学歴は人間性にある程度の影響を与えている。

3　学歴による判断を変えたいなら、それに相応する努力をするべきだ。

4　学歴は人を判断する絶対的な要素ではない。

（3）

　　今年、小学校2年生になる私の娘は、他の子どもと比べてとりわけ恥ずかしがりの子だ。クラスの友達の前で発表をする時や先生から何かをもらう時にも、恥ずかしくて話もうまくできない。心配になって、そうしないように①何回も注意をしたが、直るどころか、ますます悪くなりつつある。結局、心理治療センターまで相談に行った。

　　（中略）

　　②恥じらいの原因は、自分の経験や考え方を通じて自ら作った道徳的な基準からはみ出す時や、対人関係において一方的に誤解される時、そして不要な劣等意識を持つ時に出てくるという。恥じらいにはいい恥じらいと悪い恥じらいがある。いい恥じらいは、自己反省、罪に対する道徳の回復および、より発展した人生に対する媒介として用いることができる。一方、悪い恥じらいは利己心、暴力、破壊につながる可能性が高い。子供の将来のためにも必ず解決しなければならないことだ。

　　恥じらいが多いということは良い人に成長する可能性も高いというわけだ。まず、子供が恥じらいを隠さず、さらけ出すことができるようにするべきだ。そして、子供を叱るばかりでなく、暖かい激励を通して自信を持つことができるようにしてあげることが大切である。

（注1）恥じらい：恥ずかしがること

（注2）劣等：等級・程度などが水準より劣っていること。また、そのさま。

66 筆者は、なぜ娘に①何回も注意をしたのか。

1　授業時間に発表することがまともにできないから

2　クラスの友達とよく喧嘩をしているから

3　他の子供より恥じらいがひどいから

4　子供が治療を受けようとしないから

67 次のうち、②恥じらいの原因ではないのはどれか。

1　自分が正しくない行動をしていると思うため

2　自分の行動に対して他の人が誤解しているため

3　ある行動に対する自信が足りないため

4　他の人の言葉と行動による怒りのため

68 この文章で筆者が一番言いたいことは何か。

1　恥じらいは子供の時に必ず直さなければならない習慣だ。

2　問題解決のために、時には強くしかることも必要だ。

3　恥じらいの種類をはっきりと把握して、対処しなければならない。

4　子供の性格によって問題解決の方法を考える必要がある。

問題　12　次のＡとＢはそれぞれ、共有経済について書かれた文章である。二つの文章を読んで、後の問いに対する答えとして最もよいものを、１・２・３・４から一つ選びなさい。

Ａ

共有経済（シェアリングエコノミー）は旅行をする時、その価値が著しく現れる。宿泊を共有することによって、地元の人から有益な情報や知識が得られるし、シェアリングハウスを利用すれば、はるかに安く泊まることができる。また、自転車の共有文化が活発なフランスなどでは、市内のいたるところに自転車をレンタルできる場所が体系的に運営されている。また、長距離旅行をする場合も人に家を貸していけば管理に困らないし、車も他の人と共有することで収入も発生するので効率的である。高齢化による孤独死（注）や意思疎通の不在から起こる世代間の問題などの解決策を共有経済から見出せる可能性もあるのではないだろうか。

（注）孤独死：だれにも気づかれずに一人きりで死ぬこと。

Ｂ

共有経済はまだ制度的にきちんと整っていないため、色々な問題点を持っている。たとえば自動車を共有した後、破損した車に対する責任や、多くの人が利用してできた細かい損傷の責任も明確にできない。また、よく分からない人と家を共有し、盗難事件や殺人事件などにまで繋がることもあった。共有経済がきちんと活性化されるまでは、多くの時間が必要とされる。人は所有に比べて共有に対する概念には慣れていないからである。また、共有経済は、収益を追求することだけを考えてはならないものである。共有経済の体系的なシステムの導入とともに共有の概念に関する教育がしっかりと行われるようになれば、資源の節約と効率的な消費に繋がるようになるだろう。

69 AとBの意見が一致しているのはどれか。

1 共有経済は制度的に不十分なところが多い。

2 共有経済は効果的な消費に繋がる可能性がある。

3 共有経済は長所と問題点を同時に持っている。

4 共有に対する正しい理解が行わなければならない。

70 AとBは共有経済について、どのように述べているか。

1 AもBも共有経済について肯定的に述べている。

2 AもBも共有経済に対する例を挙げながら自分の意見を述べている。

3 Aは共有経済の問題点について述べ、Bは共有経済の可能性について述べている。

4 Aは共有経済の長所のみを述べ、Bは共有経済の短所のみを述べている。

**問題　13　次の文章を読んで、後の問いに対する答えとして最もよいものを、1・2・
3・4から一つ選びなさい。**

　私は同じ銀行で10年間仕事をしてきた。夏は涼しくて冬は暖かい銀行で働くこと
について友達からうらやましがられている。しかし、銀行員としての仕事は順調なこ
とばかりではない。乗務員、介護職、カウンセラー、コールセンターのヘルプデスク
の係りなどと同様に、銀行員の仕事は精神的なストレスが多い、いわゆる感情労働な
のである。業務の40％以上は感情コントロールしているのだ。お客さんと直接対面
する場合が多いため、自分の感情を少しでも表に出さないよう、常に注意しなければ
ならない。

　しばらく前からストレスによるうつ病だと診断されて病院に通っている。すべての
人が自分の感情を素直に表現することはできないと思うが、銀行の上司から求められ
る感情の抑制と、いつも笑顔を保たなければならない私の人生がとても惨めに感じら
れてしまった。心から笑ったのがいつかさえ思い出せない。銀行を訪れるお客さんた
ちに親切な物の言い方と態度を見せるのは<u>当然のこと</u>だが、自分の動作、ふるまいの
全てまで気にしなければならないこと、何があっても笑顔を維持しなければならない
ことは容易ではない。このようなことに神経をすり減らしながら、小さなミスも許さ
れないお金を扱う業務もこなさなければならないのだ。

　（中略）

　私の家族は家で私と一緒に過す時、あまり話をかけてこない。感情労働の仕事で疲
れ切った私に気を使っているのだ。家族の前で笑顔も見せられない自分が嫌になる。
お金をもらって仕事をしているかぎり、仕方がないことだと思いながらも、本当の私
の姿とは違う姿で生きていかなければならないのだから。

　（中略）

　我々は、サービス業に従事している人の親切な態度に対する期待が大きすぎるので
はないだろうか。笑顔が親切さを代弁するわけではない。場合によっては笑わずに話

をしなければならない時もある。銀行はメイド喫茶_{（きっさ）}ではない。どんな場合でも優しくていねいに話し、低姿勢で接する必要はないと思う。私は銀行員や顧客センターの相談係りの自殺に関するニュースを聞く度に人ごととは思えない。感情労働に携わる私たちに必要なのは法律的な保護ではなく、顧客や消費者のちょっとした配慮なのだ。

（注）メイド喫茶_{（きっさ）}：メイド服を着た女性メイドによって給仕_{（きゅうじ）}等が行われる飲食店のこと

71 筆者は、銀行員の仕事についてどう述べているのか。

1 他の職種より肉体的、精神的に大変である。

2 職場環境は悪くはないが、精神的に大変なことが多い。

3 業務の全てが感情の調節に関することである。

4 相手の感情を傷つけないように、いつも注意しなければならない。

72 筆者が述べている<u>当然のこと</u>が指しているのは何か。

1 顧客に丁寧な話し方をしながら、無礼に行動しないこと

2 銀行にやってくる客たちに、どんな場合でも笑顔で応対すること

3 会話をする時、言い方とともに身振りにも注意を払うこと

4 速くて正確な計算とともに親切な態度を維持すること

73 この文章で、筆者が一番言いたいことは何か。

1 感情労働者を保護するための法律と勤務環境の改善が必要である。

2 サービス業に従事する人々に過度な親切を要求しないでほしい。

3 客や消費者も相手に親切な態度を取ることが重要である。

4 感情労働者に笑顔を強いることに対する法的規制が必要である。

問題　14　右のページは、桜市の文化センター会議室利用の案内である。下の問いに
　　　　　対する答えとして最もよいものを、１・２・３・４から一つ選びなさい。

74　会議室利用案内についての説明として正しいものはどれか。

1　事前に予約すれば週末も利用できる。

2　2ヵ月前に予約をすると、いつでも会議室の利用ができる。

3　電話でも会議室利用のための申し込みができる。

4　会議室の利用は30分の延長なら、連絡の必要はない。

75　この文化センターの会議室の使用にあたって、注意しなければならない点は何か。

1　申し込み後、5日以内に会議室の使用目的を事務局に知らせなければならない。

2　会議室の使用時間内に後片付けまで終わらせなければならない。

3　貴重品の紛失が心配される場合には、文化センター事務局に預けることが
　　できる。

4　利用人数が収容人数を超える場合、事前に事務局に知らせなければならない。

桜市　文化センター会議室利用　お知らせ

1．使用時間

(1) 会議室の使用時間

午前：9時～12時、午後：13時～16時30分、夜間：17時～21時

この使用時間には、準備・後片付けに要する時間を含みます。

※なお、使用時間は厳守してください。やむを得ず延長が必要な場合は、事前に
文化センターの事務局の了承を得てください。（30分につき500円の延長料）

(2) 土日、祝日、年末年始（12月29日～1月3日）は休館

2．使用申込み

(1) 2ヶ月先利用分まで予約可能です。まずは電話で会議室の空き状況を確認後、センター窓口で正式に申請をしてください。

(2) 電話による予約も承りますが、必ず1週間以内に窓口へ来てください。1週間経過してもご連絡が無い場合は、取り消しと致します。

3．使用料金

無料

4．使用にあたっての注意

(1) ごみの処分は各自してください。

(2) 使用目的の変更は5日前までに事務局にお知らせください。

(3) 後片付けなどは使用時間内にお願いいたします。

(4) 非常口、消火設備などを事前に確認し、安全確保に努めてください。

(5) 貴重品は各自で管理してください。盗難などが発生した場合は、本文化センターでは責任を負いません。

(6) 文化センターの事務局の未承認の掲示物、道具の搬入、物品の販売、飲食物の持ち込みはすべて禁止しております。

(7) 施設・備品が損傷及び紛失された場合、弁償していただきます。

(8) 原則として、各室の規定収容人数を超えるご利用は出来ません。

5．お問い合わせ先

桜市　文化センター事務局　電話 082-3145-7791(直通)

FAX 082-2599-3331　E-Mail bunka@sakura.or.jp

Ｎ２

聴解

（50分）

注　意
Notes

1. 試験が始まるまで、この問題用紙を開けないでください。
   Do not open this question booklet until the test begins.

2. この問題用紙を持って帰ることはできません。
   Do not take this question booklet with you after the test.

3. 受験番号と名前を下の欄に、受験票と同じように書いてください。
   Write your examinee registration number and name clearly in each box below as written on your test voucher.

4. この問題用紙は、全部で13ページあります。
   This question booklet has 13 pages.

5. この問題用紙にメモをとってもかまいません。
   You may make notes in this question booklet.

受験番号 Examinee Registration Number	

名前 Name	

もんだい
問題 1

問題 1 では、まず質問を聞いてください。それから話を聞いて、問題用紙の 1 から 4 の中から、最もよいものを一つ選んでください。

れい
例

1　飲み物を買いに行く

2　椅子のチェックをする

3　参加者にメールを送る

4　田中君に連絡する

1番

1 取引先と打ち合わせをする

2 会議の報告書の作成をする

3 報告書の内容を修正する

4 企画書を作成する

2番

1 資料を修正する

2 水を買いに行く

3 同僚に連絡する

4 会議室に行く

3番

1 アルバイトをしに行く
2 申し込み用紙に記入する
3 学生証を取りに行く
4 振り込みしに銀行へ行く

4番

1 留学について家族と相談する
2 留学を希望する理由などを考える
3 留学の申し込み用紙を準備する
4 パスポート用の写真を撮りに行く

5 番

1 食べ物を買いにコンビニへ行く

2 同僚に電話を入れる

3 手を洗いにトイレに行く

4 薬局へ胃薬を買いに行く

もんだい
問題 2

　問題 2 では、まず質問を聞いてください。そのあと、問題用紙のせんたくしを読んでください。読む時間があります。それから話を聞いて、問題用紙の 1 から 4 の中から、最もよいものを一つ選んでください。

れい
例

1　コーヒーがおいしいから

2　食べ物がおいしいから

3　静かな店だから

4　雰囲気がいいから

1番

1　カフェのような気楽な雰囲気がよかったから

2　予約をすれば楽に診察が受けられるから

3　病院の接客態度が良くて、安心できるから

4　インテリアが独特で病院らしくなかったから

2番

1　残業してあまり眠れなかったから

2　昨日の夜、引っ越しの音がうるさかったから

3　子どもが病気で、夜中に看病をしたから

4　上の階の家族が静かにしてくれなかったから

3番

1　友達の成績を上げたいから

2　物理より数学が好きだから

3　学校という場所が好きだから

4　勉強が面白くて好きだから

4番

1　割引をたくさんしてもらえること

2　味もよくて店員の態度もいいこと

3　値段は高くてもメニューが多いこと

4　値段も高くなく、量もちょうどいいこと

5番

1　学校の授業よりも大変だと思っている

2　将来のビジネスの勉強だと思っている

3　楽しい時もあるが、やめたいと思っている

4　就職のための良い経験だと思っている

6番

1　パソコンの性能

2　パソコンの重さ

3　パソコンのデザイン

4　パソコンの大きさ

もんだい
問題 3

　問題 3 では、問題用紙に何もいんさつされていません。この問題は、全体としてどんな内容かを聞く問題です。話の前に質問はありません。まず話を聞いてください。それから、質問とせんたくしを聞いて、1 から 4 の中から、最もよいものを一つ選んでください。

― メモ ―

もんだい
問題 4

　問題 4 では、問題用紙に何もいんさつされていません。この問題は、まず文を聞いてください。それから、それに対する返事を聞いて、1 から 3 の中から、最もよいものを一つ選んでください。

― メモ ―

もんだい
問題5

問題5では、長めの話を聞きます。この問題には練習はありません。

メモをとってもかまいません。

1番、2番

問題用紙に何もいんさつされていません。まず話を聞いてください。それから、質問とせんたくしを聞いて、1から4の中から、最もよいものを一つ選んでください。

― メモ ―

3<ruby>番<rt>ばん</rt></ruby>

　まず話を聞いてください。それから、二つの質問を聞いて、それぞれ問題用紙の1から4の中から、最もよいものを一つ選んでください。

質問1

1　緑の野菜
2　赤い野菜
3　紫の野菜
4　白い野菜

質問2

1　緑の野菜
2　赤い野菜
3　紫の野菜
4　白い野菜

N2 第1回 日本語能力試験 模擬テスト 解答用紙

言語知識(文字・語彙・文法)・読解

受 験 番 号
Examinee Registration Number

名 前
Name

〈ちゅうい Notes〉
1. くろいえんぴつ (HB、№2) でかいてください。
   (ペンやボールペンではかかないでください。)
   Use a black medium soft (HB or No.2) pencil.
   (Do not use any kind of pen.)
2. かきなおすときは、けしゴムできれいにけしてください。
   Erase any unintended marks completely.
3. きたなくしたり、おったりしないでください。
   Do not soil or bend this sheet.
4. マークれい Marking examples

よいれい Correct Example	わるいれい Incorrect Examples
●	⊘ ◌ ◖ ◑ ⊜ ◍ ◔

問 題 1

1	① ② ③ ④
2	① ② ③ ④
3	① ② ③ ④
4	① ② ③ ④
5	① ② ③ ④

問 題 2

6	① ② ③ ④
7	① ② ③ ④
8	① ② ③ ④
9	① ② ③ ④
10	① ② ③ ④

問 題 3

11	① ② ③ ④
12	① ② ③ ④
13	① ② ③ ④
14	① ② ③ ④
15	① ② ③ ④

問 題 4

16	① ② ③ ④
17	① ② ③ ④
18	① ② ③ ④
19	① ② ③ ④
20	① ② ③ ④
21	① ② ③ ④
22	① ② ③ ④

問 題 5

23	① ② ③ ④
24	① ② ③ ④
25	① ② ③ ④
26	① ② ③ ④
27	① ② ③ ④

問 題 6

28	① ② ③ ④
29	① ② ③ ④
30	① ② ③ ④
31	① ② ③ ④
32	① ② ③ ④

問 題 7

33	① ② ③ ④
34	① ② ③ ④
35	① ② ③ ④
36	① ② ③ ④
37	① ② ③ ④
38	① ② ③ ④
39	① ② ③ ④
40	① ② ③ ④
41	① ② ③ ④
42	① ② ③ ④
43	① ② ③ ④
44	① ② ③ ④

問 題 8

45	① ② ③ ④
46	① ② ③ ④
47	① ② ③ ④
48	① ② ③ ④
49	① ② ③ ④

問 題 9

50	① ② ③ ④
51	① ② ③ ④
52	① ② ③ ④
53	① ② ③ ④
54	① ② ③ ④

問 題 10

55	① ② ③ ④
56	① ② ③ ④
57	① ② ③ ④
58	① ② ③ ④
59	① ② ③ ④

問 題 11

60	① ② ③ ④
61	① ② ③ ④
62	① ② ③ ④
63	① ② ③ ④
64	① ② ③ ④
65	① ② ③ ④
66	① ② ③ ④
67	① ② ③ ④
68	① ② ③ ④

問 題 12

| 69 | ① ② ③ ④ |
| 70 | ① ② ③ ④ |

問 題 13

71	① ② ③ ④
72	① ② ③ ④
73	① ② ③ ④

問 題 14

| 74 | ① ② ③ ④ |
| 75 | ① ② ③ ④ |

N2 第1回 日本語能力試験 模擬テスト 解答用紙

聴 解

受 験 番 号
Examinee Registration Number

名 前
Name

〈ちゅうい Notes〉

1. くろいえんぴつ (HB、No.2) でかいてください。
（ペンやボールペンではかかないでください。）
Use a black medium soft (HB or No.2) pencil.
(Do not use any kind of pen.)

2. かきなおすときは、けしゴムできれいにけしてください。
Erase any unintended marks completely.

3. きたなくしたり、おったりしないでください。
Do not soil or bend this sheet.

4. マークれい Marking examples

よいれい Correct Example	わるいれい Incorrect Examples
●	⊗ ◌ ◍ ⦾ ⊜ ◑ ⬭

問題 1

例	①	②	●	④
1	①	②	③	④
2	①	②	③	④
3	①	②	③	④
4	①	②	③	④
5	①	②	③	④

問題 2

例	①	●	③	④
1	①	②	③	④
2	①	②	③	④
3	①	②	③	④
4	①	②	③	④
5	①	②	③	④
6	①	②	③	④

問題 3

例	①	②	③	●
1	①	②	③	④
2	①	②	③	④
3	①	②	③	④
4	①	②	③	④
5	①	②	③	④

問題 4

例	●	②	③
1	①	②	③
2	①	②	③
3	①	②	③
4	①	②	③
5	①	②	③
6	①	②	③
7	①	②	③
8	①	②	③
9	①	②	③
10	①	②	③
11	①	②	③
12	①	②	③

問題 5

1		①	②	③	④
2		①	②	③	④
3	(1)	①	②	③	④
	(2)	①	②	③	④

N2 第2回 日本語能力試験 模擬テスト 解答用紙

言語知識(文字・語彙・文法)・読解

受 験 番 号 Examinee Registration Number		名　前 Name	

〈ちゅうい Notes〉
1. くろいえんぴつ (HB、No.2) でかいてください。
   (ペンやボールペンではかかないでください。)
   Use a black medium soft (HB or No.2) pencil.
   (Do not use any kind of pen.)
2. かきなおすときは、けしゴムできれいにけしてください。
   Erase any unintended marks completely.
3. きたなくしたり、おったりしないでください。
   Do not soil or bend this sheet.
4. マークれい Marking examples

よいれい Correct Example	わるいれい Incorrect Examples
●	⊗ ◌ ◯ ◍ ⊖ ◑ ◯

問 題 1

	①	②	③	④
1	①	②	③	④
2	①	②	③	④
3	①	②	③	④
4	①	②	③	④
5	①	②	③	④

問 題 2

	①	②	③	④
6	①	②	③	④
7	①	②	③	④
8	①	②	③	④
9	①	②	③	④
10	①	②	③	④

問 題 3

	①	②	③	④
11	①	②	③	④
12	①	②	③	④
13	①	②	③	④
14	①	②	③	④
15	①	②	③	④

問 題 4

	①	②	③	④
16	①	②	③	④
17	①	②	③	④
18	①	②	③	④
19	①	②	③	④
20	①	②	③	④
21	①	②	③	④
22	①	②	③	④

問 題 5

	①	②	③	④
23	①	②	③	④
24	①	②	③	④
25	①	②	③	④
26	①	②	③	④
27	①	②	③	④

問 題 6

	①	②	③	④
28	①	②	③	④
29	①	②	③	④
30	①	②	③	④
31	①	②	③	④
32	①	②	③	④

問 題 7

	①	②	③	④
33	①	②	③	④
34	①	②	③	④
35	①	②	③	④
36	①	②	③	④
37	①	②	③	④
38	①	②	③	④
39	①	②	③	④
40	①	②	③	④
41	①	②	③	④
42	①	②	③	④
43	①	②	③	④
44	①	②	③	④

問 題 8

	①	②	③	④
45	①	②	③	④
46	①	②	③	④
47	①	②	③	④
48	①	②	③	④
49	①	②	③	④

問 題 9

	①	②	③	④
50	①	②	③	④
51	①	②	③	④
52	①	②	③	④
53	①	②	③	④
54	①	②	③	④

問 題 10

	①	②	③	④
55	①	②	③	④
56	①	②	③	④
57	①	②	③	④
58	①	②	③	④
59	①	②	③	④

問 題 11

	①	②	③	④
60	①	②	③	④
61	①	②	③	④
62	①	②	③	④
63	①	②	③	④
64	①	②	③	④
65	①	②	③	④
66	①	②	③	④
67	①	②	③	④
68	①	②	③	④

問 題 12

	①	②	③	④
69	①	②	③	④
70	①	②	③	④

問 題 13

	①	②	③	④
71	①	②	③	④
72	①	②	③	④
73	①	②	③	④

問 題 14

	①	②	③	④
74	①	②	③	④
75	①	②	③	④

N2

第2回 日本語能力試験 模擬テスト 解答用紙

聴　解

受　験　番　号 Examinee Registration Number	

名　前 Name	

〈ちゅうい Notes〉

1. くろいえんぴつ (HB、No.2) でかいてください。
   （ペンやボールペンではかかないでください。）
   Use a black medium soft (HB or No.2) pencil.
   (Do not use any kind of pen.)
2. かきなおすときは、けしゴムできれいにけして
   ください。
   Erase any unintended marks completely.
3. きたなくしたり、おったりしないでください。
   Do not soil or bend this sheet.
4. マークれい Marking examples

よいれい Correct Example	わるいれい Incorrect Examples
●	⊘ ⊗ ○ ◑ ⊜ ◐

問題 1

例	①	②	●	④
1	①	②	③	④
2	①	②	③	④
3	①	②	③	④
4	①	②	③	④
5	①	②	③	④

問題 2

例	①	●	③	④
1	①	②	③	④
2	①	②	③	④
3	①	②	③	④
4	①	②	③	④
5	①	②	③	④
6	①	②	③	④

問題 3

例	①	②	③	●
1	①	②	③	④
2	①	②	③	④
3	①	②	③	④
4	①	②	③	④
5	①	②	③	④

問題 4

例	●	②	③
1	①	②	③
2	①	②	③
3	①	②	③
4	①	②	③
5	①	②	③
6	①	②	③
7	①	②	③
8	①	②	③
9	①	②	③
10	①	②	③
11	①	②	③
12	①	②	③

問題 5

1		①	②	③	④
2		①	②	③	④
3	(1)	①	②	③	④
	(2)	①	②	③	④

일단 합격하고 오겠습니다
JLPT
일본어 능력시험
연종현 김상호 공저
정답 & 해설집
N2
동양북스

일단 합격하고 오겠습니다

JLPT

일본어 능력시험

정답 & 해설집

N2

동양북스

PART 2 유형별 집중 공략

問題 1

한자 읽기 실전 연습 ❶ p.96

1	2	3	4	5
②	③	④	②	③
6	**7**	**8**	**9**	**10**
③	①	③	③	②

문제 1 ____의 단어 읽기로 가장 알맞은 것을 1·2·3·4에서 하나 고르시오.

1 오늘은 바쁘신 것 같으니, 내일 또 다시 찾아뵙겠습니다.
2 그가 한 말은 사실일 것이라고 생각하지만 일단 조사해 볼 필요가 있다.
3 요즘 아이들은 가난한 생활을 전혀 모릅니다.
4 나는 높은 곳이 무섭다.
5 양국은 경제적으로 밀접한 관계에 있다.
6 극단적인 빈부 격차가 경제 발전을 가로막고 있다.
7 그의 설명은 추상적이라서 이해하기 어려웠다.
8 공해를 발생시킨 기업은 현지의 피해자에게 사죄해야 한다.
9 학교 측은 학생들의 요구를 거부했다.
10 산 정상에서의 경치는 정말로 훌륭했다.

한자 읽기 실전 연습 ❷ p.97

1	2	3	4	5
②	②	②	④	①
6	**7**	**8**	**9**	**10**
④	④	②	②	④

1 부모는 자녀의 모범이 될 만한 행동을 해야 한다.
2 스즈키 씨는 지난해부터 무역 회사에 근무하고 있다.
3 이 주변은 목조 주택이 밀집되어, 방재상의 과제를 안고 있다.
4 컴퓨터 조작을 잘못하여 중요한 파일을 삭제해 버렸다.
5 사소한 방심이 커다란 사고를 초래하는 경우가 있다.
6 이 연구실에는 여러 가지 실험 장치가 있다.
7 치아 치료는 빠르면 빠를수록 좋다.
8 셔츠에 단추를 달다가, 실수로 손가락을 바늘로 찌르고 말았다.

9 이 마을에서는 매년 많은 행사가 열린다.
10 유행이라는 사회 현상은 왜 일어나는 것일까?

한자 읽기 실전 연습 ❸ p.98

1	2	3	4	5
①	②	①	①	②
6	**7**	**8**	**9**	**10**
③	①	②	①	②

1 실력이 부족한 부분은 노력으로 보완하고 싶다고 생각한다.
2 장마철이 되면 음식이 상하기 쉽다.
3 모든 사람에게 결점은 있으니, 그것을 숨길 필요는 없어요.
4 어학 공부를 통해서 외국 문화를 접하다.
5 계속 호조세였는데 마지막 경기에서 지고 말았다.
6 건강 때문에 식생활을 바꾸기로 했다.
7 상품 가격은 수요와 공급의 균형에 의해서 결정된다.
8 이웃 나라와의 우호 관계를 쌓다.
9 이 병원은 설비가 갖추어져 있다.
10 주민들은 고층 아파트 건설에 반대하고 있다.

한자 읽기 실전 연습 ❹ p.99

1	2	3	4	5
④	①	②	②	①
6	**7**	**8**	**9**	**10**
②	②	①	③	②

1 싸게 전단지를 인쇄해 줄 업자를 찾고 있다.
2 어린 딸과 함께 나무에 물을 주었다.
3 이 배는 오랫동안 화물 수송에 사용되어 왔다.
4 그녀라면 어떠한 경우라도 적절한 판단이 가능하다.
5 장래의 자신을 상상해 보았다.
6 편의점 점장으로서 고용되게 되었다.
7 지진에 대비하여 식료품을 확보해 두다.
8 시험은 더 어려울 것이라고 생각하고 있었는데, 의외로 쉬웠다.
9 가계에서 의료비는 상당한 비율을 차지하고 있다.
10 업무상의 사정으로 여행을 연기했다.

1	2	3	4	5
③	②	③	④	①
6	7	8	9	10
①	④	②	③	②

1 환경 오염을 두려워한 주민은 고속 도로 건설에 반대하고 있다.
2 큰 지진 때는 피해에 관한 확실한 정보를 얻는 것이 중요하다.
3 이 나라의 주된 산업은 농업이다.
4 부장은 아침부터 기분이 나쁜 것 같다.
5 교차로에서 차량 통행을 규제하고 있다.
6 저 자매는 모습이 너무 닮았다.
7 만일의 사고에 대비해서 보험에 가입해 두다.
8 강한 햇살 때문에 피부가 탔다.
9 우리 집은 대대로 어업을 하고 있습니다.
10 그는 인기 드라마에서 형사 역을 열연했다.

問題 2

1	2	3	4	5
②	③	①	③	②
6	7	8	9	10
④	②	③	①	④

문제 2 ___의 단어를 한자로 쓸 때, 가장 알맞은 것을 1·2·3·4에서 하나 고르시오.

1 의사에게 격렬한 운동은 하지 말라는 주의를 받았다.
2 자세한 것은 담당자에게 물어보세요.
3 호수에 선명한 단풍이 비쳐 보인다.
4 신제품 매출은 순조롭게 늘고 있다.
5 환경 문제에 대해서 진지하게 논의했다.
6 다음 주, 시민 마라톤 대회가 개최된다.
7 제품의 품질 관리는 엄격하게 해야 한다.
8 자선 세일에서 매출의 일부를 기부했다.
9 휴대 전화에 친구의 전화번호를 등록했다.
10 그는 매우 예의 바른 사람입니다.

1	2	3	4	5
②	②	③	②	③
6	7	8	9	10
①	④	②	①	②

1 이 안에 대해서는 비판의 목소리가 많다.
2 이름을 불려서 "네!"라고 기세 좋게 대답했다.
3 도쿄 역까지의 운임은 얼마입니까?
4 무턱대고 외래어를 사용하는 것에는 저항이 있다(거부감이 든다).
5 이 대학은 역사가 길기 때문에 전통이 있다.
6 친구를 초대해서 파티를 열었다.
7 죄송하지만, 미술관 내에서의 카메라 촬영은 삼가 주십시오.
8 한번에 많은 말을 들어서, 머리가 혼란스러워져 버렸다.
9 이번 지진으로 집이 기울어지고 말았다.
10 파손되기 쉬우니 정중하게 다루어 주세요.

1	2	3	4	5
③	④	①	④	③
6	7	8	9	10
③	④	①	④	③

1 공부한 것은 되도록 그날 중으로 복습하도록 노력하고 있다.
2 가을이 되면 이 산에는 많은 관광객이 찾아온다.
3 그는 부모에게 반항하여 대학을 그만두어 버렸다.
4 친구에게 권유하여, 바다에 수영하러 갔다.
5 물건을 너무 많이 넣어서 봉지가 찢어지고 말았다.
6 그는 재주가 좋아서 무엇이든 잘하기 때문에, 든든한 존재이다.
7 오늘은 제가 사회를 맡겠습니다.
8 물가가 올라, 소비에 영향이 나타났다.
9 해가 저물어 주위는 캄캄해졌다.
10 그는 나의 뻔뻔한 부탁을 받아들여 주었다.

한자 표기 실전 연습 ❹ p.104

1	2	3	4	5
②	③	①	④	④
6	**7**	**8**	**9**	**10**
②	④	④	③	③

1　여동생은 방 벽에 좋아하는 가수의 포스터를 붙이고 있다.
2　이 자료에 실수가 없는지, 한 번 더 확인해 주세요.
3　사진은 잡지의 디자인에 커다란 영향을 주는 중요한 요소이다.
4　입장료는 5세 이하의 어린이에 한하여 무료입니다.
5　다나카 씨는 정보를 처리하는 능력이 뛰어나다.
6　시는 주민들과 협력하여 마을의 안전을 지키고 있다.
7　물과 전기는 소중한 자원입니다. 절약하여 사용합시다.
8　이 지방은 강우량이 적고 습도가 낮다.
9　격렬한 경쟁에서 이기려면 가격을 낮출 수밖에 없을 것이다.
10　나는 돈 계산에 서투릅니다.

한자 표기 실전 연습 ❺ p.105

1	2	3	4	5
②	④	①	③	③
6	**7**	**8**	**9**	**10**
①	①	②	④	①

1　부부는 서로 이해하는 것이 필요하다.
2　추워서 목에 스카프를 감았다.
3　그는 뭔가 부탁을 받으면, 거절하지 못하는 성격이다.
4　많은 사람들이 경기 회복에 관심을 기울이고 있다.
5　그 기계의 구조는 의외로 단순했다.
6　호텔에 묵을 때는 프런트에 귀중품을 맡기는 것이 좋다.
7　결혼 축하로 기억에 남을 만한 것을 선물하고 싶다.
8　최근에는 도난을 막기 위해, 방범 카메라를 설치한 곳이 많다.
9　당사는 내년 4월 1일 입사할 신입 사원을 모집하고 있습니다.
10　자신의 생각을 명확하게 표현하는 힘을 습득할 필요가 있다.

問題 3

단어 형성 실전 연습 ❶ p.106

1	2	3	4	5
④	③	①	③	①
6	**7**	**8**	**9**	**10**
②	②	②	①	①

문제 3 (　　　)에 넣기에 가장 적당한 것을 1·2·3·4에서 하나 고르시오.

1　역 앞 상점가에서 쇼핑을 하고 집으로 돌아왔다.
2　공사 기간 중에는 정류소를 사용할 수 없기 때문에 임시 정류소를 설치하겠습니다.
3　그 요리사는 레스토랑 업계에서는 꽤 알려진 존재인 듯하다.
4　고학력인 사람이 반드시 성공한다고는 단정할 수 없다.
5　어제는 감기 기운이 있어서, 하루 종일 드러누워 있었다.
6　그의 선명한(눈에 띄는) 플레이에 응원단은 박수를 보냈다.
7　수면 부족으로 집중력이 떨어져 일이 진행되지 않았다.
8　휴일날 유원지는 자녀 동반객들로 붐비고 있었다.
9　인터넷 보급으로 인하여, 신문을 읽지 않게 되는 신문을 멀리하는 현상이 진행되고 있다.
10　독서 감상문은 여름 방학이 끝난 이후에 제출할 것.

단어 형성 실전 연습 ❷ p.107

1	2	3	4	5
①	④	③	①	④
6	**7**	**8**	**9**	**10**
③	①	②	③	②

1　이 건물은 공사가 중단되어 미완성인 채로 있다.
2　바람이 통하도록 현관문을 반쯤 열어 두었다.
3　10시에 도쿄 역을 출발하는 신칸센을 탈 예정입니다.
4　이 감기약은 졸음이 온다는 부작용이 있다.
5　여당과 야당의 협의가 비공식적으로 열렸다.
6　당사의 제품은 고객의 안전성을 제일로 생각하고 있습니다.
7　작년에 비해서 대학 진학률이 높아지고 있다.
8　다양한 악조건을 극복하고 뛰어난 업적을 올리다.
9　날씨가 좋아서 강가 길을 어슬렁어슬렁 걸었다.
10　상품의 가격에 대해서 다시 한 번 재검토하게 되었다.

단어 형성 실전 연습 ❸ p.108

1	2	3	4	5
④	③	①	①	①
6	**7**	**8**	**9**	**10**
③	④	②	③	④

1　오늘 강연의 주제는 교육의 여러 문제에 대해서입니다.
2　형은 대학에서 물리학을 전공하고 있다.
3　분하게도 결승전에서 져서 준우승으로 끝나 버렸다.
4　올해 총매출은 전년의 15억 엔을 상회했다.
5　고용 문제는 지역 사회의 안정적인 발전을 위한 최대의 중요 과제이다.

6   여권이 기한 만료되어, 새로 갱신했다.

7   남동생은 바이올린 콩쿠르에서 3위를 한 적이 있다.

8   그것은 재미있는 기획안이로군요.

9   짧은 거리를 전속력으로 달리는 것도 좋은 운동 방법인 것
    같다.

10 이 신문은 한 부 150엔에 팔리고 있다.

단어 형성 실전 연습 ❹ p.109

1	2	3	4	5
③	②	④	①	③
6	7	8	9	10
④	①	③	④	②

1   드링크가 제공되는 런치 메뉴를 주문했다.

2   이번 리포트는 시간이 부족했기 때문에 불완전한 것밖에
    쓸 수 없었다.

3   단기간에 일본어를 잘하게 되는 방법은 없습니까?

4   이 공원은 시의 관리하에 있다.

5   이 회사는 최근 수년 동안 급성장을 계속하고 있다.

6   친구로부터 한 통의 편지가 도착했다.

7   조용한 주택가에 차분하게 살고 싶다.

8   구시가지를 정비할 계획을 세우다.

9   이 소설가의 대표작에는 무엇이 있습니까?

10 젊은이의 결혼관에 대해서 조사를 실시했다.

단어 형성 실전 연습 ❺ p.110

1	2	3	4	5
④	②	③	③	①
6	7	8	9	10
②	③	④	②	③

1   내 생각으로는 그는 이 사건과는 무관하다.

2   표시 가격은 모두 세금이 포함되어 있습니다.

3   가격이 싸고 성능이 좋은 컴퓨터를 찾고 있다.

4   자기류의 여행을 고집하는 사람이 늘고 있다.

5   이 회사에서는 2교대제를 도입하고 있다.

6   남동생은 전철에 관한 사진집을 모으고 있다.

7   샴푸를 사기 전에 주성분을 확인했다.

8   야마다 씨는 역사 전반에 대해서 잘 알고 있다.

9   사용이 끝난 건전지는 이쪽의 회수 박스에 넣으세요.

10 역 개찰구를 나오면, 바로 정면에 관광 안내소가 있습니다.

問題 4

문맥 규정 실전 연습 ❶ p.111

1	2	3	4	5
③	②	③	③	④
6	7	8	9	10
④	①	④	②	①

문제 4 (   )에 넣기에 가장 적당한 것을 1 · 2 · 3 · 4에서 하나
고르시오.

1   필요한 것을 미리 메모하여, 불필요한 쇼핑을 하지 않도록
    합시다.

2   피곤해서 그만 꾸벅꾸벅 졸아 버렸습니다.

3   머리가 멍한 상태였지만, 뜨거운 샤워를 했더니 상쾌했다.

4   시간은 충분히 있으니, 서두를 필요는 없습니다.

5   산책하고 있을 때 갑자기 비가 오기 시작해서 가까운 찻집
    에 들어갔다.

6   요즘 잔업이 계속되었기 때문에, 주말은 집에서 좋아하는
    텔레비전이라도 보면서 여유롭게 쉬고 싶다.

7   낮잠을 자고 싶은데, 도로 공사 소리가 시끄러워서 전혀 잘
    수가 없다.

8   그는 발표회에서 날카로운 질문을 해서 발표자를 곤란하게
    만들었다.

9   연습의 성과를 발휘하여, 훌륭한 무대로 만들었으면 좋겠다.

10 고기뿐 아니라 야채도 많이 먹어서, 영양의 균형을 유지합
    시다.

문맥 규정 실전 연습 ❷ p.112

1	2	3	4	5
①	③	①	②	④
6	7	8	9	10
③	②	②	②	②

1   몸을 위해서는 매일 규칙적인 수면과 적당한 운동을 계속
    하는 것이 중요하다.

2   태풍의 진로를 정확히 예측하는 것은 어렵다.

3   건강을 위해서 식생활을 조금씩 개선해 갑시다.

4   설문 결과를 분석하여 그래프로 만들어 회의에서 발표했다.

5   유도의 우에무라 선수는 부상을 이유로 올림픽 대표를 사
    퇴했다.

6   이제 슬슬 시험이기 때문에, 아르바이트는 그만두고 공부
    에 전념하기로 했다.

7   드라마의 슬픈 장면을 보면 금세 눈물이 나와 버린다.

8   데이터의 입력 실수가 있어서, 정정하여 다시 제출했다.

9   최근에는 전 세계의 영상을 위성 중계로 볼 수 있게 되었다.

10 아이들이 벗은 신발이 현관에 흩어져 있다.

1	2	3	4	5
②	③	②	③	①
6	**7**	**8**	**9**	**10**
①	③	③	②	④

1 희망하는 대학의 합격을 <u>목표로</u> 매일 공부에 힘쓰고 있습니다.

2 보고서 제출 기한이 <u>다가오고</u> 있어서 도서관은 학생들로 가득하다.

3 프린터에 용지가 <u>걸리면</u>, 다음 순서로 용지를 제거해 주세요.

4 아이들 수가 줄어들어, 초등학교의 통합이 <u>잇따르고</u> 있다.

5 여행을 가기 위하여, 아르바이트를 해서 돈을 <u>모으고</u> 있다.

6 대학원에 진학할지 회사에 취직할지 <u>망설이고</u> 있습니다.

7 아이가 갑자기 뛰쳐나와서 급제동을 걸었다.

8 오랫동안 쪼그리고 앉아 있었기 때문에, 발이 <u>저려서</u> 일어설 수가 없었다.

9 신발 끈을 단단히 매고 나서, 조깅을 시작했다.

10 오랜만에 휴가를 냈기 때문에, 하루 종일 아무것도 하지 않고 여유롭게 보냈다.

1	2	3	4	5
②	③	③	④	②
6	**7**	**8**	**9**	**10**
②	④	③	①	①

1 오랫동안 <u>대립해</u> 온 양국이지만, 마침내 영수 회담 날짜가 정해졌다.

2 이 요리를 만들려면 <u>수고도</u> 시간도 필요하다.

3 수많은 젊은이가 도시를 <u>동경하는</u> 것은 왜일까요?

4 여기는 세계적으로 유명한 관광지이므로, 외국인을 <u>접할</u> 기회가 많다.

5 아침부터 대화를 계속하고 있지만 좀처럼 <u>결론이</u> 나지 않는다.

6 책을 읽고 자신의 감상을 리포트로 정리한다.

7 <u>드디어</u> 여행을 떠날 때가 왔다.

8 올여름 더위는 <u>각별했기</u> 때문에, 매일 밤 에어컨을 켠 채 자고 있었다.

9 우리 회사는 주로 자동차 부품을 외국에 수출하고 있다.

10 지구 온난화는 우리들에게 여러 가지 영향을 <u>주고</u> 있다.

1	2	3	4	5
①	②	②	④	①
6	**7**	**8**	**9**	**10**
②	③	③	①	①

1 세금을 <u>납부하는</u> 것은 국민의 의무이다.

2 어젯밤 늦게까지 깨어 있었기 때문에 수업 중에 졸아 버렸다.

3 요즘 조금 살찐 탓인지 바지가 꽉 <u>낀다</u>.

4 외국의 대통령이 오기 때문에 경비를 엄중하게 하고 있다.

5 오늘 아침은 시간이 없어서 신문의 <u>표제만</u> 읽었다.

6 사용하기 편하고 <u>적당한</u> 가격의 컴퓨터를 알려 주세요.

7 너무 추워서 손발의 <u>감각이</u> 없어지기 시작했다.

8 이 페트병의 <u>용적은</u> 1.5리터입니다.

9 그는 의제와 관계없는 발언을 해서 회의 진행을 <u>방해했다</u>.

10 약이 <u>들어서</u> 열이 내렸다.

問題 5

1	2	3	4	5
④	①	③	②	③
6	**7**	**8**	**9**	**10**
③	③	②	④	①

문제 5 　　　의 말에 의미가 가장 가까운 것을 1·2·3·4에서 하나 고르시오.

1 그는 요리에 <u>상당히</u> 자신감이 있는 것 같다.

2 자신의 의견을 주장하는 것뿐 아니라 <u>스스로</u> 실천하는 것이 중요하다.

3 이곳은 주차 금지이므로 <u>즉시</u> 차를 이동시키세요.

4 이달 들어서도 작은 지진이 <u>자주</u> 일어나고 있다.

5 보고서 작성은 <u>거의</u> 완성되었다. 앞으로는 표지를 붙이기만 하면 된다.

6 이 아이는 정말 <u>영리한</u> 아이다.

7 이 화장품은 여성 사이에서 <u>붐을</u> 이루고 있다.

8 차를 렌털하여 <u>드라이브하러</u> 나갔다.

9 <u>분실한</u> 반지가 <u>생각지도 못한</u> 곳에서 발견되었다.

10 역 앞에 구급차가 몇 대나 서 있어서 <u>상당히</u> <u>시끄럽다</u>.

1	2	3	4	5
④	②	④	④	①
6	7	8	9	10
①	③	①	①	④

1 명백한 증거가 있는데 범인은 범행을 인정하지 않았다.

2 평소에는 과묵한 사람인데, 오늘은 기쁜 일이 있었는지 말을 많이 한다.

3 한번 교통사고를 일으키고 나서 신중하게 운전하게 되었다.

4 일본인은 애매한 대답을 하는 경우가 많다고들 말한다.

5 열심히 뛰었지만, 신기록에는 근소하게 미치지 못했다.

6 아이들이 뛰쳐나오는 것을 조심해서 운전하세요.

7 도쿄의 한낮 최고 기온은 20도로 예상되고 있습니다.

8 그 밖에 추가하고 싶은 내용이 있으면 연락 주세요.

9 경기 종료 직전에 골을 넣어, 우리 팀이 승리했다.

10 현 상황으로 보아, 당장 그 계획을 실행하는 것은 무리다.

유의어 **실전 연습 ❸** p.118

1	2	3	4	5
③	②	④	②	②
6	7	8	9	10
④	③	②	①	③

1 오늘 중으로 발표 자료를 마무리해서 제출해야 한다.

2 친구가 컴퓨터를 싸게 양도해 주었다.

3 습관이나 생각은 사람에 따라 다른 법이다.

4 빨래를 했더니 스웨터가 줄어들어 버렸다.

5 리포트는 글자 크기를 11포인트로 맞추어 주세요.

6 기대한 결과를 얻을 수 없어서 실망했다.

7 약속 시간에 늦은 것을 사과했다.

8 올림픽이 계기가 되어, 경제적으로 발전해 갔다.

9 컴퓨터는 여러 가지 사용법이 있다.

10 이 지방에 눈이 오는 것은 드문 일입니다.

유의어 **실전 연습 ❹** p.119

1	2	3	4	5
①	③	④	①	②
6	7	8	9	10
③	①	②	③	①

1 공연을 중지한 것은 어쩔 수 없는 일이었다.

2 내용을 확인하신 후에 서명을 부탁 드립니다.

3 이번에 참가하지 못해도, 다음에 또 기회가 있을 것이다.

4 그녀는 결혼에 관한 소문을 부인했다.

5 곧 시험이 시작된다.

6 이번 신제품은 모든 면에서 타사 제품보다 뛰어나다.

7 상대의 나쁜 점을 비난하다.

8 시합을 앞두고 매일 트레이닝을 실시한다.

9 어떤 경우에도 당황하지 않고 냉정한 판단을 할 수 있게 되고 싶다.

10 다나카 선생님께 감사 편지를 썼다.

유의어 **실전 연습 ❺** p.120

1	2	3	4	5
③	④	①	④	③
6	7	8	9	10
②	②	①	②	①

1 오늘은 계속 걸었기 때문에 굉장히 지쳤다.

2 휴가는 겨우 3일밖에 낼 수 없다.

3 나는 종종 일 때문에 출장을 간다.

4 양 팀은 훌륭한 경기를 보여주었다.

5 이 야채의 재배는 비교적 간단하다고 한다.

6 상품의 샘플을 보고 살지 말지 결정한다.

7 모두에게 걱정을 끼쳐서 정말 미안하게 생각하고 있다.

8 오늘은 불만 전화가 많이 걸려 와서 힘들었다.

9 나카노 씨는 아마 3시 이후에는 돌아올 거라고 생각해요.

10 비가 오는 날의 운전은 조심하세요.

問題 6

용법 **실전 연습 ❶** p.121

1	2	3	4	5
②	①	②	④	①
6	7	8	9	10
④	①	③	②	③

문제 6 다음 단어의 용법으로 가장 적당한 것을 1 · 2 · 3 · 4 에서 하나 고르시오.

1 그는 대학에 진학할지 아니면 집안 일을 도와야 할지 망설였다.

2 숨기지 말고 당신의 솔직한 심정을 얘기했으면 좋겠다.

3 이 드라마는 스토리의 전개가 단순해서 재미가 없다.

4 할아버지는 예의와 법도에 엄격하다.

5 옛날부터 인간은 자연을 지배하려고 해 왔다.

6 방이 어질러져 있었기 때문에 아이에게 치우도록 했다.

7 빨리 수술을 하지 않으면 목숨이 위태롭다.

8 여름 불꽃놀이 대회는 비 때문에 다음 날로 연기되었다.

9 그것은 단순한 소문에 불과하니까 신경 쓰지 않는 게 좋아.

10 큰 부상이 아니라서 다행이에요.

용법 실전 연습 ❷ p.123

1	2	3	4	5
①	④	②	①	④
6	**7**	**8**	**9**	**10**
④	①	②	③	①

1 불필요한 비용을 사용하지 않고, 검소한 생활을 하도록 명심하고 있다.

2 병으로 입원한 것을 계기로 술을 끊기로 했다.

3 반대 의견이 속출하여 결국 계획은 중지되었다.

4 외모로 사람을 판단해서는 안 돼.

5 이 건물은 튼튼해서 큰 지진에도 전혀 파괴되지 않았다.

6 이 대학은 첨단 분야에서는 세계적으로도 유명하다.

7 정부가 이 문제에 어떻게 대응할지 주목받고 있다.

8 이번 총리는 국민과의 대화에 힘쓰고 있다는 점에서 많은 지지를 모으고 있다.

9 친구가 빌려준 책을 좀처럼 돌려주지 않아서 어제 독촉 전화를 걸었다.

10 학력에 관계없이 우수한 인재를 채용할 방침이다.

용법 실전 연습 ❸ p.125

1	2	3	4	5
①	②	①	③	③
6	**7**	**8**	**9**	**10**
②	①	②	③	④

1 출발 신호로, 마라톤 선수들은 일제히 달리기 시작했다.

2 소원이 이루어져, 희망하는 대학에 들어갈 수 있었다.

3 건강을 유지하기 위해서는 영양의 균형을 고려한 식생활이 중요하다.

4 떠오른 아이디어는 잊지 않도록 바로 메모해 둔다.

5 그 제도는 지금 상황에 맞지 않아졌기 때문에, 폐지되게 되었다.

6 불필요한 쇼핑은 하지 않도록 하여 돈을 절약하고 있다.

7 나는 그 여배우의 훌륭한 연기에 감탄했다.

8 타당한 가격이면 물건은 팔린다.

9 위스키를 물로 희석해서 마셨다.

10 비록 실패하더라도 나는 포기할 생각은 없다.

용법 실전 연습 ❹ p.127

1	2	3	4	5
②	②	③	①	②
6	**7**	**8**	**9**	**10**
③	①	②	②	④

1 야마다 씨의 집은 우리 집 맞은편이다.

2 그녀는 어릴 적부터 응석받이로 자란 것 같다.

3 가족과 바다 근처를 드라이브하는 것이 휴일의 즐거움이다.

4 앉아서 졸다가 내리는 역을 지나치고 말았다.

5 매일 열심히 연습을 해 나가면 머지않아 능숙해질 거야.

6 기간 한정인 맥주가 다음 주에 발매된다.

7 이 지방은 기후가 온화해서 생활하기 좋다.

8 플랫폼에 도착한 전철의 문이 열리자, 승객이 우르르 내리기 시작했다.

9 일단 집으로 돌아갔다가 다시 오겠습니다.

10 이 앞쪽은 막다른 골목으로 되어 있으니, 되돌리는 수밖에 방법이 없다.

용법 실전 연습 ❺ p.129

1	2	3	4	5
①	③	③	③	③
6	**7**	**8**	**9**	**10**
②	②	④	①	②

1 학교가 끝나면 바로 집으로 돌아오거라.

2 100점은 못하더라도, 적어도 80점은 맞고 싶다.

3 천둥이 울리나 싶더니, 순식간에 비가 내리기 시작했다.

4 그는 좋아하는 축구를 하고 있을 때가 가장 생기가 있다.

5 시험에 합격하기 위해서, 매일 꾸준하게 공부를 하고 있다.

6 그는 책임감이 강해서 리더로 어울린다.

7 해외여행은 처음이지만, 경험이 풍부한 친구와 함께라서 든든하다.

8 그 신입 사원은 젊고 경험이 부족하다.

9 아침은 시간이 없기 때문에, 빵과 커피로 간단하게 식사를 마친다.

10 아무리 일해도 생활은 여전히 힘들다.

1교시 문법 해석과 해설

PART 1 워밍업

합격 문법 확인 문제 ❶ p.180

1	2	3	4	5	6
b	a	b	b	a	a
7	**8**	**9**	**10**	**11**	**12**
a	b	a	a	a	b
13	**14**	**15**	**16**		
a	b	a	a		

1 경제 성장을 서두른 나머지 환경이 해마다 악화되고 있다.
2 자동차가 없는 생활은 상상하기 어렵다.
3 그는 공부를 잘하는 데다가 운동도 잘한다.
4 예산 부족 때문에 이 계획은 실행할 수 없다.
5 그는 내 책을 가져간 채 돌려주지 않는다.
6 당신을 걱정하고 있기에, 주의를 주는 것입니다.
7 이 데이터로 보아 성공은 틀림없다.
8 아직 4월인데, 오늘은 여름이 된 것처럼 덥다.
9 그렇게 많은 요리, 혼자서 다 먹을 수 있습니까?
10 고령이 되면 병에 걸리기 쉽다.
11 물 부족으로 야채 가격은 오르기만 한다.
12 비가 오기 전에 집에 돌아가는 것이 좋다.
13 스피드를 너무 내면 사고를 낼 수도 있다.
14 여자아이는 계속 운 끝에 지쳐서 잠들어 버렸다.
15 기술이 발달한 덕분에 우리의 생활도 편리해졌다.
16 잘 생각한 후에 답변하겠습니다.

합격 문법 확인 문제 ❷ p.181

1	2	3	4	5	6
b	b	b	a	a	b
7	**8**	**9**	**10**	**11**	**12**
a	b	b	a	a	b
13	**14**	**15**	**16**		
a	a	b	a		

1 10년이나 미국에 있었던 만큼 그는 영어를 잘한다.
2 장시간 토론한 끝에 마침내 합의에 도달했다.
3 그 영화를 보면 누구라도 울지 않을 수 없다.
4 이런 간단한 한자조차 읽지 못해서는 정말 곤란합니다.
5 경기는 회복으로 향하고 있다.

6 네가 하지 않으면, 내가 할 수밖에 없다.
7 아무도 도와주지 않는다면 혼자서 할 수밖에 없다.
8 여기는 비가 내릴 때마다 길이 막혀 버린다.
9 그것에 대해서는 지금 한창 논의하고 있는 중입니다.
10 긴급할 때는 이 버튼을 눌러 주세요.
11 복도에서는 담배를 피우지 말 것.
12 사장님이 도착하는 대로 회의를 시작하겠습니다.
13 시간은 아직 충분히 있으니까 서두를 필요는 없습니다.
14 이 약을 마시기만 하면 바로 나아요.
15 그녀는 만날 때마다 머리 모양이 다르다.
16 포장을 열어 보았더니 인형이 들어 있었다.

합격 문법 확인 문제 ❸ p.182

1	2	3	4	5	6
b	a	b	b	b	a
7	**8**	**9**	**10**	**11**	**12**
b	a	a	b	a	b
13	**14**	**15**	**16**		
a	b	a	b		

1 그녀는 내년에 유학을 간다고 한다.
2 해외여행을 간다고 하면 어디로 가고 싶습니까?
3 노력하지 않고서는 성공할 리가 없다.
4 하늘이 어두워졌다고 생각했더니, 갑자기 비가 내리기 시작했다.
5 그는 젊지만 명확한 경영 철학을 갖고 있다.
6 선생님이 말하는 대로 써 주세요.
7 예전에 비해 체력이 떨어졌다고는 해도, 아직 젊은 사람에게는 지지 않는다.
8 지금 하고 있는 일이 싫어서 견딜 수가 없다.
9 집을 샀다고 해도 작은 맨션입니다.
10 뉴스에 따르면, 버스 요금이 오른다던데.
11 실물을 보지 않고서는 살 수 없습니다.
12 스트레스는 나쁘다고만 생각했기 때문에, 좋은 스트레스도 있다는 걸 알고서 놀랐다.
13 스포츠는 자신이 해 보아야 비로소 그 재미를 알 수 있다.
14 여름이라고 하면 역시 불꽃놀이지요.

15 돈이 없기 때문에, 산다고 해도 제일 싼 것밖에 살 수 없다.

16 환경 문제를 자신의 문제로서 생각할 필요가 있다.

합격 문법 확인 문제 ❹ p.183

1	2	3	4	5	6
a	b	a	a	b	b
7	**8**	**9**	**10**	**11**	**12**
a	a	a	a	b	b
13	**14**	**15**	**16**		
a	a	b	a		

1 강당에서 올해 입학식이 거행되었다.

2 현재의 품질과 성능이라면 반드시 해외에서도 성공할 것임에 틀림없다.

3 공업화에 따라 환경 파괴가 문제가 되고 있다.

4 컴퓨터는 업무에 국한되지 않고 널리 이용되고 있다.

5 계산 속도에 관한 한 누구에게도 지지 않는다.

6 송료는 주문의 다소에 관계없이 300엔입니다.

7 이 기모노 같은 것은 잘 어울리시네요.

8 이 회사의 급료는 경험과 능력에 따라 결정된다.

9 국민의 반대에도 불구하고, 그 법안은 국회에서 가결되었다.

10 더워짐에 따라 전력 사용량도 증가하고 있다.

11 아버지는 일 이외의 화제에 관해서 이야기를 하는 것이 서투르다.

12 여름은 차가운 맥주가 최고다.

13 기술이 진보함에 따라 생활이 편리해졌다.

14 이번도 저 팀이 우승할 것임에 틀림없다.

15 그녀는 관객의 박수에 부응하여 앙코르 곡을 불렀다.

16 회사 이전 이야기는 소문에 지나지 않는다.

합격 문법 확인 문제 ❺ p.184

1	2	3	4	5	6
a	b	b	a	b	a
7	**8**	**9**	**10**	**11**	**12**
a	b	b	a	b	a
13	**14**	**15**	**16**		
a	a	b	a		

1 3시간밖에 자지 않았으니 당연히 졸린 거지요.

2 주소도 전화번호도 모르기 때문에 그에게 연락할 수가 없다.

3 교토는 절을 비롯하여 역사 있는 건물이 많다.

4 이렇게 날씨가 좋으니, 오후에도 비는 내리지 않을 것이다.

5 수학 문제집을 사기는 했지만, 어려워서 전혀 풀 수가 없었다.

6 사람은 외견만으로는 알 수 없는 법이다.

7 얼굴이 새빨갛게 될 정도로 술을 마셔서는 안 된다.

8 여기는 사계절 관계없이 관광객이 많다.

9 넓은 범위에 걸쳐서 폭우가 계속 내렸다.

10 비행기를 타기 위해서 공항으로 향했다.

11 쉴 수만 있다면 쉬고 싶지만, 일이 많아서 쉴 수 없다.

12 애정을 담아 재배한 농산물을 소비자에게 전달하다.

13 어제 막 퇴원했으니, 여행을 갈 수 있을 리가 없다.

14 이것은 빌린 것이라서 당신에게 줄 수는 없다.

15 부주의에 의해 대형 사고가 일어나는 경우도 있다.

16 학비 인상을 둘러싸고 반대 운동이 일어났다.

고득점 문법 확인 문제 ❶ p.215

1	2	3	4	5	6
a	a	b	b	a	b
7	**8**	**9**	**10**	**11**	**12**
b	b	a	b	a	b
13	**14**	**15**	**16**		
a	a	b	a		

1 이 지방에서는 3월 말부터 4월 초에 걸쳐서 벚꽃이 핀다.

2 조금 감기 기운이 있어서 몸이 나른하다.

3 분명히 말하지 않으면 오해받을 우려가 있다.

4 이제 늦었으니 돌아가야 하지 않겠는가.

5 하다 만 일을 계속하다.

6 학생인 이상에는 성적으로 평가되는 것은 어쩔 수 없는 일이다.

7 이 방은 역에 가까운 대신에, 방세가 비싸다.

8 계획을 세운 이상에는 실행에 옮겨야 한다.

9 강의가 끝나자마자, 교과서를 덮고 치우기 시작하는 학생도 있다.

10 일이 싫다고 해서 간단히 그만둘 수 있는 것은 아니다.

11 시험을 치르는 이상, 물론 합격할 생각으로 노력하겠습니다.

12 수입이 줄어드는 한편으로 교육비 등의 지출은 늘어 간다.

13 신간이 나와서, 돈이 없는 주제에 3권이나 사 버렸다.

14 정년(퇴직) 후에도 체력이 버티는 한 일하고 싶다.

15 이 레스토랑의 요리는 맛이 좋다. 재료부터가 다른 것이겠지.

16 반품은, 상품에 따라서는 받아들일 수 없는 경우가 있습니다.

1	2	3	4	5	6
a	b	b	b	a	a
7	8	9	10	11	12
a	b	a	b	b	b
13	14	15	16		
a	a	a	b		

1 이 가방은 어디서 산 거지?
2 이 마을에는 역사상 유명한 건물이 많이 있다.
3 담배는 몸에 해롭다고 알면서도 그만 피워 버린다.
4 설령 모두에게 반대를 받더라도, 나는 반드시 이 계획을 실행하고 싶다.
5 아무리 이야기해 본들, 그는 의견을 바꾸지 않을 것이다.
6 분하게도 1점 차로 시합에 져 버렸다.
7 경험이 풍부한 그 사람이니까, 이 문제도 잘 해결할 수 있겠지요.
8 건강하게 지낼 수 있다는 것은 얼마나 멋진 일인가.
9 끝까지 포기하지 말고 노력해 주세요.
10 본가에 돌아간 김에 옛날에 다녔던 학교에 가 보았다.
11 장래에 무슨 일이 일어날지 그 누구도 알 수 없다.
12 날씨에 따라 갈지 어떨지를 결정하겠습니다.
13 방 안은 먼지투성이였다.
14 감기에 걸렸을 때는 푹 쉬어야 한다.
15 바빠서 식사를 할 시간조차 없다.
16 여행 전날, 어머니는 걱정스럽게 일기 예보를 보고 있었다.

1	2	3	4	5	6
b	a	b	a	b	a
7	8	9	10	11	12
a	a	b	b	b	a
13	14	15	16		
b	b	a	b		

1 이 서비스는 남성에 비해 여성이 많이 이용하고 있다.
2 해외여행은커녕 교토에도 간 적이 없다.
3 서두르고 있을 때만 전철이 늦게 온다.
4 계약에 즈음해서는 내용을 충분히 확인하세요.
5 언어라는 것은 외국에 가면 자연스럽게 말할 수 있게 되는 것이 아니다.
6 첫 시합에서 져 버려, 유감스러워 견딜 수 없다.
7 나가려는 참에 전화벨이 울렸다.
8 식사는 많은 사람들이 함께 먹는 편이 맛있는 법이다.
9 인구 증가와 더불어 쓰레기 문제가 심각해지고 있다.
10 선수로서 우수한 사람이 감독으로서 우수하다고는 단정할

수 없다.
11 모르는 사람에게 대량으로 광고 메일을 보내는 것은 비상식적인 일인 것이다.
12 아침부터 비가 세차게 내려서 피크닉을 갈 수 있는 상황이 아니다.
13 어렵지만, 방법에 따라서는 불가능한 것도 아니다.
14 그와는 졸업한 이래 만나지 못했다.
15 그는 학자라기보다 정치가에 가깝다.
16 어머니의 병이 걱정되어 견딜 수 없다.

1	2	3	4	5	6
a	a	a	a	b	a
7	8	9	10	11	12
a	b	b	b	b	b
13	14	15	16		
a	a	b	b		

1 저 사람은 대학을 나온 것치고는 교양이 너무 없다.
2 전쟁 뉴스를 볼 때마다 평화의 고마움을 느낀다.
3 공공의 이익에 반하는 행동은 해서는 안 된다.
4 오늘 모임은 일 이야기는 하지 말고 즐겁게 마시자.
5 최신 정보에 근거해서 기사를 쓰다.
6 저 레스토랑은 맛이 좋을 뿐 아니라, 서비스도 좋다.
7 시합에 앞서 양국의 국가가 흘러나왔다.
8 상사의 명령이라 해도 간단히 받아들일 수는 없다.
9 부모가 아이에게 엄격한 것은, 다름 아니라 아이를 사랑하고 있기 때문이다.
10 인류에게 있어서 석유는 중요한 에너지 자원이다.
11 학생들은 스스로 깊이 생각하는 힘을 익혀야 한다.
12 졸업에 즈음해서는 졸업 논문을 제출하게 되어 있다.
13 대기 오염에 더하여 교통 소음도 큰 문제가 되고 있다.
14 큰길을 따라 고층 빌딩이 늘어서 있다.
15 그는 공부뿐만 아니라 스포츠 면에서도 우수하다.
16 농약을 사용하지 않는 것은 환경을 지킬 뿐만 아니라 농민의 건강을 지키는 것이기도 하다.

1	2	3	4	5	6
b	a	b	b	a	a
7	8	9	10	11	12
a	b	b	b	b	a
13	14	15	16		
b	a	a	b		

1 돈이 없는 탓에 진학을 포기했다.

2 여기서 기다려 주십시오.

3 이 카메라 잡지는 초보자를 대상으로 만들어진 것입니다.

4 이 티켓은 싼 반면에, 예약을 변경할 수 없습니다.

5 이 병은 발견이 빠르면 빠를수록 나을 확률이 높다고 한다.

6 이렇게 어려운 문제를 알 리가 없잖아.

7 그럼 먼저 실례하겠습니다.

8 이 일은 바쁘고 힘든 것에 비해서 급료가 좋지 않다.

9 오늘 아침 신문 읽으셨습니까?

10 찬성할지 어떨지는 어찌 되었든 간에 이야기를 들어 보자.

11 시간에 늦지 않도록 역부터 달렸다.

12 죄송합니다. 야마다는 지금 회의로 자리를 비우고 있습니다.

13 남에게 폐가 되는 것도 개의치 않고 수업 중에 잡담을 하는 학생이 있다.

14 그의 이야기에는 사람을 납득시키는 데가 있다.

15 피곤해서 그만 꾸벅꾸벅 자 버렸다.

16 본사 이전을 계기로 보다 좋은 상품 개발에 힘을 쏟아 간다.

PART 2 유형별 집중 공략

問題 7

문법 형식 판단 실전 연습 ❶ p.222

1	2	3	4
2	3	1	1
5	**6**	**7**	**8**
1	4	2	4

문제 7 다음 문장의 (   )에 들어갈 가장 알맞은 것을 1·2·3·4에서 하나 고르시오.

1 다나카 씨는 만날 때마다 즐거운 이야기를 해서 모두를 즐겁게 해 준다.

2 시험 결과를 걱정한 나머지, 밤에 잠들 수 없게 되어 버렸다.

3 그것에 대해서는 지금 한창 논의하고 있는 중입니다.

4 장시간에 걸친 토론 끝에 간신히 합의에 도달했다.

5 나이 탓인지, 최근 건망증이 심해졌다.

6 한자는 역시 스스로 써 보지 않고서는 좀처럼 외울 수 없다.

7 내용을 확인한 후에 문제가 없으면 사인을 부탁합니다.

8 그는 여러 가지로 고민한 끝에 진학을 그만두어 버렸다.

문법 형식 판단 실전 연습 ❷ p.223

1	2	3	4
4	2	2	1

5	6	7	8
4	2	1	1

1 벚꽃이 지기 전에 꽃구경을 하러 가자.

2 투자에 실패하여 퇴직금을 날린 데다가 빚까지 남게 되었다.

3 집 근처에 새로운 역이 생긴 덕분에 통근이 편리해졌다.

4 매뉴얼의 설명대로 해 보았더니 문제없이 잘 되었다.

5 회원 여러분들의 협력에 의해 무사히 올해의 총회를 마칠 수 있었습니다.

6 ABC 대학에서 다나카 지로 교수에 의한 '인류의 미래'라는 하계 집중 강의가 4일간에 걸쳐서 이루어졌다.

7 소비자 여러분의 희망에 부응하여 상품을 생산해 나갈 생각입니다.

8 어린아이가 있는 가정은 즐거워 보인다. 그렇지만 부모 입장에서는 힘들겠지.

문법 형식 판단 실전 연습 ❸ p.224

1	2	3	4
2	2	4	4
5	**6**	**7**	**8**
1	2	1	4

1 저출산 고령화 문제는 일본뿐 아니라 중국에 있어서도 점차 문제가 되고 있다.

2 이 회사의 제품은 별로 알려지지 않았지만, 성능의 우수성에 관한 한 세계 최고 수준이다.

3 휴대 전화의 보급에 따라 공중전화 숫자가 감소하고 있다.

4 이 유형의 자동차는 판매가 잘 되고 있다고 하지만, 시장 점유율은 아직 낮아서 전체의 5%에 지나지 않는다.

5 오늘은 무라야마 선수의 컨디션이 좋지 않다. 어딘가 부상을 입은 것임에 틀림없다.

6 사회가 변화함에 따라 교육 방법도 변하지 않으면 안 된다.

7 출생률 저하에 따라, 가까운 장래에 노동력 부족이 염려되고 있다.

8 밤에도 자지 않고 열심히 공부했음에도 불구하고 그는 그 시험에 합격하지 못했다.

문법 형식 판단 실전 연습 ❹ p.225

1	2	3	4
4	3	4	4
5	**6**	**7**	**8**
2	2	1	4

1 쓰레기 처리장 건설 문제를 둘러싸고 참가자들로부터 많은 의견이 나왔다.

2 그의 소설은 연령이나 성별을 불문하고 많은 사람들에게

읽히고 있다.

3 해야 할 업무가 산더미처럼 있어서, 일요일이라 할지라도 출근하지 않으면 안 된다.

4 편의점은 물론이고 패밀리 레스토랑마저 종일 영업하고 있는 가게가 늘어나고 있다.

5 지금 당신에게 100만 엔이 있다고 하면 어떻게 쓰겠습니까?

6 아이들은 사이좋게 놀고 있나 싶더니, 어느새 싸우고 있었다.

7 A: 지난달부터 외국어 학교에 다니고 있어.
B: 그래? 열심이로군.
A: 그렇다고는 해도 일주일에 한 번뿐이지만.

8 선배를 통해 K대학의 입학 시험 서류를 받았다.

문법 형식 판단 실전 연습 ❺ p.226

1	2	3	4
4	3	4	2
5	6	7	8
4	4	1	3

1 자동차 운전 중에 졸려서 견딜 수가 없을 때는 언제나 큰 소리로 노래를 부르고 있다.

2 이 약은 부작용의 위험성이 있어서, 약사의 설명을 듣고 나서가 아니면 살 수 없다.

3 일본에서도 휴대 전화가 보급되어, 바야흐로 휴대 전화는 일상생활에 필수적인 도구로 정착됐다고 말할 수 있을 것이다.

4 Y시에서는 인구가 계속 줄어서, 지금 상태로는 인구 유지라는 것은 어렵다고 여겨지고 있다. 무언가 근본적인 대책이 필요할 것이다.

5 이번 주는 아침부터 일이 바빠서 식사할 시간도 없을 정도다.

6 전화번호만 알면 되기 때문에, 주소는 적지 않아도 좋아요.

7 착실한 다나카 씨가 도박 같은 것을 할 리가 없다.

8 곤란에 처해 있을 때 그의 도움을 받아 눈물이 날 정도로 고마웠다.

문법 형식 판단 실전 연습 ❻ p.227

1	2	3	4
3	1	1	1
5	6	7	8
3	3	2	2

1 저 환자는 중병이라서 혼자서는 식사조차 할 수 없다.

2 소년 시절로 돌아갈 수만 있다면 돌아가 보고 싶다.

3 조금 전의 태도로 보아 그 사람은 사과할 생각은 전혀 없는 것 같다.

4 신뢰할 수 있는 동료가 있기 때문에 즐겁게 일할 수 있는 것이다.

5 스무 살까지 미국에 있었던 만큼 그는 거의 완벽한 영어를 구사한다.

6 대학 입학 서류에 '서류는 반드시 연필로 기입할 것'이라고 적혀 있는데도, 볼펜으로 기입해 버렸다.

7 A: 스즈키 씨. 이 곡, 피아노로 연주할 수 있습니까?
B: 이런 어려운 곡은 연주할 수 없습니다. 피아노는 20년 전에 배운 게 마지막이니까요.

8 매스컴에서는 경기가 좋아졌다고는 말하지만, 실업률은 아직 높고 경기 회복을 실감할 수 없다.

문법 형식 판단 실전 연습 ❼ p.228

1	2	3	4
3	1	2	1
5	6	7	8
1	2	1	3

1 인구가 증가함에 따라서 이 부근의 주택 사정은 점차 나빠지고 있다.

2 벚꽃이 지기 시작해 마치 눈이 내린 것 같은 광경이었다.

3 물가나 세금도 올라 생활은 어려워지기만 한다.

4 10월의 교토는 관광 시즌이기 때문에 일찌감치 예약하는 것이 바람직하다고 한다.

5 그녀는 10년이나 미국에서 살았기 때문에 당연히 영어가 능숙한 것이다.

6 어머니의 병은 곧 좋아질 테니까, 너는 아무 걱정할 필요 없다.

7 차가 많은 도로에서 놀고 있는 아이를 보고 주의를 주지 않을 수 없다.

8 10시에 출발하는 전철을 놓쳤다. 다음 전철을 기다릴 수밖에 없겠지.

문법 형식 판단 실전 연습 ❽ p.229

1	2	3	4
3	3	4	2
5	6	7	8
2	4	2	1

1 현재 경찰에서 사고 원인에 대해 조사를 진행하고 있다.

2 신약의 수입에 앞서 신중한 조사가 이루어지고 있다.

3 공부하지 않았으니까 당연히 시험에 떨어지게 되어 있다.

4 국제교류센터에서는 유학생과의 교류를 목적으로 다양한 활동을 실시하고 있다.

5 이 일은 신입 사원에게 있어서 결코 간단한 것이 아니다.

6 폐회에 즈음하여 사장님으로부터 말씀을 듣도록 하겠습니다.

7 이 제품은 이전 모델에 비해 디자인이 산뜻하다.

8 이 회사는 건강 식품을 중심으로 다양한 생활용품을 판매하고 있다.

문법 형식 판단 실전 연습 ❾ p.230

1	2	3	4
2	4	1	3
5	**6**	**7**	**8**
2	3	1	1

1 상급 클래스는 테스트 점수와 지금까지의 학습 기간을 토대로 결정된다.

2 길을 따라 기념품을 파는 가게가 줄지어 있다.

3 오늘 아침 일기 예보에서는 오후부터 갠다고 했다. 그러나 예보와는 반대로 비가 계속 내리고 있다.

4 역 앞에 대형 슈퍼마켓이 개점한 것을 계기로, 그 지역 상점가는 매출이 급격하게 떨어져 버렸다.

5 곤란에 부딪쳤을 때, 친구의 협력은 얼마나 훌륭한 일인가.

6 모두의 협력을 얻을 수 없는 이상에는 이 계획은 포기할 수밖에 없다.

7 저런 비싼 레스토랑에는 두 번 다시 가나 봐라.

8 머리가 좋은 그이기에 당연히 눈치채고 있을 것이다.

문법 형식 판단 실전 연습 ❿ p.231

1	2	3	4
2	3	1	1
5	**6**	**7**	**8**
3	3	3	1

1 이 사전을 잠시 빌려도 되겠습니까?

2 댁에 돌아가시면 아버님께 안부 전해 주세요.

3 나는 무라야마 선생님의 사모님을 파티에서 한 번 만나뵌 적이 있습니다.

4 다나카는 지금 전화를 받고 있으니, 잠시 기다려 주십시오.

5 스즈키 선생님. 상담 드리고 싶은 것이 있습니다만. 선생님의 연구실로 찾아뵈어도 될까요?

6 지난달에 이사했으니. 근처에 오셨을 때는 꼭 들러 주세요.

7 빌린 책을 즐겁게 읽었습니다.

8 일전에 야마다 선생님께서 쓰신 논문을 잡지에서 보았습니다.

問題 8

문장 완성 실전 연습 ❶ p.232

1	2	3	4
2	3	1	1
5	**6**	**7**	**8**
3	1	2	2

문제 8 다음 문장의 ＿★＿ 에 들어갈 가장 알맞은 것을 1·2·3·4에서 하나 고르시오.

1 A : 계약 건으로 전할 말이 있어서요.

B : 그렇습니까? 그렇다면 야마다가 돌아오는 대로 전화하도록 전할까요? (4321)

2 결혼해서 몇 십 년이나 지나면, 결혼기념일조차 잊어버리기 쉽게 된다. (4132)

3 하기 주소로 이사했습니다. 근처에 오셨을 때는 가벼운 마음으로 들러 주세요. (2314)

4 주문한 가구가 도착해서 즉시 설명서에 쓰여 있는 대로 조립해 보았다. (4312)

5 세찬 빗속을 우산을 쓰지 않고 걸은 탓인지 낫기 시작한 감기가 다시 심해져서, 고열로 몸져눕고 말았다. (4132)

6 지금은 당연한 것 같은 해외여행이지만, 전쟁 후의 가난했던 시대에서는 꿈 같은 일이었다. (2413)

7 여행 중에 모르는 거리에서 맛있는 가게를 찾는다면 지역 사람에게 묻는 것이 최고다. (1423)

8 주식 투자에 관하여 지식이 없기 때문에 제대로 공부해 가고 싶다. (4123)

문장 완성 실전 연습 ❷ p.233

1	2	3	4
3	4	4	1
5	**6**	**7**	**8**
2	1	3	4

1 도쿄에서 치러지는 국제 회의에. 미국을 비롯한 주요 선진국의 대표들이 참가했다. (2431)

2 평소에 신세를 지고 있는 옆집 야마다 씨에게 감사의 마음을 담아 상품권을 선물했다. (2143)

3 연구라는 것은 결과가 바로 나오는 것이 아니라. 평소의 꾸준한 노력이 있어야 비로소 결과로 연결되는 것이다. (2143)

4 이 나라에서 야구에 이어서 인기가 있는 스포츠로 말하자면 농구이다. (2314)

5 도쿄에서 평범한 샐러리맨이 집을 사는 것은 상당히 어렵다. 집을 살 수 있다고 해도 통근에 불편한 장소가 될 것이다. (3421)

6 당신만 곁에 있어 준다면, 다른 것은 아무것도 필요없다. (2413)

7 몸에 해롭다고 알면서도, 담배를 끊을 수 없는 사람은 많이 있다. (2431)

8 좋아하는 일을 직업으로 하는 사람이 많지만, 나는 음악을 좋아하기에 직업으로는 하지 않기로 했다. (2341)

1	2	3	4
3	1	4	1
5	**6**	**7**	**8**
1	1	2	1

1 아직 결혼하지 않았습니다만, 결혼하고 싶지 않은 것은 아닙니다. (2431)

2 내일은 다른 일을 해야 하기 때문에, 이 일을 하다만 채로 돌아갈 수는 없다. (3214)

3 절대로 일어날 수 없는 사고라는 것은 존재하지 않으므로, 언제나 안전에 주의해야 한다. (3142)

4 이 자동차는 요즘 고장만 난다. 그렇지만 지금은 돈이 없으니 새 차를 사는 것은 참을 수밖에 없다. (2413)

5 왜 그를 좋아하게 되어 버렸는지, 갑자기 그런 것을 물어봐도 답변할 방법이 없다. (4213)

6 이 가게에서는 특히 손님을 대하는 말씨와 태도에 주의를 기울이고 있다. (4213)

7 아이들의 교육비는 학교의 학비에 더해 학원의 학비도 드는 경우가 많다. (3124)

8 당사는 국내에 거주하시는 손님 대신에 해외 제품 수입을 대행하고 있습니다. (2413)

1	2	3	4
1	2	3	3
5	**6**	**7**	**8**
4	3	2	1

1 시험을 보는 이상에는 절대로 합격하겠다고 결심하고 노력해야 한다. (4312)

2 야마모토 씨는 누구에게나 친절하다. 그런 그녀이기에 곤란해하고 있는 친구를 그냥 내버려 둘 수 없었을 것이다. (1423)

3 중요한 용무가 있어서 지각해서는 안 될 때에만 늦잠을 자 버린다. (2134)

4 학생인 이상에는 성적으로 평가되는 것은 어쩔 수 없는 일이다. (2431)

5 이 지방은 급속히 인구가 줄어들고 있어서 무언가 대책을 세우지 않는 한, 앞으로도 늘어나는 일은 없을 것이다. (2143)

6 다나카 씨는 서적을 아주 좋아해서 기술자라기보다 학자라고 하는 편이 낫다. (4132)

7 그는 나서서 도와주지 않을 뿐더러 반발만 하고 있다. (1423)

8 내가 늦은 탓에 모두들 예정대로 출발할 수 없었다. (2413)

1	2	3	4
1	1	3	1
5	**6**	**7**	**8**
4	1	1	1

1 이번에 새롭게 발매된 제품은, 에너지 절약 요구에 부응하여 지금까지의 제품보다 소비 전력을 반으로 줄였다. (3214)

2 이번 사건으로 밝혀진 것은 실제로 일어난 일의 일부에 지나지 않는다. (2413)

3 매일 교통비조차 부족해서 곤란하기 때문에, 여행 같은 것은 정말 무리입니다. (2431)

4 나카야마: 이번 휴가에 다케우치 씨는 어딘가 가지 않을 거야?
다케우치: 여행을 갈 수만 있다면 가고 싶지만, 일이 들어와 버려서 조금 무리일 것 같아. (2413)

5 졸업에 즈음해서는, 졸업 논문을 제출하게 되어 있다. (2143)

6 이 작품은 실제로 일어난 사건 기록에 근거해 그려져 있고, 그 내용이 매우 감동적이어서 많은 사람들에게 강한 인상을 주었다. (3412)

7 말투로 보아 그는 이 지방 출신은 아닌 것 같다. (2413)

8 이 기계의 조작은 설명을 들었다고 해서 바로 쓸 수 있을 정도로 간단한 것이 아니다. (4213)

1	2	3	4
2	4	2	2
5	**6**	**7**	**8**
4	1	2	1

1 앞으로도 고객님의 지도하에 신제품 개발을 진행해 가겠습니다. (4123)

2 그와는 10년 전에 동창회에서 만난 이래로 한 번도 연락을 하지 않고 있다. (3241)

3 일로 오사카에 간 김에 고교 시절의 친구를 만나고 왔다. (4123)

4 전혀 자신이 없었는데도 우승할 수 있어서 기뻐서 견딜 수
가 없다. (3421)

5 마에다 선생님, 최근 선생님께서 쓰신 책 건으로 여쭤보고
싶은 것이 있습니다만. (3142)

6 지난번 '스터디 모임'에는 국제 경제를 전문적으로 연구하고
계시는 다카기 이치로 선생님이 오셨습니다. (3214)

7 그가 이번 사건에 관계가 없다는 것은, 당신이 가장 잘 아
실 것입니다. (3421)

8 고객님의 예산에 맞추어 선물 세트를 만듭니다. 송료 무료
로 날짜 지정이 가능한 전국 발송도 접수하고 있습니다. 부
담 없이 상담해 주십시오. (4213)

問題 9

1	2	3	4	5
4	3	2	1	3

문제 9 다음 문장을 읽고, 문장 전체의 내용을 생각해서 ☐1 부터
☐5 에 들어갈 가장 알맞은 것을 1 · 2 · 3 · 4에서 하나 고르시오.

노래방이라고 듣고 보통 떠올리는 것은 '많은 사람들
이 신나게 즐기는 것'이지만, 아무래도 요즘은 그렇지 않
다고 한다. 젊은 세대에서는 혼자 노래방에 가서 즐기는
1인 노래방이 보편적으로 되어 가고 있는 듯하다. 이 1인
노래방을 줄여서, '히토카라(혼자 노래방)'라는 말이 등장
했다. 이용자의 의견을 물었더니, '자신이 좋아하는 곡을
마음껏 부를 수 있다', '아무도 신경 쓰지 않아도 된다' 등
의 의견이 들렸다.

물론 옛날부터 신곡 연습이나 스트레스를 발산하기 위
해서 혼자 노래방을 찾는 손님들은 있었다. 다만 최근 수
년간 노래방의 시장 규모가 성장하지 않는 가운데, 노래
방 이용자에서 차지하는 1인 노래방 이용자의 비율은 꾸
준히 늘고 있다. 그래서, '히토카라' 수요의 증가를 예상
하여, 1인 노래방 전문점의 개점도 증가하고 있다.

'히토카라'가 유행하는 배경으로서, 한 연구자는 '실제
로 얼굴을 마주하는 인간관계를 부담스러워하는 젊은이
가 늘고 있다. 즉, 타인과 항상 연결되어 있는 상태에 지
쳐, 혼자가 되고 싶은 사람이 늘고 있기 때문이다'라고 지
적하고 있다. 타인과의 커뮤니케이션을 거부하고 혼자서
즐기는 '히토카라'이지만, 이제는 자신의 노래 영상을 인
터넷에 올리거나 서로 코멘트를 주고받는 등, 새로운 커
뮤니케이션의 형태도 생겨나고 있다. 이용자 중에는 노래
뿐 아니라 독서를 하거나 수면을 취하는 사람, 방에 설치
된 인터넷을 이용하여 일을 하는 사람도 있다는 것 같다.
노래방을 노래하는 것뿐만이 아닌 '만능의 공간'으로 사
용하는 경향도 있다.

1	2	3	4	5
3	1	1	4	2

비행기가 큰 소리를 내며 활주로(㈜)를 날아오른다. 나
는 그 모습을 볼 때마다 장래에 조종사가 되고 싶다고 생
각하는 것이다. 왜냐하면 전 세계를 날아다니는 늠름한
모습의 조종사를 텔레비전에서 보았기 때문이다. 그 사람
은 이렇게 말했다. "좋아하는 일을 직업으로 한다는 것은
매우 멋진 일입니다"라고.

그러나 그렇게 간단히 좋아하는 일에는 종사할 수 없
을 것이다. 그렇게 느낀 것은 나의 아버지의 지금까지의
고생을 들었기 때문이다. 아버지는 어릴 적부터 자동차
를 좋아해서 장래에 자동차 회사에 취직하는 꿈을 지니고
있었다고 말했다. 자동차는 몇 만 점이나 되는 부품으로
만들어져 있는 복잡한 것이며, 사람의 생명을 태우고 달
리는 것이기 때문에, 하나라도 정비를 게을리할 수 없다.
그러므로, 자동차의 지식을 모두 알아 두어야 했다.

당시 아버지는 기숙사에서 살고 있었는데, 기숙사 방
의 전기는 10시가 되면 꺼지기 때문에 복도의 불빛으로
밤늦게까지 공부하고 있었다고 한다. 또한 다양한 자격증
을 따야 하며, 그중에는 매우 어려운 시험 등도 포함되어
있어서, 힘든 나머지, 몇 번이나 포기할 뻔한 적이 있었
다고 한다.

그 이야기를 들었을 때 나는 '좋아하는 것'과 '직업'을
함께하는 것은 어려운 일이라고 생각했다. 분명 텔레비전
에 나왔던 그 조종사도 좋아하는 일을 직업으로 하기 위
해 노력했다고 생각한다. 그러므로 나도 사회에 공헌할
수 있는 사람을 목표로 매사에 열심히 임해서, 꿈을 향해
계속 달려가고 싶다.

㈜ 비행기의 이륙이나 착륙을 위해 지상을 달리는 데 이용하는
통로

1	2	3	4	5
2	1	1	3	2

최근 일본은 글로벌화가 진행되고 있어서 일상생활에
서 외국인을 보는 것은 결코 드문 일이 아닙니다. 또한
일본 학교에 입학하는 외국인 유학생도 많습니다.

그때 필요한 것이 일본에서의 주거입니다. 외국인이
일본에서 방을 구할 때는 몇 가지 주의할 것이 있습니다.

우선 비용입니다. 방을 구하는 사람에게 있어서, 계약
을 할 때 얼마나 비용이 드는지는 신경이 쓰이는 부분입
니다. 도대체 어느 정도의 비용을 준비하면 좋을지 잘 모

르는 사람이 많을 것입니다. 방을 빌릴 때 필요한 비용은 지역마다 조금씩 다릅니다. 전국 어디든 같은 것이 아닙니다. 예를 들면, 도쿄의 경우, 방을 빌릴 때는 보증금, 사례금, 중개 수수료, 방세의 선불 금액이 됩니다. 다만 물건에 따라서는 보증금과 사례금이 필요없는 경우도 있습니다.

다음은 외국인에게 방을 빌려줄지 어떨지입니다. 방을 구하러 부동산에 가도 좀처럼 소개받지 못하는 경우가 있습니다. 이유는, 부동산 업자가 어학적인 대응이 불가능한 경우나, 외국인을 거절하고 있는 경우가 있기 때문입니다. 일본은 글로벌화가 진행되고 있어서, 외국인에 대한 서비스도 향상되어 오고 있습니다. 그렇지만, 부동산 업계는 아직 폐쇄적인 부분이 있는 것도 사실입니다. 그렇기 때문에 외국인 유학생이 방을 구할 때는 어학 대응을 해 주는 업자에게 가거나, 외국인이 입주할 수 있는 물건을 관리하고 있는 업자에게 가는 것이 중요합니다.

문맥 이해 실전 연습 ❹ p.244

1	2	3	4	5
4	1	3	3	2

얼마 전에 내 친구가 길에 쓰레기를 태연하게 버리는 것을 보았다. 편의점에 가서 과자나 빵 등을 사서, 먹으며 걷다가 다 먹은 봉지 같은 것을 휙 하고 던져 버린다. 분명 그때는 아무 생각 없이 쓰레기를 갖고 있는 것이 싫어서, 쓰레기통도 없었으니까 함부로 버리고 갔을 것이다. 즉, 무단 투기는 무언가에 열중하고 있어서, 자신의 일밖에 생각하지 않을 때에 일어난다고 생각해도 좋지 않을까?

이때 만약 타인을 생각하고 있었다면, 쓰레기를 쓰레기통에 버리고 있었을지도 모른다. 만약 자신밖에 모르는 사람이 자기 집 앞에서 쓰레기를 버리고 가면 거기에 사는 사람은 민폐라고 생각할 것이다. 즉, 무단 투기는 사람을 불쾌하게 만든다.

무단 투기가 좋지 않다고 생각하는 가장 큰 이유는, 무단 투기는 거리를 비위생적으로 만들기 때문이다. 길가의 쓰레기 버리는 곳에서, 그물을 찢은 까마귀가 쓰레기를 흩어놓고 있는 것을 보고 아름답다고 느끼는 사람은 한 사람도 없을 것이다. 아마 모든 사람이 지저분하다고 느낄 것이다. 만약 함부로 버려진 쓰레기를 까마귀가 쪼아대면 엄청나게 여기저기 흩어져 버릴 것이다. 동네를 지나는 모든 사람들이 무단 투기를 하면 쓰레기의 거리가 된다.

분명 어떤 사람이든 쓰레기를 들고 걸어 다니는 것은 싫다고는 생각한다. 하지만 무단 투기를 하는 것은 좋지 않다. 무단 투기를 할 때는 홀가분하지만, 무단 투기를 당한 사람의 기분을 생각해 보아야 한다.

문맥 이해 실전 연습 ❺ p.246

1	2	3	4	5
2	3	4	1	4

일본인은 매너에 시끄러운 인종입니다만, 일본에서의 매너와 상식이 세계에서 통용된다고는 할 수 없습니다. 예를 들면 공공 교통기관에서 통화 금지라는 규칙은 일본뿐이라고 해도 좋을 정도입니다. 이탈리아에서는 이동 중의 빈 시간이야말로 전화 시간이라는 듯이, 많은 사람들이 가족이나 애인한테 전화할 뿐 아니라, 업무상의 전화까지 처리하는 사람도 있습니다. 이탈리아인뿐만 아니라 일본의 이러한 규칙에 대해서는 의문스럽게 느끼는 외국인이 많습니다.

반대로 일본에서는 당연하지만 이탈리아에서는 찾아보기 어려운 광경은 차내에서 조는 것입니다. 수면은 집에서 취하는 것이므로 공공장소에서 잠든 얼굴을 보게 된다는 것에 일본인 이상으로 저항을 느끼는 사람이 많습니다.

규칙에는 엄격한 일본인입니다만, 좌석 양보에 관해서는 자기중심적인 사람이 많이 보인다는 비난의 목소리도 들었습니다. 이탈리아에서는 우선석이 아니어도 노인이나 임산부 쪽에 좌석을 양보해 줍니다. 임산부에게는 슈퍼마켓의 계산대에서조차도 제일 먼저 우선하거나, 거리에서 노인의 짐을 들어 주는 일도 있습니다만, 일본은 평소 그런 타인끼리의 만남이 적기 때문에, 자리를 서로 양보하는 일에도 말을 거는 데 용기가 필요한지도 모르겠습니다.

일본의 상식이 세계의 비상식이 되는 경우도 있다는 것을 기억해 주세요. 우리 일본인이 외국에 가서 냉담한 시선으로 보이는 일도 있을지도 모르기 때문에, 일본의 전철 안에서 매너를 어기고 있는 외국인이 있더라도 너그럽게 보아 주세요.

PART 2 유형별 집중 공략

問題 10

내용 이해(단문) 실전 연습 ❶ p.282 해석과 문제 해설

1	2	3	4	5
④	②	③	③	③

次の（1）から（5）の文章を読んで、後の問いに対する答えとして最もよいものを、1・2・3・4から一つ選びなさい。

(1)

　転勤は仕事で昇進するためには必要なことであろう。経営上の危機に直面している他の支店に移ることもあるが、会社から（注）左遷されて移動する場合も少なくない。慣れていた場所から離れることは、特に既婚者なら家族との意見調節も伴う。子どもの転校のこと、妻の職場のこと、新しい住居などの問題もある。⒜長い間生活していた場所から離れ、新しい環境に適応していくのは、大人や子どもを問わず深刻なストレスになることであろう。

（注）左遷：低い地位などに落とすこと

1 　筆者が考える転勤とはどのようなものか。
　　1　経営危機を救うための行為
　　2　会社から見放される不快な措置
　　3　家族のいない環境に行く寂しい行為
　　4　違った環境に適応せざるをえない行為

다음 (1)에서 (5)의 글을 읽고, 다음 질문에 대한 답으로 가장 알맞은 것을 1・2・3・4에서 하나 고르시오.

　전근은 직장에서 승진하기 위해서는 필요한 것일 것이다. 경영상의 위기에 직면해 있는 다른 지점으로 옮기는 경우도 있으나, 회사에서 좌천되어 이동하는 경우도 적지 않다. 익숙한 장소에서 떠나는 것은 특히 기혼자라면 가족과의 의견 조절도 동반된다. 아이의 전학 문제, 아내의 직장 문제, 새로운 주거 등의 문제도 있다. ⒜오랫동안 생활했던 장소를 떠나 새로운 환경에 적응해 가는 것은 성인이나 아이를 불문하고 심각한 스트레스가 될 것이다.

㊟ 左遷：좌천. 낮은 지위 등으로 떨어지는 것

1 　필자가 생각하는 전근이란 어떤 것인가?
　　1　경영 위기를 구하기 위한 행위
　　2　회사에서 버림받는 불쾌한 조치

3　가족이 없는 환경으로 가는 쓸쓸한 행위

4　다른 환경에 적응할 수밖에 없는 행위

[풀이]

ⓐ 익숙한 곳을 떠나 새로운 환경에 적응을 해야 하는 것은 아이와 어른 모두에게 힘든 일이라고 말하고 있다. 따라서 정답은 선택지 4번이다. 경영 위기를 구하기 위한 것도 있으나 좌천되어 전근을 가는 경우도 있다고 말하고 있기 때문에, 선택지 1, 2번은 정답이 될 수 없다. 선택지 3번에 관한 언급은 없었다.

[단어]

転勤 전근 | **昇進** 승진 | **経営** 경영 | **危機** 위기 | **直面** 직면 | **移る** 옮기다, 이동하다 | **左遷** 좌천 | **離れる** 멀어지다, 떨어지다 | **既婚** 기혼 | **伴う** 동반하다, 수반하다 | **転校** 전학 | **環境** 환경 | **適応** 적응 | **～を問わず** ～를 불문하고 | **深刻** 심각 | **救う** 구하다 | **措置** 조치 | **～ざるをえない** ～하지 않을 수 없다

(2)

　　人の内面にある可能性、それを我々は潜在能力と呼ぶ。多くの人々が、これを開発させるために努力を惜しまない。ⓐ失敗を恐れずに成功に向かって進むべきだと言われているが、はたしてそうだろうか。努力に努力を重ねても成功できないなら、あきらめたほうがよいのではないだろうか。きっと、違う潜在能力があるはずだから、ⓑ本人がやりたいものを探すのではなく、少しでも上手なことについて考え、探してみるのはどうだろう。

2　この文章で筆者が一番言いたいことは何か。
1　潜在的な可能性のために常に努力するべきだ。
2　うまくできることに対して自分との会話をするべきだ。
3　失敗を恐れず、前向きに考えながら進むべきだ。
4　自分が本当に好きなことについて考えるべきだ。

　　사람의 내면에 있는 가능성, 그것을 우리는 잠재 능력이라 부른다. 많은 사람들이 이것을 개발시키기 위해서 노력을 아끼지 않는다. ⓐ실패를 두려워하지 않고 성공을 향해서 나아가야 한다고 하고 있지만, 과연 그럴까? 노력에 노력을 거듭하고도 성공하지 못한다면, 포기하는 것이 좋지 않을까? 분명 다른 잠재 능력이 있을 것이니, ⓑ자신이 하고 싶은 것을 찾는 것이 아니라 조금이라도 잘하는 것에 대해서 생각하고 찾아보는 것은 어떨까?

2　이 문장에서 필자가 가장 말하고 싶은 것은 무엇인가?
1　잠재적인 가능성을 위해서 항상 노력해야 한다.
2　잘 수 있는 것에 대해서 자신과의 대화를 해야 한다.
3　실패를 두려워하지 않고 긍정적으로 생각하면서 나아가야 한다.
4　자기가 정말 좋아하는 것에 대해서 생각해야 한다.

[풀이]

ⓐ 실패를 두려워하지 말고 나아가라는 것에 필자는 부정적인 입장을 가지고 있으므로, 선택지 3번은 정답이 될 수 없다. ⓑ 필자는

자신이 하고 싶은 것이 아닌, 잘하는 것을 찾으라고 말하고 있다. 따라서 정답은 선택지 2번이다. 선택지 1, 4번에 대한 언급은 없었다.

[단어]

内面 내면 | 可能性 가능성 | 潜在的 잠재적 | 能力 능력 | 開発 개발 | 努力 노력 | 恐れる 두려워하다 | ～に向けて ～를 향해서, ～를 위해서 | 進む 나아가다 | はたして 과연 | 重ねる 거듭하다 | 筆者 필자 | ～に対して ～에 대해서 | 前向き 긍정적, 낙관적

(3)

先日、突然本が読みたくなって本屋に行った。 １年に１冊の本も読んでいなかったのが何年も続いたので、ⓐ本屋は完全に異なる空間になってしまったような気がした。ⓑ読みたい本は特になかったが、ⓒいろいろな本をめくりながら買う本を決めようと思っていた。本の推薦コーナーをぼんやり眺めていると、大学生のカップルが１位に輝いている本を取り上げた。今は、たくさん売れる本がいい本になってしまったのか…。久しぶりに本屋に来たのに、思わず本屋を出てしまった。

3 筆者は、なぜ本屋を出てしまったと言っているか。
1 希望していた本を見つけることができなかったため
2 人気コーナーの本が全部売切れになってしまったため
3 久しぶりに行った本屋が昔のイメージと違っていたため
4 どの本を選べばいいかわからなかったため

얼마 전에 갑자기 책을 읽고 싶어서 서점에 다녀왔다. 1년에 한 권의 책도 읽지 않았던 것이 몇 년이나 계속되었기 때문에 ⓐ서점은 완전히 다른 공간이 되어 버린 것 같은 기분이 들었다. ⓑ읽고 싶은 책은 딱히 없었지만, ⓒ여러 책을 넘겨 보면서 살 책을 고르려고 생각하고 있었다. 책의 추천 코너를 멍하니 바라보고 있으니, 대학생 커플이 1위에 빛나는 책을 집어 들었다. 지금은 많이 팔리는 책이 좋은 책이 되어 버린 것인가…. 오랜만에 서점에 왔지만, 나도 모르게 서점을 나오고 말았다.

3 필자는 왜 서점을 나오고 말았다고 말하고 있는가?
1 원하고 있던 책을 찾을 수 없었기 때문에
2 인기 코너의 책이 전부 매진이 되어 버렸기 때문에
3 오랜만에 간 서점이 예전의 이미지와 달랐기 때문에
4 어느 책을 고르면 좋을지 몰랐기 때문에

[풀이]

ⓐ 오랜만에 간 서점이 예전과는 많이 다르다는 선택지 3번이 정답이다. ⓑ 읽고 싶은 책이 있는 것은 아니었기 때문에 선택지 1번은 정답이 될 수 없다. ⓒ 읽고 싶은 책을 어떻게 고를 것인지에 대해 언급되었기 때문에 선택지 4번도 정답이 될 수 없다. 선택지 2번에 대한 언급은 없었다.

[단어]

先日 얼마 전, 며칠 전 | 異なる 다르다 | 推薦 추천 | ぼんやり 멍하니 | 眺める 바라보다 | 輝く 빛나다 | 取り上げる 집어 들다 | 思わず 무심코 | ～てしまう ～해 버리다 | 見つける 발견하다 | 売切れ 매진, 품절

(4)

私は日の入りの時間が好きだ。日が暮れる瞬間に見える日常生活の風景は、ⓐ普段のそれとは何か違う。魔法のように輝く黄金の夕焼けに染まって、病院は病院ではなくなり、パン屋はパン屋ではなくなる気がする。ⓑ昼が伝えてくれる事実性と精巧な世界、夜が伝えてくれる感受性と(注1)朦朧とした世界。昼と夜の世界が入れ替わっていくこの時間は、ⓒ何事もできそうな魔法の時間、また、寂しさや悲しみを感じる(注2)思索の時間でもある。

(注1) 朦朧とする：意識が確かでないさま。
(注2) 思索：論理的に筋道を立てて考えること。

4 筆者は日の入りの時間をどう考えているか。
1 事実を明確に把握できる時間
2 悲しみだけが感じられる寂しい時間
3 現実が現実ではないような不思議な時間
4 現実と区分しがたい混乱の時間

나는 일몰 시간을 좋아한다. 해가 지는 순간에 보이는 일상생활의 풍경은 ⓐ평소의 그것과는 무언가 다르다. 마법처럼 빛나는 황금 노을에 물들어 병원은 병원이 아니고 빵집은 빵집이 아니게 되는 기분이 든다. ⓑ낮이 전해 주는 사실성과 정교한 세계, 밤이 전해 주는 감수성과 (주1) 몽롱한 세계. 낮과 밤의 세계가 바뀌어 가는 이 시간은 ⓒ무엇이든 할 수 있을 것 같은 마법의 시간, 또한 쓸쓸함과 슬픔을 느끼는 (주2) 사색의 시간이기도 하다.

(주1) 朦朧とする : 몽롱하다. 의식이 분명하지 못한 모습.
(주2) 思索 : 사색. 논리적으로 조리 있게 생각하는 것.

4 필자는 일몰 시간을 어떻게 생각하고 있는가?
1 사실을 뚜렷하게 파악할 수 있는 시간
2 슬픔만이 느껴지는 외로운 시간
3 현실이 현실이 아닌 것 같은 신기한 시간
4 현실을 구분하기 힘든 혼란의 시간

[풀이]
ⓐ 평소와는 다른 것을 느낀다는 필자의 생각에 가장 적절한 선택지는 3번이다. ⓑ 사실을 나타내는 것은 낮 시간이기 때문에 선택지 1번은 정답이 될 수 없다. ⓒ 일몰 시간이 슬픔만을 주는 시간은 아니기 때문에 선택지 2번도 정답이 아니다. 선택지 4번에 대한 언급은 없었다.

[단어]
日の入り 일몰 | 日が暮れる 날이 저물다 | 瞬間 순간 | 日常生活 일상생활 | 魔法 마법 | 輝く 빛나다 | 夕焼け 노을 | 染まる 물들다 | 精巧 정교 | 感受性 감수성 | 入れ替わる 교체하다, 교대하다 | 悲しみ 슬픔 | 思索 사색 | 把握 파악 | 混乱 혼란

(5)

以下は、ある会社が出したメールの内容である。

> お客様へ
>
> いつも弊社の製品をご愛用いただき、誠にありがとうございます。
>
> 先日、ご案内いたしました商品の件でございますが、ⓐ諸事情により発売日を１週間ほど延期させていただくこととなりました。先週の土曜日までに新型MP3の「マイ３」をⓑご注文されたお客様には当社の割引カードを郵送でお送りいたします。詳細につきましては、ホームページの顧客さまセンターのページをご覧ください。この度は、大変申し訳ございませんでした。
>
> http://www.maisquare.com

5 このメールの内容について正しいものはどれか。

1　新型MP3の「マイ３」の割引カードの申込書を郵送しなければならない。
2　先週の土曜日までに割引カードを申請した人はホームページからカードがもらえる。
3　**新商品の発売日が延びたおわびに、注文済みの人は割引カードがもらえる。**
4　この会社のホームページから新型MP3の機能について調べることができる。

다음은 어떤 회사가 보낸 메일 내용이다.

> 고객님께
>
> 항상 저희 회사의 제품을 애용해 주셔서 대단히 감사 드립니다.
>
> 얼마 전에 안내 드린 상품 건입니다만, ⓐ여러 사정에 의해 발매일을 1주일 정도 연기하게 되었습니다. 지난주 토요일까지 신형 MP3 '마이 3'을 ⓑ주문하신 고객님께는 당사의 할인 카드를 우편으로 보내 드리겠습니다. 자세한 내용에 대해서는 홈페이지의 고객 센터 페이지를 봐 주시기 바랍니다. 이번 일은 대단히 죄송합니다.
>
> http://www.maisquare.com

5 이 메일의 내용에 대해서 올바른 것은 어느 것인가?

1　신형 MP3 '마이 3'의 할인 카드 신청서를 우편으로 보내야 한다.
2　지난주 토요일까지 할인 카드를 신청한 사람은 홈페이지에서 카드를 받을 수 있다.
3　**신상품 발매일이 연기된 것에 대한 사과로, 주문이 끝난 사람은 할인 카드를 받을 수 있다.**
4　이 회사 홈페이지에서 신형 MP3의 기능에 대해서 알아볼 수 있다.

[풀이]

ⓐ 회사 측의 실수로 발매일이 늦춰지게 되었다. ⓑ 미리 주문한 고객에게는 할인 카드를 우편으로 보내겠다고 했으니, 정답은 선택지 3번이다.

[단어]

弊社 폐사(자신의 회사를 낮춰 부르는 말) | 誠に 정말로, 참으로 | 件 건 | 事情 사정 | 延期 연기 | 郵送 우송, 우편 | 詳細 상세 | ～につきまして ～에 대해서 | 顧客 고객 | 申込書 신청서 | 申請 신청 | 済み 이미 끝남, 종결 | 機能 기능 | 調べる 조사하다

1	2	3	4	5
③	②	④	②	③

(1)

　人間の心理には固定観念というものがある。固定観念は、生まれつき持っているものではなく、学習による結果であると言えるだろう。この学習は、人が他人と異なる振る舞いをすることに対する罪悪感を作り上げている。ⓐこの罪悪感は犯罪を防ぐことにもなっているが、人間が発達していく上での拘束にもつながってしまった。一方、固定観念を振り払い、ⓑ他の人とは違う考え方をすることで、新しい発明と発見がなされ、より便利で進化された世界と社会を作り上げたことも事実である。

1　筆者は固定観念についてどのように述べているか。

　1　固定観念は悪い結果をもたらす。

　2　固定観念は、犯罪を増やす結果につながる。

　3　固定観念への反発から社会と文明が進歩する。

　4　固定観念は他人と自分を区別する考えである。

　인간의 심리에는 고정 관념이라는 것이 있다. 고정 관념은 타고난 것이 아니라 학습에 의한 결과라고 말할 수 있을 것이다. 이 학습은 사람이 타인과 다른 행동을 하는 것에 대한 죄책감을 만들어 내고 있다. ⓐ이 죄책감은 범죄를 막는 것도 있지만, 인간 발달의 구속으로도 이어지고 말았다. 한편, 고정 관념을 뿌리치고 ⓑ다른 사람과는 다른 생각을 함으로써 새로운 발명과 발견이 이루어지고 보다 편리하고 진화된 세계와 사회를 만들어 낸 것도 사실이다.

1　필자는 고정 관념에 대해서 어떻게 말하고 있는가?

　1　고정 관념은 나쁜 결과를 가져온다.

　2　고정 관념은 범죄를 늘리는 결과로 이어진다.

　3　고정 관념에 대한 반발로부터 사회와 문명이 진보한다.

　4　고정 관념은 다른 사람과 자신을 구별하는 생각이다.

[풀이]

ⓐ 고정 관념이 만들어 낸 죄악감이 범죄를 막는 좋은 결과로 이어지기도 하기 때문에 선택지 1번은 정답이 될 수 없다. ⓑ 고정 관념과는 다른 사고방식이 발명과 발견으로 이어지고 세계를 진화시킨다고 말하고 있다. 따라서 정답은 선택지 3번이다. 선택지 2, 4번에 대한 내용은 없었다.

[단어]

心理 심리 | 固定観念 고정 관념 | 生まれつき 타고난 것 | 学習 학습 | 結果 결과 | 異なる 다르다 | 振る舞い 행동 | ～に対する ～에 대한 | 罪悪感 죄책감 | 作り上げる 만들어 내다 | 犯罪 범죄 | 防ぐ 막다, 예방하다 | 発達 발달 | 拘束 구속 | 発明 발명 | 発見 발견 | 進化 진화 | もたらす 초래하다, 가지고 오다 | 反発 반발 | 区別 구별

(2)

　核家族化の進行により家族の概念が変わっている。何世代もが同じ空間で生活していた昔は、家族の一員の具合が悪くなったり、悩みを持っていたりした場合、その問題に対して共に対処していくことができていた。今は遠く離れて生活をしているせいで、親の病気や心労にたいして即時の対応が困難になってしまった。家族は互いの力になれず、信頼関係も薄れていく。ⓐ仕方がないと思うのではなく、家族の関係性の回復に関する深い考察が必要な時が来たのである。

2　筆者が家族について一番言いたいことは何か。

1　家族が離れて暮らしているのはやむを得ないことである。

2　現在の状況から相互のために努力するのが必要である。

3　家族は近くで暮らしながら、互いの力になるべきである。

4　現代社会の家族について理解をするべきである。

　핵가족화의 진행에 따라 가족의 개념이 바뀌고 있다. 몇 세대가 같은 공간에서 생활하고 있었던 옛날에는, 가족의 한 명이 아프거나 고민을 가지고 있을 경우, 그 문제에 대해서 함께 대처해 나갈 수 있었다. 지금은 멀리 떨어져서 생활하고 있는 탓에, 부모의 병이나 정신적인 피로에 대해서 즉각적인 대응이 어려워져 버렸다. 가족은 서로에게 힘이 되지 못하고 신뢰 관계도 희미해져 간다. ⓐ어쩔 수 없다고 생각할 것이 아니라, 가족의 관계성 회복에 관한 깊은 고찰이 필요한 때가 온 것이다.

2　필자가 가족에 대해서 가장 말하고 싶은 것은 무엇인가?

1　가족이 떨어져서 살고 있는 것은 어쩔 수 없는 일이다.

2　현재 상황에서 서로를 위해서 노력하는 것이 필요하다.

3　가족은 가까운 곳에서 살면서 서로의 힘이 돼야 한다.

4　현대 사회의 가족에 대해서 이해를 해야 한다.

[풀이]

ⓐ 필자는 가족이 떨어져서 사는 것을 어쩔 수 없는 것이라고 생각해서는 안 된다고 주장하고 있기 때문에 선택지 1번은 정답이 될 수 없다. 가족의 관계성 회복을 위한 고찰이 필요하다고 했으므로 서로를 위해서 노력할 필요가 있다고 한 선택지 2번이 가장 정답에 가깝다. 선택지 3, 4번에 관한 언급은 없었다.

[단어]

核家族 핵가족 | 進行 진행 | 概念 개념 | 変わる 바뀌다 | 世代 세대 | 具合が悪い 몸 상태가 좋지 않다 | 悩み 고민 | 共に 함께 | 対処 대처 | 心労 심로(정신적인 피로) | 〜にたいして 〜에 대해서 | 即時 즉시 | 対応 대응 | 互いに 서로 | 信頼 신뢰 | 関係 관계 | 薄れる 희미해지다, 약해지다 | 仕方がない 어쩔 수 없다 | 回復 회복 | 考察 고찰 | 〜である 〜이다 | 筆者 필자 | 暮らす 살다 | 努力 노력 | 〜べきだ 〜해야 한다

(3)

　今週は３回も昼食にラーメンを食べたら、社内食堂で会った仲間から、「栄養のバランスを考えた方がいい」と言われてしまった。人によって顔や性格や、手足の大きさも違うのだから、ⓐ一日に必要な栄養も個人によって違うのではないだろうか。一種類のメニューを食べ続けるのはよくないと思うが、それでもラーメンが食べたくなるのは、ⓑ私の体がラーメンに入っている栄養成分を望んでいるからなのだと思う。

3 この文章で筆者が一番言いたいことは何か。

1 一日に必要な栄養を正確に調査するのは不可能だ。

2 人間が必要とする栄養は一般的に決められている。

3 体の大きさや性格によって必要な栄養は異なる。

4 体の合図によって必要な栄養が分かる。

이번 주에는 3번이나 점심으로 라면을 먹었더니, 사내 식당에서 만난 동료에게 '영양 밸런스를 생각하는 것이 좋다'라는 말을 듣고 말았다. 사람마다 얼굴이나 성격이나 손발의 크기도 다르기 때문에 ⓐ하루에 필요한 영양소도 개인마다 다른 것이 아닐까? 한 종류의 메뉴를 계속 먹는 것은 좋지 않다고 생각하지만, 그래도 라면이 먹고 싶어지는 것은 ⓑ내 몸이 라면에 들어가 있는 영양 성분을 원하기 때문이라고 생각한다.

3 이 문장에서 필자가 가장 말하고 싶은 것은 무엇인가?

1 하루에 필요한 영양소를 정확하게 조사하는 것은 불가능하다.

2 인간이 필요로 하는 영양소는 일반적으로 정해져 있다.

3 몸의 크기나 성격에 따라 필요한 영양소는 다르다.

4 몸의 신호에 의해서 필요한 영양소를 알 수 있다.

[풀이]

ⓐ 사람에 따라서 하루에 필요한 영양분이 다르다는 것에서 선택지 2번은 정답이 될 수 없다. ⓑ 몸의 신호로 필요한 영양분을 알 수 있다고 하는 선택지 4번이 정답이다. 선택지 3번은 틀린 표현은 아니지만, 필자가 가장 말하고 싶은 것으로 보기 힘들기 때문에 정답이 아니다. 선택지 1번에 대한 언급은 없었다.

[단어]

食堂 식당 | 仲間 동료 | 栄養 영양(소) | ～によって ～에 의해서, ～에 따라서 | 性格 성격 | 違う 다르다 | 種類 종류 | 成分 성분 | 望む 바라다 | 調査 조사 | 一般的 일반적 | 合図 신호

(4)

幼い頃住んでいた田舎の近くに出張することになった。20年の間にどう変わっているのかわくわくして、小さな駅から降りたら、今まで忘れていた風景が目の前に広がった。懐かしい気持ちがわいてきた。しかしⓐ町のほとんどが以前と少しも変わっていなかったのだ。コンビニができ、道も舗装されていたが、幼い頃の私の記憶と変わらない風景だった。ⓑ私の心のどこかで、変化を望んでいたのだろうか。懐かしさはいつの間にか寂しさに変わっていた。

4 懐かしさはいつの間にか寂しさに変わっていたとあるが、なぜか。

1 あまりにも変わってしまった場所にがっかりしたから

2 そのまま残っている町が不思議に思われたから

3 変化のないことが当然だったから

4 覚えていた思い出の場所がなくなっていたから

어린 시절에 살았던 시골 근처로 출장을 가게 되었다. 20년 동안에 어떻게 변해 있을지 기대하며 작은 역에서 내렸더니, 지금까지 잊고 있었던 풍경이 눈앞에 펼쳐졌다. 그리운 기분이 들었다. 하지만 ⓐ마을의 대부분이 예전과 조금도 변함이 없었던 것이다. 편의점이 생겼고 도로도 포장되어 있었지만, 어린 시절의 나의 기억과 다르지 않은 풍경이었다. ⓑ내 마음속 어딘가에서 변화를 원하고 있었던 것일까? 그리움은 어느새 쓸쓸함으로 변해 있었다.

4 그리움은 어느새 쓸쓸함으로 변해 있었다고 하는데, 왜인가?

1 너무나 변해 버린 장소에 실망했기 때문에

2 그대로 남아 있는 동네가 이상하게 생각되었기 때문에

3 변화가 없는 것이 당연했기 때문에

4 기억하고 있던 추억의 장소가 없어져 버렸기 때문에

[풀이]

ⓐ 어렸을 때 살았던 마을이 조금도 변하지 않았다는 것을 알 수 있기 때문에 선택지 1, 4번은 정답이 될 수 없다. ⓑ 변화를 바라고 있었던 필자의 기분을 알 수 있기 때문에 선택지 2번이 정답에 가장 가깝다. 선택지 3번에 대한 언급은 없었다.

[단어]

幼い 어리다 | 頃 무렵, 즈음 | 田舎 시골 | 出張 출장 | 変わる 변하다, 바뀌다 | 風景 풍경 | 懐かしい 그립다 | 舗装 포장 | 記憶 기억 | 変化 변화 | 望む 바라다 | いつの間にか 어느새 | 不思議 불가사의, 이상함 | 思い出 추억

(5)

以下は、ある会社が出したメールの内容である。

お客様各位

七村株式会社

技術部長　小田南

メールサービス障害のお知らせ

平素より弊社のメールサービスをご利用頂きましてありがとうございます。

　現在一部のメールサービスにおきまして、本日の午後3時から障害が発生しております。弊社の顧客センターへのお問い合わせのページをご利用の際、確認のボタンが見えなくなることが確認されました。お客様には、大変ご迷惑お掛けしておりますことお詫び申し上げます。尚、ⓐ本障害に関する原因の詳細については弊社のホームページからご確認できます。

http://www.nanamurajp.com

　ページの復旧完了までしばらくお待ちくださいますようお願いいたします。

5 ご確認とあるが、何についての確認なのか。

1 ホームページの問い合わせのページに対する案内の確認

2 ホームページの異常に対する顧客の問い合わせの確認

3 顧客センターのページの利用障害についての原因の確認

4 顧客センターのページにアクセスする方法の確認

다음은 어떤 회사가 보낸 메일 내용이다.

고객 여러분

나나무라 주식회사

기술부장 오다 미나미

메일 서비스 장애 공지

평소에도 저희 회사의 메일 서비스를 이용해 주셔서 감사합니다.

현재 일부 메일 서비스에서 오늘 오후 3시부터 장애가 발생하고 있습니다. 당사의 고객 센터의 문의 페이지를 이용하실 때, 확인 버튼이 보이지 않게 된 것이 확인되었습니다. 고객님께 몹시 폐를 끼치고 있는 점 사과 드립니다. 또한, ⓐ본 장애에 관한 상세한 원인에 대해서는 당사의 홈페이지에서 확인하실 수 있습니다.

http://www.nanamurajp.com

페이지 복구 완료까지 잠시만 기다려 주시길 부탁 드립니다.

5 확인이라고 하는데, 무엇에 대한 확인인가?

1 홈페이지 문의 페이지에 대한 안내 확인

2 홈페이지 이상에 대한 고객의 문의 확인

3 고객 센터 페이지의 이용 장애에 대한 원인 확인

4 고객 센터 페이지에 접속하는 방법 확인

[풀이]

ⓐ 장애의 관한 원인을 홈페이지에서 확인할 수 있다고 한다. 따라서 정답은 선택지 3번이다.

[단어]

各位 각위, 여러분 | 株式会社 주식회사 | 障害 장해, 장애 | 知らせ 알림, 공지 | 平素 평소 | 現在 현재 | ～におきまして ～에서, ～에 있어서(～において의 공손한 표현) | 弊社 폐사(자신이 속한 회사를 낮추어서 부르는 말) | 顧客 고객 | 問い合わせ 문의 | 際 시기, 때 | 確認 확인 | 迷惑を掛ける 폐를 끼치다 | 詫びる 사죄하다, 사과하다 | 尚 또한, 더구나 | ～に関する ～에 관한 | 原因 원인 | 詳細 상세 | ～について ～에 대해서 | 復旧 복구 | 完了 완료 | ～に対する ～에 관한

1	2	3	4	5
④	④	③	①	③

(1)

　誰もが失敗を恐れている。失敗した人を教訓にして、自分はそのようなミスをしないように(注)念を押す。一方、エジソンのように数々の失敗をもとにして、驚くべき成功をした人々のエピソードを誰もが知っている。誰もが成功するわけではないから、失敗は必ず経験するべきだとは言いたくない。ただし、あることにもしも失敗したならば、挫折ばかりせずに、⒜その失敗から得られることについて考えてみる必要があるだろう。

(注) 念を押す：重ねて注意する

1　筆者は失敗をどうとらえているか。

　1　失敗しないためには成功を学ばなければならない。

　2　失敗に対する恐怖よりも成功に向けての確信を持つべきだ。

　3　少しも失敗のことを考えてはいけない。

　4　失敗から発見できる成功の要素を逃してはならない。

　　누구나 실패를 두려워한다. 실패한 사람을 교훈 삼아서 자신은 그런 실수를 하지 않으려고 (주)다짐한다. 한편, 에디슨처럼 수많은 실패를 토대로 놀랄 만한 성공을 한 사람들의 에피소드를 누구나 알고 있다. 누구나 성공할 수 있는 것은 아니기 때문에 실패는 반드시 경험해야 한다고는 말하고 싶지 않다. 다만, 어떤 일에 혹시 실패했다면 좌절만 하지 말고 ⒜그 실패에서 얻을 수 있는 것에 대해서 생각해 볼 필요가 있을 것이다.

(주) 念を押す : 거듭해서 주의하다

1　필자는 실패를 어떻게 인식하고 있는가?

　1　실패하지 않기 위해서는 성공을 배워야 한다.

　2　실패에 대한 공포보다 성공을 향한 확신을 가져야 한다.

　3　조금이라도 실패에 대한 것을 생각해서는 안 된다.

　4　실패에서 발견할 수 있는 성공의 요소를 놓쳐서는 안 된다.

[풀이]

ⓐ 필자는 실패에서 발견할 수 있는 것에 대해서 생각해 볼 필요가 있다고 하고 있다. 따라서 정답은 선택지 4번이다.

[단어]

失敗 실패 ┃ 恐れる 두려워하다 ┃ 教訓 교훈 ┃ 念を押す 주의하다. 다짐하다 ┃ 一方 한편 ┃ 〜をもとに 〜를 토대로 ┃ 成功 성공 ┃ 〜わけではない 〜인 것은 아니다 ┃ 経験 경험 ┃ 〜べきだ 〜해야 한다 ┃ ただし 단. 다만 ┃ 挫折 좌절 ┃ 〜に対する 〜에 대한 ┃ 恐怖 공포 ┃ 確信 확신 ┃ 要素 요소 ┃ 逃す 놓치다

　ストレスはすべての病気の原因にもなってしまうし、必ず解決しなければならない重要な問題だと思う。私の場合、ストレスをたくさん受けてしまったら、当分は何もせずにストレスを解消することを最優先する。私のストレス解消方法は泣くことと怒ることだ。ストレスを与えた対象に怒ったり泣いたりもしていたが、去年からその対象を人形にすることにした。ⓐ私のストレス解消が他の人のストレスになってしまうのはいけないことだと思ったからだ。

2　この文章で筆者が一番言いたいことは何か。

1　ストレスはなるべく早く解決しなければならない。

2　ストレス発散のための方法を探すべきだ。

3　他の人に頼んで、ストレスを解消してはならない。

4　ストレス解消が他の問題を招いてはならない。

　스트레스는 모든 질병의 원인도 되어 버리기 때문에 반드시 해결해야 할 중요한 문제라고 생각한다. 나의 경우, 스트레스를 많이 받으면 당분간은 아무것도 하지 않고 스트레스를 해소하는 것을 최우선으로 한다. 나의 스트레스 해소 방법은 우는 것과 화를 내는 것이다. 스트레스를 준 대상에게 화를 내기도 하고 울기도 했지만, 작년부터 그 대상을 인형으로 하기로 했다. ⓐ나의 스트레스 해소가 다른 사람의 스트레스가 되어 버려서는 안 된다고 생각했기 때문이다.

2　이 문장에서 필자가 가장 말하고 싶은 것은 무엇인가?

1　스트레스는 가능한 한 빨리 해결하지 않으면 안 된다.

2　스트레스 발산을 위한 방법을 찾아야 한다.

3　다른 사람에게 부탁해서 스트레스를 해소해서는 안 된다.

4　스트레스 해소가 다른 문제를 초래해서는 안 된다.

[풀이]

ⓐ 자신의 스트레스 해소로 인해 다른 문제가 발생해서는 안 된다고 하고 있다. 따라서 정답은 선택지 4번이다.

[단어]

原因 원인 | 解消 해소 | 最優先 최우선 | 怒る 화내다 | 与える 주다 | 対象 대상 | なるべく 가능한 한 | 発散 발산 | 頼む 부탁하다 | 招く 초래하다

　私は文章を書くのを職業としている。文章を書いている際には、私の思い通りに表現できることに自由を感じながら、常に締め切りという拘束の枠に閉じ込められている。ⓐ共存できないこの二つが相互に入れ替わって現れる場合もある。締切の日が終わると自由が訪れ、再び文章を書く行為を始めると拘束も始まるわけである。ある程度の時間が過ぎた後ⓑこの相反する二つが、本という形で現れる。本は全く違う概念の対照の結果とも言うことができるのである。

3 全く違う概念の対照とはどのようなものか。
1 文章と生活が全く異なっていること
2 拘束に縛られながら自由に書けないこと
3 自由と拘束は同時に存在できないこと
4 本というのは、現実とは反した内容のものであること

나는 글을 쓰는 일을 직업으로 하고 있다. 글을 쓰고 있을 때에는 내 마음대로 표현할 수 있는 것에 자유를 느끼지만, 항상 마감이라는 구속의 틀에 갇혀 있다. ⓐ공존할 수 없는 이 두 가지가 서로 바뀌어 나타나는 경우도 있다. 마감일이 끝나면 자유가 찾아오고, 다시 글을 쓰는 행위를 시작하면 구속도 시작되는 셈이다. 어느 정도의 시간이 지난 후에 ⓑ이 상반된 두 가지가 책이라는 형태로 나타난다. 책은 전혀 다른 개념의 대조의 결과라고도 말할 수 있는 것이다.

3 전혀 다른 개념의 대조라는 것은 어떠한 것인가?
1 글과 삶이 전혀 다르다는 것
2 구속에 얽매이면서 자유롭게 쓸 수 없는 것
3 자유와 구속은 동시에 존재할 수 없다는 것
4 책이라는 것은 현실과는 반대되는 내용이라는 것

[풀이]
ⓐ 필자는 자유와 구속은 공존할 수 없다고 말하고 있고 ⓑ 상반된 두 가지가 책으로 나타나고 있다고 언급하고 있다. 따라서 정답은 선택지 3번이다.

[단어]
職業 직업 | 際 시기, 때 | 〜通り 〜대로 | 表現 표현 | 常に 항상 | 締め切り 마감 | 拘束 구속 | 枠 틀 | 閉じ込める 가두다 | 共存 공존 | 入れ替わる 교체하다, 교대하다 | 現れる 나타나다 | 訪れる 찾아오다, 방문하다 | 再び 다시, 재차 | 行為 행위 | 程度 정도 | 過ぎる 지나다 | 形 모습, 형태 | 概念 개념 | 対照 대조 | 異なる 다르다 | 縛る 묶다, 속박하다 | 存在 존재 | 反する 반대되다, 위반되다

(4)
以下は、ある会社が出したお礼の文書である。

件名：打ち合わせの日時変更の件
名古屋商事株式会社　営業部
伊藤健太郎様

株式会社中井商事の営業部の山田洋介でございます。いつもお世話になっております。この度はご迷惑をおかけし、大変申し訳ありませんでした。ⓐ再来週の打ち合わせの日時変更の件、ご了承いただきましたこと、心よりお礼申し上げます。ⓑ快くご予定を変更してくだいましたことに、社長の中山からも、くれぐれも感謝を申し上げるようにとのことでございます。
遠いところまでご足労をおかけいたしますが、何卒よろしくお願いいたします。

4 この文章を作成した理由は何か。

1　日程変更を承諾してもらった感謝を表すため

2　日程が変わることに対する謝罪をするため

3　日程変更したミーティングの出席を頼むため

4　日程が変更になったミーティングの出席を断るため

다음은 어떤 회사가 보낸 감사 문서이다.

제목: 미팅 날짜 변경 건

나고야 상사 주식회사 영업부

이토 겐타로 님

주식 회사 나카이 상사 영업부의 야마다 요스케입니다. 항상 신세 지고 있습니다. 이번에 민폐를 끼쳐서 대단히 죄송했습니다. ⓐ다음 주 미팅 날짜 변경 건, 양해해 주신 것 진심으로 감사 드립니다. ⓑ흔쾌히 예정을 변경해 주신 것에 사장인 나카야마도 거듭해서 감사를 드린다는 말을 전해 달라고 합니다.

먼 곳까지 일부러 오시게 해서 죄송합니다만, 아무쪼록 잘 부탁 드리겠습니다.

주식회사 나카이 상사 영업부

야마다 요스케

(우)467-0000

나고야 시 미즈호 구 다케미초 15-3 4F

TEL: 052-1111-2222

FAX: 052-3333-5555

4　이 문장을 작성한 이유는 무엇인가?

1　일정 변경을 허락받은 감사를 표하기 위해서

2　일정이 바뀌는 것에 대한 사죄를 하기 위해서

3　일정을 변경한 미팅 출석을 부탁하기 위해서

4　일정이 변경된 미팅 출석을 거절하기 위해서

[풀이]

ⓐ 상대방이 일정 변경을 해 준 것에 대해서 감사의 인사를 전하고 있고, ⓑ 다시 한 번 예정 변경에 대해서 감사하다는 뜻을 전하고 있다. 따라서 정답은 선택지 1번이다.

[단어]

お礼 감사, 사례 ┃ 打ち合わせ 협의, 회의 ┃ 変更 변경 ┃ 件 건 ┃ 株式会社 주식회사 ┃ 営業部 영업부 ┃ お世話になる 신세를 지다 ┃ 迷惑をかける 폐를 끼치다 ┃ 申し訳ない 미안하다, 죄송하다 ┃ 了承 양해 ┃ 申し上げる 말씀 드리다(言う의 겸양 표현) ┃ 快く 흔쾌히 ┃ くれぐれも 아무쪼록, 거듭 ┃ 感謝 감사 ┃ 何卒 아무쪼록, 부디 ┃ 作成 작성 ┃ 承諾 승낙, 허가 ┃ 表す 나타내다, 표현하다 ┃ 変わる 바뀌다 ┃ ～に対する ～에 대한 ┃ 謝罪 사죄 ┃ 断る 거절하다

(5)

以下は、ある会社の社内メールの内容である。

担当者各位

納品前の点検方法について

お疲れ様です。品質管理部、担当の木村です。

先日、品川営業所において商品番号の取り違えによる納品ミスが発生いたしました。ⓐ原因は単純な数字の読み違いですが、ⓑこのミスによる損害は決して小さくありません。また取引先にもご迷惑をおかけしてしまいました。

ⓒ今後は以下の通り、手順を守っていただくことをお願い致します。

※納品の二日前には、検査を行った者とは別の者が、必ず改めて注文書と商品の内容、個数の確認を行うこと。

以上よろしくお願いします。

品質管理部　　　木村　七背

内線　　　124

---

5 この文章が最も伝えたいことは何か。

1 納品ミスにより、会社が損失を受けたこと

2 製品番号を誤らないように、十分注意すること

3 納品ミスを防ぐため、新しい業務ルールを守ること

4 取引先の担当者のミスにより、被害を受けたこと

다음은 어느 회사의 사내 메일의 내용이다.

담당자 여러분

납품 전의 점검 방법에 대해서

수고하십니다. 품질 관리부, 담당인 기무라입니다.

얼마 전, 시나가와 영업소에서 상품 번호 오인에 따른 납품 실수가 발생했습니다. ⓐ원인은 단순히 숫자를 잘못 읽은 것이지만 ⓑ이 실수에 의한 손해는 결코 작지 않습니다. 또 거래처에도 폐를 끼치고 말았습니다.

ⓒ앞으로는 다음과 같이 순서를 지켜 주실 것을 부탁 드리겠습니다.

※ 납품 이틀 전에는 검사를 실시한 사람과는 다른 사람이 반드시 다시 주문서와 상품의 내용, 개수 확인을 수행할 것.

이상, 잘 부탁 드립니다.

품질 관리부	기무라 나나세
내선	124

5 이 문장이 가장 전하고 싶은 것은 무엇인가?

1 납품 실수로 인해 회사가 손해를 입은 것

2 제품 번호를 틀리지 않도록 충분히 주의할 것

3 납품 실수를 방지하기 위해서 새로운 업무의 룰을 지킬 것

4 거래처 담당자의 실수로 인해 피해를 입은 것

[풀이]

ⓐ 선택지 2번에 대한 언급이 있지만 문서를 작성한 이유는 아니기 때문에 정답이 될 수 없다. ⓑ 회사의 손해에 관한 내용이 언급되고 있지만 문서 작성의 직접적인 이유는 아니다. 따라서 선택지 1번도 정답이 아니다. ⓒ 업무의 변경에 대한 내용이 이 문서의 작성 이유라고 볼 수 있다. 정답은 선택지 3번이다. 선택지 4번에 대한 언급은 없었다.

[단어]

担当者 담당자 | 各位 각위, 여러분 | 納品 납품 | 点検 점검 | ~について ~에 대해서 | 品質管理 품질 관리 | 担当 담당 | 営業 영업 | ~において ~에서, ~에 있어서 | 商品番号 상품 번호 | 取り違え 오인 | ~による ~에 의한 | 原因 원인 | 単純 단순 | 損害 손해 | 取引先 거래처 | 迷惑をかける 폐를 끼치다 | ~通り ~대로 | 手順 순서, 절차 | 行う 행하다, 시행하다 | 改めて 다시 | 確認 확인 | 最も 가장 | 損失 손실 | 誤る 실수하다, 틀리다 | 防ぐ 막다, 예방하다 | 業務 업무 | 被害 피해

問題 11

내용 이해(중문) 실전 연습 ❶ p.296 해석과 문제 해설

1	2	3	4	5	6	7	8	9
③	④	③	③	④	③	③	④	②

次の（1）から（3）の文章を読んで、後の問いに対する答えとして最もよいものを、1・2・3・4から一つ選びなさい。

(1)

噂とは事実の如何を問わず、言葉が交されることをいう。真実に関連した噂もあれば、うそに関する噂もある。人々は興味深い噂に対しては関心を持ち、そうではないことには特に反応を見せない。噂は事実とは関係ないということがポイントである。ⓐ噂が真実、あるいは虚偽と判断されてしまうと、もうそれは噂ではなく事実になってしまうのである。

噂についての研究結果によると、噂はささいな出来事から作られると言われている。つまり、我々の生活に身近なことほど、噂になりやすいということである。例えば、「○○店で虫が出た」、「○○部長が浮気した」など、ⓑ本人も知っている対象に関するはっきりしない話が、噂に繋がる可能性が高い。そして刺激的な話であるほど、噂はさらに速く広がってしまう。

噂を立てる人々の特徴を分析した結果、対人関係の優位性を獲得するための事例が、最も多かったという。人より何かを知っていることが、一時的に対人関係で優越な位置を占めると考えているのである。

（中略）

噂の対象になる人は不快を感じてしまう場合が多い。話題の大半は、一般的に、特定の対象のよくない話が多いからである。これが、©自分のことでなく、他人のことを話す際には、慎重に発言すべき理由である。

1 この文章で述べている事実とはどのようなものか。

1 噂が事実と証明されたこと

2 真実か嘘か判断できていないこと

3 曖昧な噂が明確な内容になること

4 事実とは関係ない嘘のこと

2 筆者は、噂はどのように作られていると述べているか。

1 自分が見たことがない内容が噂になりやすい。

2 自分が経験したことほど、噂になりやすい。

3 知らない人の刺激的な行動が噂になりやすい。

4 よく接する対象の不確かな情報が噂になりやすい。

3 この文章で筆者が一番言いたいことは何か。

1 不愉快な噂のことは信じない方がいい。

2 噂の対象には、真実について問わない方がいい。

3 はっきりしないことを話す時は慎重であるべきだ。

4 自分のことについて大げさに話してはいけない。

다음 (1)에서 (3)의 글을 읽고, 다음 질문에 대한 답으로 가장 알맞은 것을 1·2·3·4에서 하나 고르시오.

소문이란, 사실의 여부를 묻지 않고 말이 오가는 것을 말한다. 진실에 관련된 소문도 있고 거짓에 관한 소문도 있다. 사람들은 흥미로운 소문에 대해서는 관심을 가지고 그렇지 않은 것에는 딱히 반응을 보이지 않는다. 소문은 사실과는 관계가 없다는 것이 포인트이다. ⓐ소문이 진실 혹은 허위로 판단되어 버리면, 이제 그것은 더 이상 소문이 아니라 사실이 되어 버리는 것이다.

소문에 대한 연구 결과에 의하면, 소문은 사소한 사건에서 만들어진다고 한다. 즉, 우리 생활에 가까운 것일수록 소문이 되기 쉽다는 것이다. 예를 들면, 'OO 가게에서 벌레가 나왔다', 'OO 부장이 바람을 피웠다' 등, ⓑ자신도 알고 있는 대상에 관한 확실하지 않은 이야기가 소문으로 이어질 가능성이 높다. 그리고 자극적인 이야기일수록 소문은 더욱 빠르게 확산되어 버린다.

소문을 내는 사람들의 특징을 분석한 결과, 대인 관계의 우위성을 획득하기 위한 사례가 가장 많다고 한다. 남보다 무언가를 알고 있다는 것이 일시적으로 대인 관계에서 우월한 위치를 차지한다고 생각하고 있는 것이다.

(중략)

소문의 대상이 되는 사람은 불쾌함을 느끼게 되는 경우가 많다. 화제의 대부분은 일반적으로 특정 대상의 좋지 않은 이야기가 많기 때문이다. 이것이, ⓒ자신의 이야기가 아니라 다른 사람에 대한 것을 이야기할 때는 신중하게 발언해야 하는 이유이다.

1 이 문장에서 말하고 있는 사실이라는 것은 어떤 것인가?

　1　소문이 사실로 증명된 것

　2　진실인지 거짓인지 판단되지 않은 것

　3　애매한 소문이 명확한 내용이 되는 것

　4　사실과는 상관이 없는 거짓에 대한 것

2 필자는, 소문은 어떻게 만들어지고 있다고 말하고 있는가?

　1　자신이 본 적이 없는 내용이 소문이 되기 쉽다.

　2　자신이 경험한 것일수록 소문이 되기 쉽다.

　3　모르는 사람의 자극적인 행동이 소문이 되기 쉽다.

　4　자주 접하는 대상의 불확실한 정보가 소문이 되기 쉽다.

3 이 문장에서 필자가 가장 말하고 싶은 것은 무엇인가?

　1　불쾌한 소문은 믿지 않는 것이 좋다.

　2　소문의 대상에게는 진실에 대해서 묻지 않는 것이 좋다.

　3　확실하지 않은 것을 이야기할 때는 신중해야 한다.

　4　자신에 대한 것을 과장되게 이야기해서는 안 된다.

[풀이]

1 ⓐ 소문이 진실 또는 거짓으로 판명되는 것을 사실이라고 말하고 있다. 정답은 선택지 3번이다.

2 ⓑ 자신이 알고 있는 사람의 불확실한 정보가 소문으로 이어질 가능성이 높다고 말하고 있기 때문에 정답은 선택지 4번이다.

3 ⓒ 필자는 확실하지 않은 상대방의 이야기를 할 때 조심하라고 말하고 있다. 따라서 정답은 선택지 3번이다.

[단어]

噂 소문 | ～如何を問わず ～여하를 불문하고 | 交す 주고받다 | 真実 진실 | 関連 관련 | ～に関する ～에 관한 | 興味深い 매우 흥미롭다 | ～に対して ～에 대해서 | 関心 관심 | 反応 반응 | 虚偽 허위, 거짓 | 判断 판단 | 研究結果 연구 결과 | ～によると ～에 의하면, ～에 따르면 | 例えば 예를 들면 | 浮気 바람 | 対象 대상 | はっきり 분명히, 확실하게 | 繋がる 이어지다, 연결되다 | 刺激 자극 | さらに 더욱더 | 特徴 특징 | 分析 분석 | 位置 위치 | 占める 점하다, 차지하다 | 話題 화제 | 大半 태반, 대부분 | 際 때, 즈음 | 慎重 신중 | ～べき ～해야 할 | 証明 증명 | 曖昧 애매 | 明確 명확 | 経験 경험 | 情報 정보 | 大げさ 과장, 허풍

(2)

　月の引力によって海水の潮の差が生じることは誰でも知っていることだが、月が人体に及ぼす影響について知っている人は多くはない。我々の体は70％以上、水で構成されている。従って、人体もまた、月の影響を受けているというわけである。①ある調査によると、満月の日、眠りにつきにくい人が多いという。これはⓐ人の睡眠に影響を与えるメラトニンというホルモンの分泌が、月に影響されるからである。

　月の引力は人体の血液にも影響を及ぼす。外国のある国で、三日月の日に手術した患者と満月の日に手術した患者との生存率の差についての研究が行われた。その結果、ⓑ生存率の差は実に79％に達したという報告もある。科学的に証明されていないものの、ⓒ満月と発作との相互関係に関する様々な例も提示されている。このように、②月が人体に与える影響を完全に無視することはできないのである。

月がなくなったらどうなるのだろうか。地球が太陽を回る軌道が少し変わり、太陽系の構成も少し変わるだろうと専門家たちは言っている。この少しの差が数十万年を経て、今とは全く異なる太陽系を構成することになり、その影響を受ける地球も、ⓓ今からは想像できないほど、全く異なる姿を見せるのであろう。

4 ①ある調査というのは何に関する調査なのか。

1　満月が出る時期の自然の変化に関する調査

2　月が海に及ぼす影響に関する調査

3　月が人体のホルモンに与える影響に関する調査

4　月と人格との相関関係に関する調査

5 筆者は、なぜ②月が人体に与える影響を完全に無視することはできないと言っているのか。

1　月が地球に与える影響は甚大であるため

2　月が医師の精神に及ぼす影響が大きいため

3　科学的に証明された様々な事例が示されているため

4　人体の血液が月の引力と関連があるため

6 筆者は、将来月がなくなったらどのようなことになると言っているか。

1　多少の影響があるかもしれないが、大きな変化はない。

2　太陽系の構成が多少変化して、宇宙に対する認識が変わるかもしれない。

3　今の生活環境とは著しい変化を見せているに違いない。

4　地球が太陽を回る軌道が変わることによって地球の温度が上がる。

달의 인력에 의해서 바닷물의 조수의 차이가 발생하는 것은 누구나 알고 있지만, 달이 인체에 미치는 영향에 대해서 알고 있는 사람은 많지 않다. 우리 몸은 70% 이상 물로 구성되어 있다. 따라서 인체 또한 달의 영향을 받는다는 것이다. ①어느 조사에 의하면, 보름달이 뜨는 날에 잠들기 어려운 사람이 많다고 한다. 이것은 ⓐ사람의 수면에 영향을 주는 멜라토닌이라는 호르몬의 분비가 달에 영향을 받기 때문이다.

달의 인력은 인체의 혈액에도 영향을 미친다. 외국의 어떤 나라에서, 초승달이 뜨는 날에 수술한 환자와 보름달이 뜨는 날에 수술한 환자의 생존율 차이에 대한 연구가 실시되었다. 그 결과, ⓑ생존율 차이는 무려 79%에 달한다는 보고도 있다. 과학적으로 증명되지는 않았지만 ⓒ보름달과 발작의 상호 관계에 관한 여러 예들도 제시되고 있다. 이처럼 ②달이 인체에 주는 영향을 완전히 무시할 수는 없는 것이다.

달이 없어지면 어떻게 될까? 지구가 태양을 도는 궤도가 조금 바뀌고 태양계의 구성도 조금 달라질 것이라고 전문가들은 말하고 있다. 이 조금의 차이가 수십만 년을 거쳐서 지금과는 전혀 다른 태양계를 구성하게 되고, 그 영향을 받는 지구도 ⓓ지금으로서는 상상할 수 없을 정도로 전혀 다른 모습을 보일 것이다.

4 ①어느 조사라는 것은 무엇에 관한 조사인가?

1　보름달이 뜨는 시기의 자연 변화에 관한 조사

2　달이 바다에 미치는 영향에 관한 조사

3　달이 인체의 호르몬에 주는 영향에 관한 조사

4　달과 인격과의 상관 관계에 관한 조사

5 필자는 왜 ②<u>달이 인체에 주는 영향을 완전히 무시할 수는 없는 것</u>이라고 말하고 있는가?

1 달이 지구에 주는 영향이 막대하기 때문에

2 달이 의사의 정신에 미치는 영향이 크기 때문에

3 과학적으로 증명된 여러 가지 사례가 제시되고 있기 때문에

4 인체의 혈액이 달의 인력과 관련이 있기 때문에

6 필자는 장차 달이 없어진다면 어떻게 될 것이라고 말하고 있는가?

1 다소의 영향이 있을지도 모르지만 큰 변화는 없다.

2 태양계의 구성이 다소 변화하여 우주에 대한 인식이 바뀔지도 모른다.

3 지금의 생활 환경과는 크게 다른 변화를 보이고 있을 것임에 틀림없다.

4 지구가 태양을 도는 궤도가 달라짐에 따라서 지구의 온도가 올라간다.

[풀이]

4 ⓐ 연구 결과를 통해서 달이 인간의 수면에 영향을 준다는 것을 알 수 있기 때문에 정답은 선택지 3번이다.

5 ⓑ 필자는 달의 유무에 의해 생존율에 큰 차이가 난다고 말하고 있다. ⓒ 보름달과 발작에 관한 예도 제시되고 있다고 언급하고 있기 때문에 정답은 선택지 4번이다.

6 ⓓ 필자는 달이 없어지면 지구가 지금과는 전혀 다른 모습을 보일 것이라고 언급하고 있다. 따라서 정답은 선택지 3번이다.

[단어]

引力 인력 | ～によって ～에 의해서, ～에 따라서 | 潮 바닷물 | 生じる 생기다. 발생하다 | 及ぼす 미치게 하다. 이르게 하다 | 影響 영향 | 構成 구성 | 従って 따라서 | 調査 조사 | ～によると ～에 의하면, ～에 따르면 | 与える 주다 | 分泌 분비 | 血液 혈액 | 生存率 생존율 | 研究 연구 | 達する 달하다, 이르다 | 報告 보고 | 証明 증명 | ～に関する ～에 관한 | 提示 제시 | 軌道 궤도 | 経る 지나다, 거치다 | 異なる 다르다 | 想像 상상 | 姿 모습, 모양 | 変化 변화 | 甚大 심대(몹시 큼), 막대 | 精神 정신 | 関連 관련 | 認識 인식 | 著しい 두드러지다, 현저하다 | ～に違いない ～임에 틀림없다

(3)

　朝から頭がずきずきして、めまいがしたので病院に行った。病院には様々な人が存在する。患者、病人の世話をする人、病人を治療する人。それら人達を服装からだけでなく、その行動と表情からも見分けることができる。

　その中でも①<u>私は、努めて明るい顔をしようとしている人に違和感を感じる</u>。このように感じるのが嫌で、病院に行きたくないこともある。ⓐ軽い症状の患者には穏やかな顔で接し、重い症状の患者には、慰めるために表情を変える。これが私を不機嫌にしてしまうのだ。偽善というのは、このようなことだろうか。職業による仕方のない行動の結果でもあるだろう。

　しかし、その②<u>職業的な偽善</u>が、ⓑある人にとっては力になるのも否定できない。絶望が続くだけの状況で、きわめて小さな希望や癒しを得たい人々の顔を見ると、残酷な事実を素直に言うのも大変なことだろう。病気と向き合うことも大変だが、人と向き合うことはもっと大変なことなのだ。

　病院の匂いを嫌がる人も多いようだが、私はその消毒薬の匂いが好きだ。ⓒその匂いが治療の匂いとして感じられるから。心理的な治療より客観的な治療を好む私の考え方の影響かもしれない。

7 筆者は、なぜ①私は、努めて明るい顔をしようとしている人に違和感を感じると考えているか。

　　1　病院に来ることを喜ぶはずがないと思うから

　　2　大変な仕事にもかかわらず、表情に出せないから

　　3　患者の症状によって、接し方や態度を変えるのが嫌だから

　　4　患者たちが痛みを我慢している姿に腹が立つから

8 この文章では②職業的な偽善をどのようにとらえているか。

　　1　患者を治療することに対する職業意識がないこと

　　2　嫌なのに明るい顔を見せなければならないこと

　　3　自分の痛みを外に出さないこと

　　4　良くない結果を予想しながらも希望を抱かせること

9 筆者は病院の匂いについて、どう考えているのか。

　　1　病院で匂いがするのは仕方のないことだ。

　　2　現実的な治療方法として感じている。

　　3　患者と病院の間の客観的な信頼関係になる。

　　4　心理的な治療において役立つかもしれない。

　아침부터 머리가 욱신거리고 어지러웠기 때문에 병원에 갔다. 병원에는 다양한 사람이 존재한다. 환자, 아픈 사람을 돌보는 사람, 아픈 사람을 치료하는 사람. 이 사람들은 복장뿐만 아니라 그 행동과 표정으로도 구분할 수 있다.

　그 중에서도 ①나는 애써 밝은 얼굴을 하려고 하는 사람에게 위화감을 느낀다. 이렇게 느끼는 것이 싫어서 병원에 오기 싫은 것도 있다. ⓐ가벼운 증상의 환자에게는 온화한 얼굴로 대하고 무거운 증상의 환자에게는 위로하기 위해서 표정을 바꾼다. 이것이 나를 너무 불쾌하게 만들어 버린다. 위선이란 것은 이런 것일까? 직업에 의한 어쩔 수 없는 행동의 결과이기도 할 것이다.

　그러나 그 ②직업적인 위선이 ⓑ어떤 사람에게는 힘이 되는 것도 부정할 수 없다. 절망이 지속되기만 하는 상황에서 아주 작은 희망이나 위로를 얻고 싶은 사람들의 얼굴을 보면, 잔혹한 사실을 솔직하게 말하는 것도 힘들 것이다. 병과 마주하는 것도 힘들지만 사람과 마주 보는 일은 더욱 힘든 일인 것이다.

　병원 냄새를 싫어하는 사람도 많은 것 같지만, 나는 그 소독약 냄새를 좋아한다. ⓒ그 냄새가 치료의 냄새로 느껴지기 때문에. 심리적인 치료보다 객관적인 치료를 선호하는 내 사고방식의 영향일지도 모른다.

7 필자는 왜 ①나는 애써 밝은 얼굴을 하려고 하는 사람에게 위화감을 느낀다고 생각하고 있는가?

　　1　병원에 오는 것을 좋아할 리가 없다고 생각하기 때문에

　　2　힘든 일임에도 불구하고 표정에 담지 못하기 때문에

　　3　환자의 증상에 따라서 대하는 방식이나 태도를 바꾸는 것이 싫기 때문에

　　4　환자들이 통증을 참고 있는 모습에 화가 나기 때문에

8 이 문장에서는 ②직업적인 위선을 어떻게 인식하고 있는가?

　　1　환자를 치료하는 것에 대한 직업의식이 없는 것

　　2　싫은데도 밝은 얼굴을 보여야 하는 것

　　3　자신의 아픔을 밖으로 드러내지 않는 것

　　4　좋지 않은 결과를 예상하면서도 희망을 품게 하는 것

내용 이해(중문) 실전 연습 ❷ p.302 해석과 문제 해설

1	2	3	4	5	6	7	8	9
②	④	③	③	②	④	①	③	②

(1)

　野菜中心の食事をしている人を菜食主義者という。菜食は肥満を予防し、繊維質を豊富に摂取することにより、血をきれいにすることにも非常に役立っている。また、ⓐ少ない量でも満腹感を感じやすくなるため、暴食や食べ過ぎを予防する効果もあり、低カロリーの食べ物であるだけにダイエットにも効果的である。さらに、心理的な安静にも助けになると知られている。

　実は、菜食主義者といっても①段階や種類がある。ⓑ野菜を中心とした食事をするが、たまには肉類を摂取する菜食主義者もいれば、肉は食べないが、魚や卵、乳製品は食べる菜食主義者もいる。また、肉や魚は食べないが、牛乳や乳製品は食べる人もいれば、肉と魚はもちろん、卵やすべての乳製品を食べない人もいる。

　菜食主義者は健康であると思われがちだが、生存に必要な根や茎を一切食べず、実だけを食べるような②完璧な菜食主義者たちの栄養不足は深刻である。バランスの悪い食生活がもたらした結果としてⓒ腹痛と下痢が頻繁に起き、カルシウムとたんぱく質、脂肪の摂取不足によって消化不良も生じる。しかも、骨の栄養も足りないため、ちょっとした衝撃で骨が折れる経験をする人が少なくないという。

1 野菜中心の食事の長所ではないことは何か。

1 太りすぎが予防できること

2 多く食べても満腹感を感じないこと

3 低カロリーの食べ物を摂取するため、ダイエットに役立つこと

4 心の余裕を持つことに役に立つこと

2 菜食主義者の①段階や種類についての説明で、合っているのはどれか。

1 菜食主義者の肉の摂取は厳しく禁止されている。

2 乳製品はすべての菜食主義者に食べられている。

3 病気になった時は、治療のための肉や魚の摂取は許される。

4 たまには肉も食べたり、乳製品は全く食べなかったり、いろいろである。

3 ②完璧な菜食主義者たちの栄養不足は深刻であるとあるが、それはなぜか。

1 食べ物を摂取する量が少ないことにより、体の栄養が不足しているため

2 牛乳や乳製品は消化器官に良くないため

3 必要な栄養の不足により、体内の様々な器官に異常が生じるため

4 魚や卵などから得られる栄養では十分ではないため

야채 중심의 식사를 하는 사람을 채식주의자라고 한다. 채식은 비만을 예방하고, 섬유질을 풍부하게 섭취하는 것에 의해 피를 맑게 하는 것에도 매우 도움이 되고 있다. 또한, ⓐ적은 양으로도 포만감을 느끼기 쉬워지기 때문에 폭식이나 과식을 예방하는 효과도 있고, 저칼로리 음식인 만큼 다이어트에도 효과적이다. 게다가 심리적인 안정에도 도움이 된다고 알려져 있다.

실은, 채식주의자도 ①단계나 종류가 있다. ⓑ야채를 위주로 하는 식사를 하지만 가끔은 육류를 섭취하는 채식주의자도 있고, 고기는 먹지 않지만 생선이나 달걀, 유제품은 먹는 채식주의자도 있다. 또한, 고기나 생선은 먹지 않지만 우유나 유제품은 먹는 사람도 있고, 고기와 생선은 물론 달걀이나 모든 유제품을 먹지 않는 사람도 있다.

채식주의자는 건강하다고 생각되기 쉽지만, 생존에 필요한 뿌리나 줄기를 일절 먹지 않고 열매만을 먹는 ②완벽한 채식주의자들의 영양 부족은 심각하다. 균형이 잡히지 않은 식생활이 초래한 결과로서, ⓒ복통과 설사가 빈번하게 일어나고 칼슘과 단백질, 지방의 섭취 부족으로 인해서 소화 불량도 생긴다. 게다가 뼈의 영양분도 부족하기 때문에 사소한 충격에 뼈가 부러지는 경험을 하는 사람이 적지 않다고 한다.

1 야채 위주의 식사의 장점이 아닌 것은 무엇인가?

1 지나치게 살이 찌는 것을 예방할 수 있는 것

2 많이 먹어도 포만감을 느끼지 않는 것

3 칼로리가 낮은 음식을 섭취하기 때문에 다이어트에 도움이 되는 것

4 마음의 여유를 가지는 데 도움이 되는 것

2 채식주의자의 ①단계나 종류에 대한 설명으로 맞는 것은 어느 것인가?

1 채식주의자들의 고기 섭취는 엄격하게 금지되어 있다.

2 유제품은 모든 채식주의자가 먹고 있다.

3 병이 났을 때는 치료를 위한 고기나 생선의 섭취는 허용된다.

4 가끔은 고기를 먹고 유제품은 전혀 먹지 않기도 하고 여러 가지이다.

3 ②완벽한 채식주의자들의 영양 부족은 심각하다고 하는데, 그것은 어째서인가?

1 음식을 섭취하는 양이 적어 몸의 영양분이 부족하기 때문에

2 우유나 유제품은 소화 기관에 좋지 않기 때문에

3 필요한 영양의 부족으로 인해 체내의 여러 기관에서 이상이 발생하기 때문에

4 생선이나 달걀 등에서 얻을 수 있는 영양으로는 충분하지 않기 때문에

[풀이]

1 ⓐ 적은 양으로도 포만감을 느끼기 쉽다는 본문 내용으로부터 선택지 2번이 정답이라는 것을 알 수 있다.

2 ⓑ 두 번째 문단의 전체적인 내용을 보면 채식주의자의 단계나 종류는 여러 가지라는 것을 알 수 있다. 따라서 정답은 선택지 4번이다. 선택지 1, 2, 3번은 본문의 내용과 맞지 않기 때문에 정답이 될 수 없다.

3 ⓒ 지나친 채식에 의해서 복통과 설사, 소화 불량 등이 생긴다는 본문 내용을 통해서 선택지 3번이 정답이라는 것을 알 수 있다.

[단어]

菜食 채식 | 肥満 비만 | 予防 예방 | 繊維質 섬유질 | 豊富 풍부 | 摂取 섭취 | 非常に 매우, 상당히 | 役立つ 도움이 되다 | 暴食 폭식 | 効果 효과 | ～だけに ～인 만큼 | 安静 안정 | 段階 단계 | 種類 종류 | 乳製品 유제품 | ～がちだ ～하는 경향이 강하다 | 根 뿌리 | 茎 줄기 | 一切 일체, 일절 | 完璧 완벽 | 栄養不足 영양 부족 | 深刻 심각 | もたらす 초래하다 | ～として ～로서 | 頻繁に 빈번하게 | 脂肪 지방 | ～によって ～에 의해서, ～에 따라서 | 消化 소화 | 衝撃 충격 | 余裕 여유 | 禁止 금지 | 異常 이상

(2)

我々は幸せに生きていくことを望んでいる。幸せを感じるところは目や手、足などの感覚器官ではなく、脳から送られるシグナルを感じて心の感情として現われる。幸せに生きるのは簡単なことではないが、①苦労することなく幸せに暮らせる条件を満たせる方法がある。ⓐ幸せホルモンと呼ばれるセロトニンという物質の分泌を促進させることで幸せだという満足感を得ることができる。

②セロトニンというのはアドレナリン、ドーパミンとともに3代神経伝達物質の一つとして、特に精神的な安定に役に立つと知られている。セロトニンの分泌による精神的な安定が、生活の満足感という形へとつながるわけである。ⓑこのホルモンを増加させる食べ物は牛乳、豆腐、豆であり、適当な量の日光を浴びるだけでも人体がセロトニンを形成することに役立つ。また、深呼吸をしたり首の周りを軽く動かすストレッチをすることでも、この物質の分泌を促進させることができる。

精神的な安定と楽しい気分は幸福につながるものである。つまり、ⓒちょっとした行動で我々の暮らしをより幸せにすることができるのである。幸せを求める日常の行動を通じて、心も体も健康に過ごすことができるということを忘れないでほしい。

4 筆者は、①苦労することなく幸せに暮らせる条件をどのようにとらえているか。

1 幸福に対する心の姿勢を変えれば幸せになれる。

2 感情を調節する方法を学べば幸せを感じやすくなる。

3 体内の特定物質の分泌を促進させること

4 人の感覚器官を効果的に使用すること

5 次のうち、②セロトニンに対する説明で適切ではないのはどれか。

1　精神的な安定に役立つと知られている。

2　特定の食べ物だけでは、ホルモンの促進が難しいこともある。

3　軽く体を動かすこともホルモンの促進に影響を与えることができる。

4　幸福ホルモンと呼ばれて、3代ホルモンの中の一つである。

6 この文章で筆者が一番言いたいことは何か。

1　ちょっとした行動が人の感情の多くの部分を左右する。

2　幸福は精神的な安定と特定のホルモンの分泌によって得られる。

3　身の周りから幸せを見つけることができるように努力するべきである。

4　簡単な行動を維持することも幸せに影響を与えることができる。

　우리는 행복하게 사는 것을 바라고 있다. 행복을 느끼는 곳은 눈이나 손, 발 등의 감각 기관이 아니라, 뇌에서 보내진 신호를 느끼고 마음의 감정으로 나타난다. 행복하게 사는 것은 쉬운 일은 아니지만, ①고생하지 않고 행복하게 살 수 있는 조건을 채울 수 있는 방법이 있다. ⓐ행복 호르몬이라고 불리는 세로토닌이라는 물질의 분비를 촉진시킴으로써 행복하다는 만족감을 얻을 수 있다.

　②세로토닌이라는 것은 아드레날린, 도파민과 함께 3대 신경 전달 물질 중 하나로서, 특히 정신적인 안정에 도움이 된다고 알려져 있다. 세로토닌의 분비로 인한 정신적인 안정이 생활의 만족감이라는 형태로 이어지는 것이다. ⓑ이 호르몬을 증가시키는 음식은 우유, 두부, 콩이고, 적당한 양의 햇빛을 받는 것만으로도 인체가 세로토닌을 형성하는 데 도움이 된다. 또한, 심호흡을 하거나 목 주변을 가볍게 움직이는 스트레칭을 하는 것으로도 이 물질의 분비를 촉진시킬 수 있다.

　정신적인 안정과 즐거운 기분은 행복으로 이어지는 법이다. 즉, ⓒ사소한 행동으로 우리들의 생활을 보다 행복하게 할 수 있는 것이다. 행복을 추구하는 일상의 행동을 통해서 몸도 마음도 건강하게 지낼 수 있다는 것을 잊지 않았으면 한다.

4 필자는 ①고생하지 않고 행복하게 살 수 있는 조건을 어떻게 인식하고 있는가?

1　행복에 대한 마음의 자세를 바꾸면 행복해질 수 있다.

2　감정을 조절하는 방법을 배우면 행복을 느끼기 쉬워진다.

3　체내의 특정 물질의 분비를 촉진시키는 것

4　사람의 감각 기관을 효과적으로 사용하는 것

5 다음 중 ②세로토닌에 대한 설명으로 적절하지 못한 것은 어느 것인가?

1　정신적인 안정에 도움을 준다고 알려져 있다.

2　특정 음식만으로는 호르몬 촉진이 어려운 경우도 있다.

3　가볍게 몸을 움직이는 것도 호르몬 촉진에 영향을 줄 수 있다.

4　행복 호르몬이라고 불리고, 3대 호르몬 중 하나이다.

6 이 문장에서 필자가 가장 말하고 싶은 것은 무엇인가?

1　사소한 행동이 사람의 감정의 많은 부분을 좌우한다.

2　행복은 정신적인 안정과 특정 호르몬의 분비에 의해 얻을 수 있다.

3　가까운 주변에서 행복을 찾을 수 있도록 노력해야 한다.

4　간단한 행동을 유지하는 것도 행복에 영향을 줄 수 있다.

[풀이]

4 ⓐ 어떤 호르몬의 분비로 인해서 행복함을 얻을 수 있다는 본문의 내용으로 보아 정답은 선택지 3번이다.

5 ⓑ 우유, 두부, 콩을 먹는 것으로 세로토닌을 증가시킬 수 있다고 언급하고 있다. 따라서 세로토닌에 대한 적절하지 못한 설명은 선택지 2번이다. 나머지 선택지의 문장들은 본문에 나와 있는 설명과 일치하기 때문에 정답이 아니다.

6 ⓒ 필자는 사소한 행동이 우리의 삶을 더욱 행복하게 만드는 것에 도움을 준다고 주장하고 있으므로 정답은 선택지 4번이다.

[단어]

幸せ 행복 | 望む 바라다 | 感覚機関 감각 기관 | 脳 뇌 | 感情 감정 | 現われる 나타나다 | 苦労 고생, 노고 | 条件 조건 | 満たす 채우다, 만족시키다 | 物質 물질 | 分泌 분비 | 促進 촉진 | 得る 얻다 | 神経 신경 | 伝達 전달 | 形 모양, 형태 | 増加 증가 | 形成 형성 | 役立つ 도움이 되다 | 深呼吸 심호흡 | つながる 이어지다, 연결되다 | 求める 요구하다, 바라다 | 〜を通じて 〜를 통해서 | 健康 건강 | 〜ないでほしい 〜하지 않기를 바라다 | 〜に対する 〜에 대한 | 姿勢 자세 | 調節 조절 | 効果 효과 | 左右 좌우 | 見つける 발견하다 | 努力 노력 | 〜べきだ 〜해야 한다 | 維持 유지

(3)

　私はあまり風邪を引かない。風邪を引いたのがいつなのか思い出せないほどだ。よく運動するほうでもなく、体に良い物を食べるほうでもない。風邪を引く原因は寒さではない。人々は気温が低い冬に、よく風邪を引くと勘違いをしているようだが、気温の差が激しい春や秋のほうがもっと風邪を引きやすい。つまり、ⓐ温度の差が激しい状況により生じる体の免疫力の低下によって風邪を引いてしまうわけだ。

　風邪を予防する最も簡単な方法は、手をよく洗うことだ。主に手を通じてウイルスが浸透するから、手を清潔に維持することこそ、最も簡単な風邪の予防方法だといえる。私は①手をよく洗っている。決してきれい好きだからというわけではない。おそらく、ⓑある一つの行動をしてから手を洗う行為で、次の行動に対する準備をしているのかもしれない。

　（中略）

　私たちは温度の変化に対する忍耐力が不足しているのかもしれない。暑くなるとすぐエアコンを付け、寒くなるとすぐヒーターを付ける。もともと人の体は温度の変化に適応できるようになっているのに、その能力はだんだん弱まる一方だ。ⓒ内的な能力による適応ではなく、外的な要因による強制的な適応は②良くないと思う。

7 筆者は、風邪を引く理由は何だと述べているか。

1　体の免疫が弱まっているから

2　風邪予防のための物を食べていないから

3　気温が低くなることによって体温が上がってしまうから

4　気温の変化によりウイルス活動が活発になるから

8 ①手をよく洗っているとあるが、その理由は何か。

1　普段から風邪を予防しようと思っているから

2　清潔を維持するために注意を払っているから

3　一つの行動を終わらせる習慣だから

4　体を清潔にする必要がある仕事をしているから

9 筆者は、何に対して②良くないと考えているか。

1 忍耐の不足によって変化に対処できていないこと

2 冷房や暖房施設に頼りすぎていること

3 風邪を引かないように体を強制的にきたえること

4 体の変化に気づくのが遅すぎること

나는 그다지 감기에 걸리지 않는다. 감기에 걸렸던 적이 언제인지 생각이 나지 않을 정도이다. 운동을 많이 하는 편도 아니고, 몸에 좋은 음식을 먹는 편도 아니다. 감기에 걸리는 원인은 추위가 아니다. 사람들은 기온이 낮은 겨울에 감기에 자주 걸린다고 착각을 하고 있는 것 같지만, 기온 차이가 심한 봄이나 가을이 더 감기에 걸리기 쉽다. 즉, ⓐ온도의 차이가 심한 상황에 의해 발생하는 몸의 면역력 저하에 의해서 감기에 걸리게 되는 것이다.

감기를 예방하는 가장 간단한 방법은 손을 자주 씻는 것이다. 주로 손을 통해서 바이러스가 침투하기 때문에 손을 청결하게 유지하는 것이야말로 가장 간단한 감기 예방 방법이라고 할 수 있다. 나는 ①손을 자주 씻는다. 결코 깨끗한 것을 좋아하는 사람이기 때문인 것은 아니다. 아마도 ⓑ어떤 하나의 행동을 하고 나서 손을 씻는 행위로 다음 행동에 대한 준비를 하고 있는 것일지도 모른다.

(중략)

우리는 온도의 변화에 대한 인내력이 부족한 것일지도 모른다. 더워지면 바로 에어컨을 켜고, 추워지면 바로 히터를 켠다. 원래 사람의 몸은 온도 변화에 적용할 수 있게 되어 있지만, 그 능력은 점점 약해져만 가고 있다. ⓒ내적인 능력에 의한 적용이 아니라 외적인 요인에 의한 강제적인 적용은 ②좋지 않다고 생각한다.

7 필자는 감기에 걸리는 이유를 무엇이라고 말하고 있는가?

1 몸의 면역이 약해져 있기 때문에

2 감기 예방을 위한 것을 먹고 있지 않기 때문에

3 기온이 낮아지는 것에 의해서 체온이 올라가 버리기 때문에

4 기온의 변화에 의해 바이러스 활동이 활발해지기 때문에

8 ①손을 자주 씻는다고 하는데, 그 이유는 무엇인가?

1 평소부터 감기를 예방하려고 생각하고 있기 때문에

2 청결을 유지하기 위해서 주의를 기울이고 있기 때문에

3 하나의 행동을 끝내는 습관이기 때문에

4 몸을 청결하게 할 필요가 있는 일을 하고 있기 때문에

9 필자는 무엇에 대해서 ②좋지 않다고 생각하고 있는가?

1 인내 부족으로 인해서 변화에 대처하지 못하는 것

2 냉방이나 난방 시설에 지나치게 의지하고 있는 것

3 감기에 걸리지 않으려고 몸을 강제적으로 단련하는 것

4 몸의 변화를 알아차리는 것이 너무 늦는 것

[풀이]

7 ⓐ 필자가 감기에 걸리는 이유에 대해서 주장하는 부분으로, 면역력 저하가 감기의 원인이라는 것을 알 수 있다. 따라서 정답은 선택지 1번이다.

8 ⓑ 필자는 하나의 일을 끝내고 나서 다음 일을 준비하기 전에 손을 씻는다고 말하고 있다. 따라서 손을 씻는 행위는 필자의

습관 같은 행동이라고 볼 수 있고, 선택지 3번이 정답이다.

9 ⓒ 필자가 말하는 내적인 능력은 온도의 변화에 적응할 수 있는 사람의 몸을 가리키는 것이고, 외적인 요인은 에어컨이나 히
터 같은 것이기 때문에, 정답은 선택지 2번이다.

[단어]

風邪を引く 감기에 걸리다 ┃思い出す 생각나다 ┃原因 원인 ┃気温 기온 ┃勘違い 착각 ┃激しい 격렬하다, 심하다 ┃状況 상황
┃生じる 발생하다, 생기다 ┃免疫 면역 ┃低下 저하 ┃～によって ～에 의해서, ～에 따라서 ┃予防 예방 ┃～を通じて ～를 통해
서 ┃浸透 침투 ┃清潔 청결 ┃維持 유지 ┃おそらく 아마도, 어쩌면 ┃行為 행위 ┃～に対する ～에 대한 ┃変化 변화 ┃忍耐力
인내력 ┃適応 적응 ┃能力 능력 ┃～一方だ ～하기만 하다 ┃強制 강제 ┃活発 활발 ┃習慣 습관 ┃対処 대처 ┃気づく 깨닫다, 알
아차리다

1	2	3	4	5	6	7	8	9
②	③	③	③	④	②	④	③	③

(1)

　集中というのは放棄することである。何か一つのことにはまってそれ以外のものは全くできなくなるからで
ある。ⓐ我々はすべてのことを完璧にやりこなそうとしている。ある程度の水準にまで上がって行くことは出
来るとしても、最高になることはできない。
　現代社会は選択と集中の時代である。多くの会社もこのような選択と集中を行っている。社会的に知名度が
低い中小企業は、ひとつの製品にすべてを賭けるしかないが、その製品の成功を収めてこそ、ようやく会社の
運営が可能になる。大手企業も勿論、この方法をベースに会社の成長を図っている。ⓑその製品の成功のため
に、残りの全ての製品は徹底的に放棄されている。
　ある講演会でのことだが、眼鏡を外したら新聞の記事が全く読めない男性に、穴が空いた小さなカードを与
えた。すると、その男性は穴を通して新聞のすべての文字を読みきることができた。これが集中というもので
ある。穴を通して全力を尽くしながら字を読もうと努力し、結局すべての字を読み終えることができたのであ
る。余計なことにはまって自分の力を無駄に消費していないか。成功したいなら、価値のあることに集中する
べきである。勿論ⓒそれ以前に正しい選択が先に行われるべきである。

1 筆者は、なぜ最高になることはできないと述べているか。

1　集中の対象を間違って選択したから

2　一つのことに集中しなかったから

3　同時にいろいろなことがよくできないから

4　一つのことにはまってしまったから

2 筆者が現代社会は選択と集中の時代だと述べている理由は何か。

1　良い会社を選択しなければならないから

2　マーケティングが重要であるから

3　成功のために他のことを放棄しなければならないから

4　大手企業の方法に従わなければならないから

3 筆者が一番言いたいことは何か。

1 新聞の内容を集中して読まなければならない。

2 もっと集中をするために努力しなければならない。

3 集中をするための正しい選択が必要である。

4 良い選択をするために集中が必要である。

집중이라는 것은 포기하는 것이다. 무언가 한 가지 일에 빠져서 그 외의 것은 전혀 할 수 없게 되기 때문이다. ⓐ우리는 모든 것을 완벽하게 해내려고 한다. 어느 정도의 수준까지 올라갈 수는 있다고 해도 최고가 될 수는 없다.

현대 사회는 선택과 집중의 시대이다. 많은 회사들도 이와 같은 선택과 집중을 실행하고 있다. 사회적으로 지명도가 낮은 중소기업은 하나의 제품에 모든 것을 걸 수밖에 없지만, 그 제품의 성공을 거두고 나서 마침내 회사 운영이 가능해진다. 대기업도 물론 이런 방법을 기반으로 회사의 성장을 도모하고 있다. ⓑ그 제품의 성공을 위해서 나머지 모든 제품은 철저하게 포기되고 있다.

어떤 강연회에서 있었던 일인데, 안경을 벗으면 신문 기사를 전혀 읽을 수 없는 남성에게 구멍이 뚫린 작은 카드를 주었다. 그러자 그 남성은 구멍을 통해서 신문의 모든 글씨를 다 읽을 수 있었다. 이것이 집중이라는 것이다. 구멍을 통해서 온 힘을 다해서 글씨를 읽으려고 노력하여 결국 모든 글씨를 다 읽을 수 있었던 것이다. 쓸데없는 것에 빠져서 자신의 힘을 헛되이 소비하고 있지는 않은가? 성공을 하고 싶다면 가치 있는 것에 집중해야 한다. 물론 ⓒ그 이전에 올바른 선택이 먼저 이루어져야 한다.

1 필자는 왜 최고가 될 수는 없다고 말하고 있나?

1 집중의 대상을 잘못 선택했기 때문에

2 한 가지 일에 집중하지 않았기 때문에

3 동시에 여러 가지를 잘 못하기 때문에

4 한 가지 일에 빠져 버렸기 때문에

2 필자가 현대 사회는 선택과 집중의 시대라고 말하고 있는 이유는 무엇인가?

1 좋은 회사를 선택해야 하기 때문에

2 마케팅이 중요하기 때문에

3 성공을 위해서 다른 것을 포기해야 하기 때문에

4 대기업의 방법을 따라야 하기 때문에

3 필자가 가장 말하고 싶은 것은 무엇입니까?

1 신문의 내용을 집중해서 읽어야 한다.

2 더욱 집중을 하기 위해서 노력해야 한다.

3 집중을 하기 위한 올바른 선택이 필요하다.

4 좋은 선택을 하기 위해서 집중이 필요하다.

[풀이]

1 ⓐ 필자는 모든 것을 완벽하게 하려고 하는 것은 어느 정도의 수준까지밖에 올라갈 수 없다고 말하고 있다. 따라서 정답은 2번이다.

2 ⓑ 한 제품의 성공을 위해서는 다른 모든 제품을 포기해야 한다는 부분에서, 정답은 선택지 3번이라는 것을 알 수 있다.

[단어]

集中 집중 | 放棄 포기 | ～である ～이다 | 全く 전혀 | 完璧 완벽 | 程度 정도 | 現代 현대 | 選択 선택 | 知名度 지명도 | 製品 제품 | 収める 거두다 | 大手企業 대기업 | 図る 도모하다 | 徹底 철저 | 講演会 강연회 | 穴 구멍 | ～を通して ～를 통해서 | 全力を尽くす 전력을 다하다 | 努力 노력 | 消費 소비 | 価値 가치 | 間違う 틀리다, 잘못되다 | 従う 따르다

(2)

私は旅行好きで、特に海外旅行という言葉を聞くだけでもわくわくしてしまう。それはおそらく、私だけが感じていることではないと思う。ⓐ私たちはなぜ海外旅行に行くのか。毎日何の変化もない日常生活に疲れているから、自分が知らない新しい世界に対する憧れがあるからなど、人によって①様々な理由がある。

②旅行の魅力に関する、ある旅行会社のアンケート結果を見ると、一番多かった答えは旅行を通して心が(注)癒されるためだった。ⓑ人は旅行の計画を立てている時に活力が出てきて、疲れた日常も楽しく感じるようになる。また旅行している時も、今まで知らなかったその国を知りながら、美しい風景やおいしい料理を食べることで人は幸せを感じる。旅行の後もいい思い出のおかげで仕事や勉強などのストレスから自分を守ることができる。旅行のすべての過程が人の精神と心にいい影響を与えていると言っても過言ではない。

旅行とは、普段とは違う自分と出会えるいい機会になると思う。場所はどこでもいいから、とにかく旅行の計画を立ててみよう。もし、ⓒ今悩みや問題を抱えているのなら、ぜひ、旅をするべきだと思う。それらの答えを旅をしているうちに探すことができるかもしれないから。

(注) 癒す：苦しみや悲しみなどを和らげること。

4 ①様々な理由とは何を指しているか。

1 筆者が旅行する前にわくわくする理由

2 行ったことがない所が好きな理由

3 海外旅行をしたい人達のそれぞれの理由

4 旅行が人にいい影響を与えている理由

5 ②旅行の魅力についての説明で、正しくないのはどれか。

1 旅行に行く前に計画を立てるのは楽しい。

2 旅行の時のいろいろな経験によって幸せを感じる。

3 いい思い出を作ることはストレスを減らすことができる。

4 友達と一緒に行く旅行は同じ経験が共感できてもっと楽しい。

6 筆者は旅行についてどう思っているか。

1 旅行先を決める前に、その場所についていろいろ調べた方がいい。

2 旅行を通して自分の問題点を発見することもできる。

3 旅行とは、現在の問題を忘れるために必要なことだ。

4 場所のことは気にしなくてもいいが、準備はしっかりしなければならない。

　　나는 여행을 좋아하는 사람이고, 특히 해외여행이라는 단어를 듣는 것만으로도 설렌다. 그것은 아마도 나만 느끼고 있는 것은 아닐 것이다. @우리는 왜 해외여행을 가는 것일까? 매일 아무런 변화도 없는 일상생활에 지쳐 있기 때문에, 자신이 모르는 새로운 세계에 대한 동경 때문에 등, 사람마다 ①여러 가지 이유가 있다.

　　②여행의 매력에 관한 어떤 여행사의 설문 조사 결과를 보면, 가장 많았던 대답은 여행을 통해서 마음을 (주)달래기 위한 것이었다. ⓑ사람은 여행 계획을 세우고 있을 때 활력이 나오고, 피곤한 일상도 즐겁게 느끼게 된다. 또한 여행을 하고 있을 때도, 지금까지 몰랐던 그 나라를 알아 가면서, 아름다운 풍경과 맛있는 음식을 먹는 것으로 사람은 행복을 느낀다. 여행 후에도 좋은 추억 덕분에 일이나 공부 등의 스트레스로부터 자신을 지킬 수 있다. 여행의 모든 과정이 사람의 정신과 마음에 좋은 영향을 주고 있다고 해도 과언이 아니다.

　　여행이라는 것은 평소와는 다른 자신을 만날 수 있는 좋은 기회라고 생각한다. 장소는 어디라도 좋으니까 일단 여행 계획을 짜 보자. 만약 ⓒ지금 고민이나 문제를 안고 있는 사람이라면 꼭 여행을 해야 한다고 생각한다. 그것들의 대답을 여행을 하고 있는 동안에 찾을 수 있을지도 모르니까.

(주) 癒す : 고통과 슬픔 등을 누그러뜨리는 것.

---

4 ①여러 가지 이유는 무엇을 가리키고 있는가?

1 필자가 여행하기 전에 설레는 이유

2 가 보지 않은 곳을 좋아하는 이유

3 해외여행을 가고 싶은 사람들 각자의 이유

4 여행이 사람에 좋은 영향을 주는 이유

5 ②여행의 매력에 대한 설명으로 올바르지 않은 것은 어떤 것인가?

1 여행 가기 전에 계획을 세우는 것은 즐겁다.

2 여행을 할 때의 여러 가지 경험에 의해서 행복을 느낀다.

3 좋은 추억을 만드는 것은 스트레스를 줄일 수 있다.

4 친구와 함께 가는 여행은 같은 경험을 공감할 수 있어서 더욱 즐겁다.

6 필자는 여행을 어떻게 생각하고 있는가?

1 여행지를 결정하기 전에 그 장소에 대해서 많이 알아보는 편이 좋다.

2 여행을 통해서 자신의 문제점을 발견할 수도 있다.

3 여행이라는 것은 현재의 문제를 잊기 위해서 필요한 것이다.

4 장소에 대한 것은 신경 쓰지 않아도 좋지만 준비는 완벽하게 해야 한다.

[풀이]

4 @ 해외여행을 가는 이유에 대해서 묻고 있고, 그 뒤의 문장에도 해외 여행을 가는 이유에 관한 예를 들고 있기 때문에, 정답은 선택지 3번이다.

5 ⓑ 선택지 4번에 관한 본문의 언급은 없었기 때문에 선택지 4번이 정답이다. 나머지 3개의 선택지는 모두 본문에서 언급하고 있는 것을 확인할 수 있다. 여행을 가기 전과 여행을 할 때, 그리고 여행 후에 대한 매력을 각각 언급하고 있다.

6 ⓒ 고민이나 문제를 가지고 있는 사람은 여행을 통해서 대답을 찾을 수 있을지도 모른다고 필자는 주장하고 있다. 이 부분을 가장 잘 표현한 선택지 2번이 정답이다.

[단어]

言葉(ことば) 단어 | 変化(へんか) 변화 | ～に対(たい)する ～에 대한 | 憧(あこが)れ 동경 | ～によって ～에 의해서, ～에 따라서 | 様々(さまざま) 여러 가지, 가지각색 |

魅力 매력 | 癒す 고치다 | 計画を立てる 계획을 세우다 | 活力 활력 | 思い出 추억 | おかげで 덕분에 | 守る 지키다 | 過程 과정 | 精神 정신 | 影響 영향 | 与える 주다 | 過言 과언 | 普段 평소 | 機会 기회 | 悩み 괴로움, 고민 | 抱える 껴안다, 떠안다 | ～べきだ ～해야 한다 | 答え 대답, 답안 | 探す 찾다 | わくわく (기쁨, 기대 등으로) 마음이 설레는 모양, 두근두근 | 減らす 줄이다 | 共感 공감 | ～について ～에 대해서 | 気にする 신경을 쓰다

(3)

　17歳になった僕の息子は特別だ。実はまれにみる特別な能力を持っているのだ。(注)サヴァン症候群の息子は、ⓐ一度聞いた歌を全部覚え、一日の間に見た自動車200台のナンバープレートを覚えることができてしまう。努力の結果ではなく、生まれながら持っている①能力だ。

　結婚してから10年ぶりに生まれた子に問題があるという医師の言葉に、僕は空が崩れるような気持ちだった。ⓑ子供の左側の脳の一部が損傷していたからだった。僕に笑いかけてくれた子に②罪の意識にとらわれて耐えられない日々を送っていた。中学生になっても、一人でシャツのボタンをとめることもできなくて、卒業をするまで友達も一人もいなかった。

　(中略)

　しかし、私たち夫婦は③息子についてもう心配しなくなった。たくさんの話が出来なくても、ⓒ息子が持っている温かい心を感じることができ、多くの行動を見せなくても他人を配慮する気持ちを持っていることが分かったからだ。僕の息子は、人より劣っている障害者ではなく、人と少し違っているだけだ。

(注) サヴァン症候群：知的障害や自閉性障害のある者のうち、ごく特定の分野に限って、常人には及びもつかない能力を発揮する者の症状を指す。

7　この文章で①能力は何を指しているか。
1　努力によって作られた特別な才能のこと
2　両親が自分の子供のために努力すること
3　障害があっても普通に生活ができること
4　他の子供とは違う暗記力を持っていること

8　②罪の意識にとらわれて耐えられない日々を送っていたとあるが、その理由は何か。
1　子が笑ってくれても感謝の気持ちを表せなかったから
2　子の障害について恥ずかしく思っていたから
3　障害を持って生まれてしまった子供に申し訳ない気持ちになったから
4　子供が普通の生活を送れないので、妻に申し訳ない気持ちになったから

9　③息子についてもう心配しなくなったとあるが、その理由は何か。
1　他の子供に比べて優れた知識を持っているから
2　少しずつ普通の生活が可能になっているから
3　子供が他人を配慮する温かい心を持っているから
4　子供の才能が生かせる方法を見つけたから

17살이 된 나의 아들은 특별하다. 실은, 매우 드문 특별한 능력을 가지고 있는 것이다. (주)서번트 증후군의 아들은 @한 번 들은 노래를 전부 외우고, 하루 동안 본 자동차 200대의 번호판을 외울 수 있다. 노력의 결과가 아닌, 태어날 때부터 가지고 있는 ①능력이다.

결혼을 하고 나서 10년 만에 태어난 아이에게 문제가 있다는 의사의 말에 나는 하늘이 무너지는 기분이었다. ⓑ아이의 왼쪽 뇌 일부가 손상되어 있었기 때문이다. 나를 향해 웃어 주는 아이에게 ②죄의식에 사로잡혀서 견딜 수 없는 나날을 보내고 있었다. 중학생이 되어도 혼자서 셔츠의 단추를 채울 수도 없었고, 졸업을 할 때까지 친구도 한 명도 없었다.

(중략)

하지만 우리 부부는 ③아들에 대해서 더 이상 걱정을 하지 않게 되었다. 많은 대화를 하지 못해도 ⓒ아들이 가진 따뜻한 마음을 느낄 수 있고 많은 행동을 보이지 않더라도 다른 사람을 배려하는 생각을 가지고 있다는 것을 알 수 있기 때문이다. 나의 아들은 남보다 뒤떨어지는 장애인이 아니라 남과 조금 다를 뿐이다.

(주) サーヴァント症候群 : 지적 장애나 자폐성 장애가 있는 사람 중 극히 특정 분야에 한해 보통 사람으로서는 도저히 미칠 수 없는 능력을 발휘하는 사람의 증상을 가리킨다.

---

7 이 문장에서 ①능력은 무엇을 가리키고 있는가?

1　노력에 의해서 만들어진 특별한 재능에 관한 것

2　부모가 자신의 아이를 위해서 노력하는 것

3　장애가 있어도 일반적인 생활을 할 수 있는 것

4　**다른 아이와는 다른 암기력을 가지고 있는 것**

8 ②죄의식에 사로잡혀서 견딜 수 없는 나날을 보내고 있었다고 하는데, 그 이유는 무엇인가?

1　아이가 웃어 주어도 감사의 기분을 나타낼 수 없었기 때문에

2　아이의 장애에 대해서 부끄럽게 생각하고 있었기 때문에

3　**장애를 가지고 태어난 아이에게 미안한 기분이 들었기 때문에**

4　아이가 정상적인 생활을 보낼 수 없어 아내에게 미안한 기분이 들었기 때문에

9 ③아들에 대해서 더 이상 걱정을 하지 않게 되었다고 하는데, 그 이유는 무엇인가?

1　다른 아이들에 비해서 뛰어난 지식을 가지고 있기 때문에

2　조금씩 일반적인 생활이 가능해지고 있기 때문에

3　**아이가 다른 사람을 배려하는 따뜻한 마음을 가지고 있기 때문에**

4　아이의 재능을 살릴 수 있는 방법을 발견했기 때문에

[풀이]

7　ⓐ 뛰어난 암기력으로 한번 들은 노래를 외우고 한번 본 것을 기억해 버린다는 것을 알 수 있으므로 정답은 선택지 4번이다.

8　ⓑ 자신을 보고 웃어주는 아들에게, 장애를 가지고 태어나게 했다는 죄책감을 느낄 수 있는 부분이므로 정답은 선택지 3번이다.

9　ⓒ 아들이 따뜻한 마음을 가진 것과 다른 사람을 배려하는 생각을 가진 것을 알 수 있게 되었다고 말하고 있다. 따라서 정답은 선택지 3번이다.

[단어]

特別 특별 | 能力 능력 | 症候群 증후군 | 努力 노력 | 生まれながら 태어날 때부터 | 崩れる 무너지다 | 脳 뇌 | 損傷 손상 | 罪 죄 | 意識 의식 | 耐える 견디다 | 夫婦 부부 | 温かい 따뜻하다 | 配慮 배려 | 劣る 뒤떨어지다 | 障害 장애 | 才能 재능 | 暗記 암기 | 感謝 감사 | ～について ～에 대해서 | 申し訳ない 변명할 여지가 없다. 미안하다 | ～に比べて ～에 비해서 | 優れる 뛰어나다. 우수하다 | 知識 지식 | 生かす 활용하다

종합 이해 실전 연습 ❶ p.314 해석과 문제 해설

1	2	3	4
③	③	②	①

(1)

次のＡとＢはそれぞれ、大学の進学について書かれた文章である。二つの文章を読んで、後の問いに対する答えとして最もよいものを、１・２・３・４から一つ選びなさい。

A

　大学に進学することについて、否定的な世論の声が高まっている。しかし、いまだに多くの会社が社員を採用する際、出身大学に関する内容を見ているというのが現実である。ⓐ学歴によって面接を受けることさえ出来ない場合が存在している現在の状況を考えると、ⓑ確実な理由と進路の対策も立てずに大学に行かないということは望ましくない。就職のための目的以外にも、大学の生活を一度経験してみた方がいい。中等教育までのプロセスとは異なり、大学での教育はもっと専門的な要素を備えている。自分が希望する学問と分野のみを深く学ぶことができる機会にもなりうるので、特別な理由がない限り、大学に進学するのが当然なことである。

B

　何かを専門的に学ぶことができるところは大学以外にもいくらでもある。とんでもない高い授業料を払って、一学期に３カ月余りしか学ぶことができないというのは、効率的な学習の場と言えない。特に、技術的な分野では、大学で専攻として勉強するより、専門学校に進学して学ぶほうがはるかに効果的である。ⓒ費用と学習時間、専門的な指導など、すべての面において大学で学ぶより勝る。学歴が全てのことを証明するわけでもないし、社会を動かすのは結局人である。ⓓ生産や機械管理の職種に就くことを望んでいる人なら、大学に進学するよりは専門学校や技術学校を選択した方が良い。

[1] ＡとＢの両方の文章にも触れられている点は何か。

1　学歴が就職に及ぼす影響は無視できない。

2　大学に進学するためにはいろいろな条件を考慮すべきだ。

3　大学進学に先立って将来に対する計画や判断が必要だ。

4　教育が行われる場所に対する費用と効果を考えるべきだ。

[2] ＡとＢの筆者は、大学進学についてどのように考えているか。

1　ＡもＢも必ずしも大学に進学する必要はないと考えている。

2　ＡもＢも、大学を選ぶことより、専攻について熟慮するべきだと考えている。

3　Ａは現実的な問題解決について考え、Ｂは大学教育について否定的に考えている。

4　Ａは大学進学について否定的に考え、Ｂは専門学校について肯定的に考えている。

다음의 A와 B는 각각 대학 진학에 대해서 쓰인 글이다. 두 개의 글을 읽고 뒤의 물음에 대한 답으로 가장 알맞은 것을 1 · 2 · 3 · 4에서 하나 고르시오.

A

　　대학에 진학하는 것에 대해 부정적인 여론의 소리가 높아지고 있다. 하지만 아직까지도 많은 회사들이 사원을 채용할 때 출신 대학에 관한 내용을 보고 있다는 것이 현실이다. ⓐ학력에 의해서 면접조차 볼 수 없는 경우가 존재하고 있는 현재 상황을 생각하면, ⓑ확실한 이유와 진로 대책도 세우지 않고 대학에 가지 않는다는 것은 바람직하지 않다. 취업을 위한 목적 외에도 대학 생활을 한 번 경험해 보는 것이 좋다. 중등 교육까지의 과정과는 달리, 대학에서의 교육은 더욱 전문적인 요소를 갖추고 있다. 자신이 원하는 학문과 분야만을 깊게 배울 수 있는 기회가 될 수 있기 때문에 특별한 이유가 없는 한 대학에 진학하는 것이 마땅하다.

B

　　무언가를 전문적으로 배울 수 있는 곳은 대학 이외에도 얼마든지 있다. 터무니없이 비싼 수업료를 내고 한 학기에 3개월 남짓밖에 배울 수 없다는 것은 효율적인 학습의 장이라고 말할 수 없다. 특히 기술적인 분야에서는 대학에서 전공으로 공부하는 것보다 전문학교에 진학해서 배우는 편이 훨씬 효과적이다. ⓒ비용과 학습 시간, 전문적인 지도 등 모든 면에 있어서 대학에서 배우는 것보다 낫다. 학력이 모든 것을 증명하는 것도 아니고, 사회를 움직이는 것은 결국 사람이다. ⓓ생산 및 기계 관리의 직종에 종사하는 것을 원하는 사람이라면 대학에 진학하기보다는 전문학교나 기술 학교를 선택하는 편이 좋다.

1　A와 B의 양쪽 문장에서 언급되고 있는 점은 무엇인가?

1　학력이 취업에 미치는 영향은 무시할 수 없다.

2　대학에 진학하기 위해서는 여러 가지 조건을 고려해야 한다.

3　대학 진학에 앞서 장래에 대한 계획이나 판단이 필요하다.

4　교육이 이루어지는 장소에 대한 비용과 효과를 생각해야 한다.

2　A와 B의 필자는 대학 진학에 대해서 어떻게 생각하고 있는가?

1　A도 B도 반드시 대학에 진학할 필요는 없다고 생각하고 있다.

2　A도 B도 대학을 고르는 것보다 전공에 대해서 숙고해야 한다고 생각하고 있다.

3　A는 현실적인 문제 해결에 대해서 생각하고, B는 대학 교육에 대해서 부정적으로 생각하고 있다.

4　A는 대학 진학에 대해서 부정적으로 생각하고, B는 전문학교에 대해서 긍정적으로 생각하고 있다.

[풀이]

1　ⓑ A는 대학을 가기 전에 자신의 진로를 결정해야 한다고 말하고 있고, ⓓ B는 일부 업종에 취직하려는 사람은 대학보다 전문학교가 좋다고 말하고 있다. 즉, 대학에 가기 전에 자신의 장래에 대한 생각을 하라고 주장하고 있는 것이다. 따라서 정답은 선택지 3번이다. 선택지 1번은 A만의 의견이고, 선택지 2번에 대한 언급은 어느 쪽의 주장에도 나와 있지 않으며, 선택지 4번은 B만의 의견이다.

2　ⓐ A는 면접 기회 유무라는 현실적인 측면에서 대학 진학을 주장하고 있고, ⓒ B는 전문학교 진학이 모든 면에서 대학 진학보다 낫다고 주장하고 있기 때문에, 정답은 선택지 3번이다.

[단어]

進学 진학 | ～について ～에 대해서 | 否定的 부정적 | 採用 채용 | 際 때 | ～に関する ～에 관한 | 現実 현실 | 学歴 학력 | ～によって ～에 의해서, ～에 따라서 | 面接 면접 | ～さえ ～조차 | 存在 존재 | 状況 상황 | 進路 진로 | 望ましい 바람직하다 | 経験 경험 | 異なる 다르다 | 要素 요소 | 備える 준비하다, 갖추다 | 希望 희망 | ～限り ～하는 한 | 効率的 효율적 | ～として

～로서｜**費用** 비용｜**指導** 지도｜**～において** ～에서, ～에 있어서｜**勝る** 더 낫다, 우수하다｜**証明** 증명｜**生産** 생산｜**機械** 기계｜**管理** 관리｜**職種** 업종｜**就く** 종사하다｜**望む** 바라다, 소망하다｜**選択** 선택｜**考慮** 고려｜**～べきだ** ～해야 한다｜**～に先立って** ～에 앞서｜**判断** 판단｜**熟慮** 숙고｜**肯定的** 긍정적

(2)

次のＡとＢはそれぞれ、コロンブスについて書かれた文章である。二つの文章を読んで、後の問いに対する答えとして最もよいものを、１・２・３・４から一つ選びなさい。

A

　コロンブスは最初にアメリカ大陸を発見した人として知られている。彼は人々の非難にもかかわらず、不可能に近いことを見事に成功した挑戦の象徴であり、過去の未練を捨て、人類の進歩のために励んだ英雄である。コロンブスの物語を通じて夢と希望に挑戦するよう生徒たちに教える国も多い。しかし、彼はアメリカ大陸をインドと勘違いして足を踏み入れただけである。そこで、原住民たちに神として君臨された自分に、@黄金を出してくれないという理由で彼らを大量(注1)虐殺してしまったり、資源採取のための建設現場の労働力としてアフリカの黒人を連れてきたりした。そして、これが⑥人類史上最大の汚点の一つである黒人奴隷制度につながってしまったのだ。

(注1) 虐殺：むごたらしい方法で殺すこと。

B

　自分に対する確信と信頼、そしてそれを実現させるための徹底した準備と努力をした人。これが19世紀の偉大な探検家のコロンブスに対する評価である。しかしその当時、コロンブスは非常識な人間として、精神病扱いされていたという。彼は人々の冷たい視線を浴びながらも、自分の信念を曲げない強い心を持っていた。この強い信念によりスペイン女王の最高の支援を受けることになったのである。©コロンブスの最も偉大な業績はウソが横行した世界観を変えたことである。もちろん、彼の@原住民大量虐殺や富の蓄積に対する執着などは、見過ごしてはならないことである。自分の力と能力のみに依存するのではなく、(注2)エゴイスティックな欲を捨てることこそ、偉大な人生を生きていくための基本になるのである。

(注2) エゴイスティック：利己的であるさま。自分勝手。

3　ＡとＢが共通して述べている意見は何か。

1　コロンブスの挑戦に対する評価は間違っている。

2　コロンブスの影響で世界観に大きな変化が起こった。

3　その当時の人たちにコロンブスは歓迎されていなかった。

4　ある目的を持って挑戦することには道徳性がなくてはならない。

4　ＡとＢはコロンブスについてどう述べているか。

1　ＡもＢもコロンブスの挑戦が、良いことばかり残したわけではないと述べている。

2　ＡもＢもコロンブスの努力と信念について批判的に述べている。

3　Ａはコロンブスの業績について批判的に述べ、Ｂはコロンブスの業績については述べていない。

4　Ａは主にコロンブスの業績について述べ、Ｂは主にコロンブスの人格について述べている。

다음 A와 B는 각각 콜럼버스에 대해서 쓰인 글이다. 두 개의 글을 읽고, 뒤의 물음에 대한 답으로 가장 알맞은 것을 1·2·3·4에서 하나 고르시오.

A

콜럼버스는 최초로 아메리카 대륙을 발견한 사람으로 알려져 있다. 그는 사람들의 비난에도 불구하고 불가능에 가까운 일을 멋지게 성공한 도전의 상징이자, 과거의 미련을 버리고 인류의 진보를 위해 힘쓴 영웅이다. 콜럼버스의 이야기를 통해 꿈과 희망에 도전하도록 학생들에게 가르치는 나라도 많다. 그러나 그는 아메리카 대륙을 인도로 착각하고 발을 디딘 것뿐이다. 그런데 원주민들에게 신으로 군림하던 자신에게 ⓐ금을 내어 주지 않는다는 이유로 그들을 대량 (주1) 학살하거나, 자원 채취의 건설 현장의 노동력으로 아프리카의 흑인들을 데려오기도 했다. 그리고 이것이 ⓑ인류 역사상 최대 오점 중 하나인 흑인 노예 제도로 이어지고 말았던 것이다.

(주1) 虐殺 : 학살. 끔찍한 방법으로 죽이는 것.

B

자신에 대한 확신과 신뢰, 그리고 그것을 실현시키기 위한 철저한 준비와 노력을 한 사람. 이것이 19세기의 위대한 탐험가 콜럼버스에 대한 평가이다. 하지만 그 당시, 콜럼버스는 비상식적인 사람으로 정신병자 취급을 받고 있었다고 한다. 그는 사람들의 차가운 시선을 받으면서도 자신의 신념을 굽히지 않는 강한 마음을 가지고 있었다. 이 강한 신념에 의해 스페인 여왕의 최고의 지원을 받게 된 것이다. ⓒ콜럼버스의 가장 위대한 업적은 거짓이 횡행하던 세계관을 바꾼 것이다. 물론, 그의 ⓓ원주민 대량 학살과 부의 축적에 대한 집착 등은 간과해서는 안 되는 것이다. 자신의 힘과 능력에만 의존하는 것이 아니라, (주2) 이기적인 욕심을 버리는 것이야말로, 위대한 인생을 살아가기 위한 기본이 되는 것이다.

(주2) エゴイスティック : 이기적인 모양. 제멋대로.

[3] A와 B가 공통으로 말하고 있는 의견은 무엇인가?
1 콜럼버스의 도전에 대한 평가는 잘못 되어 있다.
2 **콜럼버스의 영향으로 세계관에 큰 변화가 일어났다.**
3 그 당시의 사람들에게 콜럼버스는 환영받지 못했다.
4 어떤 목적을 가지고 도전하는 것에는 도덕성이 없어서는 안 된다.

[4] A와 B는 콜럼버스에 대해서 어떻게 말하고 있는가?
1 **A도 B도 콜럼버스의 도전이 좋은 것만 남긴 것은 아니라고 말하고 있다.**
2 A도 B도 콜럼버스의 노력과 신념에 대해서 비판적으로 말하고 있다.
3 A는 콜럼버스의 업적에 대해서 비판적으로 말하고, B는 콜럼버스의 업적에 대해서는 말하고 있지 않다.
4 A는 주로 콜럼버스의 업적에 대해서 말하고, B는 주로 콜럼버스의 인격에 대해서 말하고 있다.

[풀이]
[3] ⓑ A는 콜럼버스의 행동이 흑인 노예 제도로 이어진 것에 대해서 언급하고, ⓒ B는 거짓이 난무하던 세계관을 바꾸었다고 언급하고 있다. 따라서 정답은 선택지 2번이다. 선택지 1번은 A만의 의견, 선택지 3, 4번은 B만의 의견이다.
[4] ⓐ ⓓ A와 B 모두, 콜럼버스의 원주민 약탈과 부의 착취를 부정적으로 생각하고 있다. 따라서 정답은 선택지 1번이다. 선택지 2번은 A만의 의견이고, 선택지 3번은 B의 의견이 올바르게 기술되지 않았기 때문에 정답이 아니다. 선택지 4번은 A와 B의 의견이 서로 바뀌어 있기 때문에 정답이 아니다.

[단어]

大陸 대륙 | 非難 비난 | ～にもかかわらず ～에도 불구하고 | 見事に 멋지게, 훌륭하게 | 挑戦 도전 | 象徴 상징 | 未練 미련 | 励む 힘쓰다 | 英雄 영웅 | 物語 이야기 | ～を通じて ～를 통해서 | 希望 희망 | 勘違い 착각 | 踏み入れる 발을 디디다 | ～として ～로서 | 君臨 군림 | 虐殺 학살 | 資源 자원 | 採取 채취 | 汚点 오점 | 奴隷制度 노예 제도 | ～に対する ～에 대한 | 確信 확신 | 信頼 신뢰 | 徹底 철저 | 努力 노력 | 偉大 위대 | 評価 평가 | 非常識 비상식 | 業績 업적 | 横行 멋대로 설침, 활개침 | 蓄積 축적 | 執着 집착 | 見過ごす 간과하다 | 依存 의존 | 基本 기본 | 影響 영향 | 歓迎 환영

1	2	3	4
①	②	①	④

(1)

次のＡとＢはそれぞれ、自然災害について書かれた文章である。二つの文章を読んで、後の問いに対する答えとして最もよいものを、１・２・３・４から一つ選びなさい。

A

現在、人類が持っている技術というのは、発生した災害に対する情報を人々に早く伝えることのみにとどまっている。このような点からすると、ⓐ自然災害を防ぐのは不可能に近いことだと言える。したがって、自然災害による被害から発生する火災などの２次災害を防止するために、迅速な伝達網を構築することが非常に重要になるのだと思う。予測できない自然災害を過度に心配しながら暮らすのは精神的に良くないが、安全に対して鈍感なことも良いとは言えない。一番安全な場所は家だと思っている人が増えているようだが、自然災害からまぬがれる安全な場所などは地球上に存在していないということである。自然災害の発生を心配することより、ⓑ被害を最小化するための体系的な対策がもっと重要である。

B

ⓒ自然災害に対する備えは徹底的に行われるべきである。自然災害による被害は莫大な金銭的損失ばかりでなく、数多くのかけがえのない命をも奪ってしまう。どんなことにも代えられない人々の命はどうしても救われなければならない。人の命を救う技術は最も価値があるものだと思う。安全に対して敏感に反応しすぎるのは精神的には良くないかもしれないが、その心配に度が過ぎることはないのではないだろうか。ただ災害を恐れてばかりいて、仕方なく考える時代はとっくに過ぎているのである。普段から災害に対する予測をもとにした備えが重要である。ⓓ完璧に自然を予測することは不可能であると思いながらも、準備することなく迎える災害ほど恐ろしいものはないからである。

1 ＡとＢの意見が一致しているのはどれか。

1 自然災害に対する完璧な予測は不可能なことだ。

2 災害を防ぐよりは二次被害を最小化しなければならない。

3 人間は自然を予測し、対応できる技術力を有している。

4 安全について心配しすぎるのはよくない。

2 AとBは自然災害(さいがい)について、どのように述べているか。

1　AもBも自然災害の予測とともに被害を最小化することが重要だと述べている。

2　AもBも自然災害の被害を減(へ)らすための技術や方法(ほうほう)が重要だと述べている。

3　Aは自然災害を防ぐことが重要だと述べ、Bは自然災害の予測技術が重要だと述べている。

4　Aは安全についてあまり心配する必要はないと述べ、Bは災害の予測よりは災害後(ご)の体系的な対策が重要だと述べている。

다음 A와 B는 각각 자연재해에 대해서 쓰인 글이다. 두 개의 글을 읽고, 뒤의 물음에 대한 답으로 가장 알맞은 것을 1·2·3·4에서 하나 고르시오.

A

　현재 인류가 가지고 있는 기술이라는 것은 발생된 재해에 대한 정보를 사람들에게 빨리 전달하는 것에만 그치고 있다. 이러한 점에서 보면, ⓐ자연재해를 막는 것은 불가능에 가까운 것이라고 말할 수 있다. 따라서 자연재해에 의한 피해로부터 발생하는 화재 등의 2차 재해를 방지하기 위해서 신속한 전달망을 구축하는 것이 매우 중요해지는 것이라고 생각한다. 예측할 수 없는 자연재해를 과도하게 걱정하면서 사는 것은 정신적으로 좋지 않지만, 안전에 대해서 둔감한 것도 좋다고는 말할 수 없다. 가장 안전한 장소는 집이라고 생각하고 있는 사람이 늘어나고 있는 것 같지만, 자연재해를 모면할 수 있는 안전한 장소 따위는 지구상에 존재하지 않는다는 것이다. 자연재해의 발생을 걱정하는 것보다 ⓑ피해를 최소화하기 위한 체계적인 대책이 더욱 중요하다.

B

　ⓒ자연재해에 대한 대비는 철저하게 이루어져야 한다. 자연재해에 의한 피해는 금전적인 손실뿐만 아니라 수많은 사람들의 매우 소중한 목숨까지 빼앗아 간다. 어떤 것으로도 대신할 수 없는 사람의 목숨은 무슨 일이 있어도 구하지 않으면 안 된다. 사람의 목숨을 구하는 기술은 가장 가치가 있는 것이라고 생각한다. 안전에 대해서 지나치게 민감하게 반응하는 것은 정신적으로는 좋지 않을지도 모르지만, 그 걱정에 도가 지나친 것은 없는 것이 아닐까? 단지 재해를 두려워하기만 하고 어쩔 수 없다고 생각하는 시대는 진작 지난 것이다. 평소부터 재해에 대한 예측을 바탕으로 한 대비가 중요하다. ⓓ완벽하게 자연을 예측하는 것은 불가능하다고 생각하지만 준비 없이 맞이하는 재해만큼 무서운 것은 없기 때문이다.

1 A와 B의 의견이 일치하고 있는 것은 어느 것인가?

1　자연재해에 대한 완벽한 예측은 불가능한 것이다.

2　재해를 막는 것보다는 2차 피해를 최소화해야 한다.

3　인간은 자연을 예측하고 대응할 수 있는 기술력을 가지고 있다.

4　안전에 대해서 지나치게 걱정하는 것은 좋지 않다.

2 A와 B는 자연재해에 대해서 어떻게 말하고 있는가?

1　A도 B도 자연재해의 예측과 함께 피해를 최소화하는 것이 중요하다고 말하고 있다.

2　A도 B도 자연재해의 피해를 줄이기 위한 기술이나 방법이 중요하다고 말하고 있다.

3　A는 자연재해를 막는 것이 중요하다고 말하고, B는 자연재해 예측 기술이 중요하다고 말하고 있다.

4　A는 안전에 대해서 그다지 걱정할 필요는 없다고 말하고, B는 재해의 예측보다는 재해 후의 체계적인 대책이 중요하다고 말하고 있다.

1 ⓐ A는 자연재해를 예방하는 것은 불가능에 가까운 것이라고 말하고 있고, ⓓ B도 역시 완벽하게 자연을 예측하는 것은 불가능하다고 말하고 있다. 따라서 정답은 선택지 1번이다. 선택지 2번과 4번은 A만의 의견이고, 선택지 3번은 B만의 의견이다.

2 ⓑ A는 피해를 최소화하기 위한 체계적인 대책의 중요성에 대해서 말하고 있고, ⓒ B도 자연재해에 의한 막대한 피해에 철저하게 대비해야 한다고 말하고 있다. 따라서 정답은 선택지 2번이다. 선택지 1번은 B만의 의견이고, 선택지 3번은 A의 의견이 본문과 다르기 때문에 정답이 될 수 없다. 선택지 4번도 B의 의견이 본문과 다르기 때문에 정답이 아니다.

[단어]

技術 기술 | 災害 재해 | ～に対する ～에 대한 | 防ぐ 막다, 저지하다 | したがって 따라서 | ～による ～에 의한, ～에 따른 | 防止 방지 | 迅速 신속 | 伝達網 전달망 | 構築 구축 | 非常に 매우, 상당히 | 予測 예측 | 鈍感 둔감 | まぬがれる 모면하다, 면제하다 | 存在 존재 | 体系的 체계적 | 対策 대책 | 徹底 철저 | 行う 행하다, 실시하다 | 莫大 막대 | 金銭 금전 | 命 목숨, 생명 | 奪う 빼앗다 | 代える 대신하다 | 救う 구하다 | 価値 가치 | 敏感 민감 | 度が過ぎる 도가 지나치다 | 恐れる 두려워하다, 무서워하다 | とっくに 훨씬 전에 | 完璧 완벽 | 迎える 맞이하다, 마중하다 | 恐ろしい 두렵다, 무섭다 | 対応 대응 | 有する 소유하다 | 述べる 말하다, 기술하다 | ～とともに ～와 함께

(2)

次のＡとＢはそれぞれ、欲望について書かれた文章である。二つの文章を読んで、後の問いに対する答えとして最もよいものを、１・２・３・４から一つ選びなさい。

A

　欲望とは、不足を感じてそれを満たそうと強く望むことである。ⓐ人間の進歩を邪魔するのは満足というもので、満足を感じてしまうと、人間はそれ以上の行動をしなくなる。今の状況に満足を感じているのに、それ以上のことを願うこと自体が不可能なことであるから。ⓑ100年前、いや50年前、いや30年前とは比較することもできないほど、我々の暮らしは豊かになった。欲望という単語が与える拒否感により、我々はそれを否定している。欲望の別の名は目標である。一日の目標をはじめ、１年の目標、ひいては人生の目標を立て、それを実現するために努力しない人生は空しさだけをもたらすだろう。我々は欲望ということに関してきちんと考える必要がある。

B

　人は絶えず、欲求を満たすために努力してきた。より楽になるため、より多くの富を積むため、より幸せに暮らすための欲求のことを欲望と表現する。確かに、ⓒ我々は過去より便利な世界で暮らしている。自動車を作り、電気を発明するなど、数多くの物によって我々は以前に比べ、肉体的には楽に暮らすことができるようになった。しかし、今我々の生活空間のあちこちから、しきりに聞こえてくる恐ろしいニュースについて考えてみよう。欲望の(注)節制が不足したせいで起こっている凶悪事件はいつの間にか我々の命まで脅かす時代になってしまった。ⓓ欲望は調節されるべき問題である。

(注) 節制：度を越さないよう控えめにすること。ほどよくすること。

3 ＡとＢの意見の共通点は何か。

1　人間の欲望によって以前より便利な生活になった。

2　欲望というのは目標から始まるものである。

3　人間の欲によって良くない事が起こっている。

4　欲望は適切な調節が行われなければ、良い方向に進むことができない。

4　ＡとＢは欲望についてどう述べているか。

1　ＡもＢも、今後欲望の調節が行われなければならないと述べている。

2　ＡもＢも、欲望の調節によって豊かな社会になりうると述べている。

3　Ａは欲望に対する客観的な意見を述べ、Ｂは欲望に対する主観的な意見を述べている。

4　Ａは欲望が社会の発展に貢献したことについて述べ、Ｂは欲望の調節について述べている。

다음 A와 B는 각각 욕망에 대해서 쓰인 글이다. 두 개의 글을 읽고, 뒤의 물음에 대한 답으로 가장 알맞은 것을 1·2·3·4에서 하나 고르시오.

A

욕망이란 부족함을 느껴서 그것을 채우려고 강하게 바라는 것이다. ⓐ인간의 진보를 방해하는 것은 만족이라는 것으로, 만족을 느끼게 되어 버리면 인간은 그 이상의 행동을 하지 않게 된다. 지금 상황에 만족을 느끼고 있는데 그 이상의 것을 바라는 것 자체가 불가능한 것이니까. ⓑ100년 전, 아니 50년 전, 아니 30년 전과는 비교하는 것도 불가능할 정도로 우리의 삶은 풍요로워졌다. 욕망이라는 단어가 주는 거부감으로 인해 우리는 그것을 부정하고 있다. 욕망의 또 다른 이름은 목표이다. 하루의 목표를 비롯해서 1년의 목표, 더 나아가서는 인생의 목표를 세우고 그것을 실현하기 위해서 노력하지 않는 인생은 허무함만을 가져올 것이다. 우리는 욕망이라는 것에 대해서 제대로 생각할 필요가 있다.

B

사람은 끊임없이 욕구를 채우기 위해서 노력해 왔다. 보다 편해지기 위한, 보다 많은 부를 쌓기 위한, 보다 행복하게 살기 위한 욕구를 욕망이라고 표현한다. 확실히 ⓒ우리는 과거보다 편리한 세상에서 살아가고 있다. 자동차를 만들고 전기를 발명하는 등, 수많은 물건들로 인해서 우리는 이전에 비해서 육체적으로는 편하게 살 수 있게 되었다. 그러나 지금 우리들의 생활공간 여기저기에서 끊임없이 들리고 있는 무서운 소식에 대해서 생각해 보자. 욕망의 (주)절제가 부족한 탓에 일어나고 있는 흉악한 사건들은 어느새 우리들의 목숨까지 위협하는 시대가 되어 버렸다. ⓓ욕망은 조절되어야 할 문제이다.

(주) 節制 : 절제. 도를 넘지 않게 조심스럽게 하는 것. 알맞게 하는 것.

3　A와 B의 의견의 공통점은 무엇인가?

1　인간의 욕망에 의해서 이전보다 편리한 생활이 되었다.

2　욕망이라는 것은 목표에서 시작되는 법이다.

3　인간의 욕심으로 인해서 좋지 않은 일이 일어나고 있다.

4　욕망은 적절한 조절이 이루어지지 않으면 좋은 방향으로 진행될 수 없다.

4　A와 B는 욕망에 대해서 어떻게 말하고 있는가?

1　A도 B도 앞으로 욕망의 조절이 이루어져야 한다고 말하고 있다.

2　A도 B도 욕망의 조절로 인해서 풍요로운 사회가 될 수 있다고 말하고 있다.

3　A는 욕망에 대한 객관적인 의견을 말하고, B는 욕망에 대한 주관적인 의견을 말하고 있다.

4　A는 욕망이 사회 발전에 공헌한 것에 대해서 말하고, B는 욕망의 조절에 대해서 말하고 있다.

3 ⓑ A는 순수한 욕망으로 인해 예전과는 비교할 수 없을 만큼 삶이 풍요로워졌다고 말하고 있고, ⓒ B도 욕망 덕분에 과거보다 편리한 세상에서 살고 있다고 말하고 있다. 따라서 정답은 선택지 1번이다. 선택지 2번은 A만의 주장이고, 선택지 3, 4번은 B만의 주장이다.

4 ⓐ A는 인간의 진보를 위해서 순수한 욕망을 가져야 한다고 하고, ⓓ B는 욕망은 조절되어야 한다고 주장하고 있다. 따라서 정답은 4번이다. 선택지 1, 2번의 내용은 B만의 주장이고, A, B 모두 주관적인 의견을 나타내고 있기 때문에 선택지 3번도 정답이 될 수 없다.

[단어]

欲望 욕망 ┃ 満たす 채우다 ┃ 望む 바라다 ┃ 進歩 진보 ┃ 邪魔 방해 ┃ 状況 상황 ┃ 比較 비교 ┃ 豊か 풍부함, 풍족함 ┃ 与える 주다 ┃ 拒否感 거부감 ┃ ～により ～에 의해, ～에 따라 ┃ 否定 부정 ┃ ～をはじめ ～를 비롯해 ┃ ひいては 더 나아가서는 ┃ 実現 실현 ┃ 努力 노력 ┃ 空しい 허무하다, 공허하다 ┃ ～に関して ～에 관해서 ┃ 絶える 끊어지다, 끊기다 ┃ 富 부, 재산 ┃ 積む 쌓다 ┃ 表現 표현 ┃ ～に比べ ～에 비해 ┃ 肉体 육체 ┃ しきりに 끊임없이 ┃ 恐ろしい 두렵다 ┃ 節制 절제 ┃ 凶悪事件 흉악 사건 ┃ いつの間にか 어느새 ┃ 命 목숨 ┃ 脅かす 위협하다 ┃ 調節 조절 ┃ 述べる 말하다, 기술하다 ┃ ～うる ～할 수 있다 ┃ 客観 객관 ┃ 主観 주관 ┃ 発展 발전 ┃ 貢献 공헌

종합 이해 실전 연습 ❸ p.322 해석과 문제 해설

1	2	3	4
②	④	①	④

(1)

次のＡとＢはそれぞれ、漫画について書かれた文章である。二つの文章を読んで、後の問いに対する答えとして最もよいものを、１・２・３・４から一つ選びなさい。

A

漫画は中高生や大人たちの趣味としてよく読まれている。しかし問題になるのは、ⓐ人気を得ている漫画のほとんどが暴力的で刺激的だということである。ますます高くなっている未成年者の犯罪率に、質の悪い漫画が影響しているといえないだろうか。あるアンケート調査では、実在していない漫画の世界を現実のようにとらえてしまう子供も少なくないという。ある４歳の子供が、漫画を読んだ後、空を飛ぼうとして屋上から飛び降りて大怪我をしたというニュースもあった。また、ほとんどの人が横になって漫画を読んでいるので、ⓑ目が悪くなったり肩が痛くなったりして、健康によくない影響が出ている。すべての漫画が悪いというわけではないが、それよりは普通の本を読んだ方がいいと思う。

B

幼稚園で読まれている子供の絵本を読んでみると、大人の私が読んでもおもしろく感じることがよくある。字だけでなく、絵も描かれていて分かりやすい。最近はエッセイや小説の本にも途中で絵のページが登場している。私は、ⓒこのような現象も漫画に影響されたことだと思っている。子供が読んでいる童話の本も、絵が描かれた小説やエッセイの本も、漫画を応用した形式をもとに作られている。

　また、ⓓ漫画は情報を伝えることにかけては、他の本に比べて優れていると思う。ある情報を一番早く受け入れる感覚器官は目で、人は何事も自分の目で見てから判断する傾向がある。だからと言って、ⓔ漫画の読みすぎは視力低下の原因にもなるので注意しなければならない。

[1] ＡとＢのどちらの文章にも触れられている点は何か。

1　多くの分野で使われている漫画の手法
2　人の体に良くない影響を与えている漫画の短所
3　人の生活に役に立っている漫画の長所
4　漫画が人の精神に与える影響

[2] ＡとＢの筆者は漫画についてどのように考えているか。

1　ＡもＢも、これから人の生活に役に立つ漫画の活躍を期待している。
2　ＡもＢも、漫画が未成年者に与えている問題を心配している。
3　Ａは暴力的で刺激的な漫画に関する問題点を心配し、Ｂは漫画が与える視力低下を心配している。
4　Ａは漫画が人に与える問題点を批判し、Ｂは漫画の情報伝達力を評価している。

다음 A와 B는 각각 만화에 대해서 쓰인 글이다. 두 개의 글을 읽고, 뒤의 물음에 대한 답으로 가장 알맞은 것을 1·2·3·4에서 하나 고르시오.

A

　만화는 중고등학생과 성인들의 취미로서 자주 읽히고 있다. 그러나 문제가 되는 것은 ⓐ인기를 얻고 있는 만화의 대부분이 폭력적이고 자극적이라는 것이다. 점점 높아지고 있는 미성년자의 범죄율에 질이 나쁜 만화가 영향을 주고 있다고 말할 수 있지 않을까? 어떤 설문 조사에서는 실재하지 않는 만화 세계를 현실처럼 인식하는 아이도 적지 않다고 한다. 어떤 4살 아이가 만화책을 읽고 난 후 하늘을 날려고 옥상에서 뛰어내려 크게 다쳤다는 뉴스도 있었다. 또한, 대부분의 사람이 누워서 만화책을 읽고 있기 때문에 ⓑ눈이 나빠지거나 어깨가 아프게 되기도 하며 건강에 좋지 않은 영향이 나오고 있다. 모든 만화가 나쁘다는 것은 아니지만 그것보다는 보통의 책을 읽는 편이 좋을 것 같다.

B

　유치원에서 읽히고 있는 아이의 그림책을 읽어 보면, 어른인 내가 읽어도 재미있게 느끼는 경우가 자주 있다. 글씨뿐만 아니라 그림도 그려져 있어서 알기 쉽다. 요즘은 에세이나 소설책에도 도중에 그림 페이지가 등장하고 있다. 나는 ⓒ이러한 현상도 만화의 영향을 받은 것이라고 생각한다. 아이가 읽는 동화책도, 그림이 그려진 소설이나 에세이 책도, 만화를 응용한 형식을 토대로 만들어지고 있다.

　또, ⓓ만화는 정보를 전하는 것에 있어서는 다른 책에 비해 뛰어나다고 생각한다. 어떤 정보를 가장 빨리 받아들이는 감각 기관은 눈으로, 사람은 무엇이든 자신의 눈으로 보고 나서 판단하는 경향이 있다. 그렇다고 해도 ⓔ만화를 너무 많이 읽는 것은 시력 저하의 원인도 되기 때문에 주의하지 않으면 안 된다.

[1] A와 B의 어느 문장에도 언급되고 있는 것은 무엇인가?

1　많은 분야에서 사용되고 있는 만화 수법
2　사람의 몸에 좋지 않은 영향을 주고 있는 만화의 단점
3　인간의 생활에 도움이 되고 있는 만화의 장점
4　만화가 인간의 정신에 미치는 영향

　　1　A도 B도 앞으로 인간의 생활에 도움이 될 만화의 활약을 기대하고 있다.

　　2　A도 B도 만화가 미성년자에게 주고 있는 문제점을 걱정하고 있다.

　　3　A는 폭력적이고 자극적인 만화에 관한 문제점을 걱정하고, B는 만화가 주는 시력 저하를 걱정하고 있다.

　　4　A는 만화가 사람에게 주는 문제점을 비판하고, B는 만화의 정보 전달력을 높게 평가하고 있다.

[풀이]

1　ⓑ A는 책을 읽는 자세로 인한 눈과 어깨의 통증을 언급하며 건강에 대한 우려에 대해서 말하고 있고, ⓔ B는 만화를 지나치게 보는 것으로 인한 시력 저하에 대해서 말하고 있다. 따라서 정답은 선택지 2번이다. 선택지 1번과 3번은 B에만 나와 있는 내용이고, 선택지 4번은 A에만 나와 있는 내용이기 때문에, 모두 정답이 될 수 없다.

2　ⓐ A는 자극적이고 폭력적인 만화가 미성년자에게 미치는 영향에 대해서 비판적으로 이야기하고 있고, ⓒ ⓓ B는 주로 만화가 가진 장점에 대해서 기술하며 만화가 가진 전달의 힘을 긍정적으로 보고 있다. 따라서 정답은 선택지 4번이다. 선택지 1번은 B만의 의견이고, 선택지 2번은 A만의 의견이기 때문에 정답이 될 수 없다. 선택지 3번의 A의 의견에 대해서는 맞다고 볼 수 있지만, B에 대해서는 B가 시력 저하에 대한 걱정만을 하고 있다고 보기는 힘들기 때문에 정답이 될 수 없다.

[단어]

趣味 취미┃〜として 〜로서┃暴力 폭력┃刺激 자극┃犯罪 범죄┃影響 영향┃調査 조사┃実在 실재┃屋上 옥상┃飛び降りる 뛰어내리다┃怪我 상처, 부상┃健康 건강┃幼稚園 유치원┃絵本 그림책┃登場 등장┃現象 현상┃童話 동화┃応用 응용┃〜をもとに 〜를 바탕으로, 토대로┃情報 정보┃〜に比べて 〜에 비해서┃優れる 뛰어나다, 우수하다┃感覚 감각┃器官 기관┃判断 판단┃傾向 경향┃だからと言って 그렇다고 해서(도)┃視力 시력┃低下 저하┃原因 원인┃短所 단점┃役に立つ 도움이 되다┃長所 장점┃活躍 활약

(2)

次のＡとＢはそれぞれ、ミニマルライフについて書かれた文章である。二つの文章を読んで、後の問いに対する　答えとして最もよいものを、１・２・３・４から一つ選びなさい。

A

　　ミニマルライフというのは、簡単に言えば、自分の生活に必要な品物を最小限することを言う。ミニマルライフを行っている人々は、生活している家に余裕のある空間を作ることによって、心の安定を得ている。もっと進んだミニマルライフは、食生活の簡素化や、シンプルな衣食住を実践することである。また、高いブランドよりは性能を重視する効率的な消費パターンもミニマルライフの長所だと言うことができる。芸術の分野においてもミニマリズムが目立っている。本人が表現したいことだけに対して、集中的に簡潔に描写をすることである。ⓐ人間の欲求は決して物の所有で満たすことができない。ⓑ大切なものを得るためには捨てることも重要である。

B

　　人は、他人が所有している物を持っていない時にストレスを感じる。それから抜け出すために、またたくさんの物が所有できない状況を合理化させるため、現れる現象の一つがミニマルライフだと思う。これは激しい競争社会から生じる一時的な現象であり、劣等感の結果でもある。この現象が人間関係の簡素化にまで至っている。自分に少しでも得になる人との関係だけを望み、役に立たないと思うと交流を絶ってしまうのである。人間は社会的な動物であり、人との関係から離れ、一人で生きていくことは不可能である。また、ⓒ幸福とい

3　ＡとＢ二つの文章から共通して述べていることは何か。

1　物を多く所有することが、必ずしも幸せにつながるわけではない。
2　単純な生活パターンであるほど、病気の予防ができる。
3　人との交流が多すぎることも問題になりかねない。
4　ミニマルライフは、所有に対する反発による一時的な現象に過ぎない。

4　ＡとＢはミニマルライフについて、どう考えているか。

1　ＡもＢも所有に対する執着が悪いことばかりではないと考えている。
2　ＡもＢも賢明な生活パターンが重要だと考えている。
3　Ａは物の所有の抑制による人生の豊かさが重要だと考え、Ｂは人間関係の抑制による人生の幸せが大切だと考えている。
4　Ａは生活の簡素化が重要だと考え、Ｂは物質的な豊かさには限界があると考えている。

다음 A와 B는 각각 미니멀 라이프에 대해서 쓰인 글이다. 두 개의 글을 읽고, 뒤의 물음에 대한 답으로 가장 알맞은 것을 1·2·3·4에서 하나 고르시오.

A

　미니멀 라이프라는 것은 간단하게 말하자면, 자신의 생활에 필요한 물건을 최소한으로 하는 것을 말한다. 미니멀 라이프를 실행하고 있는 사람들은 생활하는 집에 여유가 있는 공간을 만드는 것으로 마음의 안정을 얻고 있다. 더욱 진행된 미니멀 라이프는 식생활의 간소화나 심플한 의식주를 실천하는 것이다. 또한, 비싼 브랜드보다는 성능을 중시하는 효율적인 소비 패턴도 미니멀 라이프의 장점이라고 말할 수 있다. 예술 분야에서도 미니멀리즘이 눈에 띄고 있다. 본인이 표현하고 싶은 것에 대해서만 집중적으로 간결하게 묘사하는 것이다. ⓐ인간의 욕구는 결코 물건의 소유로 채울 수 없다. ⓑ소중한 것을 얻기 위해서는 버리는 것도 중요하다.

B

　사람은 남이 소유하고 있는 것을 가지고 있지 않을 때 스트레스를 느낀다. 그것으로부터 벗어나기 위해서, 또는 많은 것을 소유할 수 없는 상황을 합리화시키기 위해 나타나는 현상의 한 가지가 미니멀 라이프라고 생각한다. 이것은 혹독한 경쟁 사회에서 발생하는 일시적인 현상이며 열등감의 결과이기도 하다. 이 현상이 인간관계의 간소화에까지 이르고 있다. 자신에게 조금이라도 이득이 되는 사람들과의 관계만을 바라고, 도움이 안 된다고 생각하면 교류를 끊어 버리는 것이다. 인간은 사회적인 동물이고 사람과의 관계를 떠나 혼자 살아가는 것은 불가능하다. 또한, ⓒ행복이라는 것은 물질의 소유에 국한되는 것이 아니다. ⓓ풍요로운 인간관계를 통해서도 행복한 삶을 누릴 수 있다는 것을 알았으면 한다.

3　A와 B 두 문장에서 공통적으로 말하고 있는 것은 무엇인가?

1　물건을 많이 소유하는 것이 반드시 행복으로 이어지는 것은 아니다.
2　단순한 생활 패턴일수록 병의 예방이 가능하다.
3　사람과의 교류가 지나치게 많은 것도 문제가 될 수 있다.
4　미니멀 라이프는 소유에 대한 반발로 인한 일시적인 현상에 지나지 않는다.

4 | A와 B는 미니멀 라이프에 대해서 어떻게 생각하고 있는가?

1 A도 B도 소유에 대한 집착이 나쁘기만 한 것은 아니라고 생각하고 있다.

2 A도 B도 현명한 생활 패턴이 중요하다고 생각하고 있다.

3 A는 물건 소유 억제에 의한 인생의 풍요로움이 중요하다고 생각하고, B는 인간관계 억제에 의한 삶의 행복이 중요하다고 생각하고 있다.

4 A는 생활의 간소화가 중요하다고 생각하고, B는 물질적인 풍요로움에는 한계가 있다고 생각하고 있다.

[풀이]

3 | ⓐ A는 물건의 소유로 인간의 욕구를 채울 수 없다고 말하고, ⓒ B는 물질의 소유가 행복의 전부는 아니라고 하기 때문에, 정답은 선택지 1번이다. 선택지 2번과 3번에 대한 언급은 A, B 모두 없으며, 선택지 4번은 B만의 주장이기 때문에 정답이 될 수 없다.

4 | ⓑ A는 소중한 것을 얻기 위해서는 버리는 것이 중요하다고 말하고 있고, ⓒ B는 물질의 소유 말고도 ⓓ 풍요로운 인간관계를 통해서도 행복해질 수 있다고 말하고 있기 때문에, 정답은 선택지 4번이다. 선택지 1번에 대한 언급은 없으며, 선택지 2번은 A만의 생각이고, 선택지 3번은 B의 내용이 본문과 다르기 때문에 정답이 될 수 없다.

[단어]

品物 물건, 물품 | 行う 행하다, 실시하다 | 余裕 여유 | 安定 안정 | 簡素化 간소화 | 実践 실천 | 性能 성능 | 重視 중시, 중요시 | 効率的 효율적 | 消費 소비 | 長所 장점 | 芸術 예술 | ～において ～에서, ～에 있어서 | 目立つ 눈에 띄다 | 表現 표현 | ～に対して ～에 대해서 | 集中 집중 | 簡潔 간결 | 描写 묘사 | 欲求 욕구 | 満たす 채우다 | 抜け出す 빠져나가다 | 状況 상황 | 現れる 나타나다 | 激しい 심하다, 격렬하다 | 競争 경쟁 | 劣等感 열등감 | 望む 바라다 | 役に立つ 도움이 되다 | 交流 교류 | 絶つ 끊다, 없애다 | 離れる 떨어지다, 멀어지다 | 限る 제한하다, 한정하다 | 豊か 풍부함, 풍족함 | ～を通じて ～를 통해서 | 享受 향수 | 反発 반발 | 執着 집착 | 抑制 억제

주장 이해(장문) 실전 연습 ❶ p.326 해석과 문제 해설

1	2	3
③	③	①

次の文章を読んで、後の問いに対する答えとして最もよいものを、１・２・３・４から一つ選びなさい。

　ある程度世の中のことがわかる年頃になると、誰もが感じることがある。それは、ⓐこの世は不公平だということである。５歳未満の子供は世の中に対する不満よりは現実の楽しさを追求することに没頭しているが、幼稚園に入る年頃になると自分のことばかりではなく、周りのことも見えてくる。自分より素敵なおもちゃを持った友達を羨んだり、(注)嫉妬をしてけんかをしたりすることもある。小学校を卒業して中学生になると、もう世の中は公平であると感じる人はほとんどいなくなる。それは決して間違った考えではない。世の中は不公平の基盤で作られたものであるから。

　今は地球上のほとんどの国が資本主義の国である。資本主義自体が、限りのない競争を通じて利益を多く得る人と得られない人に分けるシステムである。多くの人が、ⓑ資本主義の最も大きな問題点として貧富の差が激しいということを挙げている。しかし、資本主義がもたらした莫大な便宜と富を放棄できないため、公平な分配を掲げている社会主義の道を選択しないだけである。そして努力すればあなたも富裕の方に入れると人々に訴えている。残念ながら、親の能力が子供の学歴とも密接な関連性を持っている現状では、努力によって富の陣営に入ることは非常に難しい。

（中略）

　時間は公平だと考える人が多いが、実は公平ではない。我々が生きているこの世の中に公平なものは一つもないと言っても過言ではない。しかも、生まれた時から、ある程度自分の位置が決定されることも否定できない。裕福な家で生まれた人はもっとお金持ちになりやすく、貧しい家で生まれた人は金持ちになるまで多くの困難を抱えることになる。しかし、ⓒ富の追求を人生の目的から放棄することができれば、あなたはきっと幸せを得ることができると思う。あなたの両親や兄弟が金持ちではないが、暖かくて良い人で、あなたの友達があなたのことをいつも信じていて、あなたが愛する人が何事にも動揺することなく、あなたを見ているとしたら、あなたは幸せなはずであるから。ⓓたとえ金持ちではなくても、不公平な世の中を生きていくには十分ではないだろうか。

（注）嫉妬：自分よりすぐれている人をうらやみねたむこと。

1 この文章で、誰もが感じることはどのようなことか。

　1　幼い頃に面白いことにはまっていたこと

　2　自分にないものに関してやきもちを焼いていること

　3　自分と他人が持っている条件が同等ではないこと

　4　不公平について悩んで比較すること

2 筆者は、資本主義のシステムが持っている問題点は何だと述べているか。

　1　公平な分配が行われていないこと

　2　限りのない競争のために、絶えず努力しなければならないこと

　3　持っている者と持っていない者の差が大きいこと

　4　両親の能力なしには競争に遅れを取りかねないこと

3 この文章で、筆者が一番言いたいことは何か。

　1　金持ちではなくても幸せになることができる。

　2　生まれた環境に合う富の蓄積について考えるべきだ。

　3　誰にでも公平な時間を効率的に活用すべきだ。

　4　豊富な対人関係を持つことが富の蓄積につながる。

다음 글을 읽고 뒤의 질문에 대한 답으로 가장 옳은 것을 1·2·3·4에서 하나 고르시오.

　어느 정도 세상 물정을 알기 시작하는 나이쯤 되면 누구나 느끼는 것이 있다. 그것은 ⓐ이 세상은 불공평하다는 것이다. 5세 미만의 아이는 세상에 대한 불만보다는 현실의 즐거움을 추구하는 것에 몰두하지만, 유치원에 들어갈 나이쯤 되면 자신에 대한 것만이 아니라 주위도 보이기 시작한다. 자신보다 멋진 장난감을 가진 친구를 부러워하거나 (주) 질투를 하며 싸움을 하기도 한다. 초등학교를 졸업하고 중학생이 되면 이제 세상은 공평하다고 느끼는 사람은 거의 없어진다. 그것은 결코 잘못된 생각이 아니다. 세상은 불공평의 기반에서 만들어진 것이기 때문에.

지금은 지구상의 거의 모든 국가가 자본주의 나라이다. 자본주의 자체가 끝없는 경쟁을 통해서 이익을 많이 얻는 사람과 얻지 못하는 사람으로 나누는 시스템이다. 많은 사람들이 ⓑ자본주의의 가장 큰 문제점으로 빈부의 차이가 심하다는 것을 꼽고 있다. 하지만 자본주의가 가져다 준 막대한 편의와 부를 포기할 수 없기 때문에 공평한 분배를 내세우고 있는 사회주의의 길을 선택하지 않는 것뿐이다. 그리고 노력하면 당신도 부유한 쪽으로 들어올 수 있다고 사람들에게 호소하고 있다. 유감스럽게도 부모의 능력이 자식의 학력과도 밀접한 관련성을 가지고 있는 현 상황에서는 노력에 의해서 부의 진영으로 들어가는 것은 매우 어렵다.

(중략)

시간은 공평하다고 생각하는 사람이 많지만 사실은 공평하지 않다. 우리가 살아가고 있는 이 세상에 공평한 것은 하나도 없다고 해도 과언이 아니다. 게다가 태어날 때부터 어느 정도 자신의 위치가 결정되는 것도 부정할 수 없다. 유복한 집에서 태어난 사람은 더욱 부자가 되기 쉽고 가난한 집에서 태어난 사람은 부자가 되기까지 많은 어려움을 떠안게 된다. 하지만 ⓒ부의 추구를 삶의 목적에서 포기할 수 있다면 당신은 분명 행복을 얻을 수 있을 것이다. 당신의 부모님이나 형제가 부자가 아니지만 따뜻하고 좋은 사람이고, 당신의 친구가 당신을 언제나 믿고 있고, 당신이 사랑하는 사람이 어떤 것에도 동요하지 않고 당신을 보고 있다면 당신은 행복할 것이니까. ⓓ비록 부자는 아니더라도 불공평한 세상을 살아가기에는 충분하지 않을까?

(주) **嫉妬** : 질투. 자신보다 뛰어난 사람을 부러워하고 시기하는 것.

1 이 문장에서 누구나 느끼는 것은 어떤 것인가?

1 어린 시절에 재미있는 것에 빠져 있었던 것

2 자기에게 없는 것에 관해서 질투를 느끼는 것

3 자신과 다른 사람이 가지고 있는 조건이 동등하지 않은 것

4 불공평에 대해서 고민하고 비교하는 것

2 필자는 자본주의 시스템이 가지고 있는 문제점은 무엇이라고 말하고 있는가?

1 공평한 분배가 이루어지지 않는 것

2 끝이 없는 경쟁을 위해서 끊임없이 노력해야 하는 것

3 가진 자와 가지지 못한 자의 차이가 크다는 것

4 부모의 능력 없이는 경쟁에 뒤처질 수도 있다는 것

3 이 문장에서 필자가 가장 말하고 싶은 것은 무엇인가?

1 부자가 아니더라도 행복해질 수 있다.

2 태어난 환경에 맞는 부의 축적에 대해서 생각해야 한다.

3 누구에게나 공평한 시간을 효율적으로 활용해야 한다.

4 풍부한 대인 관계를 가지는 것이 부의 축적으로 이어진다.

[풀이]

1 ⓐ 어느 정도 나이가 들면 세상이 불공평하다는 것을 알게 된다고 한다. 이것을 다른 사람과 조건이 동등하지 않다고 표현한 선택지 3번이 정답이다. 선택지 1, 2번에 대해서 본문에서 언급하고는 있지만 모든 사람이 다 그렇다는 내용은 없기 때문에 정답이 될 수 없다. 선택지 4번에 대한 언급은 없었다.

2 ⓑ 자본주의의 가장 큰 문제점을 빈부의 차이라고 주장하고 있고, 이것에 대한 내용을 다루고 있는 것은 선택지 3번이다. 선택지 1번의 분배에 대한 언급은 사회주의에 관한 내용이고, 경쟁에 대해서 노력하라는 언급은 없었기 때문에 선택지 2번도 정답이 될 수 없다. 부모의 능력은 자식의 학력의 문제이고, 이것이 자본주의의 시스템에 관한 문제라는 내용은 찾아볼 수 없다. 따라서 선택지 4번도 완벽한 정답이라고는 할 수 없다.

3 ⓒ 부에 대한 것을 포기한다면 행복해질 수 있다고 하고, ⓓ 부자가 아니더라도 충분히 행복하게 살아갈 수 있다고 말하고 있다. 그러므로 필자의 주장에 가장 가까운 것은 선택지 1번이다. 선택지 2, 4번에 대한 언급은 없었고, 선택지 3번에서 말하고 있는 공평한 시간이라는 부분이 본문의 내용과 맞지 않기 때문에 정답이 될 수 없다.

[단어]

程度 정도 ┃ 〜に対する 〜에 대한 ┃ 追求 추구 ┃ 没頭 몰두 ┃ 羨む 부러워하다 ┃ 嫉妬 질투 ┃ 決して 결코 ┃ 間違う 잘못되다, 틀리다 ┃ 基盤 기반 ┃ 資本主義 자본주의 ┃ 競争 경쟁 ┃ 〜を通じて 〜를 통해서 ┃ 利益 이익 ┃ 貧富 빈부 ┃ 激しい 심하다, 격렬하다 ┃ 挙げる (예로) 들다 ┃ 莫大 막대 ┃ 便宜 편의 ┃ 放棄 포기 ┃ 掲げる 내걸다 ┃ 社会主義 사회주의 ┃ 努力 노력 ┃ 訴える 호소하다, 소송하다 ┃ 残念ながら 유감스럽게도 ┃ 能力 능력 ┃ 密接 밀접 ┃ 関連性 관련성 ┃ 現状 현 상황 ┃ 〜によって 〜에 의해서, 〜에 따라서 ┃ 陣営 진영 ┃ 非常に 매우, 상당히 ┃ 位置 위치 ┃ 裕福 유복 ┃ 貧しい 가난하다 ┃ 困難 곤란 ┃ 抱える (떠)안다 ┃ 動揺 동요 ┃ 〜に関して 〜에 관해서 ┃ やきもちを焼く 질투하다 ┃ 条件 조건 ┃ 比較 비교 ┃ 遅れを取る 남보다 뒤지다 ┃ 〜かねない 〜할지도 모른다 ┃ 環境 환경 ┃ 蓄積 축적 ┃ 〜について 〜에 대해서 ┃ 〜べきだ 〜해야 한다

주장 이해(장문) 실전 연습 ❷ p.328 해석과 문제 해설

1	2	3
③	①	④

　昨年、アメリカで一年間留学している間に、今までアメリカという国に対して多くのことを誤解していたことが分かった。アメリカといえば、自由と開放の国だと考えがちだが、多くの場面で必ずしもそうではないと感じるようになった。人によって違いもあるが、ⓐ一般的なアメリカの人たちは、会話をする時、あまりにも近い距離から行われることに①負担を感じるようだ。映画やドラマで見ていた米国とはだいぶ違っていた。彼らは対話をする時、個人空間を作る。そのように、よく知らない人とその空間で話すことになると、一歩後ろに下がりながら話を続けるのをたくさん見てきた。もちろん、親しい人としゃべっている時は、その空間がとても狭くなる。

　（中略）

　ⓑアメリカの人々は思ったより②開放的ではない。生活空間で行われるスキンシップについてもけっして寛大であるとはいえない。例えば、カフェや飲食店、図書館、学校、会社などで、アメリカの映画でよくあるような果敢な愛情行動にはなかなか遭遇しないということだ。もちろん、美しい観光地やロマンチックな場所では他人の視線を気にせず、彼らだけの愛を楽しむ姿はよく見かける。米国は、10代の妊娠や中絶が社会問題にもなっていて、青少年に純潔誓約をさせる国でもある。同性愛を合法化させる地域もある反面、純潔を誓わせる地域もある国だ。

　アメリカ人はよく旅行をしていると思われがちだが、実はそうではない。さらに、一生、自分が生まれた所から離れたことがない人も少なくないという。日本では、週末を利用して、生活しているところではなく、他の地域に旅行に出かける場合もしばしばある。しかし、ⓒ米国は国の面積が広すぎるため、週末を利用して旅に出られるほどの余裕を持っている人はあまりいない。車に乗って、有名な観光地へ移動するだけでも7、8時間もかかるのだから。また、オープンカーに乗って、アメリカの南西部にある砂漠の高速道路を走るのが、男の一生のロマンだという人もいる。これだけを見ても、ⓓアメリカの人々が自由に旅行できる環境で暮らしていると言うには無理がある。アメリカの平凡な会社員が、ゆったりとした旅行を楽しむためには、職場を辞めたり、辞めるつもりで長い休暇を取ったりする方法しかない。

1 ①負担を感じるとあるが、何に対して負担を感じると述べているか。

1 他の国の人から、アメリカ人は開放的だと思われること
2 映画から見られるアメリカの華やかな町とは違う面があること
3 よく知らない人とも近い距離から楽に会話をしていると思われること
4 相手がある程度の距離を置いて会話をしようとすること

2 筆者は②開放についてどのように考えているか。

1 他国の人々が考えているほど、開放的ではない。
2 愛情行為においては人目を気にしない。
3 大半の地域で青少年たちの行動を規制している。
4 多くのところで愛情行為が禁止されている。

3 筆者は、アメリカ人の旅行についてどう述べているか。

1 他の地域に行くことについて拒否感を持っている。
2 自分が住んでいる地域に満足して旅行に対する情熱がない。
3 有名な観光地へ行く道は渋滞がひどいため、避けている。
4 地域と地域への移動時間が長いため、旅行をしない人が多い。

　작년에 미국에서 일 년 동안 유학하는 동안에, 지금까지 미국이라는 나라에 대해서 많은 것을 오해하고 있었다는 것을 알 수 있었다. 미국이라고 하면 자유와 개방의 나라라고 생각하기 쉽지만, 많은 부분에서 반드시 그렇지는 않다고 느끼게 되었다. 사람마다 차이도 있지만, ⓐ일반적인 미국 사람들은 대화를 할 때 너무 가까운 거리에서 이루어지는 것에 ①부담을 느끼는 것 같다. 영화나 드라마에서 보던 미국과는 많이 달랐다. 그들은 대화를 할 때 개인 공간을 만든다. 그렇게, 잘 알지 못하는 사람과 그 공간에서 얘기를 하게 되면 한 발 물러서면서 이야기를 이어가는 것을 많이 봤다. 물론 친한 사람과 얘기를 할 때는 그 공간이 굉장히 좁아진다.

　(중략)

　ⓑ미국 사람들은 생각보다 ②개방적이지 않다. 생활 공간에서 이루어지는 스킨십에 대해서 결코 관대하다고는 말할 수 없다. 예를 들면, 카페나 음식점, 도서관, 학교, 회사 등에서, 미국 영화에서 자주 있을 것 같은 과감한 애정 행위는 좀처럼 조우하지 못한다는 것이다. 물론 아름다운 관광지나 로맨틱한 장소에서는 다른 사람들의 시선을 신경 쓰지 않고 그들만의 사랑을 즐기는 모습은 자주 눈에 띈다. 미국은 10대의 임신과 중절이 사회 문제도 되고 있고, 청소년에게 순결 서약을 시키는 나라이기도 하다. 동성애를 합법화시키는 지역도 있는 반면, 순결을 맹세하게 하는 지역도 있는 나라이다.

　미국인은 자주 여행을 하고 있다고 생각되기 쉽지만 사실은 그렇지 않다. 심지어 평생 자신이 태어난 곳에서 벗어난 적이 없는 사람도 적지 않다고 한다. 일본에서는 주말을 이용해서 생활하고 있는 곳이 아닌 다른 지역으로 여행을 떠나는 경우도 종종 있다. 하지만 ⓒ미국은 나라의 면적이 너무 넓기 때문에 주말을 이용해서 여행을 떠날 수 있을 정도의 여유를 가지고 있는 사람이 별로 없다. 차를 타고 유명한 관광지로 이동하는 것만으로도 7, 8시간이나 걸리기 때문이다. 또 오픈카를 타고 미국의 남서부에 있는 사막 고속 도로를 달리는 것이 남자의 평생의 로망이라는 사람도 있다. 이것만 보더라도 ⓓ미국 사람들이 자유롭게 여행할 수 있는 환경에서 살고 있다고 말하는 것에는 무리가 있다. 미국의 평범한 회사원이 느긋한 여행을 즐기기 위해서는 직장을 그만두거나 그만둘 생각으로 긴 휴가를 내거나 하는 방법밖에 없다.

1 ①부담을 느낀다고 하는데, 무엇에 대해서 부담을 느낀다고 말하고 있는가?

1 다른 나라 사람들로부터 미국인은 개방적이라고 생각되는 것

2 영화에서 볼 수 있는 미국의 화려한 마을과는 다른 면이 있다는 것

3 잘 알지 못하는 사람과도 가까운 거리에서 편하게 대화를 하고 있다고 생각되는 것

4 상대방이 어느 정도의 거리를 두고 대화를 하려고 하는 것

2 필자는 ②개방에 대해서 어떻게 생각하고 있는가?

1 다른 나라 사람들이 생각하고 있는 만큼 개방적이지는 않다.

2 애정 행위에 있어서는 다른 사람의 시선을 신경 쓰지 않는다.

3 대부분의 지역에서 청소년들의 행동을 규제하고 있다.

4 많은 장소에서 애정 행위가 금지되어 있다.

3 필자는 미국인들의 여행에 대해서 어떻게 말하고 있는가?

1 다른 지역에 가는 것에 대해서 거부감을 가지고 있다.

2 자신이 살고 있는 지역에 만족해서 여행에 대한 열정이 없다.

3 유명한 관광지로 가는 길은 정체가 심하기 때문에 피하고 있다.

4 지역과 지역으로의 이동 시간이 길기 때문에 여행을 하지 않는 사람이 많다.

[풀이]

1 ⓐ 대화를 할 때 너무 가까운 거리에 부담을 느낀다는 내용을 발견할 수 있다. 따라서 정답은 선택지 3번이다.

2 ⓑ 질문이 들어 있는 문장에서 힌트를 찾을 수 있다. 따라서 정답은 1번이다. 두 번째 문단을 보면, 생활 공간에서 이루어지는 애정 행위에 대해서는 관대하지 않다고 말하고 있기 때문에 선택지 2번은 정답이 될 수 없다. 선택지 4번도 본문의 내용과는 맞지 않다. 대부분의 지역이 아니라 일부 지역에서 청소년에게 순결 서약을 시키는 등의 행동 규제가 보이고 있다는 것을 알 수 있기 때문에 선택지 3번도 정답이 아니다.

3 ⓒ 나라의 면적이 넓어서 이동하는 데에 시간이 너무 많이 걸린다고 하고, ⓓ 미국인들은 자유로이 여행을 할 수 있는 환경에 있지 않다는 것을 알 수 있다. 따라서 정답은 4번이다.

[단어]

留学 유학 | ～に対して ～에 대해서 | 誤解 오해 | 開放 개방 | ～によって ～에 의해서, ～에 따라서 | あまりにも 매우, 상당히 | 距離 거리 | 行う 행하다, 실시하다 | 負担 부담 | 個人空間 개인 공간 | 一歩 한 걸음 | 親しい 친하다 | 狭い 좁다 | ～について ～에 대해서 | 寛大 관대 | 例えば 예를 들면 | 果敢 과감 | 視線 시선 | 気にする 신경을 쓰다 | 見かける 눈에 띄다, 발견하다 | 妊娠 임신 | 純潔誓約 순결 서약 | 反面 반면 | 誓う 맹세하다, 서약하다 | ～がちだ ～하는 경향이 강하다, ～하기 쉽다 | 離れる 떨어지다, 멀어지다 | 面積 면적 | 砂漠 사막 | 高速道路 고속 도로 | 平凡 평범 | 職場 직장 | 辞める 그만두다 | 休暇を取る 휴가를 내다(얻다) | 華やか 화려함 | 程度 정도 | ～において ～에서, ～에 있어서 | 大半 태반, 대부분 | 規制 규제 | 禁止 금지 | 拒否感 거부감 | 情熱 정열 | 渋滞 정체 | 避ける 피하다

주장 이해(장문) 실전 연습 ❸ p.330 해석과 문제 해설

1	2	3
③	④	④

今日は寝坊をしてしまったので、急いで地下鉄に乗るために駆け足で階段を降りた。その時、反対側から一人のおじいさんがゆっくりと杖をつきながら階段を上がってきた。しかし、よりによって、下る方向から上がってきていたのだ。素早く(注1)身を躱しておじいさんとぶつかることなく、無事に地下鉄に乗ることができた。(注2)安堵の胸をなでおろしたが、そのおじいさんのことを思い出したら①腹が立った。ⓐ混雑時に階段を利用する場合、下る方向と上る方向を間違えると、事故になりかねないのだ。

まもなく席に座ることができ、気分も落ち着いてきたら、周囲の人々が目に入り始めた。会社とメールを交わしている人、報告書のような書類を見ている人、資格試験のための本を見ている人など、私も彼らとあまり変わりはない。

その時、一人のおばあさんが地下鉄に乗ってきた。ゆっくりと乗るその姿は、出勤時間の忙しさとは全く違う感じがした。②おばあさんの前に座っている大学生とみられる人が、すぐ頭を下げて何かに没頭するふりをした。よく見られる光景だが、あまりいい光景ではない。もちろん、老弱の人だけが座れる場所ではないから、ⓑ当然なこととして譲る義務はないが、譲ってあげてほしいという気持ちになるのは私だけではないと思う。そのとき、地下鉄に乗った時の私の姿が浮かび上がってきた。

国は全ての人の安全のために規則を定め、国民はそれに従わなければならない。場合によっては、守らなくても処罰されない場合があるとしても。階段を駆け足で降りながら規則を守らなかった私と、進行方向を守らなかったおじいさん。両方とも誤りはあるが、何かもっと他のところに、過失の原因があるのではないだろうか。一日中、これが気にかかったが、明快な答えが得られなかった。家に帰ってじっくり考えてみたら、人の行動を、規則ですべて決めることはできないのではないかという気がした。ⓒ被害を最小化するために規則が存在する。ⓓ私の行動はそのおじいさんに大きな被害を与えたかもしれなかったが、おじいさんの行動は私に大きな被害を与えたわけではなかった。そして、自分の姿を反省する時間になった。

(注1)身を躱す：ぶつからないように身を翻して避ける。

(注2)安堵：気がかりなことが除かれ、安心すること。

1 筆者は、なぜ①腹が立ったと述べているか。

1　忙しい時間にゆっくり行動をしたため

2　おじいさんを避けるために怪我をしたため

3　おじいさんが秩序を守らなかったため

4　自分が危険な行動をしたため

2 筆者は、②おばあさんの前に座っている大学生をどう思っていたか。

1　自分の行動を振り返る時間になったと思っていた。

2　自分も同じ行動をしたことについて申し訳ないと思っていた。

3　よく見かける光景なので仕方ないことだと思っていた。

4　できれば、譲歩をしてほしいと思っていた。

3 規則について筆者が一番言いたいことは何か。

1　仕方なく守ることができない場合もある。

2　規則を守らないと、必ず処罰を受けなければいけない。

　　3　規則を守らないとしても他人に怒ることはない。

　　4　規則を守る場合も状況による配慮が必要である。

　　오늘은 늦잠을 자 버려서 급하게 지하철을 타기 위해서 계단을 뛰어내려 가고 있었다. 그때 반대편에서 한 할아버지가 천천히 지팡이를 짚으면서 계단을 올라오고 있었다. 그러나 하필이면 내려가는 방향에서 올라오고 있었던 것이다. 재빠르게 (주1) 몸을 돌려 할아버지와 부딪치지 않고 무사히 지하철을 탈 수가 있었다. (주2) 안도의 한숨을 내쉬었지만 그 할아버지를 떠올리니 ①화가 났다. ⓐ혼잡할 때에 계단을 이용하는 경우, 내려가는 방향과 올라가는 방향을 잘못 알면 사고로 이어질 수도 있는 것이다.

　　얼마 지나지 않아서 자리에 앉을 수 있었고 기분도 안정되자 주위 사람들이 눈에 들어오기 시작했다. 회사와 메일을 주고받는 사람, 보고서 같은 서류를 보고 있는 사람, 자격시험을 위한 책을 보고 있는 사람 등 나도 그들과 별로 다를 것이 없다.

　　그때 한 할머니가 지하철을 탔다. 천천히 타고 있는 그 모습은 출근 시간의 분주함과는 전혀 다른 느낌이 들었다. ②할머니의 앞에 앉아 있는 대학생으로 보이는 사람이 이내 고개를 숙이고 무언가에 몰두하는 척을 했다. 자주 볼 수 있는 광경이지만 그다지 좋은 광경은 아니다. 물론 노약자만 앉을 수 있는 장소는 아니기 때문에 ⓑ당연하게 양보할 의무는 없지만, 양보를 해 주었으면 하는 기분이 드는 것은 나뿐만이 아닐 것이다. 그때, 지하철을 타던 때의 내 모습이 떠올랐다.

　　나라는 모든 사람의 안전을 위해서 규칙을 정하고 국민은 거기에 따라야 한다. 경우에 따라서는 지키지 않아도 처벌을 받지 않는 경우가 있다고 해도. 계단을 뛰어내려 가면서 규칙을 지키지 않았던 나와, 진행 방향을 지키지 않았던 할아버지. 양쪽 모두 잘못은 있지만 뭔가 더 다른 부분에 과실의 원인이 있는 것이 아닐까? 하루 종일 이것이 마음에 걸렸지만 명쾌한 답을 얻을 수 없었다. 집에 돌아와서 곰곰이 생각을 해 보니, 인간의 행동을 규칙으로 모두 정하는 것은 불가능하지 않을까 하는 생각이 들었다. ⓒ피해를 최소화하기 위해서 규칙이 존재한다. ⓓ나의 행동은 그 할아버지에게 큰 피해를 주었을 수도 있지만, 할아버지의 행동은 나에게 큰 피해를 준 것은 아니었다. 그리고 자신의 모습을 반성하는 시간이 되었다.

(주1) **身を躱す** : 부딪치지 않도록 몸을 비켜서 피하다.

(주2) **安堵** : 마음에 걸리는 것이 제거되어서 안심하는 것.

1　필자는 왜 ①화가 났다고 말하고 있는가?

　　1　바쁜 시간에 천천히 행동을 했기 때문에

　　2　할아버지를 피하기 위해서 다쳤기 때문에

　　3　할아버지가 질서를 지키지 않았기 때문에

　　4　자신이 위험한 행동을 했기 때문에

2　필자는 ②할머니의 앞에 앉아 있는 대학생을 어떻게 생각하고 있었는가?

　　1　자신의 행동을 돌아보는 시간이 되었다고 생각하고 있었다.

　　2　자신도 같은 행동을 한 것에 대해서 미안하게 생각하고 있었다.

　　3　자주 눈에 띄는 광경이기 때문에 어쩔 수 없는 일이라고 생각하고 있었다.

　　4　가능하다면 양보를 했으면 좋겠다고 생각하고 있었다.

3　규칙에 대해서 필자가 가장 말하고 싶은 것은 무엇인가?

　　1　어쩔 수 없이 지키지 못하는 경우도 있다.

　　2　규칙을 지키지 않으면 반드시 처벌을 받아야 한다.

　　3　규칙을 지키지 않는다고 해서 다른 사람에게 화를 낼 필요는 없다.

　　4　규칙을 지키는 경우에도 상황에 따른 배려가 필요하다.

1 ⓐ 혼잡한 시간에 지하철을 이용할 때 질서를 지키지 않은 할아버지 때문에 화가 난 것이다. 따라서 정답은 선택지 3번이다. 천천히 움직이는 할아버지의 행동 때문은 아니기 때문에 선택지 1번은 정답이 될 수 없다. 할아버지를 잘 피했고 다치지도 않았기 때문에 선택지 2번도 정답이 아니다. 자신의 모습이 아니라 할아버지의 모습 때문에 화가 난 것이라서 선택지 4번도 정답이 될 수는 없다.

2 ⓑ 할머니에게 자리를 양보할 의무는 없지만, 그래도 양보를 했으면 좋겠다는 본문의 내용에 가장 적절한 것은 선택지 4번이다. 선택지 1번은 대학생을 통해서 나중에 무언가를 느낀 것에 관련된 것이기 때문에 정답이 될 수는 없다. 선택지 2, 3번에 대한 언급은 없었기 때문에 모두 정답이 아니다.

3 ⓒ 필자가 규칙의 존재 이유에 대해서 말하고 있고, ⓓ 할아버지가 자신에게 준 피해와 자신이 할아버지에게 줄 뻔한 피해에 대해서 비교하고 있다. 이 내용을 잘 요약한 것은 선택지 4번이다. 나머지 선택지는 모두 본문과는 다르기 때문에 정답이 될 수 없다.

駆け足 뛰어감, 구보 | 階段 계단 | 杖をつく 지팡이를 짚다 | よりによって 하필이면, 공교롭게도 | 素早い 재빠르다, 민첩하다 | 身を躱す 몸을 피하다, 비키다 | 安堵 안도 | 胸をなでおろす 가슴을 쓸어 내리다, 안심하다 | 腹が立つ 화가 나다 | 混雑 혼잡 | 間違える 실수하다, 잘못 알다 | 〜かねない 〜할지도 모른다, 〜할 수도 있다 | 落ち着く 진정되다, 안정되다 | 交わす 주고받다 | 報告書 보고서 | 資格 자격 | 没頭 몰두 | 〜ふりをする 〜하는 척 하다 | 譲る 양보하다 | 義務 의무 | 浮かび上がる 떠오르다 | 規則 규칙 | 定める 정하다 | 従う 따르다 | 守る 지키다 | 処罰 처벌 | 誤り 잘못, 실수 | 過失 과실 | 気にかかる 마음에 걸리다 | 気がする 기분(느낌)이 들다 | 与える 주다 | 反省 반성 | 避ける 피하다 | 怪我をする 다치다, 부상을 입다 | 秩序 질서 | 危険 위험 | 振り返る 돌아보다, 회고하다 | 譲歩 양보 | 配慮 배려

問題 14

정보 검색 실전 연습 ❶ p.332 해석과 문제 해설

1	2
②	③

次のページは、新潟県自転車ロードレース大会の案内である。下の問いに対する答えとして、最もよいものを、1・2・3・4から一つ選びなさい。

1 この自転車ロードレース大会に参加することができるのは、次のうちだれか。

1　250キロのコースに参加を希望している18歳の女子高校生

2　60キロのコースに参加を希望している自転車経歴1年の男性会社員

3　シニアコースに参加したい25歳の中学校の先生

4　10キロのコースに参加したい、自転車の経歴がない小学校4年生の女の子

2 この自転車大会の説明として正しいものはどれか。

1　開会式が開かれる前までに受付をしないと大会に参加できない。

2　参加を希望する高校生は責任者の承認が必要である。

3　保険に加入していない人は、大会に参加できない。

4　参加費用の返還は受付後、10日以内に申請しなければならない。

新潟県　自転車ロードレース大会　実施要項

【日時】　　　　8月28日（日）

【受付】　　　　ⓐ午前 8：00 ～ 8：30（※受付時間に遅れた者は参加できません）

【開会式】　　　午前 9：00

【競技開始】　　午前 9：30

【実施種目】

種目	距離	参加対象
チャンピオン コース	250km	高校生以上の男子
シニア コース	180km	40歳以上の男女
ⓑ ビギナー コース	60km	中学生以上の男女（※競技歴２年未満の者）
ジュニア コース	80km	中学生の男女
小学生高学年 コース	20km	小学４年生～６年生の男女
小学生低学年 コース	10km	小学１年生～３年生の男女

【参加資格】　　各種目に該当する健康な男女（※未成年者は保護者の承認印が必要）

　　　　　　　　※中学生以下の参加者は保護者、ⓒ高校生は責任者の同伴をお願いします。

【表彰】　　　　各種目１位～３位に賞状と賞金を授与します。

【参加申込】

・申込期限　　20××年８月５日（金）午後５時必着

・申込方法　　所定の参加申込書に必要事項を記入、参加料を添えて期限内にお申し込み下さい。
　　　　　　　（持参及び郵送して下さい）

【注意事項】

・ⓓ万一の事故のため、保険に加入している人のみ参加することができます。

・全ての参加者は自転車用のヘルメットとユニホームを着用して下さい。

・大会の参加前に必ず自転車の安全検査を受けて下さい。

・ⓔ参加料の返金は大会当日の十日前までです。その後の返金は、いかなる場合も致しません。

・観覧する人は、競技中のコース横断は絶対しないようにお願いします。

다음 페이지는 니가타 현 자전거 로드 레이스 대회 안내이다. 아래 질문에 대한 대답으로서 가장 좋은 것을 1·2·3·4에서 하나 고르시오.

1 이 자전거 로드 레이스 대회에 참가할 수 있는 것은 다음 중 누구인가?

1　250km 코스에 참가를 희망하고 있는 18세의 여고생

2　60㎞ 코스에 참가를 희망하고 있는 자전거 경력 1년의 남자 회사원

3　시니어 코스에 참가하고 싶은 25세의 중학교 선생님

4　10km 코스에 참가하고 싶은, 자전거 경력이 없는 초등학교 4학년 여자아이

2 이 자전거 대회의 설명으로 올바른 것은 어떤 것인가?

1　개회식이 열리기 전까지 접수를 하지 않으면 대회에 참가할 수 없다.

2　참가를 희망하는 고등학생은 책임자의 승인이 필요하다.

3 보험에 가입하지 않은 사람은 대회에 참가할 수 없다.

4 참가 비용 반환은 접수 후 10일 이내에 신청하지 않으면 안 된다.

니가타 현 자전거 로드 레이스 대회 실시 요항

[일시]   8월 28일 (일)

[접수]   ⓐ오전 8:00~8:30(※접수 시간에 늦은 사람은 참가할 수 없습니다)

[개막식]   오전 9:00

[경기 시작]   오전 9:30

[실시 종목]

종목	거리	참가 대상
챔피언 코스	250km	고교생 이상 남자
시니어 코스	180km	40세 이상 남녀
ⓑ초보자 코스	60km	중학생 이상의 남녀(※경기 경력 2년 미만인 사람)
주니어 코스	80km	중학생 남녀
초등학생 고학년 코스	20km	초등학교 4학년~6학년 남녀
초등학생 저학년 코스	10km	초등학교 1학년~3학년 남녀

[참가 자격]   각 종목에 해당하는 건강한 남녀 (※미성년자는 보호자의 승인 도장이 필요)

     ※중학생 이하 참가자는 보호자, ⓒ고교생은 책임자 동반을 부탁 드립니다.

[표창]   각 종목 1위~3위에게 상장과 상금을 수여합니다.

[참가 신청]

• 신청 기한   20××년 8월 5일(금) 오후 5시 필착

• 신청 방법   소정의 참가 신청서에 필요 사항을 기입, 참가비를 첨부해서 기한 내에 신청해 주세요.

     (지참 및 우편발송 하세요)

[주의 사항]

• ⓓ만일의 사고 때문에 보험에 가입되어 있는 사람만 참가할 수 있습니다.

• 모든 참가자는 자전거용 헬멧과 유니폼을 착용하세요.

• 대회 참가 전에 반드시 자전거의 안전 검사를 받아 주세요.

• ⓔ참가비 반환은 대회 당일 열흘 전까지입니다. 그 후의 반환은 어떤 경우에도 하지 않습니다.

• 관람하는 사람은 경기 중의 코스 횡단은 절대 하지 않도록 부탁 드립니다.

[풀이]

1 ⓑ 실시 종목을 잘 보아야만 맞힐 수 있는 문제이다. 선택지 1번의 250km 코스는 남자만 신청할 수 있기 때문에 정답이 될 수 없다. 선택지 3번은 시니어 코스 나이 제한에 걸리기 때문에 참가 불가능하다. 초등학교 4학년은 20km 코스에 참가해야 하기 때문에 선택지 4번도 정답이 아니다. 모든 내용에 이상이 없는 선택지 2번이 정답이다.

2 ⓐ 접수 시간은 8시 30분까지이고, 개회식은 9시라는 것을 확인하면, 선택지 1번은 정답이 아니라는 것을 알 수 있다. ⓒ 고등학생은 책임자의 승인이 아닌 동반이 필요하다. 따라서 선택지 2번은 정답이 될 수 없다. ⓔ 참가비 반환은 접수 후 10일 이내가 아니라 대회 당일의 10일 전이다. ⓓ 보험에 가입한 사람만 참가할 수 있다고 하고 있으므로 선택지 3번이 정답이다.

[단어]

～に対^{たい}する ～에 대한 | ～として ～로서 | 参加^{さんか} 참가 | 希望^{きぼう} 희망 | 経歴^{けいれき} 경력 | 開会式^{かいかいしき} 개회식 | 開^{ひら}く 개최하다, 열다 | 受付^{うけつけ} 접수 | 責任者^{せきにんしゃ} 책임자 | 承認^{しょうにん} 승인 | 保険^{ほけん} 보험 | 加入^{かにゅう} 가입 | 返還^{へんかん} 반환 | 申請^{しんせい} 신청 | 実施要項^{じっしようこう} 실시 요항 | 種目^{しゅもく} 종목 | 距離^{きょり} 거리 | 対象^{たいしょう} 대상 | 保護者^{ほごしゃ} 보호자 | 申込^{もうしこみ} 신청 | 必着^{ひっちゃく} 필착 | 必要事項^{ひつようじこう} 필요 사항 | 期限^{きげん} 기한 | 持参^{じさん} 지참 | 及^{およ}び 및 | 郵送^{ゆうそう} 우송 (우편발송) | 検査^{けんさ} 검사 | いかなる 어떠한 | 観覧^{かんらん} 관람 | 競技^{きょうぎ} 경기 | 横断^{おうだん} 횡단

1	2
①	③

右のページは、桜大学の留学生奨学金に関する案内である。下の問いに対する答えとして、最もよいものを、１・２・３・４から一つ選びなさい。

1 この大学の奨学金に応募できるのは、次のうちだれか。

1　タイから来たクーンさんは桜大学院２年生。体の具合が悪くなり、学費が払えなくなったため、生活補助金の奨学金を申請予定。

2　田中さんは母国語の日本語を専攻中の学部４年生。月５万円の奨学金を申請予定。

3　フランスから来たレオさんは経済学を専攻している大学院生。外国人留学生奨学金を申請予定。

4　中国から来た王さんは日本語教育を専攻中の学部３年生。４月に外国人留学生奨学金を申請予定。

2 この奨学金に関する説明として正しいものはどれか。

1　提出期間内に留学生支援センターのホームページから申し込みをしなければならない。

2　奨学金申込書と成績証明書だけを留学生支援センターに提出すればいい。

3　奨学金申し込みのためには、成績証明書が必ず必要である。

4　受給期間中に病気などの理由で学業成績が悪くなった場合でも奨学金は支給される。

桜大学　留学生奨学金　ご案内

本学では、留学生支援制度を設置し、@留学生の生活支援・学習支援を行っています。また、経済的に困難な外国人留学生の経済的負担を軽減する為、奨学金制度を整えております。奨学金の詳細は以下の通りです。

桜大学　グローバル人材　奨学金	
申請条件	本学に在籍している外国人留学生（大学院生）で他の奨学金を受けていない人
奨学金	75,000円(月額)
支給期間	１年間
募集期間	４月中旬〜５月下旬

桜大学　外国人留学生　奨学金	
申請条件	本学に在籍している外国人留学生（ⓑ学部生）
奨学金	50,000円(月額)
支給期間	９ヶ月間
募集期間	ⓒ10月中旬〜10月下旬

桜大学　外国人留学生　生活補助金	
申請条件	ⓓ本学に在籍している外国人留学生（大学院生、学部生）のうち、経済上の理由により学費の負担が困難と認められる者
奨学金	30万円（一括）
支給期間	1回
募集期間	3月中旬〜3月下旬

▶ 応募方法
次の書類をⓔ学生課留学生支援センター（S棟3階①番窓口）へ提出し、受付名簿に必要事項を記入してください。※提出期限厳守

▶ ⓕ提出書類

(1) 各奨学金申込書（学生課留学生センター窓口で配布しています）
(2) 在留カードの両面のコピー（「留学」の在留資格及び期間が確認できるもの）
(3) 最近1年間の成績証明書
(4) 本学が定めている預金口座振込依頼書（通帳のコピーを含む）

※ 注意事項
1) 受給者の提出書類の記載事項に虚偽が発見された場合は、受給決定が取り消される。
2) 受給期間中に、受給決定の際に通知した事項を遵守しなかったり、学業成績が不良であったりする場合は、ⓖ途中で奨学金の支給を打ち切ることがある。

오른쪽 페이지는 사쿠라 대학 유학생 장학금에 관한 안내이다. 아래 질문에 대한 대답으로서 가장 좋은 것을 1 · 2 · 3 · 4에서 하나 고르시오.

1 이 대학의 장학금에 응모할 수 있는 것은 다음 중 누구인가?

1 태국에서 온 쿤 씨는 사쿠라 대학원 2학년. 몸이 안 좋아져서 학비를 낼 수 없게 되었기 때문에 생활 보조금 장학금을 신청할 예정.

2 다나카 씨는 모국어인 일본어를 전공 중인 학부 4학년. 월 5만 엔의 장학금을 신청할 예정.

3 프랑스에서 온 레오 씨는 경제학을 전공하고 있는 대학원생. 외국인 유학생 장학금을 신청할 예정.

4 중국에서 온 왕 씨는 일본어교육을 전공 중인 학부 3학년. 4월에 외국인 유학생 장학금을 신청할 예정.

2 이 장학금에 관한 설명으로 올바른 것은 어느 것인가?

1 제출 기간 내에 유학생 지원 센터 홈페이지에서 신청해야 한다.

2 장학금 신청서와 성적 증명서만을 유학생 지원 센터에 제출하면 된다.

3 장학금 신청을 위해서는 성적 증명서가 반드시 필요하다.

4 수급 기간 중에 병 등의 이유로 학업 성적이 나빠질 경우라도 장학금은 지급된다.

사쿠라 대학 유학생 장학금 안내

본교에서는 유학생 지원 제도를 설치하여 ⓐ유학생의 생활 지원 · 학습 지원을 실시하고 있습니다. 또한, 경제적으로 어려운 외국인 유학생의 경제적 부담을 경감하기 위해서 장학금 제도를 갖추고 있습니다. 장학금의 상세 내용은 다음과 같습니다.

사쿠라 대학 글로벌 인재 장학금	
신청 조건	본교에 재적하고 있는 외국인 유학생(대학원생)으로 다른 장학금을 받고 있지 않은 사람
장학금	75,000엔(월 금액)
지급 기간	1년간
모집 기간	4월 중순~5월 하순

사쿠라 대학 외국인 유학생 장학금	
신청 조건	본교에 재적하고 있는 외국인 유학생(ⓑ학부생)
장학금	50,000엔(월 금액)
지급 기간	9개월간
모집 기간	ⓒ10월 중순~10월 하순

사쿠라 대학 외국인 유학생 생활 보조금	
신청 조건	ⓓ본교에 재적하고 있는 외국인 유학생(대학원생, 학부생)중 경제상의 이유로 인해 학비 부담이 곤란하다고 인정되는 사람
장학금	30만 엔(일괄)
지급 기간	1회
모집 기간	3월 중순~3월 하순

▶ **응모 방법**

다음의 서류를 ⓔ학생과 유학생 지원 센터(S동 3층 ①번 창구)에 제출하고, 접수 명부에 필요 사항을 기입하세요.

※제출 기한 엄수

▶ **①제출 서류**

(1) 각 장학금 신청서(학생과 유학생 지원 센터 창구에서 배포하고 있습니다)

(2) 체류 카드의 양면 사본('유학'의 체류 자격 및 기간을 확인할 수 있는 것)

(3) 최근 1년간의 성적 증명서

(4) 본교가 정하고 있는 예금 계좌 입금 의뢰서(통장 사본 포함)

※ 주의 사항

1) 수급자의 제출 서류 기재 사항에 허위가 발견된 경우는 수급 결정이 취소된다.

2) 수급 기간 중에, 수급 결정 시에 통지한 사항을 준수하지 않거나 학업 성적이 불량거나 하는 경우에는 ⑨도중에 장학금 지급을 중단하는 경우가 있다.

[풀이]

1 ⓐ 유학생을 위한 장학금이기 때문에 선택지 2번의 모국어인 일본어를 전공하는 일본인은 응모할 수 없다. ⓑ 외국인 유학생 장학금은 학부생만 신청할 수 있다. 선택지 3번의 레오 씨는 대학원생이기 때문에 응모할 수 없다. ⓒ 외국인 유학생 장학금의 모집 기간은 10월이라서 선택지 4번은 정답이 될 수 없다. ⓓ 선택지 1번의 쿤 씨는 조건에 어긋난 것이 없다. 따라서 정답은 선택지 1번이다.

2 ⓔ 홈페이지에서 신청하는 것이 아니기 때문에 선택지 1번은 정답이 될 수 없다. ① 제출 서류는 재류 카드와 입금 의뢰서도 필요하기 때문에 선택지 2번도 정답이 아니다. 성적 증명서는 제출 서류에 포함되어 있기 때문에 정답은 선택지 3번이다. ⑨ 성적이 좋지 않은 경우에 장학금이 중단되는 경우가 있다는 내용으로 보아 선택지 4번은 정답이 아니라는 것을 알 수 있다.

[단어]

奨学金 장학금 | ～に関する ～에 관한 | ～に対する ～에 대한 | ～として ～로서 | 応募 응모 | 体の具合が悪い 몸의 상태

가 나쁘다 | 補助金 보조금 | 専攻 전공 | 経済学 경제학 | 教育 교육 | 提出期間 제출 기간 | 申し込み 신청 | 申込書 신청서 | 成績証明書 성적 증명서 | 受給 수급 | 支援制度 지원 제도 | 設置 설치 | 学習 학습 | 行う 행하다, 실시하다 | 困難 곤란 | 軽減 경감 | ～為 ～하기 위해서 | 整える 정돈하다, 조정하다 | 詳細 상세 | 申請条件 신청 조건 | 募集 모집 | ～により ～에 의해, ～에 따라 | 認める 인정하다 | 厳守 엄수 | 配布 배포 | 在留資格 체류 자격 | 確認 확인 | 定める 정하다 | 口座 계좌 | 振込入金 依頼書 의뢰서 | 通帳 통장 | 含む 포함하다 | 虚偽 허위 | 取り消す 취소하다 | 遵守 준수 | 打ち切る 중지하다, 중단하다

1	2
②	③

右のページは、子供の安全フェスタの参加者募集の案内である。下の問いに対する答えとして、最もよいものを、１・２・３・４から一つ選びなさい。

1 このフェスタの説明として正しくないものは、次のうちどれか。

1 クイズ大会に参加した全ての参加者は、プレゼントがもらえる。

2 クイズ大会は主に男子の犯罪を防ぐ目的で開催される。

3 犯罪予防の人形劇は女子の児童を対象にしている。

4 犯罪予防の人形劇の内容は性犯罪に関するものだ。

2 この募集の申し込み方法について、正しいものはどれか。

1 参加申請が可能な者は府内に居住または通園、通学している子どものみだ。

2 参加人員は両親２人と子供２人の４人までだ。

3 はがきによる申し込みは代表者名だけでなく、全員の名前を記入すること。

4 募集人員が定員より多くなった時には、先着順によって参加者が選ばれる。

冬休み子供安全フェスタの参加者募集

子供の犯罪予防に対する知識を、子供と保護者が一緒に楽しく学べる冬休み子供安全フェスタを開催します。より安全に新学期を迎えるために開催される今回の行事に、たくさんのご応募をお待ちしております。

【日時】　２月11日(土曜日)午後２時から午後３時30分まで

【対象】　小学生以下(※必ず親のどちらかが同伴すること)

【場所】　大阪府庁の別館３階会場

【内容】

■クイズ大会：ⓐ幼い子供たちの交通事故予防行動に関するクイズ大会を開催いたします。
　　　　　　　ⓑ最優秀賞、優秀賞、参加賞などのプレゼントも準備されております。

■犯罪予防人形劇：ⓒ幼い女子の性犯罪予防に関する知識を、人形劇を通して分かりやすく学ぶことができます。

【申し込み方法】

■参加資格

　ⓓ府内に居住または通園、通学する子供とその保護者。最大４人。

■申し込み方法
　(1)　ⓔはがきによる申し込み：代表者の名前、人員（４人まで）、代表者の住所と郵便番号、電話番号、全員の名前
　　　　　　　　　　　　　　　（ふりがな）・年齢・性別を記入して大阪府庁の治安対策本部までお送りください。
　(2)　ホームページによる申し込み：大阪府庁犯罪予防プロジェクトに加入後、必要項目を作成した上、お申し込み
　　　　　　　　　　　　　　　下さい。

■申し込み受付期間
　１月９日（月曜日）午前10時00分から１月30日（月曜日）午後５時00分まで
■定員：　120人（ⓕ※応募者が多数の場合は、抽選となります。）
■募集の結果の通知：２月３日（金曜日）午後５時まで

※　はがきによる申し込みの結果は郵送にてご連絡し、ホームページによる申し込みの結果は当選者に限り、
　　メールにてご連絡いたします。

오른쪽 페이지는 어린이 안전 축제 참가자 모집 안내이다. 아래 질문에 대한 대답으로서 가장 좋은 것을 1・2・3・4에서 하나 고르시오.

[1]　이 축제의 설명으로서 올바르지 않은 것은 다음 중 어느 것인가?

　　1　퀴즈 대회에 참가한 모든 참가자는 선물을 받을 수 있다.

　　2　퀴즈 대회는 주로 남자의 범죄를 막을 목적으로 개최되었다.

　　3　범죄 예방 인형극은 여자 아동을 대상으로 하고 있다.

　　4　범죄 예방 인형극의 내용은 성범죄에 관한 것이다.

[2]　이 모집의 신청 방법에 대해서 올바른 것은 어느 것인가?

　　1　참가 신청이 가능한 사람은 부내에 거주 또는 통원, 통학하고 있는 어린아이뿐이다.

　　2　참가 인원은 부모 2명과 아이 2명인 4명까지이다.

　　3　엽서에 의한 신청은 대표자 이름뿐만 아니라 전원의 이름을 기입할 것.

　　4　모집 인원이 정원보다 많을 때에는 선착순에 의해서 참가자가 선정된다.

겨울 방학 어린이 안전 축제 참가자 모집

어린이 범죄 예방에 대한 지식을 아이와 보호자가 함께 재미있게 배울 수 있는 겨울 방학 어린이 안전 축제를 개최합니다. 보다 안전하게 신학기를 맞이하기 위해서 개최되는 이번 행사에 많은 응모를 기대하고 있겠습니다.

【일시】　2월 11일(토요일) 오후 2시부터 오후 3시 30분까지
【대상】　초등학생 이하 (※반드시 부모 중 한쪽이 동반할 것)
【장소】　오사카 부청 별관 3층 대회장
【내용】
■ 퀴즈 대회 : ⓐ어린아이들의 교통사고 예방 행동에 관한 퀴즈 대회를 개최합니다.

　　　　　　ⓑ최우수상, 우수상, 참가상 등의 선물도 준비되어 있습니다.

■ 범죄 예방 인형극 : ⓒ여자아이의 성범죄 예방에 관한 지식을 인형극을 통해서 알기 쉽게 배울 수 있습니다.
【신청 방법】
■ 참가 자격
　ⓓ부내에 거주 또는 통원, 통학하는 아이와 그 보호자. 최대 4명.

■ 신청 방법
  (1) ⓔ 엽서에 의한 신청: 대표자 이름, 인원(4명까지), 대표자의 주소와 우편번호, 전화번호, 전원의 이름(후리가나)·
      연령·성별을 기입하여 오사카 부청 치안대책본부로 보내 주세요.
  (2) 홈페이지에 의한 신청: 오사카 부청 범죄 예방 프로젝트에 가입 후 필요 항목을 작성한 후에 신청해 주세요.
■ 신청 접수 기간
  1월 9일(월요일) 오전 10시 00분부터 1월 30일(월요일) 오후 5시 00분까지
■ 정원: 120명 (ⓕ ※응모자가 다수일 경우에는 추첨합니다.)
■ 모집 결과 통지: 2월 3일(금요일) 오후 5시까지

※ 엽서에 의한 신청 결과는 우편 발송으로 연락 드리고, 홈페이지에 의한 신청 결과는 당첨자에 한해서 메일로 연락 드립니다.

[풀이]

1 ⓐ 퀴즈 대회는 아동 범죄가 아닌 교통사고를 예방하기 위해서이다. 따라서 정답은 2번이다. ⓑ 모든 참가자는 참가상을 받을
수 있기 때문에 선택지 1번은 정답이 될 수 없다. ⓒ 인형극의 대상은 여자아이이고, 내용은 성범죄에 관한 것이 맞기 때문에
선택지 3, 4번은 정답이 될 수 없다.

2 ⓓ 참가 신청은 아이만 가능한 것이 아니고, 반드시 부모 2명과 아이 2명이라는 것도 아니다. 따라서 선택지 1, 2번은 정답이
아니다. ⓕ 응모 인원이 많을 때는 추첨을 실시한다고 나와 있기 때문에 선택지 4번은 정답이 될 수 없다. ⓔ 엽서에 의한 신
청은 전원의 이름, 연령, 성별을 기입해야 한다. 따라서 정답은 선택지 3번이다.

[단어]

参加者 참가자 | 募集 모집 | ～に対する ～에 대한 | ～として ～로서 | 犯罪 범죄 | 開催 개최 | 予防 예방 | 人形劇 인형극 |
児童 아동 | 対象 대상 | ～に関する ～에 관한 | 申し込み 신청 | ～について ～에 대해서 | 申請 신청 | ～のみ ～만, ～뿐 |
代表者 대표자 | 記入 기입 | 定員 정원 | 先着順 선착순 | ～によって ～에 의해서, ～에 따라서 | 知識 지식 | 保護者 보호자 |
迎える 맞이하다, 마중하다 | 行事 행사 | 応募 응모 | 交通事故 교통사고 | 優秀 우수 | ～を通して ～를 통해서 | 年齢 연령 |
性別 성별 | 抽選 추첨 | ～にて ～로

청해 유형 확인 문제 p.360 스크립트와 문제 해설

1

男の学生と女の学生が話しています。女の学生は、これからまず何をしますか。

M　来月の研究課題の発表だけど、みんなで集まって相談しない？ そろそろ準備しないと間に合わないと思うけど。

F　ああ、その方がいいかもね。メンバー全員が集まらないと、意見の調整も難しいもんね。私がみんなに連絡しようと思うけど、場所はどうしようか？

M　使える教室を調べないといけないから、先生に聞いてみようか。

F　そうだね。じゃあ、ⓐ私が聞いてくる。資料は図書館の本だけでいいかな？

M　まあ、ⓑ先生も図書館の本を参考資料として使うようにっておっしゃってたから、いいんじゃない。資料がそろったら、コピーしておくね。みんなが集まったら、すぐリハーサルに入っちゃおう。

F　わかった。ⓒじゃあ日程も考えといて。ⓓ場所が決まり次第、連絡するね。

女の学生は、これからまず何をしますか。

1　みんなに連絡する
2　先生のところに行く
3　図書館で資料を探す
4　日程を決定する

여학생과 남학생이 이야기하고 있습니다. 여학생은 이제부터 우선 무엇을 합니까?

M　다음 달 연구 과제 발표 말인데, 다 같이 모여서 의논하지 않을래? 슬슬 준비하지 않으면 늦을 것 같은데.

F　아, 그게 더 좋을지도 모르겠네. 멤버 전원이 모이지 않으면 의견 조정도 어려우니까. 내가 모두에게 연락하려고 하는데, 장소는 어떻게 할까?

M　사용할 수 있는 교실을 알아봐야 하니까 선생님에게 물어볼까?

F　그러네. 그럼, ⓐ내가 물어보고 올게. 자료는 도서관 책만으로 괜찮을까?

M　뭐, ⓑ선생님도 도서관 책을 참고 자료로서 사용하라고 말씀하셨으니, 괜찮지 않을까? 자료가 갖추어지면 복사해 둘게. 모두 모이면 바로 리허설로 들어가자.

F　알겠어. ⓒ그럼 일정도 생각해 둬. ⓓ장소가 정해지는 대로 연락할게.

여학생은 이제부터 우선 무엇을 합니까?

1　모두에게 연락한다
2　선생님에게 간다
3　도서관에서 자료를 찾는다
4　일정을 결정한다

[풀이]

ⓐ 여자는 사용할 수 있는 교실에 대해서 선생님에게 물어보고 오겠다고 말하고 있다. 따라서 정답은 선택지 2번이다. ⓑ 자료는 충분할 것 같다고 말하고 있기 때문에 선택지 3번은 정답이 아니다. ⓒ 일정은 남자가 생각해야 하는 것이기 때문에 선택지 4번은 정답이 아니다. ⓓ 장소가 정해지고 나서야 연락을 할 수 있기 때문에 선택지 1번도 정답이 아니다.

[단어]

研究 연구 | 課題 과제 | 発表 발표 | 集まる 모이다 | 準備 준비 | 間に合う 시간에 맞추다, 충분하다 | 調整 조정 | 資料 자료 |
参考 참고 | 〜として 〜로서 | 日程 일정 | 〜次第 〜하는 대로

2

会社で男の人と女の人が話しています。女の人がボクシングを始めて一番良かったことは何ですか。

M 先輩、最近ボクシングを始めたそうですね。男でもハードなスポーツなのに、すごいですね。

F うん、週に3日はジムに通ってるのよ。まだ慣れなくて、朝起きるのも大変なんだけどね。

M そうですか。体をたくさん動かしますもんね。

F うん。でも、@体重も減らせるし、面白いわよ。⑥自分の身を守るのにも役立つしね。

M ああ、そうですね。最近、世の中も物騒ですし、うちは残業も多いですからね。

F うん、夜遅くなるときは本当に怖いのよ。人通りが少ないところもあるしね。

M そうですよね。

F まあ、運動してるおかげで、©最近はよく眠れるし、疲れにくくなったみたい。

M へえ、よかったですね。

F でも、@何と言っても、汗をかいた後の爽やかさが何とも言えないのよ。

女の人がボクシングを始めて一番良かったことは何ですか。

1 ダイエットができること

2 自分の身をまもれること

3 よく眠れて疲れないこと

4 汗がでて気持ちいいこと

회사에서 남자와 여자가 이야기하고 있습니다. 여자가 복싱을 시작하고 가장 좋았던 것은 무엇입니까?

M 선배, 요새 복싱을 시작했다고 하던데요? 남자라도 힘든 운동인데, 굉장하네요.

F 응, 매주 3일은 체육관에 다니고 있어. 아직 익숙하지 않아서 아침에 일어나는 것도 힘들지만.

M 그래요? 몸을 많이 움직이니까요.

F 응, 하지만 @체중도 줄일 수 있고 재미있어. ⑥자신의 몸을 지키는 데도 도움이 되고.

M 아, 그러네요. 요즘은 세상도 흉흉하고 우리 회사는 잔업도 많으니까요.

F 응, 밤늦게 집에 갈 때는 정말 무서워. 사람이 별로 없는 곳도 있고.

M 그렇죠.

F 뭐, 운동을 하고 있는 덕분에 ©요즘은 잠도 잘 자고 쉽게 피로해지지 않는 것 같아.

M 와, 잘됐네요.

F 하지만 @뭐니 뭐니 해도 땀을 흘리고 난 후의 상쾌함이 뭐라고 말할 수 없을 정도로 좋아.

여자가 복싱을 시작하고 가장 좋았던 것은 무엇입니까?

1 다이어트를 할 수 있다는 것

2 자신의 몸을 지킬 수 있다는 것

3 잠을 잘 자서 피곤하지 않은 것

4 땀이 나서 기분이 좋은 것

[풀이]

@ 다이어트도 가능하고 ⑥ 자신의 몸을 지킬 수 있고 © 잠을 잘 자서 피로해지지 않는다는 내용도 있고 @ 땀을 흘린 후의 상쾌한 기분에 대해서도 나오고 있다. 그중에서 강조 표현인 **何と言っても**(뭐니 뭐니 해도)가 나온 선택지 4번이 정답이다. 가장 큰 이유를 물어보는 문제는 4가지 선택지에 관한 내용이 모두 나오는 경우가 많기 때문에 주의가 필요하다. 그중에서 강조를 하고 있는 표현을 고르면 의외로 쉽게 문제를 풀 수 있다.

[단어]

通う 다니다 | 慣れる 익숙해지다 | 動かす 움직이(게 하)다 | 守る 지키다 | 役立つ 도움이 되다 | 世の中 세상 | 物騒だ 뒤숭숭하다, 흉흉하다 | 残業 잔업(야근) | 人通り 사람의 왕래 | 汗をかく 땀을 흘리다 | 爽やかさ 상쾌함

3

男の人と女の人が引っ越し先の話をしています。

F　どう、引っ越し先の町は？

M　とってもいいよ。空気もきれいだし、ⓐうるさくないし。

F　そう、よかったわね。前住んでたとこは、夜も結構うるさかったでしょ？

M　うん。今度の所はⓑ近くにデパートとか大きいスーパーとかはないんだよ。

F　じゃ、ちょっと不便ね。

M　ⓒううん、近くの商店街でたいていの物は揃うから。それに家賃も安いんだよ。

F　へぇ、そうなの。

M　それに、ⓓ町の人たちも優しいしね。最近、お祭りにも町の人たちと一緒に参加させてもらったし、すごく楽しかったよ。

남자와 여자가 이사 간 곳의 이야기를 하고 있습니다.

F　어때? 이사 간 동네는?

M　아주 좋아. 공기도 맑고 ⓐ시끄럽지 않고.

F　그래? 잘됐네. 지난번에 살던 곳은 밤에도 꽤 시끄러웠지?

M　응. 이번에 간 곳은 ⓑ근처에 백화점이나 큰 슈퍼 같은 건 없어.

F　그럼, 조금 불편하겠네.

M　ⓒ아니, 근처 상점가에서 대부분의 물건은 갖춰져 있어서. 게다가 집값도 싸.

F　아, 그래?

M　게다가 ⓓ마을 사람들도 상냥해. 최근에 축제에도 마을 사람들과 함께 참가해서 굉장히 즐거웠어.

男の人は、引っ越した町についてどう思っていますか。

1　うるさい割りにはきれいな所だ

2　家賃は安いけれど、不便な所だ

3　大きなスーパーもあって便利な所だ

4　町の人たちと親しくなれるところだ

남자는 이사 간 동네에 대해서 어떻게 생각하고 있습니까?

1　시끄러운 데 비해서는 깨끗한 곳이다

2　방세는 싸지만 불편한 곳이다

3　큰 슈퍼도 있고 편리한 곳이다

4　마을 사람들과 친해질 수 있는 곳이다

[풀이]

ⓐ 남자가 새로 이사 간 곳은 시끄럽지 않은 곳이라고 말하고 있기 때문에 선택지 1번은 정답이 아니다. ⓑ 큰 슈퍼는 없다는 내용에서 선택지 3번도 정답이 될 수 없다. ⓒ 상점가에서 물건을 사면 되기 때문에 불편하지 않다고 말하고 있다. 따라서 선택지 2번도 정답이 아니다. ⓓ 마을 사람들이 상냥하고 함께 축제에도 참가할 수 있었다는 남자의 말에서 정답은 선택지 4번이라는 것을 알 수 있다.

[단어]

引っ越し先 이사간 곳 | 結構 상당히 | 不便 불편 | 商店街 상점가 | 揃う 갖춰지다, 모이다 | 家賃 집값(집세) | 優しい 상냥하다 | お祭り 축제 | 参加 참가 | ～割りに ～에 비해

4

F　こんな所で何をしているの？	F　이런 곳에서 뭐 하고 있어?
M　1　ちょっと時間をつぶしているんだ。	M　1　잠깐 시간 때우고 있어.
2　こんなところとは思わなかった。	2　이런 곳인 줄 몰랐어.
3　するなら、最後まで頑張ろう。	3　한다면 마지막까지 열심히 해야지.

[풀이]

여자의 질문에 시간을 때우고 있다고 말하는 선택지 1번이 정답이다.

[단어]

時間をつぶす 시간을 허비하다, 보내다 ┃ 頑張る 참고 노력하다, 힘내다

5

テレビで子どものおもちゃを紹介しています。	TV에서 아이 장난감을 소개하고 있습니다.
F1　今日は「子どもの日」なので、子どものおもちゃをご紹介したいと思います。いちばん人気のある4種類の製品を準備いたしました。一番目は「木で作ったブロック」です。木は人に優しい素材なので、お子さんの健康に気を使っておられるご両親なら、きっとご満足いただけるでしょう。次に、子どもに大人気の「合体ロボット」です。最高の人気を誇っているだけあって、お早めに注文なさらないと、売り切れてしまうかもしれません。三つ目は、「童謡集のCD」です。歌が好きなお子さんにはぴったりだと思います。また、子どもたちの情緒面でも役立っているとの評判です。そして最後に四つ目は、「キャラクター文房具」です。子どもたちの間で人気の高いキャラクターですので、きっと喜ばれると思います。	F1　오늘은 '어린이날'이라서 아이들의 장난감을 소개해 드리려고 합니다. 가장 인기 있는 네 가지 제품을 준비했습니다. 첫 번째는 '나무로 만든 블록'입니다. 나무는 사람에게 해롭지 않은 소재이기 때문에 아이들의 건강에 신경을 쓰고 계시는 부모님이라면 분명 만족하실 겁니다. 다음으로, 아이들에게 큰 인기를 받고 있는 '합체 로봇'입니다. 최고의 인기를 자랑하고 있는 만큼 빨리 주문하시지 않으면 매진이 될지도 모르겠네요. 세 번째는, '동요집 CD'입니다. 노래를 좋아하는 아이들에게 딱 맞을 것 같습니다. 또한, 아이들의 정서 면에도 도움이 되고 있다는 평판입니다. 그리고 마지막으로 네 번째는 '캐릭터 문구'입니다. 아이들 사이에서는 인기가 높은 캐릭터이기 때문에 분명 좋아할 것입니다.
M　もう「こどもの日」か。今回は何を買ってあげようかな。 F2　去年買ったロボットは、もう壊れて捨てないといけないから、今度は他の物にしたほうがいいんじゃない？	M　벌써 '어린이날'인가. 이번에는 뭘 사 줄까? F2　작년에 샀던 로봇은 이미 부서져서 버려야 하니까 이번엔 다른 걸로 하는 게 좋지 않을까?

M ⓐこの鉛筆セットはどうかな。次郎、前から欲しいって言ってたよね、このキャラクター。もしかして、勉強に興味を持つかもしれないし。ⓑ俺はこれにしたいなあ。歌には興味ないみたいだから。

F2 そう？ⓒ私はこの製品が気に入ってるけど。次郎は、まだ小さいから物を口に入れることがよくあるし。飲み込んだりはしてないけど、やっぱり、ⓓ素材が心配になるのよね。

M そうだね。じゃあ、今度は二人が一つずつプレゼントをあげるっていうのは、どう？ 二つのうち一つは気に入ってもらえるだろうから。

F2 うん、そうかもね。

M ⓐ이 연필 세트는 어떨까? 지로, 전부터 갖고 싶다고 말했지, 이 캐릭터. 혹시 공부에 관심을 가질지도 모르고. ⓑ난 이걸로 하고 싶어. 노래에는 관심 없는 것 같으니.

F2 그래? ⓒ난 이 제품이 마음에 드는데. 지로는 아직 어려서 물건을 입에 넣는 일이 자주 있어. 삼키거나 하지는 않지만, 역시 ⓓ소재가 걱정되네.

M 그렇군. 그럼, 이번에는 두 사람이 하나씩 선물을 주는 것은 어떨까? 두 개 중에 하나는 마음에 들어할 테니까.

F 응, 그렇겠네.

質問1) 男の人はどのプレゼントを選びましたか。

1 木で作ったブロック
2 合体ロボット
3 童謡集のCD
4 キャラクター文房具

질문1) 남자는 어떤 선물을 골랐습니까?

1 나무로 만든 블록
2 합체 로봇
3 동요집 CD
4 캐릭터 문구

質問2) 女の人はどのプレゼントを選びましたか。

1 木で作ったブロック
2 合体ロボット
3 童謡集のCD
4 キャラクター文房具

질문2) 여자는 어떤 선물을 골랐습니까?

1 나무로 만든 블록
2 합체 로봇
3 동요집 CD
4 캐릭터 문구

[풀이]

ⓐ와 ⓑ에서 남자는 연필 세트를 사 준다는 말을 하고 있다. 따라서 질문1에 대한 정답은 선택지 4번이다. ⓒ와 ⓓ에서 여자가 언급하고 있는 소재에 관해서 TV에서 언급하고 있는 것은 나무로 만든 블록밖에 없다. 따라서 질문2의 정답은 선택지 1번이다.

[단어]

紹介 소개 | 種類 종류 | 製品 제품 | 素材 소재 | 健康 건강 | 気を使う 신경 쓰다 | 満足 만족 | 合体 합체 | 誇る 자랑하다 | 売り切れ 품절 | 童謡集 동요집 | 情緒 정서 | 役に立つ 도움이 되다 | 評判 평판 | 文房具 문방구 | 興味 흥미 | 気に入る 마음에 들다 | 気になる 신경이 쓰이다

PART 2 유형별 집중 공략

問題 1

과제 이해 실전 연습 ❶ p.364 스크립트와 문제 해설

1番

会社で女の人と男の人が話しています。女の人は、このあとまず何をしますか。

M 吉田さん、ちょっとお願いがあるんだけど、いいかな。

F はい、どんなことでしょうか。

M 明後日、京都へ出張に行くんだけど、一緒に行ってほしいんだ。担当者の田中君が、具合悪くなっちゃってさ。

F そうなんですか。

M 依頼している企画書は、出張から戻ってからでもいいから。

F ああ、それなら、ⓐ今日中には終わらせますから大丈夫です。出張の資料は田中さんからもらえばいいでしょうか。

M いや、ⓑ今メールで送るから、見といて。あと、ⓒこれは京都での日程表だけど、あらかじめ見といて。ああ、ⓓメールも今じゃなくてもいいから、行くまでに見といてね。

F はい、分かりました。

女の人は、このあとまず何をしますか。

1 企画書を完成させる
2 メールを確認する
3 スケジュールを作っておく
4 出張資料を作成する

회사에서 여자와 남자가 이야기하고 있습니다. 여자는 이후에 먼저 무엇을 합니까?

M 요시다 씨, 부탁이 좀 있는데 괜찮을까?

F 네, 어떤 건가요?

M 모레, 교토로 출장을 가는데 함께 가 주었으면 좋겠어. 담당자인 다나카가 몸이 안 좋아져서.

F 그런가요?

M 의뢰한 기획서는 출장에서 돌아온 후에 해도 괜찮으니까.

F 아, 그거라면 ⓐ오늘 중으로는 끝낼 거라서 괜찮습니다. 출장 자료는 다나카 씨에게 받으면 될까요?

M 아니, ⓑ지금 메일로 보낼 테니 봐 둬. 그리고 ⓒ이건 교토에서의 일정표인데, 미리 봐 둬. 아, ⓓ메일도 지금이 아니라도 괜찮으니까 가기 전까지 봐 둬.

F 네, 알겠습니다.

여자는 이후에 먼저 무엇을 합니까?

1 기획서를 완성한다
2 메일을 확인한다
3 스케줄을 만들어 둔다
4 출장 자료를 작성한다

[풀이]

ⓐ 지금 작성 중인 기획서는 오늘 중으로 끝내겠다고 말하고 있다. 따라서 정답은 선택지 1번이다. ⓑ 남자가 출장 자료를 메일로 보낸다고 했기 때문에 작성할 필요는 없다. 따라서 선택지 4번은 정답이 아니다. ⓒ 일정표는 여자가 만들 필요가 없고 봐 두기만 하면 된다고 말하고 있기 때문에 선택지 3번은 정답이 될 수 없다. ⓓ 메일은 모레 교토에 가기 전까지만 봐 두면 된다고 하고 있기 때문에 지금 당장 할 일은 아니다. 따라서 선택지 2번도 정답이 될 수 없다.

[단어]

出張 출장 | 担当者 담당자 | 具合が悪い 상태가(형편이) 좋지 않다 | 依頼 의뢰 | 企画書 기획서 | 戻る 돌아오다(가다) | 資料 자료 | 日程表 일정표 | 完成 완성 | 確認 확인 | 作成 작성

2番

会社で男の人と女の人が話しています。男の人は、このあと、まず何をしなければなりませんか。

M 課長、ただ今出張から戻ってきました。

F ああ、ご苦労さま。先方の反応はどう？ うまく行きそう？

M あのう、ⓐ企画書の修正が少し必要になると思います。価格の面で意見が一致しなかったので。

F やっぱりそうか。それじゃあ、もう少し譲る線で、ⓑもう一度調整してみましょう。ああ、あと、ⓒ部長が、戻り次第報告するようにっておっしゃってたから、行ってみて。

M ああ、そうですか。分かりました。

F それと、さっきお客さんから電話があって、帰ってきた頃にまた掛けるって言ってたけど。ⓓ確認してみた方がいいんじゃないかな。

M ああ、分かりました。

F ⓔ部長は、今会議だから、そっちを先にやった方がいいかもよ。部長もその電話の件で呼んでるのかもしれないから。

男の人は、このあと、まず何をしなければなりませんか。

회사에서 남자와 여자가 이야기하고 있습니다. 남자는 이후에 먼저 무엇을 해야 합니까?

M 과장님, 지금 출장에서 돌아왔습니다.

F 아, 수고했어. 상대방 반응은 어땠어? 잘될 것 같아?

M 저기, ⓐ기획서 수정이 조금 필요하게 될 것 같습니다. 가격 면에서 의견이 일치하지 않았기 때문에.

F 역시 그렇군. 그럼, 조금 더 양보하는 선에서 ⓑ다시 한 번 조정해 보자. 아, 그리고 ⓒ부장님이 돌아오는 대로 보고하라고 말씀하셨으니까 가 봐.

M 아, 그렇습니까? 알겠습니다.

F 그리고 방금 손님에게 전화가 와서 돌아올 때쯤에 다시 건다고 했었는데. ⓓ확인해 보는 것이 좋지 않을까.

M 아, 그렇군요. 알겠습니다.

F ⓔ부장님은 지금 회의 중이니 그쪽을 먼저 하는 게 좋을지도 모르겠네. 부장님도 그 전화 건으로 부르고 있는 건지도 모르니까.

남자는 이후에 먼저 무엇을 해야 합니까?

1 企画書を修正する
2 部長のところに行く
3 お客さんに電話する
4 会議に入る

1 기획서를 수정한다
2 부장에게 간다
3 손님에게 전화한다
4 회의에 들어간다

[풀이]

ⓐ 기획서를 수정하기 위해서는 ⓑ 조정이 먼저 되어야 하기 때문에 선택지 1번은 정답이 아니다. ⓒ 부장에게 보고하러 가야 하지만 ⓔ 지금은 부장이 회의 중이므로 당장 부장에게 갈 수는 없다. 따라서 선택지 2번도 정답이 될 수 없다. ⓓ 손님에게 확인 전화를 하는 것을 가장 먼저 해야 한다. 따라서 정답은 선택지 3번이다. ⓔ 남자가 회의에 들어갈 필요는 없기 때문에 선택지 4번도 정답이 아니다.

出張 출장 | 苦労 수고, 고생 | 先方 상대방, 상대편 | 企画書 기획서 | 修正 수정 | 価格 가격 | 意見 의견 | 一致 일치 | 譲る 양보하다 | 調整 조정 | ～次第 ～하는 대로 | 報告 보고 | 確認 확인

3番

大学で女の学生と先生が話しています。女の学生は、このあとすぐ何をしなければなりませんか。

F 先生、この間メールでお送りした卒業論文を見ていただけたでしょうか。

M うん、ⓐ言いたいことも、うまく整理されてるし、参考文献もよく活用できてたよ。ひとつⓑ気になる点があるとすれば、少し実例が足りないことくらいかな。

F ああ、そうですか。

M 参考文献は他にもいろいろあるから、具体的な例を適切に活用した方がいいよ。ⓒ市立図書館へ行けば、何冊でも借りられるんじゃないかな。

F わかりました。

M あと、ⓓ今年から論文の枚数も決められてるから、不足したり、超えたりしないように気を付けないとね。

F ああ、そうなんですか。気をつけます。

女の学生は、このあとすぐ何をしなければなりませんか。

1 言いたい内容を再び作成する
2 参考文献以外のものを活用する
3 図書館に行って本を探す
4 論文の枚数を調節する

대학에서 여학생과 선생님이 이야기하고 있습니다. 여학생은 이후에 바로 무엇을 해야 합니까?

F 선생님, 지난번에 메일로 보내 드린 졸업 논문 보셨나요?

M 응, ⓐ말하고 싶은 것도 잘 정리되어 있고 참고 문헌도 잘 활용했어. 한 가지 ⓑ신경이 쓰이는 점이 있다고 한다면 조금 실례가 부족한 것 정도일까.

F 아, 그렇군요.

M 참고 문헌은 이 외에도 여러 가지 있으니 구체적인 예를 적절하게 활용하는 것이 좋아. ⓒ시립 도서관에 가면 몇 권이라도 빌릴 수 있지 않을까.

F 알겠습니다.

M 그리고 ⓓ올해부터 논문의 장수도 정해져 있으니 부족하거나 넘거나 하지 않도록 주의해야겠지.

F 아, 그런가요? 조심하겠습니다.

여학생은 이후에 바로 무엇을 해야 합니까?

1 말하고 싶은 내용을 다시 작성한다
2 참고 문헌 이외의 것을 활용한다
3 도서관에 가서 책을 찾는다
4 논문의 장수를 조절한다

[풀이]

ⓐ 말하고 싶은 내용을 다시 작성할 필요는 없고 참고 문헌의 활용도 문제가 없다고 하고 있기 때문에 선택지 1, 2번은 정답이 될 수 없다. ⓑ 예시가 부족한 것을 ⓒ 시립 도서관에서 해결할 수 있다고 말하고 있다. 따라서 정답은 선택지 3번이다. ⓓ 논문의 양을 조절하는 것은 지금 바로 해야 할 것이라고는 보기 힘들기 때문에 선택지 4번도 정답이 아니다.

[단어]

卒業 졸업 | 論文 논문 | 整理 정리 | 参考 참고 | 文献 문헌 | 活用 활용 | 気になる 신경이 쓰이다 | 実例 실례 | 具体的 구체적 | 適切な 적절한 | 気を付ける 조심하다, 주의하다 | 再び 재차, 다시 | 作成 작성 | 調節 조절

<table>
<tr><td>

大学で先生と留学生が話しています。留学生は、学校を休むとき、どうしなければなりませんか。

F ブラウンさん、先週の授業に出ませんでしたけど、何か事情でもあったんですか。

M ああ、すいません。実は、国から突然両親が来たもので。

F そうだったんですか。今度から、@授業を休むときは、学生課に行って事前に通知するようにしてください。たった数分で終わることですから。ブラウンさんのクラスメートに聞いても、誰も知らないって言うから、心配してましたよ。

M すいません。これから気を付けます。

F あと、ⓑ学生課の前の掲示板に、授業の日程と課題についてのお知らせも貼っておきましたから、確認しといてください。やむをえずⓒ授業を休む場合にも、課題は期間内に提出するようにお願いしますね。

M ああ、そうだったんですか。すみません。知りませんでした。

F それでは、来週までに課題を提出することにして、私の研究室まで持って来てくださいね。

M はい、分かりました。どうもすいませんでした。

留学生は、学校を休むとき、どうしなければなりませんか。

</td><td>

대학에서 선생님과 유학생이 이야기하고 있습니다. 유학생은 학교를 쉴 때 어떻게 해야 합니까?

F 브라운 씨, 지난주 수업에 안 나왔는데, 뭔가 사정이라도 있었나요?

M 아, 죄송합니다. 실은 고국에서 갑자기 부모님이 와서.

F 그랬나요? 앞으로는 @수업을 쉴 때는 학생과에 가서 사전에 통지하도록 하세요. 고작 몇 분이면 끝나는 일이니까요. 브라운 씨의 반 친구들에게 물어봐도 아무도 모른다고 해서 걱정했어요.

M 죄송합니다. 앞으로 조심하겠습니다.

F 그리고 ⓑ학생과 앞 게시판에 수업 일정과 과제에 대한 공지도 붙여 두었으니 확인해 두도록 하세요. 어쩔 수 없이 ⓒ수업을 쉴 경우에도 과제는 기간 안에 제출하도록 부탁해요.

M 아, 그랬군요. 죄송합니다. 몰랐습니다.

F 그럼, 다음 주까지 과제를 제출하는 걸로 하고 제 연구실로 가져오세요.

M 네, 알겠습니다. 정말 죄송합니다.

유학생은 학교를 쉴 때 어떻게 해야 합니까?

</td></tr>
</table>

1 事前に学生課に知らせる	1 사전에 학생과에 알린다
2 掲示板の知らせに書き込む	2 게시판 공지에 적는다
3 課題を提出してから休む	3 과제를 제출하고 나서 쉰다
4 事前に先生に通知する	4 사전에 선생님에게 통지한다

[풀이]

@ 학교를 쉴 때, 학생과에 미리 알리는 것이 중요하다고 말하고 있기 때문에 정답은 선택지 1번이다. ⓑ 게시판에서는 수업 일정과 과제 공지에 대한 것만 알 수 있기 때문에 선택지 2번은 정답이 아니다. ⓒ 학교를 쉬더라도 과제가 있다면 제출하라는 내용으로, 선택지 3번을 정답이라고 보기는 어렵다. 선택지 4번에 관한 언급은 없었다.

[단어]

事情 사정 | 通知 통지, 알림 | たった 고작, 겨우 | 掲示板 게시판 | 課題 과제 | 提出 제출 | 研究室 연구실

銀行で男の人と女の職員が話しています。男の人は最初に何をしますか。

은행에서 남자와 여자 직원이 이야기하고 있습니다. 남자는 가장 먼저 무엇을 합니까?

F いらっしゃいませ。どのようなご用件でしょうか。
M あのう、口座を作りたいんですが。
F 普通口座でしょうか。
M はい。
F では、こちらの用紙に必要事項をご記入ください。
M ああ、待ってる間に書いておきました。これでいいですか。
F ああ、申し訳ございません。これは、クレジットカードの申し込み用紙なんです。
M え、そうなんですか。
F ⓐあちらの窓口で、こちらの申込用紙の記入方法についてご案内しておりますので、もしご不明な点がございましたら、お聞きになってください。
M はい、わかりました。
F ⓑすべてご記入いただけましたら、こちらの窓口へお戻りください。あ、ⓒもう番号札はお取りにならなくて結構です。次のお客様の用件が済み次第、ご案内いたしますから、こちらでお待ちください。

F 어서 오세요. 어떤 용건이신가요?
M 저기, 계좌를 만들고 싶은데요.
F 보통 계좌인가요?
M 네.
F 그럼, 이 용지에 필요 사항을 기입해 주세요.
M 아, 기다리는 동안 써 두었습니다. 이거면 되나요?
F 아, 죄송합니다. 이것은 신용 카드 신청 용지입니다.
M 아, 그런가요?
F ⓐ저쪽 창구에서 이 신청 용지의 기입 방법에 대해서 안내를 하고 있으니 혹시 잘 모르는 점이 있으시면 물어보시길 바랍니다.
M 네, 알겠습니다.
F ⓑ전부 기입하셨으면 이쪽 창구로 돌아와 주세요. 아, ⓒ이제 번호표는 뽑지 않으셔도 괜찮습니다. 다음 손님의 용건이 끝나는 대로 안내해 드릴 테니 이쪽에서 기다려 주세요.

男の人は最初に何をしますか。

남자는 가장 먼저 무엇을 합니까?

1 最初の窓口で案内を待つ
2 新しく番号札を取って待つ
3 住所と電話番号を訂正する
4 別の申し込み用紙に書き直す

1 처음 창구에서 안내를 기다린다
2 새롭게 번호표를 뽑고 기다린다
3 주소와 전화번호를 정정한다
4 다른 신청 용지에 다시 작성한다

[풀이]

ⓐ 계좌 신청 용지의 작성 안내는 다른 창구에서 하고 있기 때문에 선택지 1번은 정답이 될 수 없다. ⓑ 직원은 새로운 신청 용지의 작성이 끝나면 다시 돌아오라고 말하고 있다. 남자는 새로운 신청 용지를 작성해야 하기 때문에 정답은 선택지 4번이다. ⓒ 번호표는 새로 뽑을 필요가 없다는 내용에서 선택지 2번은 정답이 아니다. 선택지 3번에 대한 언급은 없었다.

[단어]

職員 직원 | 用件 용건 | 口座 계좌 | 用紙 용지 | 事項 사항 | 記入 기입 | 申し込み 신청 | 窓口 창구 | 番号札 번호표 | 済む 끝나다 | ～次第 ～하는 대로 | 訂正 정정

1番(ばん)

会社(かいしゃ)で、男(おとこ)の人(ひと)と女(おんな)の人(ひと)が電話(でんわ)で話(はな)しています。男の人は、このあと何(なに)をしますか。	회사에서 남자와 여자가 전화로 이야기하고 있습니다. 남자는 이후에 무엇을 합니까?

M　はい、星(ほし)カメラでございます。

F　ああ、富士工場(ふじこうじょう)の佐藤(さとう)です。いつもお世話(せわ)になっております。山田部長(やまだぶちょう)、いらっしゃいますか。

M　ああ、佐藤様(さとうさま)ですね。こちらこそ、お世話(せわ)になっております。あいにく、山田は只今席(ただいませき)を外(はず)しておりまして。どのようなご用件(ようけん)でしょうか。

F　ええ、ⓐ実(じつ)は今朝(けさ)、急(きゅう)に大阪(おおさか)へ出張(しゅっちょう)に行(い)くことになってしまいまして。ⓑ明日(あした)の山田部長との打(う)ち合(あ)わせ時間(じかん)を少(すこ)し遅(おく)らせていただけないかと、お電話さしあげたんですが。

M　そうですか…。山田は４時(じ)ごろ戻(もど)る予定(よてい)ですが、戻(もど)り次第(しだい)、折(お)り返(かえ)しお電話させます。

F　あ、いいえ、大丈夫(だいじょうぶ)です。こちらから、またお電話を差(さ)し上(あ)げます。ⓒ電話があったことだけお伝(つた)えいただけますか。

M　はい、分(わ)かりました。

F　よろしくお願(ねが)いいたします。

M　네, 호시 카메라입니다.

F　아, 후지 공장의 사토입니다. 항상 신세 지고 있습니다. 야마다 부장님, 계시나요?

M　아, 사토 님이시군요. 저희야말로 신세 지고 있습니다. 공교롭게도 야마다는 지금 자리에 없습니다. 무슨 일이신가요?

F　아, ⓐ실은 오늘 아침에 갑자기 오사카로 출장을 가게 되어 버려서요. ⓑ내일 야마다 부장님과의 미팅 시간을 조금 미룰 수 없을까 해서 전화 드렸습니다만.

M　그렇습니까…. 야마다는 4시 정도에 돌아올 예정인데, 돌아오는 대로 즉시 전화하게 하겠습니다.

F　아, 아니요, 괜찮습니다. 제가 다시 전화 드리겠습니다. ⓒ전화가 왔다는 것만 전해 주실 수 있을까요?

M　네, 알겠습니다.

F　잘 부탁드립니다.

男の人は、このあと何をしますか。	남자는 이후에 무엇을 합니까?

1　お客(きゃく)と打(う)ち合(あ)わせする	1　손님과 미팅을 한다
2　部長(ぶちょう)に伝言(でんごん)を伝(つた)える	**2　부장님에게 전언을 전한다**
3　大阪出張(おおさかしゅっちょう)に行(い)く	3　오사카 출장을 간다
4　部長と打ち合わせする	4　부장님과 미팅을 한다

[풀이]

ⓐ 출장을 가는 것은 전화를 건 여자이기 때문에 선택지 3번은 정답이 될 수 없다. ⓑ 부장과 미팅을 하기로 되어 있는 것도 전화를 건 여자이기 때문에 선택지 4번도 정답이 아니다. ⓒ 결국 여자는 전화가 왔다는 사실을 전해달라는 것으로 통화를 끝내고 있으므로 정답은 선택지 2번이다. 선택지 1번에 대한 언급은 없었다.

[단어]

お世話(せわ)になる 신세를 지다 | 只今(ただいま) 지금, 현재 | 席(せき)を外(はず)す 자리를 비우다 | 用件(ようけん) 용건 | 急(きゅう)に 갑자기 | 打(う)ち合(あ)わせ 회의, 협의, 미팅 | ～次第(しだい) ～하는 대로 | 折(お)り返(かえ)し 즉시, 즉각 | 差(さ)し上(あ)げる 드리다 | 伝言(でんごん) 전언

2番 ^{ばん}

会社 ^{かいしゃ}で女 ^{おんな}の社員 ^{しゃいん}と課長 ^{かちょう}が話 ^{はな}しています。女 ^{おんな}の社員は、このあとまず何 ^{なに}をしなければなりませんか。

M 清原 ^{きよはら}さん、来週 ^{らいしゅう}から大阪支店 ^{おおさかしてん}に転勤 ^{てんきん}することになったんだって？

F はい、課長。今 ^{いま}までお世話 ^{せわ}になりました。

M いやいや。こちらこそ、今まで本当 ^{ほんとう}によくやってくれてありがとう。ところで、今日 ^{きょう}うちのチームで飲 ^のみ会 ^{かい}に行 ^いこうと思 ^{おも}うんだけど、都合 ^{つごう}はどう？

F ええ、大丈夫 ^{だいじょうぶ}です。@チームの同僚 ^{どうりょう}にきちんと挨拶 ^{あいさつ}もできなかったから。ⓑ企画書 ^{きかくしょ}のほうも、今日中 ^{じゅう}にできそうですし。

M ああ、それは良 ^よかった。ところで、取引先 ^{とりひきさき}の人 ^{ひと}たちへの挨拶はもうすんでるの？

F いいえ、明日 ^{あした}から新 ^{あたら}しく担当者 ^{たんとうしゃ}になる新入社員 ^{しんにゅうしゃいん}と一緒 ^{いっしょ}に、挨拶しに行 ^いくことにしています。

M あ、そうだ。さっき、人事部 ^{じんじぶ}の田村 ^{たむら}さんが探 ^{さが}してたよ。急 ^{いそ}ぎだって言ってたから、多分企画書 ^{たぶんきかくしょ}の件 ^{けん}じゃないかな。

F ああ、今寄 ^よってきたところです。ⓒ人事異動 ^{じんじいどう}の件で、必要 ^{ひつよう}になる書類 ^{しょるい}があって。

M 色々 ^{いろいろ}あって大変 ^{たいへん}だね。じゃあ、またあとでね。おいしい店 ^{みせ}を予約 ^{よやく}しておいたから。

F はい、分 ^わかりました。

女 ^{おんな}の社員は、このあとまず何をしなければなりませんか。

1 飲み会する店を予約する
2 同僚たちに挨拶に行く
3 作成中 ^{さくせいちゅう}の書類を仕上 ^{しあ}げる
4 転勤に必要な書類を作成する

회사에서 여사원과 과장이 이야기하고 있습니다. 여사원은 이후에 먼저 무엇을 해야 합니까?

M 기요하라 씨, 다음 주부터 오사카 지점으로 전근 가게 되었다고 했지?

F 네, 과장님. 지금까지 신세 많이 졌습니다.

M 아니야. 나야말로 지금까지 너무 잘해 주어서 고마워. 근데, 오늘 우리 팀 회식하러 가려고 하는데, 시간 어때?

F 네, 괜찮습니다. @팀 동료들에게 제대로 인사도 못했으니까요. ⓑ기획서도 오늘 중으로 될 것 같고요.

M 아, 그거 잘됐네. 근데, 거래처 사람들에게 인사는 다 했어?

F 아니요, 내일부터 새롭게 담당자가 되는 신입 사원과 함께 인사하러 가기로 했습니다.

M 아, 맞다. 방금 인사부의 다무라 씨가 찾았어. 급한 거라고 했으니까 아마 기획서에 대한 건이 아닐까.

F 아, 방금 들렀다 오는 참입니다. ⓒ인사이동 건으로 필요하게 될 서류가 있어서.

M 여러 가지 많아서 힘들겠네. 그럼, 나중에 보자고. 맛있는 가게 예약해 두었으니까.

F 네, 알겠습니다.

여자는 이후에 먼저 무엇을 해야 합니까?

1 회식 할 가게를 예약한다
2 동료들에게 인사를 하러 간다
3 작성 중인 서류를 마무리한다
4 전근에 필요한 서류를 작성한다

[풀이]

@ 동료들에게 인사도 하기 위해서 회식에 참석하는 것이기 때문에 선택지 2번은 가장 먼저 하는 일이 아니다. 따라서 선택지 2번은 정답이 될 수 없다. ⓑ 여자는 오늘 내로 기획서를 완성할 수 있을 것 같다고 말하고 있다. 회식보다 먼저 해야 할 것은 기획서 작성이다. 따라서 정답은 선택지 3번이다. ⓒ 전근에 필요한 서류는 이미 해결을 했기 때문에 선택지 4번은 정답이 아니다. 선택지 1번에 대한 언급은 없었다.

[단어]

転勤 전근 | お世話になる 신세를 지다 | 都合 형편, 사정 | 同僚 동료 | 挨拶 인사 | 企画書 기획서 | 取引先 거래처 | 担当者 담당자 | 人事 인사 | 異動 이동 | 書類 서류 | 仕上げる 마무리하다

3番

학교에서 남자 학생과 선생님이 이야기하고 있습니다. 남학생은 이후 무엇을 합니까?

学校で男の学生と先生が話しています。男の学生は、このあと何をしますか。

M すみません。佐藤先生いらっしゃいますか。

F ああ、入って。待ってましたよ。来週のクラブ活動のことで話があるから。

M はい。

F ⓐ来週は、千葉大学と交流会を行うことにしました。詳しい内容は、メールで送るから、あとで確認してみてくださいね。で、ⓑそれを人数分コピーして、みんなに配ってもらえるかな。

M はい、分かりました。ⓒすぐ確認します。

F ああ、あと、杉内君の具合はどうですか。入院したって聞いたけど。

M ああ、今はだいぶよくなりました。でも、当分は学校に来られないんじゃないかと思います。

F そう？ じゃあ、悪いけど、まだお見舞いに行ってない学生たちに連絡してくれませんか。ⓓ今週末に一緒に行った方がいいかなって思うから。

M はい、分かりました。それじゃ、お見舞いの件は明日までに連絡します。

학교에서 남학생과 선생님이 이야기하고 있습니다. 남학생은 이후 무엇을 합니까?

M 실례합니다. 사토 선생님 계시나요?

F 아, 들어와요. 기다리고 있었어요. 다음 주 클럽 활동에 대한 것으로 얘기할 게 있어서.

M 네.

F ⓐ다음 주에는, 지바 대학교와 교류회를 실시하기로 했어요. 자세한 내용은 메일로 보낼 테니 나중에 확인해 보세요. 그래서 ⓑ그것을 인원수만큼 복사해서 모두에게 나누어 줄 수 있을까?

M 네, 알겠습니다. ⓒ바로 확인하겠습니다.

F 아, 그리고 스기우치 군 상태는 어때요? 입원했다고 들었는데.

M 아, 지금은 많이 좋아졌습니다. 그래도 당분간은 학교에 못 올 것 같아요.

F 그래? 그럼, 미안하지만, 아직 병문안을 가지 않은 학생들에게 연락해 주지 않을래요? ⓓ이번 주말에 함께 가 보는 것이 좋지 않을까 해서.

M 네, 알겠습니다. 그럼, 병문안 건은 내일까지 연락하겠습니다.

男の学生は、このあと何をしますか。

1 他の学校へ行く
2 資料をコピーする
3 メールを確認する
4 お見舞いに行く

남학생은 이후 무엇을 합니까?

1 다른 학교로 간다
2 자료를 복사한다
3 메일을 확인한다
4 병문안을 간다

[풀이]

ⓐ 다른 학교에 간다는 것은 다음 주라는 것을 알 수 있기 때문에 선택지 1번은 정답이 아니다. ⓑ 자료를 복사하기 전에 메일을 확인해야 하기 때문에 선택지 2번도 정답이 될 수 없다. ⓒ 메일은 바로 확인한다고 말하고 있다. 따라서 정답은 선택지 3번이다. ⓓ 병문안을 가는 것은 이번 주말이기 때문에 정답으로 보기는 어렵다.

[단어]

活動 활동 | 交流会 교류회 | 行う 행하다, 실시하다 | 詳しい 자세하다, 상세하다 | 確認 확인 | 配る 나누어 주다 | 具合 형편, 사정 | お見舞い 병문안 | 資料 자료

4番

女子学生と男子学生がワークショップの服装について話しています。女子学生は、どのような服装でワークショップに行きますか。

F　本田君、今回のワークショップに行くでしょ？

M　うん、いろんな企業の就職説明会に参加できる機会は、あんまりないからね。

F　そうね。で、どんな服を着て行くの？　服装についての注意事項とかは、書いてないよね。

M　さあ。楽な服装で行ってもいいんじゃない？　Tシャツとかジーンズみたいなの。ワークショップって、結構長いから。

F　うん、ⓐそれでもスーツを着てった方がいいんじゃないの？　ワークショップの現場で採用になる場合もあるっていうから。企業の面接担当者たちもけっこう来るって聞いたことあるし。

M　本当？　知らなかった。それじゃあ、やっぱりスーツを着てった方がいいね。ⓑ時間長いから、革靴じゃなくて、楽なやつ履いて行くか。

F　ⓒあたしは、ちゃんと正装して行くつもり。担当の人がいるかもしれないから。

女子学生は、どのような服装でワークショップに行きますか。

1　楽な服と履きやすい靴
2　楽な服と革靴
3　スーツと楽な靴
4　スーツと革靴

여학생과 남학생이 워크숍의 복장에 대해서 이야기하고 있습니다. 여학생은 어떤 복장으로 워크숍에 갑니까?

F　혼다 군, 이번 워크숍에 갈 거지?

M　응, 여러 기업들의 취직 설명회에 참가할 수 있는 기회는 별로 없으니까.

F　그러게. 근데, 무슨 옷을 입고 갈 거야? 복장에 대한 주의 사항 같은 건 안 써 있잖아.

M　글쎄. 편한 복장으로 가도 되지 않을까? 티셔츠라든지 청바지 같은 거. 워크숍, 꽤 기니까.

F　응, ⓐ그래도 정장을 입는 게 낫지 않을까? 워크숍 현장에서 채용이 되는 경우도 있다고 하니까. 기업 면접 담당자들도 꽤 온다고 들은 적이 있고.

M　그래? 몰랐네. 그럼, 역시 정장을 입는 편이 좋겠네. ⓑ시간이 기니까 가죽 구두(정장 구두) 말고 편한 거 신고 가야겠다.

F　ⓒ나는 제대로 된 정장을 입고 갈 생각이야. 담당자가 있을지도 모르니까.

여학생은 어떤 복장으로 워크숍에 갑니까?

1　편한 옷과 신기 편한 구두
2　편한 옷과 가죽 구두(정장 구두)
3　정장과 편한 구두
4　정장과 가죽 구두(정장 구두)

[풀이]

ⓐ 여자는 정장을 입고 워크숍에 간다고 말하고 있기 때문에 선택지 1, 2번은 정답이 될 수 없다. ⓑ 남자는 구두는 편한 것을 신고 간다고 말하고 있지만, ⓒ 여자는 제대로 된 정장을 하고 간다고 한다. 따라서 정답은 선택지 4번이고, 선택지 3번은 정답이 아니다.

[단어]

服装 복장 | 〜について 〜에 대해서 | 企業 기업 | 就職 취직 | 説明会 설명회 | 参加 참가 | 注意 주의 | 事項 사항 | 現場 현장 | 採用 채용 | 担当 담당

家の中で夫婦が話しています。夫はこのあと一番最初に何をしますか。

집 안에서 부부가 이야기하고 있습니다. 남편은 이후에 가장 먼저 무엇을 합니까?

F あれ、塩切らしてる。買ってこなくちゃ。あ、そうだ。ねえ、スーパーに行く用事ない？

M ああ、ⓐちょうど行こうと思ってたんだ。ひろしが飲む牛乳がないから。

F そうだったの？　ごめん、最近会社でいろいろあって。

M ああ、そんなこともあるさ。じゃあ、スーパーで塩だけ買えばいい？

F うん、ありがとう。あとは大丈夫だと思う…。ああ、それと、ⓑスーパーに行くついでに、ペットボトル出してくれる？　今日はリサイクルゴミの日だから。

M わかった。ⓒゴミから出しとくよ。ⓓ帰ってきたら夕食の準備手伝うよ。それじゃ、行ってきます。

F 어? 소금이 떨어졌네. 사 와야겠다. 아, 맞다. 저기, 슈퍼 갈 일 없어?

M 아, ⓐ마침 가려고 했어. 히로시가 마실 우유가 없어서.

F 그랬었나? 미안, 요즘 회사에 이런저런 일이 많아서.

M 아, 그럴 수도 있지. 그럼, 슈퍼에서 소금만 사면 돼?

F 응, 고마워. 나머지는 괜찮을 것 같아…. 아, 그리고 ⓑ 슈퍼에 가는 김에 페트병도 내다 줄래? 오늘 재활용 쓰레기 날이라서.

M 알겠어. ⓒ쓰레기부터 내 둘게. ⓓ돌아오면 저녁 준비 도울게. 그럼, 다녀올게.

夫はこのあと一番最初に何をしますか。

남편은 이후에 가장 먼저 무엇을 합니까?

1　スーパーに行く
2　家事を手伝う
3　ゴミを捨てに行く
4　食事の準備をする

1 슈퍼에 간다
2 집안일을 돕는다
3 쓰레기를 버리러 간다
4 식사 준비를 한다

[풀이]

ⓐ 남자는 슈퍼에 가야 하고 ⓑ 슈퍼에 가는 김에 쓰레기도 버려야 하는데, ⓒ 슈퍼에 가는 것에 앞서 쓰레기를 먼저 버린다는 것을 알 수 있다. 따라서 선택지 1번은 정답이 될 수 없고, 선택지 3번이 정답이다. ⓓ 저녁 식사 준비는 슈퍼에서 돌아온 이후이기 때문에 선택지 4번은 정답이 될 수 없다.

[단어]

塩 소금 | 切らす 다 쓰다 | ～なくちゃ ～하지 않으면(안 된다) | 用事 용무 | ～ついでに ～하는 김에

포인트 이해 실전 연습 ❶ p.368 스크립트와 문제 해설

ばん
1番

女の学生と男の学生が話しています。女の学生は、どうして今の会社を選びましたか。	여학생과 남학생이 이야기하고 있습니다. 여학생은 왜 지금의 회사를 선택했습니까?

M　就職、決まったんだって？ この前、言ってた会社？

F　ううん、あの会社は、結局あきらめたのよ。

M　え！ なんで？ 給料もいいし、近いし、入りたいって言ってたじゃない。競争率が高かったの？

F　ⓐうん、それもあるけど。実はね、両方から採用の通知をもらったのよ。でも、ⓑ今の会社の方が、自分が今まで勉強したことも活かせるし、やりたいこともできそうな気がしたから。

M　そうなんだ。

F　ⓒ給料は高い方じゃないし、少し遠いんだけど、それでも頑張ってみたいなって思って。

M　ぼくなら、絶対、給料が高くて、近いほうを選ぶけどね。

F　ⓓその代わり、残業もほとんどないし、小さな会社だけど、雰囲気もとってもいいの。そこで働くことにしてよかったと思ってる。

M　취직, 정해졌다며? 요전에 말했던 회사?

F　아니, 그 회사는 결국 포기했어.

M　응? 왜? 급여도 좋고 가깝고 들어가고 싶다고 했잖아. 경쟁률이 높았어?

F　ⓐ응, 그런 것도 있지만. 실은 말이지, 양쪽에서 채용 통지를 받았어. 근데, ⓑ지금 회사 쪽이 내가 지금까지 공부한 것도 활용할 수 있고, 하고 싶은 일도 할 수 있을 것 같은 느낌이 들어서.

M　그렇구나.

F　ⓒ월급도 높은 편이 아니고 조금 멀지만, 그래도 열심히 해 보고 싶어서.

M　나라면 무조건 급료가 높고 가까운 쪽을 고르겠지만.

F　ⓓ그 대신 잔업도 거의 없고 작은 회사지만 분위기도 정말 좋아. 거기서 일하게 되어서 다행이라고 생각하고 있어.

女の学生は、どうして今の会社を選びましたか。

1　給料の条件が良くて、近いから

2　競争率が高くなかったから

3　自分の能力が活かせそうだから

4　残業はあるが、雰囲気が良さそうだから

여학생은 왜 지금의 회사를 선택했습니까?

1　급료 조건이 좋고 가까워서

2　경쟁률이 높지 않아서

3　자신의 능력을 살릴 수 있을 것 같아서

4　잔업은 있지만, 분위기가 좋을 것 같아서

[풀이]

ⓐ 여자가 포기한 회사의 경쟁률은 높았지만 채용 통지를 받았다고 말하고 있기 때문에 선택지 2번은 정답이 될 수 없다. ⓑ 지금의 회사를 고른 이유는, 지금까지 공부한 것도 활용하고, 하고 싶은 일을 하고 싶기 때문이다. 따라서 정답은 선택지 3번이다. ⓒ 급여도 높지 않고 가깝지도 않다고 말하고 있기 때문에 선택지 1번은 정답이 아니다. ⓓ 분위기가 좋고 잔업도 거의 없다고 말하고 있기 때문에 선택지 4번은 정답이 아니다.

[단어]

就職 취직 ┃ 結局 결국 ┃ あきらめる 포기하다 ┃ 給料 월급, 급여 ┃ 競争率 경쟁률 ┃ 採用 채용 ┃ 活かせる 살리다, 활용하다 ┃ 気がする 느낌이 들다, 기분이 들다 ┃ 残業 잔업 ┃ 雰囲気 분위기 ┃ 条件 조건 ┃ 能力 능력

2番

<table>
<tr><td>

だいがく おとこ がくせい おんな がくせい はな おとこ がく
大学で男の学生と女の学生が話しています。男の学
りゅうがく おも
生は、どうして留学しようと思っていますか。

こん ど なつやす お
M 今度の夏休み終わったら留学しようと思ってるん
だ。

F 留学？ どこに？

い
M カナダに行こうと思っているんだけど、まだちゃ
しら ほか くに かんが
んと調べたわけじゃなくて、他の国も考えてるん
えい ご つか くに
だ。英語使う国で。

じょう ず
F もう英語上手なのに、どうして留学しようと思う
う しょうがっこう かよ
の？ⓐオーストラリアで生まれて、小学校まで通っ
に ほん き
てから日本に来たんでしょ？

ふ だん
M うん。でもさ、ⓑ日本では普段は英語を使わない
すこ わす き
から、少しずつ忘れていってるような気がして。

かね たん き かん こう か
F そっか。でも、お金もかかるし、短期間じゃ効果
がないんじゃない。

すく ねん
M うん。それで、少なくとも1年ぐらいは留学する
しんせい
つもりなんだ。ⓒカナダのワーホリのビザも申請
してみようかとも思っているんだ。

べんきょう
F そうだったの。あたしも英語の勉強しなきゃならな
しゅうかつ ゆう り
いんだけどね。ⓓ就活も英語ができたら有利だし。

</td><td>

대학에서 남학생과 여학생이 이야기하고 있습니다. 남학생은
왜 유학을 가려고 하고 있습니까?

M 이번 여름 방학 끝나면 유학 가려고 해.

F 유학? 어디로?

M 캐나다에 가려고 생각하고 있는데, 아직 제대로 알아본
건 아니라서, 다른 나라들도 생각하고 있어. 영어를 사용
하는 나라로.

F 이미 영어를 잘하는데 왜 유학을 가려고 해? ⓐ호주에서
태어나서 초등학교까지 다니고 나서 일본에 온 거잖아?

M 응. 근데 ⓑ일본에서는 평소에 영어를 안 쓰니까 조금씩
잊어 가는 것 같은 기분이 들어서.

F 그렇구나. 하지만 돈도 많이 들고 단기간으로는 효과가
없지 않을까?

M 응. 그래서 최소 1년 정도는 유학할 생각이야. ⓒ캐나다
워킹 홀리데이 비자도 신청해 볼까 하고 생각하고 있어.

F 그랬구나. 나도 영어 공부 해야 하는데. ⓓ취직 활동도
영어를 잘하면 유리하고.

</td></tr>
<tr><td>

おとこ がくせい りゅうがく おも
男の学生は、どうして留学しようと思っていますか。

</td><td>

남학생은 왜 유학을 가려고 합니까?

</td></tr>
<tr><td>

う くに い
1 生まれた国へ行いきたいから
えい ご りょく お
2 英語力を落としたくないから
3 カナダのビザをとったから
しゅうしょく ひつよう
4 就職に英語が必要だから

</td><td>

1 태어난 나라에 가고 싶어서

2 영어 실력을 떨어뜨리고 싶지 않아서

3 캐나다의 비자를 받아서

4 취직에 영어가 필요해서

</td></tr>
</table>

[풀이]

ⓐ 남자가 태어난 곳은 호주라고 말하고 있다. 따라서 선택지 1번은 정답이 될 수 없다. ⓑ 평소에 영어를 쓸 수 없어서 영어 실력이
떨어지고 있는 것을 걱정하고 있다. 따라서 정답은 선택지 2번이다. ⓒ 캐나다 비자는 아직 받은 것이 아니기 때문에 선택지 3번은
정답이 아니다. ⓓ 취직에 관한 이야기를 하는 것은 여자이기 때문에 선택지 4번도 정답이 아니다.

[단어]

う かよ
～わけじゃない ～인 것은 아니다 ┃生まれる 태어나다 ┃通う 다니다 ┃普段 보통, 평소 ┃気がする 느낌(기분)이 들다 ┃短期
かん こう か しんせい しゅうかつ お
間 단기간 ┃効果 효과 ┃申請 신청 ┃就活 취직 활동 ┃落とす 떨어뜨리다

女の学生と男の学生が話しています。女の学生がこのカフェを気に入った一番の理由は、何ですか。

F ねえねえ。新しくできたカフェ、行ってみた? すごくいいよ。

M どこのカフェ?

F 駅前に新しくできたところ。ちょっと混んでるけど。

M ああ、あそこか。まだ行ってないけど…。

F そこねえ、ⓐ店の雰囲気もいいし、音楽もいいんだ。でも、ⓑ何よりもいいのは、席が広くて楽なことね。他の店は、席が狭すぎて、隣の人の話も聞こえちゃうでしょ。

M うん、それは僕も気になるよ。それで、ⓒ客があんまりいないカフェを探すこともあるからね。

F そこのカフェねえ、店員も親切で、ⓓマスターがいるときは、たまにケーキをただでくれるんだって。

M へえ。ただで…。開店セールのイベントなのかなあ。じゃあ、今度行ってみようかな。

女の学生がこのカフェを気に入った一番の理由は、何ですか。

1 カフェの雰囲気と音楽
2 カフェの座席の配置
3 客が少なく店員が親切なこと
4 ケーキの無料サービス

여학생과 남학생이 이야기하고 있습니다. 여학생이 이 카페가 마음에 든 가장 큰 이유는 무엇입니까?

F 있잖아. 새로 생긴 카페 가 봤어? 굉장히 좋아.

M 어디 있는 카페?

F 역 앞에 새로 생긴 곳. 조금 사람이 많긴 하지만.

M 아, 거긴가? 아직 안 가 봤는데….

F 거기 말이지, ⓐ가게 분위기도 좋고 음악도 좋아. 하지만 ⓑ무엇보다도 좋은 것은 자리가 넓고 편안한 거야. 다른 가게는 자리가 너무 좁아서 옆 사람 이야기도 들리잖아.

M 응, 그건 나도 신경 쓰여. 그래서 ⓒ손님이 별로 없는 카페를 찾는 일도 있으니까 말이지.

F 그 카페 말이지, 점원도 친절하고 ⓓ사장님이 있을 때는 가끔 케이크를 무료로 준대.

M 와, 무료로…. 오픈 세일 이벤트인가? 그럼, 다음에 가 볼까?

여학생이 이 카페가 마음에 든 가장 큰 이유는 무엇입니까?

1 카페 분위기와 음악
2 카페의 좌석 배치
3 손님이 적고 점원이 친절한 것
4 케이크 무료 서비스

[풀이]

ⓑ 가장 좋은 것은 자리가 넓고 편하다는 것에서, 정답은 선택지 2번이라는 것을 알 수 있다. ⓐ 가게의 분위기도 좋고 노래도 좋다고 말하고 있고 ⓓ 케이크를 무료로 줄 때도 있다고 하지만, 가장 마음에 드는 이유는 아니기 때문에 선택지 1, 4번은 정답이 될 수 없다. ⓒ 선택지 3번은 여자가 마음에 들어 하는 이유가 아니라서 선택지 3번도 정답이 아니다.

[단어]

混む 붐비다. 혼잡하다 | 雰囲気 분위기 | 何より 무엇보다 | 席 자리 | 狭い 좁다 | 気になる 신경이 쓰이다 | 開店 개점 | 配置 배치

4番

でんわ で おとこ の がくせい と おんな の 学生 が 話しています。女の 学生
は、歓迎会の 場所は どこが いいと 言って いますか。

M もしもし。長谷川さん、具合は どう？ もう 元気に
　なった？

F うん、だいぶ よくなった。ありがとう。明日から
　学校に 行くから。

M そう、それは よかった。ところで、金曜日の 新入
　生の 歓迎会には 来られそう？

F うん、行けると 思うけど。

M そう、よかった。場所なんだけど、ⓐこの前行こ
　うって 言って いた 居酒屋で いいかな？

F ああ、あそこね。行きたいんだけど、まだ、お酒
　は 飲めないのよ。

M ああ、そうなのか。ソフトドリンクも あるけど
　ね。ⓑじゃ、フロアを 丸ごと 借りられる、カラオ
　ケの 店は どうかな？

F ああ、そうねぇ。カラオケね。

M または、ⓒ静かで 雰囲気の いいバーが あるんだけ
　ど、どうかな？ 学校からも 近いし、いろんな お酒
　や アルコールフリーの 飲み物も いろいろ あるよ。

F へぇ、よさそうね。

M じゃ、そこを 予約しようか。

F そうね。ちょっと、まって。ⓓ静かな ところよ
　り、みんなの 歌を きいたり、一緒に 歌ったりした
　ほうが 楽しいと 思う。

M ああ…、そうかも しれないね。長谷川さんも 新入
　生も、そのほうが 楽しめそうだね。

女の 学生は、歓迎会の 場所は どこが いいと 言ってい
ますか。

1　学校

2　居酒屋

3　カラオケ

4　バー

전화로 남학생과 여학생이 이야기하고 있습니다. 여학생은 환
영회 장소는 어디가 좋다고 말하고 있습니까?

M 여보세요. 하세가와. 몸 상태는 어때? 이제 괜찮아졌어?

F 응, 상당히 좋아졌어. 고마워. 내일부터 학교에 갈 거야.

M 그렇군, 그거 잘됐네. 근데, 금요일 신입생 환영회에는
　올 수 있겠어?

F 응, 갈 수 있을 것 같아.

M 아, 다행이다. 장소 말인데, ⓐ이전에 가자고 말했었던
　선술집으로 괜찮을까?

F 아, 거기 말이지? 가고 싶은데, 아직 술은 못 마셔.

M 아, 그런가. 소프트 드링크도 있는데. ⓑ그럼, 한 층을
　통째로 빌릴 수 있는 노래방은 어떨까?

F 아, 그러네. 노래방.

M 또는, ⓒ조용하고 분위기 좋은 바가 있는데, 어떨까? 학
　교에서도 가깝고 여러 가지 술이나 알코올이 안 들어간
　음료수도 여러 개 있어.

F 와, 괜찮을 것 같네.

M 그럼, 거기 예약할까?

F 그래. 잠깐 기다려 봐. ⓓ조용한 곳보다 모두의 노래를
　듣거나 함께 노래하거나 하는 쪽이 더 즐거울 것 같은데.

M 아, 그럴지도 모르겠네. 하세가와도 신입생도 그쪽을 더
　즐길 수 있을 것 같네.

여학생은 환영회 장소는 어디가 좋다고 말하고 있습니까?

1　학교

2　선술집

3　노래방

4　바

[풀이]

ⓐ 선술집을 언급하고 있으나 신입생 환영회 장소로 확정된 것은 아니다. ⓑ 노래방에 대해서 얘기를 하고 있지만 역시 확정은 아

니다. ⓒ 학교 근처 조용한 바에 대해서 말하고 있다. 현재까지의 내용으로서는 정답에 가장 가깝다. 하지만 결국 ⓓ 조용한 바보다 다 같이 즐길 수 있는 노래방으로 가기로 했다. 정답은 선택지 3번이다.

[단어]

歓迎会 환영회 **|** 場所 장소 **|** 具合 형편, 상태 **|** 居酒屋 선술집 **|** 丸ごと 통째로 **|** 借りる 빌리다

5番

留守番電話のメッセージを聞いています。男の人は、どうして明日の約束に行けませんか。

부재중 전화 메시지를 듣고 있습니다. 남자는 왜 내일 약속에 갈 수 없습니까?

M もしもし、健だけど。明日学校行けなくなっちゃって。悪いけど、明日の授業で連絡事項か何かあったら教えてくれないかな。ⓐ母がひどい風邪で入院したんで、しばらくはⓑ弟と妹の面倒を見なきゃならなくなっちゃったんだ。来週は行けると思うけど。で、悪いんだけど、ⓒ明日一緒に行くことにしてたカラオケも、試験が終わってからでいいかな。じゃ、またあとで。

M 여보세요, 다케시인데. 내일 학교 못 가게 됐어. 미안한데, 내일 수업에서 연락 사항 같은 것이 있으면 알려줄 수 없을까? ⓐ엄마가 심한 감기로 입원해서 당분간은 ⓑ남동생과 여동생을 돌봐야 하게 됐거든. 다음 주에는 갈 수 있을 것 같은데. 그래서 미안한데, ⓒ내일 같이 가기로 한 노래방도 시험이 끝나고 난 후로 해도 괜찮을까? 그럼, 나중에 봐.

男の人は、どうして明日の約束に行けませんか。

남자는 왜 내일 약속에 갈 수 없습니까?

1 学校で試験を受けるから

1 학교에서 시험을 보기 때문에

2 風邪で入院したから

2 감기로 입원했기 때문에

3 弟と妹の世話をするから

3 남동생과 여동생을 돌보기 때문에

4 弟とカラオケに行くから

4 남동생과 노래방에 가기 때문에

[풀이]

ⓐ 남자가 감기로 입원한 것이 아니라 남자의 엄마가 감기로 입원한 것이다. 따라서 선택지 2번은 정답이 아니다. ⓑ 입원한 엄마 대신 남동생과 여동생을 돌봐야 한다고 말하고 있으므로 정답은 선택지 3번이다. ⓒ 시험이 끝난 후에 노래방에 가자고 말하고 있다. 따라서 선택지 1, 4번은 정답이 될 수 없다.

[단어]

留守番電話 부재중 전화 **|** 〜ちゃう 〜해 버리다 **|** 連絡 연락 **|** 事項 사항 **|** 入院 입원 **|** しばらく 당분간 **|** 面倒を見る 돌보아 주다 **|** 世話をする 돌보다, 보살피다

1番

<table>
<tr><td valign="top">

大学で男の学生と女の学生が話しています。男の学生は、どうして機嫌が悪いのですか。

M おはよう。

F おはよう。あれ？ なんだか機嫌悪そうだね。何かあったの？

M ああ。今日は朝からついてないよ。

F そう、どうしたの？

M ⓐ今朝は電車がいつもよりずっと混んでたんだ。しかも、雨だからよけいにね。

F それで疲れちゃったの。

M うん。で、雨に濡れた傘の水をちゃんと切らないで電車に乗ってきたおじさんのせいで、ジーンズが全部濡れちゃったんだ。

F ちょっとひどいおじさんだね。最近、電車に乗るときマナーのない人たちが増えたみたい。あたしもこの前、降りようとしたとき前の人がどいてくれなくて、結局降りられなかった。

M そうか。で、ⓑまあそんな事もあるかって思いながら学校に来たんだけど、ⓒ今朝の授業は休講だっていうし。そういうことは、前もって言ってくれればいいのに。まったく。

</td><td valign="top">

대학에서 남학생과 여학생이 이야기하고 있습니다. 남학생은 왜 기분이 좋지 않습니까?

M 안녕.

F 안녕. 어? 왠지 기분이 안 좋은 것 같은데. 무슨 일 있었어?

M 아아, 오늘은 아침부터 재수가 없어.

F 그래? 무슨 일인데?

M ⓐ오늘 아침은 전철이 평소보다 훨씬 붐볐어. 게다가 비가 와서 쓸데없이.

F 그래서 지쳤구나.

M 응. 근데, 비에 젖은 우산의 물을 제대로 털지 않고 전철을 탄 아저씨 때문에 청바지가 다 젖어 버렸지.

F 좀 심한 아저씨네. 요즘 전철 탈 때 매너 없는 사람들이 늘어난 것 같아. 나도 지난번에 내리려고 할 때 앞사람이 비켜 주지 않아서 결국 못 내렸어.

M 그래? 그래서 ⓑ뭐 그럴 수도 있다고 생각하면서 학교에 왔는데, ⓒ오늘 아침 수업은 휴강이라고 하고. 그런 건 미리 말해 주면 좋을 텐데. 정말.

</td></tr>
<tr><td valign="top">

男の学生は、どうして機嫌が悪いのですか。

1 大雨で電車が遅れたから

2 マナーの悪い人が多いから

3 学校の授業に遅刻したから

4 朝から悪いことが続いたから

</td><td valign="top">

남학생은 왜 기분이 좋지 않습니까?

1 비가 많이 와서 전철이 늦게 왔기 때문에

2 매너가 좋지 않은 사람이 많기 때문에

3 학교 수업에 지각했기 때문에

4 아침부터 안 좋은 일이 이어졌기 때문에

</td></tr>
</table>

[풀이]

ⓐ 비가 와서 전철이 붐비기는 했지만 늦게 온 것은 아니다. 따라서 선택지 1번은 정답이 될 수 없다. ⓑ 매너가 좋지 않은 사람 때문에 옷이 젖어 버렸지만 남자는 그럴 수도 있다고 말하고 있기 때문에 선택지 2번도 정답이 아니다. ⓒ 학교 수업에 지각을 한 것도 아니기 때문에 선택지 3번은 정답이 될 수 없다. 아침부터 좋지 않은 일이 계속 일어난 것이 남자가 기분이 좋지 않은 이유이다. 따라서 정답은 선택지 4번이다.

[단어]

機嫌が悪い 기분이 좋지 않다 ❙ 混む 붐비다, 혼잡하다 ❙ 疲れる 피곤하다, 지치다 ❙ 濡れる 젖다 ❙ 増える 늘어나다 ❙ 前もって 미리 ❙ 遅刻 지각 ❙ 続く 계속되다, 이어지다

2番

会社で女の人と男の人が話しています。男の人は、なぜ残業をしなければならないと言っていますか。

F あれ？吉田さん、帰らないの？

M うん、今日は残業なんだ。明日の朝までにやることがあって。

F 大変だね。え、これって、この前作った企画書でしょ？どうしてやり直してるの？

M ああ、ⓐちょっと数字が間違ったとこがあって、修正してたところなんだ。もうメールで送るだけでいいんだ。

F ああ、そう。じゃ、それは、もう終わったんだね。あ、取引先の会議で使う資料がまだできてないの？

M いや、ⓑ資料の整理はもう済んでるんだ。何度も確認したから、間違ってるところはないと思うよ。

F じゃあ、なんで遅くなるの？

M 実はさ、ⓒ先方の担当者のメールアドレスがわからなくて、連絡を待ってるところなんだけど、なかなか連絡が来ないんだ。だからといって、こっちから電話するのも何だしね。

F なるほど、そういうことか。そっちの会社も、明日の会議の前に資料を確認しないといけないわけね。

M まあ、そういうわけなんだ。

F そうか。じゃあ、先に帰るね。お疲れ様。

M うん、また明日。

男の人は、なぜ残業をしなければならないと言っていますか。

1 企画書の修正をするため
2 取引先の会議で使う資料を作るため
3 取引先の担当者の連絡を待つため
4 メールで資料を受け取るため

회사에서 여자와 남자가 이야기하고 있습니다. 남자는 왜 잔업을 해야 한다고 말하고 있습니까?

F 응? 요시다 씨, 집에 안 가?

M 응, 오늘은 야근이야. 내일 아침까지 할 일이 있어서.

F 힘들겠네. 어? 이거 지난번에 만들었던 기획서잖아? 왜 다시 만들고 있어?

M 아, ⓐ조금 숫자가 틀린 곳이 있어서 수정하고 있었던 참이야. 이제 메일로 보내기만 하면 돼.

F 아, 그래? 그럼, 그건 이제 끝난 거구나. 아, 거래처 회의에서 쓸 자료 아직 안 됐어?

M 아니, ⓑ자료 정리는 벌써 다 했어. 몇 번이나 확인했으니까 틀린 부분은 없을 거야.

F 그럼 왜 늦어지는 거야?

M 실은, ⓒ상대 회사 담당자의 메일 주소를 몰라서 연락을 기다리고 있는 중인데 좀처럼 연락이 안 오네. 그렇다고 해서 이쪽에서 전화하는 것도 좀 그렇고.

F 아, 그런 거구나. 그쪽 회사도 내일 회의 전에 자료를 확인해야 하니까.

M 뭐, 그런 거지.

F 그렇구나. 그럼, 먼저 갈게. 수고해.

M 응, 내일 봐.

남자는 왜 잔업을 해야 한다고 말하고 있습니까?

1 기획서 수정을 하기 위해서
2 거래처 회의에서 사용할 자료를 만들기 위해서
3 거래처 담당자의 연락을 기다리기 위해서
4 메일로 자료를 받기 위해서

[풀이]

ⓐ 기획서 수정은 다 했다고 말하고 있기 때문에 선택지 1번은 정답이 될 수 없다. ⓑ 거래처 회의에서 사용할 자료 정리도 다 되었다고 한다. 따라서 선택지 2번은 정답이 될 수 없다. ⓒ 상대방의 메일 주소를 몰라서 연락을 기다리고 있다는 남자의 말에서 정답은 3번이라는 것을 알 수 있다. 선택지 4번에 대한 언급은 없었다.

[단어]

残業 잔업(야근) | 企画書 기획서 | ～直す 다시 ～하다 | 間違う 틀리다, 잘못되다 | 修正 수정 | 送る 보내다 | 取引先 거래처 |
整理 정리 | 確認 확인 | 先方 상대방 | 担当者 담당자 | 受け取る 받다, 받아들이다

3番

会社で男性社員と女性社員が話しています。女性社員は、引っ越した町の何がいちばん気に入っていると言っていますか。

M 西村さん、おはよう。

F ああ、おはようございます。

M 引っ越したんだって？　どう、今度の場所は？

F とっても気に入ってます。部屋も大きいし。

M それはよかったね。前住んでたところは荷物の置き場もないって言ってたもんね。

F ええ。ただ、夜静か過ぎて、少し怖いときもあるんです。前の所では、そんなことなかったんですけど。まあ、よく眠れるのはいいんですけどね。

M そう？　人通りが少ない所は、夜遅く帰るときは危ないよね。

F でも、ⓐ人通りが少ないわけではないんです。近所に交番もあるし、かえって安全なくらいです。夜寝るときちょっと怖いだけです。で、ⓑ何よりいいのは、急行が止まる駅なんです。前より少し混雑してるけど。

M そうか。それはよかったね。

F ええ、通勤に便利なのはとってもうれしいです。駅からはちょっと遠いんですけどね。あと、ⓒ生活用品や食べ物もけっこう安いんです。

회사에서 남자 사원과 여자 사원이 이야기하고 있습니다. 여자 사원은 이사한 동네의 무엇이 가장 마음에 든다고 말하고 있습니까?

M 니시무라 씨, 안녕.

F 아, 안녕하세요.

M 이사했다면서? 어때, 이번 동네는?

F 굉장히 마음에 들어요. 방도 크고.

M 그거 잘됐네. 전에 살던 곳은 짐을 둘 곳도 없다고 했었잖아.

F 네. 단지 밤에 너무 조용해서 조금 무서울 때도 있어요. 이전 집에서는 그런 적 없었는데. 뭐, 푹 잠들 수 있는 건 좋지만요.

M 그래? 사람의 왕래가 적은 곳은 밤늦게 돌아갈 때는 위험하지.

F 그래도 ⓐ사람의 왕래가 적은 것은 아니에요. 근처에 파출소도 있고 오히려 안전할 정도예요. 밤에 잘 때 조금 무서운 것뿐이에요. 그리고 ⓑ무엇보다 좋은 것은 급행이 서는 역이라는 거예요. 전보다 조금 혼잡하지만요.

M 그래? 그건 잘됐네.

F 네, 통근에 편리한 것은 너무 좋아요. 역에서는 조금 멀지만요. 그리고 ⓒ생활용품이나 음식도 상당히 싸요.

女性社員は、引っ越した町の何がいちばん気に入っていると言っていますか。

여자 사원은 이사한 동네의 무엇이 가장 마음에 든다고 말하고 있습니까?

1　静かできれいなこと

2　人通りが多くて安全なこと

3　交通が便利なこと

4　生活用品や食べ物が安いこと

1 조용하고 깨끗한 것

2 사람의 왕래가 많고 안전한 것

3 교통이 편리한 것

4 생활 용품이나 음식이 싼 것

[풀이]

ⓐ 사람의 왕래가 적은 편은 아니라고 여자는 말하고 있다. 사람의 왕래가 많은 것과 적은 편이 아니라는 것은 의미가 다르기 때문에 선택지 2번은 정답이 될 수 없다. ⓑ 무엇보다 좋은 것은 급행이 서서 교통이 편리하다는 것이다. 따라서 정답은 선택지 3번이

다. ⓒ 생활용품과 음식도 싸다고 말하고 있지만, 여자가 가장 마음에 드는 이유는 아니기 때문에 선택지 4번은 정답이 아니다. 선택지 1번에 대한 언급은 없었다.

[단어]

気に入る 마음에 들다 | 荷物 짐, 화물 | 眠る 잠들다 | 人通り 사람의 왕래 | 交番 파출소 | かえって 오히려 | 急行 급행 | 混雑 혼잡 | 通勤 통근 | 生活 생활 | 用品 용품

4番

<table>
<tr><td>

女の人と男の人が話しています。女の人は、この店の何がいいと言っていますか。

F ねえ、昨日面白いお店見つけたんだ。病院の下にあるカフェなの。

M え？ 病院の下にあるカフェ？

F うん。コーヒーよりお茶で有名なところ。伝統的なお茶じゃなくて、漢方のお茶で有名なお店なんだ。

M 漢方のお茶って、苦くないの？ 体にはいいのかもしれないけど、味の方はちょっとね。

F もともと体にいいものは苦いものよ。面白いのは、ⓐ今日の気分や健康の状態をチェックして、それに合わせたお茶を出してくれることなの。特に問題がない場合は誕生日や生まれた年を言ったら、それに合うお茶を選んでくれるの。

M ほんと？ 変わってるね。

F そうでしょ？ それに、ⓑマスターが元々漢方のお医者さんだったから、信頼できるし。

M へえ、すごいね。

F あと、苦いお茶だけを出してるわけじゃないの。ⓒ他に飲みたいものを注文することもできるのよ。漢方茶以外の値段は全部一緒。

M 面白そうだね。体に悪いところがあるかどうかもチェックしてもらえるし。一度、行ってみようかな。

女の人は、この店の何がいいと言っていますか。

1 伝統茶ではなく、漢方茶だけ出すこと
2 客に合わせてお茶を選ぶこと
3 マスターと店員が医者であること
4 飲み物が全部同じ値段であること

</td><td>

남자와 여자가 이야기하고 있습니다. 여자는 이 가게의 무엇이 좋다고 말하고 있습니까?

F 저기, 어제 재미있는 가게를 발견했어. 병원 밑에 있는 카페인데.

M 응? 병원 밑에 있는 카페?

F 응. 커피보다 차로 유명한 곳. 전통적인 차가 아니라 한방차로 유명한 가게야.

M 한방차라는 거, 쓰지 않아? 몸에는 좋을지 몰라도 맛은 좀.

F 원래 몸에 좋은 것은 쓴 법이야. 재미있는 건 ⓐ오늘의 기분이나 건강 상태를 체크해서 거기에 맞는 차를 내 주는 거야. 특별히 문제가 없을 경우에는 생일이나 태어난 해를 말하면 거기에 맞는 차를 골라 주지.

M 정말? 특이하네.

F 그치? 게다가 ⓑ사장님이 원래 한의사였기 때문에 믿을 수 있고.

M 와, 굉장하네.

F 그리고 쓴 차만 팔고 있는 것은 아니야. ⓒ그 밖에 마시고 싶은 것을 주문할 수도 있어. 한방차 외의 가격은 전부 똑같아.

M 재미있을 것 같네. 몸에 나쁜 부분이 있는지 어떤지도 체크 받을 수 있고. 한번 가 볼까?

여자는 이 가게의 무엇이 좋다고 말하고 있습니까?

1 전통차가 아니라 한방차만 주는 것
2 손님에게 맞추어서 차를 고르는 것
3 사장과 점원이 의사라는 것
4 음료수가 전부 같은 가격인 것

</td></tr>
</table>

[풀이]

ⓐ 기분이나 건강 상태, 또는 생일에 맞는 차를 골라 주는 것이 좋다고 말하고 있다. 따라서 정답은 선택지 2번이다. ⓑ 점원이 의사라는 내용은 찾아볼 수 없기 때문에 선택지 3번은 정답이 될 수 없다. ⓒ 한방차만 파는 것이 아니라 다른 마실 것도 있다는 것을 알 수 있다. 또, 한방차 외의 음료수 가격은 전부 동일하다고 말하고 있는데, **飲み物**는 한방차와 그 외의 마실 것을 전부 포함하기 때문에 선택지 4번은 정답이 아니다.

[단어]

見つける 발견하다 | 伝統 전통 | 漢方 한방 | 苦い 쓰다 | 味 맛 | 状態 상태 | 合わせる 맞추다 | 変わっている 특이하다 | 元々 원래, 이전에 | 信頼 신뢰 | 注文 주문 | 値段 가격

5番

大学で先生が授業について話しています。先生は、いい成績を取るために最も重要なのは、何だと言っていますか。

F 皆さん、こんにちは。今日は初日なので、まず、成績の評価方法について説明します。ⓐ試験は期末試験一度だけで、中間試験はレポートに代えます。それから、ⓑ二回にわたって行われる発表が重要です。外国人のみなさんには多少難しいかもしれない、尊敬語と謙譲語についてです。卒業後、社会生活をするためには必ず知っておくべきものですからね。説明中心の理論の授業ではなく、実際の会話のやり取りを中心に進めていく予定です。それで、ⓒみなさんの積極的な参加が何よりも重要となりますし、評価もそこに重点を置くことになります。ああ、あと、ⓓ出席の回数も成績の要素となりますから、忘れないでください。

先生は、いい成績を取るために最も重要なのは、何だと言っていますか。

1 期末試験の結果
2 レポートの提出
3 授業の参加態度
4 授業の出席日数

대학에서 선생님이 수업에 대해서 이야기하고 있습니다. 선생님은 좋은 성적을 얻기 위해서 가장 중요한 것은 무엇이라고 말하고 있습니까?

F 여러분, 안녕하세요. 오늘은 첫날이니 먼저 성적 평가 방법에 대해서 설명하겠습니다. ⓐ시험은 기말시험 한 번뿐이고, 중간시험은 과제로 대신하겠습니다. 그리고 ⓑ두 번에 걸쳐서 실시되는 발표가 중요합니다. 외국인인 여러분에게는 다소 어려울 수도 있는, 존경어와 겸양어에 대해서입니다. 졸업 후 사회생활을 하기 위해서는 반드시 알아 두어야 하는 것이니까요. 설명 중심의 이론 수업이 아니라 실제 대화를 주고받는 것을 중심으로 진행할 예정입니다. 그래서 ⓒ여러분의 적극적인 참가가 무엇보다도 중요하고, 평가도 그것에 중점을 두게 됩니다. 아, 그리고 ⓓ출석 횟수도 성적의 요소가 되니까 잊지 않도록 하세요.

선생님은 좋은 성적을 얻기 위해서 가장 중요한 것은 무엇이라고 말하고 있습니까?

1 기말시험 결과
2 리포트 제출
3 수업 참가 태도
4 수업의 출석 일수

[풀이]

ⓐ 시험과 과제에 관한 소개를 하고 있지만, 성적과의 관계는 특별히 언급하지 않고 있다. 따라서 선택지 1, 2번을 정답으로 보기에는 애매하다. ⓑ 두 번의 발표가 중요하다고 말하고 있지만, ⓒ 수업에 적극적으로 참가하는 것이 가장 중요하다고 언급하고 있기 때문에, 정답은 선택지 3번이다. ⓓ 출석도 성적의 요소라고 말하고 있지만, 이 내용에서 가장 중요한 요소로 보기 힘들다. 따라서 선택지 4번도 정답이 될 수 없다.

[단어]

～について ～에 대해서 | 成績 성적 | 最も 가장 | 初日 첫날 | 評価 평가 | 方法 방법 | 代える 바꾸다, 대신하다 | ～にわたって ～에 걸쳐서 | 行う 행하다, 실시하다 | 尊敬語 존경어 | 謙譲語 겸양어 | ～べき ～해야 할 | やり取り 주고받음, 교환 | 進める 진행하다 | 積極的 적극적 | 要素 요소 | 回数 횟수 | 参加 참가 | 態度 태도

問題 3

개요 이해 실전 연습 ❶ p.372 스크립트와 문제 해설

1番

大学で先生が研究発表の感想を話しています。

대학에서 선생님이 연구 발표의 감상을 이야기하고 있습니다.

F みなさん、昨日はお疲れ様でした。なかなかすばらしい研究発表でした。今までみんなで一緒に頑張って準備した甲斐がありましたね。特に、様々な事例を中心に研究を進められたことで、たくさんの方からいい評価をいただきました。ただ、発表以外のことで、ⓐ少し気を使わなければならない点があったようです。たとえば、ⓑ人数より多めに資料を用意するとか、ⓒもっと広い会場が必要だったとか、そういう点です。次の発表は、一週間後になりますから、ⓓ今度は、そういう点にも注意しながら準備するようにしましょう。

F 여러분, 어제는 수고했습니다. 상당히 훌륭한 연구 발표였습니다. 지금까지 모두 함께 열심히 준비한 보람이 있었네요. 특히, 여러 가지 사례를 중심으로 연구를 진행할 수 있었던 것이 많은 분들에게 좋은 평가를 받았습니다. 다만, 발표 이외의 것에서 ⓐ조금 신경을 써야 할 점이 있었던 것 같습니다. 예를 들면, ⓑ인원수보다 넉넉하게 자료를 준비한다거나 ⓒ더 넓은 장소가 필요했다거나, 그런 점입니다. 다음 발표는 일주일 후가 될 테니까 ⓓ이번에는 그런 점에도 주의하면서 준비하도록 합시다.

先生の話の主なテーマは何についてですか。

선생님의 이야기의 주된 테마는 무엇에 대해서입니까?

1 研究発表の目的
2 研究発表の反省点
3 研究発表の資料
4 研究発表の会場

1 연구 발표의 목적
2 연구 발표의 반성점
3 연구 발표의 자료
4 연구 발표의 장소

[풀이]

연구 발표의 목적에 대해서는 어떠한 언급도 없기 때문에 선택지 1번은 정답이 될 수 없다. ⓐ ⓑ ⓒ 발표 외에 보완해야 할 것에 대해서 언급하고 있고, ⓓ 이러한 점에 주의하면서 다음 발표를 준비하자고 말하는 것을 볼 수 있다. 따라서 정답은 선택지 2번이다. ⓒ의 내용에 발표 자료와 장소가 언급되고 있지만, 이야기의 주요 테마로 보기에는 무리가 있다. 따라서 선택지 3, 4번은 정답이 될 수 없다.

[단어]

研究 연구 | 発表 발표 | 甲斐 보람 | 事例 사례 | 評価 평가 | 気を使う 신경을 쓰다 | 多め 넉넉하게 | 資料 자료 | 用意 준비 | 反省 반성

でんしゃ なか なが
電車の中でアナウンスが流れています。

전철 안에서 방송이 나오고 있습니다.

ほんじつ ちゅうおうせん りよう まこと
M 本日も中央線をご利用いただき、誠にありがとう
ただいま しゃりょう とびら こしょう うん
ございます。只今ⓐ車両の扉の故障により、運
こう み あ たいへんもう わけ
行を見合わせております。大変申し訳ございませ
ふん たいき よてい
んが、あと15分ほど待機させていただく予定で
いそ かた ていしゃ
すので、ⓑお急ぎの方は、ただいま停車してお
はんたいがわ じょうしゃぐち つぎ
りますホームの反対側の乗車口から、次の電車を
ご利用ください。次の電車は8分後に到着する予
きゅうこう
定でございます。ⓒ20分後の急行をご利用のお
きゃくさま かいだん お ばんせん
客様は、階段を降りまして、3番線をご利用くだ
わす もの ちゅうい
さい。お忘れ物をなさらないよう、ご注意くださ
めいわく
い。ご迷惑をおかけいたしまして、大変申し訳ご
ざいません。

M 오늘도 중앙선을 이용해 주셔서 대단히 감사합니다. 지
금 ⓐ차량의 출입문 고장으로 인해 운행을 보류하고 있
습니다. 대단히 죄송합니다만, 앞으로 15분 정도 대기할
예정이오니, ⓑ바쁘신 분은 지금 정차하고 있는 플랫폼
의 반대편 승차구에서 다음 전철을 이용해 주십시오. 다
음 전철은 8분 후에 도착할 예정입니다. ⓒ20분 후의 급
행을 이용하실 승객께서는 계단을 내려가 3번선을 이용
해 주세요. 잊으신 물건이 없도록 주의하세요. 불편을 드
려 대단히 죄송합니다.

なに ほうそう
何についての放送ですか。

무엇에 대한 방송입니까?

1 電車の扉故障の原因
げんいん

2 乗り換えの案内
の か あんない

3 急行の利用案内

4 落とし物の案内
お もの

1 전철 문 고장의 원인

2 환승 안내

3 급행 이용 안내

4 분실물 안내

[풀이]

ⓐ 운행 지연의 원인이 나오지만 방송의 목적은 아니기 때문에, 선택지 1번은 정답이 아니다. ⓑ 반대편 플랫폼 이용 안내와 ⓒ 급
행 이용 안내를 하고 있는 것을 미루어 볼 때, 환승에 대한 방송이라는 것을 알 수 있다. 따라서 정답은 선택지 2번이다. ⓒ 급행 이
용 안내만을 목적으로 하는 방송은 아니기 때문에 선택지 3번은 정답이 될 수 없다. 선택지 4번에 대한 언급은 없었다.

[단어]

まこと ただいま しゃりょう とびら こしょう うんこう み あ たいき ていしゃ じょう
誠に 대단히 | 只今 지금 | 車両 차량 | 扉 문, 문짝 | 故障 고장 | 運行 운행 | 見合わせる 보류하다 | 待機 대기 | 停車 정차 | 乗
しゃ かいだん わす もの めいわく げんいん の か お もの
車 승차 | 階段 계단 | 忘れ物 잊은 물건 | 迷惑をかける 민폐를 끼치다 | 原因 원인 | 乗り換え 환승 | 落とし物 분실물

こうえんかい

講演会で、男の人が話しています。

강연회에서 남자가 이야기하고 있습니다.

M 今日は、子犬を飼う時の注意点についてお話いたしましょう。まず、@ペットを家族と同じ存在だと考えることが、何よりも重要です。ⓑ生まれたばかりの子犬には1日に4回餌をやる必要がありますが、そのとき、しばらく水に浸してからあげてください。あと、水に浸しておいた餌は悪くなる恐れがあるので、水に浸してから一時間以上置かないようにしましょう。ⓒ子犬は免疫が弱いので、家の掃除も頻繁にする必要があります。ⓓ特に温度の変化に敏感ですから、暖かい場所に子犬の居場所を作ってあげた方がいいでしょう。

M 오늘은 강아지를 키울 때 주의할 점에 대해서 말씀 드리겠습니다. 우선, @펫을 가족과 같은 존재라고 생각하는 것이 무엇보다 중요합니다. ⓑ태어난 지 얼마 안 된 강아지에게는 하루에 4번 사료를 줄 필요가 있는데, 그때 잠시 물에 불린 후 주세요. 그리고 물에 불려 둔 사료는 상할 우려가 있기 때문에 물에 불리고 나서 한 시간 이상 두지 않도록 합시다. ⓒ강아지는 면역이 약하기 때문에 집 청소도 자주 할 필요가 있습니다. ⓓ특히 온도 변화에 민감하기 때문에 따뜻한 장소에 강아지의 거처를 만들어 주는 것이 좋습니다.

男の人は、子犬を飼うとき、何がいちばん重要だと言っていますか。

남자는 강아지를 키울 때 무엇이 가장 중요하다고 말하고 있습니까?

1 家族のようにあつかうこと
2 餌を1日に4回与えること
3 家の掃除をよくすること
4 温度を適切に保つこと

1 가족처럼 대하는 것
2 사료를 하루에 4번 주는 것
3 집 청소를 자주 하는 것
4 온도를 적절하게 유지하는 것

[풀이]

@ 무엇보다 중요한 것은 펫을 가족처럼 생각하는 것이라고 말하고 있다. 따라서 정답은 선택지 1번이다. ⓑ 사료를 4번 주는 것과 ⓒ 집 청소를 자주 하는 것, ⓓ 적절한 온도를 유지하는 것도 중요하지만 가장 중요하다고 볼 수는 없다.

[단어]

講演会 강연회 | 飼う 기르다 | 何より 무엇보다 | 餌 먹이 | 浸す 담그다 | 恐れがある 우려가 있다 | 免疫 면역 | 変化 변화 | 敏感 민감 | 居場所 거처

| ラジオで女の人が話しています。 | 라디오에서 여자가 이야기하고 있습니다. |

F 最近、興味深いアンケート結果が出ました。子ども
たちの将来の職業に関するものですが、1位を
占めたのは、何とパティシエだったのです。パテ
ィシエというのは、お菓子を作る職業ですが、こ
のような結果が出たのは、テレビや雑誌で、有名
な店のパンとかデザートなどが頻繁に紹介されて
いることや、ドラマの主人公にパティシエがよく
登場しているためで、ⓐ子どもたちがメディア
の影響を強く受けているものといえそうです。子
どもたちにも大きな影響を及ぼしているメディア
について、あらためて考えさせられる結果だった
といえます。主に大人のための暴力的で刺激的な
番組を子どもたちも見ているのだ、ということを
意識しながら、番組を作るべきではないでしょう
か。1位のパティシエのほかには、2位は教師、
3位は医師、それから、4位はサッカー選手で、
5位は野球選手でした。

F 최근 흥미로운 앙케트 결과가 나왔습니다. 아이들의 장래 직업에 관한 것인데요, 1위를 차지한 것은 무려 파티시에였습니다. 파티시에라고 하는 것은 과자를 만드는 직업인데요, 이런 결과가 나온 것은, TV나 잡지에서 유명한 가게의 빵이나 디저트 등이 빈번하게 소개되거나, 드라마 주인공으로 파티시에가 자주 등장하고 있기 때문으로, ⓐ아이들이 미디어의 영향을 강하게 받고 있는 것이라고 할 수 있겠습니다. 아이들에게도 큰 영향을 미치고 있는 미디어에 대해서 다시 생각하게 되는 결과라고 말할 수 있습니다. 주로 어른을 위한 폭력적이고 자극적인 방송을 아이들도 보고 있다는 것을 의식하면서 방송을 만들어야 하는 게 아닐까요. 1위인 파티시에 외에 2위는 교사, 3위는 의사, 그리고 4위는 축구 선수이고, 5위는 야구 선수였습니다.

| 女の人は、主に何について話していますか。 | 여자는 주로 무엇에 대해서 이야기하고 있습니까? |

1 子どもはお菓子作りが好きだということ
2 子どもたちの将来の職業への心配
3 メディアの影響力は大きいということ
4 子どもたちのテレビの視聴率

1 아이는 과자 만들기를 좋아한다는 것
2 아이들의 장래 직업에 대한 걱정
3 미디어의 영향력은 크다는 것
4 아이들의 텔레비전 시청률

[풀이]

ⓐ 미디어가 아이들에게 주는 영향력에 대한 비판과 걱정을 언급하고 있다. 따라서 정답은 선택지 3번이다. 나머지 선택지에 대한 언급은 없었다.

[단어]

興味深い 흥미롭다 | 将来 장래, 미래 | 職業 직업 | ～に関する ～에 관한 | 占める 차지하다 | 頻繁 빈번 | 及ぼす 미치게 하다
| 暴力的 폭력적 | 刺激的 자극적 | 視聴率 시청률

会議で男の人が話しています。

M 先週申し上げましたように、今週の金曜日は外国から大切なお客様がいらっしゃる日です。まず、ⓐお客様がお泊まりになるホテルの予約について、問題がないようもう一度確認してください。3人が別々の部屋をご利用になるということと、それからⓑ飛行機のチケットは、すでにお送りしてありますが、お受け取りになったかどうか確認することも、忘れないでください。あと、ホテルでのチェックインが終わり次第、わが社へ向かわれることになってますので、時間に遅れないようにホテルへ行く必要があります。それから、飛行機のチケットのことをお話しするとき、ⓒ一昨日お送りした会議の資料のことも一緒に確認するようお願いします。

男の人は、何について話していますか。

1 お客を迎える準備
2 ホテルの予約の変更
3 飛行機のチケットの準備
4 会議の資料の変更

회의에서 남자가 이야기하고 있습니다.

M 지난주에 말씀 드린 것처럼 이번 주 금요일은 외국에서 중요한 고객이 오시는 날입니다. 우선 ⓐ고객이 머무르실 호텔 예약에 대해서 문제가 없도록 다시 한 번 확인해 주세요. 3명이 각각 다른 방을 이용하신다는 것과, 그리고 ⓑ비행기 티켓은 이미 그쪽으로 보내 두었는데 잘 받으셨는지 확인하는 것도 잊지 마세요. 그리고 호텔 체크인이 끝나는 대로 우리 회사로 오시기로 되어 있으니, 시간에 늦지 않게 호텔로 갈 필요가 있습니다. 그리고 비행기 티켓에 관한 것을 이야기할 때 ⓒ그저께 보낸 회의 자료에 대한 것도 함께 확인 부탁 드립니다.

남자는 무엇에 대해서 이야기하고 있습니까?

1 고객을 맞이할 준비
2 호텔 예약 변경
3 비행기 티켓 준비
4 회의 자료 변경

[풀이]

ⓐ 고객이 머무를 호텔 예약을 다시 확인하라고 하고 있다. 따라서 선택지 2번은 정답이 아니다. ⓑ 상대방이 비행기 티켓을 받았는지 확인하라고 하고 있기 때문에 선택지 3번도 정답이 될 수 없다. ⓒ 회의 자료 변경에 대한 내용은 확인할 수 없기 때문에 선택지 4번도 정답이 아니다. 전체적인 내용을 종합해 보면, 정답은 선택지 1번이라는 것을 알 수 있다.

[단어]

申し上げる 말씀 드리다 | 確認 확인 | すでに 이미, 벌써 | 受け取る 받다 | ～次第 ～하는 대로 | 資料 자료 | 迎える 맞이하다 | 変更 변경

1番

<table>
<tr>
<td>

大学で先生が話しています。

F 今週の土曜日は大学でエネルギーのフォーラムが開かれます。今回は、大手の企業を含め、エネルギーの開発に力を入れている20社が参加します。フォーラムは2時間で、2部構成になっています。第1部では、将来のエネルギー開発のための現状を主要テーマとして進行します。第2部では、全国の大学生の研究発表が予定されています。うちの大学の発表は6番目です。先週フォーラムの参加申し込みをした学生たちは、授業が終わったあと、私の研究室に来てください。

先生の話の主な内容は何ですか。

1　フォーラムの案内
2　フォーラムの目的
3　フォーラムの申し込み
4　フォーラムの対象

</td>
<td>

대학에서 선생님이 이야기하고 있습니다.

F 이번 주 토요일은 대학에서 에너지 포럼이 열립니다. 이번에는 대기업을 포함해 에너지 개발에 힘쓰고 있는 20개 회사가 참가합니다. 포럼은 2시간이고, 2부 구성으로 되어 있습니다. 제1부에서는 미래 에너지 개발을 위한 현재 상황을 주요 테마로서 진행합니다. 제2부에서는 전국 대학생들의 연구 발표가 예정되어 있습니다. 우리 대학의 발표는 6번째입니다. 지난주에 포럼 참가 신청을 한 학생들은 수업이 끝난 후에 제 연구실로 와 주세요.

선생님의 이야기의 주된 내용은 무엇입니까?

1　포럼의 안내
2　포럼의 목적
3　포럼의 신청
4　포럼의 대상

</td>
</tr>
</table>

[풀이]

전체적인 줄거리를 보면 선생님의 말하는 주요 내용은 선택지 1번의 포럼 안내라는 것을 알 수 있다.

[단어]

フォーラム 포럼 | 開く 열리다 | 含める 포함하다 | 開発 개발 | 力を入れる 힘을 쏟다 | 参加 참가 | 構成 구성 | 状況 상황 | 申し込み 신청 | 対象 대상

留守番電話のメッセージを聞いています。	부재중 전화 메시지를 듣고 있습니다.

（ピー）　　　　　　　　　　　　　　　　　　　　（삐―）

F　東京商事の木村です。ⓐ先日お話がありました会議の日程を調整する件で、お電話差し上げました。ご希望されました8日の午後は、ⓑ工場の担当者とのミーティングが入っておりましたので、まことに恐縮ですが、その日への調整は難しいと思われます。申し訳ございません。それで、その翌日の、9日の午前中でしたら、何とか調整できそうですが、いかがでしょうか。日にち調整ができ次第、お送りくださった企画書へのご返事を差し上げたいと思います。ⓒ只今、大阪支店に出張中ですが、明日の午後5時には会社に戻っていると思いますので、その頃にご連絡いただければと思います。では、失礼いたします。

F　도쿄 상사의 기무라입니다. ⓐ지난번 이야기가 있었던 회의 일정을 조정하는 건으로 전화 드렸습니다. 희망하셨던 8일 오후는 ⓑ공장 담당자와의 미팅이 들어 있어서, 대단히 죄송하지만 그날로 조정하기는 어려울 것 같습니다. 죄송합니다. 그래서 그 다음 날인 9일 오전 중이라면 어떻게든 조정이 가능할 것 같습니다만, 어떠신가요? 날짜가 조정되는 대로 보내 주신 기획서에 대한 답변을 드리려고 합니다. ⓒ지금 오사카 지점으로 출장 중입니다만, 내일 오후 5시에는 회사에 돌아와 있을 것 같으니 그때 연락 주시면 감사하겠습니다. 그럼, 실례하겠습니다.

何についてのメッセージですか。	무엇에 대한 메시지입니까?

1　出張時間の変更	1 출장 시간 변경
2　工場担当者との会議	2 공장 담당자와의 회의
3　会議の日程の調整	**3 회의 일정 조정**
4　出張の場所の変更	4 출장 장소 변경

[풀이]

ⓐ 메시지를 남긴 이유는 회의 일정 조정에 관한 것임을 알 수 있다. 따라서 정답은 선택지 3번이다. ⓑ 공장 담당자와의 회의, ⓒ 출장 중이라는 내용은 자신의 상황을 상대에게 알리는 것일 뿐 전화를 건 목적은 아니기 때문에, 나머지 선택지는 정답이 아니라는 것을 알 수 있다.

[단어]

留守番電話 부재중 전화 | 先日 일전, 요 전날 | 日程 일정 | 調整 조정 | 差し上げる 드리다 | 希望 희망 | 担当者 담당자 | 恐縮ですが 송구스럽지만(대단히 죄송하지만) | 企画書 기획서 | 変更 변경

テレビで野球選手がインタビューをしています。	TV에서 야구 선수가 인터뷰를 하고 있습니다.

M ⓐシーズンの途中で負傷してしまったせいで、みんなと最後まで一緒にプレーできなかったことが、心残りです。怪我で長期間休んだのは初めてでしたから、大事なときに試合に出られないっていうのが、とても悔しかったです。でもまあ、ⓑチームとしては、初めての優勝ですし、今は素直に喜びたいですね。来年は最初から最後まで試合に出られるよう、最善を尽くしていきたいと思ってます。一日も早くみんなといっしょにトレーニングを始めたいという気持ちで焦ることもありますけれど、今はまあ、軽い運動から始める計画を立ててます。あと、久しぶりに家族と一緒に過ごす時間が持てますので、それはまあ、よかったんじゃないかと思ってます。

M ⓐ시즌 도중에 부상을 당한 탓에 모두와 마지막까지 함께 플레이할 수 없었던 것이 유감입니다. 다쳐서 오랫동안 쉰 것은 처음이었기 때문에, 중요할 때 시합에 못 나가는 것이 굉장히 분했습니다. 하지만 ⓑ팀으로서는 첫 우승이고 지금은 순수하게 기뻐하고 싶네요. 내년에는 처음부터 끝까지 시합에 나갈 수 있도록 최선을 다하겠습니다. 하루라도 빨리 모두와 함께 훈련을 시작하고 싶다는 마음으로 초조한 것도 있지만, 지금은 가벼운 운동부터 시작하는 계획을 세우고 있습니다. 그리고 오랜만에 가족과 함께 보내는 시간을 가질 수 있어, 그것은 다행이라고 생각하고 있습니다.

この選手は、今シーズンはどうだったと言っていますか。

이 선수는 이번 시즌은 어땠다고 말하고 있습니까?

1 怪我はなかったが、チームは優勝できなかった。	1 부상은 없었지만, 팀은 우승할 수 없었다.
2 怪我もなく、チームも優勝できた。	2 부상도 없었고, 팀도 우승할 수 있었다.
3 怪我はあったが、チームは優勝できた。	**3 부상은 있었지만, 팀은 우승할 수 있었다.**
4 怪我もあり、チームも優勝できなかった。	4 부상도 있었고, 팀도 우승할 수 없었다.

[풀이]

ⓐ 시즌 도중에 부상이 있었고, ⓑ 팀이 첫 우승을 했다고 한다. 따라서 정답은 선택지 3번이다.

[단어]

負傷 부상 | せいで 탓에 | 怪我 상처, 부상 | 悔しい 분하다 | 優勝 우승 | 素直 솔직함, 순수함 | 最善を尽くす 최선을 다하다 | 焦る 안달하다 | 計画を立てる 계획을 세우다

4番

<table>
<tr><td>

会社で女の人と男の人が話しています。

F 部長、お呼びですか。

M ああ、西村さん。悪いね、忙しいのに。

F いいえ、大丈夫です。

M ⓐ実は、来月中国の支店長として転勤することになったんだ。

F え、そうですか。おめでとうございます。でも、部長がいらっしゃらなくなったら、寂しくなりますね。

M ありがとう。まあ、定期的に日本に戻ることになりそうだから。あと、次の課長に西村さんの話が出てる。

F えっ、私ですか？ 私はまだまだです。

M いやいや、ⓑもう入社して７年目だから、経歴が不足してるとは言えないし、部下たちにも評判いいし、ⓒ仕事もできるし。西村さん以外に考えられないんだ。

F いいえ、とんでもないです。

M 難しいこととか大変なことがあったら、いつでも連絡してよ。もうすぐ会社から正式に発表があるはずだから、挨拶の準備もしておくようにね。今後もよろしく頼むよ。

</td><td>

회사에서 여자와 남자가 이야기하고 있습니다.

F 부장님, 부르셨나요?

M 아, 니시무라 씨. 미안하네, 바쁜데.

F 아니요, 괜찮습니다.

M ⓐ실은, 다음 달에 중국의 지점장으로 전근을 가게 되었어.

F 네? 그런가요? 축하 드립니다. 하지만 부장님께서 안 계시게 되면 쓸쓸해지겠네요.

M 고마워. 뭐, 정기적으로 일본에 돌아올 것 같으니. 그리고 다음 과장으로 니시무라 씨 이야기가 나오고 있어.

F 네? 저 말인가요? 저는 아직도 멀었습니다.

M 아니야, ⓑ벌써 입사한 지 7년째니 경력이 부족하다고는 말할 수 없고, 부하들에게도 평판이 좋고, ⓒ일도 잘하고. 니시무라 씨 외에 생각할 수 없어.

F 아니요, 그렇지 않습니다.

M 어려운 일이나 힘든 일이 있으면 언제든 연락해. 이제 곧 회사에서 정식으로 발표가 있을 테니 인사말 준비도 해 두도록 해. 앞으로도 잘 부탁해.

</td></tr>
<tr><td>

男の人は、女の人についてどう考えていますか。

1 中国の支店長として不足ではない。
2 新たな課長として不足な面もある。
3 仕事はできるが、経歴が足りない。
4 仕事もできるし経歴も十分だ。

</td><td>

남자는 여자에 대해서 어떻게 생각하고 있습니까?

1 중국의 지점장으로서 부족하지 않다.
2 새로운 과장으로서 부족한 면도 있다.
3 일은 잘하지만 경력이 부족하다.
4 일도 잘하고 경력도 충분하다.

</td></tr>
</table>

[풀이]

ⓐ 중국의 지점장으로 가는 것은 남자이므로 선택지 1번은 정답이 될 수 없다. ⓑ 경력이 부족하지 않고 ⓒ 일도 잘한다고 말하고 있기 때문에, 선택지 4번이 정답이다.

[단어]

支店長 지점장 | ～として ～로서 | 転勤 전근 | 寂しい 쓸쓸하다, 외롭다 | 定期的 정기적 | 経歴 경력 | 評判 평판 | 正式 정식 | 挨拶 인사 | 足りない 모자라다, 부족하다

5番

大学で女の人と男の人が話しています。

F　ねえねえ、昨日のニュース見た？

M　うん？　何のニュース？　昨日何かあったの？

F　あったよ。@昨日うちの学校がニュースに出たの。知らなかった？

M　ああ、そう。全然知らなかった。

F　夏休みにもかかわらず、ⓑ語学の資格試験で苦労する大学生の話。

M　はあ、面白そうだけど、何か悲しいね、この現実って。うちの学科の学生、誰か出てた？

F　ううん、誰も。ただ、ⓒ自分が通ってる学校がメディアに出るなんて、不思議な感じがして。

M　ⓓうちでいちばん有名なのっていえば、売店だけど、そういうのは出ないんでしょ？　いつも長い行列ができるホットドッグ屋！　これはいいネタだろうけどね。

F　そういうのは、どうでもいいんじゃないの？　あたしもそろそろ英語の勉強しなきゃだめかな。ねえ、私たちも図書館で勉強しない？

M　ごめん、僕はパスするよ。ⓔアルバイトだけで精一杯だから。

二人は、主に何について話していますか。

1　語学の試験勉強の準備

2　アルバイトをするための準備

3　おいしい食べ物を売っている売店

4　学校がメディアに紹介されたこと

대학에서 여자와 남자가 이야기하고 있습니다.

F　있잖아, 어제 뉴스 봤어?

M　응? 무슨 뉴스? 어제 무슨 일 있었어?

F　있었어. @어제 우리 학교가 뉴스에 나왔잖아. 몰랐어?

M　아, 그랬어? 전혀 몰랐네.

F　여름 방학임에도 불구하고 ⓑ어학 자격시험으로 고생하는 대학생들의 이야기.

M　하아, 재미있겠지만 뭔가 슬프네, 이런 현실이란. 우리 학과 학생, 누군가 나왔어?

F　아니, 아무도. 그냥 ⓒ내가 다니고 있는 학교가 미디어에 나오는 게 신기한 느낌이 들어서.

M　ⓓ우리 학교에서 제일 유명한 것이라고 하면 매점인데, 그런 건 안 나왔지? 항상 긴 행렬이 생기는 핫도그 가게! 이건 좋은 소재일 텐데 말이지.

F　그런 건 어찌 됐건 상관 없지 않아? 나도 슬슬 영어 공부 해야 하나. 있지, 우리도 도서관에서 공부 안 할래?

M　미안. 난 패스할게. ⓔ아르바이트만으로 벅차서.

두 사람은 주로 무엇에 대해서 이야기하고 있습니까?

1　어학 시험공부 준비

2　아르바이트를 하기 위한 준비

3　맛있는 음식을 팔고 있는 매점

4　학교가 미디어에 소개된 것

[풀이]

@ 두 사람은 학교가 뉴스에 나온 이야기를 하고 있고, ⓒ 자신이 다니는 학교가 미디어에 나온 것에 대한 감상을 말하고 있다. 따라서 선택지 4번이 정답이라는 것을 알 수 있다. ⓑ 뉴스의 내용에 대한 간략한 소개일 뿐, 두 사람의 이야기의 주제는 아니다. 따라서 선택지 1번은 정답이 될 수 없다. ⓓ 학교에 대해서 남자가 가지고 있는 의견일 뿐이라서 선택지 3번도 정답이 아니다. ⓔ 남자는 아르바이트를 이미 하고 있기 때문에 선택지 2번도 정답이 될 수 없다.

[단어]

～にもかかわらず ～임에도 불구하고 | 語学 어학 | 資格 자격 | 苦労 고생, 수고 | 現実 현실 | 行列 행렬 | 精一杯 최대한, 있는 힘껏 | 紹介 소개

즉시 응답 실전 연습 ❶ p.374 스크립트와 문제 해설

1番

F　あ、トイレのドアが壊れてる。	F　아, 화장실 문이 고장 났어.
M　1　トイレ貸してくれてありがとう。	M　1　화장실 빌려줘서 고마워.
2　このトイレ、本当に壊れないね。	2　이 화장실, 정말 안 망가지네.
3　本当だ。直さないといけないね。	3　정말이네. 고치지 않으면 안 되겠네.

[풀이]

화장실 문이 고장 났다는 말에 적절한 대답을 생각해 보면 정답은 선택지 3번임을 알 수 있다.

[단어]

壊れる 망가지다, 부서지다 ┃ 貸す 빌려주다 ┃ 直す 고치다

2番

M　ああ、あんなに頑張ったのに。	M　아, 그렇게 열심히 했는데.
F　1　よかったね。頑張ったかいがあったよ。	F　1　잘됐네. 열심히 한 보람이 있었어.
2　心配ないって。きっと合格するよ。	2　걱정 말라고. 분명 합격할 거야.
3　元気出して。次はぜったい受かるよ。	3　기운 내. 다음에는 무조건 붙을 거야.

[풀이]

남자가 잘 안 된 것을 위로하는 선택지 3번이 정답이다. 선택지 2번은 시험에 떨어진 사람이 아니라 떨어질까 봐 걱정하는 사람에게 하는 말이기 때문에 정답이 될 수 없다.

[단어]

〜のに 〜인데, 〜는데 ┃ きっと 분명 ┃ 受かる 합격하다, 붙다

3番

F　よかったら、コーヒーでも入れましょうか。	F　괜찮다면, 커피라도 내어 드릴까요?
M　1　あのう、コーヒーをいただけますか。	M　1　저기, 커피 주실 수 있을까요?
2　ああ、すいません。お願いします。	2　아, 감사합니다. 부탁드릴게요.
3　ああ、もう入れちゃったんですか。	3　아, 벌써 넣어 버린건가요?

[풀이]

커피를 내어 주겠다는 여자의 말에 올바르게 대답한 것은 선택지 2번이다. 선택지 3번은 학습자에게 잘 들릴 단어(入れる)로 함정을 만든 것이다.

[단어]

〜ちゃう 〜해 버리다

4番

F できないなら、もっと早く言ってくれればいいのに。	F 못 할 거면 좀 더 빨리 말해 주면 좋을 것을.
M 1 ごめん。他の用事があるのをうっかりしてたんだ。	M 1 미안. 다른 일이 있는 것을 깜박했어.
2 そんなこと言うなら、早く教えてよ。	2 그런 말 할 거라면 빨리 알려줘.
3 できないこともないから、心配しなくても大丈夫だよ。	3 불가능한 것도 아니니까 걱정하지 않아도 괜찮아.

[풀이]

여자의 질책에 대해서 미안하다는 표현을 한, 선택지 1번이 정답이다.

[단어]

〜ものを 〜련만, 〜일 것을 | 用事 용무 | うっかりする 깜박하다

5番

M 今日の歓迎会に出るよね。	M 오늘 환영회에 올 거지?
F 1 心配ないって。明日はきっと出るから。	F 1 걱정 마. 내일은 분명 나갈 거니까.
2 あのう、歓迎会は何日にあるんですか。	2 저기, 환영회는 며칠에 있나요?
3 ごめん、今朝から具合が悪くなっちゃって。	3 미안, 아침부터 몸 상태가 안 좋아져서.

[풀이]

환영회에 불참을 하게 되어서 미안하다는, 선택지 3번이 정답이다.

[단어]

歓迎会 환영회 | 具合が悪い 상태가 좋지 않다

6番

F ああ、今朝から立ちっぱなしだったんだ。	F 아, 오늘 아침부터 계속 서 있었어.
M 1 本当？ ご苦労さまだったね。	M 1 정말? 수고했네.
2 ああ、今朝はめちゃくちゃだった。	2 아, 오늘 아침은 엉망이었어.
3 じゃあ、席を立って話した方がいいよ。	3 그럼, 자리에서 일어서서 얘기하는 편이 좋겠어.

[풀이]

오늘 힘들었던 여자에게 위로를 건네는 선택지 1번이 정답이다.

[단어]

〜っぱなし 〜인 채로 | めちゃくちゃ 엉망진창 | 立ち上がる 일어서다

1番

M 悪いけど、今日のノート貸してもらえる？	M 미안한데, 오늘 노트 빌릴 수 있을까?
F 1 うん、貸したよ。心配しないで。	F 1 응, 빌려줬어. 걱정하지 마.
2 悪いのは貸した方だよ。	2 나쁜 건 빌려준 쪽이지.
3 いいよ。来週には返してね。	**3 좋아. 다음 주에는 돌려줘.**

[풀이]

노트를 빌려 달라는 질문에 대해 올바른 대답은 선택지 3번이다. 貸す(빌려주다), 借りる(빌리다), 返す(돌려주다)는 청해 問題 4에 자주 나오는 단어이다. 반드시 외워 두도록 하자.

[단어]

貸す 빌려주다 ┃ 返す 돌려주다

2番

F 部長、今日はどこか行かれるんですか。	F 부장님, 오늘은 어딘가 가시나요?
M 1 ごめん、今日は忙しくて行けないんだ。	M 1 미안, 오늘은 바빠서 못 가.
2 うん、ちょっと出張があってね。	**2 응, 출장이 좀 있어서.**
3 うん、どこでも構わないよ。	3 응, 어디라도 상관없어.

[풀이]

어딘가 가냐고 묻는 여자의 물음에 출장이 있다고 대답한. 선택지 2번이 정답이다.

[단어]

構わない 상관없다

3番

F こちらは田中社長の奥様でいらっしゃいます。	F 이쪽은 다나카 사장님의 부인 분이십니다.
M 1 ああ、奥様はもう来ていらっしゃいます。	M 1 아, 부인은 벌써 와 계십니다.
2 いつも、社長にはお世話になっております。	**2 항상 사장님께는 신세를 지고 있습니다.**
3 社長のお噂は、奥様から伺っております。	3 사장님 소식은 부인 분께 듣고 있습니다.

[풀이]

다른 사람을 소개하는 말에 대한 응답으로 가장 어울리는 것은 선택지 2번이다.

[단어]

お世話になる 신세를 지다 ┃ 噂 소문, 이야기 ┃ 伺う 듣다, 여쭙다(듣다, 묻다의 겸사말)

M 危ない！ もう少しでぶつかるとこだったじゃないか。	M 위험해! 하마터면 부딪칠 뻔했잖아.
F 1 すいません。つい考え事をしてて。	F 1 죄송합니다. 그만, 다른 생각을 하고 있어서.
2 すいません。怪我しちゃって。	2 죄송합니다. 다쳐서.
3 すいません。間に合いませんか。	3 죄송합니다. 시간에 맞지 않을까요?

[풀이]

사고가 날 뻔했다는 남자의 말에 죄송하다며 이유를 말하는 선택지 1번이 정답이다.

[단어]

～ところだった ～할 뻔했다 **ㅣ** 怪我 상처, 부상 **ㅣ** 間に合う 시간에 맞추다, 늦지 않다

F 前田さん、色々やってくれるね、本当に。	F 마에다 씨, 가지가지 하네, 정말.
M 1 え？ 僕にくれるんですか。	M 1 어? 저에게 주는 건가요?
2 今回は僕があげました。	2 이번에는 제가 주었습니다.
3 全くです。疲れますね。	3 정말이에요. 피곤하네요.

[풀이]

제3자에 관한 비난의 내용에 동감을 표하고 있는 선택지 3번이 정답이다.

[단어]

疲れる 지치다, 피곤하다

M 悪いけど、これちょっと手伝ってもらえないかな。	M 미안한데, 이거 좀 도와줄 수 없을까?
F 1 ああ、ひとつももらえないんですか。	F 1 아, 하나도 못 받나요?
2 わかりました。ちょっと待ってください。	2 알겠습니다. 잠시 기다려 주세요.
3 いや、手伝ってくれなくてもいいですよ。	3 아니요, 도와주지 않아도 괜찮습니다.

[풀이]

도와 달라는 남자의 말에 잠시 후에 도와주겠다고 말하고 있는 선택지 2번이 정답이다.

[단어]

手伝う 돕다, 거들다

종합 이해 **실전 연습 ❶** p.376 스크립트와 문제 해설

ばん
1番

電気製品の販売店で店員と女の人が話しています。	전기 제품 판매점에서 점원과 여자가 이야기하고 있습니다.

M いらっしゃいませ。何かお探しですか。

F ええ、テレビを買おうと思ってるんですけど、種類が多くてどれがいいか分からないんです。

M はい。まず、値段はサイズに比例するとお考えください。こちらのA型テレビがいちばん一般的なサイズで、よく売れている製品です。ただいまキャンペーン中なので、今購入して下さった方には、プリンターが無料でついてきます。

F そうですか。私は独り暮らしなんで、あんまり大きくなくていいんです。

M それでしたら、こちらのB型テレビはいかがでしょうか。画面も小さめで、軽量ですから、テレビの棚も必要ありませんし、値段もお安くなっております。

F うーん、なるほどねえ。

M それと、ⓐこちらのC型テレビは、映画をたくさんご覧になる方に人気なんです。画像もとてもきれいですし、サウンドも素晴らしいんです。このテレビにスピーカーが接続できますし。サイズはA型と同じですが。

F そうですか。こちらのテレビはどんな特徴があるんですか。

M こちらのD型テレビでございますか。これは、目の疲れが気になる方におすすめです。ディスプレーに工夫がされているんです。画像もとてもきれいです。

F そうですか。ⓑあのう、スピーカーも、ここで売ってますか。映画見るのが趣味なんで。

M はい、販売しております。セットで購入される場合、スピーカーのお値段を３０％割引いたしております。

M 어서 오세요, 뭔가 찾고 계신가요?

F 네, TV를 사려고 생각하고 있는데요, 종류가 많아서 뭐가 좋은 건지 모르겠네요.

M 네. 우선, 가격은 크기에 비례한다고 생각해 주세요. 이쪽의 A형 TV가 가장 일반적인 사이즈이고 많이 팔리고 있는 제품입니다. 지금 캠페인 중인데, 지금 구매해 주신 분께는 프린터를 무료로 드립니다.

F 그런가요? 저는 혼자 살고 있어서 너무 크지 않아도 돼요.

M 그러시다면, 이쪽의 B형 TV는 어떠십니까? 화면도 조금 작고 가볍기 때문에 TV 선반도 필요 없고 가격도 저렴합니다.

F 흠, 그렇군요.

M 그리고 ⓐ이쪽의 C형 TV는 영화를 많이 보시는 분들께 인기입니다. 영상도 매우 깨끗하고 사운드도 훌륭합니다. 이 TV에 스피커를 접속할 수 있습니다. 사이즈는 A형과 같습니다.

F 그렇군요. 이 TV는 어떤 특징이 있나요?

M 이쪽 D형 TV 말씀이세요? 이것은 눈의 피로가 신경 쓰이는 분께 추천해 드립니다. 디스플레이에 여러 가지 연구가 되어 있습니다. 영상도 매우 깨끗합니다.

F 그런가요? ⓑ저기, 스피커도 여기서 판매하고 있나요? 영화 보는 것이 취미라서.

M 네, 판매하고 있습니다. 세트로 구입하실 경우, 스피커의 가격을 30% 할인하고 있습니다.

F 本当ですか。じゃあ、少し大きいですけど、これにします。	F 정말이에요? 그럼, 조금 크지만 이걸로 할게요.

女の人はどのテレビを買いますか。	**여자는 어느 TV를 삽니까?**
1　A型テレビ	1 A형 TV
2　B型テレビ	2 B형 TV
3　C型テレビ	**3 C형 TV**
4　D型テレビ	4 D형 TV

[풀이]

ⓑ 여자는 스피커 판매 문의를 하고, 영화 보는 것이 취미라고 말하고 있다. ⓐ 영화와 스피커에 관련된 제품은 C형 TV라는 것을 알 수 있다. 따라서 정답은 선택지 3번이다.

[단어]

電気製品 전기 제품 | 販売店 판매점 | 種類 종류 | 一般的 일반적 | 購入 구입 | 独り暮らし 독신 생활 | 軽量 경량 | ご覧になる 보시다 | 画像 화상, 영상 | 接続 접속 | 特徴 특징 | 割引 할인

2番

3人の学生が旅行で泊まる所を相談しています。	3명의 학생이 여행에서 머물 곳을 의논하고 있습니다.
F1 あとは泊まるとこさえ決まれば終わりだね。	F1 다음은 숙박할 장소만 정해지면 끝이네.
M そうだね。ねえ、ⓐこのホテルなんかどう？ ちょっと高いけど、きれいだし、部屋も広いし、朝食も出るって書いてあるよ。	M 그러네. 있잖아, ⓐ이 호텔은 어때? 조금 비싸지만 깨끗하고 방도 넓고 조식도 나온다고 써 있어.
F2 本当だ。ただ、今回の旅行は見に行くとこが多いから、ホテルにいる時間はあんまり長くないと思うんだけど。	F2 정말이네. 근데, 이번 여행은 보러 갈 곳이 많아서 호텔에 있는 시간은 그다지 길 것 같지 않은데.
F1 そっか。じゃあ、ここなんかどう？ ⓑ旅館だけど、露天風呂も楽しめるんだって。観光案内の本にもよく取り上げられる有名なとこよ。	F1 그런가? 그럼, 여기는 어때? ⓑ여관인데, 노천탕도 즐길 수 있대. 관광 안내 책에도 자주 거론되는 유명한 곳이야.
M ああ、いいね。あちこち歩き回って疲れるだろうから、温泉に入って、ゆっくり休めそうだね。	M 아, 좋네. 여기저기 돌아다녀서 피곤할 것 같으니 온천에 들어가서 푹 쉴 수 있을 것 같네.
F2 ただ、ここも予算よりちょっと高いね。	F2 근데, 여기도 예산보다 조금 비싸네.
F1 う～ん。じゃあ、ⓒここのビジネスホテルはどうかな。わりと安いし、部屋はちょっと狭いみたいだけど、評判も良さそうだし。	F1 음. 그럼, ⓒ여기 비즈니스 호텔은 어떨까? 비교적 싸고, 방은 조금 좁은 것 같지만 평판도 좋은 것 같고.
M うーん、そこは観光地からけっこう離れてるから、移動の交通費がかかって、かえって高くつくと思うけど。	M 음, 거긴 관광지에서 꽤 떨어져 있어서 이동하는 교통비가 드니까 오히려 비싸게 먹힐 것 같은데.

F2 そうだね。じゃあ、ゲストハウスなんてどう？
観光地の周辺に、わりと安いゲストハウスが何か
所かあるけど。

F1 ⓓゲストハウスは、手頃な値段ではあるけど、ち
ょっと心配だな。物が盗まれることが、よくある
らしいよ。

M そうなんだ。おっ、ここ、今わかったけど、ⓔ今
月はキャンペーン中で、3割引なんだって。だっ
たら高くないよ。朝食付きだから、予算オーバー
にもならないし。

F2 あ、本当だ。

F1 いいね。部屋も広いし、ふわふわのベッドで眠れ
るしね。じゃあ、ここにしようか。

M うん、そうしよう。

3人は、どこに泊まることにしましたか。

1　ホテル
2　旅館
3　ビジネスホテル
4　ゲストハウス

F2 그러네. 그럼, 게스트 하우스는 어떨까? 관광지 주변에
비교적 싼 게스트 하우스가 몇 군데 있는데.

F1 ⓓ게스트 하우스는 적당한 가격이긴 하지만 조금 걱정이
야. 물건을 도둑맞는 일이 자주 있는 것 같아.

M 그렇구나. 앗, 여기, 지금 알았는데, ⓔ이번 달은 캠페인
중이라서 30% 할인이래. 그러면 비싸지 않아. 조식이 나
오니까 예산 오버도 되지 않고.

F2 아, 정말이네.

F1 잘됐다. 방도 넓고 푹신푹신한 침대에서 잠들 수 있고.
그럼, 여기로 할까?

M 응, 그러자.

3명은 어디서 묵기로 했습니까?

1　호텔
2　여관
3　비즈니스 호텔
4　게스트 하우스

[풀이]

ⓐ, ⓑ, ⓒ, ⓓ처럼 선택지를 하나씩 설명하는 내용이 나온다. 이 내용을 어느 정도 메모할 수 있다면 충분히 풀 수 있는 문제들이 출
제된다. ⓔ 조식이 나온다고 언급하고 있고, ⓐ 조식이 나오는 곳은 호텔이라는 것을 알 수 있기 때문에 정답은 선택지 1번이다.

[단어]

～さえ～ば ～만 ～하면 | 朝食 조식 | 旅館 여관 | 露天風呂 노천탕 | 観光 관광 | 歩き回る 여기저기 돌아다니다 | 予算 예산 |
わりと 비교적 | 評判 평판 | 離れる 떨어지다, 멀어지다 | 交通費 교통비 | 周辺 주변 | 手頃 알맞음, 적당함 | 値段 가격 | 盗む
훔치다 | 割引 할인 | ふわふわ 푹신푹신

男の人と女の人が、旅行コースの案内を聞いています。

M1 では皆さん、今日はこの秋に相応しい人気の旅行コースを４つ紹介いたします。まず最初は、ⓐ「紅葉コース」です。これは、紅葉が美しいことで有名な山に行くコースでございます。日本の絶景と呼ばれる所で、美味しいお弁当をお楽しみいただけます。頂上までは参りませんので、体力に不安のある方でも安心です。次に、ⓑ「海コース」ですが、これは秋にだけ食べられる海産物をバイキング式でたっぷり味わうことができます。秋の海の魅力をお楽しみいただけます。三つめはⓒ「伝統コース」です。昔ながらの製法で作られたお餅やお菓子が味わえます。さらに、温泉も楽しめますので、のんびりと旅行したい方にお勧めです。あと、最後のⓓ「文化コース」ですが、これは「伝統コース」と似ている点もありますが、温泉の代わりに、伝統的芸能の公演をご覧いただけます。

M2 いろいろあるんだね。どれも面白そうだなあ。

F そうね。どのコースにする？結婚10周年の記念旅行だから、いい思い出を作りたいじゃない。

M2 そうだね。温泉がある所なんか、どう？疲れもとれるし、おいしいものも食べられるっていうから…。ああ、でも温泉は家族みんなで行った方がいいか。

F うん、そうよ。私は、ⓔ美しい自然を楽しむのもいいと思うんだけど。そこで売ってるお弁当、有名なんだって。食べてみたいじゃない。

M2 そう？お弁当なんかで満足できるかな？ⓕ美味しいものを食べるんだったら、やっぱりたくさん食べられるほうがいいんじゃないかなあ。秋の海って、行ったことないから、面白そうだし。

남자와 여자가 여행 코스 안내를 듣고 있습니다.

M1 그럼, 여러분, 오늘은 이 가을에 어울리는 인기 여행 코스를 4개 소개해 드리겠습니다. 우선 첫 번째는 ⓐ'단풍 코스'입니다. 이것은 단풍이 아름다운 것으로 유명한 산으로 가는 코스입니다. 일본의 절경이라 불리는 곳에서 맛있는 도시락을 즐기실 수 있습니다. 정상까지는 가지 않기 때문에 체력이 걱정되시는 분도 안심입니다. 다음으로 ⓑ'바다 코스'인데요. 이것은 가을에만 먹을 수 있는 해산물을 뷔페 형식으로 듬뿍 맛볼 수 있습니다. 가을 바다의 매력을 즐기실 수 있습니다. 세 번째는 ⓒ'전통 코스'입니다. 예전 그대로의 방식으로 만들어진 떡과 과자를 맛볼 수 있습니다. 게다가 온천도 즐길 수 있기 때문에 여유롭게 여행을 하고 싶은 분께 추천해 드립니다. 그리고 마지막 ⓓ'문화 코스'입니다만, 이것은 '전통 코스'와 비슷한 점도 있지만, 온천 대신에 전통적인 예능 공연을 보실 수 있습니다.

M2 여러 가지 있네. 모두 재미있을 것 같아.

F 그러네. 어느 코스로 할까? 결혼 10주년 기념 여행이니까 좋은 추억을 만들고 싶어.

M2 그렇지. 온천이 있는 곳 같은 건 어때? 피로도 풀 수 있고 맛있는 것도 먹을 수 있다고 하니까…. 아, 그래도 온천은 가족 모두와 가는 편이 좋으려나?

F 응, 맞아. 나는 ⓔ아름다운 자연을 즐기는 것도 좋을 것 같은데. 거기서 팔고 있는 도시락 유명하대. 먹어 보고 싶지 않아?

M2 그래? 도시락 같은 걸로 만족할 수 있을까? ⓕ 맛있는 것을 먹는 거라면, 역시 많이 먹을 수 있는 쪽이 좋지 않을까. 가을 바다는 가 본 적 없으니 재밌을 것 같은데.

質問1）女の人は、どのコースが気に入っていますか。

1 「紅葉コース」

2 「海コース」

3 「伝統コース」

4 「文化コース」

質問2）男の人は、どのコースが気に入っていますか。

1 「紅葉コース」

2 「海コース」

3 「伝統コース」

4 「文化コース」

질문1) 여자는 어떤 코스를 마음에 들어 합니까?

1 '단풍 코스'

2 '바다 코스'

3 '전통 코스'

4 '문화 코스'

질문2) 남자는 어떤 코스를 마음에 들어 합니까?

1 '단풍 코스'

2 '바다 코스'

3 '전통 코스'

4 '문화 코스'

[풀이]

ⓐ, ⓑ, ⓒ, ⓓ의 내용이 각각의 선택지에 관한 설명이다. ⓔ 여자는 자연을 즐기면서 유명한 도시락을 먹을 수 있는 '단풍 코스'를 마음에 들어 하고 있다. 따라서 질문1의 정답은 선택지 1번이다. ⓕ 남자는 많은 음식을 먹을 수 있고, 가을 바다에 관련된 '바다 코스'를 마음에 들어 하고 있다. 따라서 질문2의 정답은 선택지 2번이다.

[단어]

相応しい 어울리다 | 紹介 소개 | 紅葉 단풍 | 絶景 절경 | 弁当 도시락 | 頂上 정상 | 体力 체력 | 海産物 해산물 | 味わう 맛보다 | 魅力 매력 | 伝統 전통 | お餅 떡 | 似る 닮다, 비슷하다 | 公演 공연 | 思い出 추억

1番

会社で、男性と女性が飲み会の場所について話しています。	회사에서 남자와 여자가 회식 장소에 대해 이야기하고 있습니다.

M 来週の飲み会の場所、そろそろ決めないとね。どこがいいかな。

F そうねえ。この前行ったⓐ居酒屋も悪くなかったわよ。雰囲気もいいし、静かだし、会社から近いし。そこの焼き鳥は最高だったもんね。

M そうだね。僕もこの間行ったけど、よかったよ。

F そうなんだ。あとⓑ駅前に新しくできたバーはどう？世界中のビールが飲めるんだって。

M ふーん、でも、駅前はちょっとうるさそうだね。

M 다음 주 회식 장소 슬슬 정해야겠네. 어디가 좋을까?

F 그러네. 지난번에 갔던 ⓐ선술집도 나쁘지 않았어. 분위기도 좋고 조용하고 회사에서 가깝고. 거기 닭 꼬치구이는 최고였어.

M 그래. 나도 요전에 가 봤는데, 좋았어.

F 그랬군. 그리고 ⓑ역 앞에 새로 생긴 바는 어때? 전 세계 맥주를 마실 수 있다고 하던데.

M 음, 그래도 역은 좀 시끄러울 것 같네.

F うん…。ああ、それから、ⓒ営業部の田中さんが話してたとこはどうかな。会社からは少し遠いけどね。コース料理が食べられて、いろんな種類の日本酒も飲むことができるんだって。	F 응…. 아, 그리고 ⓒ영업부 다나카 씨가 얘기한 데는 어떨까? 회사에서는 조금 멀지만, 코스 요리를 먹을 수 있고 여러 종류의 일본 술도 마실 수 있다고 하던데.
M そうか。営業部の推薦なら確かかもしれないね。	M 그래? 영업부 추천이라면 확실할지도 모르겠다.
F ああ、ⓓ最近会社の近所にできた店もよかったわよ。居酒屋ではないんだけど、お酒も飲めて、すき焼きが有名なの。ちょっと狭いんだけど、うちの部署の人数なら入れるんじゃない？	F 아, ⓓ최근에 회사 근처에 생긴 가게도 좋았어. 술집은 아니지만 술도 마실 수 있고 전골이 유명해. 조금 좁지만 우리 부서 인원이라면 들어갈 수 있지 않을까?
M そうだね。ただ、今回の飲み会は総務部の人たちも一緒で、ⓔ人数が多いから、場所が狭いのはちょっとまずいな。それに、会社からは近いほうがいいよ。駅前は混雑してて、うるさいだろうしね。やっぱり、あそこがいちばんいいんじゃないかな。	M 그러네. 근데, 이번 회식은 총무부 사람들도 함께라서 ⓔ인원이 많으니까 장소가 좁은 건 좀 안 좋아. 그리고 회사에서는 가까운 게 좋아. 역 앞은 혼잡하고 시끄러울 것 같고. 역시 거기가 가장 좋지 않을까?
F そうね。今回はあそこが一番いいかもね。それじゃ、私が予約を入れておくね。	F 그래. 이번에는 거기가 제일 좋을 수도 있겠네. 그럼, 내가 예약해 둘게.
M じゃあ、お願いするよ。	M 그럼, 부탁할게.

どの店を予約することにしましたか。	어느 가게를 예약하기로 했습니까?

1　会社から近い居酒屋	1　회사에서 가까운 선술집
2　新しくできた駅前のバー	2　새로 생긴 역 앞의 바
3　仲間が紹介してくれた店	3　동료가 소개해 준 가게
4　すき焼きが有名な店	4　전골이 유명한 가게

[풀이]

ⓐ, ⓑ, ⓒ, ⓓ와 같이 선택지의 특징을 언급하는 부분을 가능한 한 많이 메모해 두는 것이 좋다. ⓔ 좁은 장소는 좋지 않고, 회사에서 가까운 곳이 좋고, 역 앞은 시끄럽다고 말하고 있다. 따라서 정답은 선택지 1번이고, 선택지 2, 3, 4번은 정답이 될 수 없다.

[단어]

飲み会 회식, 술자리 | 場所 장소 | 〜について 〜에 대해서 | 居酒屋 선술집 | 雰囲気 분위기 | 種類 종류 | 推薦 추천 | 混雑 혼잡 | 仲間 동료 | 紹介 소개

2番

家族3人がペットを飼うことについて話しています。	가족 3명이 애완동물을 키우는 것에 대해서 이야기하고 있습니다.

F1　お母さん、私、犬飼いたいんだけど、だめ？	F1　엄마, 나, 개 키우고 싶은데, 안 돼?
F2　犬？この前はウサギ飼いたいって言ってたじゃない。ペットを飼うのは、慎重に考えたほうがいいよ。	F2　개? 지난번에는 토끼를 키우고 싶다고 하지 않았어? 애완동물을 키우는 것은 신중하게 생각하는 것이 좋아.

M そうだね。犬も人間と同じで、命のあるものだからね。ただかわいいからって、ちょっとだけ飼っただけで、飽きて捨てちゃう人も多いんだってさ。

F1 ちゃんと世話する自信あるってば。餌もちゃんとあげて、散歩もさせるから。

F2 犬の毛とか糞とかも片付けなきゃいけないんだけど、美子にできる？

F1 大丈夫。自分で全部やるから。

F2 本当？　で、どんな犬が飼いたいの？

F1 本当は、ⓐ大きい犬が飼いたいんだけど、うちは庭もないし、小さい犬でもかわいいなって思うんだ。

M そうか。実は、お父さんも犬好きなんだけど、ちゃんと面倒を見られる自信はないんだ。

F1 え、そうだったの？　よかった。一緒に面倒見よう。

F2 美子は兄弟がいないから、寂しいんだね。お父さんとお母さんの帰りが遅くなるときもあるしね。

M そうだね。じゃあ、ⓑ週末みんなでペットショップに行ってみようか。

F1 やったあ！　じゃあ、みんなで一緒に新しい家族を見に行こう！

F2 まあ、それもいいんだけど、ⓒ今はとりあえず、犬についてみんなで勉強した方がいいんじゃない？　犬が病気になったりしたときなんか、困るでしょ？

M ああ、それもそうだね。ⓓじゃあ、一ヶ月ぐらい、犬について勉強しようか。土曜日に図書館へ行ってみるよ。

F1 そう。じゃあ、みんなで一緒に行こう。

3人は、どうすることにしましたか。

1 大きい犬をみんなで飼うことにした。
2 小さい犬を娘一人で飼うことにした。
3 週末にペットショップに行くことにした。
4 犬に関して調べた後で飼うことにした。

M 그렇지. 개도 인간과 마찬가지로 생명이 있으니까. 그냥 귀엽다고 해서 잠깐 키우는 것만으로 질려서 버리는 사람도 많대.

F1 잘 돌볼 자신 있다니까. 사료도 잘 주고 산책도 시킬 테니까.

F2 개털이나 똥도 처리해야 하는데, 요시코가 할 수 있어?

F1 괜찮아. 스스로 전부 할 테니까.

F2 정말? 그럼, 어떤 개를 키우고 싶은데?

F1 사실은, ⓐ큰 개를 키우고 싶은데, 우리 집은 마당도 없고, 작은 개라도 귀여울 것 같아.

M 그래? 사실은 아빠도 개를 좋아하는데, 잘 돌볼 자신은 없어.

F1 앗, 그랬어? 잘됐다. 같이 돌보자.

F2 요시코는 형제가 없어서 외롭겠지. 아빠랑 엄마의 귀가가 늦어질 때도 있고 말이지.

M 그러네. 그럼, ⓑ주말에 다 같이 애완동물 숍에 가 볼까?

F1 야호! 그럼, 다 같이 새로운 식구를 보러 가자!

F2 뭐, 그것도 좋지만, ⓒ지금은 우선 개에 대해서 다 같이 공부를 하는 편이 좋지 않을까? 개가 아프거나 할 때 곤란하잖아.

M 아, 그것도 그러네. ⓓ그럼, 한 달 정도 개에 대해서 공부할까. 토요일에 도서관에 가 보자.

F1 그래. 그럼, 다 같이 가자.

3명은 어떻게 하기로 했습니까?

1 큰 개를 다 같이 키우기로 했다.
2 작은 개를 딸이 혼자서 키우기로 했다.
3 주말에 애완동물 숍에 가기로 했다.
4 개에 관해서 조사를 한 후에 키우기로 했다.

[풀이]

ⓐ 큰 개는 어려울 것 같다고 말하고 있기 때문에 선택지 1번은 정답이 될 수 없다. ⓑ 주말에 애완동물 숍에 가자고 했지만, ⓒ ⓓ 지금 당장 개를 기르는 것이 아니라 개에 대해서 공부를 하기로 했다는 것을 알 수 있다. 따라서 선택지 2, 3번은 정답이 될 수 없고, 선택지 4번이 정답이다.

3番

ラジオで女の人が映画の紹介をしています。

F1 今日は最近話題の映画を4本ご紹介いたします。ⓐまず一番目は、「私の家族」というタイトルで、暖かく感動的な映画です。家族で一緒にご覧になってはいかがでしょうか。ⓑ二番目は、「幸せな一日」です。愛する男女の出会いを、明るく面白おかしく描いています。女性の主人公が歌う歌も、好評です。ⓒ三番目の映画は、「時間の流れ」です。ドキュメンタリー形式で、死を前にした実在のドイツの医者の話が素材となっています。内容豊かなストーリーが高い評価を得ています。ⓓ最後に、アニメ映画の「ギョーちゃん」です。予想もつかないストーリーの展開で、子どもよりも大人に人気があるそうです。

M 面白そうだね。ちょうど大変なことも一段落したし、週末は映画見に行こうかな。

F2 いいんじゃない。あたしは、もう二本見てるんだ。感動的な映画、好きだから。

M ああ、そうなの。早いねえ。ⓔ僕は、感動的な映画もいいけど、やっぱり面白い映画のほうが、いいな。今は笑ってストレスを発散したいから。

F2 そう。ⓕあたしは、お医者さんの話を見に行こうかな。小説でも読んだんだけど、本当に興味深い話だった。

M 見たらどんな感じだったか教えてよ。ⓖ僕はあれ見に行くよ。歌も好評だから。

라디오에서 여자가 영화 소개를 하고 있습니다.

F1 오늘은 최근 화제의 영화를 4편 소개해 드리겠습니다. 먼저 ⓐ첫 번째는, '나의 가족'이라는 타이틀로, 따뜻하고 감동적인 영화입니다. 가족이 함께 보시는 것은 어떨까요. ⓑ두 번째는, '행복한 하루'입니다. 사랑하는 남녀의 만남을 밝고 유쾌하고 재미있게 그리고 있습니다. 여성 주인공이 부르는 노래도 호평입니다. ⓒ세 번째 영화는, '시간의 흐름'입니다. 다큐멘터리 형식으로, 죽음을 앞둔 실존 독일 의사의 이야기가 소재입니다. 풍부한 스토리가 높은 평가를 얻고 있습니다. ⓓ마지막으로, 애니메이션 영화인 '교짱'입니다. 예상치 못한 스토리 전개로 아이들보다 어른들에게 더욱 인기가 있다고 하네요.

M 재미있을 것 같네. 마침 바쁜 일도 일단락되었고, 주말에는 영화 보러 가야겠다.

F2 좋네. 나는 벌써 두 편 봤어. 감동적인 영화 좋아하니까.

M 아, 그래? 빠르네. ⓔ나는 감동적인 영화도 좋지만, 역시 재미있는 영화 쪽이 좋아. 지금은 웃으면서 스트레스를 발산하고 싶으니까.

F2 그래? ⓕ나는 의사 이야기를 보러 갈까. 소설로도 읽었는데 정말 흥미로운 이야기였어.

M 보면 어떤 느낌이었는지 알려 줘. ⓖ나는 저거 보러 갈 거야. 노래도 호평이니까.

質問1）男の人は、どんな映画を見に行きますか。

1 「私の家族」

2 「幸せな一日」

3 「時間の流れ」

4 「ギョーちゃん」

質問2）女の人は、どんな映画を見に行きますか。

1 「私の家族」

2 「幸せな一日」

3 「時間の流れ」

4 「ギョーちゃん」

질문1) 남자는 어떤 영화를 보러 갑니까?

1 '나의 가족'

2 '행복한 하루'

3 '시간의 흐름'

4 '교짱'

질문2) 여자는 어떤 영화를 보러 갑니까?

1 '나의 가족'

2 '행복한 하루'

3 '시간의 흐름'

4 '교짱'

[풀이]

ⓐ, ⓑ, ⓒ, ⓓ는 각각 선택지 1, 2, 3, 4번의 내용을 다룬 것이다. ⓔ 남자는 재미있는 영화, ⓖ 노래가 호평인 영화를 보러 갈 것이라고 말하고 있다. 따라서 질문1의 정답은 선택지 2번이라는 것을 알 수 있다. ⓕ 여자는 의사 이야기를 다룬 영화를 보러 간다고 말하고 있기 때문에, 질문2의 정답은 선택지 3번이다.

[단어]

紹介 소개 | 話題 화제 | 感動 감동 | ご覧になる 보시다 | 出会い 만남 | 描く 그리다, 묘사하다 | 好評 호평 | 形式 형식 | 素材 소재 | 予想 예상 | 展開 전개 | 発散 발산 | 興味深い 흥미롭다

문자·어휘

문제 1 [1] ② [2] ② [3] ③ [4] ④ [5] ③

문제 2 [6] ③ [7] ② [8] ④ [9] ① [10] ③

문제 3 [11] ④ [12] ① [13] ① [14] ② [15] ③

문제 4 [16] ① [17] ② [18] ② [19] ④ [20] ④ [21] ② [22] ②

문제 5 [23] ① [24] ① [25] ③ [26] ④ [27] ②

문제 6 [28] ① [29] ③ [30] ② [31] ③ [32] ③

문법

문제 7 [33] ② [34] ② [35] ④ [36] ② [37] ③ [38] ③ [39] ② [40] ④ [41] ③ [42] ② [43] ③ [44] ③

문제 8 [45] ① [46] ④ [47] ③ [48] ④ [49] ①

문제 9 [50] ② [51] ④ [52] ③ [53] ② [54] ①

독해

문제 10 [55] ③ [56] ④ [57] ④ [58] ② [59] ①

문제 11 [60] ② [61] ① [62] ④ [63] ④ [64] ① [65] ③ [66] ③ [67] ② [68] ④

문제 12 [69] ① [70] ③

문제 13 [71] ② [72] ① [73] ③

문제 14 [74] ③ [75] ②

청해

문제 1 [1] ④ [2] ④ [3] ② [4] ③ [5] ②

문제 2 [1] ③ [2] ③ [3] ③ [4] ③ [5] ③ [6] ③

문제 3 [1] ③ [2] ③ [3] ② [4] ③ [5] ②

문제 4 [1] ① [2] ② [3] ③ [4] ③ [5] ③ [6] ② [7] ① [8] ① [9] ① [10] ② [11] ① [12] ①

문제 5 [1] ③ [2] ② [3] (1) ④ (2) ②

問題 1

_____의 단어 읽기로 가장 알맞은 것을 1 · 2 · 3 · 4에서 하나 고르시오.

- **1**　그 기자는 장관에게 날카로운 질문을 했다.
- **2**　회의에서 결정된 것을 기록한다.
- **3**　자신의 결점은 자신이 깨닫는 것이 어렵다.
- **4**　치아의 치료는 빠르면 빠를수록 좋다.
- **5**　이 제품은 두 회사가 1위를 다투고 있다.

問題 2

_____의 단어를 한자로 쓸 때, 가장 알맞은 것을 1 · 2 · 3 · 4에서 하나 고르시오.

- **6**　항상 화재나 사고에 대비할 필요가 있다.
- **7**　모리타 씨는 내 부탁을 흔쾌히 받아들여 주었다.
- **8**　스마트폰의 보급으로 의사소통이 편리해졌다.
- **9**　삼림이 사라져 지구 온난화가 진행되고 있다.
- **10**　나는 도쿄에 숙박할 때는 언제나 이 호텔을 이용하고 있다.

問題 3

(　　)에 넣기에 가장 적당한 것을 1 · 2 · 3 · 4에서 하나 고르시오.

- **11**　본 교재는 초등학교 저학년을 위한 산수 책입니다.
- **12**　문구류는 한 곳에 정리해 둡시다.
- **13**　결승전에서 져서 준우승으로 끝났다.
- **14**　새로운 게임기는 매우 인기가 있어서, 품귀현상이 지속되고 있다.
- **15**　다음 학기는 열심히 공부하여 좋은 성적을 얻고 싶다.

問題 4

(　　)에 넣기에 가장 적당한 것을 1 · 2 · 3 · 4에서 하나 고르시오.

- **16**　태풍이 접근함에 따라, 밤이 되어 비와 바람이 점점 거세지기 시작했습니다.
- **17**　예산이 삭감되었기 때문에 계획은 중지되었다.
- **18**　오랜만에 외식하러 나갔지만, 가게는 휴일이라서 셔터가 닫혀 있었다.
- **19**　마음껏 몸을 움직이는 것도 스트레스 해소에는 효과적입니다.
- **20**　우리 밭에서 나오는 토마토는 모양은 좋지 않지만 맛이 좋다.
- **21**　그는 유쾌한 사람이라서, 재미있는 말을 해서 자주 모두를 웃게 한다.
- **22**　점심시간이라서 붐빌 것이라고 생각했더니 비교적 한산했다.

問題 5

_____의 말에 의미가 가장 가까운 것을 1 · 2 · 3 · 4에서 하나 고르시오.

- **23**　이것은 스즈키 부장으로부터 직접 들은 이야기입니다.
- **24**　경제 정책에 관한 총리의 발언에 주목하고 있다.
- **25**　머지않아 2번선에 전철이 들어옵니다.
- **26**　모리 씨는 상당히 화가 나 있는 것 같다.
- **27**　자신의 결점을 노력으로 커버한다.

問題 6

다음 단어의 용법으로 가장 적당한 것을 1 · 2 · 3 · 4에서 하나 고르시오.

- **28**　직업으로 사람을 차별해서는 안 된다.
- **29**　그 사람은 내가 거짓말을 하고 있는 것이 아닌가 의심하고 있다.
- **30**　이 해안에서 보는 경치는 정말 아름답다.
- **31**　올여름은 작년보다 약간 덥다.
- **32**　아들은 게임에 열중하여 공부하려고 하지 않는다.

問題 7

다음 문장의 (　　)에 들어갈 가장 알맞은 것을 1 · 2 · 3 · 4에서 하나 고르시오.

- **33**　그의 태도로 보아 반성하고 있다고는 생각되지 않는다.
- **34**　비가 내려, 아이는 진흙투성이가 되어 돌아왔다.
- **35**　방의 불이 아직 켜져 있다. 그는 깨어 있음에 틀림없다.
- **36**　상사가 싫다고 해서 회사를 그만둘 수는 없다.
- **37**　소파에서 책을 읽고 있던 사이에 잠이 들어 버렸다.
- **38**　돈으로 젊음을 살 수 있다면 인생을 다시 한 번 시작해 보고 싶다.

39 약속을 어긴 것을 <u>사과하지 않는 한</u> 용서할 생각은 없습니다.

40 <u>문을 열자마자</u> 고양이가 집으로 뛰어들어 왔다.

41 장기 불황으로 급료는 오르지 않고, 국민들의 생활은 <u>나빠지기만 한다</u>.

42 조금 전 관동 지역을 중심으로 진도 4의 지진이 발생했습니다. 자세한 정보가 <u>들어오는 대로</u> 알려 드리겠습니다.

43 (가전제품 매장에서)
손님 : 죄송합니다. 이 청소기, 반품하고 싶습니다만. 이것이 영수증입니다.
점원 : 알겠습니다. 괜찮으시다면 반품 이유를 여쭤보아도 되겠습니까?

44 육상 대회의 개막을 알리는 성화의 마지막 주자는 야마다 선수. <u>성화대로</u> 이어지는 계단을 뛰어오르는 야마다 선수에게 온 일본의 시선이 집중되었다.

問題 8

다음 문장의 ___★___ 에 들어갈 가장 알맞은 것을 1·2·3·4 에서 하나 고르시오.

45 앞으로 <u>통근자들이 증가함</u>에 따라서 버스 대수를 늘려 갈 방침이다. (3214)

46 새로운 기계의 사용 설명서를 읽어 보기는 했지만, 어려운 말투성이라서 좀처럼 이해할 수 없었다. (3142)

47 해양 오염 문제가 <u>이 정도로 심각하게 된 이상</u>, 세계 각국이 협력하여 즉시 대책을 세워야 한다. (1324)

48 편지, 즐겁게 읽었습니다. 한 달 이상이나 <u>편지를 받아 두고서 답장도 하지 않아</u>, 진심으로 사과드립니다. (2341)

49 아파트 생활에서의 소음 문제는 해결이 매우 어렵고, 경우에 따라서는 큰 문제로 <u>발전할</u> 우려가 있다. (2413)

問題 9

다음 문장을 읽고, 문장 전체의 내용을 생각해서 50 부터 54 에 들어갈 가장 알맞은 것을 1·2·3·4에서 하나 고르시오.

　거리에서 흔히 보게 되는 신호기의 신호는 적색, 청색, 황색이 있습니다. 빨강이나 노란색은 눈으로 본 그대로의 색입니다만, 푸른 신호만은 아무리 보아도 녹색인 것입니다. 녹색인데 왜 '푸른 신호'라고 부르는 것일까요? 여러분도 신기하게 생각한 적이 있을 것이라고 생각합니다. 만약 아이에게 질문을 받게 된다면 어떻게 대답해야 할지 한순간 <u>망설이게 될 것 같습니다</u>. 참고로 영어에서는 신호의 녹색을 정확하게 '그린 라이트'라고 부릅니다.

　그럼, 왜 일본어에선 초록색인데도 푸른 신호라고 부르는 걸까요? 고대 일본에서 색을 나타내는 말은 '빨강', '파랑', '흰색', '검정'의 4가지뿐이었습니다. 그래서 녹색인 물체를 '푸르다'라고 부르는 습관이 있어서, 녹색 채소를 '푸른 채소'라고 부르거나, 새로 나온 잎을 '푸른 잎'이라고 부르기도 했습니다. 이 때문에 세간에서는 언제부터인가 '<u>녹색 신호</u>'를 '<u>푸른 신호</u>'라고 부르게 된 것이겠지요.

　신호라는 것은 자동차나 자전거 등의 움직임을 컨트롤하는 것이 제일의 목적이니까 가장 기본이 되는 것은 물론 '멈춤'을 나타내는 '빨강'입니다. 그럼 반대로 '진행'을 나타내는 색이 뭐가 좋을까라고 되었을 때 빨강의 대비로 사용되던 색이 파랑인 것입니다. 색상 면에서 보더라도 빨강과 파랑은 보색 관계에 있는 <u>정반대의 색</u>으로 간주되고 있습니다. 여기서 빨간 신호의 반대를 '푸른 신호'라고 부르기에 이른 것은 아닐까요.

　전국적으로는 아직 푸른 신호의 색깔은 초록색 그대로입니다만, 청색 LED(주)의 발명과 그 실용화가 진행되어, 도쿄 도내 신호의 상당수에서 청색 LED가 사용되고 있습니다. <u>그 결과</u> 아무리 보아도 푸르게밖에 보이지 않는 푸른 신호가 늘었습니다. 언젠가 진짜 푸른 신호가 일반적이 되어, '왜 녹색인데도 푸른 신호라고 부르는가?'라는 의문이 생기는 일은 없어질 날이 <u>올지도 모릅니다</u>.

(주) 청색 LED: 전기를 흘리면 푸른 빛을 발하는 반도체

問題 10

次の（１）から（５）の文章を読んで、後の問いに対する答えとして最もよいものを、 １・２・３・４から一つ選びなさい。

(1)

　人付き合いには多くの人々が悩み、努力している。なぜなら、自分に役立ち、利益がある人々と付き合いたがるからである。人を自分の出世の道具、または成長の足場にするのは決して良いことではない。人と付き合う時、どのような利害関係も望まない方が良い。さらに、自分を理解してほしいという思いさえも持つべきではない。ⓐ損得などない純粋な気持ちでの出会い、それこそが正しい人との付き合いと言えるのではないだろうか。

55　筆者は、人付き合いに関してどのようにとらえているか。

1　効果的に人と付き合うには、他人を理解しなければならない。

2　自分の身分にふさわしい人付き合いをするべきだ。

3　お互いに利害関係のないことが正しい人付き合いである。

4　正しい人付き合いをするためには出世しなければならない。

다음 (1)에서 (5)의 글을 읽고, 다음 질문에 대한 답으로 가장 알맞은 것을 1·2·3·4에서 하나 고르시오.

　다른 사람과의 교제에 많은 사람들이 고민하고 노력하고 있다. 왜냐하면 자신에게 도움이 되고 이익이 있는 사람들과 어울리고 싶어하기 때문이다. 다른 사람을 자신의 출세의 도구 또는 성장의 발판으로 삼는 것은 결코 좋은 것이 아니다. 교제를 할 때 어떠한 이해관계도 바라지 않는 것이 좋다. 심지어 자신을 이해해 주었으면 좋겠다는 마음조차도 가져서는 안 된다. ⓐ손해와 이득 따위가 없는 순수한 기분에서의 만남, 그것이야말로 올바른 교제라고 말할 수 있는 것이 아닐까?

55　필자는 다른 사람과의 교제에 관해서 어떻게 인식하고 있는가?

1　효과적으로 교제를 하기 위해서는 다른 사람을 이해해야 한다.

2　자신의 신분에 어울리는 교제를 해야 한다.

3　서로 이해관계가 없는 것이 올바른 교제이다.

4　올바른 교제를 하기 위해서는 출세해야 한다.

[풀이]

ⓐ 필자는 순수한 만남이 올바른 교제라고 말하고 있고, 이것을 이해관계가 없다고 표현한 선택지 3번이 정답이다. 나머지 선택지에 대한 본문에서의 언급은 없었다.

[단어]

人付き合い 교제, 사귐 | 悩む 괴로워하다, 고민하다 | 努力 노력 | 役立つ 도움이 되다 | 利益 이익 | 付き合う 사귀다, 어울리다 | 出世 출세 | 道具 도구 | 成長 성장 | 足場 발판 | 決して 결코 | 利害 이해(이익과 손해) | 関係 관계 | 望む 바라다 | 理解 이해 | ～てほしい ～해 주길 바라다 | ～さえ ～조차 | 損得 손득(손해와 이득) | 純粋 순수 | 効果 효과 | ふさわしい 어울리다 | お互いに 서로

(2)

　リサイクルとは、一度使用した資源をあるプロセスを経て再利用することをいい、限られた資源を効率的に利用することである。今やⓐ天然資源の枯渇に対して代替エネルギーの開発を急がれているが、リサイクルのことも疎かにしてはいけない。しかし、リサイクルは長所だけではないのである。リサイクルの処理費用やその工程中に発生するエネルギーと資源の消耗などの短所もある。リサイクルのことだけではなく、ⓑ我々は必要な分だけ使う、資源の「小利用」についても考えるべきである。

56 筆者は、なぜ資源の「小利用」を考えるべきだと言っているか。

1　リサイクルをすることより費用がかからないから

2　リサイクルすることは資源枯渇につながるから

3　リサイクルは長所より短所が多いから

4　天然資源とリサイクルには限界があるから

　재활용이라는 것은 한 번 사용한 자원을 어떤 공정을 거쳐서 재이용하는 것을 말하고, 제한된 자원을 효율적으로 이용하는 것이다. 이제는 ⓐ천연자원의 고갈에 대해서 대체 에너지 개발을 서두르고 있지만, 재활용도 소홀히 여겨서는 안 된다. 하지만 재활용은 장점만 있는 것은 아니다. 재활용의 처리 비용이나 그 공정 중에 발생하는 에너지와 자원의 소모 등의 단점도 있다. 재활용뿐만 아니라 ⓑ우리는 필요한 만큼만 사용하는 자원의 '소이용'에 대해서도 생각해야 한다.

56 필자는 왜 자원의 '소이용'을 생각해야 한다고 말하고 있는가?

1　재활용을 하는 것보다 비용이 들지 않기 때문에

2　재활용하는 것은 자원 고갈로 이어지기 때문에

3　재활용은 장점보다 단점이 많기 때문에

4　천연자원과 재활용에는 한계가 있기 때문에

[풀이]

ⓐ 천연자원의 고갈에 대비하기 위해서 ⓑ 자원을 필요한 만큼만 사용하자고 말하고 있다. 따라서 정답은 선택지 4번이다. 나머지 선택지들에 대해서는 언급되지 않았다.

[단어]

資源 자원 | 再利用 재이용 | 限る 제한하다. 한정하다 | 効率的 효율적 | 天然 천연 | 枯渇 고갈 | ～に対して ～에 대해서 | 代替 대체 | 急ぐ 서두르다 | 疎か 소홀함 | 長所 장점 | 処理 처리 | 費用 비용 | 消耗 소모 | 短所 단점 | ～べきだ ～해야 한다 | 限界 한계

(3)

　ストレス解消のために大学時代の集まりに参加することにした。集まりのための服をさがしたり、いつもより濃い化粧をしたりで、かなりの時間がかかって約束の時間にも遅刻してしまった。集まりの前から疲れていたせいか、集まりは退屈で友達の話もつまらなかった。結局、かえって疲れてストレスがたまってしまったようだった。その翌日の日曜日、思い存分寝てごろごろしながら時間を過ごしたら、昨日とはまったく違うさわやかな気分になった。ⓐストレスを解消するためのストレスはよくないということを再認識した一日だった。

57 筆者は、ストレスをどのように考えているか。

1　他人と一緒にいる席ではストレスを受けることが多い。

2　ストレスを解消するためには準備が必要である。

3　ストレスを避けるには一人だけの時間が重要である。

4　ストレスを解消するために苦労するのは望ましくない。

스트레스 해소를 위해서 대학 시절의 모임에 참가하기로 했다. 모임을 위한 옷을 찾거나 평소보다 진한 화장을 하느라 상당한 시간이 걸려서 약속 시간에도 늦고 말았다. 모임 전부터 피곤해 있었던 탓인지, 모임은 지루했고 친구들의 이야기도 재미없었다. 결국 오히려 피곤해서 스트레스가 쌓여 버리는 것 같았다. 그 다음 날인 일요일, 마음껏 자고 뒹굴거리면서 시간을 보냈더니 어제와는 전혀 다른 상쾌한 기분이 되었다. ⓐ스트레스를 해소하기 위한 스트레스는 좋지 않다는 것을 다시 한 번 인식한 하루였다.

57 필자는 스트레스를 어떻게 생각하고 있는가?

1 다른 사람과 함께 하는 자리에서는 스트레스를 받는 일이 많다.

2 스트레스를 해소하기 위해서는 준비가 필요하다.

3 스트레스를 피하기 위해서는 혼자만의 시간이 중요하다.

4 스트레스를 해소하기 위해서 고생을 하는 것은 바람직하지 않다.

[풀이]

ⓐ 스트레스 해소를 위한 스트레스는 좋지 않다는 필자의 주장에 가장 가까운 것은 선택지 4번이다.

[단어]

解消 해소 ┃ 集まり 모임 ┃ 参加 참가 ┃ 濃い 진하다 ┃ 化粧 화장 ┃ ～せいか ～탓인지 ┃ 退屈 지루함 ┃ 結局 결국 ┃ 翌日 다음 날 ┃ ごろごろ 빈둥빈둥, 데굴데굴 ┃ 過ごす 보내다 ┃ さわやか 상쾌함 ┃ 認識 인식 ┃ 避ける 피하다 ┃ 重要 중요 ┃ 苦労 고생 ┃ 望ましい 바람직하다

(4)

　取引先の人に会うために事前に約束したり重要な日程のために事前に自分の時間を効率的に配分したりすることは、仕事では当然なことである。しかし友達に会うのにそこまでする必要があるのだろうか。気楽に会うことができることこそ、友達との集まりの長所ではないだろうか。もしその友人が他の用事で忙しくて会うことができないなら、次の暇な時に会うまでのことだ。ⓐ約束せずに会える友達関係が望ましいことではないかと思う。

58 この文章で筆者が一番言いたいことは何か。

1 友達との約束を変更するのは良くない。

2 何も決めずに会えるのが友人関係である。

3 友達の忙しい日程を配慮するべきである。

4 約束をしないで会うことに慣れるべきである。

　거래처 사람을 만나기 위해서 사전에 약속을 하거나 중요한 일정을 위해 사전에 자신의 시간을 효율적으로 배분하는 것은, 일에서는 당연한 것이다. 하지만 친구를 만나는 것에 그렇게까지 할 필요가 있는 것일까? 편하게 만날 수 있는 것이야말로 친구와의 만남의 장점이 아닐까? 혹시 그 친구가 다른 용무로 바빠서 만날 수 없다면 다음에 한가할 때에 만나면 된다. ⓐ약속을 하지 않고 만날 수 있는 친구 관계가 바람직하다고 생각한다.

58 이 문장에서 필자가 가장 말하고 싶은 것은 무엇인가?

1 친구와의 약속을 변경하는 것은 좋지 않다.

2 아무것도 정하지 않고 만날 수 있는 것이 친구 관계이다.

3 친구의 바쁜 일정을 배려해야 한다.

4 약속을 하지 않고 만나는 것에 익숙해져야 한다.

[풀이]

ⓐ 친구와의 관계에 있어서는 약속을 하지 않는 것이 바람직하다고 필자는 주장하고 있다. 따라서 정답은 선택지 2번이다. 선택지 1, 3번에 대한 언급은 없었다. 선택지 4번도 언뜻 정답에 비슷해 보이지만, 선택지에 친구와의 만남이라는 조건이 없다는 것을 알 수 있다. 모든 일에 약속을 하지 말라는 것은 아니기 때문에 선택지 4번은 정답이 아니다.

[단어]

取引先 거래처 | 事前に 사전에 | 日程 일정 | 効率 효율 | 配分 배분 | 気楽 마음이 편함, 홀가분함 | 長所 장점 | 用事 용무 | ～ずに ～하지 않고(=～ないで) | 関係 관계 | 望ましい 바람직하다 | 変更 변경 | 配慮 배려 | 慣れる 익숙해지다

(5)

以下は、ある店が出した文書である。

○○様

いつも当店をご利用いただきましてありがとうございます。
このたびは「夏休みプレゼントキャンペーン」にご応募くださいまして誠にありがとうございます。お客様が当籤されましたのでお知らせいたします。
ⓐお手数ですが、発送の間違いがないよう、ホームページの顧客情報の住所確認ボタンより住所の再確認をお願いいたします。顧客情報の確認が終わり次第、発送いたします。
引き続き当店をご愛顧いただきますよう、よろしくお願いいたします。

西村ヘアーショップ
URL：http://www.nishimurahair.co.jp

営業日：月～日曜日 9：30～11：30
定休日：第3週の月曜日

59 この文書を作成した理由は何か。

1　顧客情報の住所確認がしたいから
2　キャンペーンの応募方法を再確認したいから
3　送ったプレゼントが会社に返送されたから
4　間違った顧客情報を訂正してほしいから

다음은 어느 가게가 보낸 문서이다.

○○님

항상 저희 가게를 이용해 주셔서 감사합니다.
이번 '여름 휴가 선물 캠페인'에 응모해 주셔서 대단히 감사 드립니다. 고객님께서 당첨되셨기에 알려 드립니다.
ⓐ번거로우시겠지만 발송 실수가 없도록 홈페이지 고객 정보의 주소 확인 버튼으로부터 주소 재확인을 부탁 드리겠습니다. 고객 정보 확인이 끝나는 대로 발송하겠습니다.
계속해서 저희 가게를 애용해 주시길 부탁 드리겠습니다.

니시무라 헤어숍

URL: http://www.nishimurahair.co.jp

영업일: 월~일요일 9:30~11:30

정기휴일: 제3주 월요일

---

59 이 문서를 작성한 이유는 무엇인가?

1 고객 정보의 주소 확인을 하고 싶기 때문에

2 캠페인 응모 방법을 재확인하고 싶기 때문에

3 보낸 선물이 회사로 반송되었기 때문에

4 잘못된 고객 정보를 수정해 주길 바라기 때문에

[풀이]

ⓐ 고객 정보의 주소 확인을 부탁하기 위해 보낸 문서이다. 따라서 정답은 선택지 1번이다.

[단어]

応募 응모 | 誠に 정말로, 대단히 | 当籤 당첨 | 発送 발송 | 間違い 실수, 잘못 | 情報 정보 | 確認 확인 | ～次第 ～하는 대로 | 愛顧 애고(사랑하여 돌보아 줌) | 返送 반송 | 訂正 정정

問題 11

次の（1）から（3）の文章を読んで、後の問いに対する答えとして最もよいものを、1・2・3・4から一つ選びなさい。

(1)

　他人に何かを頼む時、なるべく丁寧な姿勢を取った方が良い。特に、関係が薄い間柄であったりⓐ身分的、地位的に上位の人に頼む場合はさらに慎重にしなければならない。その結果、会社の取引先に難しい頼みをしなければならなかったり、年上の人に頼んだりする場合、緊張で体が固くなってしまうことがよくある。また、ⓑたとえ親しい友人同士であっても、丁寧に頼むことが礼儀である。腰高な姿勢で頼み事をするのは望ましくない。

　頼みをする時の行動の仕方は頭の中から簡単に浮かぶことができるのだが、頼まれる時の行動については深く考えたことがないのではないか。例えば、ほとんどの会社員は、会社の取引先の担当者に無理な依頼をされた経験があるだろう。頼みを断ることは頼むことより難しいことかもしれない。

（中略）

　ところで、友人や知人同士のお願いと断りは、時にはさらに敏感に感じられることもある。ⓒこの程度のお願いは聞き入れてくれるだろうという想いから出た頼みは危険であるし、拒絶されたことが原因で友人関係が壊れることも多いのである。ⓓ頼みは必ずしも聞き入れてもらえるわけではないという考えを持つべきである。そして断られる場合もあるという考えも持っておいた方が良い。

60 他人にお願いをする時に注意しなくてもよいことは何か。

1　親しい人にお願いをする時も丁重にしなければならないこと

2　お願いをする際に必要以上に緊張すること

3　腰高な姿勢でお願いをしないように注意すること

4　上司に頼むときはもっと慎重にすること

61　友人や知人同士のお願いと断りは、時にはさらに敏感に感じられることもあるとあるが、その理由は何か。

1　当然聞き入れてくれると思っているから

2　友達の性格が自分と違うと思っているから

3　友達の家族に迷惑がかかるかもしれないから

4　友達がどのような状況か分かりにくいから

62　この文章で筆者が一番言いたいことは何か。

1　丁寧にお願いする方法を学ばなければならない。

2　お願いする方法によっては断られることもある。

3　何かを頼む時は何かを失う覚悟もしなければならない。

4　お願いを聞き入れてくれることを当たり前と考えてはならない。

다음 (1)에서 (3)의 글을 읽고, 다음 질문에 대한 답으로 가장 알맞은 것을 1·2·3·4에서 하나 고르시오.

　　다른 사람에게 무언가를 부탁할 때 가능한 한 정중한 자세를 취하는 편이 좋다. 특히 관계가 약한 사이거나 ⓐ신분적, 지위적으로 상위의 사람에게 부탁을 하는 경우에는 더욱 신중하지 않으면 안 된다. 그 결과 회사 거래처에 어려운 부탁을 해야 하거나 손윗사람에게 부탁을 하는 경우, 긴장해서 몸이 굳어 버리는 일도 자주 있다. 또한, ⓑ설령 친한 친구 사이라 할지라도 정중하게 부탁을 하는 것이 예의이다. 거만한 자세로 부탁을 하는 것은 바람직하지 않다.

　　부탁을 할 때의 행동하는 방법은 머릿속에서 쉽게 떠올릴 수 있지만, 부탁을 받을 때의 행동에 대해서는 깊이 생각해 본 적이 없는 것이 아닐까? 예를 들면, 대부분의 회사원은 회사 거래처의 담당자에게 무리한 의뢰를 받은 경험이 있을 것이다. 부탁을 거절하는 것은 부탁을 하는 것보다 어려운 것일지도 모른다.

　　(중략)

　　그런데, 친구나 지인 관계에서의 부탁과 거절은 때로는 더욱 민감하게 느껴질 수도 있다. ⓒ이 정도의 부탁은 들어주겠지 하는 생각에서 나온 부탁은 위험하고, 거절당한 것이 원인이 되어 친구 관계가 깨지는 경우도 많다. ⓓ부탁은 반드시 (상대방이) 들어주는 것은 아니라는 생각을 가져야 한다. 그리고 거절을 당하는 경우도 있다는 생각도 해 두는 것이 좋다.

60　다른 사람에게 부탁을 할 때 주의하지 않아도 되는 것은 무엇인가?

1　친한 사람에게 부탁을 할 때도 정중하게 해야 하는 것

2　부탁을 할 때 필요 이상으로 긴장하는 것

3　거만한 자세로 부탁을 하지 않도록 주의하는 것

4　상사에게 부탁할 때는 더욱 신중하게 할 것

61　친구나 지인 관계에서의 부탁과 거절은 때로는 더욱 민감하게 느껴질 수도 있다고 하는데, 그 이유는 무엇인가?

1　당연히 들어줄 것이라고 생각하고 있기 때문에

2　친구의 성격이 자기와 다르다고 생각하고 있기 때문에

3　친구의 가족에게 폐가 될지도 모르기 때문에

4　친구가 어떤 상황인지 알기 어렵기 때문에

 이 문장에서 필자가 가장 말하고 싶은 것은 무엇인가?

1 정중하게 부탁하는 방법을 배워야 한다.

2 부탁하는 방법에 따라서는 거절을 당할 수도 있다.

3 어떤 것을 부탁할 때는 무언가를 잃을 각오도 해야 한다.

4 부탁을 들어주는 것을 당연하다고 생각해서는 안 된다.

[풀이]

60 ⓐ 신분적으로 높은 사람에게 부탁할 때는 더욱 신중하게 해야 한다고 언급하고 있기 때문에 선택지 4번은 정답이 아니다.

ⓑ 친한 친구라도 부탁할 때 정중해야 하고 거만한 자세는 바람직하지 않다고 언급하고 있기 때문에, 선택지 1, 3번은 정답이 될 수 없다. 선택지 2번은 본문에 내용과 다르기 때문에 정답은 선택지 2번이다.

61 ⓒ 친구나 지인 관계에서는 이 정도 부탁은 들어줄 것이라는 생각을 가지게 된다는 본문의 내용을 가장 잘 요약한 선택지 1번이 정답이다. 나머지 선택지에 대해서는 언급되지 않았다.

62 ⓓ 부탁은 거절당할 수도 있고, 반드시 들어줄 것이라는 생각을 가져서는 안 된다고 주장하고 있다. 이 주장을 선택지로 옮긴 것 중에서 가장 적절한 것은 선택지 4번이다. 선택지 1, 2, 3번에 대한 언급은 없다.

[단어]

頼む 부탁하다 ┃ なるべく 가능한 한, 되도록 ┃ 丁寧 정중 ┃ 姿勢 자세 ┃ 関係 관계 ┃ 間柄 사이 ┃ 地位 지위 ┃ 取引先 거래처 ┃ 緊張 긴장 ┃ たとえ〜ても 설령(가령) 〜라도 ┃ 〜同士 〜끼리 ┃ 礼儀 예의 ┃ 腰高 거만함 ┃ 望ましい 바람직하다 ┃ 浮かぶ 떠오르다 ┃ 〜について 〜에 대해서 ┃ 例えば 예를 들면 ┃ 担当者 담당자 ┃ 依頼 의뢰 ┃ 断る 거절하다 ┃ 敏感 민감 ┃ 聞き入れる 들어주다 ┃ 想い 마음, 생각 ┃ 危険 위험 ┃ 拒絶 거절 ┃ 壊れる 깨지다, 부서지다 ┃ 〜わけではない 〜것은 아니다 ┃ 〜べきだ 〜해야 한다 ┃ 丁重 정중 ┃ 迷惑がかかる 폐가 되다, 누가 되다 ┃ 状況 상황 ┃ 失う 잃다, 잃어버리다 ┃ 覚悟 각오

(2)

　我々は慣れという行為を上手に利用しなければならない。慣れるということは、我々に大変大きな力になることもあれば、どうしようもない災いになることもある。人は変化に対して優れた対応力があり、その変化に慣れていく過程で①成長する。しかし、ⓐ場合によってはその成長が、良くない影響を与えかねないという点に注意を払わなければならない。

　習慣とは自分でも気づかないうちに出てくるものである。良い習慣と悪い習慣は何かに対する感情や行動が結論に繋がる時に(注)固着される。つまり、②ある対象や行動を受け入れる瞬間が非常に大事である。慣れは、すぐ安心に変わることになり、その安心がⓑ習慣として定着してしまえば、その時からは莫大な時間と努力をしなければ変えられないからである。良い慣れが良い習慣になると、生活の質が変わり、ひいては人生を変えることができる力になるものである。

　慣れないことに直面したり慣れない行動をさせられたりする際、誰でも不安になってしまうが、心配することはない。もしも、ⓒ今このような経験をしているなら、それは人生を変えることができる機会が訪れてきたのかもしれない。

(注) 固着：同じ所にとどまって、そのままの状態で定着すること。

63 筆者は①成長をどのようにとらえているか。

1 生活の質を高められる良い変化が起こること

2 悪い習慣になって誤った方向に変化すること

3 良い変化が習慣に変わること

4 どんな影響を及ぼすかまだはっきりしないこと

64 ②ある対象や行動を受け入れる瞬間が非常に大事であるとあるが、その理由は何か。

1　あまりにも時間が過ぎてしまうと変えにくいから

2　良いこととして受け入れない限り、役に立たないから

3　善し悪しに関する判断は時には難しいから

4　多大な努力と時間を消費したら変わることもあるから

65　この文章で筆者が一番言いたいことは何か。

1　慣れていないことに不安を感じてもしかたがない。

2　行動と習慣を変えることは容易なことではない。

3　大変な状況が、かえって良いことになりうる。

4　生活の質を変えるためには不安が必要だ。

　우리는 익숙함이라는 행위를 잘 이용해야 한다. 익숙해진다는 것은 우리에게 엄청난 힘이 될 수도 있고 어찌할 수 없는 재난이 될 수도 있다. 사람은 변화에 대해 뛰어난 적응력이 있고, 그 변화에 익숙해져 가는 과정에서 ①성장한다. 하지만 ⓐ경우에 따라서는 그 성장이 좋지 않은 영향을 줄 수도 있다는 점에 주의를 기울여야 한다.

　습관이라는 것은 자신도 알아차리지 못하는 사이에 나오는 것이다. 좋은 습관과 나쁜 습관은 무언가에 대한 감정이나 행동이 결론으로 이어질 때 (주)고착된다. 즉, ②어떤 대상이나 행동을 받아들이는 순간이 매우 중요하다. 익숙함은 이내 안심으로 바뀌게 되고, 그 안심이 ⓑ습관으로 정착되어 버리면, 그때부터는 막대한 시간과 노력을 하지 않으면 바꿀 수 없기 때문이다. 좋은 익숙함이 좋은 습관이 되면 삶의 질이 달라지고, 더 나아가서는 인생을 바꿀 수 있는 힘이 되는 것이다.

　익숙하지 않은 것에 직면하거나 익숙하지 않은 행동을 어쩔 수 없이 하게 될 때 누구나 불안해지지만 걱정할 필요는 없다. 만약 ⓒ지금 이러한 경험을 하고 있다면 그것은 인생을 바꿀 수 있는 기회가 찾아온 것일 수도 있다.

(주) 固着 : 고착. 같은 곳에 머물며 그 상태로 정착되는 것.

63　필자는 ①성장을 어떻게 인식하고 있는가?

1　삶의 질을 높일 수 있는 좋은 변화가 일어나는 것

2　나쁜 습관이 되어서 잘못된 방향으로 변화되는 것

3　좋은 변화가 습관으로 바뀌는 것

4　어떤 영향을 미칠지 아직 확실하지 않은 것

64　②어떤 대상이나 행동을 받아들이는 순간이 매우 중요하다고 하는데, 그 이유는 무엇인가?

1　시간이 너무 많이 지나면 바꾸기 힘들기 때문에

2　좋은 것으로 받아들이지 않는 한 도움이 되지 않기 때문에

3　좋고 나쁨에 대한 판단은 때로는 어렵기 때문에

4　많은 노력과 시간을 소비하면 바뀌는 경우도 있기 때문에

65　이 문장에서 필자가 가장 말하고 싶은 것은 무엇인가?

1　익숙하지 않은 것에 불안함을 느껴도 어쩔 수 없다.

2　행동과 습관을 바꾸는 것은 쉬운 일이 아니다.

3　힘든 상황이 오히려 좋은 일이 될 수 있다.

4　삶의 질을 바꾸기 위해서는 불안함이 필요하다.

[풀이]

63 ⓐ 성장이라는 것이 경우에 따라서는 좋지 않은 영향을 줄 수도 있다고 한다. 따라서 정답은 선택지 4번이다.

64 ⓑ 어떤 대상이나 행동이 익숙해지고 안심으로 바뀌고 습관이 되어 버리면, 그 후로는 바꾸기 힘들다는 내용을 알 수 있다. 따라서 정답은 선택지 1번이다.

65 ⓒ 익숙하지 않은 것을 해야 하는 사람은 그것이 좋은 익숙함으로 바뀌고 좋은 습관으로 바뀌면 인생을 바꿀 수도 있다고 하는 내용이 앞 단락에 나와 있다. 따라서 정답은 선택지 3번이다.

[단어]

我々 우리들 | 慣れ 익숙함 | 行為 행위 | 災い 재앙, 재난 | ～に対して ～에 대해서 | 優れる 우수하다, 뛰어나다 | 対応 대응 | 過程 과정 | ～によって ～에 의해서, ～에 따라서 | ～かねない ～할지도 모른다 | 注意を払う 주의를 기울이다 | 習慣 습관 | 気づく 알아차리다, 깨닫다 | 感情 감정 | 繋がる 이어지다, 연결되다 | 非常に 매우, 상당히 | ～として ～로서 | 定着 정착 | 努力 노력 | 直面 직면 | 経験 경험 | 機会 기회 | 訪れる 방문하다, 찾아오다 | 誤る 실수하다, 잘못하다 | 及ぼす 미치다 | ～ない限り ～하지 않는 한 | 役に立つ 도움이 되다 | 消費 소비 | 状況 상황 | かえって 오히려, 도리어 | ～うる ～할 수 있다

(3)

　9歳になった娘と公園へ散歩に行った。ちょっと電話に出ている間に、娘が地べたに腰を下ろして何かを見ていた。クモが作り出した巣を不思議そうに眺めていたのだ。娘を見ていたら、自分の子供のころが浮かんできた。昔は家でも(注1)クモの巣をよく見かけたもので、ⓐ吹いても壊れたり切れたりしないクモの巣を①不思議に思ったものだ。

　クモの巣の強度は鋼鉄の20倍、弾力性はナイロンの2倍にもなるそうだ。さらに、防水の機能も有している。以前から、このようなクモの巣の性質を利用するための研究が続けられたが、ⓑ服や他の用途での使用は実用化されなかったようだ。一方で、クモの巣の成分を利用した合成繊維を開発して(注2)パラシュートや防弾チョッキの素材など、軍事的な目的としては使用されている。しかも、人工のクモの巣、いわゆる「クモシルク」と名付けられたものを利用して医療分野では人工の筋や角膜などに活用される可能性もあるそうである。

　クモについてあれこれ調べながら、自然の知恵はすごいものだと考えさせられた。ⓒ子供たちの子供たちにまで豊かな自然を残してあげることこそ、私たち親世代にできる②最も大きなプレゼントではないか。

(注1) クモの巣：クモのかけた網。くものあみ。

(注2) パラシュート：落下傘。大気中を降下する物体の速度を落すために使われる布製の傘のような道具。

66 筆者は、なぜ①不思議に思ったものだと述べているか。

1　クモの巣が作られる過程が不思議だから
2　クモの巣に対する自分と娘の共通点を発見したから
3　思ったよりしっかりと作られているから
4　今はたくさん見られないモノを発見したから

67 クモの巣に対する説明の中で、本文の内容と合っていないのはどれか。

1　強度と弾力が優れ、防水機能も備えている。
2　天然の巣をもって服を製作する方法を発見した。
3　軍事的な目的で巣を利用した繊維が使用されている。
4　クモシルクは、まだ医療分野では使用されていない。

68 筆者は、②最も大きなプレゼントをどのようなものだと考えているか。

　　1　クモの力を利用して生活を便利にすること
　　2　自然からの知恵を子供たちに教えていくこと
　　3　人間が作った不自然なものを直していくこと
　　4　自然と触れあえるように自然を残していくこと

　9살이 된 딸과 공원으로 산책하러 갔다. 잠시 전화를 받고 있는 사이에 딸이 땅바닥에 앉아서 무언가를 보고 있었다. 거미가 만들어 낸 거미줄을 신기한 듯이 바라보고 있었던 것이다. 딸을 보고 있으니 나의 어린 시절이 떠올랐다. 옛날에는 집에서도 (주1) 거미줄을 자주 발견하곤 했는데 ⓐ입으로 바람을 불어도 망가지거나 끊어지지 않는 거미줄을 ①신기하게 생각하곤 했다.

　거미줄의 강도는 강철의 20배, 탄력성은 나일론의 2배나 된다고 한다. 게다가 방수 기능도 가지고 있다. 예전부터 이런 거미줄의 성질을 이용하기 위한 연구가 계속되었지만, ⓑ옷이나 다른 용도로의 사용은 실용화되지 않았던 것 같다. 한편, 거미줄의 성분을 이용한 합성 섬유를 개발해서 (주2) 낙하산이나 방탄복의 소재 등 군사적인 목적으로서는 사용되고 있다. 게다가 인공 거미줄, 이른바 '거미 실크'라고 이름이 붙은 것을 이용하여 의료 분야에서는 인공 힘줄이나 각막 등에 활용될 가능성도 있다고 한다.

　거미에 대해서 이것저것 조사하면서 자연의 지혜는 대단하다고 생각하게 되었다. ⓒ아이들의 아이들에게까지 풍요로운 자연을 남겨 주는 것이야말로 우리들 부모 세대가 할 수 있는 ②가장 큰 선물이 아닐까?

(주1) クモの巣 : 거미가 친 그물. 거미줄.
(주2) パラシュート : 낙하산. 대기 중을 하강하는 물체의 속도를 떨어뜨리기 위해서 사용되는 천으로 만든 우산 같은 도구.

66　필자는 왜 ①신기하게 생각하곤 했다고 말하고 있는가?

　　1　거미줄이 만들어지는 과정이 신기하기 때문에
　　2　거미줄에 대한 자신과 딸의 공통점을 발견했기 때문에
　　3　생각보다 튼튼하게 만들어져 있기 때문에
　　4　지금은 많이 볼 수 없는 것을 발견했기 때문에

67　거미줄에 대한 설명 중에서 본문의 내용과 맞지 않은 것은 어느 것인가?

　　1　강도와 탄력이 뛰어나고, 방수 기능도 갖추고 있다.
　　2　천연 거미줄로 옷을 제작하는 방법을 발견했다.
　　3　군사적인 목적으로 거미줄을 이용한 섬유가 사용되고 있다.
　　4　거미 실크는 아직 의료 분야에서는 사용되고 있지 않다.

68　필자는 ②가장 큰 선물을 어떤 것이라고 생각하고 있는가?

　　1　거미의 힘을 이용해서 생활을 편리하게 하는 것
　　2　자연으로부터의 지혜를 아이들에게 가르쳐 가는 것
　　3　인간이 만든 부자연스러운 것을 고쳐 가는 것
　　4　자연과 맞닿을 수 있도록 자연을 남겨 가는 것

[풀이]

66　ⓐ 필자가 어린 시절에 입으로 불어도 망가지거나 끊어지지 않는 거미줄이 생각보다 튼튼해서 신기하게 생각했던 것을 알 수 있다. 따라서 정답은 선택지 3번이다.

67　ⓑ 거미줄의 성질을 이용한 옷은 실용화되지 않았다는 내용에서 선택지 2번이 본문의 내용과 맞지 않는다는 것을 알 수 있다.

68　ⓒ 후손들에게 풍요로운 자연을 남기는 것이 가장 큰 선물이라고 하는 내용을 확인할 수 있다. 이 내용으로부터 선택지 4번이 정답이라는 것을 알 수 있다.

[단어]

巣 집, 소굴 | 眺める 바라보다 | 壊れる 깨지다, 부서지다 | 強度 강도 | 鋼鉄 강철 | 弾力性 탄력성 | 防水 방수 | 機能 기능 | 性
質 성질 | 研究 연구 | 合成 합성 | 繊維 섬유 | 防弾 방탄 | 素材 소재 | いわゆる 소위, 이른바 | 医療分野 의료 분야 | 筋 힘줄 |
角膜 각막 | 知恵 지혜 | 豊かだ 풍부하다, 풍요하다 | 残す 남기다 | 共通点 공통점 | 優れる 뛰어나다, 우수하다 | 備える 준비
하다, 갖추다 | 製作 제작 | 触れあう 맞닿다, 접촉하다

問題12

次のＡとＢはそれぞれ、早期教育について書かれた文章である。二つの文章を読んで、後の問いに
対する答えとして最もよいものを、１・２・３・４から一つ選びなさい。

A

　早期教育に最適な場所は家である。普段生活している空間で教育が行われる時に、子供は最高の学習効果を
得ることができるものである。音楽や美術など、専門的な分野においては先生を通して教育を受けたりもする
が、それ以外の勉強は親が直接教えるのが良い。５歳以下の子供は親との勉強を通じて家族との繋がりをさら
に深めることができる。これは成人になってからも親と子の良い関係を築くことになる。幼い頃から始まった
教育によって優れた学習能力や正しい勉強の習慣が身に付き、学校の勉強においても良い学習の習慣を維持で
きるようになるのである。ⓐつまり、幼い頃から形成された正しい学習態度は学校の成績にも大いに役立つと
いうものである。

B

　幼いころから勉強を強いられてきた子どもは、周りの批判に敏感な性格になりやすい。ⓑ勉強ができるので
周りからほめられることに慣れて成長してきたため、批判に対しては敏感に反応してしまうのである。また、学
校などの団体生活にもうまく適応できないきらいがある。これは社会性の欠如やうつ病の発生にもつながる恐れ
がある。子供の才能と適性を早く発見して、ⓒ子どもが様々な問題から正しい選択ができるようにするための早
期教育の本来の目的とはかけ離れてしまい、今は親の自己満足の手段として利用されているという批判もある。
あえて幼い子供に教育をさせたいなら、人格教育をさせることについて考えてみるのはどうだろう。

69 ＡとＢで共通して述べていることは何か。

1　早期教育を受けた子はそうでない子より成績が優秀である。

2　早期教育は家で行われることが望ましい。

3　早期教育を受けてきた子どもたちのうつ病症状は深刻である。

4　早期教育は学校の勉強ではなく、人格の教育が重要である。

70 ＡとＢは早期教育についてどう述べているか。

1　ＡもＢも早期教育が子どもに役立つと述べている。

2　ＡもＢも早期教育に対して批判的に述べている。

3　Ａは早期教育の学習態度の重要性について述べ、Ｂは早期教育による問題点について述べている。

4　Ａは早期教育の必要性について述べ、Ｂは人生教育の重要性について述べている。

다음 A와 B는 각각 조기 교육에 대해서 쓰인 글이다. 두 개의 문장을 읽고, 뒤의 물음에 대한 답으로 가장 알맞은 것을 1・2・3・4
에서 하나 고르시오.

A

　조기 교육에 최적한 장소는 집이다. 평소에 생활하고 있는 공간에서 교육이 이루어질 때에 아이는 최고의 학습 효과를 얻을 수 있는 것이다. 음악이나 미술 등 전문적인 분야에서는 선생님을 통해서 교육을 받기도 하지만, 그 외의 공부는 부모가 직접 가르치는 것이 좋다. 5세 이하의 어린아이는 부모와의 공부를 통해 가족과의 유대감을 더욱 깊게 할 수 있다. 이것은 성인이 되고 나서도 부모 자식 간에 좋은 관계를 쌓게 된다. 어린 시절부터 시작된 교육에 의해서 뛰어난 학습 능력이나 올바른 공부 습관을 익히고, 학교 공부에 있어서도 좋은 학습 습관을 유지할 수 있게 되는 것이다. ⓐ즉, 어린 시절부터 형성된 올바른 학습 태도는 학교 성적에도 큰 도움을 준다는 것이다.

B

　어린 시절부터 공부를 강요받아 온 아이들은 주변의 비판에 민감한 성격이 되기 쉽다. ⓑ공부를 잘하기 때문에 주위로부터 칭찬받는 것에 익숙한 성장을 해 왔기 때문에 비판에 대해서는 민감하게 반응해 버리는 것이다. 또한, 학교 등의 단체 생활에서도 잘 적응하지 못하는 경향이 있다. 이는 사회성 결여나 우울증의 발생으로도 이어질 우려가 있다. ⓒ아이의 재능과 적성을 일찍 발견하고 아이가 여러 가지 문제로부터 올바른 선택을 할 수 있도록 하기 위한, 조기 교육의 본래의 목적과는 달라져 버리고 지금은 부모의 자기만족의 수단으로 이용되고 있다는 비판도 있다. 굳이 어린 아이에게 교육을 시키고 싶다면, 인격 교육을 시키는 것에 대해서 생각해 보는 것은 어떨까?

69 A와 B에서 공통적으로 말하고 있는 것은 무엇인가?

　1　조기 교육을 받은 아이는 그렇지 않은 아이보다 성적이 우수하다.

　2　조기 교육은 집에서 이루어지는 것이 바람직하다.

　3　조기 교육을 받아 온 아이들의 우울증 증상은 심각하다.

　4　조기 교육은 학교 공부가 아닌 인격 교육이 중요하다.

70 A와 B는 조기 교육에 대해서 어떻게 말하고 있는가?

　1　A도 B도 조기 교육이 아이에게 도움이 된다고 말하고 있다.

　2　A도 B도 조기 교육에 대해서 비판적으로 말하고 있다.

　3　A는 조기 교육의 학습 태도의 중요성에 대해서 말하고, B는 조기 교육에 의한 문제점에 대해서 말하고 있다.

　4　A는 조기 교육의 필요성에 대해서 말하고, B는 인생 교육의 중요성에 대해서 말하고 있다.

[풀이]

69　ⓐ A는 조기 교육이 학교 공부에도 도움이 되고 있다고 하고, ⓑ B도 조기 교육을 받은 아이들이 공부를 잘한다고 말하고 있다. 따라서 정답은 선택지 1번이다. 선택지 2번은 A만의 의견, 선택지 3, 4번은 B만의 의견이기 때문에 정답이 될 수 없다.

70　ⓐ A는 조기 교육의 학습 태도의 발달에 대해서 긍정적으로 말하고 있고, ⓒ B는 조기 교육이 가지는 문제점에 대해서 비판적으로 말하고 있는 것을 알 수 있다. 따라서 정답은 선택지 3번이다. 선택지 1번은 A만의 의견이고, 선택지 2번은 B만의 의견이기 때문에 정답이 아니다. B의 주장에서는 인생 교육에 대한 언급이 없기 때문에 선택지 4번도 정답이 될 수 없다.

[단어]

早期教育 조기 교육 | 普段 평소 | 行う 행하다, 시행하다 | 学習 학습 | 効果 효과 | 専門 전문 | ～において ～에서, ～에 있어서 | ～を通して ～를 통해서 | ～を通じて ～를 통해서 | 繋がり 연결, 유대 | 幼い 어리다 | ～によって ～에 의해서, ～에 따라서 | 優れる 우수하다, 뛰어나다 | 能力 능력 | 習慣 습관 | 維持 유지 | 形成 형성 | 態度 태도 | 成績 성적 | 役立つ 도움이 되다 | 強いる 강요하다 | 批判 비판 | 団体 단체 | きらいがある 경향이 있다 | 欠如 결여 | うつ病 우울증 | 恐れがある 우려가 있다 | 適性 적성 | かけ離れる 크게 차이가 나다, 동떨어지다 | ～として ～로서 | 人格 인격 | 優秀 우수 | 望ましい 바람직하다 | 症状 증상 | 深刻 심각

問題 13

次の文章を読んで、後の問いに対する答えとして最もよいものを、1・2・3・4から一つ選びなさい。

騒音とは騒がしく、不快感を感じさせる音のことを言う。現代社会において騒音の問題は、大変敏感な問題の一つとなっている。特に、@近隣との騒音問題も頻繁に起こり、殺人事件にまで至る深刻な問題になっている。長時間、騒音に(注1)晒された場合、物理的には聴覚に直接的な影響を与える可能性があり、精神的にはストレスの原因になることが多い。長年、工場現場で仕事をしている労働者は事務職の労働者に比べ、聴覚に損傷が生じる可能性が30倍も高いという。また建設現場や地下鉄の周辺など、持続的に騒音の影響を受けている所に住んでいる妊婦の場合は、流産する確率が他の地域に住んでいる人の三倍に達する。このように、騒音というのは致命的な影響を与える、恐ろしい災害の一つであると言っても過言ではない。

建設現場では(注2)防護壁の設置が義務付けられているが、これは落石などの物理的な被害の防止だけでなく、騒音の発生を抑制のための措置でもある。日本のみならず世界のいろいろな国々でも、公共の場所における騒音に対する規制を定め、これに違反した時は管轄の役所から厳しい制裁を受けたりもする。

一方、生活上で発生する音から良い効果が得られるものを、ホワイトノイズ（白色騒音）という。ホワイトノイズとは、日常生活でよく聞くことができる音のことで、脳の活性化の助けになるという。⑥代表的な例としては、滴が落ちる音、雨の音、本のページをめくる音、人の小さな話し声などがある。このホワイトノイズにより、47％の集中力の向上、10％の記憶力の向上と共に、28％のストレスの減少などの効果を得ることができる。良く眠りにつくことができない子供の睡眠にも役に立ち、白色騒音を利用した治療も進んでいる。

(中略)

これからは、自然資源の効率的な活用は言うまでもなく、©人間の行動によって引き起こされた付随的な結果の処理及び解決方法の研究も必要だと思う。人間の生活の質を向上させるためには、仕方なく発生してしまう、良くない現象とその悪影響までも変えていかなければならない。

(注1) 晒す：避けることができないむずかしい事態に身を置く

(注2) 防護壁：危害の及ぶのを防ぎ守る壁

---

71 この文章で、深刻な問題が指しているのはどれか。

1 近所の人とのトラブルに直接的な影響を与えないこと

2 重犯罪につながる事件が頻繁に発生する可能性があること

3 現代社会では騒音の被害を制限する方法がないこと

4 ストレスの原因として考えるのは無理があるということ

72 白色騒音に対する説明の中、正しくないものはどれか。

1 水に関係のある音で、人に良い影響を与える。

2 人体の機能に良い影響を与える音である。

3 治療のための目的以外にも使われている。

4 ストレス解消と不眠症にも役立つ。

73 筆者が一番言いたいことは何か。

1 自然資源の効率的な使用も重要な問題である。

2 人の行動による自然資源の使用について考えなければならない。

3　生活の一部分から生じる問題の解決にも注意を払うべきである。

4　社会の発展のためには資源の分配を考慮しなければならない。

다음 글을 읽고 뒤의 질문에 대한 답으로 가장 옳은 것을 1·2·3·4에서 하나 고르시오.

　　소음이란 시끄럽고 불쾌감을 느끼게 하는 소리를 말한다. 현대 사회에서 소음 문제는 매우 민감한 문제 중의 하나가 되었다. 특히 ⓐ이웃과의 소음 문제도 빈번하게 일어나고 살인사건에까지 이르는 심각한 문제가 되고 있다. 장시간 소음에 (주1) 노출이 될 경우, 물리적으로는 청각에 직접적인 영향을 줄 가능성이 있고, 정신적으로는 스트레스의 원인이 되는 일이 많다. 오랜 기간 공장 현장에서 일을 하고 있는 노동자는 사무직 노동자에 비해 청각에 손상이 발생할 가능성이 30배나 높다고 한다. 또한 건설 현장이나 지하철 주변 등 지속적으로 소음의 영향을 받고 있는 곳에 살고 있는 임산부의 경우에는 유산될 확률이 다른 지역에 살고 있는 사람의 3배에 달한다. 이처럼 소음이라는 것은 치명적인 영향을 주는 무서운 재해의 하나라고 말해도 과언이 아니다.

　　건설 현장에서는 (주2) 방호벽의 설치가 의무화되어 있는데, 이는 낙석 등의 물리적인 피해의 방지뿐만 아니라 소음의 발생을 억제하기 위한 조치이기도 하다. 일본뿐만 아니라 세계의 여러 나라에서도 공공장소에서의 소음에 대한 규제를 정하고, 이것을 위반했을 때에는 관할 관청으로부터 엄격한 제재를 받기도 한다.

　　한편, 생활하면서 발생하는 소리로부터 좋은 효과를 얻을 수 있는 것을 백색 소음이라고 한다. 백색 소음이란, 일상생활에서 흔히 들을 수 있는 소리로, 뇌의 활성화를 돕는다고 한다. ⓑ대표적인 예로서는 물방울이 떨어지는 소리, 빗소리, 책장 넘기는 소리, 사람의 작은 말소리 등이 있다. 이 백색 소음에 의해 47%의 집중력 향상, 10%의 기억력 향상과 함께 28%의 스트레스 감소 등의 효과를 얻을 수 있다. 잠을 잘 이루지 못하는 어린아이의 수면에도 도움이 되고 백색 소음을 이용한 치료도 진행되고 있다.

　　(중략)

　　앞으로는 자연 자원의 효율적인 활용은 말할 것도 없고 ⓒ인간의 행동에 의해 일어나는 부수적인 결과의 처리나 해결 방법 연구도 필요하다고 생각한다. 인간의 삶의 질을 향상시키기 위해서는 어쩔 수 없이 발생되어 버리는 좋지 않은 현상과 그 악영향까지도 바꾸어 가지 않으면 안 된다.

(주1) 晒す : 피할 수 없는 어려운 사태에 몸을 두다

(주2) 防護壁 : 위해가 미치는 것을 방어하고 지키는 벽

71　이 문장에서 심각한 문제가 가리키고 있는 것은 어느 것인가?

　　1　이웃 사람과의 트러블에 직접적인 영향을 주지 않는 것

　　2　중범죄로 이어지는 사건이 빈번하게 발생할 가능성이 있는 것

　　3　현대 사회에서는 소음의 피해를 제한할 방법이 없다는 것

　　4　스트레스의 원인으로 생각하는 것은 무리가 있다는 것

72　백색 소음에 대한 설명 중 옳지 않은 것은 어느 것인가?

　　1　물에 관련된 소리로서 사람에게 좋은 영향을 준다.

　　2　인체 기능에 좋은 영향을 주는 소리이다.

　　3　치료를 위한 목적 이외에도 이용되고 있다.

　　4　스트레스 해소와 불면증에도 도움이 된다.

   1   자연 자원의 효율적인 사용도 중요한 문제이다.

   2   사람의 행동으로 인한 자연 자원의 사용에 대해서 생각해야 한다.

   3   생활의 일부분에서 생기는 문제 해결에도 주의를 기울여야 한다.

   4   사회의 발전을 위해서는 자원 분배를 고려해야 한다.

[풀이]

71 ⓐ 이웃 간의 소음 문제도 빈번하고 살인 사건에까지 이른다는 내용에서, 선택지 2번이 정답임을 알 수 있다.

72 ⓑ 백색 소음이 물에 관련된 소리라는 것이 아니라, 백색 소음의 대표적인 소리 중 하나로 물 관련 소리가 언급되었으므로 선택지 1번이 정답이다. 선택지 2, 3, 4에 관한 내용은 모두 이 단락에서 확인할 수 있다.

73 ⓒ 인간의 행동에 의해서 부수적으로 발생되는 것까지도 결과 처리와 해결 방법이 필요하다고 필자는 주장하고 있다. 이 주장을 가장 잘 표현하고 있는 것은 선택지 3번이다.

[단어]

騒音 소음 | ～とは ～라는 것은 | ～において ～에서, ～에 있어서 | 敏感 민감 | 頻繁 빈번 | 殺人 살인 | 至る 이르다 | 深刻 심각 | 晒す 드러내다 | 聴覚 청각 | 影響 영향 | 与える 주다 | 精神 정신 | 原因 원인 | 現場 현장 | 労働者 노동자 | 事務職 사무직 | ～に比べ ～에 비해 | 損傷 손상 | 生じる 생기다, 발생하다 | 持続 지속 | 致命 치명 | 恐ろしい 두렵다, 무섭다 | 災害 재해 | 過言 과언 | 防護壁 방호벽 | 設置 설치 | 被害 피해 | 抑制 억제 | 措置 조치 | ～のみならず ～뿐만 아니라 | ～における ～에 있어서의, ～에서의 | 規制 규제 | 定める 정하다 | 違反 위반 | 制裁 제재 | 効果 효과 | 日常生活 일상생활 | 脳 뇌 | 活性化 활성화 | 滴 물방울 | 集中力 집중력 | 向上 향상 | 記憶 기억 | 睡眠 수면 | 役に立つ 도움이 되다 | 治療 치료 | 資源 자원 | 効率 효율 | ～によって ～에 의해서, ～에 따라서 | 付随的 부수적 | 処理 처리 | 現象 현상 | 制限 제한 | 解消 해소 | 不眠症 불면증 | 注意を払う 주의를 기울이다 | ～べきだ ～해야 한다 | 考慮 고려

問題 14

右のページは、青海市が主催する花火大会の案内である。下の問いに対する答えとして、最もよいものを、1・2・3・4から一つ選びなさい。

74 この花火大会の概要について合っていないものはどれか。

   1   雨の場合にも大会は中止されない。

   2   花火大会参加料金は無料である。

   3   会場の駐車場を利用する場合には、駐車料金を払わなければならない。

   4   駐車場を利用する場合、会場まで歩いて移動しなければならない。

75 この大会の観覧時のおねがいについて合っているものはどれか。

   1   ゴミ箱は設置されていなく、花火大会終了後に掃除をして帰る。

   2   会場の中ではいかなる場合にも喫煙できない。

   3   大会の担当者はドローンを使って撮影することができる。

   4   観覧客の安全確保のために担当者は傘を使うことができない。

第 3 回青海市花火大会のご案内

　長い歴史を持つ青海市花火大会が今年も盛大に開催されます。会場周辺には露店がたくさん並んで賑わいをみせます。迫力のある花火を近距離で眺められるのも、大きな魅力のひとつです！ 水面を美しく彩る花火をゆったりとお楽しみ下さい。

◎ 大会概要

開催日時	8月22日（月）午後7:00〜（ⓐ雨天決行）
開催場所	青海市 湖公園
打ち上げ予定数	約12,000発
料金	ⓑ無料
駐車場	ⓒ会場は駐車場がありませんので、電車やバスをご利用ください。 ⓓ青海ショッピングセンターの駐車場（会場まで徒歩15分） （有料、１台1,000円）
問い合わせ先	青海市役所　花火大会実行委員会　電話　084-390-2987

◎ 花火大会観覧時のおねがい

・観覧客の安全確保のため、会場の入場規制が行われる場合がございますので、担当者や警備員の指示に従っていただきますようお願いいたします。

・会場にゴミ箱は設置されておりません。ⓔきれいな公園を維持するため、ゴミは持ち帰りをお願いいたします。

・ⓕ会場での喫煙は禁止となっております。会場の外に設けられている喫煙コーナーをご利用ください。歩きタバコは絶対行わないでください。場内に火気の持ち込みは禁止です。

・お子様と一緒にいらっしゃった方は子供の手をしっかりとつないで、迷子防止に努めてください。迷子になった場合は会場内の迷子センターにお知らせください。

・ⓖ安全のため、打ち上げ場所の上空でのドローンの使用を一切禁止いたします。

・指定場所で観覧して立入禁止の区域には絶対入らないでください。

・ⓗ混雑のため、傘の使用はご遠慮ください。（雨の場合、雨具をご用意ください。）

・「歩きスマホ」はご遠慮ください。会場の混雑により、事故につながる可能性がございます。

皆さんが楽しい花火の思い出を持って帰れるように、ご協力をお願いします。

오른쪽 페이지는 아오우미 시가 주최하는 불꽃 대회 안내이다. 아래의 질문에 대한 답으로서, 가장 적당한 것을 1 · 2 · 3 · 4에서 하나 고르시오.

74 　이 불꽃 대회 개요에 대해서 맞지 않는 것은 어느 것인가?

　1　비가 올 경우에도 대회는 중지되지 않는다.

　2　불꽃 대회 참가 요금은 무료이다.

　3　대회장의 주차장을 이용할 경우에는 주차 요금을 내야 한다.

　4　주차장을 이용할 경우 대회장까지 걸어서 이동해야 한다.

75 　이 대회의 관람 시의 부탁에 대해서 맞는 것은 무엇인가?

　1　쓰레기통은 설치되어 있지 않고, 불꽃 대회 종료 후에 청소를 하고 돌아간다.

　2　대회장 안에서는 어떠한 경우에도 흡연을 할 수 없다.

3 대회 담당자는 드론을 사용하여 촬영을 할 수 있다.

4 관람객들의 안전 확보를 위해서 담당자는 우산을 사용할 수 없다.

제3회 아오우미 시 불꽃 대회 안내

오랜 역사를 가진 아오우미 시 불꽃 대회가 올해도 성대하게 개최됩니다. 회장 주변에는 노점이 줄지어 성황을 이룹니다. 박력 있는 불꽃을 가까운 곳에서 바라볼 수 있는 것도 큰 매력의 하나입니다! 수면을 아름답게 물들이는 불꽃을 느긋하게 즐겨 주세요.

■ 대회 개요

개최 일정	8월 22일(월) 오후 7:00~ (ⓐ우천 결행)
개최 장소	아오우미 시 호수 공원
발사 예정 수	약 12,000발
요금	ⓑ무료
주차장	ⓒ대회장은 주차장이 없기 때문에 전철이나 버스를 이용해 주세요. ⓓ아오우미 쇼핑 센터 주차장(대회장까지 도보 15분) (유료, 1대 1,000엔)
문의처	아오우미 시청 불꽃 대회 실행위원회 전화 084-390-2987

■ 불꽃 대회 관람 시의 부탁

- 관람객들의 안전 확보를 위해 대회장의 입장 규제가 있을 수도 있기 때문에, 담당자나 경비원의 지시에 따라 주시기 바랍니다.
- 장내에 쓰레기통은 설치되어 있지 않습니다. ⓔ깨끗한 공원 유지를 위해 쓰레기는 가지고 돌아가시길 부탁 드립니다.
- ⓕ대회장에서의 흡연은 금지입니다. 대회장 밖에 마련되어 있는 흡연 코너를 이용해 주세요. 보행 중 흡연은 절대 하지 마세요. 장내에 화기 반입은 금지입니다.
- 아이와 함께 오신 분은 아이의 손을 꼭 잡아서 미아 방지에 노력해 주세요. 아이를 잃어버릴 경우에는 장내의 미아 센터에 알려 주세요.
- ⓖ안전을 위해서 발사 장소 상공에서 드론의 사용을 일체 금지합니다.
- 지정된 장소에서 관람하고 출입 금지 구역에는 절대 들어가지 마세요.
- ⓗ혼잡하기 때문에 우산의 사용은 삼가 주세요. (비가 올 경우, 우비를 준비해 주세요)
- 보행 중 스마트폰 이용은 삼가 주세요. 대회장의 혼잡으로 인해 사고로 이어질 가능성이 있습니다.

여러분 모두가 즐거운 불꽃 놀이의 추억을 가지고 돌아갈 수 있도록 협력을 부탁 드립니다.

[풀이]

74 ⓐ 비가 와도 결행한다는 내용을 보면 선택지 1번은 정답이 아니다. ⓒ 대회장에는 주차장이 없고, ⓓ 인근 시설의 주차장을 이용해야 하기 때문에, 정답은 선택지 3번이다. ⓑ 대회 요금은 무료라는 것을 확인할 수 있기 때문에 선택지 2번도 정답이 아니다. ⓓ 주차장에서 대회장까지는 도보 15분이라는 내용에서, 선택지 4번도 정답이 될 수 없다는 것을 알 수 있다.

75 ⓔ 공원을 청소하라는 것이 아니기 때문에 선택지 1번은 정답이 아니다. ⓕ 대회장 안에서는 흡연은 금지이고, 흡연을 하기 위해서는 대회장 밖으로 가야 하므로, 정답은 선택지 2번이다. ⓖ 드론 사용은 일체 금지라는 것을 보면 선택지 3번은 정답이 될 수 없다. ⓗ 우산 사용 금지는 담당자에 관한 내용이 아니므로 선택지 4번도 정답이 아니다.

[단어]

~に対する ~에 대한 | ~として ~로서 | 概要 개요 | 参加 참가 | 移動 이동 | 観覧 관람 | 設置 설치 | 環境 환경 | いかなる 어떠한 | 喫煙 흡연 | 担当者 담당자 | 撮影 촬영 | 確保 확보 | 歴史 역사 | 盛大 성대 | 開催 개최 | 賑わい 번화함, 번성함 | 迫力 박력 | 眺める 바라보다 | 魅力 매력 | 彩る 색칠하다, 채색하다 | 市役所 시청 | 委員会 위원회 | 規制 규제 | 警備 경비 | 指示 지시 | 従う 따르다 | 維持 유지 | 禁止 금지 | 設ける 마련하다, 설치하다 | 持ち込み 가지고 들어옴, 지참 | 迷子 미아 | 防止 방지 | 努める 노력하다, 힘쓰다 | 上空 상공 | 指定 지정 | 立入禁止 출입 금지 | 遠慮 사양 | 雨具 우비 | 混雑 혼잡 | 協力 협력

問題 1

問題１では、まず質問を聞いてください。それから話を聞いて、問題用紙の１から４の中から、最もよいものを一つ選んでください。

문제 1에서는 우선 질문을 들어 주세요. 그리고 이야기를 듣고 문제 용지의 1에서 4 중에서 가장 적당한 것을 하나 고르세요.

例

大学で男の人と女の人が話しています。男の人は、このあとすぐ何をしますか。

대학교에서 남자와 여자가 이야기하고 있습니다. 남자는 이후에 바로 무엇을 합니까?

M　今少しいい？　今回のクラス発表会の準備をそろそろ始めないと。

F　そうね。後１週間しかないからね。

M　とりあえず、発表は田中君だね。

F　うん。それはみんなで決めたから。田中君に電話してね。

M　うん。今日連絡する。

F　後は椅子とか飲み物の準備だよね。

M　ⓐ椅子はこの前、学校の事務課に頼んでおいたから大丈夫。

F　あとは、ⓑ買い物だけね。これは急がなくてもいいわね。あ、人数は？　参加者のみんなにメール送ったでしょ？

M　あっ！ごめん。忘れてた！

F　え！ⓒこれは急がないと。田中君にはあたしから連絡するわ。

M　うん、分かった。

M　지금 잠깐 시간 괜찮아? 이번 클래스 발표회 준비를 슬슬 시작해야 하는데.

F　그러네. 앞으로 1주일밖에 없으니까.

M　우선, 발표는 다나카 군이네.

F　응. 그건 모두가 정한 거니까. 다나카 군에게 전화해 줘.

M　응. 오늘 연락할게.

F　나머지는 의자나 음료수 준비구나.

M　ⓐ의자는 지난번에 학교 사무과에 부탁해 두었으니까 괜찮아.

F　그리고, ⓑ쇼핑하는 것뿐이네. 이건 서두르지 않아도 돼. 아, 인원수는? 참가자 모두에게 메일 보냈지?

M　앗! 미안. 잊고 있었어!

F　뭐! ⓒ이건 서두르지 않으면 안 돼. 다나카 군에게는 내가 연락할게.

M　응, 알겠어.

男の人は、このあとすぐ何をしますか。

1　飲み物を買いに行く
2　椅子のチェックをする
3　参加者にメールを送る
4　田中君に連絡する

남자는 이후에 바로 무엇을 합니까?

1　음료수를 사러 간다
2　의자 체크를 한다
3　참가자에게 메일을 보낸다
4　다나카 군에게 연락한다

[풀이]

ⓐ 의자 준비는 괜찮다고 하고, ⓑ 물건을 사는 것도 서두르지 않아도 괜찮다고 말하고 있다. 따라서 선택지 1, 2번은 정답이 아니다. ⓒ 참가자들에게 메일을 보내는 것을 잊어버려서, 남자가 해야 할 것은 선택지 3번이다. ⓒ 다나카 군에게 연락하는 것은 여자가 하겠다고 했기 때문에 선택지 4번도 정답이 아니다.

[단어]

発表会 발표회 | そろそろ 슬슬 | 事務 사무 | ~ておく ~해 두다 | ~なくてもいい ~하지 않아도 좋다 | 参加者 참가자

1番

<table>
<tr><td>

会社で女の人と部長が話しています。女の人は、まず何をしますか。

M 新しいプロジェクトの件だけど、まだメンバーが足りないんだ。誰か適当な人はいないかなあ。

F そうですねえ。大村さんと山田さんはどうでしょうか。

M ああ、山田は、来年、転勤になりそうだから、だめかな。今回のプロジェクトはかなり長くなりそうだし。

F そうですか。それでは、大村さんに話をしてみます。

M うん、頼むよ。あと、女子大学生を対象にしたリサーチの方だけど、対象者の数を増やしてほしいんだよ。今回の新商品開発プロジェクトで使う資料だから、そちらを急いで進めてほしいんだ。

F わかりました。それでは、ⓐ対象者を追加して、すぐに結果の修正をします。ⓑ大村さんは今、取引先とのミーティング中なので、終わり次第、話してみます。

M うん、そうして。それから、ⓒリサーチ結果の修正の件は、メールで送っておいたから、先に確認しておくようにね。

F はい、承知しました。

</td><td>

회사에서 여자와 부장이 이야기하고 있습니다. 여자는 우선 무엇을 합니까?

M 새로운 프로젝트에 대한 건 말인데, 아직 멤버가 부족해. 누군가 적당한 사람은 없을까?

F 글쎄요. 오무라 씨와 야마다 씨는 어떨까요?

M 아, 야마다는 내년에 전근 갈 것 같으니 안 되려나. 이번 프로젝트는 상당히 길어질 것 같고.

F 그렇군요. 그럼, 오무라 씨에게 얘기를 해 보겠습니다.

M 응, 부탁해. 그리고 여대생을 대상으로 한 리서치 쪽 말인데, 대상자 수를 늘렸으면 좋겠어. 이번 신상품 개발 프로젝트에서 사용할 자료라서, 그쪽을 서둘러서 진행해 주면 좋겠는데.

F 알겠습니다. 그럼, ⓐ대상자를 추가해서 바로 결과 수정을 하겠습니다. ⓑ오무라 씨는 지금 거래처와 미팅 중이라 끝나는 대로 얘기해 보겠습니다.

M 응, 그렇게 해. 그리고 ⓒ리서치 결과 수정 건은 메일로 보내 두었으니 먼저 확인해 두도록 해.

F 네, 알겠습니다.

</td></tr>
</table>

女の人は、まず何をしますか。

1 プロジェクトのメンバーを集める
2 リサーチの対象者を変更する
3 取引先との会議に出席する
4 リサーチ結果修正のメールを見る

여자는 우선 무엇을 합니까?

1 프로젝트 멤버를 모은다
2 리서치 대상자를 변경한다
3 거래처와의 회의에 출석한다
4 리서치 결과 수정 메일을 본다

[풀이]

ⓐ 리서치 대상자는 변경을 하는 것이 아니라 추가하는 것이다. 따라서 선택지 2번은 정답이 아니다. ⓑ 여자가 거래처 회의에 참석하는 것이 아니기 때문에 선택지 3번은 정답이 될 수 없다. ⓒ 동료와 프로젝트와 관한 이야기를 하기 전에 메일을 확인해야 하는 것을 알 수 있다. 따라서 선택지 1번은 정답이 될 수 없고, 선택지 4번이 정답이다.

[단어]

件 건 | 足りない 부족하다, 모자라다 | 転勤 전근 | 対象 대상 | 数 수, 숫자 | 開発 개발 | 資料 자료 | ～てほしい ～해 주기 바라다 | 追加 추가 | 修正 수정 | ～次第 ～하는 대로 | ～ておく ～해 두다, 놓다 | 変更 변경

2番

<table>
<tr><td>

会社で女の人と男の人が話しています。男の人は、これから何をしますか。

F 安藤さん、顔色が悪いですけど、大丈夫ですか。

M ああ…。今朝から熱があって、少し目まいがするんです。

F インフルエンザかもしれませんね。最近流行ってるらしいですよ。今日は早退して、病院に行った方がいいんじゃないですか。

M ああ、僕も、ⓐこの企画書ができあがったら早退しようかと思ってたんです。

F それじゃあ、急いだ方がいいですね。ⓑ部長は、取引先との会議があって、午後から出かける予定ですから。

M え、そうですか？ じゃあ、早退の件は早く言わないとだめですね。

F そうですね。ところで、早退届けの用紙は持っていますか。

M いいえ、ⓒ用紙で報告しないといけないんだ。

F ええ。私の机にあるから、持って来ますね。

M すみません。お願いします。

</td><td>

회사에서 여자와 남자가 이야기하고 있습니다. 남자는 이제부터 무엇을 합니까?

F 안도 씨, 안색이 안 좋은데, 괜찮아요?

M 아…. 오늘 아침부터 열이 있고, 조금 어지럽네요.

F 인플루엔자(유행성 감기) 같네요. 요즘 유행하고 있다고 해요. 오늘은 조퇴하고 병원에 가는 편이 좋지 않을까요?

M 아, 저도 ⓐ이 기획서가 완성되면 조퇴하려고 생각하고 있었어요.

F 그럼, 서두르는 것이 좋겠네요. ⓑ부장님은 거래처 회의가 있어서 오후부터 외출할 예정이거든요.

M 네? 그렇습니까? 그럼, 조퇴 건은 빨리 말해야겠네요.

F 그렇죠. 근데, 조퇴 신고 용지는 가지고 있나요?

M 아니요. ⓒ용지로 보고하지 않으면 안 되는군요.

F 네. 제 책상에 있으니 가지고 올게요.

M 죄송합니다. 부탁 드릴게요.

</td></tr>
<tr><td>

男の人は、これから何をしますか。

1 病院に行く
2 企画書を作成する
3 部長と会議に行く
4 早退届けを書く

</td><td>

남자는 이제부터 무엇을 합니까?

1 병원에 간다
2 기획서를 작성한다
3 부장님과 회의하러 간다
4 조퇴 신고서를 쓴다

</td></tr>
</table>

ⓐ 기획서 작성이 끝나면 조퇴를 하려고 했지만 ⓑ 부장이 오후에는 외출할 예정이기 때문에 서두르고 있다. 따라서 선택지 2, 3번은 정답이 될 수 없다. ⓒ 조퇴를 하고 병원을 가기 위해서는 신고서로 조퇴 보고를 해야 한다는 내용에서, 선택지 1번은 정답이 아니다. 따라서 정답은 선택지 4번이다.

[단어]

顔色が悪い 안색이 좋지 않다 | 熱 열 | 目まいがする 어지럽다. 현기증이 나다 | 流行る 유행하다 | 早退 조퇴 | 急ぐ 서두르다 | 取引先 거래처 | 件 건 | ～届け ～신고서 | 用紙 용지 | 報告 보고 | 作成 작성

3番

大学で、男子学生と女子学生が話しています。男子学生は、このあとどうしますか。

F 村田君、一緒に図書館行かない？ 経済の授業の宿題まだでしょう？

M うん、ⓐ僕も今日図書館でやろうと思ってたんだ。その前にちょっと売店寄りたいんだけど。

F 売店？ まだお昼食べてないの？

M いや、お昼はとっくに食べたんだけど、売店でバイトしてる佐藤に用事があるんだよ。会計の授業の発表があるから、ⓑその準備に必要な参考資料のコピーを受け取りに行くんだ。

F そうなんだ。発表の準備もしなきゃならないんだね。

M うん、準備するのに思ったより時間がかかってるんだよ。ⓒだから家に帰ったらすぐ、その参考資料だけでも整理しておこうと思うんだ。

F ふーん、そうね。じゃあ、あとで、図書館で会おうね。先に行ってるから。

M うん、わかった。

대학에서 남학생과 여학생이 이야기하고 있습니다. 남학생은 이후에 어떻게 합니까?

F 무라타 군, 같이 도서관 가지 않을래? 경제 수업 숙제 아직이지?

M 응, ⓐ나도 오늘 도서관에서 하려고 생각하고 있었어. 그 전에 잠깐 매점에 들르고 싶은데.

F 매점? 아직 점심 안 먹은 거야?

M 아니, 점심은 진작 먹었는데, 매점에서 아르바이트를 하고 있는 사토에게 볼일이 있어. 회계 수업 발표가 있어서 ⓑ그 준비에 필요한 참고 자료 사본을 받으러 가는 거야.

F 그렇구나. 발표 준비도 해야 하는구나.

M 응, 준비하는 데 생각보다 시간이 많이 걸리고 있어. ⓒ그래서 집에 돌아가면 바로 그 참고 자료만이라도 정리해 두려고 해.

F 흠, 그래. 그럼, 나중에 도서관에서 만나자. 먼저 가 있을 테니.

M 응, 알겠어.

男子学生は、このあとどうしますか。

1 図書館に行く
2 売店に行く
3 コピーしに行く
4 家へ帰る

남학생은 이후에 어떻게 합니까?

1 도서관으로 간다
2 매점으로 간다
3 복사하러 간다
4 집으로 돌아간다

[풀이]

ⓐ 남자는 도서관에 가기 전에 매점을 가야 한다고 말하고 있다. 따라서 선택지 1번은 정답이 될 수 없다. ⓑ 발표 준비에 필요한 자료의 사본을 받으러 간다는 것을 확인할 수 있다. 따라서 정답은 선택지 2번이고, 선택지 3번은 정답이 될 수 없다. ⓒ 나중에 집에

가서 할 일에 관한 언급이다. 따라서 선택지 4번은 정답이 아니다.

[단어]

経済 경제 | 宿題 숙제 | 寄る 들르다 | 会計 회계 | 参考 참고 | 資料 자료 | 受け取る 받다 | 整理 정리

4番

大学で男の学生と女の学生が話をしています。女の学生は、このあと何をしなければなりませんか。

F 先輩、去年日本近代文学の授業を取ったんですか。

M うん、取ったよ。本当に苦労したよ、その授業。

F 実は、私も今取ってるんですけど、@試験範囲が広すぎて大変なんです。いい点が取れるかどうか心配で。

M 試験も難しかったけど、課題発表も大変だったよ。しかも、2回やらなきゃいけなかったし。

F 一回目の発表ではいい評価をいただいたんですけど、試験が難しそうなんで、どう準備したらいいか困ってるんです。

M ああ、あの授業は、試験が成績にあんまり影響しないから大丈夫だよ。一番重要なのは発表で、二番目が出席だから。今までの授業で、欠席したことはない？

F ええ、ありません。

M そうか。なら、最初の発表もよかったっていうし、欠席もないんだから、悪い成績になることはまずないんじゃないかな。

F 本当ですか。よかった。⑥発表の前に中間試験があるんですけど、どんなふうに出るんですか。

M 試験は毎年違うから、教えてあげてもそこまで役には立たないと思うけど。ノートがあるから、必要なら貸してあげるけど、それよりは発表の課題を頑張って準備した方がいいよ。

F そうですか。©じゃあ、ノートはお借りしてもあんまり意味はないかな…。試験が終わったら、発表の準備を頑張ることにします。いろいろありがとうございました。

女の学生は、このあと何をしなければなりませんか。

대학에서 남학생과 여학생이 이야기하고 있습니다. 여학생은 이후에 무엇을 해야 합니까?

F 선배님, 작년에 일본근대문학 수업 들었나요?

M 응, 들었어. 정말 고생했지, 그 수업.

F 실은, 저도 지금 듣고 있는데 @시험 범위가 너무 넓어서 힘들어요. 좋은 점수가 나올지 어떨지 걱정이 돼서.

M 시험도 어려웠지만 과제 발표도 힘들었어. 게다가 두 번 해야 했고.

F 첫 번째 발표에서는 괜찮은 평가를 받았지만 시험이 어려울 것 같아서 어떻게 준비를 하면 좋을지 고민하고 있어요.

M 아, 그 수업은 시험이 성적에 그다지 영향이 없기 때문에 괜찮아. 가장 중요한 것은 발표이고, 두 번째가 출석이니까. 지금까지 수업에서 결석한 적은 없어?

F 네, 없어요.

M 그래? 그렇다면, 첫 번째 발표도 잘했다고 하고, 결석도 없으니까 나쁜 성적이 나오는 일은 우선 없지 않을까?

F 정말이에요? 다행이다. ⑥발표 전에 중간시험이 있는데, 어떤 식으로 나오나요?

M 시험은 해마다 달라서 가르쳐 줘도 그다지 도움은 안 될 것 같은데. 노트는 있으니까 필요하다면 빌려주겠지만, 그것보다 발표 과제를 열심히 준비하는 편이 좋겠어.

F 그런가요? ©그럼, 노트는 빌려도 그다지 의미는 없으려나…. 시험이 끝나면 발표 준비를 열심히 하도록 할게요. 여러 가지로 감사했습니다.

여학생은 이후에 무엇을 해야 합니까?

1 試験範囲を確認する	1 시험 범위를 확인한다
2 発表の課題を準備する	2 발표 과제를 준비한다
3 中間試験の準備をする	3 중간시험 준비를 한다
4 男の人のノートを借りる	4 남자의 노트를 빌린다

[풀이]

ⓐ 시험 범위가 바뀌는 것은 아니기 때문에 선택지 1번은 정답이 될 수 없다. ⓑ 발표 전에 시험이 있고 ⓒ 노트는 빌리지 않기로 했다. 그리고 시험이 끝나면 발표 준비를 한다고 말하고 있기 때문에 정답은 선택지 3번이다.

[단어]

近代 근대 | 文学 문학 | 苦労 고생 | 範囲 범위 | 評価 평가 | 成績 성적 | 影響 영향 | 欠席 결석 | 役に立つ 도움이 되다 | 貸す 빌려주다 | 借りる 빌리다 | 頑張る 계속 노력하다, 힘내다

5番

会社で男の人と女の人が話しています。男の人は、退社したあと、どうしますか。	회사에서 남자와 여자가 이야기하고 있습니다. 남자는 퇴근 후에 어떻게 합니까?
F 木村さん、今日仕事終わったあと飲み会があるの、知ってるよね？	F 기무라 씨, 오늘 퇴근 후에 회식이 있는 거, 알고 있지?
M うん、久しぶりの飲み会だよね。	M 응, 오랜만의 회식이네.
F ⓐこの前話したお店で集まることになったから、そこに来てね。	F ⓐ저번에 얘기했던 가게에서 모이기로 했으니까, 거기로 와.
M 分かった。でも、少し遅れるかも。ⓑ仕事が終わったあと、工場の担当者と会議の日程を調整しなきゃならないんだ。	M 알겠어. 근데 조금 늦을 수도 있어. ⓑ일이 끝난 후에 공장 담당자와 회의 일정을 조정하지 않으면 안 돼.
F ああ、そう？ じゃあ、あんまり遅くならないようにね。新しく赴任した部長と初めての飲み会だから。	F 아, 그래? 그럼, 너무 늦지 않도록 해. 새로 부임한 부장님과 처음 하는 회식이니까.
M オーケー。ああ、この前お願いした企画書の修正の件、どうなった？	M 오케이. 아, 지난번에 부탁한 기획서 수정 건, 어떻게 됐어?
F まだメールの確認してないの？ 今朝送っといたわよ。	F 아직 메일 확인 안 했어? 오늘 아침에 보내 두었어.
M ⓒサンキュー。確認してみるね。じゃあ、話し合いが終わったら電話するね。	M ⓒ고마워. 확인해 볼게. 그럼, 미팅이 끝나면 전화할게.
F ああ、あたしは取引先から直帰する予定だから、電話に出られないかも。ⓓもし出なかったら、山田君に電話してみて。	F 아, 나는 거래처에서 바로 퇴근할 예정이라서 전화 못 받을지도 몰라. ⓓ만약 안 받으면 야마다 군에게 전화해 봐.
M うん、わかった。	M 응, 알겠어.
男の人は、退社したあと、どうしますか。	남자는 퇴근 후에 어떻게 합니까?

1　飲み会の店に行く
2　工場の人と打ち合わせする
3　書類を確認して修正する
4　同僚に電話する

1　회식할 가게로 간다
2　공장 사람과 회의를 한다
3　서류를 확인하고 수정한다
4　동료에게 전화한다

[풀이]

ⓐ 남자는 퇴근 후에 회식이 있는 가게에 가야 한다는 것을 알 수 있다. 여기까지의 내용으로는 정답은 선택지 1번 같아 보인다. 하지만 ⓑ 퇴근 후에 회의 일정 조정 건으로 공장 담당자를 만나야 한다고 하고 있다. 따라서 선택지 1번은 정답이 될 수 없고, 선택지 2번이 정답이 된다. ⓒ 여자가 보낸 메일을 확인은 하지만 수정에 대한 언급은 없고, ⓓ 동료에게 전화를 하는 것은 퇴근 후에 바로 할 일은 아니다. 따라서 선택지 3, 4번은 정답이 될 수 없다.

[단어]

飲み会 회식, 술 모임 | 久しぶり 오랜만 | 集まる 모이다 | 担当者 담당자 | 日程 일정 | 調整 조정 | 赴任 부임 | 企画書 기획서 | 修正 수정 | 確認 확인 | 取引先 거래처 | 直帰 근무처 퇴근(회사로 복귀하지 않고 근무처에서 퇴근하는 것) | 打ち合わせ 회의, 협의 | 同僚 동료

問題 2

問題 2 では、まず質問を聞いてください。そのあと、問題用紙のせんたくしを読んでください。読む時間があります。それから話を聞いて、問題用紙の 1 から 4 の中から、最もよいものを一つ選んでください。

문제 2에서는 우선 질문을 들어 주세요. 그 후 문제 용지의 선택지를 읽어 주세요. 읽을 시간이 있습니다. 그러고 나서 이야기를 듣고 문제 용지의 1에서 4 중에서 가장 적당한 것을 하나 고르세요.

例

男の学生と女の学生が話しています。女の学生は、どうして公園の前の店がいいと言っていますか。

남학생과 여학생이 이야기하고 있습니다. 여학생은 왜 공원 앞의 가게가 좋다고 말하고 있습니까?

F　おはよう。

M　おお、アイリさん。おはよう。

F　ね、知ってる？ 公園の前に新しいカフェができたのよ。

M　カフェ？ 僕はあんまりコーヒー好きじゃないから。

F　そのカフェは食事もできるよ。昨日食べたオムライスは最高だったわ。

M　へえ。いろいろメニューがあるんだね。コーヒーの味はどう？

F　ⓐコーヒーの味？ それは他とあまり変わらないんじゃない？ でも、ⓑオムライスが美味しいカフェは珍しいわよ。

F　안녕.

M　오오, 아이리 씨. 안녕.

F　저기, 알고 있어? 공원 앞에 새로운 카페가 생겼어.

M　카페? 나는 별로 커피 좋아하지 않아서.

F　그 카페는 식사도 할 수 있어. 어제 먹은 오므라이스는 최고였지.

M　와. 여러 가지 메뉴가 있네. 커피 맛은 어때?

F　ⓐ커피 맛? 그건 다른 곳과 별로 차이가 없지 않을까? 하지만, ⓑ오므라이스가 맛있는 카페는 드물지.

M そっか。公園の前だから静かで雰囲気はいいんだろうな。僕も行ってみようかな。雰囲気のいい店が好きだから。

F 雰囲気ね。そこは、有名な所で、いつも人がいっぱいだから、ⓒ雰囲気がいいとはいえないわね。

M えっ！ そうなんだ…。

F ⓓ駅の裏に人が少なくて雰囲気もいい店があるわよ。オムライスはないけどね。

M もういいよ、オムライスは！

女の学生は、どうして公園の前の店がいいと言っていますか。

1　コーヒーがおいしいから
2　食べ物がおいしいから
3　静かな店だから
4　雰囲気がいいから

M 그런가? 공원 앞이라 조용하고 분위기는 좋겠네. 나도 가 볼까? 분위기 좋은 가게를 좋아해서.

F 분위기 말이지. 거기는 유명한 곳이라 항상 사람이 엄청 많아서 ⓒ분위기가 좋다고는 할 수 없어.

M 앗! 그렇구나….

F ⓓ역 뒤에 사람이 적고 분위기도 좋은 가게가 있어. 오므라이스는 없지만.

M 이제 됐어, 오므라이스는!

여학생은 왜 공원 앞의 가게가 좋다고 말하고 있습니까?

1　커피가 맛있기 때문에
2　음식이 맛있기 때문에
3　조용한 가게이기 때문에
4　분위기가 좋기 때문에

[풀이]

여자는 ⓐ 커피가 중요한 것은 아니라는 내용에서, 선택지 1번이 정답이 아니라는 사실을 알 수 있다. ⓑ 음식이 맛있는 가게에 대해서는 긍정적으로 생각하고 있다. ⓒ 분위기가 좋은 곳도 아니고 ⓓ 사람이 적은 가게는 다른 곳에 있다고 말하고 있기 때문에, 선택지 3, 4번도 정답은 아니다. 따라서 정답은 선택지 2번이다.

[단어]

食事 식사 | 最高 최고 | 珍しい 드물다, 희귀하다 | 雰囲気 분위기 | 裏 뒤(쪽)

1番

女子学生と男の留学生が話しています。男の留学生が、引っ越す理由はなんですか。

F 李さん、今度の夏休みも中国に帰るの？

M ううん、今度の夏休みは引っ越す家を探さないといけないから、中国には帰れないと思う。

F 引っ越し？ なんで？ 隣の人、まだうるさいの？

M うん、ずっとうるさいよ。夜中にギターを弾いたり、友達とパーティーをしたりして。

F それはひどいね。大家さんと話してみたらどう？ ⓐ今住んでる所、安い割に部屋も広いし、日当たりもいいから、もったいないじゃない。

여학생과 남자 유학생이 이야기하고 있습니다. 남자 유학생이 이사를 하는 이유는 무엇입니까?

F 리 씨, 이번 여름 방학에도 중국으로 돌아가는 거야?

M 아니, 이번 여름 방학에는 이사 갈 집을 알아봐야 해서 중국에는 못 갈 것 같아.

F 이사? 왜? 옆방 사람 아직 시끄러워?

M 응, 계속 시끄러워. 한밤중에 기타를 치거나 친구들과 파티를 하거나 해서.

F 그건 심하네. 집주인과 얘기해 보면 어때? ⓐ지금 사는 곳은 싼 데 비해서 방도 넓고 햇볕도 잘 드니까 아깝잖아.

M うん、そうなんだけどね。ⓑ隣も前よりは、ましになったし。

F じゃあ、何で引っ越そうと思ってるわけ？

M もうすぐ卒業だし、ⓒ入る会社ももう決まったから、その近くで家を探そうと思って。

F ああ、なるほどね。ここは通勤には不便で、遠いんだ。一人で探すのが大変だったら、手伝ってあげるよ。

M うん、ありがとう。

男の留学生が、引っ越す理由はなんですか。

1 隣の人が注意してもうるさいから。

2 もっと広い家でパーティーしたいから

3 就職した会社から近い家がいいから

4 家賃は安いけど、日当たりが悪いから

M 응, 그렇긴 하지만, ⓑ옆방도 전보다는 좋아졌고.

F 그럼, 왜 이사를 가려고 하는 거야?

M 이제 곧 졸업이고, ⓒ들어갈 회사도 이미 정해져서, 그 근처에서 집을 찾아보려고 해서.

F 아, 그렇구나. 여기는 통근에는 불편하고 멀지. 혼자 찾는 게 힘들면 도와줄게.

M 응, 고마워.

남자 유학생이 이사를 하는 이유는 무엇입니까?

1 옆방 사람이 주의를 줘도 시끄럽기 때문에

2 더 넓은 집에서 파티를 하고 싶기 때문에

3 취직한 회사에서 가까운 집이 좋기 때문에

4 방값은 싸지만 햇볕이 안 들어 오기 때문에

[풀이]

ⓐ 지금 사는 곳은 방값이 싸고 방도 넓고 햇볕도 잘 든다고 말하고 있다. 따라서 선택지 2, 4번은 정답이 될 수 없다. ⓑ 옆방 사람도 예전보다 시끄럽지 않다고 말하고 있기 때문에 선택지 1번도 정답이 될 수 없다. ⓒ 남자가 이사를 하려고 하는 이유를 말하고 있다. 따라서 정답은 선택지 3번이다.

[단어]

引っ越す 이사하다 | 弾く 켜다, 치다 | 大家 집주인 | ～割に ～에 비해서 | 日当たり 햇볕이 잘 듦, 양지 | もったいない 아깝다 | 卒業 졸업 | 通勤 통근 | 手伝う 돕다 | 就職 취직 | 家賃 집세, 방값

2番

大学で女子学生と男子学生が話しています。女子学生は、なぜ今のサークルを選んだと言っていますか。

F じゃあ、先に帰るね。

M え、もう帰るの？今日はサークルないの？

F うん、今日は大会の前日だから、みんなの体調のことを考えて、休みにしたの。

M ああ、大会に出るんだ。かっこいいね。どこでやるんだっけ？応援しに行くよ。

F 千葉県にある市立野球場。一回戦だから、ぜひ応援に来てね。

M わかった。夏美さん、ⓐ昔は野球なんか興味なかったのに、今はマネージャーとして活動してるなんて、人って分からないもんだね。

대학교에서 여학생과 남학생이 이야기하고 있습니다. 여학생은 왜 지금의 동아리를 골랐다고 말하고 있습니까?

F 그럼, 먼저 갈게.

M 응? 벌써 가는 거야? 오늘은 동아리 없어?

F 응, 오늘은 대회 전날이라 모두의 컨디션을 생각해서 쉬기로 했어.

M 아, 대회에 나가는구나. 멋있네. 어디서 한다고 했지? 응원하러 갈게.

F 지바 현에 있는 시립 야구장. 1회전이니까 꼭 응원하러 와.

M 알겠어. 나쓰미, ⓐ예전에는 야구 같은 거 관심 없었는데 지금은 매니저로 활동하고 있다니, 사람 일은 모르는 거네.

F うん。野球の面白さがわかったの。ⓑ先輩たちも
みんな素敵だし、みんなで一つの目標に向かって
進んでいくのって、本当にすごいことなんだ。あ
たしはⓒ体が弱いから、少しでも体力を付けて、
体を鍛えたいって思って入ったんだけど、こんな
に楽しいとは思わなかった。おかげで友達もたく
さんできたし。

M そうか。ⓓ内気だった夏美さんが、こんなに活発
になるなんて、スポーツってすごいね。

**女子学生は、なぜ今のサークルを選んだと言ってい
ますか。**

1 野球が好きだったから

2 先輩たちが格好よかったから

3 体を丈夫にしたかったから

4 性格を変えたかったから

F 응. 야구의 재미를 알았거든. ⓑ선배들도 다들 멋지고 모
두가 하나의 목표를 향해서 나아간다는 건 정말 굉장한
일이야. 나는 ⓒ몸이 약해서 조금이라도 체력을 키우고
몸을 단련하려고 들어간 건데, 이렇게까지 즐거운 것이
라고는 생각하지 못했지. 덕분에 친구도 많이 생겼고.

M 그래? ⓓ내성적이었던 나쓰미가 이렇게 활발해지다니,
스포츠란 대단하네.

여학생은 왜 지금의 동아리를 골랐다고 말하고 있습니까?

1 야구를 좋아했기 때문에

2 선배들이 멋졌기 때문에

3 몸을 건강하게 하고 싶었기 때문에

4 성격을 바꾸고 싶었기 때문에

[풀이]

ⓐ 야구를 전부터 좋아한 것은 아니고, ⓑ 선배들이 멋있어서 야구 동아리에 들어간 것은 아니다. 따라서 선택지 1, 2번은 정답이 아니
다. ⓒ 여자가 야구 동아리에 들어간 이유를 말하고 있다. 따라서 정답은 선택지 3번이다. ⓓ 성격은 야구 동아리에 들어가고 나
서 바뀐 것이기 때문에 선택지 4번도 정답이 될 수 없다.

[단어]

大会 대회 | 体調 몸의 상태, 컨디션 | 応援 응원 | 市立 시립 | なんか 따위, 등 | ～として ～로서 | 活動 활동 | 素敵 아주 멋짐,
매우 근사함 | ～に向かって ～를 향해서 | 鍛える 단련하다 | おかげで 덕분에 | 内気 내성적 | 丈夫 건강함, 튼튼함

3番

大学で、男の学生と女の学生が話しています。男の
学生がフランス語を勉強する最も大きな理由は、何
ですか。

F あれ？ それ、フランス語の教科書でしょ。どうし
たの、急に？

M ああ、第2外国語を勉強しようと思って、先週か
ら始めたんだ。

F そうなの。ああ、ⓐ就職するときに必要だから？
やっぱり、英語だけじゃ何か足りないもんね。

M いや、そういうわけじゃなくて、卒業したら、ヨ
ーロッパに行くかもしれないんだ。

대학교에서 남학생과 여학생이 이야기하고 있습니다. 남학생
이 프랑스어를 공부하는 가장 큰 이유는 무엇입니까?

F 어? 그거 프랑스어 교과서지? 어떻게 된 거야, 갑자기?

M 아, 제2외국어를 공부할까 해서 지난주부터 시작했지.

F 그래? 아, ⓐ취직할 때 필요해서? 역시 영어만으로는 뭔
가 부족하니까.

M 아니, 그게 아니라, 졸업하면 유럽으로 갈지도 몰라.

F ヨーロッパ？　なんで？　留学するの？

M 実はね、ⓑ父がヨーロッパの支社へ転勤することになってさ、僕も一緒に行くことになるかもしれないから、前もって勉強しておこうと思って。まあ、独り暮らしすることも考えてはいるんだけど。

F 何か、すごいね。

M まだ内定した会社もないし、就職活動を始める前に外国生活するのも、役に立つかもしれないから。それに、ⓒ何て言っても、他の国に行って暮らすことで、人間的に成長したいって思うんだ。きっと、今より広い目でものが見られるようになると思うから。

F きっと、そうだろうね。多分、海外で生活したことが、ⓓあとで会社勤めとかいろんな場面で、役に立つだろうね。

男の学生がフランス語を勉強する最も大きな理由は、何ですか。

1　就職活動に必要な言葉だから
2　ヨーロッパで家族と暮らしたいから
3　**外国生活が自分の成長になるから**
4　ヨーロッパの会社生活に役立つから

F 유럽? 왜? 유학 가는 거야?

M 사실은 말이지, ⓑ아빠가 유럽 지사로 전근을 가게 되어서 나도 함께 가게 될 수도 있으니 미리 공부해 두려고. 뭐, 혼자 사는 것도 생각하고 있지만.

F 왠지, 굉장하네.

M 아직 내정된 회사도 없고 취직 활동을 시작하기 전에 외국 생활을 하는 것도 도움이 될지도 모르니까. 게다가 ⓒ뭐니 뭐니 해도, 다른 나라에 가서 생활하면서 인간적으로 성장하고 싶다고 생각하고 있어. 분명 지금보다 넓은 시야로 세상을 볼 수 있게 될 것 같아서.

F 분명, 그러겠지. 아마도 해외에서 생활한 것이 ⓓ나중에 회사 근무나 여러 가지 면에서 도움이 될 거야.

남학생이 프랑스어를 공부하는 가장 큰 이유는 무엇입니까?

1　취직 활동에 필요한 언어이기 때문에
2　유럽에서 가족과 살고 싶기 때문에
3　**외국 생활이 자신의 성장이 되기 때문에**
4　유럽의 회사 생활에 도움이 되기 때문에

[풀이]

ⓐ 취직 활동을 위한 공부라고 생각하는 것은 여자이기 때문에 선택지 1번은 정답이 될 수 없다. ⓑ 가족들과 함께 유럽으로 갈 수도 있지만 혼자 살 수도 있다고 말하고 있기 때문에 선택지 2번도 정답이 아니다. ⓒ 남자는 유학 생활을 통해 자신을 성장시키고 싶다고 강조하여 말하고 있다. 따라서 정답은 선택지 3번이다. ⓓ 해외 생활이 취직 활동에 도움이 될 수도 있다고 말하고 있는 것은 여자의 의견이기 때문에 선택지 4번도 정답이 아니다.

[단어]

就職 취직 | 足りない 부족하다 | 支社 지사 | 転勤 전근 | 前もって 미리, 사전에 | 独り暮らし 독신 생활 | 活動 활동 | 役に立つ 도움이 되다 | 暮らす 생활하다, 살다 | 成長 성장 | 言葉 언어, 말

4番

会社で女の人と男の人が話しています。二人は、明日何時に会う予定ですか。

F 部長、明日の京都支社との会議の時間ですが。
M ああ、確か明日の６時だったよね？

회사에서 여자와 남자가 이야기하고 있습니다. 두 사람은 내일 몇 시에 만날 예정입니까?

F 부장님, 내일 교토 지사와의 회의 시간 말인데요.
M 아, 분명 내일 6시였지?

F いいえ、@3時から会議をはじめて、6時には京都工場の担当者と食事をする予定になっています。	F 아니요, @3시부터 회의를 시작하고 6시에는 교토 공장 담당자와 식사를 할 예정입니다.
M そうだったね。	M 그랬군.
F はい。これが明日の⑥新幹線の切符です。10時発ですから、会議が始まる1時間前には到着できそうです。	F 네. 이것이 내일 ⑥신칸센 티켓입니다. 10시 출발이니까 회의가 시작하기 1시간 전에는 도착할 수 있을 것 같습니다.
M ああ、最近色々とやる事が多いから、また忘れちゃいそうだなあ。悪いけど、君が持っててくれないかな。明日会った時にもらうから。	M 아, 요즘 여러 가지 일이 많아서 또 잊어버릴 것 같은데. 미안하지만, 자네가 가지고 있어 주겠나? 내일 만날 때에 받을 테니.
F わかりました。それでは、©明日出発の1時間前にこちらに参りますので、そのときに。	F 알겠습니다. 그럼, ©내일 출발 1시간 전에 이쪽으로 와서 그때 (드리겠습니다).
M うん、よろしくたのむね。	M 응, 잘 부탁해.

二人は、明日何時に会う予定ですか。	두 사람은 내일 몇 시에 만날 예정입니까?
1　3時	1 3시
2　6時	2 6시
3　9時	**3 9시**
4　10時	4 10시

[풀이]

@ 3시는 회의 시작 시간이고, 6시는 교토 공장 담당자와의 식사 예정 시간임을 알 수 있다. 따라서 선택지 1, 2번은 정답이 될 수 없다. ⑥ 교토에 가기 위한 열차 시간은 10시이고, © 출발 1시간 전에 만나기로 했다. 따라서 정답은 선택지 4번이 아니라 3번이라는 것을 알 수 있다.

[단어]

支社 지사 | 担当者 담당자 | 切符 표 | 到着 도착 | ～ちゃう ～해 버리다 | 参る 가다. 오다

5番

デパートで男の人と女の人が話しています。二人は、クリスマスについてどう考えていますか。	백화점에서 남자와 여자가 이야기하고 있습니다. 두 사람은, 크리스마스에 대해서 어떻게 생각하고 있습니까?
M もうクリスマスの時期だね。ツリーがきれいに飾ってある。	M 벌써 크리스마스 시기네. 트리가 예쁘게 꾸며져 있어.
F うん。ツリーもきれいだけど、あたしは、クリスマスキャロルが好き。ああいう音楽が聞こえてくると、@何か子どもの頃に戻ったみたいな懐かしい感じがするんだ。	F 응. 트리도 예쁘지만, 나는 크리스마스 캐럴이 좋아. 저런 음악이 들려 오면 @뭔가 어린 시절로 돌아간 듯한 그리운 기분이 들어.
M ああ、そうだね。僕は、朝起きたときクリスマスのプレゼントはあるだろうかって、心配してた。	M 아, 맞아. 나는, 아침에 일어났을 때 크리스마스 선물이 있을까 하고 걱정했었어.

F	あたしも。でもさあ、クリスマスに値段が高くなるお店のメニューって、なんかやだよね。

F あたしも。でもさあ、クリスマスに値段が高くなるお店のメニューって、なんかやだよね。

M 商売だからしょうがないよ。ⓑその日は、どこに行ってもカップルだらけで、一人だと惨めになっちゃう。

F ⓒうん。そうだね。家にいた方がましだと思っちゃうよね。

M でも、チキンとかケーキとか買って来て、家で家族と一緒に過ごすのもいいかも。

F ⓓなんか、それも悲しいわね。

M それもそうか。

二人は、クリスマスについてどう考えていますか。

1 子供の頃が思い出されて悲しい
2 プレゼントより美味しい料理がいい
3 カップルたちの姿が気になる
4 家で家族と一緒に過ごす方が楽しい

F 나도. 근데, 크리스마스에 가격이 비싸지는 가게 메뉴 같은 건 왠지 싫어.

M 장사니까 어쩔 수 없어. ⓑ그날은 어디를 가도 커플투성이고, 혼자 있으면 비참해져.

F ⓒ응. 맞아. 집에 있는 편이 더 낫다고 생각하게 되지.

M 그래도 치킨이나 케이크 같은 거 사 와서 집에서 가족과 함께 지내는 것도 좋을지도 몰라.

F ⓓ왠지 그것도 슬프네.

M 그것도 그런가?

두 사람은, 크리스마스에 대해서 어떻게 생각하고 있습니까?

1 어린 시절의 추억이 떠올라서 슬프다
2 선물보다 맛있는 요리가 좋다
3 커플들의 모습이 신경 쓰인다
4 집에서 가족과 함께 보내는 편이 더 즐겁다

[풀이]

ⓐ 어린 시절의 그리운 느낌이 든다는 내용과 슬픈 것은 다르기 때문에 선택지 1번은 정답이 아니다. ⓑ 남자는 커플들로 인해 비참해 진다고 하고 ⓒ 여자도 동의하고 있으므로, 정답은 선택지 3번이 된다. ⓓ 집에서 가족과 보내는 것도 슬프다고 하고 있다. 따라서 선택지 4번은 정답이 아니다. 선택지 2번에 대한 언급은 없었다.

[단어]

時期 시기 | 飾る 장식하다, 꾸미다 | 〜てある 〜되어 있다 | 頃 시절, 무렵 | 戻る 돌아가다(오다) | 懐かしい 그립다 | 商売 장사 | 〜だらけ 〜투성이 | 惨め 비참함, 참혹함 | ましだ 더 낫다 | 過ごす 보내다, 지내다 | 悲しい 슬프다 | 思い出す 생각나다, 회상하다 | 気になる 신경이 쓰이다

6番

留守番電話のメッセージを聞いています。女の人は、どうして旅行に行けませんか。

F 伊藤です。明日の旅行、残念なんだけど、行けなくなっちゃった。ⓐお母さんが手を怪我しちゃって、家事もしなきゃいけないし、弟の面倒も見ないとだめになっちゃったの。夏休みだから、みんなで行くの、楽しみにしてたんだけど。ああ、そうそう、期末試験のとき貸してくれたノートは、旅行から帰って来たら、返すね。旅行であったい

부재중 전화 메시지를 듣고 있습니다. 여자는 왜 여행에 갈 수 없습니까?

F 이토입니다. 내일 여행, 아쉽게도 못 가게 됐어. ⓐ엄마가 손을 다쳐서 집안일도 해야 하고 남동생도 돌보지 않으면 안 되게 됐어. 여름 방학이라서 다 함께 가는 거 기대하고 있었는데. 아, 맞다, 기말시험 때 빌려준 노트는 여행에서 돌아오면 돌려줄게. 여행에서 있었던 여러 가지 일들 나중에 들려줘. 그럼, 조심해서 다녀와. 모두에게 잘 전해 줘.

ろんなこと、あとで聞かせてね。じゃあ、気をつ
けて行って来てね。みんなによろしく。

<table>
<tr><td>女の人は、どうして旅行に行けませんか。</td><td>여자는 왜 여행에 갈 수 없습니까?</td></tr>
</table>

1 弟がケガをしたから	1 남동생이 다쳤기 때문에
2 家族と旅行に行くから	2 가족들과 여행을 가기 때문에
3 母がケガをしたから	3 엄마가 다쳤기 때문에
4 試験を受けるから	4 시험을 치르기 때문에

[풀이]

ⓐ 여자가 여행을 갈 수 없는 것은 엄마가 다쳤기 때문이다. 따라서 정답은 선택지 3번이다.

[단어]

留守 부재중 | 残念 유감스러움, 아쉬움 | 怪我をする 상처를 입다. 다치다 | ～なきゃいけない ～하지 않으면 안 된다 | 面倒を見る 돌봐 주다 | ～ちゃう ～해 버리다 | 貸す 빌려주다 | 返す 돌려주다 | 気をつける 조심하다, 주의하다

問題 3

問題 3 では、問題用紙に何もいんさつされていません。この問題は、全体としてどんな内容かを聞く問題です。話の前に質問はありません。まず話を聞いてください。それから質問とせんたくしを聞いて、１から４の中から、最もよいものを一つ選んでください。

문제 3에서는 문제 용지에 아무것도 인쇄되어 있지 않습니다. 이 문제는 전체적으로 어떤 내용인지를 묻는 문제입니다. 이야기하기 전에 질문은 없습니다. 우선 이야기를 들어 주세요. 그러고 나서 질문과 선택지를 듣고 1에서 4 중에서 가장 적당한 것을 하나 고르세요.

例

男の人が話しています。	남자가 이야기하고 있습니다.
M 「花見ヶ丘」は天ぷら料理のお店で、花見駅から徒歩７分の所にあります。全国に支店が２５店あり、味とサービスでは定評があります。ⓐ今回は、ホールで働く１８歳以上の男性を募集しております。１か月間の研修期間がありますから、経験がない方も安心してご応募いただけます。ⓑたくさんの方のご応募をお待ちしております。	M '하나미가오카'는 튀김 요리 가게로, 하나미 역에서 도보 7분인 곳에 있습니다. 전국에 지점이 25개 점이 있고, 맛과 서비스로는 정평이 나 있습니다. ⓐ이번에는 홀에서 일할 18세 이상의 남성을 모집하고 있습니다. 1개월간의 연수 기간이 있으니, 경험이 없는 분도 안심하고 응모하실 수 있습니다. ⓑ많은 분들의 응모를 기다리고 있겠습니다.
男の人は何について話していますか。	남자는 무엇에 대해서 이야기하고 있습니까?

1　お店の駅からの道順	1　역에서 가게로 오는 길 안내
2　お店の経営方針	2　가게의 경영 방침
3　お店の研修内容	3　가게의 연수 내용
4　新しいスタッフの募集	**4　새로운 스태프 모집**

[풀이]

ⓐ ⓑ 남자는 18세 이상의 남성 스태프를 모집하고 있다는 것을 알 수 있다. 따라서 정답은 선택지 4번이다. 청해 문제 3 개요 이해에서는 전체적인 내용을 파악하는 것이 중요하다.

[단어]

徒歩 도보 | **支店** 지점 | **定評** 정평 | **募集** 모집 | **研修** 연수 | **期間** 기간 | **経験** 경험 | **応募** 응모 | **道順** (길) 순서 | **経営** 경영 | **方針** 방침

1番

ラジオで女の人が話しています。	라디오에서 여자가 이야기하고 있습니다.
F　みなさんは、いつ髪の毛を洗いますか。朝ですか。夜ですか。それともお昼の時間でしょうか。実は、ⓐ髪の毛を洗うのは、夜がいちばんいいそうです。朝髪の毛を洗うと、頭皮を保護する「油分」が洗い流されてしまい、紫外線などから頭皮を保護しにくくなるのだそうです。それに、十分に髪の毛を乾かさないと、ⓑ細菌が繁殖しやすい環境になってしまうので、よく乾かすことも、重要になってきます。夕方髪の毛を洗ってから十分に乾かさないで寝る人も多いですが、そういう点からも、注意が必要です。	F　여러분은 언제 머리를 감나요? 아침입니까? 저녁입니까? 그렇지 않으면 낮 시간인가요? 사실은 ⓐ머리를 감는 것은 밤이 가장 좋다고 합니다. 아침에 머리를 감으면 두피를 보호하는 '유분'이 씻겨 나가서 자외선 등으로부터 두피를 보호하기가 어려워진다고 합니다. 게다가 충분히 머리카락을 말리지 않으면 ⓑ세균이 번식하기 쉬운 환경이 되어 버리기 때문에 잘 말리는 것도 매우 중요합니다. 저녁에 머리를 감고 나서 충분히 말리지 않고 자는 사람도 많지만, 그러한 점에서도 주의가 필요합니다.
女の人は、何について話していますか。	**여자는 무엇에 대해서 이야기하고 있습니까?**

1　髪の毛を洗う時間	1　머리카락을 감는 시간
2　髪の毛を乾かす方法	2　머리카락을 말리는 방법
3　髪の毛の正しい管理方法	**3　머리카락의 올바른 관리 방법**
4　髪の毛を乾かす時間	4　머리카락을 말리는 시간

[풀이]

ⓐ 머리를 감는 올바른 시간에 대해서 말하고 있고, ⓑ 머리를 충분히 말려야 하는 이유에 대해서 말을 하고 있다. 따라서 정답은 선택지 1번보다 3번이 더 적절하다는 것을 알 수 있다. 선택지 2, 4번에 관한 언급은 없었다.

[단어]

髪の毛 머리카락 | **洗う** 씻다 | **頭皮** 두피 | **保護** 보호 | **油分** 유분 | **紫外線** 자외선 | **乾かす** 말리다 | **細菌** 세균 | **注意** 주의 | **方法** 방법 | **管理** 관리

講演会で、男の人が話しています。

M 私は、旅行が大好きで、月に一度は旅行をしています。日曜日に山へ行ったり、土曜に子どもと一緒に動物園に行ったりします。ⓐ旅行というと、何日間も海外に行くとか、家から遠く離れた所に滞在しながら様々な日程をこなすとか、そういうことだと考えられがちですが、簡単な外出も、旅行になりうるんです。学生は学校で、仕事をする人は職場で、様々なストレスを受けていますが、日常から抜け出して、楽しい思いをしながら体と心を癒してくれる軽い旅行を、皆さんもやってみませんか。

男の人は、何について話していますか。

1　旅行の目的
2　海外旅行の種類
3　旅行の意味
4　旅行の効果

강연회에서 남자가 이야기하고 있습니다.

M 저는 여행을 정말 좋아해서 한 달에 한 번은 여행을 하고 있습니다. 일요일에 산에 가거나 토요일에 아이와 함께 동물원에 가기도 합니다. ⓐ여행이라고 하면, 며칠 동안이나 해외에 가거나 집에서 멀리 떨어진 곳에서 머무르면서 여러 가지 일정을 소화하거나, 그러한 것이라고 생각하기 쉽지만, 간단한 외출도 여행이 될 수 있습니다. 학생은 학교에서, 일을 하는 사람은 직장에서, 여러 가지 스트레스를 받고 있지만, 일상에서 벗어나서 즐거운 생각을 하면서 몸과 마음을 치유해 주는 가벼운 여행을 여러분도 해 보지 않겠습니까?

남자는 무엇에 대해서 이야기하고 있습니까?

1　여행의 목적
2　해외여행의 종류
3　여행의 의미
4　여행의 효과

[풀이]

ⓐ 남자가 말하고 싶은 가장 중요한 내용은 여행의 의미에 관한 것임을 알 수 있다. 따라서 선택지 3번이 가장 적절한 정답이다.

[단어]

離れる 떨어지다 | 滞在 체재 | 様々 여러 가지 | 日程 일정 | こなす 소화시키다, 처리하다 | 職場 직장 | 日常 일상 | 抜け出す 벗어나다, 빠져나가다 | 癒す 고치다, 치유하다 | 種類 종류 | 効果 효과

<table>
<tr><td>

会社の面接の担当者が話しています。

M 毎年たくさんの方が、面接を受けにいらっしゃっています。面接では、様々な質疑応答が行われますが、そのときに、印象的な答えをしたり、自分の意見を筋道を立てて話せる方は、思ったほど多くありません。ⓐ他の人と同じような答えかたをしたり、自信のなさそうな答えかたをしたりすると、いい評価はされません。今後の会社生活の中で、仲間たちと一緒に任された仕事をうまくやり通せるかどうかが、心配になるからです。ⓑ面接を受ける時は、話す内容も重要ですが、失礼な態度で話したり、あまりにも長く答えたり、必要以上に自信をアピールしたりすることも、避けるようにしましょう。

</td><td>

회사의 면접 담당자가 이야기하고 있습니다.

M 해마다 많은 분들이 면접을 보러 오시고 있습니다. 면접에서는 여러 가지 질의응답이 이루어지는데, 그때 인상적인 대답을 하거나 자신의 의견을 조리 있게 말할 수 있는 분은 생각만큼 많지 않습니다. ⓐ남들과 비슷한 대답을 하거나 자신감이 없는 듯한 대답을 하거나 한다면, 좋은 평가는 받을 수 없습니다. 앞으로의 회사 생활에서 동료들과 함께 맡겨진 일을 잘 완수할 수 있을지 어떨지 걱정이 되기 때문입니다. ⓑ면접을 볼 때는 말하는 내용도 중요하지만, 무례한 태도로 이야기를 하거나 너무 길게 대답하거나 필요 이상으로 자신감을 어필하거나 하는 것도 피하도록 합시다.

</td></tr>
<tr><td>

男の人は、何について話していますか。

1 面接で自信をつける方法
2 面接で評価される方法
3 面接で注意をされない方法
4 同僚たちと上手く付き合う方法

</td><td>

남자는 무엇에 대해서 이야기하고 있습니까?

1 면접에서 자신감을 갖는 방법
2 면접에서 좋은 평가를 받는 방법
3 면접에서 주의받지 않는 방법
4 동료들과 잘 어울리는 방법

</td></tr>
</table>

[풀이]

ⓐ 남자는 면접에서 좋은 평가를 받을 수 없는 이유와, ⓑ면접 시의 주의 사항에 대해서 말하고 있다. 따라서 정답은 선택지 2번이다.

[단어]

面接 면접 | 質疑 질의 | 応答 응답 | 行う 행하다, 실시하다 | 印象的 인상적 | 筋道を立てる 조리 있게 하다 | 自信 자신감 | 仲間 동료 | 任す 맡기다 | やり通す 끝까지 해내다 | 態度 태도 | あまりにも 너무나도 | 避ける 피하다 | 付き合う 행동을 같이 하다, 어울리다

店で店長と店員が話しています。	가게에서 점장과 점원이 이야기하고 있습니다.

F 店長、そろそろタイムサービスの品物を並べないといけないんじゃないかって思うんですけど。

M そうですね。じゃあ、ⓐ割引商品を、よく目のつくところに置いてもらえますか。

F ええと、牛乳と卵とパンの三つでしたね。

M そう、ⓑ牛乳は10分前になったら並べてください。暑いから、傷んじゃうかもしれないんで。

F 分かりました。陳列ケースのいちばん前に置けばいいんですね。

M うーん、ⓒいちばん前におくと、かえって目立たない場合があるから、人の目線の高さに合わせて、2番目の棚に置いてもらえますか。特に、お母さんたちにアピールする必要がありますからね。

F ああ、なるほど。分かりました。

M あと、ⓓ割引価格になってるかどうかも、確認しといてください。ちょっとしたミスで、お客様の信用を失うこともありますから。あと、棚をきれいに拭いてから、置いてくださいね。

F はい、分かりました。

F 점장님, 슬슬 타임 서비스 상품을 진열하지 않으면 안 될 것 같은데요.

M 그렇군요. 그럼, ⓐ할인 상품을 눈에 띄는 곳에 놓아 줄래요?

F 음, 우유와 계란과 빵, 세 가지였죠?

M 네, ⓑ우유는 10분 전이 되면 진열해 주세요. 더워서 상해 버릴 수도 있으니.

F 알겠습니다. 진열 케이스의 가장 앞에 놓으면 되는 거죠?

M 음, ⓒ가장 앞에 놓으면 오히려 눈에 잘 띄지 않는 경우가 있기 때문에, 사람의 눈높이에 맞춰서 두 번째 선반에 놓아 줄래요? 특히 어머니들에게 어필할 필요가 있기 때문이죠.

F 아, 그렇군요. 알겠습니다.

M 그리고 ⓓ할인 가격으로 되어 있는지도 확인해 두세요. 사소한 실수로 손님의 신용을 잃는 경우도 있으니까요. 그리고 선반을 깨끗하게 닦고 나서 놓아 주세요.

F 네, 알겠습니다.

二人は、何について話していますか。	두 사람은 무엇에 대해서 이야기하고 있습니까?

1 商品を並べる場所	1 상품을 진열하는 장소
2 割引価格の案内	2 할인 가격의 안내
3 割引商品の並べ方	**3 할인 상품의 진열 방법**
4 店の掃除の状態	4 가게의 청소 상태

[풀이]

ⓐ 할인 상품을 진열하는 데 있어서, ⓑ 우유의 진열에 대해서 언급하고 있고, ⓒ 진열하는 위치에 대해서 설명하고 있다. 또한 ⓓ 할인 상품을 진열할 때의 주의 사항에 대한 설명까지 언급하는 것으로 보아 정답은 선택지 3번이라는 것을 알 수 있다.

[단어]

割引 할인 | 目につく 눈에 띄다 | 傷む 상하다 | 陳列 진열 | かえって 오히려, 도리어 | 目立つ 눈에 띄다 | 目線 시선, 눈길 | 棚 선반 | 価格 가격 | 確認 확인 | 信用 신용 | 失う 잃다 | 拭く 닦다 | 状態 상태

テレビでアナウンサーが作家にインタビューしています。	TV에서 아나운서가 작가에게 인터뷰를 하고 있습니다.

F　ベストセラー、おめでとうございます。

M　ありがとうございます。

F　早速ですが、@どうしてこういう内容のご本をお書きになったんですか。主人公が人ではなく木であるということが、たいへん興味深いと思うんですが。

M　そうですねえ。子どもの頃から木が好きだったからでしょうか。何かつらいことがあったときは、いつも木を見ながら、木みたいになりたいって思ってたんですよ。

F　「木みたいになりたい」ですか。それは面白いですね。木の気持ちなんて、一度も考えたことがありませんから。

M　普通はそうですよね。でも、こんなに多くの関心をいただくとは、夢にも思ってませんでした。

F　あと、ⓑ本の販売収入の一部を公園作りに寄付されたことも話題になってますが、どうしてそのようなお考えをなさるようになったんでしょうか。

M　それはですね、以前から、お金をかせいだらぜひ公園を作りたいって思ってたんです。社会に少しでも役に立ちたいって思いまして。

F　素晴らしいですね。今日はお忙しいところをわざわざおいでくださって、本当にありがとうございました。次の本も楽しみにしております。

アナウンサーは作家にどんなことを聞きましたか。

1　作家の子供時代について
2　本を書いた理由と寄付のこと
3　読者の関心と批判について
4　作家の夢の公園作りのこと

F　베스트 셀러, 축하합니다.

M　감사합니다.

F　바로 본론으로 들어가서, @왜 이런 내용의 책을 쓰신 건가요? 주인공이 사람이 아닌 나무라는 것이 굉장히 흥미로운 것 같은데요.

M　글쎄요. 어린 시절부터 나무를 좋아했기 때문일까요? 뭔가 힘든 일이 있을 때는 항상 나무를 보면서 나무처럼 되고 싶다고 생각했어요.

F　'나무처럼 되고 싶다'구요. 그거 재미있네요. 나무의 기분 같은 건 한 번도 생각한 적이 없으니까요.

M　보통은 그렇죠. 하지만 이렇게 많은 관심을 받을 줄은 꿈에도 몰랐습니다.

F　그리고 ⓑ책의 판매 수입 일부를 공원을 만드는 데 기부하신 것도 화제가 되고 있는데, 왜 그런 생각을 하시게 된 것인가요?

M　그건 말이죠, 예전부터 돈을 벌면 꼭 공원을 만들고 싶다고 생각하고 있었습니다. 사회에 조금이라도 도움이 되고 싶다고 생각해서요.

F　훌륭하시네요. 오늘은 바쁘신 와중에 일부러 와 주셔서 정말 감사드립니다. 다음 책도 기대하고 있겠습니다.

아나운서는 작가에게 어떤 것을 물어보았습니까?

1　작가의 어린 시절에 대해서
2　책을 쓴 이유와 기부에 관한 것
3　독자의 관심과 비판에 대해서
4　작가의 꿈인 공원 만들기에 관한 것

[풀이]

@ 여자는 남자에게 책을 쓴 이유에 대해서 물어보고 있고, ⓑ 판매 수입의 일부를 기부한 이유에 대해서 물어보고 있다. 따라서 정답은 선택지 2번이다.

[단어]

主人公 주인공 ▎興味深い 매우 흥미롭다 ▎頃 시절, 무렵 ▎関心 관심 ▎販売 판매 ▎収入 수입 ▎寄付 기부 ▎なさる 하시다(する의 존경어) ▎かせぐ 돈을 벌다 ▎役に立つ 도움이 되다 ▎おいでくださる 와 주시다 ▎〜について 〜에 대해서 ▎批判 비판

問題 4 では、問題用紙に何もいんさつされていません。この問題は、まず文を聞いてください。それから、それに対する返事を聞いて、 1 から 3 の中から、最もよいものを一つ選んでください。

문제 4에서는 문제 용지에 아무것도 인쇄되어 있지 않습니다. 이 문제는 우선 문장을 들어 주세요. 그러고 나서 그에 대한 대답을 듣고, 1에서 3 중에서 가장 적당한 것을 하나 고르세요.

例

M 息子のプレゼントを何にしたらいいかな？	M 아들 선물을 무엇으로 하면 좋을까?
F 1 ありがとう！ プレゼントくれるの？	M 1 고마워! 선물 주는 거야?
2 おもちゃなんかいいじゃない？	2 장난감 같은 것이 좋지 않을까?
3 すごいね。息子に勉強を教えているの？	3 굉장하네. 아들에게 공부를 가르치고 있어?

[풀이]

아들의 선물로 무엇이 좋을지 물어보는 말에 대해서, 구체적인 무언가를 언급하는 선택지 2번이 정답이다.

[단어]

息子 아들 | おもちゃ 장난감 | 教える 가르치다

1番

F 今日は午後から雨が降るそうだから、傘を持って行くのを忘れないでね。	F 오늘은 오후부터 비가 온다고 하니까, 우산 가지고 가는 거 잊지 마.
M 1 雨が降るんだね。分かった。	M 1 비가 오는군. 알겠어.
2 傘持って来たの？ 今日雨降らないんだって。	2 우산 가져왔어? 오늘 비 안 온대.
3 心配するなよ。午後は雨が降らないって聞いたから。	3 걱정 마. 오후에는 비가 안 온다고 들었으니까.

[풀이]

우산을 가지고 가라는 여자의 말에 순순히 응하고 있는 선택지 1번이 정답이다.

[단어]

忘れる 잊어버리다 | 〜って 〜라고(한다)

2番

M あのう、すみません。会議室はどこですか。	M 저기, 죄송합니다. 회의실은 어디인가요?
F 1 いいえ、大丈夫です。	F 1 아니요, 괜찮습니다.
2 ああ、私がご案内いたします。	2 아, 제가 안내해 드리겠습니다.
3 大丈夫です。会議はまだ始まっておりません。	3 괜찮습니다. 회의는 아직 시작되지 않았습니다.

회의실이 어디인지 묻는 남자의 말에 위치를 알려주는 대신 직접 안내하겠다고 대답한 선택지 2번이 정답이다.

案内 안내 | いたす 하다(する의 겸양어) | 始まる 시작되다 | ～ておる ～하고 있다(～ている의 겸양 표현)

3番

F 悪いんだけど、昨日のノート見せてもらえないかな。	F 미안한데, 어제 노트 보여줄 수 없을까?
M 1 ごめん、うっかりした。明日返すよ。	M 1 미안, 깜박했어. 내일 돌려줄게.
2 うん、もらったのはこれだけだよ。	2 응, 받은 것은 이것뿐이야.
3 ああ、ごめん。僕も昨日欠席しちゃったんだ。	3 아, 미안. 나도 어제 결석했어.

노트를 빌려 달라는 여자의 말에 자신도 결석을 해서 빌려줄 수 없어 미안하다고 말한 선택지 3번이 정답이다.

見せる 보여주다 | うっかりする 깜박하다 | 返す 돌려주다 | 欠席 결석 | ～ちゃう ～해 버리다

4番

M みんな、来てくれてありがとう。今日は、僕がおごるから。	M 모두 와 줘서 고마워. 오늘은 내가 쏠게.
F 1 じゃあ、一人いくらになりますか。	F 1 그럼, 한 사람당 얼마가 되는 건가요?
2 え！どうして払わないんですか。	2 앳! 왜 안 내는 건가요?
3 本当ですか。ごちそうさま。	3 정말인가요? 잘 먹었습니다.

남자가 전부 계산을 한다는 말에 가장 적절한 반응을 한 것은 선택지 3번이다.

おごる 한턱내다 | 払う 치르다, 지불하다 | ごちそうさま 잘 먹었습니다

5番

M 大阪出張は、ぜひ私に行かせてください。	M 오사카 출장은 부디 저를 보내 주세요.
F 1 わかりました。明日行って参ります。	F 1 알겠습니다. 내일 다녀오겠습니다.
2 申し訳ありません。私は他の用事がありまして…。	2 죄송합니다. 저는 다른 일이 있어서….
3 いいでしょう。木村さんなら安心できますから。	3 좋아요. 기무라 씨라면 안심할 수 있으니까요.

[풀이]

출장에 자신을 보내 달라고 말에 대한 응답으로 가장 적절한 것은 선택지 3번이다.

[단어]

出張 출장 | 参（まい）りる 가다, 오다(行く 또는 来る의 겸사말) | 申（もう）し訳（わけ）ない 미안하다, 죄송하다

6番

F 昨日（きのう）学校（がっこう）で、言（い）ってくれればよかったのにね。	F 어제 학교에서 말해 주었더라면 좋았을 텐데.
M 1 うん、言ってあげない。	M 1 응. 말해 주지 않을 거야.
2 そう。言うべきだったね。	2 그래. 말해야 했는데.
3 うん。言わない方（ほう）がいいかもね。	3 응. 말하지 않는 편이 좋겠어.

[풀이]

~ばよかったのに의 표현을 사용하면서 불만이나 유감의 감정을 전하고 있는 여자의 말에 가장 적절한 표현은 선택지 2번이다.

[단어]

~べきだ ~해야 한다

7番

M 何（なん）だ、この報告書（ほうこくしょ）。間違（まちが）いだらけじゃない。	M 뭐야. 이 보고서. 실수투성이잖아.
F 1 すみません。すぐやり直（なお）します。	F 1 죄송합니다. 바로 다시 하겠습니다.
2 すみません。すぐ報告いたします。	2 죄송합니다. 바로 보고하겠습니다.
3 全（まった）くですね。ミスしないでくださいね。	3 정말이네요. 실수하지 마세요.

[풀이]

실수투성이의 보고서를 지적하는 남자의 말에 다시 작성을 하겠다는 선택지 1번이 정답이다.

[단어]

報告書（ほうこくしょ） 보고서 | 間違（まちが）い 실수, 틀림 | だらけ 투성이 | ~直（なお）す 다시 ~하다 | いたす 하다(する의 겸사말) | 全（まった）く 정말로, 참으로

8番

F 聞（き）いた？ 今日（きょう）終（お）わってから飲（の）み会（かい）があるんだって。	F 들었어? 오늘 끝나고 나서 회식 있대.
M 1 えっ！ 今日もまた飲み会あるの？	M 1 뭐! 오늘 또 회식 있어?
2 本当（ほんとう）？ それじゃ、飲み会でもしようか。	2 정말? 그럼, 회식이라도 할까?
3 そんなことは飲み会でやれば。	3 그런 것은 회식에서 하는 게 어때?

[풀이]

회식이 있다는 여자의 말에 또 회식이 있냐고 놀라는 선택지 1번이 정답이다.

[단어]

飲み会 회식, 술 모임

9番

M　もうこんな時間だ！今出ないと間に合わないかも。

F　1　急げば大丈夫じゃない？
　　2　あ、また遅れてきた。
　　3　もう、早く来てよ。

M　벌써 이런 시간이네! 지금 나가지 않으면 늦을지도 몰라.

F　1　서두르면 괜찮지 않을까?
　　2　아, 또 늦게 왔네.
　　3　정말이지, 일찍 좀 와.

[풀이]

지금 출발하지 않으면 늦을지도 모른다는 남자의 말에 서두르면 괜찮을 거라고 대답한 선택지 1번이 정답이다.

[단어]

間に合う 시간에 늦지 않다 | 急ぐ 서두르다 | 遅れる 늦다

10番

F　それでは、木村部長によろしくお伝えください。

M　1　お伝えくださって、ありがとうございます。
　　2　はい、伝えさせていただきます。
　　3　いいえ、お気持ちだけいただきます。

F　그럼, 기무라 부장님에게 잘 전해 주세요.

M　1　전해 주셔서 감사합니다.
　　2　네, 전해 드리겠습니다.
　　3　아니요, 마음만 받겠습니다.

[풀이]

부장님에게 전해 달라는 여자의 말에, 꼭 전해 드리겠다고 대답한 선택지 2번이 정답이다. 「동사의 사역형＋ていただく」는 '〜하다', '〜해 드리다'라는 겸양 표현으로 사용할 수 있다는 것을 반드시 알아 두자.

[단어]

伝える 전하다

11番

M　ああ、すいません。こんなに見送りまでしていただいて。

F　1　いいえ、当然のことです。どうぞ、お気をつけて。
　　2　いいえ、見送りはしてくださらなくても結構です。
　　3　ありがとうございます。今度は私が見送りましょう。

M　아, 죄송합니다. 이렇게 배웅까지 해 주시고.

F　1　아니요, 당연한 일입니다. 부디 조심해서 들어가세요.
　　2　아니요, 배웅은 해 주지 않으셔도 괜찮습니다.
　　3　감사합니다. 다음에는 제가 배웅하겠습니다.

상대방이 배웅까지 해 주는 것에 대해서 미안해하는 남자에게 당연한 일이라고 대답하는 선택지 1번이 정답이다.

見送り 배웅 | 気をつける 조심하다, 주의하다 | 結構 괜찮음

12番

<table>
<tr><td>

F それでは、来週までに指定の口座に振込みをお願
いいたします。

M 1 はい、承知しました。
   2 いいえ、こちらこそ。
   3 はい、私の口座です。

</td><td>

F 그럼, 다음 주까지 지정된 계좌에 입금해 주시도록 부탁드
립니다.

M 1 네, 알겠습니다.
   2 아니요, 저야말로.
   3 네, 제 계좌입니다.

</td></tr>
</table>

다음 주까지 계좌로 송금해 달라는 여자의 말에 알겠다고 대답한 선택지 1번이 정답이다.

指定 지정 | 口座 계좌 | 振込み 납입, 입금 | 承知 알아들음, 승낙

問題 5

問題 5 では、長めの話を聞きます。この問題には練習はありません。メモをとってもかまいません。

1番、2番

問題用紙に何もいんさつされていません。まず話を聞いてください。それから、質問とせんたくしを聞いて、1から4の中から、最もよいものを一つ選んでください。

문제 5에서는 긴 이야기를 듣습니다. 이 문제에는 연습은 없습니다. 메모를 해도 상관없습니다.

1번, 2번
문제 용지에 아무것도 인쇄되어 있지 않습니다. 우선 이야기를 들어 주세요. 그리고 나서 질문과 선택지를 듣고, 1에서 4 중에서 가장 적당한 것을 하나 고르세요.

1番

<table>
<tr><td>

店で女の人が店員と話しています。

M いらっしゃいませ。
F あのう、すいません。中学生の子ども向けの本を探
してるんですけど。何かお勧めの本とかありますか。

</td><td>

가게에서 여자가 점원과 이야기하고 있습니다.

M 어서 오세요.
F 저기, 실례합니다. 중학생 아이를 위한 책을 찾고 있는데
요. 뭔가 추천해 주실 책 같은 거 있을까요?

</td></tr>
</table>

M それでしたら、ⓐこちらの「夢を作る過程」はいかがでしょうか。中学生に人気のある本で、自分が関心を持っていることを学ぶ、いい機会になると思いますが。

F そうですか。

M それと、ⓑこちらの「暖かい世界」という本も、いいと思います。文科省でも推薦している本で、子どもたちの視野を広げるきっかけになると思います。あと、ⓒ中学生でも楽に読める「バスの運転手トム」という小説も、人気です。本の楽しさを味わうことができると思います。

F へえ。いろんな種類があるんですね。全部面白そうだけど、うちの娘には教育的な本は、まだちょっとね…。

M でしたら、ⓓこちらの「ファンタジア」はいかがですか。シリーズ物として一部アニメ化されてますので、きっと中学生のお子様にも喜ばれると思いますが。

F ふーん、シリーズ物ですか。うちの子はテレビをあんまり見ないし…。ⓔやっぱり簡単に読めるのがいいかなあ。じゃあ、そっちのにします。

女の人は、どんな本を買いますか。

1 「夢を作る過程」
2 「暖かい世界」
3 「バスの運転手トム」
4 「ファンタジア」

M 그러시다면, ⓐ이쪽의 '꿈을 만드는 과정'은 어떨까요? 중학생에게 인기 있는 책으로, 자신이 관심을 가지고 있는 것을 배우는 좋은 기회가 될 것 같은데요.

F 그래요?

M 그리고 ⓑ이쪽의 '따뜻한 세계'라는 책도 좋을 것 같습니다. 문부과학성에서도 추천하고 있는 책으로, 아이들의 시야를 넓히는 계기가 될 것 같습니다. 그리고 ⓒ중학생이라도 편하게 읽을 수 있는 '버스 운전수 톰'이라는 소설도 인기입니다. 책의 즐거움을 맛볼 수 있을 것 같습니다.

F 와. 여러 가지 종류가 있네요. 전부 다 재미있을 것 같지만, 우리 딸은 교육적인 책은 아직 조금….

M 그러시다면, ⓓ이쪽의 '판타지아'는 어떠신가요? 시리즈물로서 일부 애니메이션화되어 있기 때문에 분명 중학생 자녀 분도 기뻐할 것 같은데요.

F 음, 시리즈물인가요? 우리 아이는 TV를 별로 보지 않아서…. ⓔ역시 쉽게 읽을 수 있는 것이 좋을까? 그럼, 그걸로 할게요.

여자는 어떤 책을 삽니까?

1 '꿈을 만드는 과정'
2 '따뜻한 세계'
3 '버스 운전수 톰'
4 '판타지아'

[풀이]

선택지 1, 2, 3, 4번에 해당하는 ⓐ, ⓑ, ⓒ, ⓓ와 같이 제품의 특징을 언급하는 부분을 가능한 한 많이 메모하는 것이 좋다. ⓔ의 내용을 보면 간단하게 읽을 수 있는 책이 좋다고 하고, ⓒ에서 그런 책에 대해서 언급하고 있다. 따라서 정답은 선택지 3번이다.

[단어]

〜向け 〜대상, 〜용 | 勧める 추천하다, 권하다 | 過程 과정 | 関心 관심 | 学ぶ 배우다 | 機会 기회 | 暖かい 따뜻하다 | 推薦 추천 | 視野 시야 | きっかけ 계기 | 味わう 맛보다 | 種類 종류 | 教育 교육 | 喜ぶ 기뻐하다, 즐거워하다

2番

会社で3人の社員が家族旅行について話していま
す。

F1 課長、家族旅行はいかがでしたか。

M うん、久しぶりに家族で旅行できて、楽しかった
よ。子どもたちにも、いい思い出になったと思う。

F2 そうでしたか。少し焼けたみたいですけど、グア
ムとかハワイとかへいらっしゃったんですか。

M いいや、ⓐ本当は、海外に行こうと思ったんだけ
ど、祖母も一緒だから、長い時間、飛行機に乗るの
は祖母の体によくないって医者に言われちゃって。

F1 じゃあ、沖縄あたりへ行かれたんですか。

M いや、ⓑ結局、田舎にある親戚の家に行って来た
んだ。最初は、子どもたちは嫌がったけど、過ご
してるうちにだんだん慣れてきて、最後はずいぶ
ん楽しんでたよ。

F2 田舎って、空気も澄んでるし、星もきれいに見え
るから、都会の子どもたちに意外と喜ばれるんだ
そうですね。

M うん、そうかもしれないね。それに、都会ではで
きない体験もできたんだよ。ⓒ動物園でしか見ら
れないリスとか昆虫も、たくさん見られたし。う
ちの子たちは、大喜びだった。

F1 ああ、それはよかったですね。

M うん、家族でいろんな話もできたし、ⓓ町の人た
ちの仕事を手伝うこともできたしね。それで、日
焼けしたんだよ。

F2 そうだったんですか。実は、私も家族と話す時間
があまりないので、いつも家族には申し訳なく
て。私も今回の夏休みは、課長のような旅行を計
画してみようかしら。

M うん、なかなかよかったよ。いいんじゃないかな。

男の人は、家族旅行はどうだったと言っていますか。

1 海外旅行に行けてよかった
2 田舎で楽しい時間を過ごせた
3 子どもの好きな動物園がよかった
4 田舎の仕事が面白かった

회사에서 3명의 사원이 가족 여행에 대해서 이야기하고 있습
니다.

F1 과장님, 가족 여행은 어떠셨나요?

M 응, 오랜만에 가족 여행을 할 수 있어서 즐거웠어. 아이
들에게도 좋은 추억이 되었을 거야.

F2 그랬나요? 조금 탄 것 같은데, 괌이나 하와이로 가신 건
가요?

M 아니, ⓐ사실은 해외로 가려고 했는데, 할머니도 함께 하
는 거라 긴 시간 비행기를 타는 것은 할머니 몸에 좋지
않다고 의사에게 들어서.

F1 그럼, 오키나와 근처에 가신 건가요?

M 아니, ⓑ결국 시골에 있는 친척 집에 다녀왔어. 처음에는
아이들은 싫어했었지만 지내는 동안에 점점 익숙해지면
서 마지막에는 상당히 즐거워했지.

F2 시골은 공기도 맑고 별도 깨끗하게 보이니까 도시 아이
들이 의외로 좋아한다고 하네요.

M 응, 그럴지도 모르겠네. 게다가 도시에서는 할 수 없는
체험도 할 수 있었어. ⓒ동물원에서밖에 볼 수 없는 다람
쥐나 곤충도 많이 볼 수 있었고. 우리 아이들은 엄청 기
뻐했어.

F1 아, 그거 잘됐네요.

M 응, 가족들과 여러 가지 이야기도 할 수 있었고, ⓓ동네
사람들의 일을 도와줄 수도 있었어. 그래서 햇볕에 탄 거
야.

F2 그랬나요? 사실은 저도 가족들과 대화할 시간이 별로 없
어서 항상 가족들에게 미안해서요. 저도 이번 여름 휴가
는 과장님 같은 여행을 계획해 볼까.

M 응, 상당히 좋았어. 괜찮지 않을까?

남자는 가족 여행은 어땠다고 말하고 있습니까?

1 해외여행을 갈 수 있어서 좋았다
2 시골에서 즐거운 시간을 보낼 수 있었다
3 아이들이 좋아하는 동물원이 좋았다
4 시골 일이 재미있었다

[풀이]

ⓐ 해외여행을 못 가는 이유에 대해서 남자가 설명하고 있기 때문에 선택지 1번은 정답이 될 수 없다. ⓑ 처음에는 싫어했던 아이들도 나중에는 즐거워했다고 말하고 있다. 따라서 정답은 선택지 2번이다. ⓒ 아이들과 함께 동물원에 간 것은 아니고, ⓓ 시골에서의 일이 즐겁다고 언급하는 내용은 없다. 따라서 선택지 3, 4번은 정답이 아니다.

[단어]

~について ~에 대해서 | 思い出 추억 | 焼ける 타다, 그을다 | 田舎 시골 | 親戚 친척 | 過ごす 지내다, 보내다 | ~うちに ~동안에, ~사이에 | 慣れる 익숙해지다 | 澄む 맑다 | 都会 도회지, 도시 | 体験 체험 | 手伝う 돕다 | 日焼け 햇볕에 탐 | 計画 계획

3番

高校の先生が話しています。

M1 ええ、みなさん。今日は夏休みのプログラムについてお知らせします。今お配りした用紙を見ながら、説明を聞いてください。まず一つ目は、ⓐ「基礎英会話」です。これは、大学受験に必要な勉強ではなく、ドラマや映画の会話を学ぶ授業です。二つ目は、ⓑ「上級英会話」です。欧米人の先生ではなくて、アフリカ人の先生が授業をしてくださいます。なかなか接することのできない国の文化について、様々な体験も準備してくださっているそうです。三つ目は、ⓒ「バドミントン講座」です。市役所で運営する施設で実施される予定です。勉強をするためには、体力をつけることも重要ですからね。朝2時間のコースで、他の学校の参加者たちと一緒に交流できます。そして最後に、ⓓ「職業体験講座」があります。このプログラムでは、休みの間に5つの職業に関する研修を行う予定です。まだ進路が決まっていない生徒たちは、参加してみるのもいいでしょう。職業についての紹介は、裏のページに書いてありますから、参考にしてください。

F 夏休みにまで学校へ来るのは嫌だなあ。

M2 まあ、絶対選ばなきゃいけないわけでもないから。僕は休みの間は勉強以外のこともやってみたいな。来年は、大学入試で勉強ばっかりになるだろうから。

고등학교 선생님이 이야기하고 있습니다.

M1 그럼, 여러분. 오늘은 여름 방학 프로그램에 대해서 알려 드리겠습니다. 지금 나눠 드린 용지를 보면서 설명을 들어 주세요. 먼저 첫 번째는, ⓐ'기초 영어 회화'입니다. 이것은 대학 수험에 필요한 공부가 아닌, 드라마나 영화 회화를 배우는 수업입니다. 두 번째는, ⓑ'상급 영어 회화'입니다. 미국이나 유럽인 선생님이 아니라, 아프리카인 선생님이 수업을 해 주십니다. 좀처럼 접할 수 없는 문화에 대해서 다양한 체험도 준비해 주시고 있다고 합니다. 세 번째는, ⓒ'배드민턴 강좌'입니다. 시청에서 운영하는 시설에서 실시될 예정입니다. 공부를 하기 위해서는 체력을 기르는 것도 중요하기 때문이죠. 아침 2시간 코스이고, 다른 학교 참가자들과 함께 교류할 수 있습니다. 그리고 마지막으로, ⓓ'직업 체험 강좌'가 있습니다. 이 프로그램에서는 방학 동안 다섯 가지 직업에 관한 연수를 실시할 예정입니다. 아직 진로가 정해지지 않은 학생들은 참가해 보는 것도 좋겠네요. 직업에 대한 소개는 뒤 페이지에 적혀 있으니 참고하세요.

F 여름 방학까지 학교에 오는 건 싫은데.

M2 뭐, 무조건 선택을 해야 하는 것도 아니니까. 나는 방학 동안에는 공부 이외의 것도 해 보고 싶네. 내년에는 대학 입시 때문에 공부만 하게 될 테니까.

F 参加するの？ じゃあ、バドミントン講座はどう？ 運動好きなんでしょ。ⓔあたしは大学には行くつもりだけど、まだ専攻は決めてないから、これに参加してみようかな。

M2 なんだ、結局、参加するのか。ⓕ僕は、違う文化に接することができるっていうコースに参加してみようかな。こういう機会は、めったにないだろうから。

F 참가할 거야? 그럼, 배드민턴 강좌는 어때? 운동 좋아하잖아. ⓔ나는 대학에는 갈 생각이지만 아직 전공은 정하지 않았으니 여기에 참가해 볼까?

M2 뭐야, 결국 참가하는 거야? ⓕ나는 다른 문화를 접할 수 있다는 코스에 참가해 볼까? 이런 기회는 거의 없으니까.

質問1）女子学生は、どのプログラムに参加しますか。

1 「基礎英会話」

2 「上級英会話」

3 「バドミントン講座」

4 「職業体験講座」

질문1) 여학생은 어떤 프로그램에 참가합니까?

1 '기초 영어 회화'

2 '상급 영어 회화'

3 '배드민턴 강좌'

4 '직업 체험 강좌'

質問2）男子学生は、どのプログラムに参加しますか。

1 「基礎英会話」

2 「上級英会話」

3 「バドミントン講座」

4 「職業体験講座」

질문2) 남학생은 어떤 프로그램에 참가합니까?

1 '기초 영어 회화'

2 '상급 영어 회화'

3 '배드민턴 강좌'

4 '직업 체험 강좌'

[풀이]

ⓐ, ⓑ, ⓒ, ⓓ의 내용은 각각의 선택지에 관한 대표적인 설명이다. ⓔ 여자는 전공을 아직 선택하지 않았다고 말하고 있고, ⓓ의 내용에서 여학생이 참가하고 싶은 프로그램을 확인할 수 있다. 따라서 질문1의 정답은 선택지 4번이다. ⓕ 남자는 다른 문화를 접할 수 있는 코스의 참가를 희망하고 있고, ⓑ의 내용에서 남학생이 참가하고 싶은 프로그램은 '상급 영어 회화'라는 것을 알 수 있다. 따라서 문제 2의 정답은 선택지 2번이다.

[단어]

配る 나누어 주다 | 用紙 용지 | 基礎 기초 | 欧米 구미(유럽과 미국) | 接する 접하다 | ～について ～에 대해서 | 体験 체험 | 講座 강좌 | 市役所 시청 | 運営 운영 | 施設 시설 | 実施 실시 | 参加者 참가자 | 交流 교류 | ～に関する ～에 관한 | 研修 연수 | 行う 행하다, 실시하다 | 参考 참고 | ～なきゃいけない ～하지 않으면 안 된다 | 専攻 전공

JLPT N2

제2회 실전 모의고사
정답 및 해석

문자·어휘

문제 1　1 ③　2 ④　3 ①　4 ①　5 ②

문제 2　6 ③　7 ④　8 ①　9 ②　10 ②

문제 3　11 ③　12 ①　13 ③　14 ①　15 ④

문제 4　16 ③　17 ①　18 ①　19 ④　20 ③　21 ④　22 ③

문제 5　23 ④　24 ②　25 ②　26 ①　27 ①

문제 6　28 ③　29 ②　30 ③　31 ②　32 ③

문법

문제 7　33 ②　34 ④　35 ④　36 ④　37 ④　38 ①　39 ③　40 ④　41 ③　42 ③　43 ③　44 ②

문제 8　45 ①　46 ②　47 ③　48 ②　49 ①

문제 9　50 ③　51 ②　52 ①　53 ④　54 ②

독해

문제 10　55 ③　56 ①　57 ④　58 ④　59 ③

문제 11　60 ③　61 ④　62 ①　63 ①　64 ②　65 ③　66 ③　67 ④　68 ③

문제 12　69 ②　70 ②

문제 13　71 ②　72 ①　73 ②

문제 14　74 ③　75 ②

청해

문제 1　1 ④　2 ①　3 ②　4 ②　5 ③

문제 2　1 ③　2 ④　3 ③　4 ②　5 ②　6 ③

문제 3　1 ④　2 ④　3 ④　4 ①　5 ③

문제 4　1 ②　2 ②　3 ①　4 ②　5 ②　6 ③　7 ③　8 ③　9 ③　10 ①　11 ③　12 ①

문제 5　1 ③　2 ④　3 (1) ③　(2) ②

問題 1

_____의 단어 읽기로 가장 알맞은 것을 1·2·3·4에서 하나 고르시오.

1   전체 인구 중 60세 이상 인구가 차지하는 비율은 늘기만 한다.

2   보고서를 쓰기 위해서 도서관에서 자료를 조사하다.

3   이 이상 비가 오지 않으면 작물은 시들어 버릴 것입니다.

4   최근 공항의 경비가 엄중해졌다.

5   만약의 사태에 대비하여 비상용 음식과 물을 준비한다.

問題 2

_____의 단어를 한자로 쓸 때, 가장 알맞은 것을 1·2·3·4에서 하나 고르시오.

6   졸업하는 여러분의 앞으로의 활약과 행운을 기원합니다.

7   근처의 강기슭에 많은 꽃이 피어 있다.

8   불황으로 사업 규모를 축소하기로 했다.

9   이 시계는 매우 복잡한 구조를 하고 있다.

10   문제를 풀 시간이 부족해서 초조해져 버렸다.

問題 3

(   )에 넣기에 가장 적당한 것을 1·2·3·4에서 하나 고르시오.

11   내년 세계 경제 성장률은 올해를 밑돌 것으로 예상되고 있다.

12   유학을 통해 이문화를 체험하고 세계에 대한 시야가 넓어졌다.

13   마을 구시가지에는 관광 명소가 많이 있다.

14   이 책은 가정 요리 전반에 대해 소개하고 있다.

15   고령화를 둘러싼 여러 문제에 대한 심포지엄이 열렸다.

問題 4

(   )에 넣기에 가장 적당한 것을 1·2·3·4에서 하나 고르시오.

16   대부분의 의견 차이는 논의로 해결하는 것이 가장 좋다고 생각한다.

17   유명한 관광지라서 기대하고 있었지만, 실제로 가 보니 의외로 시시했다.

18   아침까지 자지 않고 공부하고 있었기 때문에, 수업 중에 졸려서 몇 번이고 하품이 났다.

19   예전에 독서를 통해 얻은 지식이 지금 도움이 되고 있다.

20   이 병에 대해서는 효과적인 치료법은 아직 발견되지 않고 있다.

21   계속 바빴기 때문에, 주말은 집에서 TV라도 보면서 한가롭게 보내고 싶다.

22   혼다 씨는 주위 사람들로부터 신뢰를 받고 있기 때문에 팀의 리더로 뽑혔다.

問題 5

_____의 말에 의미가 가장 가까운 것을 1·2·3·4에서 하나 고르시오.

23   오카다 씨는 오랫동안 회사에 공헌해 왔다.

24   집에서 회사까지 약 한 시간 걸린다.

25   도장이 없으면 사인이어도 상관없습니다.

26   그는 여행을 좋아해서 전 세계 여기저기를 걷고 있다.

27   그녀의 이기적인 태도에는 모두 어처구니없어 하고 있다.

問題 6

다음 단어의 용법으로 가장 적당한 것을 1·2·3·4에서 하나 고르시오.

28   전화기를 분해하여 수화기의 소리가 나지 않는 원인을 조사했다.

29   오늘 중으로 팩스 또는 메일로 보내 주시기 바랍니다.

30   뒤를 돌아보았더니 거기에 친구가 서 있었다.

31   트럭은 서서히 속도를 낮추며 정차했다.

32   그는 말하는 것과 행동이 모순되어 있어서 신용할 수 없다.

問題 7

다음 문장의 (   )에 들어갈 가장 알맞은 것을 1·2·3·4에서 하나 고르시오.

33   노력가인 그 사람이기에 몇 번을 실패해도 포기하지 않고도 도전할 것이다.

34   저 사람은 술만 마시지 않으면 좋은 사람입니다만.

| 35 | 이 근처는 교통이 불편한 탓인지 집세가 싸다. |

| 36 | 요 며칠은 낮에도 밤에도 더워서 견딜 수가 없다. |

| 37 | 이 건에 관해서는 상사와 상담하고 나서가 아니면 답변할 수 없습니다. |

| 38 | 본 제품의 이용에 즈음하여, 주의 사항을 잘 읽어 주십시오. |

| 39 | 비록 실패하더라도 끝까지 해내겠다는 마음이 중요하다. |

| 40 | 식을 시작하기에 앞서, 나카야마 선생님으로부터 한마디 인사 말씀을 듣겠습니다. |

| 41 | 태풍이 접근하고 있기 때문에, 강한 비가 내릴 우려가 있습니다. |

| 42 | 아침밥을 먹지 않는 것은 몸에 나쁘다고 알고 있으면서도, 오늘 아침도 시간이 없어서 먹지 못했다. |

| 43 | A : 이 일, 기무라 씨에게 부탁하면 해 줄까? |

B : 기무라 씨라면, 부탁을 받으면 맡아 주지 않을까?

| 44 | (회사에서) |

비서 : 사장님, 일본 상사의 기무라 부장님께서 오셨습니다.

사장 : 그럼 회의실로 안내해 주세요.

問題 8

다음 문장의 ＿★＿ 에 들어갈 가장 알맞은 것을 1·2·3·4 에서 하나 고르시오.

| 45 | 그는 고생에 고생을 거듭한 끝에 역사에 남을 위대한 발명을 남겼다. (4312) |

| 46 | 이 가게는 역에서 가까운 데다 가격이 저렴하고 요리도 맛있기 때문에 직장인들 사이에서 인기가 있다. (4321) |

| 47 | 이 컴퓨터 해설서는 큰 글자와 화려한 화면 샘플로 구성되어 있어서 초보자와 노인에게 추천합니다. (4231) |

| 48 | 아무리 노력해도 능숙해지지 않는다면 포기하는 것 외에는 방법이 없을 것이다. (3124) |

| 49 | 그는 정년퇴직을 계기로 도시를 떠나 고향으로 돌아가 농사를 시작하기로 결심했다. (4213) |

問題 9

다음 문장을 읽고, 문장 전체의 내용을 생각해서 50 부터 54 에 들어갈 가장 알맞은 것을 1·2·3·4에서 하나 고르시오.

　　내가 쌀을 남기면 "농민들이 열심히 만들고 있으니 한 톨도 남기지 말고 먹어라"라는 말을 듣게 되는 경우가 많지만, 라면의 면을 남기면 "한 가닥도 남기지 말고 먹어라"라는 말은 듣지 않는다. 쌀은 여러분들이 아시는 바와 같이 특별한 존재이다. 오래 전 일이지만, 구미에서는 케이크 믹스가 폭발적 인기를 자랑했다. 미국은 물론, 유럽, 호주에서도 큰 인기였다. 다음으로 유망한 시장으로서 일본으로 시선이 향했다. 물론 일본에서도 히트를 칠 것이라고 생각했을 것이다. 하지만, 일본에는 문제점이 있었다. 일본인은 오븐을 갖고 있지 않았던 것이다.

　　그래서 가정용의 밥솥에 주목하여, 일본에서도 발매를 시작했다. 어느 가정에도 하나 정도는 밥솥이 있을 테니까. 하지만 미국 등의 매출의 기세와 달리 완전한 실패였다. 전혀 팔리지 않은 것이다. 왜일까? 애써 밥솥으로 지은 맛있는 밥이 초콜릿이나 바닐라 맛에 오염될지도 모른다고 일본 주부들은 생각한 것이다. 일본 주부가 마음에 걸린다고 한 것은 바로 그 부분이었다. 전기밥솥을 제대로 씻으면 된다는 생각도 있지만 인간의 심리는 그렇게 간단한 것이 아니다.

　　일본의 식생활의 쌀의 중요성은 말할 것도 없었다. 그만큼 일본인은 쌀에 애정이 있고, 대단히 특별한 존재인 것이다. 프랑스 요리 등에서 밥을 주문하면 접시로 나온다. 일본인은 항상 밥공기로 밥을 먹고 있기 때문에, 그 부분에서 위화감을 느낄 것이다. 외국이나 일본에서는 밥을 먹는 다양한 습관 차이도 있다는 것을 당연히 알아 두어야 한다.

次の（１）から（５）の文章を読んで、後の問いに対する答えとして最もよいものを、１・２・３・４から一つ選びなさい。

(1)

　人間と最も近い動物として知られているチンパンジーに言葉を教える実験を試みた。1930年代にアメリカのある家庭で、ⓐチンパンジーに100個の単語を理解させることに成功し、その10年後に、ママ、パパという言葉を発音させることができた。しかし、チンパンジーはそれ以上の単語は発音できなかったが、道具が使え、さらにそれらを作ることができた。チンパンジー同士で取り交わされる声については、それを言語として見るには難しいというのが専門家たちの研究結果であった。

55 筆者は、チンパンジーについてどう説明しているか。

1　人間の言語と同じような言語を操っている。

2　数多くの実験を通して人間の言語の学習に成功した。

3　人間の単語を理解し、いくつかの単語を発音することができた。

4　様々な道具が使用でき、遠からず製作もできるようになる。

다음 (1)에서 (5)의 글을 읽고, 다음 질문에 대한 답으로 가장 알맞은 것을 1·2·3·4에서 하나 고르시오.

　인간과 가장 가까운 동물로 알려져 있는 침팬지에게 말을 가르치는 실험을 시도했다. 1930년대에 미국의 어떤 가정에서 ⓐ 침팬지에게 100개의 단어를 이해시키는 것에 성공했고, 그 10년 후에 마마, 파파라는 단어를 발음시킬 수 있었다. 하지만 침팬지는 그 이상의 단어는 발음하지 못했으나 도구를 사용할 수 있고, 심지어 그것들을 만들 수 있었다. 침팬지들 사이에서 주고받는 소리에 대해서는, 그것을 언어로 보기에는 어렵다는 것이 전문가들의 연구 결과였다.

55 필자는 침팬지에 대해서 어떻게 설명하고 있는가?

1　인간의 언어와 비슷한 언어를 구사하고 있다.

2　수많은 실험을 통해서 인간의 언어 학습에 성공했다.

3　인간의 단어를 이해하고 몇 가지의 단어를 발음할 수 있었다.

4　다양한 도구를 사용할 수 있고 머지않아 제작도 가능하게 된다.

[풀이]

ⓐ 침팬지가 100개의 단어를 이해하고, 10년 후에 몇 가지의 단어 발음에 성공했다는 것을 알 수 있다. 따라서 정답은 선택지 3번이다. 침팬지들이 주고받는 소리는 언어로 보기 어렵다는 내용에서 선택지 1번은 정답이 아니다. 침팬지는 이미 도구 제작이 가능하다는 내용에서, 선택지 4번은 정답이 아니다. 선택지 2번에 대한 언급은 없었다.

[단어]

実験 실험 | 試みる 시도하다 | 単語 단어 | 成功 성공 | 発音 발음 | 道具 도구 | 取り交わす 주고받다, 교환하다 | 専門家 전문가 | 研究 연구 | 結果 결과 | ～を通して ～를 통해서 | 学習 학습 | 様々 다양한, 여러 가지 | 遠からず 머지않아 | 製作 제작

(2)

　　環境問題の原因としては、人口の増加や集中、経済成長と技術開発の反動といった社会学的なものと、火山爆発、地震、台風や津波などの自然的なものがある。しかし自然的な要因は、地球温暖化による影響を受けており、ⓐ自然災害による直接的な環境汚染は皆無であると言える。それゆえに、「環境問題」としての原因と解決を考えるのはおかしい。ⓑそれよりは「経済成長問題」または「社会問題」として解決のための原因や方法を探してみるべきではないか。

56　筆者は、なぜ「環境問題」としての原因と解決を考えるのはおかしいと考えているか。

　1　自然的な現象は環境問題の原因ではないから
　2　環境問題は人間の力では解決できないことだから
　3　経済的に取り上げなければならない問題だから
　4　人間と社会に大きな影響を及ぼしているから

환경 문제의 원인으로는 인구의 증가나 집중, 경제 성장과 기술 개발의 반동이라는 사회학적인 것과, 화산 폭발, 지진, 태풍, 해일 등의 자연적인 것이 있다. 그러나 자연적인 요인은 지구 온난화에 의한 영향을 받고 있고, ⓐ자연재해로 인한 직접적인 환경 오염은 전무하다고 말할 수 있다. 그렇기 때문에 '환경 문제'로서 그 원인과 해결을 생각하는 것은 이상하다. ⓑ그것보다는 '경제 성장 문제' 또는 '사회 문제'로서 해결을 위한 원인이나 방법을 찾아보아야 하지 않을까?

56　필자는 왜 '환경 문제'로서 그 원인과 해결을 생각하는 것은 이상하다고 생각하고 있는가?

　1　자연적인 현상은 환경 문제의 원인이 아니기 때문에
　2　환경 문제는 인간의 힘으로는 해결할 수 없는 것이기 때문에
　3　경제적으로 다뤄야 할 문제이기 때문에
　4　인간과 사회에 큰 영향을 미치고 있기 때문에

[풀이]

ⓐ 필자는 자연적인 현상과 환경 오염은 전혀 관계가 없다고 하고, 그렇기 때문에 ⓑ 환경 문제가 아니라 다른 문제로서 다루어야 한다고 주장하고 있다. 따라서 정답은 선택지 1번이다.

[단어]

環境 환경 | ～として ～로서 | 増加 증가 | 集中 집중 | 経済 경제 | 成長 성장 | 技術 기술 | 開発 개발 | 反動 반동 | 爆発 폭발 | 温暖化 온난화 | 影響 영향 | 災害 재해 | 直接 직접 | 汚染 오염 | 皆無 개무, 전무 | おかしい 이상하다 | ～べきだ ～해야 한다 | 取り上げる 집어 들다, 문제 삼다 | 及ぼす 미치게 하다

(3)

　　最近の若い人たちは何を考えながら生きているのかよく分からない、根性がない、礼儀がないなどと言う老人も多い。私ももう60歳を超え、若い人々の行動を不愉快に思う時がある。そのまま我慢して見過ごすことが多いのだが、ある日、じっくり考えてみたら、ⓐ彼らを理解できずにいるのは私の方なのだと悟った。そう感じるようになったら、いらいらした心が穏やかになり、温かい目で彼らを眺められるようになった。そして、心のこもった心配ができるようになった。

57 筆者が考えている心のこもった心配とは、どのようなものか。

　1　高齢者の立場を理解し、配慮すること

　2　若い人たちの行動に対して我慢すること

　3　心配しながら小言を言わないこと

　4　若い人たちの行動や立場を理解すること

요즘 젊은 사람들은 무슨 생각을 하면서 사는지 잘 모르겠다, 근성이 없다, 예의가 없다는 등의 말을 하는 노인도 많다. 나도 이제 어느덧 60세를 넘기고 젊은 사람들의 행동을 불편하게 생각할 때가 있다. 그대로 참고 넘어가는 일이 많지만, 어느 날 곰곰이 생각을 해 보니 ⓐ그들을 이해 못하고 있는 것은 내 쪽이라는 것을 깨달았다. 그렇게 느끼게 되자, 초조했던 마음이 평온해지고 따뜻한 눈으로 그들을 바라볼 수 있게 되었다. 그리고 진심 어린 걱정을 할 수 있게 되었다.

57 필자가 생각하는 진심 어린 걱정이라는 것은 어떠한 것인가?

　1　고령자의 입장을 이해하고 배려하는 것

　2　젊은 사람들의 행동에 대해서 참는 것

　3　걱정하면서 잔소리를 하지 않는 것

　4　젊은 사람들의 행동과 입장을 이해하는 것

[풀이]

ⓐ 젊은 사람들을 이해하지 못하고 있는 자신을 깨달았다고 말하고 있다. 따라서 정답은 선택지 4번이다.

[단어]

生きる 살다 | 根性 근성 | 礼儀 예의 | 超える 넘다, 지나가다 | 行動 행동 | 不愉快 불쾌 | 我慢する 참다 | 見過ごす 간과하다, 못 본 척하다 | じっくり 차분히, 곰곰이 | 理解 이해 | 悟る 깨닫다 | 穏やか 온화함, 평온함 | 温かい 따뜻하다 | 眺める 바라보다 | 高齢者 고령자 | 立場 입장 | ～に対して ～에 대해서 | 小言 잔소리, 불평

(4)

以下は、ある会社が出した文書の内容である。

水森商事株式会社

代表取締役　西田　夏雄様

　　　　　　　　　　　　　　　　　　株式会社　夢尾商事

　　　　　　　　　　　　　　　営業部長　佐々木　剛

　貴社ますますご盛栄のこととお喜び申し上げます。
　この度は弊社との新規取り引きのお申し出をいただき、誠にありがとうございます。ⓐ貴社よりご提示いただいたお取引条件につきましては、弊社として特別な要望はございません。ただし、お支払い時期に関する内容につきましては、近いうちに部内で検討する予定です。尚、その詳細な内容につきましては、後日担当者を伺わせますので、その折にご相談したくお願いいたします。

58 この文書から分かることは何か。

　1　相手会社の取り引きの申し出を断っている。

　2　担当者と直接会ってから、取り引きの返事をしてほしい。

3　メールで行われる取引の提案には、返事しかねると述べている。

4　**相手の会社からの取り引き条件には、ほぼ満足している。**

다음은 어떤 회사가 보낸 문서 내용이다.

미즈모리 상사 주식회사
대표이사 니시다 나쓰오 님

주식회사 유메오 상사
영업부장 사사키 쓰요시

귀사의 날로 번창하심을 기쁘게 생각합니다.

이번에 저희 회사와 신규 거래를 제의해 주셔서 대단히 감사 드립니다. ⓐ귀사로부터 제시받은 거래 조건에 대해서는 저희 회사로서는 특별한 요망은 없습니다. 다만, 지불 시기에 관한 내용에 대해서는 조만간 부내에서 검토할 예정입니다. 또한, 그 상세한 내용에 대해서는 나중에 담당자를 보내 드리오니 그때 상담 드리고 싶습니다. 잘 부탁드립니다.

58 **이 문서에서 알 수 있는 것은 무엇인가?**

1　상대 회사의 거래 제안을 거절하고 있다.

2　담당자와 직접 만나고 나서 거래의 대답을 해 줬으면 좋겠다.

3　메일로 이루어지는 거래 제안에는 대답하기 어렵다고 말하고 있다.

4　**상대 회사로부터의 거래 조건에 대부분 만족하고 있다.**

[풀이]

ⓐ 상대 회사가 보낸 거래 제안서를 매우 긍정적으로 생각하고, 거래 조건에 대해서도 거부의 뜻이 없지만, 지불 시기에 대해서만 검토해 보겠다고 한다. 따라서 정답은 선택지 4번이다.

[단어]

代表 대표 | 貴社 귀사(상대방의 회사를 높여 부르는 말) | 盛栄 성영(장사 등이 번창하는 것. 주로 편지 상대방의 번창을 축원하는 말로 쓰임) | 弊社 폐사(자신이 속한 회사를 낮추어서 부르는 말) | 新規 신규 | 申し出 제의, 신청 | 誠に 정말로, 참으로 | 提示 제시 | 条件 조건 | ～につきまして ~에 대해서(~についての 공손한 표현) | ～として ~로서 | お支払い 지불 | ～に関する ~에 관한 | 検討 검토 | 詳細 상세 | 担当者 담당자 | 伺う 찾아뵙다 | 断る 거절하다 | 返事 대답, 답장 | ～かねる ~하기 어렵다, 힘들다 | 満足 만족

(5)

私には小学校に入学したばかりの２人の息子がいる。特に活発な双子で、彼らのいたずらがあまりにも過激だったり危険すぎたりして、子供たちを叱ることの繰り返しである。育児専門家は、子供の間違った行動を正すためには、ある行動や過ちによってどのような結果が生じるのかについて教えることが子供の成長に重要なことだという。上手にほめることよりⓐ上手に叱ることは思った以上に難しいことだが、子供たちのために、これから上手に叱るように努力していきたい。

59 **筆者は、なぜ上手に叱るように努力すると言っているのか。**

1　子供たちのいたずらは危険な場合が多いから

2　ほめてばかりいると、子どもの人格形成に良くないから

3　子供の間違った行動を<ruby>直<rt>なお</rt></ruby>すため

4　双子の<ruby>状況<rt>じょうきょう</rt></ruby>を<ruby>考<rt>かんが</rt></ruby>える<ruby>必要<rt>ひつよう</rt></ruby>があるから

나에게는 이제 막 초등학교에 입학한 2명의 아들이 있다. 유독 활발한 쌍둥이로, 그들의 장난이 너무 과격하고 위험해서 아이들을 혼내는 일의 반복이다. 육아 전문가는 아이의 잘못된 행동을 바로잡기 위해서는, 어떤 행동이나 잘못에 의해서 어떤 결과가 생기는 것인지에 대해서 가르치는 것이 아이의 성장에 중요하다고 한다. ⓐ칭찬을 잘하는 것보다 잘 혼내는 것은 생각했던 것 이상으로 어려운 일이지만, 아이들을 위해서 앞으로 잘 혼내도록 노력하고 싶다.

59　필자는 왜 잘 혼내도록 노력한다고 말하고 있는가?

1　아이들의 장난은 위험할 때가 많기 때문에

2　칭찬만 하고 있으면, 아이들의 인격 형성에 좋지 않기 때문에

3　아이의 잘못된 행동을 고치기 위해서

4　쌍둥이의 상황을 생각할 필요가 있기 때문에

[풀이]

ⓐ 아이를 잘 혼내는 것이 쉽지는 않지만, 아이들을 위한 행동이라는 것을 확인할 수 있다. 따라서 정답은 선택지 3번이다.

[단어]

〜たばかり 〜한 지 얼마 안 되다, 막 〜하다 | <ruby>活発<rt>かっぱつ</rt></ruby> 활발 | <ruby>双子<rt>ふたご</rt></ruby> 쌍둥이 | <ruby>過激<rt>かげき</rt></ruby> 과격 | <ruby>危険<rt>きけん</rt></ruby> 위험 | <ruby>叱<rt>しか</rt></ruby>る 혼내다, 꾸짖다 | <ruby>繰<rt>く</rt></ruby>り<ruby>返<rt>かえ</rt></ruby>し 반복 | <ruby>育児<rt>いくじ</rt></ruby> 육아 | <ruby>専門家<rt>せんもんか</rt></ruby> 전문가 | <ruby>間違<rt>まちが</rt></ruby>う 잘못되다, 틀리다 | <ruby>正<rt>ただ</rt></ruby>す 고치다, 바로잡다 | <ruby>過<rt>あやま</rt></ruby>ち 잘못, 실수 | <ruby>成長<rt>せいちょう</rt></ruby> 성장 | <ruby>努力<rt>どりょく</rt></ruby> 노력 | <ruby>人格<rt>じんかく</rt></ruby> 인격 | <ruby>形成<rt>けいせい</rt></ruby> 형성

問題 11

<ruby>次<rt>つぎ</rt></ruby>の（１）から（３）の<ruby>文章<rt>ぶんしょう</rt></ruby>を<ruby>読<rt>よ</rt></ruby>んで、<ruby>後<rt>あと</rt></ruby>の<ruby>問<rt>と</rt></ruby>いに<ruby>対<rt>たい</rt></ruby>する<ruby>答<rt>こた</rt></ruby>えとして<ruby>最<rt>もっと</rt></ruby>もよいものを、１・２・３・４から<ruby>一<rt>ひと</rt></ruby>つ<ruby>選<rt>えら</rt></ruby>びなさい。

(1)

　<ruby>個人<rt>こじん</rt></ruby>の<ruby>身体的<rt>しんたいてき</rt></ruby>な<ruby>特徴<rt>とくちょう</rt></ruby>から、それ<ruby>以外<rt>いがい</rt></ruby>の<ruby>要素<rt>ようそ</rt></ruby>に<ruby>肯定的<rt>こうていてき</rt></ruby>な<ruby>判断<rt>はんだん</rt></ruby>を<ruby>引<rt>ひ</rt></ruby>き<ruby>出<rt>だ</rt></ruby>すことを<ruby>後光効果<rt>ごこうこうか</rt></ruby>（ハロー効果）といい、その<ruby>反対<rt>はんたい</rt></ruby>の<ruby>場合<rt>ばあい</rt></ruby>を①<ruby>悪魔効果<rt>あくまこうか</rt></ruby>（デビル効果）という。<ruby>例<rt>たと</rt></ruby>えば、<ruby>背<rt>せ</rt></ruby>が<ruby>高<rt>たか</rt></ruby>くてハンサムな<ruby>人<rt>ひと</rt></ruby>を<ruby>見<rt>み</rt></ruby>ると、<ruby>仕事<rt>しごと</rt></ruby>もできそうで、<ruby>家<rt>いえ</rt></ruby>も<ruby>裕福<rt>ゆうふく</rt></ruby>そうで、<ruby>性格<rt>せいかく</rt></ruby>までよさそうと<ruby>思<rt>おも</rt></ruby>われることを後光効果という。これにひきかえ、ⓐ<ruby>太<rt>ふと</rt></ruby>っていて（注）<ruby>不細工<rt>ぶさいく</rt></ruby>な<ruby>人<rt>ひと</rt></ruby>を<ruby>見<rt>み</rt></ruby>ると、<ruby>怠<rt>なま</rt></ruby>け<ruby>者<rt>もの</rt></ruby>で、<ruby>部屋<rt>へや</rt></ruby>も<ruby>汚<rt>きたな</rt></ruby>く、<ruby>仕事<rt>しごと</rt></ruby>までできなさそうと<ruby>思<rt>おも</rt></ruby>われたり<ruby>職業<rt>しょくぎょう</rt></ruby>さえなさそうに<ruby>思<rt>おも</rt></ruby>われたりすることを悪魔効果という。

　ⓑ後光効果と悪魔効果はすべて②<ruby>第一印象<rt>だいいちいんしょう</rt></ruby>によって<ruby>決<rt>き</rt></ruby>められる。<ruby>他<rt>ほか</rt></ruby>の<ruby>人<rt>ひと</rt></ruby>といい<ruby>縁<rt>えん</rt></ruby>を<ruby>結<rt>むす</rt></ruby>ぶために<ruby>最<rt>もっと</rt></ruby>も<ruby>重要<rt>じゅうよう</rt></ruby>なのは第一印象である。<ruby>一度決定<rt>いちどけってい</rt></ruby>された第一印象を<ruby>変<rt>か</rt></ruby>えるには、たくさんの<ruby>時間<rt>じかん</rt></ruby>が<ruby>必要<rt>ひつよう</rt></ruby>とされるからである。<ruby>大体<rt>だいたい</rt></ruby>の<ruby>場合<rt>ばあい</rt></ruby>、第一印象によって後光効果または悪魔効果を<ruby>得<rt>え</rt></ruby>てしまうが、<ruby>大切<rt>たいせつ</rt></ruby>な<ruby>縁<rt>えん</rt></ruby>を<ruby>取<rt>と</rt></ruby>り<ruby>結<rt>むす</rt></ruby>びたいなら、後光効果を<ruby>得<rt>え</rt></ruby>ておいた<ruby>方<rt>ほう</rt></ruby>が良い。しかし、ⓒちょっとしたミスのせいで悪魔効果を<ruby>得<rt>え</rt></ruby>てしまった<ruby>人<rt>ひと</rt></ruby>もまだ<ruby>心配<rt>しんぱい</rt></ruby>することはない。悪魔効果から後光効果に<ruby>変<rt>か</rt></ruby>わる<ruby>瞬間<rt>しゅんかん</rt></ruby>こそ、<ruby>人間<rt>にんげん</rt></ruby>が<ruby>表<rt>あらわ</rt></ruby>すことができる<ruby>最<rt>もっと</rt></ruby>も<ruby>魅力的<rt>みりょくてき</rt></ruby>な<ruby>瞬間<rt>しゅんかん</rt></ruby>だという<ruby>研究結果<rt>けんきゅうけっか</rt></ruby>もあるから。<ruby>最悪<rt>さいあく</rt></ruby>の<ruby>失敗<rt>しっぱい</rt></ruby>がかえって<ruby>最高<rt>さいこう</rt></ruby>の<ruby>武器<rt>ぶき</rt></ruby>になることもありうるという<ruby>話<rt>はなし</rt></ruby>である。

（注）不細工：<ruby>容姿<rt>ようし</rt></ruby>や<ruby>見<rt>み</rt></ruby>た<ruby>目<rt>め</rt></ruby>が<ruby>醜<rt>みにく</rt></ruby>い<ruby>様子<rt>ようす</rt></ruby>を<ruby>指<rt>さ</rt></ruby>す。

60 筆者が述べる①悪魔効果に当てはまるのはどれか。

1 人は誰でも残忍なところを持っている。

2 背が高くてハンサムな人でも足りないところはある。

3 不細工な人は性格もよくないと思われる。

4 怠け者の中でもハンサムな人がいる。

61 筆者は、なぜ②第一印象が重要だと述べているか。

1 第一印象から後光効果を得るためには、たくさんの時間がかかるから

2 良くない第一印象を変えるためには相当な努力が必要だから

3 他の人に、第一印象を通じて信頼を得ることができるから

4 第一印象により、後光効果や悪魔効果が決まってしまうから

62 後光効果と悪魔効果について、筆者が一番言いたいことは何か。

1 本人の努力により、失敗が良いことに変わる可能性もある。

2 後光効果により、もっと魅力的に見せることができる。

3 ちょっとしたミスで悪魔効果を得ないように、警戒すべきである。

4 時間が経つにつれて、悪魔効果が後光効果に変わることもありうる。

다음 (1)에서 (3)의 글을 읽고, 다음 질문에 대한 답으로 가장 알맞은 것을 1·2·3·4에서 하나 고르시오.

개인의 신체적인 특징으로부터, 그 이외의 요소에 긍정적인 판단을 이끌어 내는 것을 후광 효과(헤일로 효과)라고 하고, 그 반대의 경우를 ①악마 효과(데빌 효과)라고 한다. 예를 들면, 키가 크고 잘생긴 사람을 보면 일도 잘할 것 같고 집안도 유복할 것 같고 성격까지 좋을 것 같다고 생각되는 것을 후광 효과라고 한다. 이것과는 반대로, ⓐ뚱뚱하고 (주) 못생긴 사람을 보면 게으른 사람이고 방도 더럽고 일까지 못할 것 같다고 생각되거나 직업조차 없을 것 같다고 생각되는 것을 악마 효과라고 한다.

ⓑ후광 효과와 악마 효과는 모두 ②첫인상에 의해서 결정된다. 다른 사람과 좋은 인연을 맺기 위해 가장 중요한 것은 첫인상이다. 한번 결정된 첫인상을 바꾸려면 많은 시간이 필요하기 때문이다. 대부분의 경우, 첫인상에 의해서 후광 효과 또는 악마 효과를 얻게 되는데, 소중한 인연을 맺고 싶다면 후광 효과를 얻어 두는 것이 좋다. 하지만 ⓒ사소한 실수 탓에 악마 효과를 얻게 된 사람이라도 아직 걱정할 필요는 없다. 악마 효과에서 후광 효과로 변하는 순간이야말로, 인간이 나타낼 수 있는 가장 매력적인 순간이라는 연구 결과도 있으니까. 최악의 실수가 오히려 최고의 무기가 될 수도 있다는 이야기이다.

(주) 不細工 : 용모나 외모가 보기 흉한 모습을 가리킴.

60 필자가 말하는 ①악마 효과에 적합한 것은 어느 것인가?

1 사람은 누구나 잔인한 부분을 가지고 있다.

2 키가 크고 잘생긴 사람이라도 부족한 부분은 있다.

3 못생긴 사람은 성격도 좋지 않다고 생각된다.

4 게으른 사람 중에서도 잘생긴 사람이 있다.

61 필자는 왜 ②첫인상이 중요하다고 말하고 있는가?

1 첫인상에서 후광 효과를 얻기 위해서는 많은 시간이 걸리기 때문에

2 좋지 않은 첫인상을 바꾸기 위해서는 상당한 노력이 필요하기 때문에

3 다른 사람에게 첫인상을 통해서 신뢰를 얻을 수 있기 때문에

62 후광 효과와 악마 효과에 대해서 필자가 가장 말하고 싶은 것은 무엇인가?

1   본인의 노력에 의해 실수가 좋은 일로 바뀔 가능성도 있다.

2   후광 효과에 의해 더욱더 매력적으로 보일 수 있다.

3   사소한 실수로 악마 효과를 얻지 않도록 경계해야 한다.

4   시간이 지남에 따라서 악마 효과가 후광 효과로 바뀌는 것도 있을 수 있다.

[풀이]

60 ⓐ 악마 효과의 예를 들고 있는 문장이다. 못생긴 사람은 모든 것이 못났다고 생각하는 것이 악마 효과라는 설명에서, 정답은 선택지 3번이라는 것을 알 수 있다.

61 ⓑ 후광 효과와 악마 효과는 모두 첫인상으로 결정된다고 한다. 따라서 정답은 4번이다. 선택지 1, 3번에 관한 언급은 없기 때문에 정답이 될 수 없다. 첫인상을 바꾸기 위해서는 노력이 아닌 시간이 필요하다고 말하고 있기 때문에, 선택지 2번도 정답이 아니다.

62 ⓒ 악마 효과가 후광 효과로 바뀔 수도 있고, 최악의 실수가 최고의 무기가 될 수도 있다는 내용으로부터, 정답은 선택지 1번이라는 것을 알 수 있다.

[단어]

個人 개인 | 特徴 특징 | 要素 요소 | 肯定的 긍정적 | 判断 판단 | 効果 효과 | 例えば 예를 들면 | 裕福 유복 | 〜にひきかえ 〜와는 달리, 〜와는 대조적으로 | 怠け者 게으른 사람 | 職業 직업 | 第一印象 첫인상 | 縁を結ぶ 인연을 맺다 | 〜には 〜하려면, 〜하기 위해서는 | 〜によって 〜에 의해서, 〜에 따라서 | 〜せいで 〜때문에, 〜탓으로 | 変わる 바뀌다 | 瞬間 순간 | 表す 나타내다, 표현하다 | 魅力 매력 | かえって 오히려, 도리어 | 武器 무기 | 〜うる 〜할 수 있다 | 当てはまる 적합하다, 들어맞다 | 残忍 잔인 | 努力 노력 | 〜を通じて 〜를 통해서 | 信頼 신뢰 | 警戒 경계 | 〜べきだ 〜해야 한다 | 〜につれて 〜에 따라서

(2)

　学歴で人を評価するのはよくない。ⓐ学歴は人を評価することにおいて単なる一つの条件に過ぎないということは誰もが分かっていると思う。それよりは人間性や才能や能力が重要であると。私ももちろん、そう考えている。

　しかし最近になって、学歴が人間性に及ぼす影響が全くないという考えが覆されたことがあった。一流大学に入るためには熱心に勉強をし、ⓑ友達と遊ぶことも諦め、自分が好きなことも後回しにするなどの努力が必要である。それらは忍耐力につながると言えるだろう。そして長い間そのような努力と忍耐を重ねた人だけが一流大学に入ることができる。つまり、一流大学に入った学生と入ることができなかった学生との違いは厳然と存在するのである。もちろん、自分の将来のために専門大学や地方の大学を選択した場合は別問題である。

　忍耐と努力を重ねた人とそのような努力を放棄した人が持っている考え方の違い。これらは明らかに人格に影響を及ぼすことになる。勿論、今でも学歴が人を判断する絶対的な要素であると思ってはいない。ⓒ学歴によって判断されることを変えたいと思うなら、自分が放棄した努力と忍耐の代わりになる何かを作っていくべきである。

63 ここでいう、一つの条件とは何を指しているか。

1   人を評価する条件

2   学歴を評価する条件

3 大学を評価する条件

4 人間性を判断する条件

64 筆者が、学歴が人間性に及ぼす影響についての考えが変わった理由は何か。

1 一流大学に入った人は頭が良い人だから

2 自分の希望を遂げるための忍耐力を持っているから

3 学歴は才能へつながることだから

4 希望する学校に進学することは人間性とは別の話であるから

65 筆者が一番言いたいことは何か。

1 学歴で人を判断するのは間違ったことではない。

2 学歴は人間性にある程度の影響を与えている。

3 学歴による判断を変えたいなら、それに相応する努力をするべきだ。

4 学歴は人を判断する絶対的な要素ではない。

학력으로 사람을 평가하는 것은 좋지 않다. @학력은 사람을 평가하는 것에 있어서 단순한 하나의 조건에 지나지 않는다는 것은 누구나 알고 있을 것이다. 그보다는 인성이나 재능이나 능력이 중요하다고. 나도 물론 그렇게 생각하고 있다.

하지만 요즘 들어 학력이 인성에 미치는 영향이 전혀 없다는 생각이 뒤집힌 일이 있었다. 일류 대학에 들어가기 위해서는 열심히 공부를 하고, ⓑ친구들과 노는 것도 포기하고 자신이 좋아하는 것도 뒤로 미루는 등의 노력이 필요하다. 그것들은 인내력으로 이어진다고 말할 수 있을 것이다. 그리고 오랜 시간 그런 노력과 인내를 거듭한 사람만이 일류 대학에 들어갈 수 있다. 즉, 일류 대학에 들어간 학생과 들어가지 못한 학생의 차이는 엄연히 존재하는 것이다. 물론, 자신의 미래를 위해서 전문 대학이나 지방 대학을 선택한 경우는 별개의 문제이다.

인내와 노력을 거듭한 사람과 그런 노력을 포기한 사람이 가지고 있는 생각의 차이. 이것들은 분명하게 인격에 영향을 미치게 된다. 물론, 지금도 학력이 사람을 판단하는 절대적인 요소라고 생각하지는 않는다. ⓒ학력에 의해 판단되는 것을 바꾸고 싶다고 생각한다면, 자신이 포기했던 노력과 인내를 대신할 무언가를 만들어 가야만 한다.

63 여기에서 말하는 하나의 조건은 무엇을 가리키고 있는가?

1 사람을 평가하는 조건

2 학력을 평가하는 조건

3 대학을 평가하는 조건

4 인성을 판단하는 조건

64 필자가 학력이 인성에 미치는 영향에 대한 생각이 바뀐 이유는 무엇인가?

1 일류 대학에 들어간 사람은 머리가 좋은 사람이기 때문에

2 자신의 희망을 이루기 위한 인내력을 가지고 있기 때문에

3 학력은 재능으로 이어지는 것이기 때문에

4 희망하는 학교에 진학하는 것은 인성과는 별개의 이야기이기 때문에

65 필자가 가장 말하고 싶은 것은 무엇인가?

1 학력으로 사람을 판단하는 것은 잘못된 것이 아니다.

2 학력은 인성에 어느 정도의 영향을 주고 있다.

3　학력에 의한 판단을 바꾸고 싶다면 그에 상응하는 노력을 해야 한다.

4　학력은 사람을 판단하는 절대적인 요소가 아니다.

[풀이]

63　ⓐ 학력이 사람을 평가하는 조건 중 하나라는 것을 알 수 있기 때문에, 정답은 선택지 1번이다.

64　ⓑ 필자는 좋은 학교에 들어가기 위해서는 무언가를 포기하고 공부를 하는 노력이 있어야 하는데, 이 노력이 인내력으로 이어진다고 주장하고 있다. 따라서 정답은 선택지 2번이다. 선택지 1, 3, 4번에 관한 언급은 없다.

65　ⓒ 학력에 의한 판단을 바꾸려면, 노력과 인내를 포기한 만큼 다른 무언가를 해야 한다는 필자의 주장이 언급된 부분이다. 따라서 정답은 선택지 3번이다. 선택지 2, 4번도 본문에 나오는 내용이지만, 필자의 주장이라고 보기는 어렵다. 선택지 1번은 본문에 나와 있는 필자의 의견과는 다르기 때문에 정답이 아니다.

[단어]

学歴 학력 | 評価 평가 | 〜において 〜에서, 〜에 있어서 | 単なる 단순한 | 条件 조건 | 〜に過ぎない 〜에 지나지 않는다 | 才能 재능 | 能力 능력 | 及ぼす 미치게 하다, 이르게 하다 | 影響 영향 | 覆す 뒤집다, 뒤엎다 | 〜ために 〜를 위해서, 〜때문에 | 諦める 포기하다 | 後回し 뒤로 미룸 | 努力 노력 | 忍耐 인내 | 厳然と 엄연히 | 存在 존재 | 専門 전문 | 放棄 포기 | 要素 요소 | 〜によって 〜에 의해서, 〜에 따라서 | 〜べきだ 〜해야 한다 | 希望 희망 | 遂げる 이루다, 달성하다 | 進学 진학 | 間違う 잘못되다, 틀리다 | 相応 상응

(3)

　今年、小学校２年生になる私の娘は、ⓐ他の子どもと比べてとりわけ恥ずかしがりの子だ。クラスの友達の前で発表をする時や先生から何かをもらう時にも、恥ずかしくて話もうまくできない。心配になって、そうしないように①何回も注意をしたが、直るどころか、ますます悪くなりつつある。結局、心理治療センターまで相談に行った。

　　（中略）

　②（注１）恥じらいの原因は、ⓑ自分の経験や考え方を通じて自ら作った道徳的な基準からはみ出す時や、対人関係において一方的に誤解される時、そして不要な（注２）劣等意識を持つ時に出てくるという。恥じらいにはいい恥じらいと悪い恥じらいがある。いい恥じらいは、自己反省、罪に対する道徳の回復および、より発展した人生に対する媒介として用いることができる。一方、悪い恥じらいは利己心、暴力、破壊につながる可能性が高い。子供の将来のためにも必ず解決しなければならないことだ。

　恥じらいが多いということは良い人に成長する可能性も高いというわけだ。まずⓒ子供が恥じらいを隠さず、さらけ出すことができるようにするべきだ。そして、子供を叱るばかりでなく、暖かい激励を通して自信を持つことができるようにしてあげることが大切である。

（注１）恥じらい：恥ずかしがること

（注２）劣等：等級・程度などが水準より劣っていること。また、そのさま。

66　筆者は、なぜ娘に①何回も注意をしたのか。

1　授業時間に発表することがまともにできないから

2　クラスの友達とよく喧嘩をしているから

3　他の子供より恥じらいがひどいから

4　子供が治療を受けようとしないから

67 次のうち、②恥じらいの原因ではないのはどれか。

1 自分が正しくない行動をしていると思うため

2 自分の行動に対して他の人が誤解しているため

3 ある行動に対する自信が足りないため

4 他の人の言葉と行動による怒りのため

68 この文章で筆者が一番言いたいことは何か。

1 恥じらいは子供の時に必ず直さなければならない習慣だ。

2 問題解決のために、時には強くしかることも必要だ。

3 恥じらいの種類をはっきりと把握して、対処しなければならない。

4 子供の性格によって問題解決の方法を考える必要がある。

올해 초등학교 2학년이 되는 내 딸은 ⓐ다른 아이들에 비해서 유독 부끄러움이 많은 아이다. 반 친구들 앞에서 발표를 할 때나 선생님으로부터 무언가를 받을 때에도 부끄러워서 말도 제대로 하지 못한다. 걱정이 되어 그렇게 하지 말라고 ①몇 번이나 주의를 주었지만, 고쳐지기는커녕 더욱 안 좋아지기만 한다. 결국, 심리 치료 센터까지 상담하러 갔다.

(중략)

② (주1) 부끄러움의 원인은, ⓑ자신의 경험이나 생각을 통해서 스스로 만들어 놓은 도덕적인 기준에서 벗어날 때나, 대인 관계에서 일방적으로 오해를 받을 때, 그리고 불필요한 (주2) 열등의식을 가질 때에 나타난다고 한다. 부끄러움에는 좋은 부끄러움과 나쁜 부끄러움이 있다. 좋은 부끄러움은 자기 반성, 죄에 대한 도덕의 회복 및 보다 발전된 삶에 대한 매개로서 작용될 수 있다. 한편, 나쁜 부끄러움은 이기심, 폭력, 파괴로 이어질 가능성이 높다. 아이의 미래를 위해서도 반드시 해결해야 하는 것이다.

부끄러움이 많다는 것은 좋은 사람으로 성장할 가능성도 높다는 것이다. 먼저, ⓒ아이가 부끄러움을 숨기지 않고 드러낼 수 있도록 해야 한다. 그리고 아이를 혼내기만 하지 말고 따뜻한 격려를 통해서 자신감을 가질 수 있도록 해 주는 것이 중요하다.

(주1) 恥じらい : 부끄러워하는 것
(주2) 劣等 : 열등. 등급·정도 등이 수준보다 떨어지는 것. 또는 그 모양.

66 필자는 왜 딸에게 ①몇 번이나 주의를 주었는가?

1 수업 시간에 발표하는 것을 제대로 못하기 때문에

2 반 친구들과 자주 싸우고 있기 때문에

3 다른 아이보다 부끄러움이 심하기 때문에

4 아이가 치료를 받으려고 하지 않기 때문에

67 다음 중 ②부끄러움의 원인이 아닌 것은 어떤 것인가?

1 자신이 옳지 못한 행동을 하고 있다고 생각하기 때문에

2 자신의 행동에 대해서 다른 사람이 오해하고 있기 때문에

3 어떤 행동에 대한 자신감이 부족하기 때문에

4 다른 사람의 말과 행동으로 인한 분노 때문에

68 이 문장에서 필자가 가장 말하고 싶은 것은 무엇인가?

1 부끄러움은 어릴 때에 반드시 고쳐야 할 습관이다.

2 문제 해결을 위해서 때로는 강하게 혼내는 것도 필요하다.

　　3　부끄러움의 종류를 확실하게 파악하고 대처해야 한다.

　　4　아이의 성격에 따라서 문제 해결을 위한 방법을 생각할 필요가 있다.

[풀이]

66　ⓐ 필자의 딸은 다른 아이보다 부끄러움이 심하다는 것을 알 수 있다. 따라서 정답은 선택지 3번이다.

67　ⓑ 부끄러움의 원인에 관계된 내용을 보면, 스스로 만든 도덕적인 기준에서 벗어날 때(선택지 1번), 다른 사람에게 오해를 받
고 있을 때(선택지 2번), 그리고 열등의식을 가질 때(선택지 3번) 이다. 본문에 나오지 않은 선택지 4번이 정답이다.

68　ⓒ의 내용에서, 아이의 부끄러움에 대해서 좋은 것은 남기고 나쁜 것은 해결하자는 것을 알 수 있다. 해결을 위해서는, 아이가
거짓말을 숨기지 않게 하고, 따뜻한 격려를 통해서 자신감을 가지도록 해야 한다고 나와 있다. 따라서 정답은 선택지 3번이다.

[단어]

~に比べて ~에 비해서 | とりわけ 특히, 유난히 | 恥ずかしがり 부끄럼을 잘 타는 사람 | 発表 발표 | 注意 주의 | ~どころ
か ~는커녕 | ますます 점점, 더욱더 | ~つつある ~하고 있다, ~하기만 하다 | 結局 결국 | 恥じらい 부끄러움, 수줍음 | 原因
원인 | 経験 경험 | ~を通じて ~를 통해서 | 道徳 도덕 | はみ出す 밀려 나오다, 빠져나오다 | ~において ~에서, ~에 있어서
| 誤解 오해 | 劣等 열등 | 意識 의식 | 自己 자기 | 反省 반성 | 罪 죄 | ~に対する ~에 대한 | 回復 회복 | および 및 | 発展 발
전 | 媒介 매개 | ~として ~로서 | 用いる 이용하다, 사용하다 | 暴力 폭력 | 破壊 파괴 | 解決 해결 | 隠す 감추다, 숨기다 | ~
べきだ ~해야 한다 | 叱る 혼내다, 꾸짖다 | 激励 격려 | ~を通して ~를 통해서 | 努力 노력 | 喧嘩 싸움, 다툼 | ~による ~
에 의한, ~에 따른 | 把握 파악 | 対処 대처

問題 12

次のＡとＢはそれぞれ、共有経済について書かれた文章である。二つの文章を読んで、後の問いに
対する答えとして最もよいものを、１・２・３・４から一つ選びなさい。

A

　共有経済（シェアリングエコノミー）は旅行をする時、その価値が著しく現れる。ⓐ宿泊を共有することによ
って、地元の人から有益な情報や知識が得られるし、シェアリングハウスを利用すれば、はるかに安く泊まる
ことができる。また、ⓑ自転車の共有文化が活発なフランスなどでは、市内のいたるところに自転車をレンタ
ルできる場所が体系的に運営されている。また、ⓒ長距離旅行をする場合も人に家を貸していけば管理に困ら
ないし、車も他の人と共有することで収入も発生するので効率的である。高齢化による(注)孤独死や意思疎通
の不在から起こる世代間の問題などの解決策を共有経済から見出せる可能性もあるのではないだろうか。

(注)孤独死：だれにも気づかれずに一人きりで死ぬこと。

B

　共有経済はまだ制度的にきちんと整っていないため、色々な問題点を持っている。ⓓたとえば自動車を共有
した後、破損した車に対する責任や、多くの人が利用してできた細かい損傷の責任も明確にできない。また、
よく分からない人と家を共有し、盗難事件や殺人事件などにまで繋がることもあった。共有経済がきちんと活
性化されるまでは多くの時間が必要とされる。人は所有に比べて共有に対する概念には慣れていないからであ
る。また、共有経済は、収益を追求することだけを考えてはならないものである。共有経済の体系的なシステ
ムの導入とともに共有の概念に関する教育がしっかりと行われるようになれば、ⓔ資源の節約と効率的な消費
に繋がるようになるだろう。

69 ＡとＢの意見が一致しているのはどれか。

1 共有経済は制度的に不十分なところが多い。

2 共有経済は効果的な消費に繋がる可能性がある。

3 共有経済は長所と問題点を同時に持っている。

4 共有に対する正しい理解が行わなければならない。

70 ＡとＢは共有経済について、どのように述べているか。

1 ＡもＢも共有経済について肯定的に述べている。

2 ＡもＢも共有経済に対する例を挙げながら自分の意見を述べている。

3 Ａは共有経済の問題点について述べ、Ｂは共有経済の可能性について述べている。

4 Ａは共有経済の長所のみを述べ、Ｂは共有経済の短所のみを述べている。

다음 A와 B는 각각 공유 경제에 대해서 쓰인 글이다. 두 개의 문장을 읽고, 뒤의 물음에 대한 답으로 가장 알맞은 것을 1·2·3·4 에서 하나 고르시오.

A

공유 경제(셰어링 이코노미)는 여행을 할 때 그 가치가 현저하게 나타난다. ⓐ숙박을 공유하는 것에 의해서 현지인으로부터 유익한 정보나 지식을 얻을 수 있고, 셰어링 하우스를 이용하면 훨씬 싸게 묵을 수 있다. 또, ⓑ자전거 공유 문화가 활발한 프랑스 같은 곳에서는 시내 곳곳에 자전거를 렌탈할 수 있는 장소가 체계적으로 운영되고 있다. 또한, ⓒ장거리 여행을 하는 경우에도 다른 사람에게 집을 빌려주고 가면 관리에 시달리지 않아도 되고 자동차도 다른 사람과 공유하는 것으로 수입도 발생되기 때문에 효율적이다. 고령화로 인한 (주)고독사나 의사소통의 부재로부터 일어나는 세대간의 문제 등의 해결책을 공유 경제에서 발견할 수 있는 가능성도 있지 않을까?

(주) 孤独死 : 고독사. 아무도 눈치채지 못하고 홀로 죽는 것.

B

공유 경제는 아직 제도적으로 정확하게 정돈되지 않아서 여러 가지 문제점을 가지고 있다. ⓓ예를 들면, 자동차를 공유한 후 파손된 차에 대한 책임이나 많은 사람들이 이용해서 생긴 미세한 손상의 책임도 명확하게 할 수 없다. 또한, 잘 모르는 사람과 집을 공유하고 도난 사건이나 살인 사건 등으로까지 이어지는 일도 있었다. 공유 경제가 제대로 활성화되기까지는 많은 시간이 필요하다. 사람은 소유에 비해 공유에 대한 개념에는 익숙하지 않기 때문이다. 또, 공유 경제는 수익을 추구하는 것만을 생각해서는 안 되는 것이다. 공유 경제의 체계적인 시스템의 도입과 함께 공유의 개념에 관한 교육이 제대로 이루어질 수 있게 된다면, ⓔ자원의 절약과 효율적인 소비로 이어지게 될 것이다.

69 A와 B의 의견이 일치하고 있는 것은 어느 것인가?

1 공유 경제는 제도적으로 부족한 부분이 많다.

2 공유 경제는 효과적인 소비로 이어질 가능성이 있다.

3 공유 경제는 장점과 문제점을 동시에 가지고 있다.

4 공유에 대한 올바른 이해가 이루어져야 한다.

70 A와 B는 공유 경제에 대해서 어떻게 말하고 있는가?

1 A도 B도 공유 경제에 대해서 긍정적으로 말하고 있다.

2 A도 B도 공유 경제에 대한 예를 들면서 자신의 의견을 말하고 있다.

3 A는 공유 경제의 문제점에 대해서 말하고, B는 공유 경제의 가능성에 대해서 말하고 있다.

4 A는 공유 경제의 장점만을 말하고, B는 공유 경제의 단점만을 말하고 있다.

[풀이]

69 A는 ⓐ 숙박 공유, ⓑ 프랑스의 자전거 공유, ⓒ 자동차 공유에 대해서 소개하면서 효율적인 소비를 강조하고 있고, B도 ⓔ 어떤 조건을 만족한다면 자원의 절약과 효율적인 소비로 이어진다고 주장하고 있다. 따라서 정답은 선택지 2번이다.

70 A도 ⓐ, ⓑ, ⓒ와 같이 예를 들어가며 자신의 주장을 말하고 있고, B도 ⓓ와 같이 예를 들면서 자신의 의견을 말하고 있기 때문에, 정답은 선택지 2번이다. B는 공유 경제의 문제점을 지적하고 있기 때문에, 선택지 1번은 정답이 될 수 없다. 선택지 3번은 A와 B의 의견이 바뀌었고, 선택지 4번은 A의 의견에는 문제가 없지만, B의 경우에 단점과 함께 가능성도 언급하고 있다. 따라서 선택지 3, 4번은 정답이 아니다.

[단어]

共有経済 공유 경제 | 価値 가치 | 著しい 현저하다, 두드러지다 | 宿泊 숙박 | 地元 현지 | 情報 정보 | 泊まる 묵다, 숙박하다 | 活発 활발 | 体系的 체계적 | 運営 운영 | 長距離 장거리 | 管理 관리 | 収入 수입 | 効率的 효율적 | 高齢化 고령화 | ～による ～에 의한, ～에 따른 | 孤独死 고독사 | 意思 의사 | 疎通 소통 | 見出す 찾아내다 | 制度 제도 | 整う 정돈되다 | 破損 파손 | 責任 책임 | 損傷 손상 | 盗難 도난 | 活性化 활성화 | 概念 개념 | 収益 수익 | 追及 추구 | 導入 도입 | 資源 자원 | 節約 절약 | 肯定的 긍정적 | 例を挙げる 예를 들다

問題 13

次の文章を読んで、後の問いに対する答えとして最もよいものを、1・2・3・4から一つ選びなさい。

私は同じ銀行で10年間仕事をしてきた。ⓐ夏は涼しくて冬は暖かい銀行で働くことについて友達からうらやましがられている。しかし、銀行員としての仕事は順調なことばかりではない。乗務員、介護職、カウンセラー、コールセンターのヘルプデスクの係りなどと同様に、銀行員の仕事はⓑ精神的なストレスが多い、いわゆる感情労働者なのである。業務の40％以上が感情コントロールしているのだ。お客さんと直接対面する場合が多いため、自分の感情を少しでも表に出さないよう、常に注意しなければならない。

しばらく前からストレスによるうつ病だと診断されて病院に通っている。すべての人が自分の感情を素直に表現することはできないと思うが、銀行の上司から求められる感情の抑制と、いつも笑顔を保たなければならない私の人生がとても惨めに感じられてしまった。心から笑ったのがいつかさえ思い出せない。ⓒ銀行を訪れるお客さんたちに親切な物の言い方と態度を見せるのは当然のことだが、自分の動作、ふるまいの全てまで気にしなければならないこと、何があっても笑顔を維持しなければならないことは容易ではない。このようなことに神経をすり減らしながら、小さなミスも許されないお金を扱う業務もこなさなければならないのだ。

（中略）

私の家族は家で私と一緒に過す時、あまり話をかけてこない。感情労働の仕事で疲れ切った私に気を使っているのだ。家族の前で笑顔も見せられない自分が嫌になる。お金をもらって仕事をしているかぎり、仕方がないことだと思いながらも、本当の私の姿とは違う姿で生きていかなければならないのだから。

（中略）

　　ⓓ我々は、サービス業に従事している人の親切な態度に対する期待が大きすぎるのではないだろうか。笑顔が親切さを代弁するわけではない。場合によっては笑わずに話をしなければならない時もある。銀行は(注)メイド喫茶ではない。どんな場合でも優しくていねいに話し、低姿勢で接する必要はないと思う。私は銀行員や顧客センターの相談係りの自殺に関するニュースを聞く度に人ごととは思えない。ⓔ感情労働に携わる私たちに必要なのは法律的な保護ではなく、顧客や消費者のちょっとした配慮なのだ。

(注)メイド喫茶：メイド服を着た女性メイドによって給仕等が行われる飲食店のこと

---

71 筆者は、銀行員の仕事についてどう述べているのか。

1　他の職種より肉体的、精神的に大変である。

2　職場環境は悪くはないが、精神的に大変なことが多い。

3　業務の全てが感情の調節に関することである。

4　相手の感情を傷つけないように、いつも注意しなければならない。

72 筆者が述べている当然のことが指しているのは何か。

1　顧客に丁寧な話し方をしながら、無礼に行動しないこと

2　銀行にやってくる客たちに、どんな場合でも笑顔で応対すること

3　会話をする時、言い方とともに身振りにも注意を払うこと

4　速くて正確な計算とともに親切な態度を維持すること

73 この文章で、筆者が一番言いたいことは何か。

1　感情労働者を保護するための法律と勤務環境の改善が必要である。

2　サービス業に従事する人々に過度な親切を要求しないでほしい。

3　客や消費者も相手に親切な態度を取ることが重要である。

4　感情労働者に笑顔を強いることに対する法的規制が必要である。

다음 문장을 읽고 뒤의 물음에 대한 답으로 가장 알맞은 것을 1·2·3·4에서 하나 고르시오.

　　나는 같은 은행에서 10년 동안 일을 해 왔다. ⓐ여름에는 시원하고 겨울에는 따뜻한 은행에서 일하고 있는 것에 대해서 친구들로부터 부러움을 받고 있다. 하지만 은행원으로서의 일은 순탄하지만은 않다. 승무원, 간호 직업, 카운슬러, 콜 센터의 헬프 데스크 담당 등과 마찬가지로, 은행원의 일은 ⓑ정신적인 스트레스가 많은, 이른바 감정 노동자인 것이다. 업무의 40% 이상이 감정을 조절하고 있는 것이다. 손님과 직접 대면하는 경우가 많기 때문에 자신의 감정을 조금이라도 표면에 드러내지 않도록 항상 주의해야 한다.

　　얼마 전부터 스트레스로 인한 우울증이라고 진단을 받아서 병원에 다니고 있다. 모든 사람들이 자신의 감정을 솔직하게 표현할 수는 없겠지만, 은행의 상사로부터 요구되는 감정의 억제와, 항상 웃는 얼굴을 유지해야만 하는 나의 삶이 너무나 비참하게 느껴졌다. 진심으로 웃었던 적이 언제인지조차 기억이 나지 않는다. ⓒ은행을 찾아오는 손님들에게 친절한 말투와 태도를 보이는 것은 당연한 것이지만, 자신의 동작, 행동의 모든 것까지 신경 써야 하는 것, 무슨 일이 있어도 웃는 얼굴을 유지해야 하는 것은 쉽지 않다. 이런 것들에 신경을 소모시키면서 작은 실수도 용납되지 않는 돈을 다루는 업무도 소화해야 하는 것이다.

　　(중략)

　　나의 가족들은 집에서 나와 함께 보낼 때, 그다지 말을 걸지 않는다. 감정 노동 일로 지쳐 버린 나에게 신경을 쓰고 있는 것이다. 가족 앞에서 웃는 얼굴도 보여줄 수 없는 자신이 싫어진다. 돈을 받고 일을 하고 있는 한 어쩔 수 없는 것이라고 생각하면서도, 진짜 나의 모습과는 다른 모습으로 살아가지 않으면 안 되는 것이니까.

(중략)

ⓐ우리들은 서비스업에 종사하는 사람들의 친절한 태도에 대한 기대가 너무 큰 것이 아닐까? 웃는 얼굴이 친절함을 대변하는 것은 아니다. 경우에 따라서는 웃지 않고 이야기를 해야 할 때도 있다. 은행은 (주)메이드 카페가 아니다. 어떤 경우에도 상냥하게 정중하게 이야기하고, 저자세로 대할 필요는 없다고 생각한다. 나는 은행원이나 고객 센터 상담원의 자살에 관한 뉴스를 들을 때마다 남의 일로 생각할 수 없다. ⓔ감동 노동에 종사하는 우리에게 필요한 것은 법률적인 보호가 아니라 고객이나 소비자의 사소한 배려인 것이다.

(주) メイド喫茶 : 메이드 카페. 메이드 옷을 입은 여자 메이드에 의해서 음식을 나르거나 식사 시중을 드는 것 등이 이루어지는 음식점을 말함

71 필자는 은행원의 일에 대해서 어떻게 말하고 있는가?

1 다른 직종보다 육체적, 정신적으로 힘들다.

2 직장 환경은 나쁘지 않지만, 정신적으로 힘든 일이 많다.

3 업무의 모든 것이 감정 조절에 관한 것이다.

4 상대방의 감정을 상하게 하지 않도록 항상 주의해야 한다.

72 필자가 말하고 있는 당연한 것이 가리키는 것은 무엇인가?

1 고객에게 정중한 말투를 사용하면서 무례하게 행동하지 않는 것

2 은행에 찾아오는 손님에게 어떤 경우라도 웃는 얼굴로 응대하는 것

3 대화를 할 때 말투와 함께 몸짓에도 주의를 기울이는 것

4 빠르고 정확한 계산과 함께 친절한 태도를 유지하는 것

73 이 문장에서 필자가 가장 말하고 싶은 것은 무엇인가?

1 감정 노동자를 보호하기 위한 법률과 근무 환경 개선이 필요하다.

2 서비스업에 종사하는 사람들에게 과도한 친절을 요구하지 않았으면 좋겠다.

3 고객이나 소비자도 상대에게 친절한 태도를 취하는 것이 중요하다.

4 감정 노동자에게 웃는 얼굴을 강요하는 것에 대한 법적인 규제가 필요하다.

[풀이]

71 ⓐ 직장 내의 환경이 나쁘지는 않지만 ⓑ 정신적인 스트레스가 많다고 한다. 이것으로부터 선택지 2번이 정답이라는 사실을 알 수 있다.

72 ⓒ 손님에게 친절한 말투와 태도를 보인다는 것이 당연하다고 하는 것에서, 선택지 1번이 정답이라는 사실을 확인할 수 있다. 선택지 2, 3, 4번은 당연한 것보다는 힘든 일이라고 필자는 생각하고 있기 때문에 정답이 될 수 없다.

73 ⓓ 필자는 서비스업에 종사하는 사람들에게 친절한 태도에 대한 요구가 지나치다고 주장하고 있다. 따라서 정답은 선택지 2번이다. ⓔ 선택지 1, 4번은 법적인 규제가 필요하다는 것이지만, 필자는 소비자의 사소한 배려를 더 원하고 있다는 것을 알 수 있기 때문에, 성납이 될 수 없다. 선택지 3번에 대한 언급은 없었기 때문에 징답이 아니다.

[단어]

～について ～에 대해서 | ～として ～로서 | 順調(じゅんちょう) 순조 | 介護(かいご) 간호, 돌봄 | 係(かか)り 담당, 관계 | 精神的(せいしんてき) 정신적 | いわゆる 소위, 이른바 | 感情(かんじょう) 감정 | 労働者(ろうどうしゃ) 노동자 | 業務(ぎょうむ) 업무 | 対面(たいめん) 대면 | うつ病(びょう) 우울증 | 素直(すなお)に 솔직하게 | 表現(ひょうげん) 표현 | 求(もと)める 요구하다, 바라다 | 抑制(よくせい) 억제 | 笑顔(えがお) 웃는 얼굴, 미소 | 惨(みじ)め 비참함 | 思(おも)い出(だ)す 생각해 내다, 떠올리다 | 訪(たず)れる 방문하다, 찾아오다 | 態度(たいど) 태도 | 動作(どうさ) 동작 | ふるまい 행동 | 気(き)にする 신경 쓰다 | 維持(いじ) 유지 | 扱(あつか)う 다루다, 취급하다 | 従事(じゅうじ) 종사 | ～に対(たい)する ～에 대한 | 代弁(だいべん) 대변 | ～によって ～에 의해서, ～에 따라서 | ～度(たび)に ～할 때마다 | 法律(ほうりつ) 법률 | 保護(ほご) 보호 | 消費者(しょうひしゃ) 소비자 | 職種(しょくしゅ) 직종 | 肉体(にくたい) 육체 | 調節(ちょうせつ) 조절 | 丁寧(ていねい) 정중함, 공손함 | 注意(ちゅうい)を払(はら)う 주의를 기울이다 | 正確(せいかく) 정확 | 計算(けいさん) 계산 | ～とともに ～와 함께 | 改善(かいぜん) 개선 | 要求(ようきゅう) 요구 | 強(し)いる 강요하다

右のページは、桜市の文化センター会議室利用の案内である。下の問いに対する答えとして、最もよいものを、1・2・3・4から一つ選びなさい。

74 会議室利用案内についての説明として正しいものはどれか。
1 事前に予約すれば週末も利用できる。
2 2ヵ月前に予約をすると、いつでも会議室の利用ができる。
3 電話でも会議室利用のための申し込みができる。
4 会議室の利用は30分の延長なら、連絡の必要はない。

75 この文化センターの会議室の使用にあたって、注意しなければならない点は何か。
1 申し込み後、5日以内に会議室の使用目的を事務局に知らせなければならない。
2 会議室の使用時間内に後片付けまで終わらせなければならない。
3 貴重品の紛失が心配される場合には、文化センター事務局に預けることができる。
4 利用人数が収容人数を超える場合、事前に事務局に知らせなければならない。

桜市　文化センター会議室利用　お知らせ

1. 使用時間

(1) 会議室の使用時間
午前：9時〜12時、午後：13時〜16時30分、夜間：17時〜21時
この使用時間には、準備・後片付けに要する時間を含みます。
※ なお、使用時間は厳守してください。ⓐやむを得ず延長が必要な場合は、事前に文化センターの事務局の了承を得てください。（30分につき500円の延長料）

(2) ⓑ土日、祝日、年末年始（12月29日〜1月3日）は休館

2. 使用申込み

(1) 2ヶ月先利用分まで予約可能です。まずは電話で会議室の空き状況を確認後、センター窓口で正式に申請をしてください。

(2) ⓒ電話による予約も承りますが、必ず1週間以内に窓口へ来てください。1週間経過してもご連絡が無い場合は、取り消しと致します。

3. 使用料金
無料

4. 使用にあたっての注意

(1) ごみの処分は各自してください。

(2) ⓓ使用目的の変更は5日前までに事務局にお知らせください。

(3) ⓔ後片付けなどは使用時間内にお願いいたします。

(4) 非常口、消火設備などを事前に確認し、安全確保に努めてください。

(5) ①貴重品は各自で管理してください。盗難などが発生した場合は、本文化センターでは責任を負いません。

(6) 文化センターの事務局の未承認の掲示物、道具の搬入、物品の販売、飲食物の持ち込みはすべて禁止しております。

(7) 施設・備品が損傷及び紛失された場合、弁償していただきます。

(8) ⑨原則として、各室の規定収容人数を超えるご利用は出来ません。

5. お問い合わせ先

桜市　文化センター事務局　電話 082-3145-7791 (直通)

FAX 082-2599-3331　E-Mail bunka@sakura.or.jp

오른쪽 페이지는 사쿠라 시 문화 센터 회의실 이용 안내이다. 아래 질문에 대한 대답으로서 가장 좋은 것을 1·2·3·4에서 하나 고르시오.

74 회의실 이용 안내에 관한 설명으로 올바른 것은 어떤 것인가?

1　사전에 예약을 하면 주말에도 이용할 수 있다.

2　2개월 전에 예약을 하면 언제든지 회의실 이용을 할 수 있다.

3　전화로도 회의실 이용을 위한 신청을 할 수 있다.

4　회의실 이용은 30분 연장이라면 연락할 필요는 없다.

75 이 문화 센터의 회의실 사용에 있어서 주의해야 할 점은 무엇인가?

1　신청 후 5일 이내에 회의실 사용 목적을 사무국에 알려야 한다.

2　회의실 사용 시간 내로 뒷정리까지 끝내지 않으면 안 된다.

3　귀중품의 분실이 걱정될 경우에는 문화 센터 사무국에 맡길 수 있다.

4　이용 인원이 수용 인원을 넘는 경우 사전에 사무국에 알려야 한다.

사쿠라 시 문화 센터 회의실 이용 안내

1. 사용 시간

(1) 회의실 사용 시간

오전: 9시~12시, 오후: 13시~16시 30분, 야간: 17시~21시

이 사용 시간에는 준비·뒷정리에 필요한 시간을 포함합니다.

※ 또한, 사용 시간은 엄수해 주세요. ⓐ부득이하게 연장이 필요한 경우에는 사전에 문화 센터 사무국의 승낙을 얻어 주세요. (30분당 500엔의 연장료)

(2) ⓑ토일, 국경일, 연말연시(12월 29일~1월 3일)은 휴관

2. 사용 신청

(1) 2개월 후 이용까지 예약 가능합니다. 먼저 전화로 회의실이 비어 있는 상황을 확인 후, 센터 창구에서 정식으로 신청을 해 주세요.

(2) ⓒ전화에 의한 예약도 받습니다만, 반드시 1주일 이내에 창구로 와 주세요. 1주일이 경과해도 연락이 없는 경우는 취소하겠습니다.

3. 사용 요금

무료

4. 사용에 있어서의 주의

  (1) 쓰레기의 처분은 각자 해 주세요.

  (2) ⓓ사용 목적의 변경은 5일 전까지 사무국에 알려 주세요.

  (3) ⓔ뒷정리 등은 사용 시간 내에 부탁드립니다.

  (4) 비상구, 소화 설비 등을 사전에 확인하고 안전 확보에 노력해 주세요.

  (5) ⓕ귀중품은 각자 관리하세요. 도난 등이 발생한 경우에는 본 문화 센터에서는 책임을 지지 않습니다.

  (6) 문화 센터 사무국이 승인하지 않은 게시물, 도구 반입, 물품 판매, 음식물 반입은 모두 금지하고 있습니다.

  (7) 시설 · 비품이 손상 및 분실될 경우, 변상해 주십시오.

  (8) ⓖ원칙으로서 각 방의 규정 수용 인원을 넘는 이용은 불가합니다.

5. 문의처

  사쿠라 시 문화 센터 사무국　전화 082-3145-7791(직통)

  FAX 082-2599-3331　E-Mail bunka@sakura.or.jp

[풀이]

74 ⓐ 회의실 사용 연장을 할 경우에는 연락이 필요하기 때문에 선택지 4번은 정답이 아니다. ⓒ 전화로 신청하는 경우에는 1주일 이내로 창구로 가야 하지만, 신청 자체가 불가능한 것은 아니다. 따라서 정답은 선택지 3번이다. ⓑ 주말에는 이용할 수 없기 때문에 선택지 1, 2번은 정답이 될 수 없다.

75 ⓓ 5일 이내에 알려야 하는 것은 사용 목적이 아닌 사용 목적의 변경이기 때문에, 선택지 1번은 정답이 될 수 없다. ⓔ 정리하는 시간도 사용 시간에 포함되어 있는 것을 알 수 있다. 따라서 정답은 선택지 2번이다. ⓕ 귀중품은 각자 보관하라는 내용에서, 선택지 3번도 정답이 될 수 없다. ⓖ 원칙적으로 수용 인원을 넘어서는 안 된다고 하고 있기 때문에, 선택지 4번도 정답이 아니다.

[단어]

～に対する ～에 대한 | ～として ～로서 | 申し込み 신청 | 延長 연장 | ～にあたって ～할 때(즈음) | 後片付け 뒤처리 | 貴重品 귀중품 | 紛失 분실 | 預ける 맡기다 | 収容 수용 | 超える 넘다, 초월하다 | 含む 포함하다 | 厳守 엄수 | やむを得ない 어쩔 수 없다 | 了承 승낙, 양해 | ～につき ～당, ～이므로 | 祝日 국경일 | 年末年始 연말연시 | 状況 상황 | 申請 신청 | ～による ～에 의한, ～에 따른 | 経過 경과 | 取り消し 취소 | 変更 변경 | 消火 소화 | 設備 설비 | 確保 확보 | 努める 노력하다 | 管理 관리 | 盗難 도난 | 責任を負う 책임을 지다 | 承認 승인 | 掲示 게시 | 搬入 반입 | 販売 판매 | 持ち込み 가지고 들어옴, 지참 | 禁止 금지 | 損傷 손상 | 及び 및 | 弁償 변상 | 原則 원칙 | 問い合わせ 문의, 조회

問題 1

問題 1 では、まず質問を聞いてください。それから話を聞いて、問題用紙の 1 から 4 の中から、最もよいものを一つ選んでください。

문제 1에서는 우선 질문을 들어 주세요. 그리고 이야기를 듣고 문제 용지의 1에서 4 중에서 가장 적당한 것을 하나 고르세요.

例

大学で男の人と女の人が話しています。男の人は、このあとすぐ何をしますか。

대학교에서 남자와 여자가 이야기하고 있습니다. 남자는 이후에 바로 무엇을 합니까?

M 今少しいい？　今回のクラス発表会の準備をそろそろ始めないと。

M 지금 잠깐 시간 괜찮아? 이번 클래스 발표회 준비를 슬슬 시작해야 하는데.

F そうね。後 1 週間しかないからね。

F 그러네. 앞으로 1주일밖에 없으니까.

M とりあえず、発表は田中君だね。

M 우선, 발표는 다나카 군이네.

F うん。それはみんなで決めたから。田中君に電話してね。

F 응. 그건 모두가 정한 거니까. 다나카 군에게 전화해 줘.

M うん。今日連絡する。

M 응. 오늘 연락할게.

F 後は椅子とか飲み物の準備だよね。

F 나머지는 의자나 음료수 준비구나.

M ⓐ椅子はこの前、学校の事務課に頼んでおいたから大丈夫。

M ⓐ의자는 지난번에 학교 사무과에 부탁해 두었으니까 괜찮아.

F あとは、ⓑ買い物だけね。これは急がなくてもいいわね。あ、人数は？参加者のみんなにメール送ったでしょ？

F 그리고, ⓑ쇼핑하는 것뿐이네. 이건 서두르지 않아도 돼. 아, 인원수는? 참가자 모두에게 메일 보냈지?

M あっ！ごめん。忘れてた！

M 앗! 미안. 잊고 있었어!

F え！ⓒこれは急がないと。田中君にはあたしから連絡するわ。

F 뭐! ⓒ이건 서두르지 않으면 안 돼. 다나카 군에게는 내가 연락할게.

M うん、分かった。

M 응, 알겠어.

男の人は、このあとすぐ何をしますか。

남자는 이후에 바로 무엇을 합니까?

1 飲み物を買いに行く

1 음료수를 사러 간다

2 椅子のチェックをする

2 의자 체크를 한다

3 参加者にメールを送る

3 참가자에게 메일을 보낸다

4 田中君に連絡する

4 다나카 군에게 연락한다

[풀이]

ⓐ 의자 준비는 괜찮다고 하고, ⓑ 물건을 사는 것도 서두르지 않아도 괜찮다고 말하고 있다. 따라서 선택지 1, 2번은 정답이 아니다. ⓒ 참가자들에게 메일을 보내는 것을 잊어버려서, 남자가 해야 할 것은 선택지 3번이다. ⓒ 다나카 군에게 연락하는 것은 여자가 하겠다고 했기 때문에 선택지 4번도 정답이 아니다.

[단어]

発表会 발표회 ┃ そろそろ 슬슬 ┃ 事務 사무 ┃ ～ておく ～해 두다 ┃ ～なくてもいい ～하지 않아도 좋다 ┃ 参加者 참가자

1番

<table>
<tr><td>

会社で、男の人と女の人が話しています。男の人は、このあとまず、何をしますか。

F　前田さん、ちょっといい？

M　はい。何でしょうか。

F　ⓐ悪いけど、結果報告書をまとめてほしいんだけど、お願いできるかな。うちの部署が急に他の取引先と打ち合わせすることになっちゃって。

M　ああ、そうですか。分かりました。

F　悪いね。結果報告書はメールで送るね。グラフの数字とかその他の内容とかは、確認しておいたから、間違いはないと思うけど。

M　はい、分かりました。あのう、いつまでにまとめればいいんですか。

F　明後日の午後、社長に報告する予定だから、明日の午前中までにやってくれる？

M　はい、承知いたしました。ⓑじゃ、今やってる企画書の作成が終わってからで、間に合いますね。

</td><td>

회사에서 남자와 여자가 이야기하고 있습니다. 남자는 이후에 먼저 무엇을 합니까?

F　마에다 씨, 지금 잠깐 시간 괜찮아?

M　네. 무슨 일인가요?

F　ⓐ미안하지만, 결과 보고서를 정리해 주었으면 좋겠는데. 부탁할 수 있을까? 우리 부서가 갑자기 다른 거래처와 회의를 하게 되어서.

M　아, 그런가요? 알겠습니다.

F　미안해. 결과 보고서는 메일로 보내 줄게. 그래프의 숫자라든가 그 외의 내용 같은 건 확인을 해 두었으니 문제는 없을 거라 생각해.

M　네, 알겠습니다. 저기, 언제까지 정리하면 될까요?

F　모레 오후에 사장님께 보고할 예정이니까 내일 오전 중으로 해 줄래?

M　네, 알겠습니다. ⓑ그럼, 지금 하고 있는 기획서 작성이 끝나고 나서 해도 늦지 않겠네요.

</td></tr>
</table>

男の人は、このあとまず、何をしますか。　남자는 이후에 먼저 무엇을 합니까?

1　取引先と打ち合わせをする	1　거래처와 회의를 한다
2　会議の報告書の作成をする	2　회의 보고서 작성을 한다
3　報告書の内容を修正する	3　보고서 내용을 수정한다
4　企画書を作成する	**4　기획서를 작성한다**

[풀이]

ⓐ 남자는 결과 보고서를 정리해야 하지만, 거래처와 회의를 하는 것은 아니다. 따라서 선택지 1번은 정답이 될 수 없다. ⓑ 지금 하고 있는 기획서 작성이 끝나고 보고서를 정리해도 늦지 않는다고 말하고 있기 때문에, 선택지 3번은 정답이 될 수 없다. 따라서 정답은 선택지 4번이다. 선택지 2번에 관한 언급은 없었다.

[단어]

報告書 보고서 ┃ まとめる 정리하다 ┃ 取引先 거래처 ┃ 打ち合わせ 협의, 회의 ┃ 確認 확인 ┃ 間違い 실수, 잘못 ┃ 予定 예정 ┃

承知 알아들음. 승낙 **企画書** 기획서 **作成** 작성 **修正** 수정

2番

会社で男性社員と課長が話しています。男性社員は、このあとすぐ何をしなければなりませんか。	회사에서 남자 사원과 과장이 이야기하고 있습니다. 남자 사원은 이후에 바로 무엇을 해야 합니까?

M 課長、山田商事とのミーティングのセッティング、終わりました。これが資料です。

F ああ、ご苦労さま。あれ？ 場所は２階じゃなかった？ この資料には３階って書いてあるけど。

M ああ、すいません。ⓐすぐ訂正してもう一度コピーします。

F あと１時間しかないから、急いでね。それから、簡単な飲み物は準備しておいてくれた？

M はい、２階の会議室に１人１本ずつ、ジュースを置いておきました。

F そう？ ジュースが苦手な人がいるかも知れないから、ミネラルウォーターも１本ずつ置いといたほうがいいわね。

M はい、分かりました。今すぐ買ってきます。

F ああ、ⓑそれは今こっちに向かってる木村君に頼むから、まずこの資料を直したあと、一緒に２階へ行きましょう。

M はい、承知しました。どうもすいません。

M 과장님, 야마다 상사와의 미팅 세팅, 끝났습니다. 이게 자료입니다.

F 아, 수고했어요. 응? 장소는 2층 아니었나? 이 자료에는 3층으로 적혀 있는데.

M 아, 죄송합니다. ⓐ바로 정정해서 다시 한 번 복사하겠습니다.

F 앞으로 1시간밖에 남지 않았으니 서둘러 줘. 그리고 간단한 음료수는 준비해 두었어?

M 네, 2층 회의실에 한 사람 한 병씩, 주스를 놓아 두었습니다.

F 그래? 주스가 거북한 사람이 있을지도 모르니까 생수도 한 병씩 자리에 놓아 두는 것이 좋겠네.

M 네, 알겠습니다. 지금 바로 사 오겠습니다.

F 아, ⓑ그건 지금 여기로 향하고 있는 기무라 군에게 부탁할 테니, 먼저 이 자료부터 고친 후 같이 2층으로 가요.

M 네, 알겠습니다. 정말 죄송합니다.

男性社員は、このあとすぐ何をしなければなりませんか。

1 **資料を修正する**
2 水を買いに行く
3 同僚に連絡する
4 会議室に行く

남자 사원은 이후에 바로 무엇을 해야 합니까?

1 **자료를 수정한다**
2 물을 사러 간다
3 동료에게 연락한다
4 회의실에 긴다

[풀이]

ⓐ 자료를 수정해서 복사를 해야 한다고 말하고 있다. 따라서 정답은 선택지 1번이다. ⓑ 물은 동료에게 부탁한다고 말하고 있고, 자료를 고친 후에 회의실로 남자와 함께 가는 것이다. 따라서 선택지 2, 3, 4번은 정답이 될 수 없다.

[단어]

商事 상사 **資料** 자료 **ご苦労さま** 수고하셨습니다 **〜てある** ～되어 있다 **訂正** 정정 **直す** 고치다 **承知** 알아들음. 승낙 **修正** 수정 **同僚** 동료

大学で女の学生と受付の係りの人が話しています。女の学生は、このあとすぐ何をしなければなりませんか。

F すいません。「夏休み英会話」を受講したいんですけど、どうやって申し込めばいいんですか。

M 「夏休み英会話」の受講希望ですね。4週間コースと8週間コースがありますけど、どっちのコースをご希望ですか。

F え、コースが2つあるんですか。じゃあ、受講料はどうなるんですか。

M 4週間のは1万円、8週間のは1万8千円です。

F そうですか。じゃあ、4週間のコースにします。申し込みはここでできるんですか。

M はい、できます。ⓐまず、この用紙に必要事項を記入してください。学生証は持ってますか。

F ああ、ⓑ学生証はロッカーに置いてきちゃったんで、今持ってきます。

M ええ、お願いします。ああ、ⓒ記入した書類を先にもらえれば、早く終わりますよ。あと、ⓓ受講料は、講座開始の2週間前までに所定の口座に振り込んでください。

F はい、分かりました。ということは、銀行にも行かなくちゃならないんですね。

大学에서 여학생과 접수처 직원이 이야기하고 있습니다. 여학생은 이후에 바로 무엇을 해야 합니까?

F 실례합니다. '여름 방학 영어 회화'를 수강하고 싶은데, 어떻게 신청하면 될까요?

M '여름 방학 영어 회화' 수강 희망이시군요. 4주 코스와 8주 코스가 있는데, 어느 쪽을 희망하시나요?

F 앗, 코스가 두 개 있나요? 그럼, 수강료는 어떻게 되나요?

M 4주는 1만 엔, 8주는 1만 8천 엔입니다.

F 그렇군요. 그럼, 4주 코스로 할게요. 신청은 여기에서 할 수 있나요?

M 네, 가능합니다. ⓐ우선, 이 용지에 필요 사항을 기입해 주세요. 학생증은 갖고 있나요?

F 아, ⓑ학생증은 사물함에 두고 와 버려서, 지금 가지고 오겠습니다.

M 네, 부탁 드립니다. 아, ⓒ기입한 서류를 먼저 받을 수 있다면 빨리 끝날 수 있습니다. 그리고 ⓓ수강료는 강좌 개시 2주 전까지 소정의 계좌로 입금해 주세요.

F 네, 알겠습니다. 그렇다는 것은 은행도 가지 않으면 안 되겠네요.

女の学生は、このあとすぐ何をしなければなりませんか。

1 アルバイトをしに行く
2 申し込み用紙に記入する
3 学生証を取りに行く
4 振り込みしに銀行へ行く

여학생은 이후에 바로 무엇을 해야 합니까?

1 아르바이트를 하러 간다
2 신청 용지에 기입한다
3 학생증을 가지러 간다
4 입금하러 은행에 간다

[풀이]

ⓐ 여자는 신청 용지에 필요한 내용을 기입해야 하고, ⓑ 학생증을 가지러 가야 한다. ⓒ 학생증을 가지러 가기 전에, 서류를 먼저 신청하면 빨리 끝날 수 있다고 하고 있다. 따라서 선택지 3번은 정답이 될 수 없고, 선택지 2번이 정답이다. ⓓ 은행에 가는 것은 지금 당장 해야 할 일이 아니기 때문에 선택지 4번은 정답이 아니고, 선택지 1번에 대한 언급은 없었다.

[단어]

受付 접수(처) | 係り 담당. 계원 | 受講 수강 | 申し込む 신청하다 | 希望 희망 | 用紙 용지 | 必要 필요 | 事項 사항 | 記入 기입 | ～ちゃう ～해 버리다 | 書類 서류 | 開始 개시 | 所定 소정 | 口座 계좌 | 振り込む 납입하다. 입금하다

大学で先生と男の学生が話しています。男の学生は、このあとまず何をしますか。

F この前話した国際交換留学の件、考えてみましたか。

M はい。ぜひ行きたいと思います。ⓐ家族のみんなも賛成してくれました。

F そうですか。よかったですね。三つの国の中から選べますけど、どこに行くか考えましたか。

M はい、オーストラリアに行きたいです。前から一度は行ってみたいと思ってた国なんです。

F わかりました。ⓑじゃあ、さっそく書類を作成しましょうか。希望する理由と具体的な活動計画についても書かなければなりませんから。

M はい、分かりました。

F ⓒ申込用紙は、明日私が準備しますから、その前に、申請に必要な事項について考えましょう。ああ、パスポート用の写真も必要だけど、持ってますか。

M いいえ。今日撮ってきます。

F ⓓ写真は急ぎじゃないから、明日でいいです。とりあえず、今しておくべきことから始めましょう。

대학에서 선생님과 남학생이 이야기하고 있습니다. 남학생은 이후에 먼저 무엇을 합니까?

F 지난번에 이야기했던 국제 교환 유학생 건, 생각해 봤나요?

M 네. 꼭 가고 싶습니다. ⓐ가족들도 모두 찬성해 주었습니다.

F 그래요? 잘됐네요. 세 개의 나라 중에서 고를 수 있는데, 어디로 갈지 생각했나요?

M 네, 호주로 가고 싶습니다. 전부터 한 번은 가 보고 싶다고 생각했던 나라입니다.

F 알겠습니다. ⓑ그럼, 바로 서류를 작성합시다. 희망하는 이유와 구체적인 활동 계획에 대해서도 적어야 하니까요.

M 네, 알겠습니다.

F ⓒ신청 용지는 내일 제가 준비할 테니까, 그 전에 신청에 필요한 사항에 대해서 생각합시다. 아, 여권용 사진도 필요한데, 가지고 있나요?

M 아니요. 오늘 찍고 오겠습니다.

F ⓓ사진은 급한 건 아니니까 내일 해도 괜찮습니다. 우선, 지금 해 둘 것부터 시작합시다.

男の学生は、このあとまず何をしますか。

1 留学について家族と相談する
2 **留学を希望する理由などを考える**
3 留学の申し込み用紙を準備する
4 パスポート用の写真を撮りに行く

남학생은 이후에 먼저 무엇을 합니까?

1 유학에 대해서 가족과 상담한다
2 **유학을 희망하는 이유 등을 생각한다**
3 유학 신청 용지를 준비한다
4 여권용 사진을 찍으러 간다

[풀이]

ⓐ 가족들과 상담하는 것은 다 끝났기 때문에, 선택지 1번은 정답이 될 수 없다. ⓑ 서류를 작성하기 위해서 필요한 내용이 있고, ⓒ 남자는 그것에 대해서 생각해야 한다. 따라서 정답은 선택지 2번이다. ⓒ 신청 용지는 선생님이 준비하는 것이고, ⓓ 사진은 급한 것이 아니기 때문에, 선택지 3, 4번은 정답이 아니다.

[단어]

国際 국제 | 交換 교환 | 賛成 찬성 | 書類 서류 | 作成 작성 | 希望 희망 | 具体的 구체적 | 活動 활동 | 計画 계획 | 用紙 용지 |
申請 신청 | 事項 사항 | ～べき ～해야 할

駅で男の人と女の人が話しています。女の人は、このあとまず何をしますか。

M 大阪行きの新幹線の出発は、1時間後だよね。その前に食事でもしようか。

F そうね…、食事より軽い物でいいわ。おにぎりとかサンドイッチみたいなの。

M そう？ⓐじゃあ、コンビニに行こうか。もし、あとでまたお腹がすいたら、車内で売ってるお弁当を食べればいいし。

F うん、そうしよう。ⓑああ、ちょっとトイレに行って来てもいい？手を洗いたいの。

M わかった。荷物は僕が見てるから。ああ、前田が迎えに来るって言ってたよね。

F 前田さんなら、今朝連絡が来たから、話しといたわ。夕方7時半の到着予定だって言っといたから。

M ⓒああ、そう。じゃあ、大丈夫だね。じゃ、行ってきて。ⓓああ、帰りに薬局に寄って、胃薬買ってきてくれる？

F 分かった。じゃあ、ちょっと行ってくるね。

역에서 남자와 여자가 이야기하고 있습니다. 여자는 이후에 먼저 무엇을 합니까?

M 오사카행 신칸센 출발은 1시간 후네. 그 전에 식사라도 할까?

F 그러게…, 밥보다 가벼운 것이 좋아. 삼각 김밥이나 샌드위치 같은 거.

M 그래?ⓐ그럼, 편의점에 갈까? 혹시, 나중에 또 배가 고프면 차내에서 팔고 있는 도시락 먹으면 되고.

F 응, 그렇게 하자. ⓑ아, 잠깐 화장실에 다녀와도 될까? 손을 씻고 싶은데.

M 알겠어. 짐은 내가 보고 있을 테니까. 아, 마에다가 마중 나온다고 했었지?

F 마에다 씨는 아침에 연락이 와서 얘기해 뒀어. 저녁 7시 30분 도착 예정이라고 말해 뒀으니까.

M ⓒ아, 그래? 그럼 괜찮겠네. 그럼, 다녀와. ⓓ아, 오는 길에 약국에 들러서 소화제 사 와 줄래?

F 알겠어. 그럼, 잠깐 다녀올게.

女の人は、このあとまず何をしますか。

1 食べ物を買いにコンビニへ行く
2 同僚に電話を入れる
3 手を洗いにトイレに行く
4 薬局へ胃薬を買いに行く

여자는 이후에 먼저 무엇을 합니까?

1 먹을 것을 사러 편의점에 간다
2 동료에게 전화를 건다
3 손을 씻으러 화장실에 간다
4 약국에 소화제를 사러 간다

[풀이]

ⓐ 두 사람은 먼저 편의점에 가려고 했지만, ⓑ 여자가 잠깐 화장실에 다녀온다고 한다. 따라서 정답은 1번이 아니라 3번이다. ⓒ 동료에게 연락은 하지 않아도 되고, ⓓ 약국에 가는 것은 화장실에 다녀온 후에 가는 것을 알 수 있다. 따라서 선택지 2, 4번도 정답이 될 수 없다.

[단어]

~行き ~행 | お腹がすく 배가 고프다 | 弁当 도시락 | 迎える 마중하다, 맞이하다 | ~とく ~해 두다(~ておく의 축약 표현) | 寄る 들르다 | 同僚 동료

問題 2 では、まず質問を聞いてください。そのあと、問題用紙のせんたくしを読んでください。読む時間があります。それから話を聞いて、問題用紙の 1 から 4 の中から、最もよいものを一つ選んでください。

문제 2에서는 우선 질문을 들어 주세요. 그 후 문제 용지의 선택지를 읽어 주세요. 읽을 시간이 있습니다. 그러고 나서 이야기를 듣고 문제 용지의 1에서 4 중에서 가장 적당한 것을 하나 고르세요.

例

男の学生と女の学生が話しています。女の学生は、どうして公園の前の店がいいと言っていますか。

F おはよう。

M おお、アイリさん。おはよう。

F ね、知ってる？ 公園の前に新しいカフェができたのよ。

M カフェ？ 僕はあんまりコーヒー好きじゃないから。

F そのカフェは食事もできるよ。昨日食べたオムライスは最高だったわ。

M へえ。いろいろメニューがあるんだね。コーヒーの味はどう？

F ⓐコーヒーの味？ それは他とあまり変わらないんじゃない？ でも、ⓑオムライスが美味しいカフェは珍しいわよ。

M そっか。公園の前だから静かで雰囲気はいいんだろうな。僕も行ってみようかな。雰囲気のいい店が好きだから。

F 雰囲気ね。そこは、有名な所で、いつも人がいっぱいだから、ⓒ雰囲気がいいとはいえないわね。

M えっ！ そうなんだ…。

F ⓓ駅の裏に人が少なくて雰囲気もいい店があるわよ。オムライスはないけどね。

M もういいよ、オムライスは！

女の学生は、どうして公園の前の店がいいと言っていますか。

남학생과 여학생이 이야기하고 있습니다. 여학생은 왜 공원 앞의 가게가 좋다고 말하고 있습니까?

F 안녕.

M 오오, 아이리 씨. 안녕.

F 저기, 알고 있어? 공원 앞에 새로운 카페가 생겼어.

M 카페? 나는 별로 커피 좋아하지 않아서.

F 그 카페는 식사도 할 수 있어. 어제 먹은 오므라이스는 최고였지.

M 와. 여러 가지 메뉴가 있네. 커피 맛은 어때?

F ⓐ커피 맛? 그건 다른 곳과 별로 차이가 없지 않을까? 하지만, ⓑ오므라이스가 맛있는 카페는 드물지.

M 그런가? 공원 앞이라 조용하고 분위기는 좋겠네. 나도 가 볼까? 분위기 좋은 가게를 좋아해서.

F 분위기 말이지. 거기는 유명한 곳이라 항상 사람이 엄청 많아서 ⓒ분위기가 좋다고는 할 수 없어.

M 앗! 그렇구나….

F ⓓ역 뒤에 사람이 적고 분위기도 좋은 가게가 있어. 오므라이스는 없지만.

M 이제 됐어, 오므라이스는!

여학생은 왜 공원 앞의 가게가 좋다고 말하고 있습니까?

1　コーヒーがおいしいから

2　食べ物がおいしいから

3　静かな店だから

4　雰囲気がいいから

1　커피가 맛있기 때문에

2　음식이 맛있기 때문에

3　조용한 가게이기 때문에

4　분위기가 좋기 때문에

여자는 ⓐ 커피가 중요한 것은 아니라는 내용에서, 선택지 1번이 정답이 아니라는 사실을 알 수 있다. ⓑ 음식이 맛있는 가게에 대해서는 긍정적으로 생각하고 있다. ⓒ 분위기가 좋은 곳도 아니고 ⓓ 사람이 적은 가게는 다른 곳에 있다고 말하고 있기 때문에, 선택지 3, 4번도 정답은 아니다. 따라서 정답은 선택지 2번이다.

[단어]

食事 식사 | 最高 최고 | 珍しい 드물다, 희귀하다 | 雰囲気 분위기 | 裏 뒤(쪽)

1番

女子学生と男子学生が話しています。男子学生は、どうしてその病院が気に入ったのですか。

F　秀君、この前病院に行ってきたって言ってたよね？

M　うん、新しく出来た病院。

F　私、昨日から目が痛むんだけど、その病院でみてもらうのはどうかしら？

M　ああ、いいんじゃない。ⓐただ、何日か前に予約をしないとだめなんだ。予約待ちの患者さんが多くてさ。

F　えっ、そうなの？ 混んでるんだ。

M　そうなんだよ。雰囲気がちょっと病院らしくないから。インテリアもユニークで、なんか、大きなカフェみたいな感じっていうか。

F　そうなんだ。それで気に入ったってわけか。

M　ⓑまあ、病院って、どこも薬の匂いがして、ちょっと怖い感じでさ。ⓒでも、そこは、お医者さんも受付の人たちも、みんなすっごく親切で他の病院とは全然違うんだ。

F　ふ〜ん。よさそうな病院だね。

M　うん、ⓓ患者の不安な気持ちを無くして、安心させてくれるっていうか…。

F　そうなんだ。あたしも早く予約して行ってみようっと。どんな病院なのか楽しみだね。

여학생과 남학생이 이야기하고 있습니다. 남학생은 왜 그 병원이 마음에 들었습니까?

F　히데 군, 지난번에 병원 다녀왔다고 했었지?

M　응, 새로 생긴 병원.

F　나, 어제부터 눈이 아픈데, 그 병원에서 진찰받아 보는 건 어떨까?

M　아, 괜찮지 않을까? ⓐ다만, 며칠 전에 예약을 하지 않으면 안 돼. 예약을 기다리는 환자들이 많아서.

F　앗, 그래? 붐비는구나.

M　맞아. 분위기가 좀 병원 같지 않아서. 인테리어도 독특하고, 왠지 큰 카페 같은 느낌이라고 할까?

F　그렇구나. 그래서 마음에 들었던 거구나?

M　ⓑ뭐, 병원이란 곳이 어디나 약 냄새 나고, 좀 무서운 느낌이고. ⓒ근데 거기는 의사 선생님도 접수처 사람들도 모두 굉장히 친절해서 다른 병원과는 전혀 달라.

F　음〜. 좋은 병원일 것 같네.

M　응, ⓓ환자의 불안한 기분을 없애고 안심시켜 준다고 할까….

F　그렇구나. 나도 빨리 예약하고 가 봐야지. 어떤 병원일지 기대되네.

男子学生は、どうしてその病院が気に入ったのですか。	남학생은 왜 그 병원이 마음에 들었습니까?
1 カフェのような気楽な雰囲気がよかったから	1 카페 같은 편안한 분위기가 좋았기 때문에
2 予約をすれば楽に診察が受けられるから	2 예약을 하면 편하게 진찰을 받을 수 있기 때문에
3 病院の接客態度が良くて、安心できるから	**3 병원의 접객 태도가 좋고 안심할 수 있기 때문에**
4 インテリアが独特で病院らしくなかったから	4 인테리어가 독특하고 병원 같지 않았기 때문에

[풀이]

ⓐ 병원 예약을 하는 이유는 편하게 진찰을 받기 위한 것이 아니라, 환자가 많기 때문이다. 따라서 선택지 2번은 정답이 될 수 없다.

ⓑ 남자는 카페 같은 병원이 마음에 든다고 한 것은 아니고, 병원은 다 비슷한 느낌이라고 말하고 있기 때문에, 선택지 4번도 정답이 아니다. ⓒ 다른 병원과는 달리 사람들이 친절하고 ⓓ 환자를 대하는 태도가 좋다고 말하고 있다. 따라서 정답은 선택지 3번이다.

[단어]

気に入る 마음에 들다 | 出来る 생기다. 가능하다 | 患者 환자 | 雰囲気 분위기 | 〜らしくない 〜답지 않다 | 匂いがする 냄새가 나다 | 受付 접수(처) | 気楽 마음이 편함, 홀가분함 | 診察 진찰 | 接客 접객 | 態度 태도 | 独特 독특

2番

会社で女の人と男の人が話しています。男の人は、どうして具合がよくないと言っていますか。	회사에서 여자와 남자가 이야기하고 있습니다. 남자는 왜 컨디션이 좋지 않다고 말하고 있습니까?
F おはよう。あれ？ 具合悪そうだけど、どうしたの？	F 안녕. 어? 컨디션이 안 좋은 것 같은데, 무슨 일이야?
M ああ、おはよう。ゆうべは眠れなくて。	M 아, 안녕. 어젯밤에는 잠을 못 자서.
F 何かあったの？ 最近仕事が多いから？	F 무슨 일 있었어? 요즘 일이 많아서?
M ⓐ仕事はね、残業も多いし、いつも大変だよ。そういうことじゃなくて、上の階に新しく引っ越してきた人がうるさいんだよ。	M ⓐ일은 야근도 많고 항상 힘들지. 그런 게 아니고 위층에 새로 이사 온 사람이 시끄러워.
F ああそうなの？ そういうことは、ちゃんと注意したほうがいいよ。	F 아, 그래? 그런 일은 제대로 주의를 주는 편이 좋아.
M うん、今朝会って話したよ。夜は少し静かにしてほしいって。	M 응, 오늘 아침에 만나서 얘기했어. 밤에는 조금 조용히 해 줬으면 좋겠다고.
F ああ、そう。じゃあ、今日はぐっすり眠れそうだね。	F 아, 그래? 그럼, 오늘은 푹 잘 수 있겠네.
M いや、今日も多分眠れないと思う。ⓑその家の子どもが病気で、夜もいろいろうるさいんだ。しばらくの間は、しょうがないよ。	M 아니, 오늘도 아마 못 잘 것 같아. ⓑ그 집 아이가 아파서 밤에도 여러 가지로 시끄럽거든. 당분간은 어쩔 수 없어.
F そうなんだ。大変だね。	F 그런 거구나. 힘들겠네.

男の人は、どうして具合がよくないと言っているのですか。	남자는 왜 컨디션이 좋지 않다고 말하고 있습니까?

1 残業してあまり眠れなかったから

2 昨日の夜、引っ越しの音がうるさかったから

3 子どもが病気で、夜中に看病をしたから

4 上の階の家族が静かにしてくれなかったから

1 야근을 해서 별로 못 잤기 때문에

2 어젯밤에 이사 소리가 시끄러웠기 때문에

3 아이가 아파서 한밤중에 간병을 했기 때문에

4 위층의 가족이 조용히 해 주지 않았기 때문에

[풀이]

ⓐ 잠을 못 잔 것은 야근 때문이 아니라 위층이 시끄러워서라고 말하고 있다. 따라서 선택지 1번은 정답이 될 수 없다. ⓑ 어젯밤에 이사를 온 것은 아니고, 남자의 아이가 아픈 것도 아니기 때문에, 선택지 2, 3번도 정답이 아니다. 남자가 잠을 못 잔 것은 위층의 아이가 아파서이므로, 정답은 선택지 4번이다.

[단어]

具合 형편, 상태 | 眠る 잠자다, 자다 | 残業 잔업 | 引っ越す 이사하다 | 注意 주의 | ～てほしい ～해 주기 바란다 | しばらく 당분간 | 看病 간병

3番

大学で男子学生と女子学生が話しています。男子学生は、どうして先生になりたいと言っていますか。

F おはよう。

M ああ、おはよう。

F 何の勉強してるの？ 試験終わったのに。

M 実は、資格を取る勉強をしてるんだ。先生になりたいと思って。

F 本当？ いよいよ進路を決めたんだね。物理の先生になろうなんて、すごいじゃない。

M この前友達と一緒に勉強していたときに、分からないところを教えてあげたんだけど、そのとき、ⓐ教えるのって楽しいなって感じたんだ。おかげで友達も成績が上がったって言ってた。ああ、物理じゃなくて数学の先生になりたいんだ。

F 数学？ 専攻と違うことを教えようと思ってるの？

M うん、ⓑ実は物理より数学のほうが好きなんだ。それに、ⓒ何よりも僕にとって学校は楽しいところだし、先生になれば、卒業してもずっと学校にいられるからね。

F なるほどね。ⓓ昔から勉強好きだったから、合ってるかもね。頑張って。

男子学生は、どうして先生になりたいと言っていますか。

대학에서 남학생과 여학생이 이야기하고 있습니다. 남학생은 왜 선생님이 되고 싶다고 말하고 있습니까?

F 안녕.

M 아, 안녕.

F 무슨 공부 하고 있는 거야? 시험 끝났는데.

M 실은, 자격증 따는 공부를 하고 있어. 선생님이 되고 싶어서.

F 정말? 드디어 진로를 정했구나. 물리 선생님이 되려고 하다니, 대단한데.

M 지난번에 친구와 함께 공부하고 있었을 때, 모르는 부분을 알려줬는데, 그때 ⓐ가르치는 것이 재미있다고 느꼈어. 덕분에 친구도 성적이 올랐다고 하더라고. 아, 물리가 아니라 수학 선생님이 되고 싶어.

F 수학? 전공과 다른 것을 가르치려고 하는 거야?

M 응, ⓑ사실은 물리보다 수학을 더 좋아해. 게다가, ⓒ무엇보다도 나에게 있어서 학교는 즐거운 곳이고 선생님이 되면 졸업해도 계속 학교에 있을 수 있으니까.

F 그렇구나. ⓓ옛날부터 공부 좋아했으니까, 어울릴지도. 힘내.

남학생은 왜 선생님이 되고 싶다고 말하고 있습니까?

1　友達の成績を上げたいから

2　物理より数学が好きだから

3　学校という場所が好きだから

4　勉強が面白くて好きだから

1　친구의 성적을 올리고 싶기 때문에

2　물리보다 수학을 좋아하기 때문에

3　학교라는 장소를 좋아하기 때문에

4　공부가 재미있고 좋기 때문에

[풀이]

ⓐ 가르치는 것이 재미있었고 자신이 가르쳐 준 덕분에 친구의 성적이 오른 것이다. 따라서 선택지 1번은 정답이 될 수 없다. ⓑ 선생님이 되고 싶은 이유가 아니라 수학을 선택한 이유를 말하고 있는 것이기 때문에, 선택지 2번도 정답이 아니다. ⓒ 학교에 계속 있고 싶어하는 것이 선생님이 되고 싶은 이유라는 것을 알 수 있다. 따라서 정답은 선택지 3번이다. ⓓ 선택지 4번은 여자가 남자에게 응원으로 한 표현일 뿐이므로 정답이 아니다.

[단어]

資格 자격 | **進路** 진로 | **物理** 물리 | おかげで 덕분에 | **成績** 성적 | **数学** 수학 | **専攻** 전공 | **何より** 무엇보다 | **～にとって** ～에게 있어서

4番

男の人と女の人が話しています。男の人は、この店の何が一番良かったと言っていますか。

F　昨日木村君が話してた店に行ってきたんだけど、すっごくよかったよ。

M　でしょ？　だから、ⓐおいしいって言ったじゃない。少し高いけど。

F　うん、あのくらいのお店なら、ちょっとぐらい高くてももったいないと思わないわね。店の感じもとってもいいし。

M　うん。ⓑそれに、量も多かったでしょ。男が食べても十分足りるぐらいだから。

F　うん、そうね。あたしは、ⓒ今日のおすすめメニューが二つあるのも気に入ったわ。友達と別のを注文して、分けて食べれば二つのメニューを楽しめるしね。

M　うん、ⓓランチタイムに行くと半額になるし。それに、ⓔ何と言っても店員さんたちが親切なことが最高だよね。男って、メニューのことはよく分からないから、分かりやすく説明してくれて、個人の好みに合ったメニューも選んでくれるしね。

F　そうなんだ。いいお店を紹介してくれてありがとう。今度一緒に行こうね。

남자와 여자가 이야기하고 있습니다. 남자는 이 가게의 무엇이 가장 좋았다고 말하고 있습니까?

F　어제 기무라 군이 말했던 가게에 다녀왔는데, 정말 좋았어.

M　그렇지? 그래서 ⓐ맛있다고 했잖아. 조금 비싸지만.

F　응, 그 정도 가게라면 조금 비싸도 아깝지 않아. 가게 느낌도 너무 좋고.

M　응, ⓑ게다가 양도 많았지? 남자가 먹어도 충분할 정도니까.

F　응, 그러네. 나는 ⓒ오늘의 추천 메뉴가 두 개 있는 것도 마음에 들었어. 친구랑 다른 것을 주문해서 나눠 먹으면 두 개의 메뉴를 즐길 수 있고.

M　응, ⓓ런치 타임에 가면 반값이 되고, 게다가 ⓔ뭐니 뭐니 해도 점원들이 친절한 것이 최고지. 남자는 메뉴에 관한 것은 잘 모르니까 알기 쉽게 설명해 주고 개인의 취향에 맞는 메뉴도 골라 주고.

F　그렇구나. 좋은 가게를 소개해 줘서 고마워. 다음에 같이 가자.

男の人は、この店の何が一番良かったと言っていますか。	남자는 이 가게의 무엇이 가장 좋았다고 말하고 있습니까?

1 割引をたくさんしてもらえること	1 할인을 많이 받을 수 있는 것
2 味もよくて店員の態度もいいこと	2 맛도 좋고 점원의 태도도 좋은 것
3 値段は高くてもメニューが多いこと	3 가격은 비싸도 메뉴가 많은 것
4 値段も高くなく、量もちょうどいいこと	4 가격도 비싸지 않고 양도 알맞게 좋은 것

[풀이]

ⓐ 남자는 가격은 비싸지만 맛이 좋고 ⓑ 양도 딱 좋다고 말하고 있다. 따라서 선택지 4번은 정답이 될 수 없다. ⓒ 추천 메뉴가 두 개라는 것이 마음에 든다고 말한 사람은 여자이고, 메뉴가 많다는 언급은 없기 때문에, 선택지 3번은 정답이 아니다. ⓓ 런치 타임에는 할인을 많이 해 주는 것, ⓔ 점원들이 친절하다는 것이 가게의 장점이라고 말하고 있다. 그 중에서, ⓓ 何と言っても(무엇보다도)라는 표현을 사용하면서 강조하고 있는 선택지 2번이 정답이다.

[단어]

もったいない 아깝다 | 量 양 | 足りる 족하다. 충분하다 | 気に入る 마음에 들다 | 注文 주문 | 半額 반액, 반값 | 個人 개인 |
好み 취미, 기호 | 紹介 소개 | 割引 할인 | 味 맛 | 態度 태도 | 値段 가격

5番

大学で男の学生と女の学生が話をしています。男の学生は、アルバイトについてどう思っていますか。	대학교에서 남학생과 여학생이 이야기하고 있습니다. 남학생은 아르바이트에 대해서 어떻게 생각하고 있습니까?
M 明日の経営の授業に出れないんだ。先生に話しておいたけど。	M 내일 경영 수업에 못 가. 교수님에게도 말해 두었어.
F え、何で？ 何か大事な用でもあるの？	F 응? 왜? 뭔가 중요한 볼일이라도 있는 거야?
M いや、アルバイトなんだけど、店長が突然入院しちゃったんだ。	M 아니, 아르바이트 말인데, 점장님이 갑자기 입원을 했어.
F ああ、そうなんだ。ところで、どうしてそこまでアルバイトを頑張るの？ 理由は何？	F 아, 그렇구나. 근데, 왜 그렇게까지 아르바이트를 열심히 하는 거야? 이유는 뭐야?
M ああ。ⓐ将来自分でビジネスをするつもりなんだよ。その前に同じ分野の仕事を経験するのはいい勉強になると思ってね。ⓑお客さんと話すのは楽しいけど、商売って本当に難しいし、甘くないなと思っている。	M 아. ⓐ나중에 스스로 사업을 할 생각이야. 그 전에 같은 분야의 일을 경험하는 것은 좋은 공부가 될 것 같아서. ⓑ손님들과 이야기를 하는 건 즐겁지만, 장사는 정말 어렵고 쉽지 않은 거라고 생각하고 있어.
F うん、なるほどね。会社を始めるつもりなんだね。ということは、就職活動はしないの？	F 음, 그렇구나. 회사를 시작할 생각이구나. 그렇다는 건, 취직 활동은 안 하는 거야?
M いや、ⓒ卒業して職場勤めも経験してみてから、会社を始めるつもりなんだ。	M 아니, ⓒ졸업하고 직장 근무도 경험해 보고 나서, 회사를 시작할 생각이야.

男の学生は、アルバイトについてどう思っていますか。	남학생은 아르바이트에 대해서 어떻게 생각하고 있습니까?

1　学校の授業よりも大変だと思っている	1　학교 수업보다도 힘들다고 생각하고 있다
2　将来のビジネスの勉強だと思っている	2　미래의 비즈니스 공부라고 생각하고 있다
3　楽しい時もあるが、やめたいと思っている	3　즐거울 때도 있지만 그만두고 싶다고 생각하고 있다
4　就職のための良い経験だと思っている	4　취직을 위한 좋은 경험이라고 생각하고 있다

[풀이]

ⓐ 나중에 사업을 위한 공부를 위해서 아르바이트를 하고 있는 것을 알 수 있다. 따라서 정답은 선택지 2번이다. ⓑ 일이 즐거울 때도 있지만 쉽지는 않다고 말하고 있다. 아르바이트를 그만두고 싶다는 생각은 없기 때문에, 선택지 3번은 정답이 아니다. ⓒ 지금 하고 있는 아르바이트가 취직을 위한 것은 아니기 때문에, 선택지 4번은 정답이 아니다. 선택지 1번에 대한 언급은 없었다.

[단어]

～について ～에 대해서 | 経営 경영 | 授業 수업 | 用 용무, 볼일 | 突然 돌연, 갑자기 | 頑張る 참고 견디다, 열심히 하다 | 将来 장래, 미래 | 分野 분야 | 経験 경험 | 商売 장사 | 甘い 쉽다, 달다 | 就職 취직 | 活動 활동 | 卒業 졸업 | 職場 직장 | ～勤め ～에서 근무함

6番

男の人が会議で新商品について話しています。男の人は、この新商品が若い女性に受ける点は何だと言っていますか。	남자가 회의에서 신상품에 대해서 이야기하고 있습니다. 남자는 이 신상품이 젊은 여성에게 인기가 있는 점은 무엇이라고 말하고 있습니까?
M 新商品のパソコンについてお話させていただきます。長い間、当社の主力商品として研究、開発されてきました製品が先月ついに発売されました。アンケート調査の結果を見ますと、本製品は、ⓐ値段の割に性能が優れているという点が評価され、若いサラリーマンの間で人気を集めています。ⓑ軽量で、持ち歩きに便利という点、そして、ⓒ特に若い女性には、デザインの点で「洗練されていて、とても気に入っている」という満足の評価を得ました。また、ⓓ画面も大きくなって、映画が見やすくなったという点も評価されました。近年では、女性のパソコンへの関心が高まり、販売台数にも大きな影響を及ぼしております。	M 신상품 컴퓨터에 대해서 이야기하겠습니다. 오랫동안 당사의 주력 상품으로서 연구, 개발되어 온 제품이 지난달에 마침내 발매되었습니다. 앙케트 조사 결과를 보면, 본 제품은 ⓐ가격에 비해서 성능이 뛰어나다는 점이 좋은 평가를 받았고, 젊은 샐러리맨 사이에서 인기를 모으고 있습니다. ⓑ가볍고 가지고 다니기 편리하다는 점, 그리고 ⓒ특히 젊은 여성들에게는 디자인 면에서 '세련돼서 정말 마음에 든다'라는 만족스러운 평가를 얻었습니다. 또, ⓓ화면도 커져서 영화가 보기 편해졌다는 점도 좋은 평가를 받았습니다. 최근에는 여성의 컴퓨터에 대한 관심이 높아지고 판매 대수에도 큰 영향을 미치고 있습니다.
男の人は、この新商品が若い女性に受ける点は何だと言っていますか。	남자는 이 신상품이 젊은 여성에게 인기가 있는 점은 무엇이라고 말하고 있습니까?

1　パソコンの性能	1　컴퓨터의 성능
2　パソコンの重_{おも}さ	2　컴퓨터의 무게
3　パソコンのデザイン	3　컴퓨터의 디자인
4　パソコンの大きさ	4　컴퓨터의 크기

[풀이]

ⓐ ⓑ 앙케트 결과, 일반적인 평가를 받은 것이다. 하지만 이것을 젊은 여성들의 의견이라고는 보기 힘들다. 따라서 선택지 1, 2번은 정답이 될 수 없다. ⓒ 젊은 여성들에게 만족스러운 평가를 받은 것은 세련된 디자인이다. 따라서 정답은 선택지 3번이다. ⓓ 화면의 크기에 관련된 것도 일반적인 평가에 해당하는 내용이기 때문에, 선택지 4번도 정답이 아니다.

[단어]

新商品 신상품 **|** **~について** ~에 대해서 **|** **好評** 호평 **|** **主力** 주력 **|** **研究** 연구 **|** **開発** 개발 **|** **発売** 발매 **|** **調査** 조사 **|** **結果** 결과 **|** **値段** 가격 **|** **~の割に** ~에 비해서 **|** **性能** 성능 **|** **優れる** 뛰어나다, 우수하다 **|** **評価** 평가 **|** **洗練** 세련 **|** **画面** 화면 **|** **販売** 판매 **|** **影響** 영향 **|** **及ぼす** 미치다

問題 3

問題３では、問題用紙に何もいんさつされていません。この問題は、全体としてどんな内容かを聞く問題です。話の前に質問はありません。まず話を聞いてください。それから質問とせんたくしを聞いて、１から４の中から、最もよいものを一つ選んでください。

문제 3에서는 문제용지에 아무것도 인쇄되어 있지 않습니다. 이 문제는 전체적으로 어떤 내용인지를 묻는 문제입니다. 이야기하기 전에 질문은 없습니다. 우선 이야기를 들어 주세요. 그리고 나서 질문과 선택지를 듣고 1에서 4 중에서 가장 적당한 것을 하나 고르세요.

例

男の人が話しています。	남자가 이야기하고 있습니다.
M 「花見ヶ丘」は天ぷら料理のお店で、花見駅から徒歩７分の所にあります。全国に支店が２５店あり、味とサービスでは定評があります。ⓐ今回は、ホールで働く１８歳以上の男性を募集しております。１か月間の研修期間がありますから、経験がない方も安心してご応募いただけます。ⓑたくさんの方のご応募をお待ちしております。	M '하나미가오카'는 튀김 요리 가게로, 하나미 역에서 도보 7분인 곳에 있습니다. 전국에 지점이 25개 점이 있고, 맛과 서비스로는 정평이 나 있습니다. ⓐ이번에는 홀에서 일할 18세 이상의 남성을 모집하고 있습니다. 1개월간의 연수 기간이 있으니, 경험이 없는 분도 안심하고 응모하실 수 있습니다. ⓑ많은 분들의 응모를 기다리고 있겠습니다.
男の人は何について話していますか。	남자는 무엇에 대해서 이야기하고 있습니까?
1　お店の駅からの道順	1　역에서 가게로 오는 길 안내
2　お店の経営方針	2　가게의 경영 방침
3　お店の研修内容	3　가게의 연수 내용
4　新しいスタッフの募集	4　새로운 스태프 모집

[풀이]

ⓐ ⓑ 남자는 18세 이상의 남성 스태프를 모집하고 있다는 것을 알 수 있다. 따라서 정답은 선택지 4번이다. 청해 문제 3 개요 이해에서는 전체적인 내용을 파악하는 것이 중요하다.

[단어]

徒歩 도보 | 支店 지점 | 定評 정평 | 募集 모집 | 研修 연수 | 期間 기간 | 経験 경험 | 応募 응모 | 道順 (길) 순서 | 経営 경영 | 方針 방침

1番

会社で社長が話しています。	회사에서 사장이 이야기하고 있습니다.

M 最後に、最近営業部をはじめ、一部の部署が残業をしているようですが、ⓐあまり遅い時間まではしないようにお願いします。急を要する仕事が残ってしまった場合は仕方ないと思いますが、自分のすべきことを全部終わらせたにもかかわらず、チームの人たちが残っているからといって自分も帰らないというのは、よくないことです。次の日の業務にも支障があるのはもちろん、健全な社内の雰囲気の改善という、わが社の方針にも合いません。各部署のリーダーは率先して定時に業務を終え、みんなで一緒に退社するようにしましょう。ⓑこれから夜12時以降の残業と、週2回以上の残業もしばらく禁止します。長い目で見れば、今後わが社がさらに成長するきっかけになると思います。

M 끝으로, 요즘 영업부를 비롯해 일부 부서가 야근을 하고 있는 것 같은데, ⓐ너무 늦은 시간까지는 하지 않도록 부탁 드립니다. 시급한 일이 남아 있는 경우는 어쩔 수 없다고 생각하지만, 자신이 할 일을 전부 끝냈음에도 불구하고 팀원들이 남아 있다고 해서 자기도 퇴근을 하지 않는 것은 좋지 않은 일입니다. 다음 날 업무에도 지장이 있는 것은 물론이고, 건전한 사내 분위기 개선이라는 회사의 방침에도 맞지 않습니다. 각 부서의 리더는 솔선해서 정시에 업무를 끝내고 모두 함께 퇴근하도록 합시다. ⓑ앞으로 밤 12시 이후의 야근과 주 2회 이상의 야근도 한동안 금지합니다. 긴 안목으로 보면, 앞으로 우리 회사가 더욱 성장하는 계기가 될 것이라고 생각합니다.

社長は、何について話していますか。

사장은 무엇에 대해서 이야기하고 있습니까?

1　残業の禁止	1　야근의 금지
2　チームの団結	2　팀의 단결
3　残業の時間	3　야근 시간
4　残業の制限	4　야근의 제한

[풀이]

ⓐ 너무 늦은 시간까지 야근하지 말라고 언급하고 있다. 야근을 전부 금지하는 것은 아니기 때문에, 선택지 1번은 정답이 될 수 없다. ⓑ 특정 경우에 한해서 야근을 금지하는 발언을 하고 있다. 이것이 야근 시간을 설명하는 것은 아니기 때문에, 선택지 3번도 정답이 아니다. 야근의 시간과 횟수를 제한하는 내용이라는 것을 알 수 있기 때문에, 정답은 선택지 4번이다. 선택지 2번에 대한 언급은 없었다.

営業 영업 | ~をはじめ ~를 비롯해서 | 部署 부서 | 残業 잔업, 야근 | 急を要する 긴급을 요하다, 시급하다 | 仕方ない 어쩔 수 없다 | ~にもかかわらず ~에도 불구하고 | 業務 업무 | 支障 지장 | 健全 건전 | 改善 개선 | わが社 우리 회사 | 方針 방침 | 率先 솔선 | 退社 퇴근 | しばらく 당분간 | 禁止 금지 | 長い目で見る 긴 안목으로 보다 | 成長 성장 | きっかけ 계기 | 団結 단결 | 制限 제한

2番

<table>
<tr><td>

テレビでアナウンサーが話しています。

F 今日は、面白いアイディア商品をご紹介いたします。こちらの椅子をご覧ください。普通の椅子のように見えますが、驚いたことに、ⓐ人が動かさなくても自分で机の方へ移動する椅子なんです。とっても面白いですね。この椅子には電気モーターとセンサーが入っていて、ⓑ人が手を叩く音に反応して、適当な空間へと移動するわけです。ⓒある自動車会社のオート駐車技術を応用して作られたロボットだそうです。これからも、どんな製品が登場して人々の生活をより快適にしてくれるのか、楽しみですね。

アナウンサーは、何について話していますか。

1 自動車会社が作った椅子
2 リモコン操作で動く椅子
3 人の声に反応する椅子
4 自分で動くロボット椅子

</td><td>

TV에서 아나운서가 이야기하고 있습니다.

F 오늘은 재미있는 아이디어 상품을 소개해 드리겠습니다. 이 의자를 봐 주세요. 평범한 의자처럼 보이지만, 놀랍게도 ⓐ사람이 움직이게 하지 않아도 스스로 책상 쪽으로 이동하는 의자입니다. 정말 재미있죠? 이 의자에는 전기 모터와 센서가 들어 있어서, ⓑ사람이 손뼉을 치는 소리에 반응해서 적당한 공간으로 이동하는 것이죠. ⓒ어떤 자동차 회사의 자동 주차 기술을 응용해서 만들어진 로봇이라고 합니다. 앞으로도 어떤 제품이 등장해서 사람들의 생활을 보다 쾌적하게 해 줄지 기대되네요.

아나운서는 무엇에 대해서 이야기하고 있습니까?

1 자동차 회사가 만든 의자
2 리모컨 조작으로 움직이는 의자
3 사람의 목소리에 반응하는 의자
4 스스로 움직이는 로봇 의자

</td></tr>
</table>

[풀이]

ⓐ 여자가 소개하고 있는 제품은 스스로 움직이는 의자라는 것을 알 수 있다. 따라서 정답은 선택지 4번이다. ⓑ 사람의 목소리가 아니라 손뼉을 치는 소리에 반응하기 때문에, 선택지 3번은 정답이 아니다. ⓒ 자동차 회사의 기술을 응용해서 만든 것이지 자동차 회사가 만든 의자는 아니다. 따라서 선택지 1번도 정답이 될 수 없다. 선택지 2번에 대한 언급은 없었다.

[단어]

商品 상품 | 紹介 소개 | 普通 보통, 대개 | 驚く 놀라다 | ~ことに ~하게도 | 動かす 움직이게 하다 | 移動 이동 | 手を叩く 손뼉을 치다 | 反応 반응 | 応用 응용 | 登場 등장 | 快適 쾌적 | 操作 조작

テレビで男の人が話しています。	TV에서 남자가 이야기하고 있습니다.

M 最近暖かい日が続き、キャンプをする人が増えています。しかし、キャンプ場で1泊して朝起きると、腰や肩、首に痛みを感じる場合がよくあります。その理由は、昼と夜の気温の差のためですが、気温が下がると人間の体は体温を維持するために体を縮こまらせ、その結果、朝起きると体のあちこちに痛みを感じるのです。したがって、ⓐキャンプをするには、体温の維持できる長い服が必要となります。そのⓑ長い服は、一枚だけ着るよりも、何枚か重ねて着たほうが、効果的です。

M 최근 따뜻한 날이 계속되고, 캠프를 하는 사람들이 늘고 있습니다. 그러나 캠프장에서 1박을 하고 아침에 일어나면, 허리와 어깨, 목에 통증을 느끼는 경우가 자주 있습니다. 그 이유는 낮과 밤의 기온 차 때문인데요, 기온이 떨어지면 인간의 몸은 체온을 유지하기 위해서 몸을 웅크리고, 그 결과 아침에 일어나면 몸의 여기저기에 통증을 느끼는 것이죠. 따라서 ⓐ캠프를 하기 위해서는 체온을 유지할 수 있는 긴 옷이 필요합니다. 그 ⓑ긴 옷은 한 장만 입는 것보다도 여러 장 겹쳐 입는 편이 효과적입니다.

男の人は、何について話していますか。

남자는 무엇에 대해서 이야기하고 있습니까?

1 キャンプに適した季節
2 キャンプでの筋肉痛
3 **キャンプでの冷え対策**
4 キャンプでの起き方

1 캠프에 적합한 계절
2 캠프에서의 근육통
3 **캠프에서의 냉기 대책**
4 캠프에서의 일어나는 방법

[풀이]

ⓐ 캠프를 할 때는 체온 유지를 위해 긴 옷이 필요하며, ⓑ 긴 옷은 여러 벌 겹쳐 입는 것이 좋다는 조언을 하고 있다. 따라서 선택지 3번이 정답으로서 가장 바람직하다는 것을 확인할 수 있다.

[단어]

腰 허리 | 肩 어깨 | 首 목 | 痛み 통증, 아픔 | 差 차이 | 体温 체온 | 維持 유지 | 縮こまる 웅크리다. 위축되다 | したがって 따라서 | 〜には 〜하려면 | 重ねる 겹치다. 포개다 | 効果 효과 | 適する 알맞다. 적당하다 | 筋肉痛 근육통 | 冷え 냉기, 냉병 | 対策 대책

女の人と男の人が話しています。	여자와 남자가 이야기하고 있습니다.

F ⓐあのう、このリンゴ、田舎の母がたくさん送ってくれたんですけど、うちの家族だけでは食べ切れないので、よかったら召し上がってください。
M ああ、ありがとうございます。うちはみんな果物が大好きなんで、喜びます。

F ⓐ저기, 이 사과, 시골에서 어머니가 많이 보내 주셨는데, 저희 가족만으로는 다 못 먹어서, 괜찮다면 드세요.
M 아, 감사합니다. 저희는 다들 과일을 정말 좋아해서, 기뻐할 거예요.

F ああ、よかった。でも、売り物ではないので、傷物もありますけど、味はいいんですよ。

M 全然構いません。ああ、ちょっと待ってください。ⓑよかったらこのお菓子召し上がりませんか。この前、誕生日のプレゼントにもらったんですけど、お宅のお子様にも喜ばれると思いますが。

F わあ、美味しそうですね。どうもありがとうございます。

女の人は、何をするために来ましたか。

1　リンゴをあげるため

2　リンゴを売るため

3　お菓子をもらうため

4　お菓子を売るため

[풀이]

ⓐ 여자가 온 목적은 사과를 주기 위해서이고, ⓑ 남자가 그 답례로 과자를 준다는 내용을 확인할 수 있다. 따라서 정답은 선택지 1번이다.

[단어]

田舎 시골 **｜ 召し上がる** 드시다 **｜ 果物** 과일 **｜ 喜ぶ** 좋아하다, 기뻐하다 **｜ 売り物** 팔·물건 **｜ 傷物** 흠이 있는 것 **｜ 構わない** 상관없다, 관계없다

5番

留守番電話のメッセージを聞いています。

（ピー）

F 神戸大学図書館の相澤と申します。いつもご利用いただき、誠にありがとうございます。ⓐお借りになった本の返却日が一日過ぎております。延長をご希望の場合、図書館のサービスコーナーへお越し下さい。お電話での延長の申し込みには応じかねます。ⓑ図書館の開館時間は、午前９時から午後６時までになっております。２日以内に延長の申し込みまたはご返却をされない場合、１ヶ月間、ⓒ図書の貸出のご利用が制限されますので、よろしくお願いします。

F 아, 다행이다. 하지만 판매용이 아니라서 흠집이 난 것도 있는데, 맛은 좋아요.

M 전혀 상관없습니다. 아, 잠시만 기다려 주세요. ⓑ괜찮으시면 이 과자 드시지 않으실래요? 지난번에 생일 선물로 받은 건데, 댁의 자녀분들도 좋아할 것 같은데요.

F 와, 맛있겠네요. 정말 감사합니다.

여자는 무엇을 하러 왔습니까?

1　사과를 주기 위해서

2　사과를 팔기 위해서

3　과자를 받기 위해서

4　과자를 팔기 위해서

부재중 전화 메시지를 듣고 있습니다.

(삐—)

F 고베 대학 도서관의 아이자와입니다. 언제나 이용해 주셔서 대단히 감사합니다. ⓐ빌리신 책의 반납일이 하루 지났습니다. 연장을 원하시는 경우, 도서관 서비스 코너에 오시기 바랍니다. 전화로 하는 연장 신청에는 응하기 어렵습니다. ⓑ 도서관 개관 시간은 오전 9시부터 오후 6시까지입니다. 2일 이내에 연장 신청 또는 반납을 하지 않으실 경우, 1개월간 ⓒ도서 대출 이용이 제한되오니 잘 부탁 드립니다.

<table>
<tr><td>何についてのメッセージですか。</td><td>무엇에 대한 메시지입니까?</td></tr>
</table>

1 図書館の利用時間の案内	1 도서관 이용 시간 안내
2 図書館の貸出の申込方法	2 도서관 대출 신청 방법
3 本の返却に対するお知らせ	**3 책 반납에 대한 공지**
4 図書サービスの利用方法	4 도서 서비스 이용 방법

[풀이]

ⓐ 여자가 메시지를 남긴 이유는 책 반납일이 지난 것을 알리기 위해서이다. 따라서 정답은 선택지 3번이다. ⓑ 도서관 개관 시간을 알려주는 것은 ⓐ 책 반납을 처리하기 위한 것이고, ⓒ 도서 대출 신청 방법을 알리는 것이 아니라, 반납 지연으로 인한 이용 제한을 공지하고 있다. 따라서 선택지 1, 2번은 정답이 될 수 없고, 선택지 4번에 대한 언급은 없었다.

[단어]

留守 부재중, 집에 없음 | 誠に 정말로, 참으로 | 借りる 빌리다 | 返却 반납 | 延長 연장 | 希望 희망 | 申し込み 신청 | 応じる 응하다, 답하다 | ～かねる ～하기 어렵다 | 開館 개관 | 貸出 대출, 대여 | 制限 제한 | ～に対する ～에 대한

問題 4

問題 4 では、問題用紙に何もいんさつされていません。この問題は、まず文を聞いてください。それから、それに対する返事を聞いて、1から3の中から、最もよいものを一つ選んでください。

문제 4에서는 문제 용지에 아무것도 인쇄되어 있지 않습니다. 이 문제는 우선 문장을 들어 주세요. 그러고 나서 그에 대한 대답을 듣고, 1에서 3 중에서 가장 적당한 것을 하나 고르세요.

例

M 息子のプレゼントを何にしたらいいかな？	M 아들 선물을 무엇으로 하면 좋을까?
F 1 ありがとう！ プレゼントくれるの？	M 1 고마워! 선물 주는 거야?
2 おもちゃなんかいいじゃない？	**2 장난감 같은 것이 좋지 않을까?**
3 すごいね。息子に勉強を教えているの？	3 굉장하네. 아들에게 공부를 가르치고 있어?

[풀이]

아들의 선물로 무엇이 좋을지 물어보는 말에 대해서, 구체적인 무언가를 언급하는 선택지 2번이 정답이다.

[단어]

息子 아들 | おもちゃ 장난감 | 教える 가르치다

1番

M いらっしゃいませ。ご予約はなさっていらっしゃいますか。	M 어서 오세요. 예약은 하셨나요?
F 1 はい、明日の予約でお願いします。	F 1 네, 내일 예약으로 부탁 드립니다.
2 いいえ、まだなんです。今からでいいですか。	**2 아니요, 아직입니다. 지금부터 해도 될까요?**

<table>
<tr><td>3 予約してくださって、ありがとうございます。</td><td>3 예약해 주셔서 감사합니다.</td></tr>
</table>

[풀이]

예약 여부를 확인하는 남자의 질문에 대한 대답으로 가장 적절한 것은 선택지 2번이다.

[단어]

予約 예약 | なさる 하시다(する의 존경어)

2番

<table>
<tr><td>F どうしたの。顔色悪いよ。

M 1 何とか解決したよ。大丈夫。
　2 ゆうべ眠れなくて。
　3 え、顔に何かついてる？</td><td>F 무슨 일이야? 안색이 안 좋은데.

M 1 어떻게든 해결했어. 괜찮아.
　2 어젯밤 잠을 못 자서.
　3 응? 얼굴에 뭔가 묻었어?</td></tr>
</table>

[풀이]

안색이 안 좋아서 걱정하는 질문에 대해서, 잠을 못 잔 것을 이유로 대답하고 있는 선택지 2번이 정답이다.

[단어]

顔色 안색, 얼굴색 | 何とか 어떻게든 | 解決 해결 | 眠る 자다, 잠자다

3番

<table>
<tr><td>M 悪いけど、明日の約束、来週にしてもらえないかな。

F 1 うん、いいよ。そうしよう。
　2 いや、私こそ、ごめんね。
　3 そう？ よかったね。</td><td>M 미안한데, 내일 약속, 다음 주로 해 줄 수 없을까?

F 1 응, 괜찮아. 그렇게 하자.
　2 아니야, 나야말로 미안해.
　3 그래? 잘됐네.</td></tr>
</table>

[풀이]

약속을 미루어 달라고 부탁하는 남자의 질문에 적절한 대답을 한 것은 선택지 1번이다.

[단어]

悪い 나쁘다, 미안하다 | ～こそ ～야 말로

4番

<table>
<tr><td>F すみませんが、何か書くものを貸してもらえませんか。

M 1 はい、こちらに書いてください。
　2 ボールペンでもよろしいでしょうか。</td><td>F 죄송한데요, 뭔가 쓸 것을 빌릴 수 없을까요?

M 1 네, 이쪽에 써 주세요.
　2 볼펜이라도 괜찮으신가요?</td></tr>
</table>

| 3 いいえ、大丈夫です。お書きしますから。 | 3 아니요, 괜찮습니다. 쓰겠습니다. |

[풀이]

쓸 것을 빌려 달라는 여자의 부탁에 대한 적절한 대답은 선택지 2번이다. ～てもらえませんか라고 하는 부탁 표현도 잘 알아 두도록 하자.

[단어]

貸す 빌려주다

5番

| M ちょっと時間あるかな。この資料を田中君に渡してほしいんだけど。 | M 잠깐 시간 있어? 이 자료를 다나카에게 건네줬으면 좋겠는데. |
| F 1 ああ、渡せませんでした。
  2 はい、すぐに渡して来ます。
  3 はい、渡しましょうよ。 | F 1 아, 건네줄 수 없었습니다.
  2 네, 바로 건네주고 오겠습니다.
  3 네, 건네줍시다. |

[풀이]

다른 사람에게 자료를 전해 달라고 부탁하는 남자의 말에, 바로 건네주고 오겠다는 내용의 선택지 2번이 정답이다.

[단어]

資料 자료 | 渡す 건네주다 | ～てほしい ～해 주기 바라다

6番

| F 課長、昨日お送りしたメール、ご覧になりましたか。 | F 과장님, 어제 보내 드린 메일 보셨나요? |
| M 1 え？ 昨日朝一で東京にいらっしゃったよ。
  2 いいえ、まだお戻りになってませんが。
  3 ああ、ざっと目を通しておいたよ。 | M 1 응? 어제 아침 일찍 도쿄로 가셨어.
  2 아니요, 아직 돌아오시지 않았습니다만.
  3 아, 대충 훑어봤어. |

[풀이]

어제 보낸 메일을 보았냐는 여자의 질문에 대충 훑어봤다고 말하는 선택지 3번이 정답이다.

[단어]

送る 보내다 | ご覧になる 보시다(見る의 존경어) | いらっしゃる 가시다. 오시다. 계시다(行く, 来る, いる의 존경어) | 戻る 돌아가다. 돌아오다 | ざっと 대충. 대강 | 目を通す 훑어보다 | ～ておく ～해 두다

M もしよろしければ、この商品について説明させて いただいても、よろしいでしょうか。	M 혹시 괜찮으시다면, 이 상품에 대해서 설명해 드려도 괜찮을까요?
F 1 いいえ、説明が上手くできなくて。 2 すいません。この商品はよろしいです。 3 ええ、お願いします。	F 1 아니요, 설명을 잘 못해서. 2 죄송합니다. 이 상품은 좋습니다. 3 네, 부탁드립니다.

[풀이]

상품 설명을 해도 괜찮은지 물어보는 남자의 질문에, 설명을 부탁한다는 선택지 3번이 가장 적절한 대답이다.

[단어]

商品 상품 ▎説明 설명

F 小川さん、オートバイとぶつかって入院したんだって。	F 오가와 씨, 오토바이랑 부딪쳐서 입원했대.
M 1 お体、お大事に。 2 だから気を付けたんだよ。 3 そうか、気の毒だね。	M 1 몸조심하세요. 2 그래서 조심했어. 3 그래? 그거 안됐네.

[풀이]

두 사람 모두 알고 있는 사람이 입원한 것에 대해서 안타까워하는 선택지 3번이 정답이다.

[단어]

ぶつかる 부딪히다 ▎〜って 〜래, 〜는데〈〜ということだ(〜라고 하다)의 축약 표현〉 ▎お大事に 몸조심하세요 ▎気を付ける 조심하다, 주의하다 ▎気の毒 불쌍함, 가엾음

M 申し訳ありません、遅くなってしまって。	M 죄송합니다, 늦어 버려서.
F 1 いいえ、こちらこそ、ありがとうございます。 2 お待たせしました。こちらへどうぞ。 3 いいえ、私も着いたばかりなんです。	F 1 아니요, 저야말로 감사합니다. 2 오래 기다리셨습니다. 이쪽으로 오세요. 3 아니요, 저도 도착한 지 얼마 안 됐습니다.

[풀이]

늦어서 죄송하다는 남자의 말에 일상적으로 많이 쓰이는 표현인 선택지 3번이 정답이다.

[단어]

申し訳ない 미안하다 ▎〜てしまう 〜해 버리다 ▎こちらこそ 저야말로 ▎待たせる 기다리게 하다 ▎着く 도착하다 ▎〜たばかりだ 〜한 지 얼마 안 되었다

10番

F お客様、ここでのおたばこは、ご遠慮いただけますか。	F 손님, 이곳에서의 흡연은 삼가 주시겠습니까?
M **1 ああ、気がつきませんでした。**	M **1 아, 몰랐습니다.**
2 それじゃ、遠慮なくいただきます。	2 그럼, 사양 않고 받겠습니다.
3 すいませんが、喫煙席はあちらなんです。	3 죄송하지만 흡연석은 저쪽입니다.

[풀이]

담배를 피우지 말아 달라는 여자의 말에 미처 몰랐다고 대답하는 선택지 1번이 정답이다.

[단어]

遠慮 사양 | 気がつく 깨닫다, 알아차리다 | 喫煙席 흡연석

11番

M ご無理をお願いして申し訳ないんですが、そこを何とかお願いできませんか。	M 무리한 부탁을 드려서 죄송하지만, 그것을 어떻게든 부탁 드릴 수 없을까요?
F 1 やっぱり無理だったんですね。ごめんなさい。	F 1 역시 무리였군요. 죄송합니다.
2 何とかしていただけないでしょうか。	2 어떻게든 해 주실 수 없으신가요?
3 申し訳ありませんけど、やっぱり無理です。	**3 죄송하지만, 역시 무리입니다.**

[풀이]

무리한 부탁을 하는 남자에게 거절의 표현을 하고 있는 선택지 3번이 정답이다. 무리한 부탁을 할 때 자주 쓰이는 そこを何とか (그것을 어떻게든)라는 표현도 알아 두도록 하자.

[단어]

申し訳ない 미안하다 | 何とか 어떻게든

12番

F うちの会社、仕事も多いのに、昨日突然先輩にやめられちゃったんだ。	F 우리 회사, 일도 많은데, 어제 갑자기 선배가 그만뒀어.
M **1 じゃあ、しばらくは大変そうね。**	M **1 그럼, 당분간은 힘들겠네.**
2 え？　会社やめるつもりなの？	2 응? 회사 그만둘 생각이야?
3 先輩は元気だから、大丈夫だよ。	3 선배는 건강하니까, 괜찮아.

[풀이]

힘든 상황에 처한 여자를 걱정하는 내용의 선택지 1번이 정답이다. ～に～(ら)れる (～에게 ～당하다)라는 수동 표현도 알아 두도록 하자.

[단어]

突然 돌연, 갑자기 | やめる 그만두다 | ～ちゃう ～해 버리다 | しばらく 당분간

問題 5 では、長めの話を聞きます。この問題には練習はありません。メモをとってもかまいません。

1番、2番

問題用紙に何もいんさつされていません。まず話を聞いてください。それから、質問とせんたくしを聞いて、1から4の中から、最もよいものを一つ選んでください。

문제 5에서는 긴 이야기를 듣습니다. 이 문제에는 연습은 없습니다. 메모를 해도 상관없습니다.

1번, 2번
문제 용지에 아무것도 인쇄되어 있지 않습니다. 우선 이야기를 들어 주세요. 그러고 나서 질문과 선택지를 듣고, 1에서 4 중에서 가장 적당한 것을 하나 고르세요.

1番

女の学生と不動産屋の人が話しています。	여학생과 부동산 사람이 이야기하고 있습니다.

M いらっしゃいませ。部屋をお探しですか。

F ええ、できるだけ安くて広い部屋を探してるんですけど。

M そうですか。では、まず4つご紹介しますので、こちらのカタログをご覧ください。一番目は、ⓐ「ホシノモト」でございます。大学生専用で、月4万円。トイレとキッチンもあって、机とベッド付きで、大学生に一番人気の物件です。

F そうですか。ここはどうなんですか。

M はい、ⓑ「ムラノヤ」ですね。ここもトイレ・キッチン付きで、広くはありませんが、リビングもあります。一人で生活するのでしたら、十分なスペースです。月4万5千円で、最寄の駅まで、徒歩5分で、便利です。それからⓒ3番目の「ヤマツキ」は、月5万2千円で、部屋が二つ、トイレ一つ、リビングルームが一つです。家具はすべて備わっておりますので、新しく買う必要がありません。先月建ったばかりの新築で、静かな町の中にあるので、夜はもちろん、昼間もうるさくありません。

F ふーん、素敵な場所ですけど、少し高いですね。

M 어서 오세요. 방을 찾으시나요?

F 네, 가능한 한 싸고 넓은 집을 찾고 있는데요.

M 그러신가요? 그럼, 먼저 4개 소개해 드릴 테니, 이쪽의 카탈로그를 봐 주세요. 첫 번째는, ⓐ'호시노모토'입니다. 대학생 전용으로, 월 4만 엔. 화장실과 주방도 있고 책상과 침대가 딸려 있고, 대학생에게 가장 인기가 있는 물건입니다.

F 그렇군요. 여기는 어떤가요?

M 네, ⓑ'무라노야'군요. 이곳도 화장실, 주방이 딸려 있고, 넓지는 않지만 거실도 있습니다. 혼자 생활하는 것이라면 충분한 공간입니다. 월 4만 5천 엔이고, 가장 가까운 역까지 도보 5분으로 편리합니다. 그리고 세 번째 ⓒ'야마쓰키'는 월 5만 2천 엔으로, 방이 2개, 화장실 1개, 거실이 1개입니다. 가구는 모두 갖춰져 있기 때문에 새로 살 필요가 없습니다. 지난달에 지어진 신축이고, 조용한 동네에 있기 때문에 밤에는 물론 낮에도 시끄럽지 않습니다.

F 음, 멋진 곳이지만 조금 비싸네요.

M それでしたら、ⓓ「ヒカリサキ」はいかがでしょう
か。月３万７千円と、最も安いお値段です。部屋は
一つで、キッチンとトイレは共同です。毎日大家さ
んがきれいに掃除してくれるので、清潔さという
面では心配ありません。ちなみに女性専用です。

F へぇ、ⓔでも少し古そうですね。なるべくきれい
な新築の家に住みたいんですけど、これは高すぎ
るし……。駅から近いこれもいいですね。もうす
ぐ卒業するから、大学生専用だと困るんで、迷っ
ちゃいますね。

M そうですか。ⓕもし家具を新たに買うようだった
ら、全部揃ってるほうがいいと思いますけどね。
そうすれば、コストの面でも大差ないと思います
けど。

F それもそうですね。じゃあ、これにします。

女の学生は、どの部屋を選びましたか。

1 「ホシノモト」
2 「ムラノヤ」
3 「ヤマツキ」
4 「ヒカリサキ」

M 그러시다면, ⓓ'히카리사키'는 어떠신가요? 월 3만 7천
엔으로, 가장 싼 가격입니다. 방은 1개이고, 주방과 화장
실은 공동입니다. 매일 집주인이 깨끗하게 청소해 주기
때문에 청결이라는 면에서는 걱정 없습니다. 참고로 여
성 전용입니다.

F 아, ⓔ하지만 조금 낡은 것 같네요. 가능한 한 깨끗한 신
축 건물에 살고 싶은데. 이곳은 너무 비싸고……. 역에서
가까운 여기도 좋네요. 이제 곧 졸업이라서 대학생 전용
이라면 곤란하고, 고민되네요.

M 그렇습니까? ⓕ만약, 가구를 새로 사는 것이라면 모두
갖추어져 있는 쪽이 좋을 것 같은데요. 그렇게 하면 비용
면에서도 큰 차이는 없을 것 같은데.

F 그것도 그렇네요. 그럼, 여기로 할게요.

여학생은 어느 방을 골랐습니까?

1 '호시노모토'
2 '무라노야'
3 '야마쓰키'
4 '히카리사키'

[풀이]

ⓐ ⓑ ⓒ ⓓ 선택지 4개가 언급되고 있는 부분이다. ⓔ 낡은 곳은 싫어한다는 여자의 말과 대학생 전용은 곤란하다는 말에서, 선택
지 1, 4번은 정답이 아니라는 것을 알 수 있다. 여자가 마음에 들어 하는 방은 신축 건물(야마쓰키)과 역에서 가까운 곳(무라노야)이
다. ⓕ 가구가 모두 갖춰진 곳이 좋은 것 같다는 남자의 말에 동의를 하고 있기 때문에, 정답은 선택지 2번이 아니라 3번이라는 것
을 알 수 있다.

[단어]

不動産 부동산 | できるだけ 가능한 한, 되도록 | 紹介 소개 | 専用 전용 | 生活 생활 | 最寄 가장 가까움, 근처 | 徒歩 도보 | 備
わる 갖춰지다, 구비되다 | ～たばかり ～한 지 얼마 안 됨 | 新築 신축 | 素敵 아주 멋짐, 매우 근사함 | 値段 가격 | 共同 공동 |
大家 집주인 | 清潔 청결 | 女性 여성 | なるべく 될 수 있는 한, 되도록 | 困る 곤란하다 | 新た 새로움 | 大差 큰 차이

2番

デパートの家具売り場で、３人が話しています。

M1 山口君の結婚祝いなんだけど、机にしたらどうか
な？

F そうね。彼は前から、新しい机を買いたいって、
よく言ってたもんね。店員さんに聞いてみるね。

백화점의 가구 매장에서 3명이 이야기하고 있습니다.

M1 야마구치의 결혼 선물 말인데, 책상으로 하면 어떨까?

F 그래. 걔, 전부터 새로운 책상을 사고 싶다고 자주 말했
으니. 점원에게 물어보자.

M2 いらっしゃいませ。

F あのう、机を買いたいんですが、どんなのがあるのか教えていただけますか。

M2 はい、ご希望のサイズやご予算は？

M1 ええと、新婚夫婦へのプレゼントなんです。

M2 かしこまりました。それでは、ⓐこちらのデスクAはいかがですか。今、キャンペーン中の新製品で、3割引になっております。先月発売したばかりの椅子も、サービスでお付けしております。

F へえ、いいね。椅子まで付いてるなんて。いくらなんですか。

M2 ⓑ3割引のお値段で、20万円でございます。デスクAは只今当店いちばんの人気商品でして、色は8色ございます。

M1 色は青が良さそうだけど、完全に予算オーバーだよね。あのう、もう少し安いのはありませんか。

M2 でしたら、ⓒこちらのデスクBの黄色い机はいかがですか。お値段は15万円で、椅子をセットで購入されましたら、20％割引させていただきます。

F これもかわいいね。新婚夫婦に似合ってるかも。さっきのよりは小さいけど、使いにくい点はなさそうだよ。

M1 まあそうだね。でも、椅子をセットで買うと、さっきのより高くなるんじゃないの？

F ああ、そうだね。あのう、椅子をセットにしないで一つだけでも割引になりますか。

M2 申し訳ございません。ⓓデスクBは二つでセットになっておりまして、一つだけだと割引にはならないんです。

M1 ⓔじゃあ、椅子はなしにしよう。デスクBは黄色以外に何色がありますか。

M2 白と青もございます。

F じゃあ、ⓕ青のにしよう。黄色はちょっと子どもっぽいと思うから。

二人は、どの品を買うことにしましたか。

M2 어서 오세요.

F 저기, 책상을 사고 싶은데, 어떤 것이 있는지 알려 주실래요?

M2 네, 원하시는 사이즈나 예산은요?

M1 음, 신혼부부 선물이에요.

M2 알겠습니다. 그럼, ⓐ이쪽의 책상 A는 어떠신가요? 지금 캠페인 중인 신제품으로, 30% 할인하고 있습니다. 지난달에 막 발매한 의자도 서비스로 드리고 있습니다.

F 와. 좋네. 의자까지 딸려 있다니. 얼마인가요?

M2 ⓑ30% 할인 가격으로 20만 엔입니다. 책상 A는 지금 저희 가게의 가장 인기 있는 상품으로 색상은 8색입니다.

M1 색은 파란색이 좋을 것 같은데, 완전히 예산 오버네. 저기, 조금 더 싼 것은 없나요?

M2 그러시다면, ⓒ이쪽의 책상 B의 노란 책상은 어떠신가요? 가격은 15만 엔이고, 의자를 세트로 구매하시면 20% 할인을 해 드립니다.

F 이것도 귀엽네. 신혼부부에게 잘 어울릴지도. 조금 전 것보다는 작지만, 사용하기 불편한 점은 없을 것 같아.

M1 뭐, 그러네. 하지만, 의자를 세트로 사면 방금 전 것보다 비싸지는 거 아니야?

F 아, 그렇구나. 저기, 의자를 세트로 하지 않고 하나만 해도 할인이 되나요?

M2 죄송합니다. ⓓ책상 B는 2개가 세트로 되어 있어서 한 개만이라면 할인은 되지 않습니다.

M1 ⓔ그럼, 의자는 없이 하자. 책상 B는 노란색 이외에 무슨 색상이 있나요?

M2 하얀색과 파란색도 있습니다.

F 그럼, ⓕ파란색으로 하자. 노란색은 좀 애들 것 같아서.

두 사람은 어떤 상품을 사기로 했습니까?

1　デスクＡの青い机と椅子

2　デスクＡの黄色い机

3　デスクＢの黄色い机と椅子一つ

4　**デスクＢの青い机**

| 1　책상 A의 파란 책상과 의자 |
| 2　책상 A의 노란 책상 |
| 3　책상 B의 노란 책상과 의자 1개 |
| **4　책상 B의 파란 책상** |

[풀이]

ⓐ와 ⓑ에서 책상 A에 대해서 설명하고 있지만, 가격이 비싸기 때문에 두 사람은 다른 상품을 물어보고 있다. ⓒ와 ⓓ에서 점원이 책상 B에 대해 설명하고 있지만, ⓔ 의자는 구매하지 않기로 하고, ⓕ 색상은 파란색으로 변경했다. 따라서 선택지 4번이 정답이다.

[단어]

売場 매장 | 祝い 축하 (선물) | 希望 희망 | 予算 예산 | 新婚 신혼 | 夫婦 부부 | 割引 할인 | 発売 발매 | 〜たばかり 〜한지 얼마 안 되었음 | 値段 가격 | 只今 지금 | 人気 인기 | 商品 상품 | 完全 완전 | 購入 구입 | 似合う 어울리다 | 〜にくい 〜하기 어렵다, 힘들다

3番

<table>
<tr><td>

ラジオで男の人が話しています。

M1　みなさん、今日は野菜に関する豆知識をご紹介します。野菜を色で４つに分けます。まず、ⓐほうれん草やセロリなどの「緑の野菜」です。これらは、肌を強くし、体の免疫力を高めます。その次にⓑ赤ピーマンやトマトやニンジンなどの「赤い野菜」です。赤い色の野菜は食欲を向上させて、高血圧にも効果があります。また、肌を若々しくします。それからⓒサツマイモやナスなどの「紫の野菜」ですが、これらも老化と高血圧に効果があり、特に視力低下を予防します。最後にⓓ「白い野菜」です。玉ねぎや大根やニンニクなどがありますね。これらの野菜も体の免疫力を高める働きがありますから、風邪などをひきにくい体にしてくれます。

F　へえ。野菜の色に、そんな秘密があったなんて、知らなかった。

M2　本当だね。でも、野菜はあんまり食べたくないな。僕は肉の方がいい。

F　最近、目が悪くなったって言ってたでしょ？　お肉ばっかり食べてたら、もっと悪くなるかもよ。やっぱり野菜を食べたほうがいいんじゃない？

</td><td>

라디오에서 남자가 이야기하고 있습니다.

M1　여러분, 오늘은 야채에 관한 토막 지식을 소개합니다. 야채를 색으로 4가지로 나눕니다. 먼저, ⓐ시금치나 샐러리 등의 '녹색 야채'입니다. 이것들은 피부를 강하게 하고 몸의 면역력을 높입니다. 그 다음으로 ⓑ빨강 피망, 토마토, 당근 등의 '빨간색 야채'입니다. 빨간색 야채는 식욕을 향상시키고 고혈압에도 효과가 있습니다. 또한 피부를 젊게 합니다. 그리고 ⓒ고구마나 가지 등의 '보라색 야채'인데요, 이것들도 노화와 고혈압에 효과가 있고, 특히 시력 저하를 예방합니다. 마지막으로 ⓓ'하얀색 야채'입니다. 양파나 무, 마늘 등이 있네요. 이 야채들도 몸의 면역력을 높이는 작용이 있기 때문에, 감기 등에 잘 걸리지 않는 몸으로 만들어 줍니다.

F　와. 야채의 색에 그런 비밀이 있었다니, 몰랐네.

M2　정말이네. 그래도 야채는 그다지 먹고 싶지 않아. 난 고기 쪽이 좋아.

F　요즘 눈이 나빠졌다고 하지 않았어? 고기만 먹고 있으면 더 안 좋아질지도 몰라. 역시 야채를 먹는 편이 좋지 않을까?

</td></tr>
</table>

M2 まあ、そうだね。じゃあ、これからは少しずつ食べるようにしようかな。ⓔ僕は勉強で目が疲れるから、目にいい野菜をたくさん食べた方がよさそうだね。君は風邪引きやすい体質だし、免疫力を高めるっていう野菜を食べた方がいいんじゃないの？

F ああ、それでお母さんがいつも「玉ねぎ食べなさい」って言ってたんだ。でも、ⓕ女性はお肌が命だから、トマトとか、いっぱい食べようかな。

M2 뭐, 그렇지. 그럼, 이제부터는 조금씩 먹도록 할까? ⓔ 나는 공부로 눈이 피로하니까 눈에 좋은 야채를 많이 먹는 것이 좋을 것 같네. 너는 감기에 자주 걸리는 체질이니까, 면역력을 높인다고 하는 야채를 먹는 것이 좋지 않을까?

F 아, 그래서 엄마가 항상 '양파 먹어'라고 했구나. 그래도 ⓕ여성은 피부가 생명이니까 토마토 같은 거 많이 먹어 볼까?

質問1）男の人は、どの野菜を食べようとしていますか。

1 緑の野菜

2 赤い野菜

3 紫の野菜

4 白い野菜

질문1) 남자는 어떤 야채를 먹으려고 하고 있습니까?

1 녹색 야채

2 빨간색 야채

3 보라색 야채

4 하얀색 야채

質問2）女の人は、どの野菜を食べようとしていますか。

1 緑の野菜

2 赤い野菜

3 紫の野菜

4 白い野菜

질문2) 여자는 어떤 야채를 먹으려고 하고 있습니까?

1 녹색 야채

2 빨간색 야채

3 보라색 야채

4 하얀색 야채

[풀이]

ⓐ, ⓑ, ⓒ, ⓓ는 각각 선택지 1, 2, 3, 4번의 내용을 다룬 것이다. ⓔ 남자는 눈에 좋은 야채를 먹는다고 하고 있고, 여기에 해당하는 야채는 보라색 야채이다. 따라서 질문1의 정답은 선택지 3번이다. ⓕ 여자는 토마토처럼 피부에 좋은 야채를 먹으려고 하는 것을 알 수 있다. 따라서 질문2의 정답은 빨간색 야채인 선택지 2번이다.

[단어]

～に関する ～에 관한 | 豆知識 토막 상식 | 紹介 소개 | 分ける 나누다 | ほうれん草 시금치 | 肌 피부 | 免疫力 면역력 | 食欲 식욕 | 向上 향상 | 高血圧 고혈압 | 効果 효과 | 老化 노화 | 視力 시력 | 低下 저하 | 予防 예방 | 働き 작용 | 秘密 비밀 | ～やすい ～하기 쉽다 | 体質 체질 | 命 목숨, 생명

일단 **합격**하고 오겠습니다

JLPT N2

일본어 능력시험

가장 최신의 일본어 능력시험 종합서!
철저한 경향 분석과 꼼꼼한 해설 &
무료 비법 동영상 강의로 JLPT 완전 정복!

- 최신 출제 경향 분석으로 영역별 출제 유형 총망라!

- 오랜 시간 축적된 데이터 베이스를 바탕으로 한 높은 적중률!

- 유형 분석 – 확인 문제 – 실전 연습 – 실전 테스트로 구성된 완전 학습!

- 자신의 실력을 점검할 수 있는 최신 경향 실전 모의고사 2회분 제공!

- 기출 어휘와 문법 체크와 더불어 오답까지 정리하는 마무리 체크북 제공!

외국어 출판 40년의 신뢰
외국어 전문 출판 그룹
동양북스가 만드는 책은 다릅니다.

40년의 쉼 없는 노력과 도전으로 책 만들기에 최선을 다해온 동양북스는
오늘도 미래의 가치에 투자하고 있습니다.
대한민국의 내일을 생각하는 도전 정신과 믿음으로 최선을 다하겠습니다.

동양북스 추천 교재

일본어 교재의 최강자, 동양북스 추천 교재

회화 코스북

일본어뱅크 다이스키
STEP 1·2·3·4·5·6·7·8

일본어뱅크
좋아요 일본어 1·2·3·4·5·6

일본어뱅크 도모다찌
STEP 1·2·3

분야서

일본어뱅크
좋아요 일본어 독해 STEP 1·2

일본어뱅크
일본어 작문 초급

일본어뱅크
사진과 함께하는
일본 문화

일본어뱅크
항공 서비스 일본어

가장 쉬운 독학
일본어 현지회화

수험서

일취월장 JPT
독해·청해

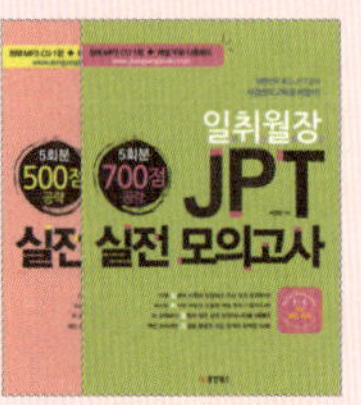

일취월장 JPT
실전 모의고사 500·700

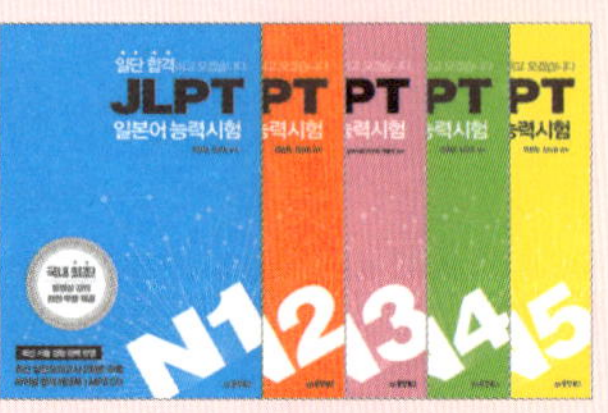

일단 합격하고 오겠습니다
JLPT 일본어능력시험
N1·N2·N3·N4·N5

일단 합격하고 오겠습니다
JLPT 일본어능력시험
실전모의고사 N1·N2·N3·N4/5

단어·한자

특허받은
일본어 한자 암기박사

일본어 상용한자 2136
이거 하나면 끝!

일본어뱅크
좋아요 일본어 한자

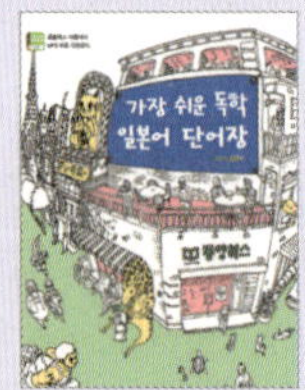

가장 쉬운 독학
일본어 단어장

일단 합격하고 오겠습니다
JLPT 일본어능력시험
단어장 N1·N2·N3